国家自然科学基金重点项目：
新阶段我国城市化发展道路的选择及管理研究（项目号：71133003）

城市化中国：新阶段、新趋势、新思维

李善同　等著

中国财经出版传媒集团

图书在版编目（CIP）数据

城市化中国：新阶段、新趋势、新思维／李善同等著．—北京：经济科学出版社，2018.3
ISBN 978－7－5141－9020－5

Ⅰ.①城…　Ⅱ.①李…　Ⅲ.①城市化－研究－中国
Ⅳ.①F299.21

中国版本图书馆CIP数据核字（2018）第021700号

责任编辑：王东萍
责任校对：刘　昕
责任印制：李　鹏

城市化中国：新阶段、新趋势、新思维
李善同　等著
经济科学出版社出版、发行　新华书店经销
社址：北京市海淀区阜成路甲28号　邮编：100142
教材分社电话：010－88191344　发行部电话：010－88191522
网址：www.esp.com.cn
电子邮箱：espbj3@esp.com.cn
天猫网店：经济科学出版社旗舰店
网址：http：//jjkxcbs.tmall.com
北京密兴印刷有限公司印装
710×1000　16开　28.5印张　500000字
2018年3月第1版　2018年3月第1次印刷
ISBN 978－7－5141－9020－5　定价：85.00元
（图书出现印装问题，本社负责调换。电话：010－88191510）

前　言

城市化是伴随工业发展、非农产业在城镇集聚、农村人口向城镇集中的自然历史过程，是人类社会发展的客观趋势，是国家现代化的重要标志。

新中国成立之初，我国的城市化水平较低。1949 年，全国只有 132 个城市，城市化率仅为 10.64%。当时我国还是一个典型的农业国，工业产值在国民生产总值中的比例较低，仅为 12.6%。为了建立现代工业体系，我国选择了重工业优先发展的模式，该模式使得城市创造的非农就业机会有限。在计划经济体制下国家实行城乡隔绝的户籍管理制度，导致农村居民难以向城市转移。改革开放前，尽管工业化水平不断提高，但是城市化却止步不前。1952 ~ 1978 年，我国非农产业增加值比重由 49.5% 上升到 71.9%，平均每年增加 0.86 个百分点，城市化率仅从 1952 年的 12.5% 提高到 1978 年的 17.9%，平均每年仅增加 0.20 个百分点，城市化与工业化严重脱节，城市化发展滞后于工业化发展。城市化滞后严重影响我国的产业结构变迁，限制了第三产业吸收劳动力的能力，也使得我国经济增长受到较大影响。

改革开放后，为解决经济发展滞后和经济结构严重失调问题，我国开始调整计划经济和优先发展重工业主导的经济发展模式，开启了城市化发展的新时期。一方面，根据市场需求和消费导向，逐步降低重工业比重，重视发展轻工业和第三产业。轻工业和第三产业作为较为劳动密集型产业迅速发展，吸引了大量劳动力从农业转移出来，有力地推动了城市化进程。另一方面，我国实施对外开放战略，与外向型经济相关的工业在沿海地区迅速发展，特别是“三来一补”相关的加工制造业在沿海开放地区得到突飞猛进的发展，吸引了大批农村居民流向沿海地区就业，进一步促进了城市化的发展。

进入21世纪后，城市化成为国家战略，列入“十五”计划，城市化进入快速发展时期。“十五”、“十一五”和“十二五”时期我国城市化率年均分别提高1.33、1.34和1.28个百分点，城市化率由1978年的17.9%提高到2015年的55.61%。2015年，地级以上城市市辖区占全国土地面积的7%，人口为全国总量的30%，第二产业生产总值占全国总量的68%，第三产业生产总值占全国总量的69%，社会消费品零售总额占全国总量的62%，高等教育和科研力量超过全国总量的90%。如果计入县级城市，则所占比重更大。

总结城市化发展的规律，在城市化发展的历史进程中，城市化速度的变化呈两侧带有长尾的倒U形曲线。即城市化初期（城市化率<30%）和后期（城市化率>70%）速度缓慢，位于曲线两侧平缓的尾部；城市化中期速度较快，位于曲线中部的倒U形部分；曲线的顶点在城市化率为50%左右的时期；在城市化中前期（30%～50%），城市化呈加速的态势；在城市化中后期（50%～70%）是城市化减速推进时期（魏后凯，2011）。从世界各国城市化水平与城市化速度来看，也呈现出城市化率50%左右是城市化速度高峰时期的特点，其后城市化速度明显放缓。

当前我国城市化率已超过50%，已从一个传统的农业大国转化为城市化率与世界平均水平基本持平的城市型国家，城市化步入中后期阶段。综合考虑城市化发展规律、我国城市化发展特点，未来我国城市化发展将呈现以下新趋势。

一是我国城市化发展步入减速阶段。近年来中国城市化的速度已经在减缓。数据表明，“十一五”时期全国城市化率平均每年提高1.39个百分点，东部地区平均每年提高1.58个百分点；“十二五”时期全国城市化率平均每年提高1.21个百分点，东部地区平均每年只提高0.98个百分点，速度也在下降，到目前为止中西部地区城市化还在加速，但2014年中部地区城市化率是49.8%，西部地区是

47.4%，已接近50%。“十三五”期间，中西部地区的城市化率也会逐步减速。从发展的眼光来看，未来我国城市化的速度将下降，全面提高城市化的质量将是未来我国城市化的一种新常态。无论是我们的测算，还是联合国的测算，2030年我国城市化率都在68%左右。预计2033年中国城市化率将达到70%左右，这意味着，中国还有将近20年的城市化快速发展空间，但这个快速发展是减速的推进。

二是城市化进入绿色发展阶段。当前，我国城市化发展的理念和外部环境发生了显著变化。“十三五”规划中，中央提出“五大理念”，其中之一就是绿色发展理念。过去中国的城市化是靠高消耗、高排放、低效率、低工资、低成本来支撑的。在新的发展理念下，这种低成本的支撑环境已经不复存在。另一个问题是资源价格扭曲，环境污染成本向社会转嫁，比如雾霾问题。资源价格没有把真实成本反映出来，这种依靠低成本支撑的粗放城市化路子已经走到了尽头。未来城市化必将更加注重质量，更加注重环保和生态。

三是城乡要素双向流动将成为一种新趋势。过去，我国城市化是一种单向的城乡要素流动，即只有农民由农村向城市的迁移，而不存在城市居民向农村的迁移。目前，出现了一些新变化：一方面劳动力由农村往城里迁移出现了速度减缓的趋势。2001~2002年我国外出农民工数量平均每年增加1311万人，2003~2012年平均每年增加587万人，2013~2015年平均每年增加183万人，可见外出农民工规模增速在下降。另一方面，我国资本下乡、技术下乡、人才下乡的速度在加快。单向城乡要素流动正向双向的城乡要素流动转变，即农民可以迁往城市居住，可以在城市工作或经营企业，而城市居民也可以迁往农村居住，可以在农村工作或经营企业。未来我国的城乡要素会越来越由城乡要素单向流动向城乡要素双向流动转变。目前，京津冀、长三角、珠三角等发达地区已经进入城乡要素双向流动的新阶段。

四是服务业已成为城市化主要拉动力，且趋势越来越明显。一般国际典型城市化在发展早期工业是主要动力，发展到一定阶段之后服务业才会取代工业成为主要动力。在中国未来城市化进程中，服务业特别是金融业、IT 行业、新型商业等将成为城市聚集点，引导城市的空间发展方向。

五是城市发展分化可能成为新的趋势。一些老工业城市、资源依赖型城市如果不能及时调整产业结构，将会面临城市竞争力下降、人口流失等发展陷阱。一些沿海出口导向型城市受产业外迁影响，也面临较大的转型压力。近年来受国内要素成本快速上涨影响，加之产能过剩的压力，不少制造业企业向东南亚等国家外迁。以制鞋业为例，全球最大运动鞋制造商台湾宝成集团旗下裕元工业设于东莞高埗镇的工厂，其员工总数在高峰期达 10 万人左右，仅在 2012 年就砍掉 51 条制鞋生产线。目前，裕元工业在东莞的员工已减少几万人。不仅是珠三角，在浙江温州、福建晋江等制鞋基地都在转移或关闭。此外，电子电器行业，如三星、仁宝、富士康也加速在东南亚和印度设厂。制造业外迁使得沿海以出口导向发展起来的城市吸纳就业人口的能力下降，发展面临较大的压力。相反一些顺应我国发展阶段，及时调整产业结构，实现创新发展的城市将面临更多的发展机会。

六是城市群将成为城市化的主体形态。随着经济全球化的不断深入，以提升国家参与全球化的整体竞争能力为指向的效率优先、非均衡发展成为世界各国政府普遍关注的战略，城市群成为非均衡发展、实现效率优先的主要空间载体。城市群的形成也是城市化发展步入成熟阶段的重要特征。美国东北部和五大湖两大城市群集中了全美近 40% 的人口，日本东京、大阪、名古屋 3 大都市圈集聚人口、经济规模占全日本总量都达到了 60% 以上。英国一半人口集中分布在不足 1/5 国土面积的大伦敦都市圈，未来我国城市化发展将更加注重城市群的发展。《国家新型城镇化规划》提出，以城市群为推进城市化的主体形态，完全符合全球化背景下的城市化一般规律，符合我国资源环境承载能力的基本特征。

顺应我国城市化步入新阶段和发展新趋势的需求，城市化发展需要新的思维。

一是加强对城市化的科学认识。城市化是经济社会发展的结果，是中国现代化过程中的一个重要方面。改革开放后，特别是20世纪90年代以后，我国各级政府逐步认识到城市化的重要意义，开始重视城市化的发展，但是存在将城市化作为促进经济增长手段的普遍现象，过于强调土地城市化，对人口城市化并没有足够重视，导致城市化一定程度上成为政府进行大规模投资建设和增加财政收入的工具。2008～2015年，我国地方政府土地出让收入分别为1.04万亿元、1.40万亿元、2.91万亿元、3.32万亿元、2.85万亿元、4.12万亿元、4.29万亿元、3.25万亿元增长至3.25万亿元，土地出让收入相当于地方本级公共财政收入的50%～60%。要提高各级政府对城市化本质的认识，城市化不是发展的最终目标，只是经济社会发展的自然过程，应适当淡化城市化对经济增长的拉动作用，强调以人为本的城市化。让城市居民能够在城市里“住有所居”、“学有所教”、“老有所养”、“劳有所得”、“娱有所乐”、“病有所医”，同时享受到城镇现代化的公共基础设施、环境和服务，拥有一个良好的居住空间环境、良好的人文社会环境、良好的生态环境和清洁高效的生产环境，使全体居民共享现代化建设成果。

二是注重构建地方政府推动城市化健康发展动力机制。中国是一个以公有制为主体的国家，政府是推动城市化发展的重要力量。改革开放以来，地方政府推动城市化发展的主要动力是地方发展、财政收入和个人晋升。然而，对地方财政收入的过分追求，甚至是寻租机会的获得成为某些地方政府和官员推动城市化发展的重要动力，对城市化的长期健康发展产生较大危害。因此，党的十八大以来，重申政治纪律和政治规矩，杜绝各种违规现象，严肃打击官场腐败行为，是具有长远战略眼光的举措。当前在打击各种腐败行为的同时，需要注重构建地方政府推进城市化的动力机制，特别是注重调动政府和官员的积极性，鼓励地方各级政府大胆尝试、积极创新，推进城市化健康发展。

三是更加注重提升城市化发展质量。我国城市化面临的不是水平高低问题，也不是速度问题，而是质量问题，突出表现为人口不完全城市化。目前，我国被统计为城镇人口的2.34亿农民工及其随迁家属，未能在教育、就业、医疗、养老、保障性住房等方面享受城镇居民的基本公共服务，城镇基础设施有待进一步完善。尽管近年来我国城镇道路、供水、污水垃圾处理、供电、电信等基础设施建设步伐不断加快，生产生活条件逐步改善，但由于历史欠账较多、资金投入不足、融资渠道不畅等原因，城镇基础设施总体上仍比较薄弱，与全面建成小康社会的要求还有较大差距。城镇难以满足人民对美好城市生活的需要，一方面出现“大城市病”，交通拥堵、住房紧张、健康危害、城市灾害、安全威胁等对人民生活质量带来不利影响。另一方面，部分城市土地城市化超前于产业发展，出现“空城”和“睡城”现象。前期，一些地方的政府与房地产开发商，受不正确的政绩观、土地财政及开发利润的驱使，一味进行大规模的房地产开发，推动土地城市化快速发展，而不注重产业发展，导致产业发展滞后，人口集聚缓慢，出现“空城”现象，城市化发展呈现“房地产化”。未来我国城市化必须从外延式扩张向内涵式提升方向转型，提高城市化质量将成为发展重点。事实上，成功实现现代化的国家在城市化的中后期，都经历了城市化由规模扩张到质量提升的转折，城市发展更注重完善城市功能、提高居民生活品质、保护生态环境和推动产业升级。

四是推动城市化相关体制机制改革和创新。在城镇体系、功能优化方面，有序推动县改市；对经济发达镇扩权强镇；推动大中小城市和小城镇协调发展；推动产业和城镇融合发展，增强中小城市和小城镇产业发展、公共服务、吸纳就业、人口集聚功能。在户籍制度改革方面，全面放开建制镇和小城市落户限制，有序放开中等城市落户限制，合理确定大城市落户条件。在城乡公共服务均等化方面，建立财政转移支付同农业转移人口市民化挂钩机制，稳步推进城镇基本公共服务均等化。

五是推进绿色低碳的城市化。鉴于传统城市化带来的严重环境污染和生态破坏，未来应把生态文明理念全面融入城市化进程，着力推进绿色发展、循环发展、低碳发展，节约集约利用土地、水、能源等资源，强化环境保护和生态修复，减少对自然的干扰和损害，推动形成绿色低碳的生产生活方式和城市建设运营模式。

六是加快城市群发展。城市群不只是以中心城市为核心、空间上集中分布的一群城市，更重要的是强调城市群在城镇功能定位和产业经济发展方面能够合作共赢、在公共服务和基础设施体系建设方面能够共建共享，在资源开发利用和生态环境建设方面能够统筹协调。加快我国城市群发展，重点是顶层谋划、城际合作、区域共赢，协调好三个方面的关系。一是要处理好城市群与城市群之间的关系。二是要处理好城市群内部大中小城市和小城镇之间的关系。三是要处理好城市群区域范围内的城乡关系。

2012 年由国务院发展研究中心和清华大学研究人员组成的课题组承担了国家自然科学基金重点项目《我国城市化道路选择及管理问题研究》，历经 5 年多努力，2017 年 3 月顺利通过了国家自然科学基金委组织的结题。本书便是这一项目研究成果的结晶，现将其进行整理、出版，以飨读者。在书稿即将付梓之际，要感谢国家自然科学基金委管理学部对本项目研究的高度重视和给予的大力支持，特别要感谢国家自然科学基金委管理学部李一军主任、高自友主任、杨列勋处长对项目研究的定位和总体思路提出的重要指导意见和全程的支持。

本项目研究过程中，国务院发展研究中心林家彬研究员、魏加宁研究员、刘守英研究员、刘云中研究员、刘培林研究员、何建武研究员，清华大学施祖麟教授、杨永恒教授、孟延春副教授，北京师范大学高颖副教授，北京科技大学胡枫教授，中国地质大学（北京）吴三忙副教授，天津社会科学院陈志光副研究员等作为本项目子课题负责人，认真完成了子课题要求的研究任务，在此表示感谢。特别要感谢我的好友，世界银行的吴卓瑾研究员对本研究的大力支持。在本项目研究及本书统稿过程中，清华大学公共管理学院博士后李富佳、李华香、李莉、王菲、席艳玲、谷浩、黄天航等付出了艰苦的努力，北京信息科技大学硕士研究生陈佳川和文婧、北京师范大学硕士研究生于晓康、南京航空航天大学博士研究生潘晨、中央财经大学硕士研究生祝灵秀等为本项目做了大量的工作，在此表示感谢。如人类大多数新知都是在已有知识基础上的提炼一样，本书也不例外。在书的撰写过程中，我们参考了诸多学者的前期相关研究成果，由于篇幅和信息完整性所限，无法一一列出，谨此表示感谢。在前后5年多的研究过程中，尽管我们抱着科学的态度，高度负责任的精神开展相关研究工作，但是由于时间相对紧迫，因此，书中难免有值得商榷，甚至错误的地方，恳请读者批评指正！

最后，感谢经济科学出版社为本书顺利出版给予的大力支持！

李善同

2017年10月8日

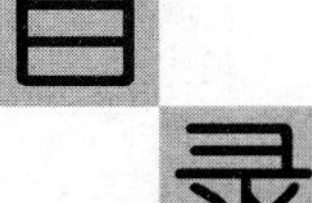

目录

第1篇　城市化与经济

第2篇　布局与产业

第3篇　土地、劳动力与资本

第4篇　民生与治理

第1篇　城市化与经济

第一章　发展新阶段的城市化

第一节　城市化与城市化发展主要影响因素

一、对城市化的认识

城市化的英文词语为 Urbanization，其同时还可以翻译为都市化或者城市化，关于对城市化的认识在国内外以及不同的学科和专业角度都有所不同。

（一）不同学科对城市化的认识

从整体上，经济学从要素聚集的角度论述城市化，认为城市化是农村劳动力由第一产业向城市所在的第二和第三产业转移的过程及生产力、技术及资金投入向城市的集中，总而言之是各种非农产业的经济要素向城市聚集的过程。地理学从空间及布局的角度考察和定义城市化，认为，城市化是一种经济的布局和人口聚集在空间及区位方面的日益集中化和再分布的过程。人口学从人口的城市化角度解析城市化，认为城市化是实现农村人口转变为城市人口的一系列过程。社会学从生活方式的角度去定义城市化，认为城市化是一种城市性生活方式的发展和变化的过程。

（二）国内外学者对城市化的认识

国内外学者对于城市化的理解从其角度上各不相同。美国学者沃纳·赫希（1990）认为，城市化从农村经济，即以个人劳动分散且以人口的稀疏均匀分布为特征，转变为与其具有对立性特征的城市经济的过程。

美国学者 Friedmann（1965）将城市化过程区分为城市化Ⅰ和城市化Ⅱ，前者指人口和非农业活动在规模不同的城市环境中的地域集中过程、非城市型景观转化为城市型景观的地域推进过程；后者包括城市文化、城市生活方式和价值观在农村的地域扩展过程。诺克斯和迈克卡斯（2009）认为城市化不仅包括城市和乡镇居住、工作人口数量的增加，也是被一系列紧密联系的变化过程所推动的经济、人口、政治、文化、科技、环境和社会等变化。英国学者帕乔内（Pacione，2003）认为城市化包含三方面的含义：一是城市人口占总人口比重的增加；二是城市增长即城市和镇的人口增加；三是城市生活的社会和行为特征在整个社会的扩展。

国内学者对城市的基本含义也有多角度的论述。谢文蕙，邓卫（1996）认为，城市化是第二、第三产业向城市集中和聚集，农村人口不断向城市转移，城市的数量不断增加，城市规模不断扩大，并使城市的生产、生活方式及其物质文明向农村不断扩散的过程。

刘传江，郑凌云（2004）认为，城市化是一个农业人口转化为非农人口，农村地域转化为城市地域，农业活动转化为非农业活动，农村价值观念转化为城市价值观念，农村生活方式转化为城市生活方式的多景观层面的综合转换过程。

祁金立（2004）认为，城市化是一个国家经济结构和工业化的社会演变形式，是该国经济和社会发展水平和文明的程度的主要标志，它不仅是城乡人口结构的转化，是伴随工业化的进程，经济和人口的重心向城市转移，城市的人口迅速增加，城市数量快速增多，城市在国家的经济社会生活中的地位和作用逐步加强的一个过程。

（三）本书对城市化的认识

我们认为城市化是由科技进步、社会生产力发展所引发的，分散的乡村人口向城镇转移和集中，传统乡村社会向现代城市社会逐渐转变的历史过程。城市应是城与市的结合，典型的城市化是通过市场力量，四化协同的城市化（倪鹏飞，2016）①。

1. 城市是城与市的结合，城市化是人类发展的标志与动力。城市是人类社会发展到一定历史阶段的产物，是人类文明的重要标志，是人类发展的标志与动力。人类发展可以从不同的视角进行阶段划分。从聚居方式来划分，包括可预

① 倪鹏飞．新型城市化是经典城市化的回归和升级［J］，江淮论坛，2016 年第 5 期。

见的未来，人类发展可分为四个阶段：第一个阶段是游牧渔猎文明阶段。在这一阶段，人类生存方式主要是分散而流动聚居。第二阶段是农业文明阶段，在这一阶段，人类生存方式主要是分散而固定的聚居。第三个阶段是工业城市文明阶段。在这一阶段，人类生存方式主要是集中而固定的聚居。第四个阶段可能是网络智能文明阶段。在这一阶段，人类生存方式可能是分散而流动的聚居。

城市至少有四大要素：人、地、城、市的有机结合体，任何一个要素，如果不与其他要素及整体结合，不能成为城市的构成部分。人是城市的主人和中心，没有人的城市是空城。市是以人为主体的交易，包括以交易为主要内容的人的学习、工作与生活。市即人的交流、交往或交易活动，是城市的主要内容。城即建筑物与基础设施，是人与市的支撑条件，是人在一个固定位置进行生活、工作与交往的物质条件。如果将城市比喻成一个有生命力的人，那么，人是心脏，市是血肉，城是骨架，地是皮肤，钱是血液，这些构成城市的身体，是最基本部分，还有更多的：城市科技和城市文化是其智商，城市风景是其容颜等。

2. 典型城市化是通过市场力量，四化协同的城市化。按照典型城市化的基本要素、完整内涵和主要特征理解，城市化至少需要四化内容，即要有化人、化市、化城、化地，四化同步并协同推进。

第一，化人即聚集城市人口。人是城市的主人和中心。城市所有的一切都是围绕人、为了人而存在，即便是保护自然生态，也有为了人而为之。从更宏观的视角来看，城市是根据人的需求，由人而建，人为了更好地生活到城市里来。因此，化人是城市化的中心任务，推进城市化首先要为非城市人口进城创造条件，让每一个个体能够通过自主决策，自由实现向城市聚集。

第二，化市即培育市场功能。市是城市主人的活动内容。人到城市要过上美好的生活，必须进行学习、工作、交流、交往和交易。因此，需要培育城市的市场功能即化市，这是广义的市场建设，既包括私人产业发展（制造业与服务业），也包括公共服务提供，这是城市化的重要内容。

第三，化城即进行城市建设。城是支撑城市活动的建筑物、基础设施及环境。人们聚集在城市里，生产、生活、交易、交流和交往，需要在一定的场所和设施进行，也需要在一定的环境下进行。需要交通、邮电、供水供电、商业服务、科研与技术服务、卫生事业等市政公用工程设施和公共生活服务设施。为此，需要化城即进行城镇建设。

第四，化地即进行土地开发。土地是城市人、市、城的承载者。任何人、市和城都必须附着在土地上，当然这些城市里的建筑物、基础设施、人及其交易活动，对土地的要求与农业生产及居住对土地的要求完全不同。要满足城、市、人的要求，自然状态的生地要开发、改造成人工状态下的熟地即是化地。“七通一平”的一级开发，其达到具备给水、排水、通电、通路、通信、通暖气、通天然气或煤气以及场地平整的条件，实现原生状态下生地变成熟地，然后再根据土地承载的具体功能进行二级开发，成为居住用地、商业用地、工业用地等。

此外，推进城市化的四项内容，资金筹集是重要手段。钱是人、市、地、城连接的纽带，也是实现以上四化的手段和途径。一方面，无论是化人、化地、化城或者化市，都需要钱，都需要资金融通和资金支持；另一方面，通过资金融通，可以将资源要素，跨越时空距离，联系和组织起来，优化配置和合理使用，实现人口、资源、要素、产业、市场等的城市聚集。

同时，城市化是市场主体分享外部经济偏好在空间聚集上的显示，农村人口向城镇的聚集与转移，是市场主体空间自由选择的过程。城市化的主要内容是化市即实现市场主体的交易、交流与交往，化城是为化市提供物质等基础设施条件。市场无论是从最初形成还是未来发展，都是市场主体即居民自发选择的结果，也只有通过市场主体的自发选择，城市才能实现优化的资源配置和高效的经济社会产出。当然，由于存在市场失灵，仅仅通过市场选择难以实现最优均衡。政府为市场主体的选择创造条件或加以适度性干预的作用，可以提升资源配置优化程度和产出效率。

二、城市化发展的主要影响因素

城市化的产生和发展是一个历史过程，是人类社会文明的重要体现。科学把握城市化发展的历史演进规律，厘清影响城市化发展的主要因素，对促进城市化健康发展具有重要意义。综合国内外城市化演进历史过程及城市化研究进展，影响城市化发展的因素既包括微观、中观也包括宏观影响因素，同时还包括制度及政府行为以及信息、交通、建筑等技术的重要支撑条件（见图1－1）。

（一）城市化发展的宏观影响因素——经济增长

经济增长是城市化发展的根本动因，萨缪尔森和库兹涅茨分别从不同的角度研究了经济增长与城市化发展的相互关系。经济增长对城市化的促进作用主

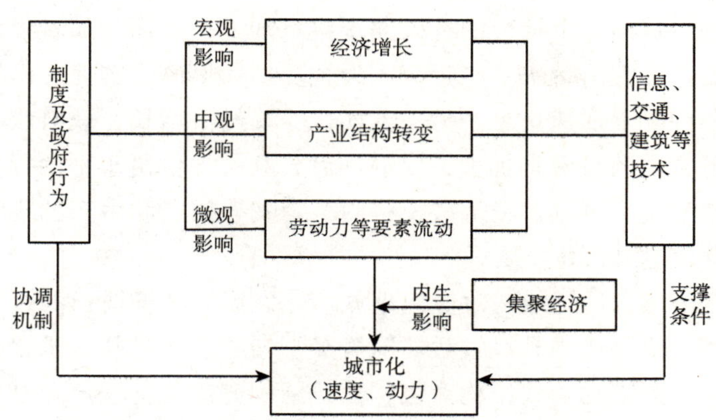

图1－1　城市化发展主要影响因素

要体现在以下几个方面（见图1－2）：

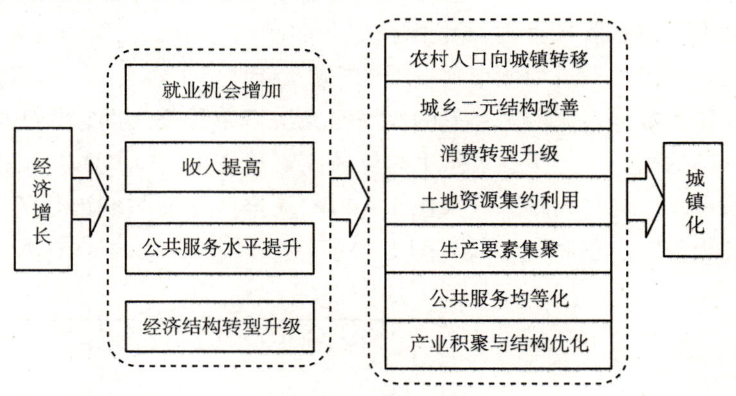

图1－2　经济增长促进城市化发展机制

第一，经济增长通过收入效应促进城市化发展。城市化的核心是实现农村人口市民化，而经济增长是提高人民收入、增加就业机会，进而实现农村人口市民化的根本途径。伴随着经济增长，农村人口有机会在城市获得就业机会，人均收入也随之提高，同时享受到的教育、卫生、医疗等公共服务水平大幅提高，由此促进农村人口加速向城市转移。在此过程中，随着农村人口的减少，剩余农村人口人均可支配的土地等资源增加，收入也能进一步提高，城乡二元结构得以改善，城乡差异将逐步消失。经济增长带来的收入效应，是促进大量农村人口市民化的重要基础条件，经济增长放缓，收入效应缺乏将导致城市化陷入停滞。

第二，经济增长通过规模效应促进城市化发展。伴随着经济增长，居民收入和政府收入将提高，全社会的有效需求将增加。一方面，随着经济增长，居民收入的提高，私人消费水平将提高，为企业扩大生产，实现规模经济提供了基础，促进各种要素加速集聚。另一方面，随着经济增长，政府收入增加，政府在公共服务领域的投资将加大，促进城市公共服务供给水平的提高，吸引更多要素向城市聚集。可见，经济增长将内生消费、投资和生产的规模效应，加速要素集聚，促进城市化发展。

第三，经济增长通过结构效应促进城市化发展。经济增长的过程是资源优化配置的过程，更是结构升级过程。随着经济增长，居民收入水平提高，消费需求将升级，由此带动消费结构升级，消费结构升级将促进产业结构升级，产业结构升级将促进城市化发展。正是因为经济增长，产业结构升级，城市化的不同阶段，推动城市化发展的产业呈现不同特点。在城市化的初级阶段，工业是城市化发展的主要驱动力；在城市化的发展阶段，尽管工业仍是城市化发展的重要驱动力，但是服务业对城市化发展的驱动力增强；在城市化发展的成熟阶段，服务业取代工业成为城市化发展的主要驱动力。

跨国家比较数据表明城市化率的提高与经济繁荣程度之间存在正相关关系。城市化水平高的国家，经济发展水平总体较高（见图1－3）。OECD国家更是普遍呈现高城市化、高收入状态（见图1－4）。从经济增长与城市化的关系来看，两者呈现较为稳定的正向关系（见图1－5）。

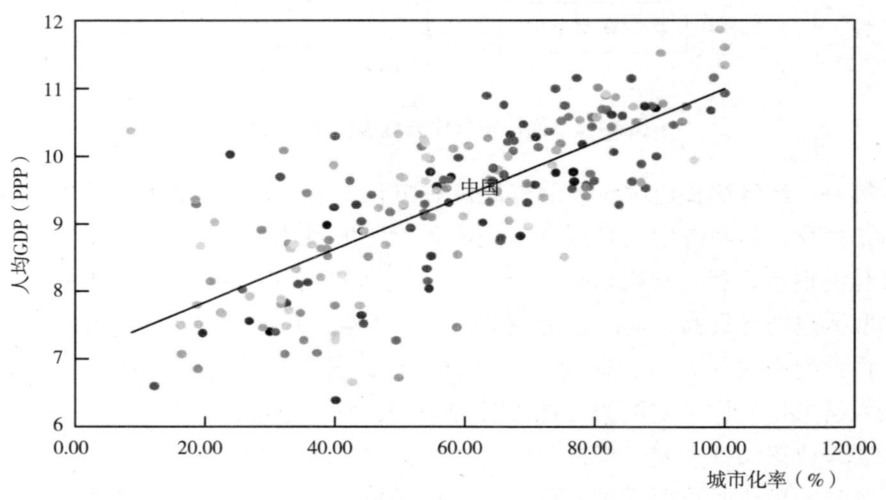

图1－3　世界各国城市化与经济发展水平（2015）

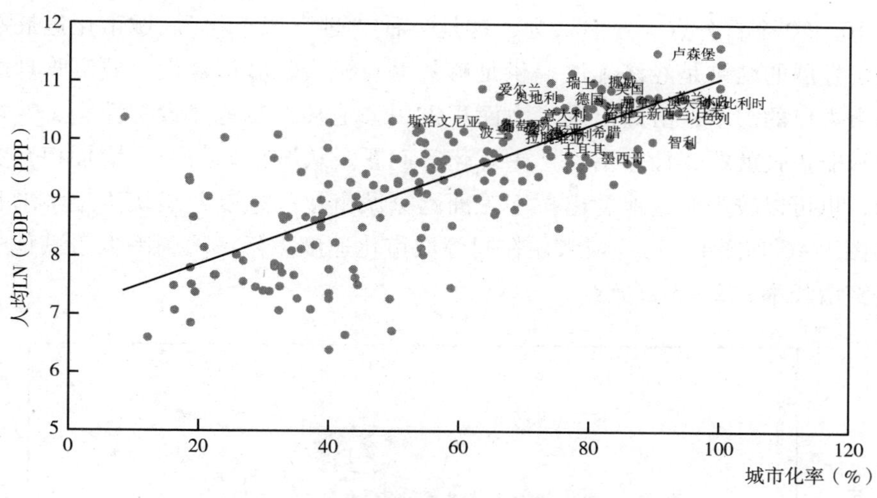

图 1 -4　OECD 国家城市化与经济发展（2015）

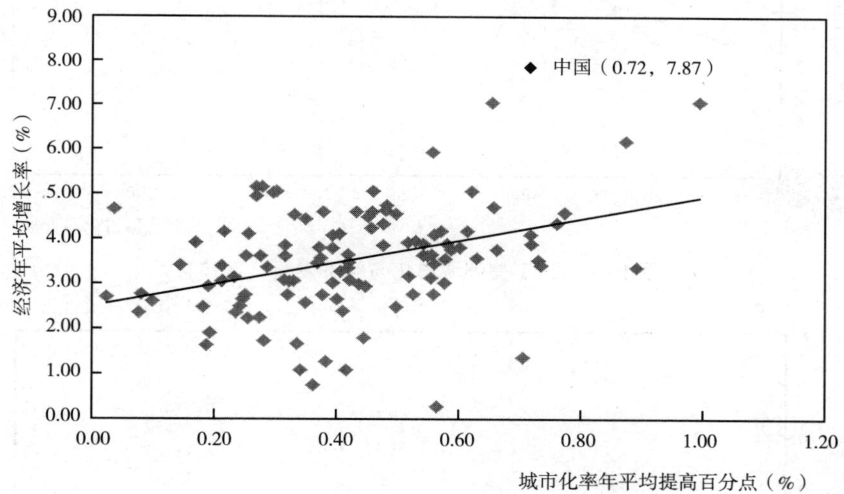

图 1 -5　城市化与经济增长（1960 ~2015 年）

城市化发展与经济增长之间总体上正相关，但是也有例外。如 2015 年朝鲜的城市化率达到 60.87%，蒙古的城市化率达到了 72%，古巴更是达到了 77%，均高于世界 53.85% 的平均水平。但是从人均 GDP 来看，这几个国家明显低于世界平均水平。

拉丁美洲国家更是城市化与经济增长正相关的典型例外。从图 1 -5 中可以看出，拉丁美洲国家最显著的特点是主要分布在拟合线的右边，与拟合线所示的平均水平相比，在相同经济发展水平下，拉丁美洲各国的城市化水平普遍高出了 10 ~ 20 个百分点。普遍认为，这是一种“过度城市化”。城市化进展超前于经济发展的结果是经济无法提供足够的就业机会，城市建设、城市管理跟不上城市人口的需求，由此出现了大面积占用公地甚至私地建设贫民窟、普遍的失业和非正式就业、社会治安严重恶化等问题。从城市化与经济增长相互关系来看，也可以较为明显地看出拉丁美洲国家城市化的速度明显快于经济增长速度（图 1 -6 和图 1 -7），或者说在同等城市化速度下经济增长率低于其他经济体经济增长率的 2 ~ 3 百分点。

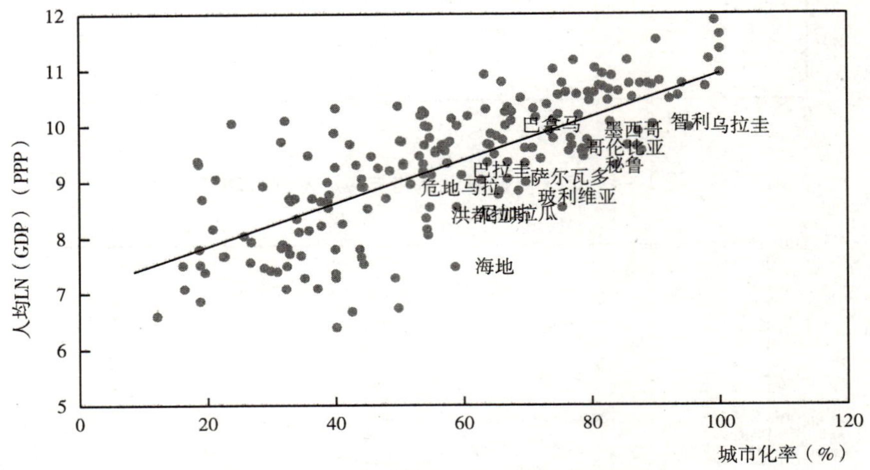

图 1 -6　拉丁美洲城市化与经济发展（2015）

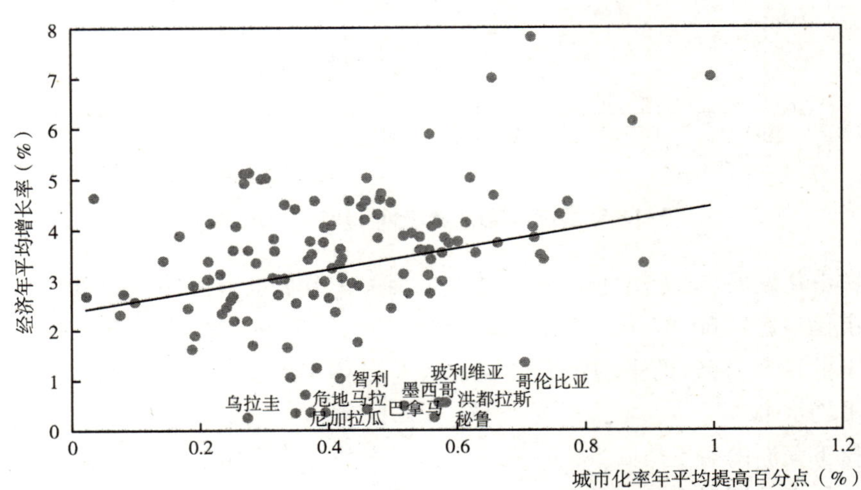

图 1 -7　拉丁美洲国家城市化与经济增长（1960 ~ 2015 年）

（二）城市化发展的中观影响因素——产业结构转变

综合世界各国城市化发展的历程来看，产业结构转变是推动城市化发展的重要因素。城市化是工业化的结果，产业结构的不断演进，特别是三次产业的演进更是推动、影响城市化发展的重要动力。库兹涅茨（1971）和钱纳里（1986）研究表明，伴随着经济发展，产业结构不断演进，首先，产业结构由以农业为主向工业为主转变，就业结构也由以农业为主转型为以工业为主，规模经济效应发生，人口等各种要素加速集聚，城市化水平不断提高。其次，产业结构由工业为主向服务业为主转变，就业结构呈现以服务业为主的特点，城市化质量不断提升（见表1－1）。

表1－1　不同阶段城市化的产业结构演进动力

城市化阶段	城市化主要特征	城市化动力机制演变趋势
初始阶段	发展速度比较缓慢；城市规模小、数量少；城市扩张表现为“量”上的扩张，即为外延扩张	工业化是城市化的基本动力；第二、三产业吸纳劳动力数量增加；资本、技术等资源匮乏阻碍城市化发展
发展阶段	发展速度较快；城市在外延扩张的同时也开始了内涵扩张	工业化仍是城市化的重要动力；第三产业的推动力开始显露；资本、技术等资源约束机制得到缓解
成熟阶段	发展速度趋于平缓；城市化主要表现为“质”上的扩张，即为内涵扩张	第三产业已经成为主要的后续动力；完善的资源配置方式和市场机制有效地促进城市化继续发展

从各产业发展对城市化的影响来看，首先，农业发展是城市产生的重要基础。农业水平的提高，农业生产剩余的出现，使得非农产业的人能通过交换获得生存所需要的粮食，由此非农产业才得以发展，作为非农产业集聚地的城市才有可能出现。其次，工业是城市化发展的重要动力。在农业社会中，由于受生产力水平的限制，农业剩余较为有限，城市规模和数量难以大规模扩张。事实上，在第一次工业革命前，城市化长期处于低水平状态。人类社会真正意义上的现代城市的出现是第一工业革命后。而伴随着第二次工业革命的推进，城市化步入新的发展阶段。最后，服务业是城市化继续发展的后动力。服务业特别是生产性服务业的集聚性特点，重构了城市社会经济结构，也改变了城市质量。如伦敦的金融业集聚、北京中关村的中介服务业集聚、洛杉矶的多媒体业集聚都显著影响和改变了这些城市的特点。

（三）城市化发展的微观影响因素——要素流动

经济增长，产业结构转变，必然导致人口等要素空间上的转移，而这种人口等要素空间上的转移主要体现为城乡之间的转移，因此这一转移过程实际上就是城市化的过程。因此，劳动力等要素空间上的流动就是城市化的过程，也是城市化的重要影响因素。新中国建立后相当长的一段时间，我国城市化止步不前的重要原因就是实行严格的户籍管理制度，限制了人口流动。1952～1978年，我国非农产业增加值比重由49.5%上升到71.9%，平均每年增0.86个百分点，而城市化率仅从1952年的12.5%提高到1978年的17.9%，平均每年仅增0.20个百分点。

（四）城市化发展的内生影响因素——集聚经济

城市之所以成为人类生活的中心，不仅是人口和产业的简单集中，更重要的是由于人口和产业的集聚而产生了集聚效应，这种集聚的内在原因是工业生产具有比较优势、运输中的规模经济效应、生产的内在规模经济效应以及聚集化经济效应。城市经济学认为，规模经济是城市存在的原因，也就是现代城市依赖工业企业而发展，规模经济主要是指随着企业规模的扩大，企业成本降低。由于现代城市的主体是企业和企业中工作的劳动力人口，因此，随着企业规模扩大和企业数量的增多，城市势必扩大。集聚经济包括地方化经济和城市化经济。地方化经济是指某行业的企业生产成本随着行业总产量的提高而降低。地方化经济的主要原因是中间投入品生产的规模经济、劳动力共享和知识溢出。当单个企业的生产成本随着城市地区总产量的上升而下降时，就产生了城市化经济。城市化经济的原因在于不同行业的企业集聚可以共享市场信息，满足购物者的多样化需求，更重要的是不同行业的人的信息交流和面对面的接触产生了极大的创新。

（五）城市化发展的重要支撑条件——技术进步

技术进步对城市化的发展影响深厚而久远（顾朝林，1999）。影响城市发展的主要技术因素包括：生产技术、交通技术和通信技术等。农业生产技术的进步为农业生产剩余的出现奠定了基础，从而促进了城市的产生。而交通技术对城市化的发展则产生了深远的影响。远洋运输技术的发展，使得全球贸易兴起，由此贸易城市、港口城市得以兴起和发展；火车、汽车、飞机等交通运输技术的发展，则深刻改变了城市的空间格局和城市网络；交通技术也改变了单个城市的规模和结构，马车—汽车—轨道交通的发展，降低了城市的交通成本，使得城市规模得以不断扩大，促进了城市多中心、网络化的空间格局的形成，甚至城市郊区化开始出现。通信技术的发展，使得城市全球化加快，重构了全球城市体系，形成了一批世界城市。

表1－2　　美国的技术进步与城市发展

<table>
<tr><th>阶段</th><th>时间</th><th>技术进步</th><th>城市化主要特征</th></tr>
<tr><td>前期</td><td>19世纪以前</td><td>人力与畜力；航海贸易</td><td>东部沿海出现小城镇</td></tr>
<tr><td rowspan="5">中心化阶段</td><td>19世纪前期</td><td>蒸汽机使用和运河建设</td><td>人口和企业向运河附近的城镇集中</td></tr>
<tr><td>19世纪中叶</td><td>蒸汽机车和铁路</td><td>企业和居民向铁路沿线流动，铁路沿线城市大量出现</td></tr>
<tr><td rowspan="3">19世纪晚期</td><td>高架铁路、电车及地铁</td><td>大城市边缘和郊区不断并入城市，城市空间不断扩大</td></tr>
<tr><td>蒸汽和电力广泛使用</td><td>工厂大量向城市聚集</td></tr>
<tr><td>钢架建筑技术发明及电梯使用</td><td>城市高度聚集；企业用多层式厂房；人口集中于城市</td></tr>
<tr><td rowspan="3">郊区化阶段</td><td>19世纪末20世纪初</td><td>福特式生产；电报电话发明</td><td>企业重组；跨地区企业出现；企业向郊区迁移，带动了工人向郊区迁移</td></tr>
<tr><td>20世纪20年代起</td><td>汽车大量使用及高速公路网形成</td><td>大量居民居住在郊区，进一步促进了企业向郊区迁移</td></tr>
<tr><td>20世纪80年代后</td><td>计算机、互联网、人造卫星</td><td>信息技术造就了大批中产阶级，企业更加郊区化、分散化</td></tr>
</table>

（六）城市化发展的协调机制——制度及政府行为

政府是城市化的重要参与者。市场经济条件下，城市化的主体应主要是企业、家庭和个人，但是政府也是城市化的主要参与者，政府行为深刻影响着城市化发展。一方面，政府作为市场的重要参与者，通过参与市场活动，如消费、雇佣劳动力、建设办公场所等将影响要素流动，从而影响城市空间结构；另一方面政府作为行政主体，将通过行政手段等提供公共服务、建设基础设施、规划城市布局等影响城市化的发展（见图1－8）。西方城市经济学家就政府对城市发展的影响进行了研究。奥沙利文（2003）指出“并非所有城市的发展都是企业区位竞争的结果，有些城市形成和发展中城市政府的作用非常重要”。

政府通过制定政策与制度影响城市化发展。根据新制度经济学理论，制度

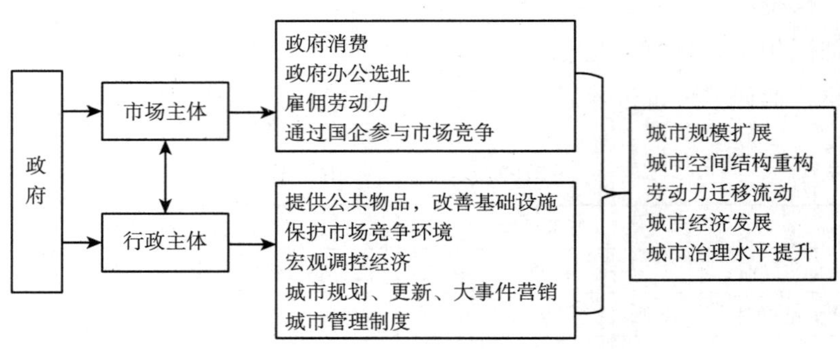

图1-8　政府行为与城市化发展

决定行为，行为决定绩效。制度也是影响城市化发展的重要因素。而制度的主要供给者是政府，与城市化发展密切相关的各种制度均由政府制定，如经济制度、人口制度、土地制度、城市规划等。以我国城市化为例，改革开放前为了建立现代工业体系，我国选择了重工业优先发展的模式，该模式使得城市非农产业就业机会极其有限。同时，计划经济体制下国家实行严格的户籍管理制度，导致农村居民难以向城镇转移，导致城市化发展缓慢。改革开放后，根据市场需求和消费导向，提出发展轻工业和第三产业，劳动密集型产业迅速发展，吸引了大量劳动力从农业中转移出来，有力地推动了城市化进程。另外，实施对外开放战略，外向型经济相关的工业在沿海地区得以迅速发展，吸引了大批农村居民流动到沿海地区就业，进一步促进了沿海经济和城市化的发展。需要强调的是政府不仅通过制定正式制度影响城市化发展，还通过对非正式制度的形成影响城市化发展（见图1-9）。

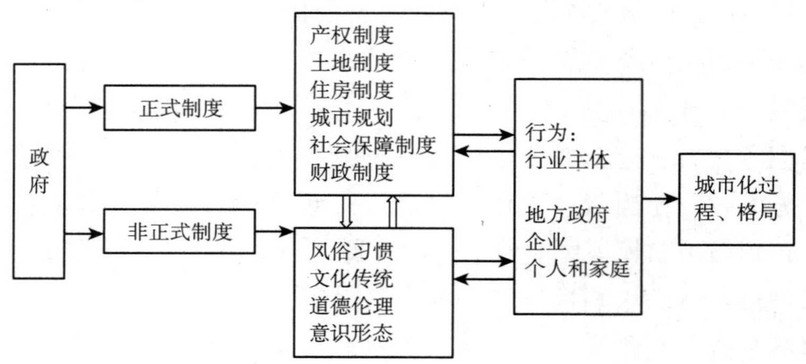

图1-9　政府制度变迁与城市化发展

第二节　中国经济社会发展步入新阶段的主要特征

21世纪以来，我国经济社会呈现持续发展的趋势，经济增长取得新成就、城乡居民收入提高、城市化率不断提高、服务业比重上升、出口结构中服务业出口上升等。但是，经济社会发展也出现了一些转折性变化。在增长方面，2007年经济增长达到顶峰；在对外贸易方面，2007年净出口对经济增长的贡献达到峰值；在产业结构方面，第二产业占GDP的比重在2006年达到峰值；在产业分布方面，2005年制造业从集聚转向分散；在要素供给方面，2012年劳动力的供给量达到了峰值；在区域发展差距方面，2004年区域发展差距开始缩小；在收入分配方面，2009年全国居民收入差距缩小。当前，中国经济社会发展步入新的发展阶段，具体体现在以下几个方面：

一、人均收入由中高收入向高收入迈进

人均收入水平是衡量经济发展水平的最重要尺度。世界银行按人均收入水平（人均GNI）将各国经济发展划分为低收入、中低收入、中等收入、中高收入和高收入五个水平，也是一国从落后转向发达所必须经过的五个阶段。经过改革开放30多年的发展，我国经济上了两个大台阶，未来正向第三级台阶迈进。我国人均国民收入从2011年的4940美元上升到2015年的7820美元。如图1-10所示，虚线部分显示的是从20世纪80年代以来世界银行低收入、中低收入、中高收入分类标准的变化，实线是我国人均GNI（国民总收入）的变化。可见，我国在2000年左右，实现了由低收入国家迈入中低收入国家行列，2010年实现了由从中低收入国家迈入中高收入国家行列。当前，我国正处于由中高收入国家迈向高收入国家的新阶段。根据罗斯托的起飞经济学理论，中等收入水平向中高收入水平乃至最终完成现代化的过程，可以认为是经济的第二次起飞。但是人均收入达到中高收入水平后，规模扩张的速度放慢，经济结构变化的速度加快，经济增长的好坏在质不在量，结构优化、经济增长质量和效益明显提高成为其成长的最主要标准。这就是一国一地经济是否正在实现第二次起飞，不是看经济增长速度是不是快，而是看结构变化的快慢，经济增长质量和效益提高的快慢。

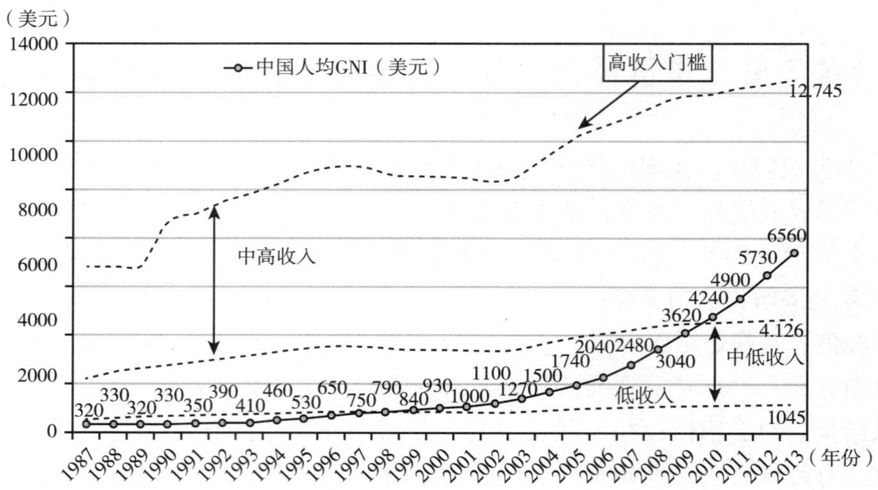

图 1－10　中国人均 GNI 及世界银行收入分类的标准

资料来源：李善同、吴三忙、何建武（2015）。

二、经济增长由高速向中高速换挡

当前，我国经济已从高速增长向中高速增长换挡。如图 1－11 所示，从五年平均增速看，我国“八五”时期经济平均增速最高，达到 12.29%。“九五”时期增速有所下降，为 8.61%。“十五”时期和“十一五”时期经济增速又开始上升，平均增速分别达到 9.76% 和 11.26%。在“十二五”时期我国经济平均增速下降到 7.81%。回顾 1996 年到 2010 年可以清楚地看到我国经济增速从“九五”时期的 8.61% 上升到“十一五”时期的 11.26%，经济增长速度处于上台阶期。进入“十二五”时期，经济增长速度从 2011 年的 8.03% 降到 2015 年的 6.9%，连续五年经济增速下降，经济下行压力大。经济增长速度开始下台阶，经济增速进入换挡期。未来我国经济增速不仅不可能实现两位数增长，实现较高的个位数增长的难度也较大。

事实上，从国际经验来看，从高速增长过渡到中高速增长、再过渡到低速增长是历史的必然。根据世界银行统计显示，“二战”后连续 25 年以上保持 7% 以上高增长的经济体只有 13 个。正如表 1－3 所示，日本、韩国、德国和我国台湾地区在经济保持一定时间的高速增长后，均有所回落，如日本 1946 年至 1973 年年平均增速高达 9.4%，1973 年后经济增速回落，1973 年至 1983 年年平均增速仅为 3.2%。所以，中国经济增长速度的下降也是经济规律使然。

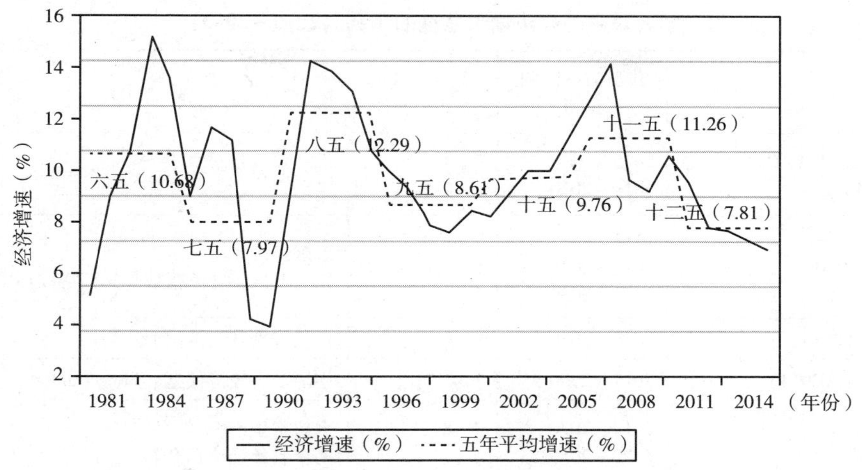

图 1－11　1981～2015 年我国 GDP 增长速度变化趋势

资料来源：国家统计局网站。

表 1－3　高收入阶段的经济减速

国家（地区）	高速增长阶段		转折点		中低速增长阶段	
	年代	年均增速	年份	人均 GDP（1990 国际元）	年代	年均增速
日本	1946～1973	9.4	1973	11434	1973～1983	3.2
韩国	1953～1995	7.9	1995	11850	1995～2008	4.6
中国台湾	1960～1989	9.1	1989	9538	1990～2000	6.4
德国	1950～1969	6.7	1969	10440	1970～1980	2.9

资料来源：刘世锦等著．陷阱还是高墙：中国经济面临的真实挑战和战略选择．北京：中信出版社，2011.

总结国内外学者和研究机构对我国经济增长速度的预测，大多预测“十三五”时期我国经济增长速度将低于 7%，大致在 6%～7%。如国务院发展研究中心（2014）预测速度为 6%～6.5%；世界银行（2016）预测中国 2016 年、2017 年和 2018 年 3 年经济增速分别为 6.7%、6.5% 和 6.3%；李扬（2013）预测 2016～2020 年中国经济增长率为 5.7%～6.6%。可见，未来一段时间中国经济将保持中高速增长。

表 1-4　　学者对中国经济增长速度的预测（2010～2050）

来　　源	预测时间区间（年份）	GDP 增速（%）	备　　注
国务院发展研究中心（2014）	2015 2016～2020	7 6～6.5	潜在增长率下降
李扬（2013）[①]	2011～2015 2016～2020 2021～2030	7.8～8.7 5.7～6.6 5.4～6.3	宏观经济模型 先行指数，一致指数与先行指数环比
张平（2014）	2014～2030	8～6	社科院宏观经济模型
祝宝良（2014）	2014～2030	7.4	中国宏观经济模型（ProjectLink）
张军（2014）	2014～2020 2020～2050	7～8 6～7	全要素生产率 基于收敛理论和"70 法则"
社科院数量所[②]（2014）	2015～2019	7.8～6.4	
林毅夫[③]（2014）	2008～2028	7.5～7	使用相对收入水平来衡量增长潜力
姚洋（2014）	2010～2030	7.5～7	资本增速存量 8.7%，投资增速为 12%
蔡昉等[④]（2014）	2011～2015 2016～2020	7.2 6.1	运用增长核算方程 劳动力、TFP 的变化对 GDP 增速的影响

注：①"中国可持续发展与金融改革：资本市场的作用"论坛。http://www.yicai.com/news/2014/09/4020567.html。

②《经济蓝皮书：中国经济增长报告 2014》。

③ http://www.acfic.org.cn/zt/12/sgm/115613000346.htm.

④ 蔡昉，陆旸．中国经济今后 10 年可以实现怎样的增长率［J］．全球化，2013 年第 1 期。

表 1-5　　国际机构对中国经济增长速度的预测（2010～2050）

来　　源	预测时间区间（年份）	GDP 增速（%）	备　　注
世界银行（2016）[①]	2016 2017 2018	6.7 6.5 6.3	世界经济展望
国际货币基金组织（2016）[②]	2016 2017	6.6 6.2	全球经济展望
国际能源展望（2014）[③]	2010～2030 2030～2040	6.6 4.0	
中国绿色经济展望：2010～2050[④]	2015～2020 2020～2030 2030～2050	7.28 4.75～4.52 2.74～2.42	

续表

来　源	预测时间区间（年份）	GDP 增速（%）	备　注
OECD（2014）	2014～2020	7.36～6.5	宏观计量模型—NiGEM 模型
CEPII（2014）	2009～2050	10.4～8	MaGE 模型
高盛[⑤]（2014）	2015～2017 2020	7.1～6.7 5	

注：① http：//data.worldbank.org.cn/country/china#cp_gep.

② http：//www.imf.org/zh/News/Articles/2016/10/03/AM2016－NA100416－WEO.

③ International Energy Outlook 2013. http：//www.eia.gov/forecasts/ieo/pdf/0484（2013）.pdf.

④ http：//www.unep.org/chinese/publications/pdf/greeneconomyChina2010_2050.pdf.

⑤ http：//www.91gold.com/article/45196.html.

http：//business.sohu.com/2004/02/21/41/article219154190.shtml.

三、工业化由中期向后期迈进

所谓工业化是指一个经济体随着工业发展，人均收入和经济结构发生连续变化的过程，而不仅仅是工业部门本身的发展，目前一般把人均收入的增长和经济结构的转换作为工业化进程的主要标志，并把工业化进程分为前工业化、工业化时期和后工业化时期三大阶段，在工业化阶段又可进一步分为工业化前期、工业化中期和工业化后期，其中后工业化时期基本代表进入了高收入和发达社会。

2012 年前后是中国进入工业化后期的重要转折点。从人均 GDP 水平看，2012 年中国人均 GDP 达到 6276 美元（现价），按汇率法折算的 1964 年不变价也达到 688 美元的水平，按汇率—购买力平价加权平均计算的人均 GDP 已经超过 900 美元。从产业结构看，2012 年中国第二产业比重下降到 45.0%，自 20 世纪 50 年代以来，首次低于服务业比重（45.5%），出现了历史上没有过的转折性变化。从主导产业的变化看，2012 年以来不少重化工业产品出现了产能过剩现象，产量增长接近峰值或进入平台期，经济增长的主导产业开始转向高技术制造业和服务业。

（一）经济总体上从工业主导转向服务业主导

典型工业化国家产业结构演变具有较强的规律：（1）随着人均 GDP 上升，工业比重先升后降。从美国、英国、法国、德国等典型工业化国家的发展历程

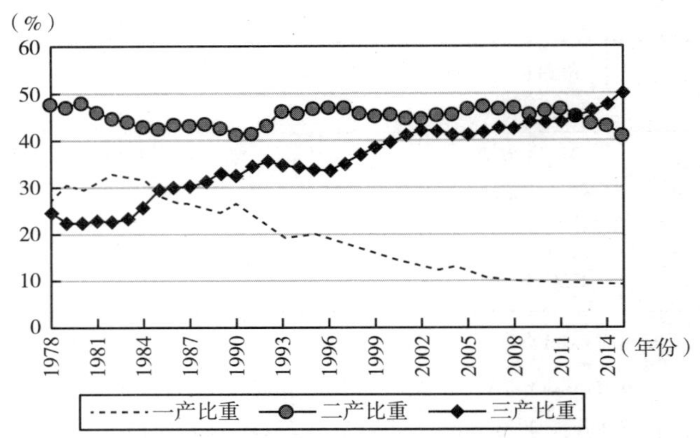

图 1－12　1978～2015 年我国产业结构变化趋势

资料来源：Wind 数据库。

看，随着人均 GDP 不断提高，工业化率先逐渐上升，达到峰值后逐渐下降。典型工业化国家工业化率平均为 46%，所对应的人均 GDP 平均值大约为 8800 国际元（基于购买力平价核算，单位为 1990 年 G－K 国际元）①。（2）在产业结构升级过程中，各行业比重达到峰值的先后顺序与技术和资金密集度有关，以纺织业、食品工业为代表的劳动密集型产业比重最早回落，以钢铁行业为代表的资本密集型重化工业次之，以金属制品、电器制造、交通运输设备制造等为代表的资本和技术密集型产业占制造业比重则持续上升。（3）工业化后期制造业和生产性服务业深度融合发展。在工业化后期，典型工业化国家普遍出现了制造业服务化和服务业专业化以及制造业服务业深度融合的趋势。服务业尤其是生产性服务业占制造业投入比重不断上升，制造业升级越来越依靠生产性服务业的推动与融合发展（李善同、高传胜等，2008）。

表 1－6　　典型工业化国家工业化率的峰值水平

国别		工业化率		
		峰值水平（%）	年份	当时人均 GDP（国际元）
领先国家	美国	39	1952	10414
	英国	48	1957	8003

① 任泽平．中国产业结构变动的新趋势和新特点［J］．学习与探索，2014 年第 5 期。

续表

国别		工业化率		
		峰值水平（%）	年份	当时人均 GDP（国际元）
早期追赶国家	德国	53	1960	7693
	法国	48	1960	7449
后期追赶国家	日本	46	1970	9662
	韩国	43	1991	9404
均值		46		8771

资料来源：国务院发展研究中心“工业化与经济增长”课题组数据库。

从我国产业发展历程来看，近年来我国产业结构也呈现出与典型工业化国家类似的特征。随着人均 GDP 的增加，我国工业化率在 2006 年达到 42% 的峰值，之后逐年下降。服务业占比则逐年增加，从 2011 年的 44.2% 增至 2016 年（前三季度）的 52.8%，对经济增长的贡献率也从 43.8% 增至 58.5%，我国经济正在经历从以工业为主导的时代向以服务业为主导的时代即后工业化时代的重大转变。

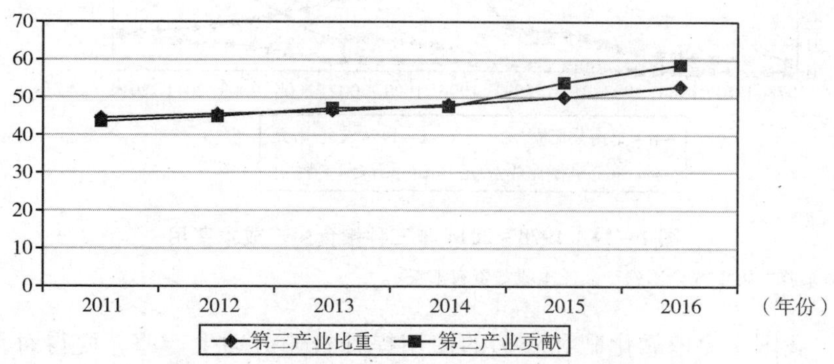

图 1－13　2011～2016 年（前三季度）第三产业比重和贡献

从服务业内部结构看，近年来生产性服务业占比出现短暂下降后开始恢复到 35% 到历史较高水平，特别是金融、专业服务、现代物流等高端生产型服务业发展迅猛，成为产业升级的重要支撑。

与此同时，代表新一代业态模式的互联网经济发展迅速。根据麦肯锡的研究，2013 年我国互联网经济占 GDP 的比重达到 4.4%，占比已超过美国、德国等发达国家，互联网经济规模总量仅次于美国。考虑到互联网等发展速度和各行业的运用程度，预计 2013～2025 年，互联网将帮助我国提升 GDP 增长率

0.3～1.0个百分点。我国信息经济的快速发展已经逐步改造旧的商业模式，为商业模式创新提供了坚实的保障。

（二）产业内部出现明显转型升级趋势

第一，农业加快向机械化、规模化方向发展。近年来随着农村剩余劳动力不断转移到非农部门，以及依靠农药、化肥等传统要素提升农业生产率的局限日趋突出，农业生产方式加快向机械化、规模化方向发展。图1－14显示了1978～2014年我国水稻、小麦和玉米这三种粮食生产的成本费用变化，从中可以看出，1987～2010年，每亩用工数大幅减少，而化肥、农药和机械作业费用则大幅增加，2010年之后每亩用工数和农药费增速放慢，每亩化肥费开始下降，机械作业费则仍持续增加，到2014年机械作业费首次超出化肥费。这种变化背后体现了我国农业发展动力的转变。

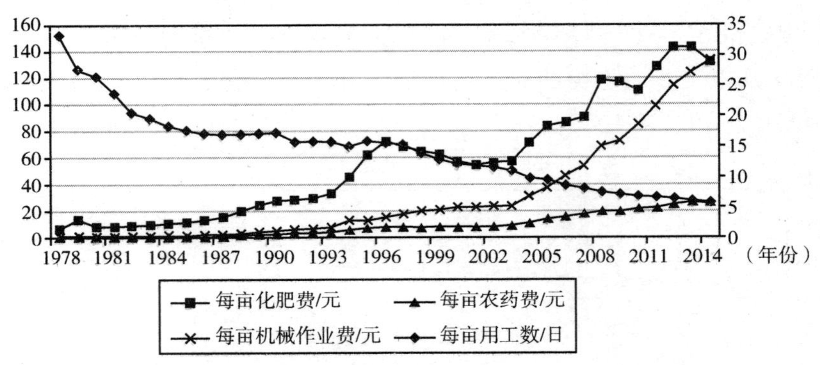

图1－14　1978～2014年三种粮食生产成本费用

资料来源：历年《全国农产品成本收益资料汇编》。

过去我国主要依靠化肥和农药的使用提升农业劳动生产率，使得每亩地用工数大幅减少，从而快速释放出大量剩余劳动力。近年来，我国农业增长的动力开始发生变化，首先，每亩地用工数已经下降到一定程度，很难再有下降空间；其次，化肥农药也无法大量使用。到20世纪末，我国已成为世界上化肥第一消费大国，各类农药使用量也位居世界前列，化肥农药的大量使用不仅加重了农民种植的经济负担，也让农业生产进入恶性循环，近年来随着生活水平的提高，民众对食品安全要求有所提高，国家对农业生产安全也越来越重视，农业部在2012年提出到2020年全国农药使用总量减少20%的目标。因此农业发展和劳动生产率的提高除了继续发挥化肥、农药等传统要素的作用外，开始依靠机械化生产和规模经营等新的动力。在机械化生产方面，农业机械总动力从2000年的52573.6万千瓦增至2014年的108056.6万千瓦，增长了105.5%。在规模化经营方面，我国土地流转面积从2007年的0.64亿亩增至2014年的4.03亿亩（见图1－15），2014年土地流转面积占经营耕地面积的比例达到30.4%，农业对大型机械的使用也快速增加，2007～2014年，大中型拖拉机拥有量增长了175.3%，而小型拖拉机拥有量仅增加了6.8%。中央2016年发布的《关于落实发展新理念加快农业现代化　实现全面小康目标的若干意见》文件进一步指出要深化农村集体产权制度改革，推进土地经营权有序流转，鼓励和引导农户自愿互换承包地块实现连片耕种，这些都将有助于加快我国农地的机械化生产和规模经营。农业经营方式开始从分散经营、产业链条短向适度规模经营、全产业链转变。一方面，农业生产的商品化、规模化、集约化、专业化、组织化、社会化程度不断提升；另一方面，农业不再是过去的纯粹农业生产环节，还包括产前、产中、产后等一系列密切配合的环节，农产品流通逐步与“互联网＋”有机融合，提高了流通效率。

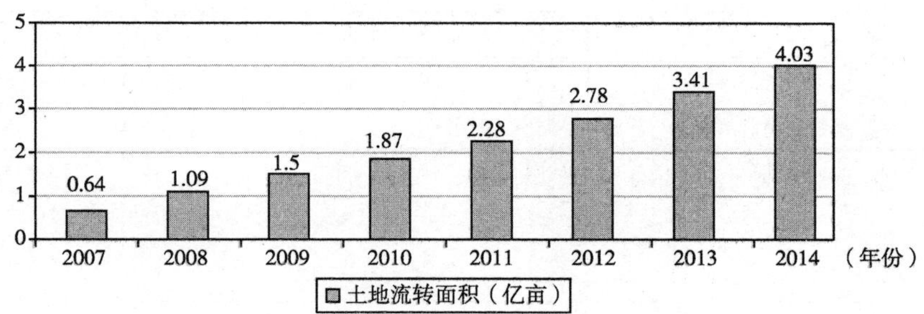

图1－15　2007～2014年土地流转面积

资料来源：农业部。

表1－7　2010～2014年农业劳动生产率和机械化水平

年份	粮食单产（千克/亩）	农业劳动生产率（元/人）	综合机械化水平（%）
2010	331.57	14512.05	52.28
2011	344.39	17855.99	54.82
2012	353.45	20321.12	57.17
2013	358.44	23564.09	59.48
2014	359.01	25595.44	61.6

第二，制造业由中低端向中高端迈进。

一方面，高技术产业和装备制造业快速发展。近年来我国坚持走新型工业化道路，推动工业化和信息化深度融合，产业结构得到了逐步的优化与调整，重工业比重开始逐步下降，轻工业比重则逐步上升，与此同时，劳动密集型产业占比逐步回落，而高新技术产业占比则大幅提升，工业发展向中高端迈进。2010 年以来，在我国经济增速整体放缓的背景下，高技术制造业增加值一直保持了 2 位数以上的高速增长，明显领先于全部工业增加值的增速，而且领先的幅度呈扩大之势。2015 年，高技术制造业增加值增长 10.2%，占规模以上工业增加值的比重为 11.8%。从历年投入产出表的计算结果来看，高技术产业增加值比重从 1992 年的 41.07%增至 2012 年的 44.22%，同时低技术产业增加值比重从 1992 年的 33.91%降至 2012 年的 27.98%。

表 1－8　各类型产业增加值比重　单位：%

年份	低技术产业	中技术产业	高技术产业
1992	33.91	25.02	41.07
1997	39.21	21.96	38.83
2002	33.13	21.73	45.13
2007	28.84	27.54	43.62
2012	27.98	27.80	44.22

资料来源：根据 1992～2012 年投入产出表计算。

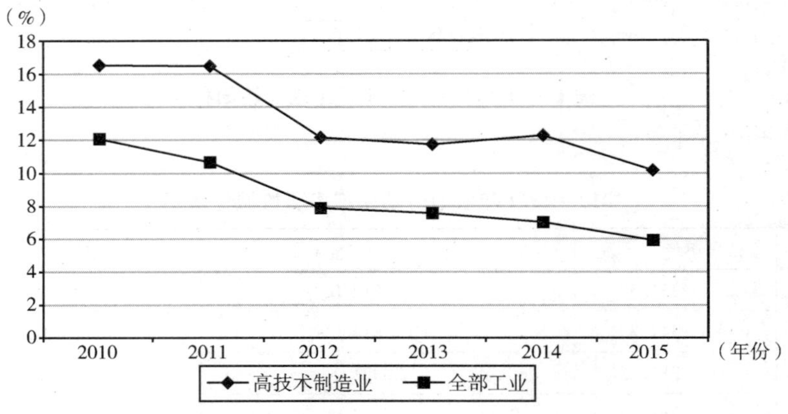

图 1－16　2010～2015 年全部工业和高技术产业工业增加值增速

此外，“十二五”时期我国装备制造业综合实力显著提升，具有传统优势的汽车、发电设备、数控机床等重点产品产量继续领先全球，以新型传感器、智能控制系统、工业机器人、自动化成套生产线为代表的智能制造设备发展势头良好，增长速度远高于全行业平均水平。随着“互联网＋智能制造”的深入推进，未来智能化逐步成为产品升级的主旋律。

随着自贸区建设加速和“一带一路”建设的推进，以高端装备为代表的高技术制造业中投资和出口方面都有所增加，在高技术制造业保持快速增长的态势下，我国参与国际竞争的比较优势开始重塑，并成为工业经济增长的重要支撑。根据战略新兴产业规划，到2020年，节能环保、新一代信息技术、生物、高端装备制造业将成为国民经济的四个支柱产业，新能源、新材料、新能源汽车产业将成为国民经济的先导产业，部分产业和关键技术跻身国际先进水平，未来，以信息化、智能化和服务化为主要发展方向的现代产业将成为我国重要的产业导向。①

另一方面，传统产业和新兴产业分别通过不同形式向中高端迈进。在转型升级和“两化融合”的大背景下，中国制造业正试图摆脱因位于低端价值链所带来的价格竞争，物联网、机器人、3D打印等逐步渗透到企业研发、生产、物流、销售、售后等各个环节，中国制造业正努力向价值链两端延伸。传统产业通过全球配置资源向产业链中高端攀升，家电、纺织等传统行业不断通过海外并购获得设计、研发、营销等高端生产要素，努力提升在全球价值链中的地位，我国制造业在国际分工体系中处于低端环节、制造业出口“两大两低”（产量大、出口量大、附加值低、利润低）的局面已显著改善，食品、纺织品等劳动密集型制造业在全球价值链分工中获取增加值的能力较强，且近年来呈现稳步提高的趋势（李善同，2015）；新兴制造业依靠新技术和创新能力的提升，不断培育壮大，以智能制造、移动互联网、物联网、云计算为代表的新兴产业快速成长。中国企业近年来在产品科技研发方面的投入占全球投入比重从1993年的2.2%上升至2014年的17.5%，随着未来中国对科研投入的持续加大，中国产业部门在国际产业链中向上移动的趋势将越来越明显。

（三）不同城市产业发展呈现分化趋势

近些年来，中国城市经历了经济高速增长的黄金时期，产业规模快速扩张，产业结构有所升级，但不同城市的产业发展开始呈现分化趋势。

从区域层面来看，东部地区部分省市工业增加值仍保持较快增长，如天津2016年增速为8.4%；东北地区总体上增速缓慢，辽宁省甚至出现负增长；中西

① 王蕴，曾铮．产业结构不断优化升级是新常态的重要特点［N］．光明日报，2016－01－05.

部大部分地区工业增长高于全国平均水平，重庆市更达到了10.3%的工业增加值增速。工业增速的这种区域差异主要是由产业结构的差异决定的，东北地区以重工业为主的产业结构特征较为显著，石油、煤炭、钢铁等为其支柱产业，传统产业增长乏力、新兴产业发展不足导致其工业增速缓慢；产业升级较为成功的地区工业则保持了相对较快增长，如江苏省战略新兴产业占工业比重接近30%，浙江省战略性新兴产业增加值占规模以上工业增加值25.5%，深圳战略性新兴产业增加值占GDP比重已超过30%①。在经济结构调整过程中，高新技术产业与战略新兴产业已成为支撑当地工业生产增长的重要力量，为工业发展积蓄了后续动力②。

从城市层面来看，太原、兰州、西安等西部省会城市在所在区域具有独特的优势，金融、物流、房地产等服务业均集聚于此，因此其第三产业比重也较高，超过60%。中西部其他主要城市仍处于工业化中后期阶段，第二产业仍占主体地位。如南昌、长沙、郑州、合肥等城市仍是第二产业主导，未来将在发展工业的过程中实现产业升级和产业发展。

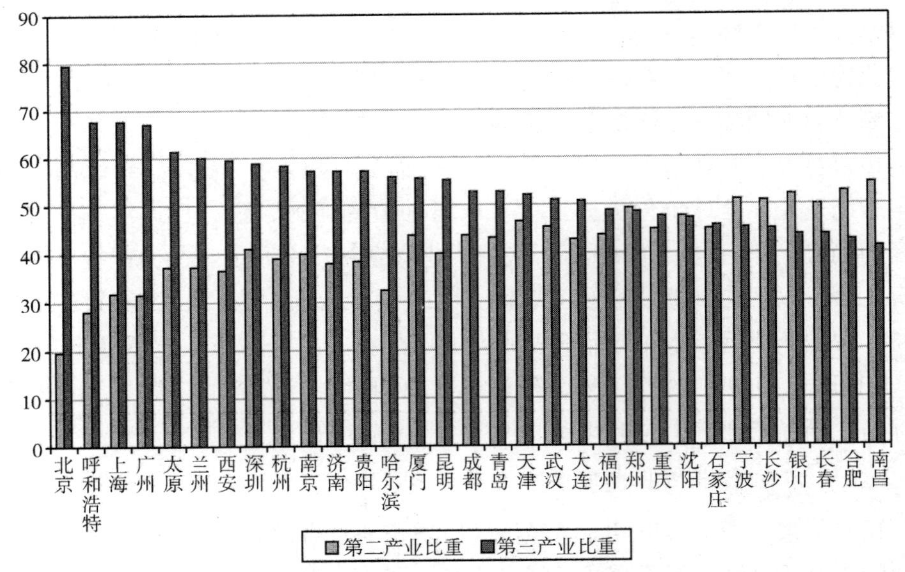

图1-17　2015年重点城市第二、第三产业比重

① 金开尔．先进经济省市战略新兴产业产值占工业比重突出［N］．中国企业报，2016年第3期。

② 赛迪智库．2016年中国产业结构调整趋势发展。

时至今日，北京、上海、广州、深圳等特大城市已经步入从工业经济向服务经济转型的阶段，并开始通过创新提升城市的空间价值，一些二线城市也积极利用新一轮政策窗口和技术革命的契机，加快实现城市的产业转型。2015 年浙江省提出“特色小镇”的建设目标，其核心在于寻求促进浙江产业、空间双升级的新型发展空间平台。浙江的特色小镇对块状经济原有的产业基础进行了改造，如海宁皮革时尚小镇将轻纺产业融入“时尚”元素，江北动力小镇将机械产业转变为高端装备制造业等。这种模式不仅增加了产业附加值，同时寻求产业性质从根本上的改变。珠三角地区技工培训体系较为完善，技校分布与工业区配合紧密，源源不断生产出能适应先进制造业的产业工人，深圳、佛山、东莞等城市充分利用这一优势，实现了从装配制造业到技术含量高的先进制造业的转型，企业的创新能力快速提升。深圳以企业为中心，政府通过投资大学和技术研究院为企业创造人才蓄水池，为科研院所和人才提供“协调创新”的平台，构造根植于地方的创新网络。东莞依靠政府和市场的双重力量，积极应对创新创业大潮，利用其区位条件，产业配套和营商环境方面的优势，加快科技成果转化，从以往承接外部劳动密集型产业转移到如今逐渐成长为推动创新成果产业化的创新型城市。

与此同时，中西部资源城市则出现了增速大幅下降，发展后劲乏力的现象。从 2008 ~2012 年中国已经分三批确定了 69 个资源枯竭型城市。这些城市的共性特点就是矿产资源开发进入了衰退或者枯竭过程，产业结构单一，效益下降，经济总量不足，大量职工收入低于全国城市居民人均水平。例如，大连曾是东北经济的佼佼者，但近年来对外贸易开始下滑，一般贸易、加工贸易进出口额均开始下降，占 GDP 比重 46. 31% 的工业对经济增长的贡献仅为 10. 6% 。

四、人口红利逐渐消失

一直以来，人口红利，特别是丰富的劳动力是中国经济增长的一个十分重要支撑条件。但是近年来这一状况出现了一些转折性变化。

（一）人口增速持续放缓

从 2005 ~2015 年数据来看，人口总量虽然仍在增加，但增加速度明显趋缓；全面二孩后，中国人口 2030 年左右预计将达到峰值 14. 5 亿人，之后人口总量将逐渐减少。而从 0 ~14 岁新近出生人口来看，2010 年后也出现了明显的下降趋势，从原先的 2. 5 亿人下降到 2. 2 亿人左右（见图 1 –19）。

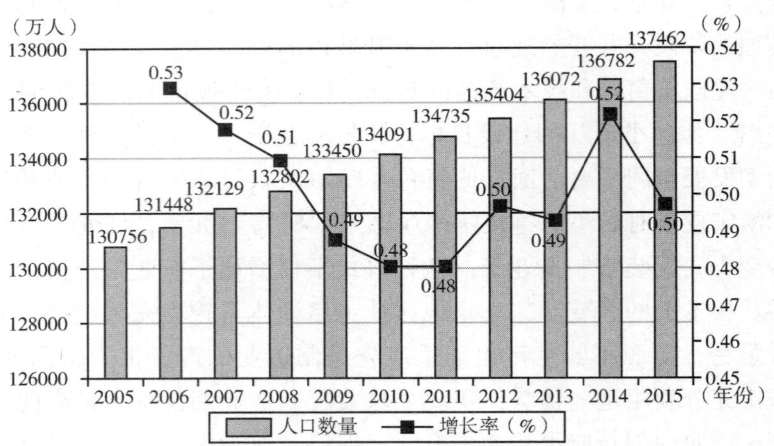

图 1－18　2005～2015 年中国人口总数量及增速

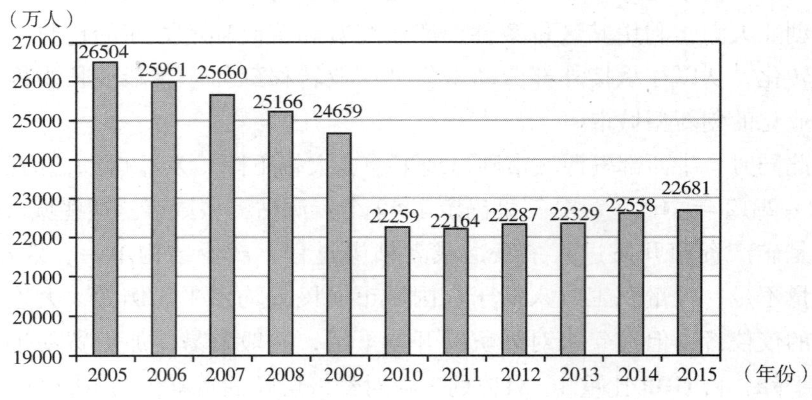

图 1－19　2005～2015 年中国 0～14 岁人口

（二）人口红利逐渐消失，老龄化程度不断加剧

15～64 岁劳动年龄人口从 2014 年开始出现下降，2014 年相比 2013 年减少 113 万人，2015 年相比 2014 年减少 122 万人。

人口老龄化程度不断加剧，中国 65 岁以上人口占总人口比重 1982 年为 4.9%，1990 年为 5.6%，2000 年为 7.1%，2010 年为 8.9%，2015 年为 10.5%。

（三）流动人口不断增多，人口流动性不断增强

“十二五”期间，我国流动人口年均增长约 800 万人，到 2014 年末达到

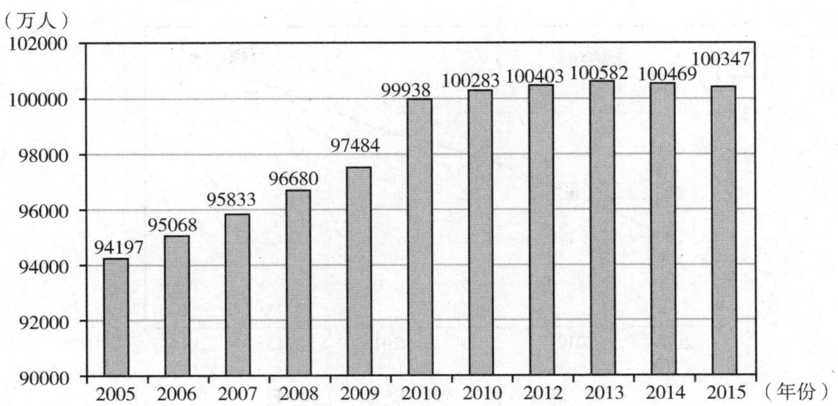

图 1-20　2005～2015 年中国 15～64 岁人口

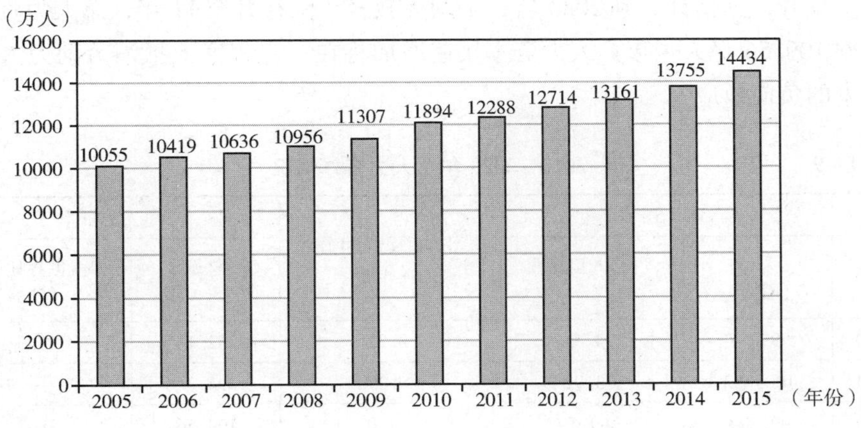

图 1-21　2005～2015 年中国 65 岁及以上人口

2.53 亿人；到 2020 年，我国流动迁移人口将逐步增长到 2.91 亿人，每年增长 600 万人左右。

"十三五"期间，人口继续向沿江、沿海、铁路沿线地区聚集。超大城市和特大城市的人口，还会由于人口的迁入继续增长。随着区域经济一体化的推进，区域间经济联系的加强，城镇之间人口流动将日趋活跃。

（四）人力资本积累逐步提高

其中总人力资本从 2010 年的 82.1 亿人·年升至 2013 年的 94.2 亿人·年，新增劳动力中高校毕业生占比从 2011 年开始已经超过新增转移农民工，成为最

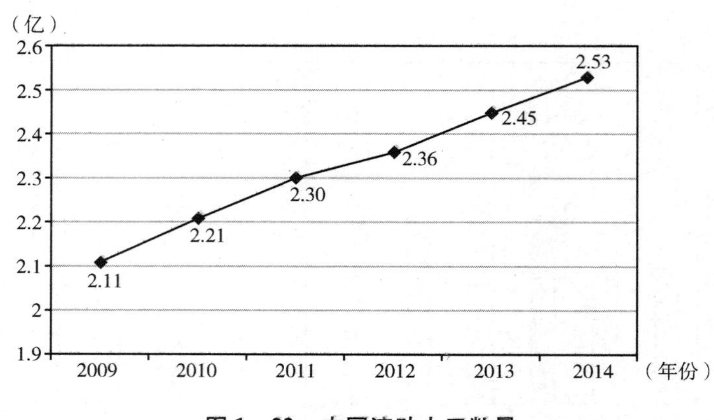

图 1－22　中国流动人口数量

主要的新增就业群体，人力资本结构有显著改变。"十三五"时期人力资本将会进一步提升，据估计，到2020年，平均受教育年限将升至11年，总人力资本将增加到109.56亿人·年。人力资本快速增加将在一定程度上抵消劳动力人口下降带来的负面效应。

表 1－9　　2010～2020 年总人力资本情况

年份	15～64岁		平均受教育年限（年）	总人力资本	
	人口（百万）	占总人口比重（%）		总量（亿人·年）	占世界比重（%）
2010	999.57	74.53	8.22	82.1	27.3
2013	1005.82	73.92	9.37	94.2	…
2020	996.04	69.5	11.0	109.56	28.3

资料来源：人口数据来源于 Population Division Of Department Of Economic And Social Affairs Of The United Nations Secretariat，World Population Prospect：The 2012 Revison. 平均受教育年限和总人力资本系作者计算。

五、经济增长由要素驱动向创新驱动转变

"十二五"时期以来，我国积极探索经济增长方式从要素驱动、投资驱动向创新驱动转变，党的十八大报告中明确提出要实施创新驱动发展战略，旨在增强经济增长的内生动力。该战略要求推动以科技创新为核心的全面创新，增强科技进步对经济增长的贡献度，形成新的增长动力源泉，推动经济持续健康发展。就实际成效而言，从 R&D 投入产出情况来看，截至2013年全社会投入 R&D 人

员全时当量和 R&D 经费支出与 2010 年相比年均增长率分别为 11.42% 和 18.82%；同一时期全社会专利申请和授权件数年均增长率分别为 24.82% 和 17.24%，R&D 的产出增长快于投入增长，意味着我国创新能力有所提升。

当前世界正在进行一场以生物、信息、新材料、新能源技术为中心的产业革命，这些革命将催生新的经济增长点，为我国实施创新驱动带来重要的战略机遇，同时劳动力短缺和资源环境约束使我们越来越需要依靠创新驱动，而国家各阶层对创新的高度重视则为我国推动创新驱动战略提供了坚实的政策保障。2015 年 3 月，《中共中央国务院关于深化体制机制改革加快实施创新驱动发展战略的若干意见》公布实施，提出到 2020 年基本形成适应创新驱动发展要求的制度环境和政策法律体系，为进入创新型国家行列提供有力保障。可以预见，“十三五”时期，随着创新驱动战略的全面深入实施，我国将通过创新在全球新一轮科技革命和产业变革中扮演重要角色，经济增长的内生动力也将进一步得到增强，创新能力将大幅提升，创新将成为我国经济社会发展的主要动力和源泉。

六、消费对于经济增长的贡献处于上升阶段

投资、消费和净出口是拉动经济增长的三大需求。在过去相当长的一段时间内，我国经济增长表现为主要依赖于投资和出口，当经济长期过度依赖于投资，而且投资又受到政府的强力干预时，会产生三大负面效应：一是产生越来越严重的产能过剩问题；二是使居民收入不断扩大，形成严重的社会不公平问题；三是导致严重的腐败问题。

目前，我国经济增长的最终需求显著变化是，消费对我国经济增长的贡献处于上升阶段。消费已成为我国经济增长的最大动力。2010 年之后，我国最终消费支出占 GDP 的比重持续上升，2015 年提高到 52.4%。消费支出对国内生产总值增长的贡献率 2015 年已达到 66.4%。我国经济增长模式已从依靠投资和出口拉动为主转向依靠消费和投资拉动为主。

未来我国居民收入水平的提高将带来消费总量的扩大和消费能力的提升，消费需求对经济增长的拉动作用将进一步增强。据估计，2012 ~ 2030 年，中国个人消费总量将每年增加 8%，平均家庭消费将增长接近三倍①。同时，收入水平的提高将带来消费结构的升级。一是从生存型消费向发展型、享受型消费升级。发展型、享受型的消费比如娱乐、交通、居住、医疗、卫生保健、休闲等。

① 麦肯锡.《中国经济的下一站》，2012 年 11 月。

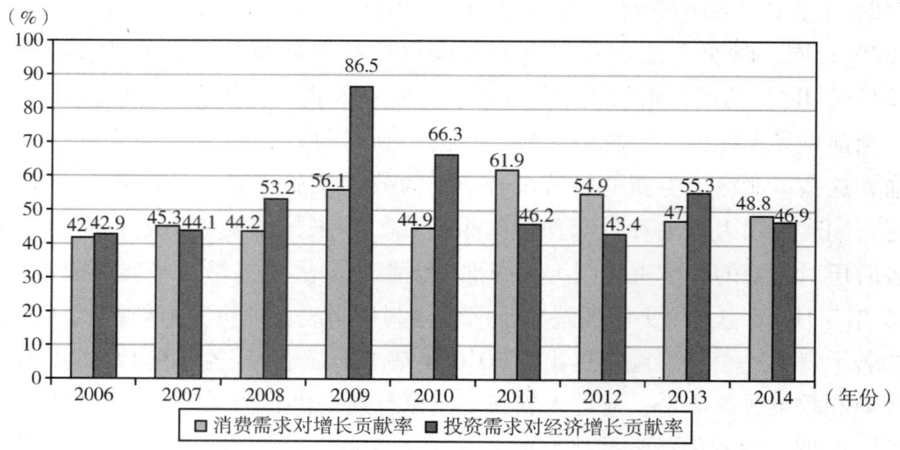

图1－23　消费与投资对经济增长的贡献率

二是从物质型、商品型消费向服务型消费升级。随着我国进入中等收入阶段占多数的阶段，中产阶层的需求进一步增加，这些中等收入群体对金融理财、保险、高端家政服务等的消费也在不断增长。三是从传统型消费向新型消费升级。消费者对消费品质的需求不断提升。未来时期，居民由重视消费量的满足到重视质的提升。比如对高端消费品或奢侈品的需求不断增加。消费热点将向“多点多面”转变。以往的经验表明我国不同时期的消费出现一两个消费热点，随着消费能力的提升和消费面的扩大，消费热点也发展到“多点多面”。

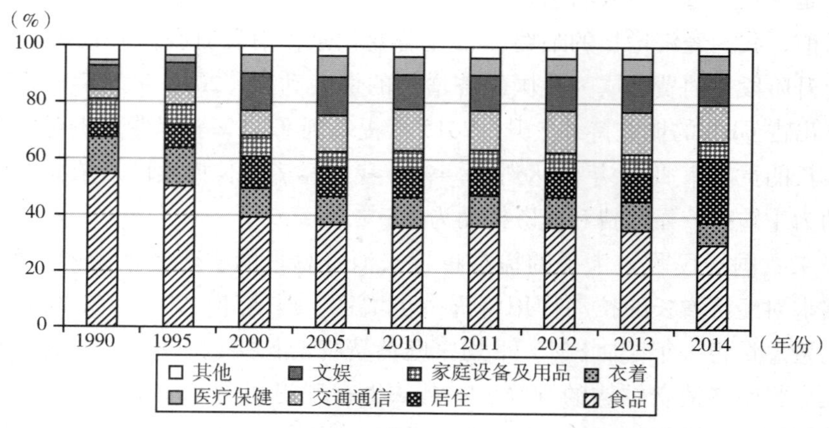

图1－24　1990～2014年我国城镇居民消费结构变动

资料来源：历年中国统计年鉴。

七、基础设施建设由基本适应向适度超前转变

（一）以“五纵五横”为主骨架的综合交通运输网络基本形成

目前，国家“五纵五横”综合运输大通道基本贯通，连通了21个城市化地区，干线通道骨架初步形成，重要枢纽节点渐趋稳定。

“十三五”时期，我国将进一步加快完善安全高效、智能绿色、互联互通的现代基础设施网络，更好发挥对经济社会发展的支撑引领作用。我国将构建横贯东西、纵贯南北、内畅外通的综合运输大通道，加强进出疆、出入藏通道建设，构建西北、西南、东北对外交通走廊和海上丝绸之路走廊。重点打造以“八纵八横”主通道为骨架、区域连接线衔接、城际铁路补充的高速铁路网（见图1－25）。

图1－25　我国中长期高速铁路网规划

（二）高铁营业里程位居世界前列

截至2015年底，中国铁路营业里程达12.1万公里，居世界第二位。高铁营业里程突破1.9万公里，占世界高铁运营里程的60%以上，居世界第一位。其中，西部地区营业里程4.8万公里，比2014年末增长10.1%。路网密度126公里/万平方公里，比2014年增加9.5公里/万平方公里。[①]

（三）多层次城镇交通骨干网络建设加速

近些年来，我国在城市化地区大力发展城际铁路、市域（郊）铁路，形成多层次轨道交通骨干网络，高效衔接大中小城市和城镇。未来国家将进一步加强城市化地区内部综合交通网络建设，连通21个城市化地区，至2020

① 数据来源：中华人民共和国交通运输部《2015年交通运输行业发展统计公报》。

年，京津冀、长江三角洲、珠江三角洲三大城市群基本建成城际交通网络，相邻核心城市之间、核心城市与周边节点城市之间实现1小时通达，其余城市化地区初步形成城际交通网络骨架，大部分核心城市之间、核心城市与周边节点城市之间实现1~2小时通达（国家发改委交通运输部，2015）。随着高铁网络的建成，2025年我国高铁里程将翻一番，主要连接省会城市和50万人口以上大中城市，2030年实现相邻大中城市1~4小时交通圈、城市群内0.5~2小时交通圈，对区域经济产生“融城”效应，促进城市之间的开放合作、共生共赢。

八、区域板块内部分化更加显著

（一）地区差距呈现缩小态势，但是有所波动

根据现价人均GDP计算的Gini系数和Theil指数的结果来看，20世纪90年代前半期，我国地区差距快速增长的趋势显著，90年代后半期到2004年以前，省际间差距扩大的速度开始趋缓，2004年以后，我国地区差距出现了较为显著的下降趋势（见图1-26）。但2012年以来，地区差距缩小的趋势逐渐放缓，2015年Gini系数由2014年的0.2269上升到0.2275，地区差距缩小呈现波动（见表1-10）。从图1-28来看，我国东部地区与西部地区的差距依然显著，缩小地区差距依然是未来相当长时期内我国面临的重要任务。

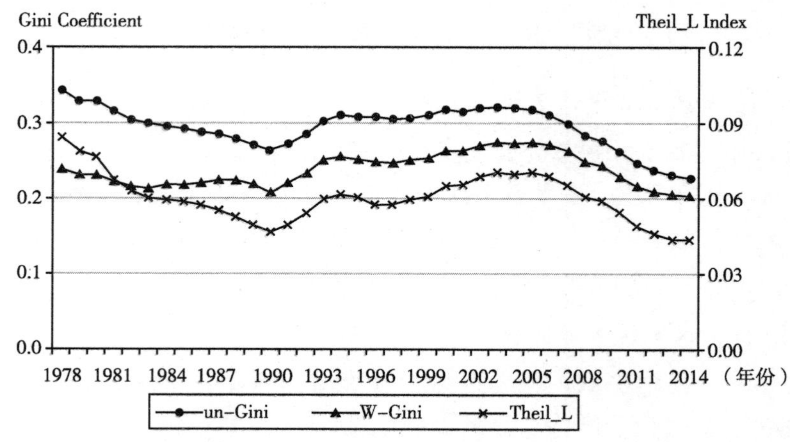

图1-26 用现价人均GDP计算的Gini系数和Theil指数

表 1－10　　2005 年以来人均 GDP 的 Gini 系数变化

年份	GINI 系数	比上年下降	比上年下降的百分比（%）
2005	0.3178	0.002	0.58
2006	0.3114	0.00644	2.07
2007	0.2990	0.01238	4.14
2008	0.2832	0.0158	5.58
2009	0.2766	0.00656	2.37
2010	0.2617	0.01493	5.71
2011	0.2464	0.01529	6.21
2012	0.2368	0.00963	4.07
2013	0.2305	0.00626	2.72
2014	0.2269	0.00364	1.60
2015	0.2275	－0.00063	－0.28

（二）区域板块内部呈现分化态势

新阶段区域经济发展面临的挑战主要来自全球经济和全国经济增长的转型。从国际形势来看，国际经济增长格局正呈现发达经济体特别是美国经济复苏步伐加快，而新兴经济体增速放缓，全球大宗商品价格仍处于低位；全球生产组织方式正呈现剧烈变化，全球生产网络正日益形成，生产网络平台的重要性日益凸显，对作为全球制造大国的我国未来的产业发展提出新的挑战等。从国内形势来看，我国进入经济增速趋缓、结构趋优和动力转换的新常态，经济下行压力较大。

外部市场的疲软、国内发展模式的转变和国内市场一体化程度的提高打破了原有的基于板块的分工格局，区域自身的条件对于区域分工起着越来越大的决定性作用（何建武，2016）。从增长速度绝对水平来看，2015 年增长最快的 5 个省（市）分别是西藏、重庆、贵州、天津和江西，除了天津外其余 4 个都属于南方地区；而增长最慢的 5 个省份分别是河北、吉林、黑龙江、山西和辽宁，基本都属于东北和华北地区（见图 1－27）。

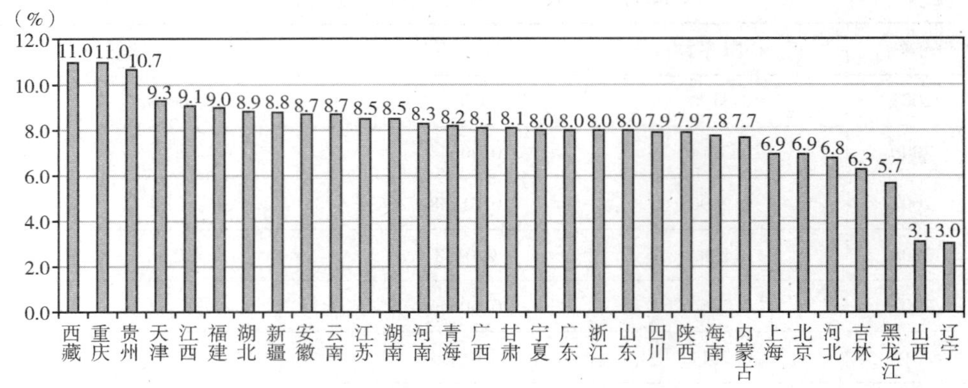

图 1－27　2015 年各省市区经济增长速度

资料来源：《中国统计年鉴 2016》。

从增长速度的变化来看，在过去一轮全国重化工业快速发展的时期，重化工业的发展确实带动了区域经济的较快增长，但也对局部地区的生态环境造成一定的负面影响。随着投资高速增长阶段的逐渐结束，加上环境治理力度的不断加大，严重依赖能源、重化工业的省份转型压力较大，经济增速大幅度下滑。东北 3 省地区增速下滑幅度最大，达到 2 个百分点左右。以山西、河北、辽宁等为代表的严重依赖能源、重化工业的省份工业和财政收入持续低增长甚至是负增长，转型压力较大，许多转型区域正在沦为发展水平较为落后的地区。

九、环境整体压力高位趋缓

（一）制约环境的经济增速压力减缓，新增规模压力仍处高位

当前及“十三五”时期，我国面临着劳动年龄人口减少、人口抚养比提高、储蓄率达到高峰、比较优势减弱等形势，预期潜在经济增长水平整体处于下移趋势。《十三五规划》中将年均经济增长定位 6.5%。综合考虑影响我国经济潜在增长的要素及其变化趋势进行预测，“十三五”期间，我国的 GDP 年均增长率将降至 6.6% 左右，分别比“十一五”（11.2%）、“十二五”（7.9%）时期降低 4.6 个和 1.3 个百分点。以 2010 年生产总值为基期测算 2010 年生产总值相当于 2005 年基础上增长 70.1%，新增生产总值 16.5 万亿元；预计 2020 年我国经济总量 80.9 万亿元，相当于 2015 年基础上增长 37.9%，新增生产总值 22.2 万亿元。经验数据显示，“十二五”时期，GDP 每增加 1 万亿元，带来 SO_2、COD

新增排放量分别为41.2万吨、31.4万吨。考虑到技术进步、转型升级、三产比重加大等因素，“十三五”时期单位经济新增量带来的污染排放量会有所降低，但经济体量、新增量的持续上升带来的环境压力仍处高位。

（二）城市化持续推进加大环境压力，但是城市化速度放缓有助于缓解环境压力

城市化进程持续推进加大了城市环境压力及承载能力，城市环境问题日益凸显。研究数据表明，城市化率每提高1个百分点，将增加城镇人口1300万人左右、生活垃圾520万吨、生活污水11.5亿吨，消耗8000万吨标煤。“十三五”时期仍是我国城市化进程推进期，尽管质量会有所提升，但也是城镇人口增长、资源能源消耗的过程，对城市环境容量负荷、城市生态空间安全格局、环境基础设施建设等都带来较大压力，生活领域消费型污染防治的形势紧迫。在原有发展城市群战略下，污染区域性特征主要表现在大中城市之间，未来中小城镇发展可能导致不同区域、城市群间由隔离式的“大碎片污染”转为“连片污染”，城市灰霾、内河水体黑臭、饮水不安全、垃圾围城等环境问题已成为社会关注的焦点。

“十三五”期间，全国城镇人口增速预计将逐步下调，城镇人口增长率将降低为1.9%左右。预计“十三五”期间，我国预计新增城镇人口7654万人，较“十二五”期间少增长1655万人。据此测算，“十三五”期间，我国城镇生活化学需氧量和氨氮的新增排放量分别约为196万吨和22万吨，人均产污系数为70g－COD/（人·天）和8g－NH4－N/（人·天），总体增速放缓。

表1－11　城镇生活源主要水污染物新增量表

时期	城镇人口增量（万人）	人均产污系数［g/（人·天）］		新增排放量（万吨）	
		COD	氨氮	COD	氨氮
2011～2015年	9308	—	—	240	28
2016～2020年	7654	70	8	196	22

第三节　新阶段变化对城市化发展的影响

中国经济社会发展步入新阶段，呈现出人均收入由中高收入向高收入迈进、经济增长由高速向中高速换挡、工业化由中期向后期迈进、人口红利逐渐消失、经济增长由要素驱动向创新驱动转变、消费对于经济增长的贡献处

于上升阶段、基础设施建设由基本适应向适度超前转变、区域内部分化更加显著和资源等特点，这些变化对城市化的速度、格局、风险和动力等均将产生重要影响（见表1－12）。

表1－12　　新阶段变化对城市发展的主要影响

影响因素	新阶段特点	城市化速度	城市化风险	城市化格局	城市化动力
人均收入	由中高收入向高收入迈进	+			—
经济增长	由高速向中高速换挡	—			—
	由要素驱动向创新驱动转变	+		+	—
产业发展	工业化由中期向后期迈进	+			—
	产业结构由工业主导向服务业主导转变	+			
	农业向机械化、规模化方向发展	+			+
	制造业由中低端向高端迈进	+		+	+
	生产性服务业快速发展	+		+	+
	东部部分产业向中西部地区有序转移	+		+	
人口	人口增速放缓	—			—
	老龄化程度不断加剧	—			—
	人口流动性不断增强	+		+	+
	人力资本积累逐渐提高	+			+
消费	消费对于经济增长的贡献上升	+			
基础设施	由基本适应向适度超前转变	+			+
	综合交通运输网络基本形成，高铁建设规模和水平居世界前列	+		+	+
	多层次城镇交通骨干网络建设加速	+		+	+
区域发展	区域差距问题依然需要关注	—			
	板块内部分化显著	—		—	—

注：“＋”表示该因素对城市化发展有正面影响，“—”表示该因素对城市化发展有负面影响。

一、城市化速度将趋缓

（一）我国城市化步入增速趋缓阶段

城市化过程在宏观意义上是一种Logistic过程，可以采用S形曲线描述。Northam（1979）注意到城市人口比重变化的Logistic曲线特征，并且将其分为三个演化阶段。陈彦光、周一星（2005）借助系统论的有关思想，进而运用导数原理、Logistic 曲线的内禀特征尺度以及城市化水平与经济发展水平的关系模型修正并且改进了 Northam 曲线，得到一个四阶段的划分结果。即，城市化初期阶段、城市化加速阶段、城市化减速阶段和城市化后期阶段（见图 1－28）。城市化水平超过 50% 以后，城市化将处于减速阶段。

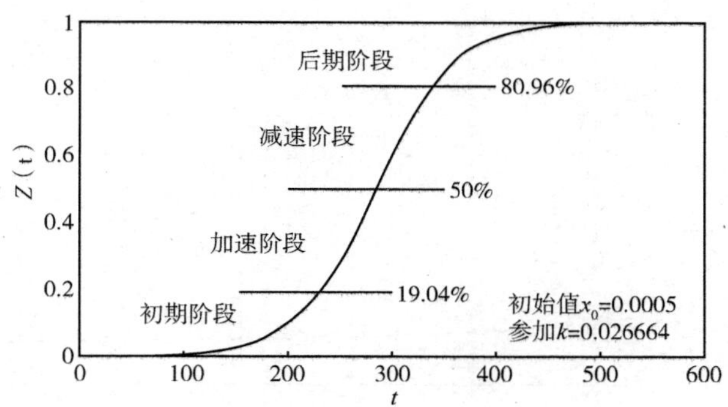

图 1－28　城市化的 Logistic 曲线及其阶段划分示意图

资料来源：陈彦光，周一星（2005）。

从世界各国城市化水平与城市化速度来看，城市化率 50% 左右是城市化速度高峰时期，其后城市化速度将明显放缓（见图 1－29）。

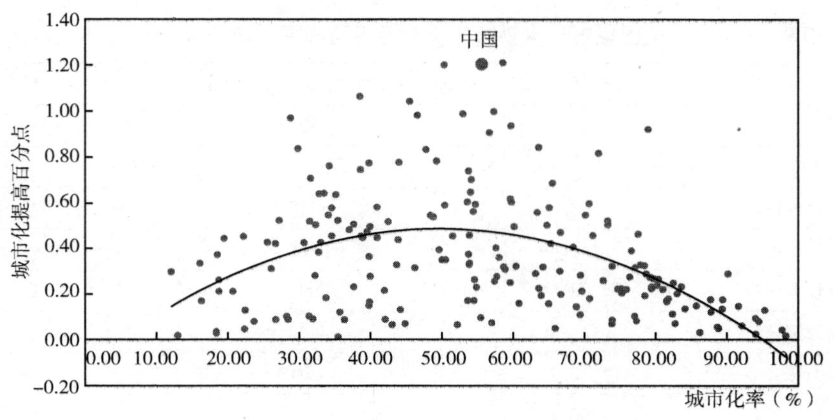

图 1－29　城市化水平与城市化速度（2015 年）

从各国经济发展水平与城市化速度来看，人均 GNI10000 美元之前，城市化速度较为容易保持较高水平，人均 GNI 超过 10000 美元之后，城市化速度明显下降（见图1－30）。Brulhart & Sbergami（2008）根据105个国家和地区1960～2000年的面板数据，分析了城市化演进对经济增长的作用，结果表明城市化对经济增长的正向作用具有一定的前提或临界值，这个临界值被认为是约一万美元的人均收入，超过此水平的国家城市化的演进，经济增长将不再保持同向变化。

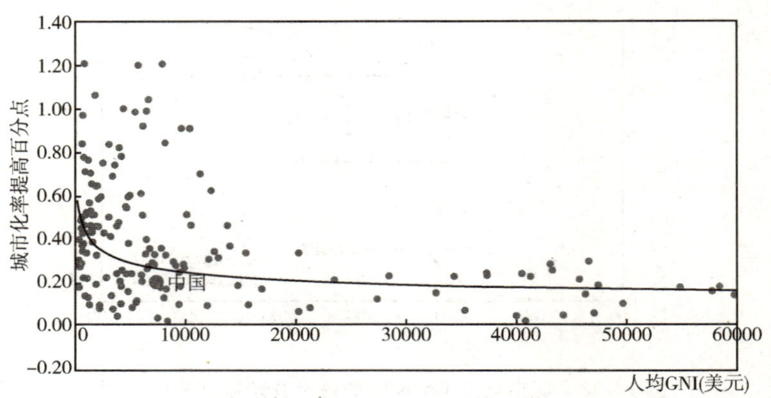

图1－30　经济发展水平与城市化速度（2015年）

进入21世纪以来，中国城市化快速发展，目前我国城市化水平已略高于世界城市化平均水平，接近中等收入国家的平均水平（见表1－13）。

表1－13　　中国城市化水平略高于世界平均水平（2015年）

国家类型	城市化率（%）	人均GNI（现价美元）	人均GDP（现价美元）
中国	55.61	7820	7925
高收入国家	81.12	41366	39577
中高等收入国家	63.65	8113	7737
中等收入国家	50.46	4866	4668
中低等收入国家	38.96	2035	1988
中低收入国家	48.40	4423	4245
低收入国家	30.74	620	616
世界	53.86	10437	9996

而从城市化发展速度来看，自20世纪90年代中期中国城市化率超过30%后，城市化水平一直处于快速提高的过程中。“九五”、“十五”、“十一五”时期，

全国城市化水平年均分别提高了 1.44 个、1.35 个和 1.39 个百分点。在“十二五”期间，全国城市化水平超过 50%，城市化速度明显放缓，年均提高降至 1.21 个百分点。2011～2015 年，城市化水平的提高幅度逐年降低，依次为 1.34 个、1.32 个、1.28 个、1.24 个和 1.20 个百分点。

分析城市化发展的阶段规律，在城市化发展的历史进程中，城市化速度的变化呈两侧带有长尾的倒 U 形曲线。即城市化初期（城市化率 <30%）和后期（城市化率 >70%）速度缓慢，位于曲线两侧平缓的尾部；城市化中期速度较快，位于曲线中部的 U 形部分；曲线的顶点在城市化率为 50% 的时期；在城市化中前期（30%～50%），城市化呈加速的态势；在城市化中后期（50%～70%）是城市化减速推进时期（魏后凯，2011）。当前，中国城市化超过 50%，接近 60%，尽管城市化仍有较大的空间，城市化仍将持续推进，但是将处于城市化减速推进时期。

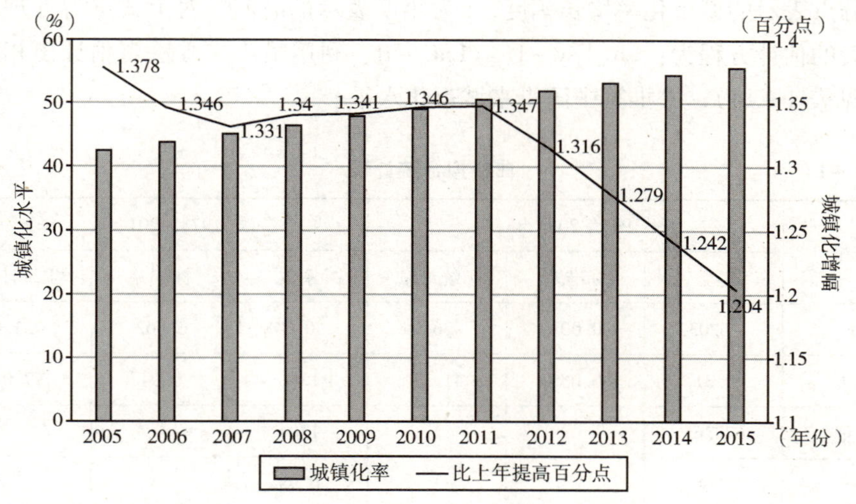

图 1－31　“十一五”以来中国城市化水平及其增幅

（二）城市化速度预测

关于城市化速度的预测，近年来已经形成了诸多预测方法和模型。概括起来，主要包括四类：（1）曲线拟合法。饶会林（1999）利用诺瑟姆曲线实证分析了 1949 年以来中国的城市化进程，认为中国城市化进程并不符合标准的“S”形曲线规律；屈晓杰和王理平（2005）修正了该预测模型，他们假定标准的“S”形曲线中城乡之间人口增长率差距始终保持不变。（2）时间序列模型。如李林杰和金剑（2005）根据中国 1949～2004 年城市化水平的时间序列资料，构建城市化水平的时间序列预测模型，并进行实证检验和预测。（3）城市化与经济发展相关关系类模型。城市化与经济发展相互影响，经济发展促进人口向城市流动，提高城市化水平。如钱纳里（1995）指出，随着经济发展水平的不断提高，社会经济结构将随之发生大的转变，首先是工业化，即经济结构从以农业为主转向以第二、第三产业为主；其次是城市化，即农村人口不断地向城市转移，在工业化进程中，第二、第三产业的产出比重不断增加。（4）联合国城乡人口比预测方法。

考虑到时间序列模型预测结果偏差较大，下面分别使用其余三种方法估算 2020 年、2030 年、2040 年和 2050 年中国的城市化水平。

1. 曲线拟合法。城市化进程的 S 形曲线模型可以表示如下：$y = 1/(1 + Ce^{-rt})$，其中，y 为城市化水平，C、r 均为积分常数，C 为城市化起步初始值，r 为百分点表示的城市化率增长幅度，t 为年度表示的时间。对上式进行处理可得到最后的估计方程为：$Ln(1/y - 1) = LnC - rt$，利用最小二乘法可估计出相应参数（见表 1－14），并推算中国未来城市化水平。

表 1－14　　曲线拟合统计表

变量	1949～2014 年			1978～2014 年		
	系数	标准差	T 统计量	系数	标准差	T 统计量
r	－0.032	0.003	－26.04	－0.048	0.002	－31.09
Ln(C)	2.31	0.065	41.23	1.68	0.04	77.04
F 值	678.65			1704		
R^2	0.9			0.98		

利用 1949～2010 年、1978～2014 年期间中国城市化率数据进行参数估计，可得到表 1－13 中的估计结果。运用两个估计参数分别计算了 2015～2050 年中国城市化率。使用不同的基期其预测结果有显著差异，若以 1949 年为基期进行预测，则估计结果总体偏小；而使用 1978 年为基期进行预测，则结果比较符合当前的实际情况。若按 1978 年基期进行预测，则 2020 年、2030 年、2040 年和 2050 年中国城市化率分别为 60.02%、69.8%、77.5%和 85.90%。

2. 经济模型法。经济增长无疑是城市化的重要动力，通过估计经济增长对城市化水平的弹性，并假设其在未来保持不变即可估计出未来城市化水平。但是，经济模型法相比前两种方法，误差更大。一方面，选择影响城市化水平的经济因素受数据可得性限制，实际进入回归方程的因素偏少；另一方面，经济模型的选择也对估计结果产生影响，利用经济模型往往不能直接得到预测值，还需要知道模型中经济因素的发展趋势，由此才能估计出城市化的水平。综合起来，其估计误差可能被放大。我们利用对数线性模型估计了 GDP 对城镇人口的拉动作用，在此基础上估测了中国的城市化水平。模型为 LnU = aLnGDP + c，其中 U 为城镇人口，GDP 为国内生产总值，a、c 为待估参数。分别采用 1952 ~ 2014 年、1978 ~2014 年两个时段现价国内生产总值和城镇人口进行分析，数据来自中经网统计数据库，但由于 1978 年后城市化增速较快，使用 1978 ~2014 年数据进行预测估计结果偏差较大，因而最后使用 1952 ~2014 年数据进行估计，结果如表 1 –15 所示。这里分析结果表明，GDP 每增长 1 个百分点大约能增加 0. 18 个百分点的城镇人口。

表 1 –15　　经济模型统计

变量	系数	标准差	T 统计量
常数项	1. 35	0. 034	28. 35
GDP	0. 18	0. 020	37. 21
R^2	0. 94		
F 值	1654. 16		

在经济增长的预测中，大都认为中国未来经济增长率将呈现明显的下降趋势。如世界银行认为 2011 年后中国经济增长率逐步回落，2014 ~2020 年大概为 6% 左右，2021 ~2030 年为 5% 左右。有学者预测中国 2015 年后经济增长率也呈现明显递减趋势，估计 2015 ~2020 年、2020 ~2025 年和 2025 ~2030 年的实际增长率分别为 5. 9% 、5. 0% 、4. 6% 和 4. 1% ，He 和 Kuijs、潘文卿和李子奈等人的预测也显示同样的结论。

综合各方 GDP 增长率预测结果，我们认为 2015 ~2020 年 GDP 增长率平均大约为 6. 5% ，则城市化率年均提高 1. 14 个百分点；2020 ~2030 年 GDP 增长率平均为 4. 5% ，则城市化率年均提高 0. 855 个百分点；2030 ~2050 年中国接近发达国家平均水平，GDP 增长率平均为 4% ，则城市化率年均提高 0. 76 个百分点。

相应地 2020 年、2030 年、2040 年和 2050 年中国的城市化率分别为 61.08%、69.63%、77.23%和 84.83%。

3. 城乡人口比增长率法。这里使用城乡人口比确定城市化率，设 I 为城乡人口比，$I = U/R$，其中 U 为城市人口，R 为农村人口，则城市化率 $UR = U/(U+R)$，将 I 代入后可得到 $UR = I/(I+1)$。由于城市化率演变遵循 Logistic 增长模型，城市化率变动呈指数上升，设 i 为城乡人口比的增长率，并令 $i = n^{-1} Ln\left(\frac{I_{t+n}}{I_t}\right)$，则有 $I_{t+n} = I_t \exp(i * n)$，其中 $n = T - t$。将 $UR = I/(I+1)$ 代入，则可知 $i_{t+n} = u_{t+n} - r_{t+n}$，$u$，$r$ 分别为相应时期城镇和农村人口增长率。计算过程如下：（1）以 1978 ~ 2014 年城镇和农村人口平均增长率结合 $i_{t+n} = u_{t+n} - r_{t+n}$，计算实际城乡人口比的增长率 i_1。（2）以联合国《世界城市化展望：2003》中公式 $0.037623 - 0.02604 \times UR$，计算初始状态下的城乡人口比的增长率 $i_2 UR$ 为 2010 年城市化率。（3）给 i_1 予 0.8 的权重，给 i_2 予 0.2 的权重，计算城乡人口比的平均增长率 i。（4）采用上面的 i 和 $I_{t+n} = I_t \exp(i \times n)$ 计算城乡人口比，其中，I_t 为 2014 年城乡人口比，n 为时间间隔。（5）用 $UR = I/(I+1)$ 估算城市化率。估计结果表明，2020 年、2030 年、2040 年和 2050 年中国城市化率分别为 60.81%、66.00%、70.79%和 75.09%。

4. 中国城市化速度预测综合评价。按照联合国经社理事会的估计，2015 ~ 2025 年世界城市化率将以年均 0.43 个百分点的速度增加，其中较发达地区年均提高 0.24 个百分点，欠发达地区平均为 0.51 个百分点，而亚洲国家为 0.58 个百分点，是未来城市化速度最快的地区。中国是世界上城市化速度最快的地区之一，1996 ~ 2014 年中国城市化率年均提高 1.18 个百分点，远高于世界同期年均提高 0.06 个百分点的平均水平。在今后较长一段时期内，中国的城市化能否继续保持这样的高速度？我们使用三种不同方法预测结果有所不同。按照曲线拟合、经济模型和城乡人口比增长率三种方法预测，2015 ~ 2050 年间中国城市化率年均提高幅度分别为 0.876、0.87 和 0.627 个百分点（见表 1 - 16，表 1 - 17）。1949 ~ 2014 年，中国城市化率年均提高幅度为 0.62 个百分点，其中 2000 年以后年均增幅为 103 个百分点，未来城市化率年均增幅将略有下降，2015 ~ 2050 年年均增幅将维持在 0.6 ~ 0.95 个百分点之间，三种方法预测结果的平均值为 0.793 个百分点，即 2015 ~ 2050 年间城市化率年均增加 0.793 个百分点，相比中国“九五”、“十五”、“十一五”和“十二五”时期，增幅显著下降。总的看来，中国未来城市化率年均增幅下降概率较大。

表 1-16　按不同方法对中国城市化率预测　单位：%

预测方法	2020 年	2030 年	2040 年	2050 年
曲线拟合法预测	59.12	69.5	78.1	84.97
经济模型法预测	61.08	69.63	77.23	84.83
城乡人口比增长率法预测	60.81	66	70.79	75.09
综合预测	60.34	68.38	75.37	81.63

注：综合预测为三种预测结果的平均值。

表 1-17　不同方法预测的中国城市化率年均增幅比较（2015～2050 年）

曲线拟合法	0.876
经济模型法	0.87
城乡人口比增长率法	0.627
综合预测	0.793

二、城市空间格局将改变

由于产业发展地区差异、人口流动空间格局、区域发展的分化、交通基础设施建设重塑空间格局、国家战略实施等因素影响，中国城市空间格局将发生改变，体现为城市发展将分化，大城市和城市群将进一步发展、部分中西部地区城市将获得发展机会。

（一）城市化发展分化

城市的非均衡发展与产业的非均衡发展密切相关，产业的发展是决定城市兴衰和空间布局的重要因素。20 世纪 50 年代的美国正处于战后工业化发展的巅峰时代，诞生了一批各具特色的大城市，然而当工业化走向后期的时候，这些城市便因为产业发展的路线不同而走上了截然不同的发展道路，产业的变化导致城市不同区块功能的变化，这也成为促进城市更新的一大动力。

城市产业发展的分化将改变城市化布局。对于北京、上海等服务业高度发达的城市，随着其生产性服务业对周边城市溢出效应的增强，带动周边城市加快发展；深圳、佛山、东莞等产业转型较为成功的城市，其产业发展将继续为城市化提供有力支撑，形成产业与城市发展的良性互动；对于未能成功转型城市，尤其是部分资源型城市，难以吸引大量的人口流入，城市化速度放缓的态势仍将持续。

（二）大中型城市和城市群将进一步发展

第一，高技术制造业和生产性服务的发展要求向人口和劳动力大中型城市和城市群进一步集中。高技术制造业发展的核心是要通过大规模的研发投入，实现创新驱动发展，而不是延续以前的劳动力数量和资本投入的增长模式，而研发投入的核心是高技能研究人员和创新性人才的集聚使用。高技能和创新性人才的一个显著的特点是主要集中在大城市，因为与普通人才相比，高技能和创新性人才更需要通过互相合作、学习来实现知识的生产和创新，这些人相对层次较高，更看重居住的人文环境，一般也更倾向于居住在大中城市，因此高技术制造业的发展本质上要求城市化水平进一步提高。

生产性服务业的发展同样要求城市化水平进一步提高。生产性服务业是为生产提供服务的行业，具有第二、第三产业交叉融合的特征。2010 ~ 2014 年，生产性服务业占国内生产总值的比重从 16. 28% 升至 18. 42%，占服务业增加值的比重从 36. 86% 升至 38. 51%。2015 年北京、上海、深圳等地生产性服务业占服务业增加值比重均超过 50%，带动了当地和周围城市制造业服务业的融合发展。服务业的一个显著特点是生产与消费的同时性，生产性服务业是为生产提供服务的，或者说主要是为第二产业服务的，因此，由于第二产业主要是位于城镇地区，生产性服务业也必然要求劳动力进一步向城镇地区集聚，并带动城市化水平进一步提高。

在美国，几乎所有的产品创新都来自大城市地区。各式各样的大城市为企业尝试多种创新型产品提供了温床，一旦这些产品的工艺流程得以形成，便被转移至专业型城市进行大批量生产（世界银行，2009）①。高技术工业和服务业日益集聚化和专业化是产业升级和技术融合的一个重要条件。

对中国产业的比较发现，高技术制造业需要更高的集中度。自 20 世纪 80 年代早期以来，中国企业在针织羊毛衫、鞋、电子产品、纺织品和其他一些产品领域，建立了具有全球重要性的产业集群。纺织服装行业的产业集群位于浙江省，女装在杭州，男装在温州，袜子在宁波。中国经济活动的集中度提高。但比较而言，高技能和高技术水平的产业的集群现象尤其显著。各省产业集聚的赫芬达尔—赫希曼指数（HHI）② 表明，计算机及外围设备的生产集中程度比纺

① 世界银行，《2009 年世界发展报告：重塑世界经济地理》，清华大学出版社，2010 年版。

② 部门 i 的赫芬达尔—赫希曼指数的计算公式为 $H_i = \sum p_{ij}^2$，其中 p_{ij} 的定义为 $\frac{x_{ij}}{x_i}$，x_{ij} 是 j 省/市的部门 i 的活动量，X_i 是中国全国部门 i 的活动总量。

织品高出两倍。先进服务业（除酒店、餐饮、批发和零售以外的服务业）的集中度则更高。例如，研发的集中度约为制造业集中度的两倍。中国最大城市（一线城市）的全要素生产率更高。对120个企业的12400家制造业企业所做的调查显示，位于最大规模城市的企业的生产率更高（世界银行，2006）[①]。

第二，近年来，我国高技术制造业和生产性服务业向大中型城市进一步集中的趋势已经显现。不同产业和不同规模的城市之间，集聚化所带来的规模经济也有所不同——小城市往往注重成熟产业，而大城市则注重服务业和高技术水平产业。在过去10年中，逐渐成熟的产业，尤其是制造业，开始逐步迁移出中国最大的城市。事实上，制造业已开始从地级市向县级区划转移。县级区划的制造业就业人数在全国制造业总就业人数中所占的比重在2000~2010年期间从41%上升至50%。其结果是，中国较大规模城市的服务业在其经济活动中所占的比重更大。在最大的城市（人口在1500万及以上），服务业在GDP中所占比重在2011年已达66%；在规模较小的城市（人口在100万以下），服务业占比为33%左右[②]。但是，集聚化和专业化的力量可以发挥更大的作用，来支持中国向高技术水平制造业和服务业的转型。

第三，城镇交通网络建设将促进城市群城镇体系职能分工与协作。城市群是未来我国推进城市化的主体形态，未来我国将加强多层次城镇交通骨干网络建设，这将促进交通体系向着更具安全性、高速化、网络化、一体化方向发展，城市之间的联系将更加紧密，要素交换更加快速。多层次城镇交通骨干网络建设使不同交通方式的经济技术优势得到充分发挥，促进了城市群城镇体系职能分工与协作，实现了空间运行效率和经济效益的最大化，充分发挥了城市群在推进我国健康城市化过程中的重要作用，促进城市之间基础设施互联互通、公共服务共建共享、产业发展共生共赢。

（三）产业转移将加快中西部地区城市化发展

近十几年来，随着国内劳动力成本的上升以及国际金融危机导致的外需大幅下滑，中国经济发展模式面临从外需引导型向内需拉动型转变，东部沿海地区劳动密集型产业的发展面临转型升级的压力。2003年区域制造业重心开始由

---

① 世界银行，《中国：政府治理、投资环境与和谐社会：中国120个城市竞争力的提升》，华盛顿特区，世界银行，2006年。

② 不同规模城市的服务业占比：人口规模大于1500万服务业占比66.3%；1000万~1500万服务业占比45.5%；500万~1000万服务业占比49.9%；100万~500万服务业占比40.1%；50万~100万服务业占比33.2%；25万~50万服务业占比31.0%；小于25万服务业占比32%。

以前向东南方向移动转变为向西北方向转移，而且这一转移在金融危机之后速度在加快（吴三忙，2013）。引导东部部分产业向中西部地区有序转移，将给承接地带来大量的就业机会和收入来源，从而能够吸引更多人口向中西部地区的城镇聚集，这对于促进区域梯度、联动、协调发展，加快中西部地区新型城市化进程和贫困地区致富有重要作用。

首先，产业转移为广大中西部地区的农村剩余劳动力的非农就业提供了机会，使得更多的农村剩余劳动力从农村中转移出来，并且通过产业链延伸、配套而深刻影响地方的产业结构，加速第二、第三产业向城镇集聚（周世军，2012）。

其次，从产业转出的角度来看，东部地区逐渐转出以劳动密集投入为特征的加工制造业，其产业结构不断向高端业态演进，产业结构的升级调整降低了对低技能人员的需求，使得很大一部分农民工回流到中西部地区非农就业，从而推动中西部地区城市化的发展。

（四）国家发展战略主导下的交通基础设施建设将促进节点城市及边境城市的发展

交通基础设施改善通过改变沿线城市的可达性，影响其“相对区位”条件发生变化（王姣娥，2011），对重塑区域和城市发展的空间格局产生重要影响。国家“一带一路”战略的推进，使得沿边地区城市化发展获得重要机遇。“一带一路”战略不仅将加快中西部地区城市化发展，还将提升口岸城市及沿边地区在基础设施、商贸物流、国际合作园区、跨境电商、通关便利等多方面获得发展机遇和水平。除此之外，“京津冀协同发展”“长江经济带”等国家战略的全面推进，将显著提升京津冀城市群、成渝城市群、长江中游城市群、长三角城市群的发展质量。随着国家高速公路的完善、快速铁路的建设和内河航运的强化，重要交通走廊建设将提升沿线区域、沿线中心城市的交通区位优势，形成以交通线路为轴线的城市群、产业带，推动这些区域成为我国城市化和工业化发展重要承载区域。

三、城市化风险进一步显露

长期以来我国城市化发展主要依赖土地财政，依赖地方融资平台融资，经济增速放缓将削弱地方财政收入，导致城乡居民收入增速放缓，同时人口红利逐渐消失，导致房地产业需求降低，导致地方政府偿还债务能力降低，进而导致我国城市化发展累积的金融风险、房地产风险等更加充分的显露，由此导致城市化发展的风险进一步暴露。

(一) 地方债务风险进一步显露

中国地方政府主要通过土地财政获取城市发展资金。这与中国独特的地方治理结构相关。中国的层级政府结构包含中央、省、地区(市)、县(区)、乡镇(街道)五级。在行政上,中央政府任命各省主要领导官员,省级领导任命地级领导,依此类推。在财政上,中央政府决定中央和地方的税种和税率,地方政府实质上不具有税权。国家经济目标的实现(比如国家层面拟定的年度GDP增长目标),一般通过层级政府逐级下达,由各级地方政府在政策框架中设法达到。分析表明,地方领导干部的提拔,往往与他们完成上级下达的政绩指标密切相关。在这种激励之下,地方各级政府在同级政府之间竞争GDP增长率和外来投资,并试图达到地方税收最大化。

1994年开始实行的分税制规范了政府间的收入范围,划分了中央与地方政府间的事权,试图使中国的中央与地方财政关系更加适合市场经济发展。但是,地方政府一直抱怨分税制在财政收入和支出责任的设计上不对称,导致地方政府支出缺口(见表1-18)。2015年中央政府支出2.55万亿元,占全国政府支出总额的14.5%,地方政府支出15.03万亿元,占支出总额的85.5%。同年,全国税收总额达12.49万亿元;其中,中央税收占49.8%,地方税收占50.2%。中央对地方转移支付总额达5万余亿元,其中一般性转移支付近3万亿元,占转移支付总额的57.6%;专项转移支付2万余亿元,占转移支付总额的42.4%。由于限定用途,且在设计上难以满足各地专项资金的供需平衡,许多专项转移支付的使用效率并不高,一些地方政府不把专项转移支付看作地方收入。

表1-18　　中国中央与地方财政收入与支出占比变化　　单位:%

年份	中央财政收入比重	地方财政收入比重	中央财政支出比重	地方财政支出比重
1993	22	78	28.3	71.7
1994	55.7	44.3	30.3	69.7
1995	52.2	47.8	29.2	70.8
1996	49.4	50.6	27.1	72.9
1997	48.9	51.1	27.4	72.6
1998	49.5	50.5	28.9	71.1
1999	51.1	48.9	31.5	68.5
2000	52.2	47.8	34.7	65.3

续表

年份	中央财政收入比重	地方财政收入比重	中央财政支出比重	地方财政支出比重
2001	52.4	47.6	30.5	69.5
2002	55	45	30.7	69.3
2003	54.6	45.4	30.1	69.9
2004	54.9	45.1	27.7	72.3
2005	52.3	47.7	25.9	74.1
2006	52.8	47.2	24.7	75.3
2007	54.1	45.9	23.0	77.0
2008	53.3	46.7	21.3	78.7
2009	52.4	47.6	20.0	80.0
2010	51.1	48.9	17.8	82.2
2011	49.4	50.6	15.1	84.9
2012	47.9	52.1	14.9	85.1
2013	46.6	53.4	14.6	85.4
2014	45.9	54.1	14.9	85.1
2015	45.5	54.5	14.5	85.5

通过设立地方融资平台为地方政府借债发债，已经成为一种普遍现象。2008年以来，地方融资平台的数量迅速增长，2010年底已超过一万家。后经整顿，至2013年仍有7000多家，据国家审计署公布的审计结果，2013年地方政府负有偿还责任的债务10.89亿元，负有担保责任的债务2.67亿元，可能需承担一定救助责任的债务4.34亿元，总计17.9亿元，占GDP的32%。中国地方政府的债务比率虽然低于国际常见的债务违约警戒线，但由于债务总体规模增长势头仍在持续，债务违约风险不低。

此外，许多地方政府利用土地作为地方融资平台借债的抵押，或利用土地出让金偿还地方融资平台债务。中国各省市政府目前对土地出让金和借贷资金已经形成了较大的依赖（见图1－32）。由于土地的需求和价格波动大，以土地出让收入来偿债的做法风险是很高的。而且，由于土地有限，土地财政可持续性低，这加大了地方融资平台的风险。未来经济增速放缓将削弱地方财政收入，也将导致城乡居民收入增速放缓，由此导致房地产业需求降低，导致土地出让价格增速放缓，导致地方政府偿还债务能力降低，进而导致我国城市化发展累积的地方债务风险等更加充分地暴露，由此导致城市化发展的风险增加。

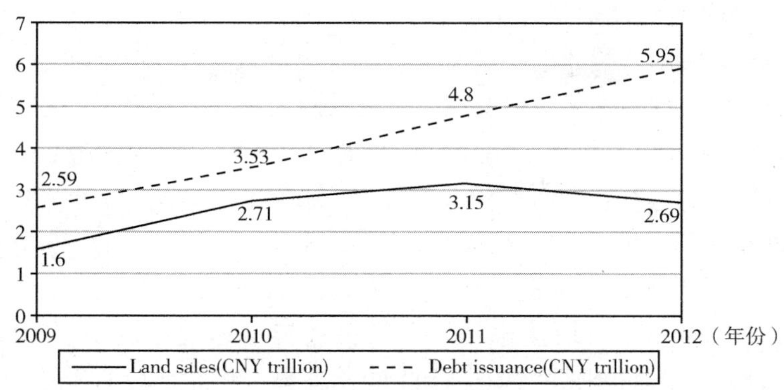

图1－32 中国84座主要城市的城市化建设资金来源

（二）房地产风险进一步显露

城市化速度放缓，城镇劳动人口增长放缓和老龄化加速将导致住房需求放缓，中国房地产风险进一步暴露。

第一，人口规模及结构决定房地产市场长周期，适龄购房人口总量与住宅销售走势正相关。我国房地产市场发展与城镇劳动人口数量紧密相关。2000～2010年，我国城镇劳动人口由3.45亿元增加到5.13亿元，年均增加近0.2亿人。从空间结构来看，2000～2010年，我国劳动力人口从农村向城市转移的速度明显加快。与此同时，商品房销售面积由2000年的1.86亿平方米增加到2010年的10.48亿平方米，平均每年增加近0.8亿平方米。城镇劳动人口规模的扩大带来房地产市场需求的大幅增长。

影响住宅需求总量的主要人群为20～34岁适婚年龄人口以及35～49岁改善需求人群。从美国房地产周期来看，30岁前后为首次及二次购房的集中释放期，购房支出在46岁左右达到顶点。20～34岁青年人口正处于成家立业阶段，对住宅需求量较大，35～49岁中年是改善需求主要群体，60岁以上老年多数已退休，新增住房需求不明显。2000年以来，我国20～49岁人口占总人口的比重持续下滑，除去2008～2009年受金融危机影响，其与住宅销售面积增速走势大体一致。

第二，未来我国城镇劳动人口增速放缓，老龄化加速，住宅总体需求趋缓。近十年我国人口增速明显放缓。2010年第六次人口普查数据显示，我国人口总量达13.4亿元，较2000年第五次人口普查共增加近7400万元，增长5.84%。我国人口增速明显下降，2000～2010年年均人口增速仅为0.57%，较1990～

2000 年 1.07% 的年均增幅低 0.5 个百分点。

新中国成立后随着婴儿潮时期出生人口长大成人，我国房地产业在 1998 年房改后迎来一轮大规模发展。目前第二次婴儿潮人群（“60 后”）正处于 40 ~ 51 岁年龄段，按 25 ~ 44 岁集中购房年龄段来看，从 1998 年住房制度改革至 2017 年是此群体集中购房时期；而“80 后”群体集中购房时间为 2006 ~ 2034 年，因此 2006 ~ 2017 年为近两次生育高峰期出生人口购房需求集中期，2017 年后，随着“80 后”购房需求的逐渐消化，房地产市场需求增速将趋于缓和。

第三，城镇劳动人口增速放缓，商品房销售增速逐渐趋稳。2011 年城镇 15 ~ 64 岁人口占总人口比重结束了持续增长态势，长时期以来首次呈现下降，且 2012 年比重继续下滑，与此同时，商品房销量增速趋缓（见图 1 – 33）。从城镇 15 ~ 64 岁人口占比变化及商品房销售增速来看，2000 年城镇 15 ~ 64 岁人口占比提升近 2.5 个百分点，而 2000 年以来，商品房销量保持高速增长，销售价格涨幅持续扩大。随着城镇 15 ~ 64 岁人口占比上行趋势放缓，商品房销售规模将逐渐接近顶峰。

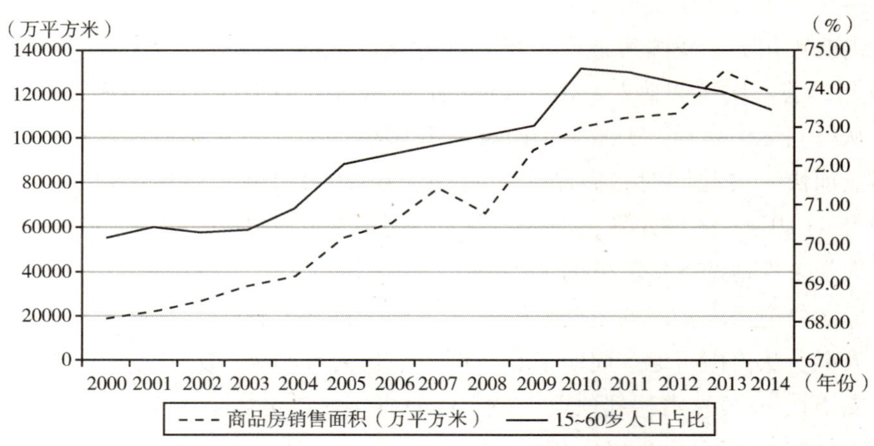

图 1 – 33　中国城镇 15 ~ 64 岁人口占总人口比重与房地产销售

四、城市化动力发生改变

工业化过程中城市化的演进速度与产业结构和就业结构的转变趋势有很大关系。工业化初期，工业发展对城市有较大的带动作用，工业化后期，带动城市化的主要动力不再是工业的增长，而是第三产业的拉动。按照钱 – 赛模式，城市的发展由工业化为主要动力转移到服务业为主要动力的界限是人均 GNP500 美元，即当一个国家人均 GNP 超过 500 美元后，城市就业增长主要来自服务业。服务业的发展能增强城市的吸纳能力，有利于推动城市化进程。

表 1-19　　2006～2015 年第二产业及第三产业吸纳就业能力比较

年份	增加值（亿元）		从业人员（万人）		吸纳就业能力/比值（人/亿元,%）		
	第二产业	第三产业	第二产业	第三产业	第二产业	第三产业	第三/第二
2006	104361.8	91759.7	18894	24143	1810.48	2631.10	1.45
2007	126633.6	115810.7	20186	24404	1594.05	2107.23	1.32
2008	149956.6	136805.8	20553	25087	1370.62	1833.79	1.34
2009	160171.7	154747.9	21080	25857	1316.10	1670.93	1.27
2010	191629.8	182038.0	21842	26332	1139.81	1446.53	1.27
2011	227038.8	216098.6	22544	27282	992.96	1262.48	1.27
2012	244643.3	244821.9	23241	27690	950.00	1131.03	1.19
2013	261956.1	277959.3	23170	29636	884.50	1066.20	1.21
2014	277571.8	308058.6	23099	31364	832.18	1018.12	1.22
2015	280560.3	344075	22693	32839	808.85	954.41	1.18

资料来源：《中国统计年鉴 2016》。

首先，服务业的就业效应推动城市化进程的加快。服务业对就业的吸纳能力在三次产业中最强，表显示，过去 10 年创造等量增加值第三产业能够吸纳就业数量一直明显高于第二产业；尽管该比例呈下降趋势，但到 2015 年每 1 亿元第三产业增加值吸纳就业人数仍多于第二产业 146 人，为第二产业的 1.18 倍。因此我国经济结构的服务化，可以进一步增强城市对农村和其他地区转移劳动力的吸纳能力，促进城市化进程的加快。其次，服务业在城市的集聚将使服务业能够获得专业化带来的规模经济以及低成本的竞争优势，从而促进服务业自身和工业的发展，为城市的发展提供动力。

第四节　政策建议

推动城市化的转型发展、提升城市化质量，是当前中国城市化必须面对的首要问题。正如《国家新型城市化规划（2014—2020 年）》所提出的，“随着内外部环境和条件的深刻变化，城市化必须进入以提升质量为主的转型发展新阶段”。这既是解决中国城市化问题的必然选择，也是城市化发展的趋势使然。首先，随着城市化发展阶段的变化，城市化质量提升的问题已越来越重要。梳理世界各国城市化发展的一般经验，在城市化中前期，通常城市化更多地表现为数量规模扩张的外延式发展，此时也积累了大量的社会、经济和资源环境问题；成功实现现代化的国家在城市化的中后期，都经历了城市化由规模扩张到质量提升的转折，城市发展更注重完善城市功能、提高居民生活品质、保护生态环境和推动产业升级；一些国家则因未能实现转型发展而陷入“中等收入陷阱”，虽城市化率很高，但社会矛盾重重、产业升级停滞、人民收入增长缓慢。中国城市化整体上已进入城市化中后期，推动城市化转型发展已势在必行，城市化的重心亟待转向质量内涵式的发展模式。其次，随着各种城市化问题的不断累积，加快城市化的转型发展已十分紧迫。在社会融合方面，2 亿多农村转移人口难以融入城市，城市社会的二元矛盾已经显露。在城市建设方面，尽管中国城市没有形成大面积的贫民窟，但有 1 亿多人还生活在棚户区。在资源环境方面，土地资源短缺、交通拥堵、环境污染严重等问题日益突出。在财政金融方面，过度依赖土地出让和土地抵押的城市建设融资模式已经不能持续，所隐藏的地方债务风险已成为中国金融体系中最大的隐忧。中国城市化快速发展的中前期所积累的大量问题和矛盾，在城市化的中后期正集中爆发。转型发展、质量提升是中国城市化面临的最大挑战，也是推进城市化健康发展的重中之重。

根据城市化应是四化同步的要求，以及新阶段变化对我国城市化发展的影响，我们提出提升中国城市化质量应重点关注以下几个方面。

第一，加强对城市化的科学认识。城市化是经济社会发展的结果，是中国现代化过程中的一个重要方面。改革开放后，特别是20 世纪90 年代后，我国各级政府逐步认识到城市化的重要意义，开始重视城市化的发展，但是存在将城市化作为促进经济增长手段的普遍现象，强调土地城市化，对人口城市化并没有足够重视，导致城市化一定程度上成为政府进行大规模投资建设和增加财政收入的工具。2008 ~2015 年，我国地方政府土地出让收入分别为 1.04 万亿元、1.40 万亿元、2.91 万亿元、3.32 万亿元、2.85 万亿元、4.12 万亿元、4.29 万亿元、3.25 万亿元，土地出让收入相当于地方本级公共财政收入的50% ~60% 。要提高各级政府对城市化本质的认识，城市化不是发展的最终目标，只是经济社会发展的自然过程，应适当淡化城市化对经济增长的拉动作用，强调以人为本的城市化，重点提高城市化发展质量。

第二，注重构建地方政府推动城市化健康发展动力机制。中国是一个以公有制为主体的国家，政府是推动中国城市化发展的重要力量。改革开放以来，地方政府推动城市化发展的主要动力是地方发展、财政收入、个人晋升，甚至的个人财富渴望。然而，对地方财政收入的过分追求，甚至是寻租机会的获得成为某些地方政府和官员推动城市化发展的重要动力，对城市化的长期健康发展产生较大危害。因此，党的十八大以来，强调政治纪律和政治规矩，杜绝各种违规现象，严肃打击官场腐败行为，是具有长远战略眼光的举措。同时，在打击各种腐败行为的同时，当前需要注重构建地方政府推进城市化的动力机制，特别是注重调动政府和官员的积极性，鼓励地方各级政府大胆尝试、积极创新，推进城市化健康发展。

第三，推进产城融合的城市化。产业是广义的市场，化市即发展私人部门的产业和公共部门的服务，是城市化的主要内容。城市建设是这一内容的组成部分，也应围绕这一内容，解决传统城市化不重视化市或者化市与化城脱节的问题，未来城市应将化市与化城融合发展。以城市为基础，承载产业空间和发展产业经济，以产业为保障，驱动城市更新和完善服务配套，促进产业、城市、人之间持续向上的发展。城市有产业支撑，避免了“空城”，产业有城市依托，避免了“鬼城”。为此，提升制造业比较优势，尤其是提升国际竞争力，不仅为产业工人提供就业机会，而且能够增加第二产业的收入水平；大力发展就业吸纳能力高的生产性、消费性、分配性和社会性服务业，不仅能够促进经济发展，而且能够满足城市化的需求，加快了城市化的步伐；积极推进农业产业化，提高农业生产效率，增加农民收入，促进农村剩余劳动力的合理流动。

第四，让市场发挥决定作用，推进政府善治的城市化。针对政府主导的传统城市化带来的诸多问题，应坚持市场在资源配置中起决定性作用，更好发挥政府作用，政府创造适宜的硬件条件和软件环境，包括完善市场机制。一方面，便利市场主体的流动，使其空间偏好得以显示；另一方面，兼顾国土空间利用的“效率与公平”。因此，政府的主要职能是：一是顺应和利用城市化发展规律，对城市化进行前瞻性科学规划；二是建设辖区范围内的一体化的公共基础设施；三是为不同区位的居民提供均等化的公共服务；四是为不同区位的企业和居民提供公平、公正、均等、统一的规范化的制度环境，使城市化成为市场主导、自然发展的过程，成为政府引导、科学发展的过程。

第五，把化城放在支撑的位置，推进个性特色的城市化。鉴于传统城市化过度强调建城，导致大量的“空城”、“鬼城”、“睡城”以及千城一面的“同城”等问题，未来城市化应不重点强调“化城”，即城市建设中物质的和硬件的内容，而强调根据不同地区的自然历史文化禀赋，体现区域差异性，提倡形态多样性，防止千城一面，建设记住家乡情愁、传承文化脉络、反映地域风貌、渗透民族特点的美丽城镇。

第六，把绿化放在突出的位置，推进绿色低碳的城市化。鉴于传统城市化带来的严重环境污染和生态破坏，未来城市化应在经典城市化的基础上提出把生态文明理念全面融入城市化进程，着力推进绿色发展、循环发展、低碳发展，节约集约利用土地、水、能源等资源，强化环境保护和生态修复，减少对自然的干扰和损害，推动形成绿色低碳的生产生活方式和城市建设运营模式。

第七，把优化纳入考虑的范围，推进倾斜平坦的城市化。针对传统城市化基础设施和公共服务向大城市倾斜导致城市病、城市体系规模失衡等问题，未来城市应强调优化城市的空间布局，在城市规模和城市间发展关系方面，走大城市、中等城市、小城市和小城镇协调和联合发展的城市集群化和网络化发展道路。一方面，根据区位、交通、资源、环境、要素、市场条件，按照边际成本等于边际收益的原则，在不同的区位建设不同规模的城镇；另一方面，通过基础设施网络联合起来形成群、圈或带，让空间上接近的若干大城市、中等城市、小城市和小城镇紧密联系起来，以便互相补充、相互配合，使处在城市群或城市带的每个城镇都能享受到城市群的外部经济协调发展成果。

（执笔人：李善同　吴三忙　李华香　王　菲　席艳玲　李　莉）

本章参考文献

① 保罗·诺克斯，琳达·迈克卡西．顾朝林译．城市化［M］．北京：科学出版社，2009年版．

② 国家发改委交通运输部．2015－11－24．城市化地区综合交通网规划．

③ 国家发改委交通运输部．2016－7－3．中长期铁路网规划．http：//www. sdpc. gov. cn/gzdt/201607/t20160720_811726. htm.

④ 何建武．2016－1－20．当前结构调整的核心工作是推动供给侧改革 http：//www. ce. cn/xwzx/gnsz/gdxw/201601/20/t20160120_8416311. shtml.

⑤ 李保华：低碳交通引导下的城市空间模式及优化策略［M］．北京：经济科学出版社，2015年版．

⑥ 刘传江，郑凌云：《城市化与城乡可持续发展》［M］，北京：科学出版社，2004年版.

⑦ 聂玉仁，李林波，黄晓敏．2011．“十二五”期我国城市化发展对交通发展影响及对

策研究．北京：中国经济出版社，62－123.

⑧ 祁金立：《中国城市化与农村经济协调发展研究》［M］，武汉：华中科技大学出版社，2004 年版．

⑨ 王春才，赵坚．2007. 城市交通与城市空间演化相互作用机制研究．城市问题，（6）：15－19.

⑩ 王姣娥，丁金学．2011. 高速铁路对中国城市空间结构的影响研究．国际城市规划，26（6）.

⑪ 沃纳·赫希：《城市经济学》［M］，北京：中国社会科学出版社，1990 年版．

⑫ 吴三忙，李善同．2013. 中国经济复杂度及其演变：基于 1987 至 2007 年的投入产出表测度．管理评论．

⑬ 谢文蕙，邓卫：《城市经济学》［M］，北京：清华大学出版社，1996 年版．

⑭ 周世军．2012. 我国中西部地区"三农"困境破解：机理与对策——基于产业转移与城市化动态耦合演进．经济学家．

⑮ Friedmann J. The urban field［J］. Journal of the American Institute of Planners，1965，31（4）：312－320.

⑯ Pacione，M.（2003）. Quality-of-life research in urban geography. *Urban Geography*，24（4）：314－333.

第二章　城市化对经济增长的影响分析

从1800年至今，世界人口增长了6倍，然而世界城市人口增长了近60倍，城市化已经成为世界各国尤其是发展中国家发展过程中一个重要的趋势。过去三十多年中国的城市化进程已经取得了巨大的进步，2015年中国城市率已经达到56.1%。但是与其他国家相比，不仅低于高收入国家的80%左右的平均水平，也低于与我们处于同等发展阶段的中高收入国家60%左右的平均水平。同时中国的城市化还存在许多其他的问题，如存在大量“半城市化”人口、城市生态环境的恶化、城市“二元结构”开始显现等。这预示着中国的城市化无论是数量还是质量方面都存在很大的发展空间。分析世界各国城市化发展的规律，并结合我国城市化发展的现状，预计从现在起到2030年，我国将有3亿~5亿农村人口成为“城里人”。我国城市化的规模之大、影响之广是人类社会前所未有的，这是一项艰巨的历史任务，也是中国经济发展面临的巨大机遇。研究城市化对中国经济的影响对如何应对这一任务和抓住这一机遇非常有意义。本章首先对城市化对经济增长影响进行了文献梳理；在此基础上对城市化对经济影响的两个重要方面（产业发展和生产率）分别进行了分析；最后在前面分析的基础上设计不同的情景，利用可计算一般均衡模型定量分析今后中国提高城市化的速度和质量对中国经济的影响。

第一节　城市化对经济增长影响的文献梳理

观察全球经济发展的历史可以发现，生产活动在空间（主要是都市区）上的集聚成为一种普遍现象（WDR，2009）。日本经济主要集聚在三大城市圈：大东京都市圈、京阪神都市圈和名古屋都市圈。2007年三大都市圈GDP占全日本的份额达到70%左右。美国经济也主要集聚在大的都市区（Metropolitan Area）。

2012年全国381个都市区中，前十大都市区GDP总和占全国的40%左右，前二十大都市区GDP总和已超过全国的一半。而且这种空间集聚现象具有一定历史连续性。如一个世纪以来纽约一直是美国最大的城市，而法国自1991年以来再未出现新的城市（Gill and Goh，2009）。之所以生产活动会集聚在城市，而且能够持续下去，根本的原因在于本地化信息和知识溢出（Localized information and Knowledge spillover）（Lucas，1988）。同时这也是城市之所以成为经济增长引擎的根本原因。其中，本地化信息溢出的主要表现就是由于人口和生产活动集聚带来的外部经济（集聚经济）。城市之所以能够通过集聚经济促进经济的增长，主要表现为三个方面（Duranton and Puga，2004）：（1）共享（Sharing），城市可以提供大规模不可分的基础设施、专业化的服务、多样化的中间投入品和最终产品需求市场，企业通过共享这些设施和市场，促进分工的深化和成本的节约，降低生产的风险；（2）匹配（Matching），城市可以提供多样化的要素市场，不仅降低了企业生产要素寻找的成本，也降低了劳动力就业成本，使得要素与生产活动更好地匹配，提高生产的效率；（3）学习机制（Learning），与商品和要素不同的是，知识和技术的学习和传播往往需要面对面的交流，而城市人口的集聚恰恰提供了这种学习的机制，有利于技术的创新和扩散，从而促进生产效率的提高。

从实证角度来看，对于城市化对经济增长的影响研究主要集中在两大方面：一方面，是从城市集聚的微观基础（城市距离、规模、密度、就业等）角度考察城市对经济增长的影响。如，Henderson（1994）年研究距离城市的远近对生产率的影响，结果表明在巴西和美国距离都市中心翻倍，生产效率将降低15%；Au and Henderson（2006）研究城市规模和城市密度对经济增长的影响，结果显示中国地级市的城市规模只达到最优规模的一半，城市人口翻倍将带来人均产出提高20%～35%。另一方面，则是直接从宏观角度分析城市化本身对经济增长的影响。不过这方面的研究非常少。如，Henderson（2003）第一次利用70个经济体1960～1995年的城市化率与经济增长数据实证分析城市化本身对经济增长的影响。研究的结果表明，如果就1960～1995年期间所有的样本而言，发现城市集聚度而非城市化可以促进经济增长；只有将样本限制在城市化率低于70%且具备城市首位度（Urban Primacy）数据的国家时，才能得到城市化促进经济增长的证据。同时，研究还指出，对于那些仍处在城市化进程中的国家而言，则存在一个促进生产率增长的不同的最优城市化率，即可以通过提高城市化水平来促进经济增长。虽然整体样本并未支持城市化对经济增长的促进作用，但是仔细比较可以发现那些城市化与经济增长不存在正向关系的国家主要集中在非洲①。许多研究（Collier，2006；Collier，2007；Barrios，Bertinelli，and Strobl，2006）表明非洲的城市化更大程度上得益于“推力（来自农业）”而非“拉力”，之所以非洲的城市化并未带来经济的增长，则是由于许多其他原因，如地理因素、忽视城市设施和服务建设等。这也从另一方面说明了城市化并非经济增长的充分条件，而是需要配套一些其他条件才能发挥城市化对经济增长的促进作用（Annez and Buckley，2008）。

从国内的研究来看，大量的研究利用主成分分析、相关分析等方法证实了城市化与经济增长之间的相关关系。尽管不同的研究对于经济增长和城市化之间的关系的评定存在一定差异，但是大多数研究还是认为两者之间存在相互作用、相互影响的关系。从现实角度来看，许多研究还是将城市化当作一种政策工具，试图分析城市化对经济增长的拉动作用有多大，或者说随着城市化的发展，经济增长的空间还有多大。如国务院发展研究中心课题组（2010）利用CGE 模型模拟了农民工市民化的作用机制，结果显示每年多市民化 1000 万人口（700 万农民工加上其抚养人口）可使经济增长速度提高约 1 个百分点。李善同（2009）等深入分析了城市化促进经济增长的机理，并运用 DRC－CGE 模型，对我国未来经济增长情景进行了分析和预测，提出我国城市化水平年均增长率提高 0. 2 个百分点将促进 GDP 年均增长率提高 0. 13 个百分点。蔺雪芹（2013）等利用回归分析模型，得出 1978～2008 年中国城市化水平每提高 1 个百分点，人均 GDP 平均上升 188. 97 元。哈继铭等（2013）研究了城市化与经济增速间的关系，并对 1982 年至 2011 年的数据进行了经济计量分析。结果证实城市化确实可以拉动经济增长。

表 2－1 给出了现有对于城市化对经济增长影响定量分析结果。从表中的结果来看，不同的研究差异非常大。这其中既有方法本身的差异，更多还是对于城市化影响机制的假设的差异。

① 作者文中也提到这项研究样本本身存在三个问题，即非洲国家过去 30 年的快速的城市化过程中经济增长很低甚至是负的；1990 年样本中 50% 的国家城市化率已经达到饱和值；各国在城市化的定义上存在很大的差异（关键在于如何定义比较分散的非农人口）。

表 2－1　　有关城市化与经济增长量化关系研究的计算结果

作　者	研究结论	研究方法
李善同（2009）	我国城市化水平年均增长率提高 1 个百分点将促进 GDP 年均增长率提高 0.6 个百分点	CGE 模型
国务院发展研究中心课题组（2010）	每年多市民化 1000 万人口（700 万农民工加上其抚养人口）可使经济增长速度提高约 1 个百分点	CGE 模型
张景华（2007）	中国城市化水平每提高 1 个百分点，城市经济增长率将提高 5 个百分点	生产函数、多元回归分析
周立，刘勇，陈清（2001）	城市化的发展速度提高 1 个百分点，由新增城市基础设施投资带来的对经济发展的直接和间接贡献将达到 3 个百分点	乘数模型
徐小钦，袁凯华（2013）	城市化对经济增长边际弹性为 11.08，但从直接间接作用上进行区分，城市化自身对经济增长的实际贡献度仅有 0.05，而余下的 95% 贡献来自外溢机制	联立方程组
蔺雪芹，王岱，任旺兵，刘一丰（2013）	城市化水平每提高 1 个百分点，人均 GDP 平均上升 188.97 元	多元回归模型
哈继铭等（2013）	城市化率每提高 1%，就会带动中国 GDP 1 年内增长 0.8%，5 年内增长 3.5%	经济计量方程

第二节　城市化与产业结构

统计数据显示，2013 年中国的城市化率已经达到 53.73%，超过一半的人口已经生活在城市；2/3 左右的国内生产总值是由地级及以上城市[①]创造的。根据联合国的预测，2030 年中国的城市化率将达到 70% 左右[②]。城市在中国经济发展中发挥的作用将越来越重要，而这种作用最为直接的体现就是城市产业的发展。然而不同类型的城市之间由于区位、人口规模、行政影响力、文化历史背景等方面的较大差异，其产业发展及其结构的变化表现出不同的特征。研究这种差异化的特征，寻找其中的内在规律，不仅对未来中国城市化发展道路的选择，而且对具体城市的产业发展方向和政策选择以及全国的产业空间布局都具

① 市辖区。

② http：//esa. un. org/unpd/wup/Country-Profiles/country-profiles_1. htm.

有十分重要的参考价值。本书将重点关注城市规模这一影响产业发展的要素，通过比较不同规模城市产业发展之间的差异，找出中国城市规模与产业结构之间关系的一些典型事实，为今后城市化的继续推进和城市生产力的布局提供研究参考。

一、引言

对于城市类型与城市产业发展的关系，或者说是一国内部生产力是如何在不同类型的城市之间布局的研究，大多集中在研究人的布局和经济布局的关系，即城市规模与城市产业发展之间的关系。经过长期的研究，城市地理学家存在两种截然不同的观点，一种认为生产力布局与城市体系存在明显的层次（Hierarchy）对应关系，即城市的经济职能随着城市规模的增长而增强；另一种则认为城市的体系存在专业分工的特征，由于比较优势的差异、规模经济、外部性等因素导致形成不同专业化的城市（Markusen et al.，2003）。

早期的研究中层次理论比较盛行。基于这一理论，生产力的布局是由城市规模和产品和服务的市场属性决定的，换句话说生产力布局内生于城市的规模体系，同样类型的城市，其产业结构也将相似。如 Noyelle 和 Stanback（1984）研究发现城市规模的差异决定着城市的产业结构的差异；Esparza 和 Krmenec（1996）研究发现生产型服务业城市布局存在明显的层次关系，大城市服务大市场，小城市则服务周边的小市场。如果这一理论完全证实，则意味着直接通过政策调整城市生产力布局的空间很小，而只能通过调整城市规模或者通过发展政策影响城市规模因而影响城市生产力布局。

随着城市分工理论研究的深入，尤其是随着新贸易理论和新经济地理学理论的发展，对于城市专业化的研究越来越多。如 Henderson（1974）研究发现，对于地理特征相同的城市，由于存在产业内部溢出效应而产生的规模经济，城市呈现高度的专业化；Fujita 等人（1999）的研究指出城市内部上下游产业之间的联系带来的外部性（Jacobs-type externalities），城市可以促进上下游产业的集聚，城市产业可以表现出多样性。这些研究表明城市产业结构与城市自身的规模并一定表现出层次对应关系，城市产业发展取决于各种因素带来的产业集聚和扩散两股力量的均衡。这意味可以通过政策努力来改变城市的发展轨迹。

然而现实中，由于产业属性和城市功能差异使得这两种理论反映的现象常常同时存在，即有些产业的发展与城市规模表现出明显的层次对应关系，而另外一些产业的发展则表现出随机专业化特征。Markusen 等（2003）研究通过对不同类型职业就业状况与城市规模的关系证实了这一点。其研究发现商业和金融类就业与城市规模呈现明显的层次对应关系；同时也发现更多的职业表现出随机专业化的特征。

从上面研究的梳理来看，城市产业发展与城市类型之间关系可能比较复杂，不同的相互关系可以为城市发展的决策者提供不同的政策启示和参考。这也是本节的主要目的。本节试图通过中国的数据分析中国城市规模和城市产业发展两者之间的关系，找出不同规模城市产业发展的典型特征和不同产业城市布局的典型特征。

二、数据来源及其描述性统计分析

（一）数据来源

中国目前的统计体系尚未提供非常系统、匹配的城市规模和城市产业发展的数据。从目前已有的数据来看主要有以下几个来源。（1）人口普查的资料，提供了人口数据和就业数据，不过就业数据分类较粗，没有对制造业行业进行细分。（2）城市统计年鉴，也提供了就业数据，不过只涉及单位就业人员，没有私营和个体以及自我雇佣和非正式就业人员的行业数据，而且城市统计年鉴提供的就业数据和人口普查资料一样缺乏对制造业的行业细分；对于经济数据，城市统计年鉴分类更粗，工业部门只有总产值，而且没有具体行业划分。（3）其他统计数据库，这些统计数据可以提供细分行业的工业部门总产值和就业数据，不过这些统计数据则是各个地级市整体的统计值，而非城市本身。

鉴于此，本章放弃采用总产值或者增加值等经济指标，而是采用就业数据来反映产业结构。同时考虑单一数据来源无法提供详细行业分类的就业数据，试图将人口普查的数据与工业部门的统计数据整合起来。利用人口普查得到地级市人口数据和大行业分类的就业数据，然后利用地级市工业部门分行业的就业数据来细化人口普查资料中的制造业就业数据，从得到完整统一的各地级市的分行业的就业数据。遗憾的是无法得到城市本身的数据，考虑到城市劳动力主要从事制造业和服务业，因此在分析的时候主要分析非农业就业结构。

（二）不同类型城市的特征描述

这里主要根据人口规模对地级市进行分类。具体根据其城镇人口规模①划分成六组，即50万人以下、50万~100万人、100万~300万人、300万~500万人、500万~1000万人和1000万人以上的地级市。根据这一标准对330个地级以上市进行了分组，按照城镇人口规模从小到大各组的地级市数量分别是42、73、165、29、15和6个，相应的城镇人口平均规模分别达到27万、77万、180万、394万、646万和1400万左右。从各自的城市化率来看，呈逐步提高的趋势，即城镇人口规模越大的地级市城市化率越高，其中城镇人口在1000万人以上的地级市平均城市化率接近80%，而城镇人口规模在50万人以下的地级市城市化率则只有33%。从产业结构来看，农业就业人员的比重与城市化率呈反向关系，即城镇人口规模越大的地级市，农业就业人员比重越低，其中城镇人口规模在50万人以下的地级市70%左右的劳动力从事农业；而城镇人口在1000万人以上的地级市这一比重只有17%左右。与农业就业正好相反，服务业就业比重则与地级市的规模呈正向关系，城镇人口在1000万人以上的地级市接近一半人员从事服务业，而50万人以下的地级市则只有21%的人员从事服务业。与农业和服务业都不同的是，第二产业就业比重则与城市规模呈“倒U形”形态，即城镇人口规模在1000万以下的地级市，城市规模越高第二产业就业比重越高，而当人口规模超过1000万人是，第二产业就业比重又有所下降。

表2－2　按地级市城镇人口划分不同规模的城市主要指标

	城市数量	人口规模	城市化率（%）	农业（%）	第二产业（%）	服务业（%）
<500k	42	271830	33	70	10	21
500k－1m	73	770775	37	65	14	21
1m－3m	165	1798230	45	55	21	24
3m－5m	29	3939706	55	43	29	28
5m－10m	15	6461975	70	20	41	39
10m +	6	13997879	78	17	35	48
合计	330	27240395	51	48	24	28

资料来源：作者计算。

① 需要指出的是，下文在提到城市规模时如未特别指出均指其城镇人口规模。

三、主要研究方法

现有的研究提供许多不同的方法来研究城市类型与其产业结构的关系，如果区位熵、聚类分析法、Churning index 等（Bergsman，1972；Henderson，1988；Duncan Black and Henderson，2003）。具体的研究过程是首先构建反映城市产业结构的指标，然后比较同一类型的城市产业结构是否具有同样的特征；接着比较具有同样产业结构特征城市之间的类型是否一致。如 Henderson 等（2003）首先采用聚类分析方法依据产业结构对不同城市进行聚类，然后在此基础上找出不同城市类型的产业结构特点，比较组间和组内城市规模等差异来分析城市规模和城市产业结构的关系。

本书将采用区位商的方法来反映产业结构的特征。区位商是反映某一产业专业化程度的指标，即表示 i 地区 j 行业在本地总产出中的份额与整个 j 行业占全国经济总产出的份额之比，其计算公式是：

$$LQ_i^k = \frac{X_i^k / \sum_i^n X_i^k}{\sum_k^N X_i^k / \sum_k^N \sum_k^n X_i^k} (i = 1,2,\cdots,n; k = 1,2,\cdots,N) \tag{1}$$

其中，LQ_i^k 表示 k 地区 i 行业的区位商，表示 k 地区 i 行业的产出指标，n 部分数，N 为地区数量。其含义是：当时$LQ_i^k>1$，意味着 k 地区在 i 行业具有比较优势，而且LQ_i^k 越大表明 k 地区 i 行业专业化程度越高。

在区位商的基础上，通过比较不同类型的城市的产业结构差异来研究城市体系与城市产业结构的关系。

四、城市体系与城市产业结构的关系分析

利用前面整理的数据，计算了不同类型城市非农业就业人员的区位商。根据不同类型城市不同行业的区位商，可以总结出如下典型事实。

1. 从大的行业来看，以资源为基础的采矿业和电力行业表现典型的专业化特征，制造业、建筑业和服务业则反映出一定层次体系特征。

表 2－3　　不同规模城市非农业产业就业区位商（2010 年）

	<500k	500k～1m	1m～3m	3m～5m	5m～10m	10m+
采矿业	2.051 (2.230)	2.384 (3.020)	1.331 (2.150)	0.703 (1.020)	0.243 (0.480)	0.305 (0.520)
制造业	0.384 (0.180)	0.607 (0.260)	0.917 (0.360)	1.140 (0.390)	1.289 (0.560)	1.024 (0.410)
电力、燃气及水的生产和供应业	1.838 (1.010)	1.489 (0.600)	1.137 (0.570)	0.862 (0.360)	0.718 (0.350)	0.693 (0.350)
建筑业	1.164 (0.460)	1.238 (0.510)	1.172 (0.430)	0.972 (0.290)	0.708 (0.300)	0.666 (0.390)
服务业	1.283 (0.200)	1.125 (0.170)	1.000 (0.180)	0.935 (0.230)	0.918 (0.290)	1.088 (0.210)

资料来源：作者计算；括号内的数据位组内城市间区位商的标准差。

表 2－3 给出了 2010 年不同规模城市非农业产业就业区位商数据。从图中不同规模城市区位商表现出来的特征可以将这些行业划分成四类：

（1）采矿业和电力、燃气及水的生产和供应业的区位商与城市规模呈一种负向关系，即城市规模越大这两个行业的区位商越小。如 50 万人以下地级市采矿业平均区位商达到 2.051，而 1000 万人以上的城市只有 0.305；50 万人以下地级市电力行业的平均区位商相当于 1000 万人以上的城市的三倍。但是如果结合表中各组城市内部区位商的标准差来看，规模较小的城市分组虽然这两个行业的平均区位商较高，但是其标准差也较高，这说明并不是所有的规模较小的城市这两个行业的区位商都较高。这正好印证了前面分析中提到专业化特征。究其原因则是由于这两个行业都是以资源为基础的行业，城市之间布局主要取决于各自的资源禀赋优势。

（2）制造业整体的区位商与城市规模之间表现出“倒 U 形”形态关系。数据显示 1000 万人以下的城市分组中，随着城市规模的扩大，制造业的优势越明显。其中 500 万～1000 万人的城市制造业的区位商最大，达到 1.289。而对于 1000 万人以上的城市其区位商则低于 500 万～1000 万人和 300 万～500 万人的城市。而且对比不同城市分组之间的标准差，可以尽管不同分组之间标准差存在一定差异，但整体来看各组的标准差都不是太高。因此整体来看，制造业呈现出层次体系的特征[①]，即城市规模越大，制造业优势越明显。具体就“倒 U 形”形态来看，则主要是由于产业集聚的向心力和离心力之间的博弈导致的。

① 这种层次体系很难判别城市规模和产业发展之间孰是内生的关系。

一方面，随着城市规模的扩大，本地市场效应等因素带来的规模经济促进制造业的集聚；另一方面随着城市规模的扩大，要素成本、环境成本等不断提高，则抑制制造业的过度集聚。最终这两股力量在一定规模水平达到均衡，形成最优的集聚规模，因而形成了“倒U形”形态。

（3）建筑业区位商则与城市规模呈现反向关系。从图中显示的数据来看，建筑业大致表现为城市规模越小，其区位商越大。300万人以下城市建筑业的平均区位商都在1.1以上，而300万人以上的城市建筑业的平均区位商都在1.0以下，1000万人以上的城市建筑业平均区位商在只有0.666。不过具体来看建筑业平均区位商最高是50万~100万人的城市组。

（4）服务业整体的区位商与城市规模之间表现出微弱的“U形”形态关系。从1000万人以下的城市组来看，城市规模与服务业区位商表现出反向关系。50万人以下的城市服务业区位商[①]最高，随着人口规模的增大，逐步降低至500万~1000万人城市组的0.918最低值，然而1000万人以上城市又有所提高。整体来看服务业区位商与城市规模之间呈现出些许的“U形”形态。不过与制造业“倒U形”形态存在两点不同，一是服务业区位商在不同规模城市组之间差异并没有制造业不是太大；二是各城市组内部各城市服务业区位商的标准差比较接近，而且比较制造业要低很多。这说明虽然服务业布局与城市规模之间的关系没有制造业那么明显，但是服务业的这种关系更加稳定。换句话说服务业是这些大类行业中层次体系关系变现的最稳健的部门。

2. 制造业内部多数行业表现出专业化特征，500万~1000万人的城市比其他规模的城市表现出更强制造业竞争力。这里对制造业进行了细分，具体测算了不同规模城市29个制造业部门各自的区位商（见表2-4）。根据表2-4的数据可以总结出如下几点制造业分行业布局与城市规模之间的关系：

表2-4　　不同规模城市制造业就业区位商（2010年）

	<500k	500k~1m	1m~3m	3m~5m	5m~10m	10m+	标准差平均值
农副食品加工业	1.098	1.479	1.180	1.183	0.604	0.342	*(0.953)*
食品制造业	0.605	0.813	1.072	0.962	0.854	1.160	*(0.767)*
酒、饮料和精制茶制造业	1.410	1.290	1.229	0.859	0.660	0.630	*(1.150)*

① 需要特别强调的是这里的区位商只计算了非农业就业的人群。

续表

	<500k	500k~1m	1m~3m	3m~5m	5m~10m	10m+	标准差平均值
烟草制品业	0.139	1.512	0.661	1.510	1.368	0.765	(2.488)
纺织业	0.123	0.398	1.062	1.522	1.138	0.352	(0.717)
纺织服装、服饰业	0.044	0.240	0.954	1.321	1.225	0.992	(0.790)
皮革、毛皮、羽毛及其制品和制鞋业	0.126	0.123	0.726	1.350	2.176	0.554	(1.378)
木材加工和木、竹、籐、棕、草制品业	0.846	1.154	1.420	1.105	0.340	0.204	(1.623)
家具制造业	0.236	0.240	0.824	0.882	1.908	1.136	(1.067)
造纸和纸制品业	0.340	0.744	1.029	1.064	1.242	0.733	(0.805)
印刷和记录媒介复制业	0.272	0.592	0.736	1.052	1.503	1.512	(0.887)
文教、工美、体育和娱乐用品制造业	0.000	0.144	0.679	1.107	1.910	1.403	(1.382)
石油加工、炼焦和核燃料加工业	1.594	1.359	1.385	0.702	0.322	0.692	(2.080)
化学原料和化学制品制造业	1.000	1.206	1.165	1.005	0.689	0.711	(0.807)
医药制造业	0.364	0.690	1.060	1.101	0.956	0.976	(0.828)
化学纤维制业	0.037	0.301	1.007	1.302	1.738	0.134	(1.215)
橡胶制品业	0.014	0.223	0.877	1.234	1.467	1.076	(0.877)
塑料制品业	0.091	0.281	0.781	1.154	1.666	1.211	(0.840)
非金属矿物制品业	1.030	1.180	1.200	1.025	0.743	0.505	(0.825)
黑色金属冶炼和压延加工业	1.046	1.656	1.076	1.252	0.640	0.456	(1.913)
有色金属冶炼和压延加工业	1.844	1.825	1.107	1.043	0.702	0.359	(1.767)
金属制品业	0.115	0.284	0.924	1.126	1.382	1.125	(0.810)
通用设备制造业	0.053	0.381	0.838	1.432	1.365	0.964	(0.600)
专用设备制造业	0.127	0.291	0.880	1.275	1.295	1.179	(0.528)
交通运输设备制造业	0.065	0.449	0.759	1.314	1.136	1.658	(0.845)
电气机械和器材制造业	0.029	0.224	0.759	0.896	2.028	1.217	(0.787)

续表

	<500k	500k～1m	1m～3m	3m～5m	5m～10m	10m +	标准差平均值
计算机、通信和其他电子设备制造业	0.008	0.147	0.492	0.728	2.083	2.343	(*1.187*)
仪器仪表制造业	0.015	0.147	0.604	1.006	2.040	1.627	(*0.855*)
其他制造业	0.168	0.393	0.939	1.625	0.886	0.955	(*0.988*)

资料来源：作者计算；括号内的数据位组内城市间区位商的标准差。

（1）以资源为基础的和中间投入品制造业规模较小的城市表现更强的比较优势。从表2－4的测算结果来看，规模较小的城市在许多资源为基础的和中间投入品制造业方面区位商大幅高于规模较大的城市。其中，酒、饮料和精制茶制造业、石油加工、炼焦和核燃料加工业、有色金属冶炼和压延加工业三个行业中，50万人以下的城市平均区位商最高；农副食品加工业、烟草制品业、化学原料和化学制品制造业、黑色金属冶炼和压延加工业四个行业，50万～100万人的城市组拥有最高的平均区位商。这类制造业由于受制于资源的约束，大多分布在资源富集地区或者是更容易获取这些资源的地区[①]。同时由于这些制成品大多属于初级制成品，因而上下游产业联系较弱，往往很难发挥制造业的"前向联系"和"后向联系"作用，带动上下游产业的发展，进而很难推动城市整体产业发展和城市的成长。

（2）消费品和资本品产业区位商大多与城市规模呈"倒U形"关系。从表2－4中的数据来看，大多数消费品和资本品产业部门随着城市分组的规模的提高，其平均区位商不断提高，但是当城市规模达到一定程度后，区位商又出现了降低的态势。不过有三个行业的区位商随着城市组规模的增大而不断提高，这三个行业分别是食品制造业、印刷和记录媒介复制业和计算机、通信和其他电子设备制造业。其中食品制造业、印刷和记录媒介复制业则可能是由于城市规模越大越容易形成"本地市场效应"。另外这两个行业大多要求较短的运输时间和交易时间，这也决定着其必须与需求市场联系更加紧密。而对于通信和其他电子设备制造业可能的原因是由于其属于高技术产业，因而对高素质的劳动力需求较多，而这些劳动力更趋向于生活在规模较大的城市。

（3）制造业内部绝大多数行业表现出随机的专业化特征。表2－4中还给出了各行业不同规模城市组标准差的平均值。从表中的数据来看，标准差平均值

① 比如沿海的港口城市，其获取进口矿石的成本明显低于内陆城市。

最低的也达到了 0.528，最高则已超过 2.0。相对较高的标准差说明制造业分行业的区位商与城市人口规模之间关系并不稳健，并非具有同样规模的城市会表现出同样企业制造业分行业结构特征，也就是说制造业内部绝大多数行业表现出随机专业化的特征。

（4）500 万～1000 万人的城市比其他规模的城市表现出更强制造业竞争力。图 2－1 给出了不同规模城市组拥有最高区位商的行业数量。对比可以发现与其他规模的城市组相比，500 万～1000 万人的城市组拥有的最高的区位商行业数量最多。全部 29 个行业中，有 11 个行业 500 万～1000 万人的城市组在六个不同规模的城市组中拥有最高的区位商。这说明 500 万～1000 万人的城市比其他规模的城市表现出更强制造业竞争力，城市的发展也更有活力。另外也可以看出 100 万～300 万人的城市在制造业的发展方面缺乏专业化，只有两个行业拥有最高的区位商。仔细比较还可以发现，这两个行业的区位商虽然高于其他城市组，但是差异较小。

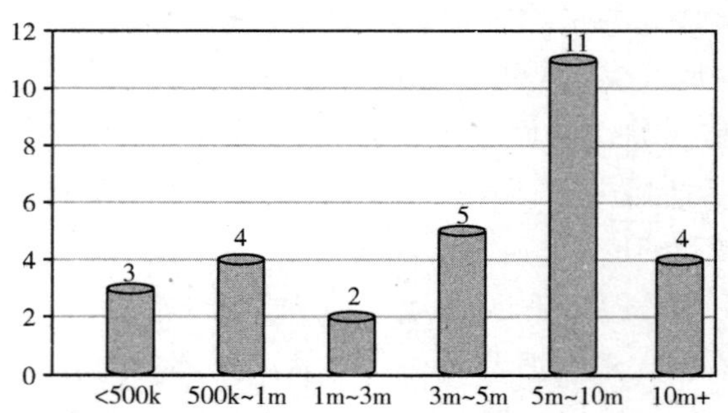

图 2－1　不同规模城市组拥有最高区位商的行业数量

资料来源：作者计算。

3. 生产型服务业、房地产和文化娱乐业表现出较强层次体系关系，规模较小的城市则主要发展生活类服务业和公共服务业。

表 2－5 给出了服务业内部不同行业不同规模城市分组的区位商。从各行业区位商与城市规模之间的关系来看，可以总结出如下两大特点：

（1）规模较大的城市生产型服务业和部分生活类服务业区位商是相对较高。从表中测算的结果来看，交通运输、计算机服务和软件业、信息传输、批发和零售业、金融业、租赁和商务服务业、科学研究、技术服务和地质勘察业等生产型服务业最高的区位商都出现在人口规模最高的 1000 万人以上城市组。而且大多呈现出随城市规模递增的趋势。表 2－5 还给出了不同行业不同城市组内部区位商的标准差，可以看出除了科学研究、技术服务和地质勘察业的标准差较高外，其他生产型服务业的标准差较小。这意味生产型服务业的布局与城市规模之间表现出很强对应关系，规模较大的城市服务更大的市场。这一结论与 Esparza 和 Krmenec（1996）的研究结论非常吻合。另外从生活类服务业中房地产业、文化、体育和娱乐业两大行业也表现出较强的层次关系，规模较大的城市拥有较高的区位商。

表 2－5　　不同规模城市服务业就业区位商（2010 年）

	<500k	500k～1m	1m～3m	3m～5m	5m～10m	10m＋	标准差平均值
仓储和邮政业	1.323	1.216	1.072	0.925	0.777	0.978	(*0.333*)
交通运输、计算机服务和软件业	0.933	0.872	0.767	0.901	1.092	1.901	(*0.455*)
信息传输、批发和零售业	0.928	0.980	1.007	0.992	0.993	1.019	(*0.210*)
住宿和餐饮业	1.525	1.191	1.042	0.839	0.899	1.033	(*0.352*)
金融业	1.048	0.978	0.892	0.961	1.042	1.375	(*0.345*)
房地产业	0.741	0.592	0.684	0.887	1.285	2.147	(*0.523*)
租赁和商务服务业	1.049	0.757	0.712	0.826	1.091	2.252	(*0.587*)
科学研究、技术服务和地质勘察业	0.971	0.666	0.609	0.893	1.292	2.312	(*0.835*)
水利、环境和公共设施管理业	1.811	1.156	0.880	0.897	1.012	1.344	(*0.503*)
居民服务和其他服务业	1.004	1.166	1.054	0.956	0.871	0.944	(*0.310*)
教育	1.647	1.434	1.059	0.929	0.798	0.820	(*0.425*)
卫生、社会保障和社会福利业	1.464	1.267	1.062	0.947	0.793	0.914	(*0.365*)
文化、体育和娱乐业	1.276	0.872	0.803	0.950	1.088	1.672	(*0.522*)
公共管理和社会组织	2.391	1.538	1.059	0.876	0.749	0.802	(*0.693*)

资料来源：作者计算。

（2）与其他城市组相比，50 万人以下的城市组在部分生活类和公共服务业方面拥有最高的区位商。表 2－5 中的数据还显示 50 万人以下的城市组在住宿和餐饮业以及水利、环境和公共设施管理业、教育、卫生、社会保障和社会福利业、公共管理和社会组织等公共服务业方面拥有高于其他规模城市组的平均区位商。应该说这些规模较小的城市这些行业的区位商较高，并不能说明这些行业具有较大竞争优势，而更多只是说明这些城市其他产业发展较为不足，这些生活类和公共服务业占据了城市经济的主体。

五、小结

本章收集了全国330个地级以上城市人口及其46个非农行业就业数据，同时按照地级以上城市城镇人口对城市进行分组，利用区位商来对比不同规模城市产业结构的差异，分析城市生产力的布局状况。通过对比，可以发现中国产业发展与城市规模之间关系的这些典型事实与国际经验比较吻合，这说明城市产业发展与城市规模之间确实存在一些共性规律。今后中国城市生产力布局更应该顺应这一规律，而不是千篇一律地追求同样的产业发展道路、同样的产业升级方向。对于那些与城市规模存在层次对应关系的产业，则需要通过消除市场壁垒，引导要素特别是人口的自由流动来促进这些产业的合理布局；而对于那些具备专业化特征的产业，则需要顺应当地的比较优势，改善当地的市场环境，来促进产业的专业化集聚。对于资源型城市来说，在发展壮大的过程更应注重产业的多元化发展，及早培育非资源类产业发展的基础条件；对于超大城市来说，应该利用好自身信息、人才的集聚优势，着力发展生产性服务业，而不是过多地强调制造业的发展；对中等城市来说，应该注重改善市场环境和基础设施条件，吸引制造业的集聚和发展；而对于较小的城市来说，则应该发展具备自身特色优势的产业和具有本地化特征的服务业和公共服务。

第三节　城市化、要素配置与生产率

尽管理论上的研究表明城市化有利于优化要素配置、推动生产率提升。然而在实际经济发展过程中，许多因素会导致城市化对经济增长的这种作用并未充分发挥出来。比如，Au and Henderson（2006）研究城市规模和城市密度对经济增长的影响，结果显示中国地级市的城市规模只达到最优规模的一半，城市人口翻倍将带来人均产出将提高20%～35%；还比如，许多研究发现，由于地理因素、忽视城市设施和服务建设等原因，非洲的城市化并未带来经济的增长。本节将主要从中国的城市结构体系出发，研究不同的城市生产率的差异及变化。

一、中国城市体系结构

经过几十年的城市发展和建设，大城市（含特大、超大和巨型城市）发展迅速，已成为城市人口的主体，全国范围内已经初步形成以大城市为中心，中小城市为骨干，小城镇为基础的多层次的城市体系。根据第六次人口普查数据，2010 年中国市区常住人口超过 50 万以上的大城市已由 1990 年的 59 个增加到 242 个，20 年净增加了 183 个，占城市总数的比重由 12.63% 提升到 36.83%。在大城市中，市区常住人口超过 1000 万人的超巨型城市已经达到 6 个，分别是上海、北京、重庆、天津、广州和深圳；500 万 ~1000 万人的超大城市由 1990 年的 2 个增加到 2010 年的 10 个；200 万 ~500 万人的特大城市由 7 个增加到 37 个；100 万 ~200 万人的大城市由 22 个增加到 83 个；50 万 ~100 万人的大城市由 28 个增加到 106 个。城市除了人口规模结构还存在行政层级结构。三十多年来，城市总数快速增加，其中主要是地级市和县级市的数据都出现较大幅度的提升。1980 年到 2014 年城市总数增加了 430 个，其中直辖市增加了 1 个，由 1980 年的 3 个增加到现在 4 个；地级市（含副省级）增加了 181 个，由 1980 年 107 个增加到目前的 288 个；县级市增加了 248 个，由 1980 年 113 个增加到 2012 年的 361 个。

二、研究采用的数据及方法

本章收集了 1995 年以来的地级以上城市的数据。为更好地反映城市的特征，这里涉及指标的统计范围都仅指市辖区。由于部分城市数据缺失，最终数据齐全的城市只有 256 个。具体指标涉及固定资产投资、地区生产总值、就业人数。数据主要来自国研网（www. drcnet. com. cn）和各年份的城市统计年鉴。另外考虑到部分城市行政区划的调整，这里根据各地统计年鉴予以调整。在这些原始数据的基础进行如下处理：

（一）估算城市的资本存量

本章收集了 1995 ~2013 年的固定资产投资。然而估算资本存量需要的是固定资本形成的数据。因此这里利用各省相应的年份的固定资本形成与固定资产投资之间的比例关系推算各城市的固定资本形成。对于 1995 年的初始资本存量，这里采用 Hall and Jones（1999）提出的“折旧 – 贴现率”法，即初始资本存量等于初始投资与折旧率、投资增长率两者之和的比值。这里综合现有研究的基础，将折旧率设定为9%。具体资本存量的估算采用永续盘存法。

（二）测算不变价地区生产总值（RDP）

由于需要进行历史比较，因此需要将各年份的RDP折算这统一的价格水平。这里选取2000年作为基准年，其他年份的RDP统一折算成2000年价格。

（三）测算TFP、资本和劳动的边际报酬

这里采用索罗提出增长核算的方法。即

$$Ln(\mathrm{TFP}) = LnY - aLnK - (1-\alpha)LnL$$

$$\mathrm{MPK} = A\alpha K^{\alpha-1}L^{1-\alpha} = \alpha\frac{Y}{K}$$

$$\mathrm{MPL} = A(1-\alpha)K^{\alpha}L^{-\alpha} = (1-\alpha)\frac{Y}{L}$$

其中，Y为产出，K和L分别表示投入的资本和劳动力；α为资本所得所占的份额，$(1-\alpha)$为劳动所得的份额。对于资本和劳动的份额这里采用各城市所在省份的相应年份的收入方法GDP推算。

三、主要结果分析

在本节收集的城市数据的基础上，利用增长核算的方法对于地级以上的城市的生产率进行了测算。主要结果如下：

（一）城市之间TFP增长速度差异较大且多数城市的TFP呈现下降趋势

从测算的结果来看，不同城市之间TFP的增长速度存在较大差异。这里主要从地域、规模和行政层级三个不同的维度来看城市生产率的差异。

首先，从地域来看，东部地区城市TFP平均增长速度相对较低，2007～2013年间甚至出现了负增长，这与金融危机的冲击存在一定的联系，另外也与东部地区部分城市已经趋于成熟存在一定关系；西部地区TFP增速相对较高，且较为稳定，2000～2007年和2007～2013年两个时段的TFP增长速度都在2个百分点以上，而且2007～2013年间西部地区城市TFP平均增速大幅超过其他三大板块；中部和东北地区TFP增速都出现了较大幅度的下滑，中部地区由2000～2007年间的2.9%下滑至2007～2013年间的1.3%，东北地区则由4.6%下降至1.4%。从近些年的情况来看，城市TFP增长速度整体呈现“东低西高”的态势。

其次，从规模来看，不同规模的城市TFP增长速度也存在较大差异。2000～2013年50万～150万人的城市TFP增长速度在所有城市中是最快，其中前7年

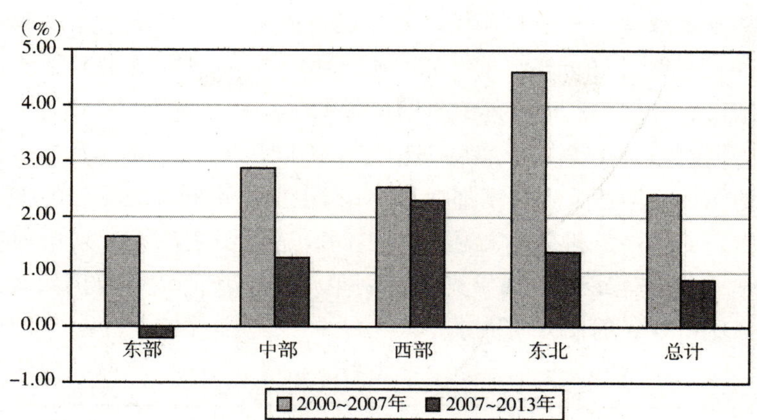

图 2－2　不同地域的城市 TFP 增长速度

资料来源：DRCNET、WIND，作者计算。

基本在 3.5% 左右，后 6 年则在 1.5% 左右。对于其他规模的城市，两个不同的时期表现不同。2000～2007 年间，TFP 增长最慢的是 150 万～200 万人的城市，而 200 万人以上和 50 万以下的城市 TFP 增速相对较高；2007～2013 年间，TFP 增长速度基本呈现：城市规模越小，TFP 增长速度越高，如 200 万人以上的城市 TFP 增长较低，而 50 万人以下的城市 TFP 增速则所有城市中处于最高水平。另外从增长速度的变化来看，除了 150 万～200 万人的城市 TFP 增速出现了较小提升外，其他规模的城市 TFP 增速都有所下降。

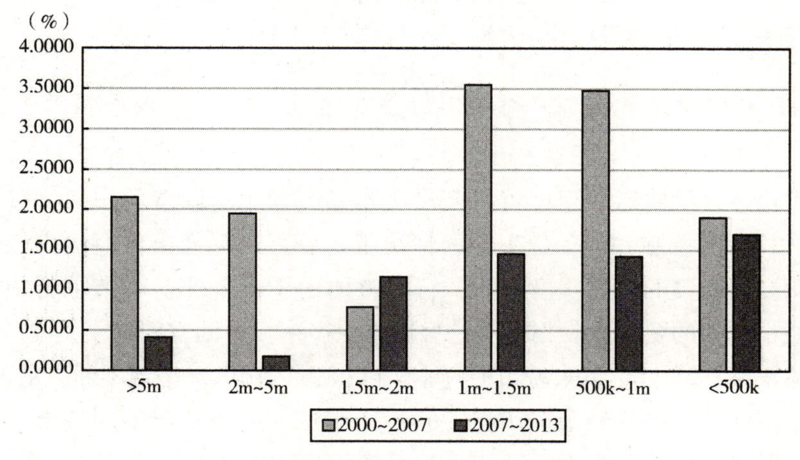

图 2－3　不同规模的城市 TFP 增长速度

资料来源：DRCNET、WIND，作者计算。

最后从等级来看，大体的态势是等级越低的城市 TFP 增长速度越高。具体来看，21 世纪初到金融危机之前，省会城市和一般的地级市 TFP 增长速度要明显高于直辖市和计划单列市，其中直辖市最低，年均增速不足 1.5%。金融危机之后，各等级的城市 TFP 增长速度都出现了不同程度的下降，尤其是省会城市和一般的地级市，增速下降幅度都在 1.6% 以上。从不同等级城市的 TFP 增速相对水平来看，与金融危机之前相比稍有不同。这主要表现为计划单列市在所有城市中 TFP 平均增速最高。如果剔除计划单列市，其他城市中仍然表现出 TFP 增长速度与城市等级的反方向关系。

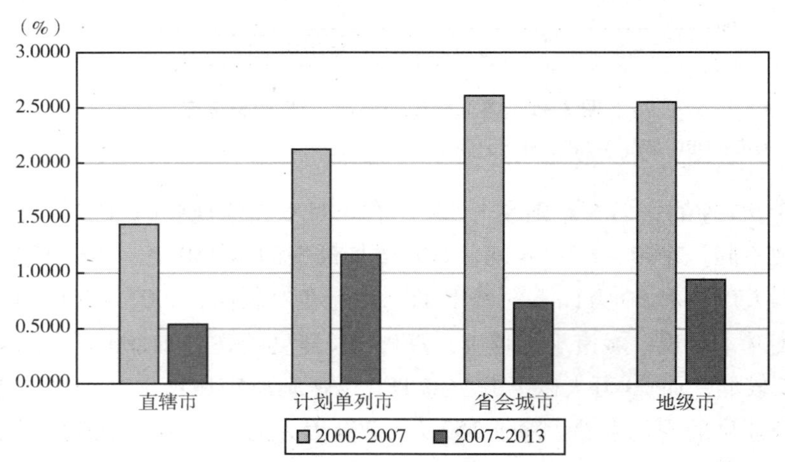

图 2－4　不同等级的城市 TFP 增长速度

资料来源：DRCNET、WIND，作者计算。

（二）从要素边际报酬来看，仍然存在通过城市结构调整提升生产率的空间

要素边际报酬的离散程度可以度量资本和劳动市场配置的扭曲程度。如龚关等（2013）证明在其他条件不变的情况下，要素边际产出价值的离散程度越大，说明要素配置的扭曲程度越大，行业整体的 TFP 越小。本节也希望通过比较不同城市之间的要素边际报酬来挖掘城市生产率提升的空间。

整体来看，21 世纪以来城市的资本边际报酬（MPK）呈现不断下滑的趋势，这与资本不断深化的趋势是密切相关的；21 世纪初的头几年不同城市之间资本边际报酬差异出现缩小，说明城市之间要素优化配置的程度在提高；2005 年之后，这种差异开始呈现增大的趋势，尤其是金融危机的爆发使得这一差异快速

提升；2010 年之后这种差异才开始趋稳并呈现微弱的下降态势。

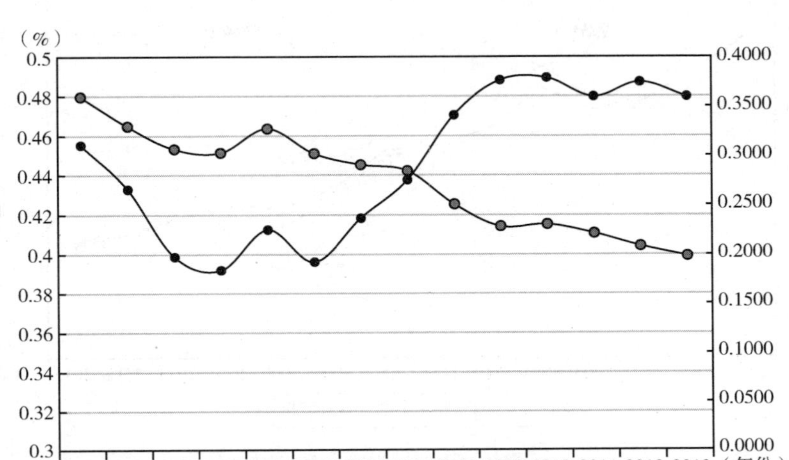

图 2 –5　城市资本边际报酬及其离散程度的变化

资料来源：DRCNET、WIND，作者计算。

与前面一样，这里还将从地域、规模和等级三个维度来分析不同城市资本边际报酬的差异。首先从地域来看，不同板块之间资本边际报酬的差异大幅缩小（如图 2 –6 所示）。2013 年，中部地区的 MPK 最高，东部次之，西部地区最低；但整体来看不同板块之间 MPK 的差异已经很小，基本都在 19% 左右。其次从城市规模来看，不同城市之间资本边际报酬差异较大，而资本边际报酬与城市规模之间呈现“倒 U 形”关系。具体来看，100 万 ~150 万人的城市资本边际报酬最高，超过 22%；其次是 150 万 ~200 万人的城市和 50 万 ~100 万人的城市，分别达到 21.7% 和 21.6%；最低的是 500 万人以上的城市，只有 17% 左右。

从城市等级来看，不同城市之间资本边际报酬差异也较大，如果剔除计划单列市资本边际报酬与城市等级呈反向关系。具体来看，在四类城市中计划单列市的资本边际报酬最高，达到 26%；其他三类城市资本边际报酬都大幅低于计划单列市。在其他三类城市中，城市等级越高资本边际报酬越低。如，直辖市资本边际报酬最低，只有 15%；一般地级市资本边际报酬最高，达到 20.8%。

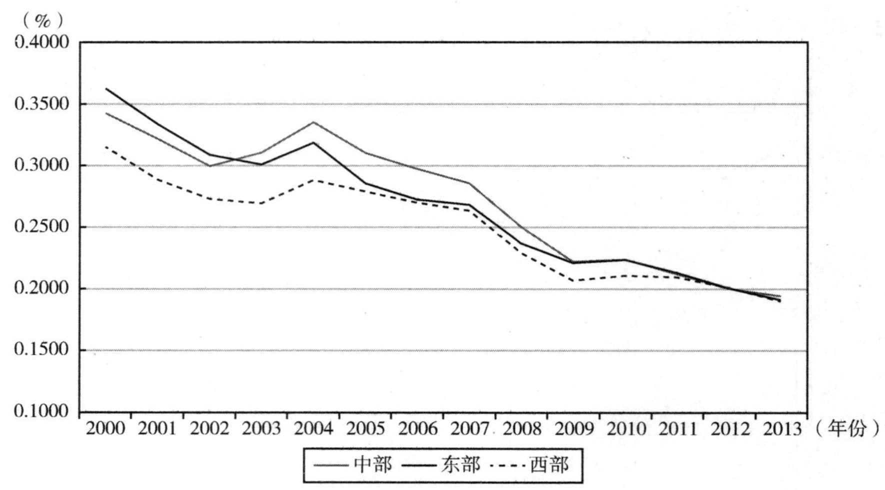

图 2－6　东、中、西部城市的资本边际报酬

资料来源：DRCNET、WIND，作者计算。

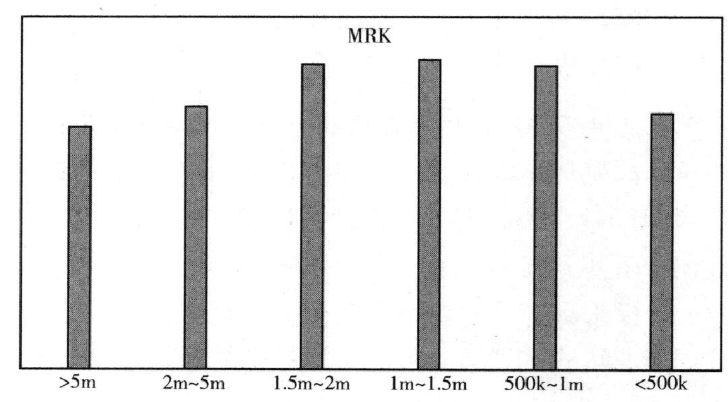

图 2－7　不同规模城市的资本边际报酬（%）

资料来源：DRCNET、WIND，作者计算。

为了更好地比较不同维度差异的关系，图 2－9 给出了不同维度下城市之间的资本边际报酬的离散程度。从图中给出的数据来看，不同地域（这里指东中西）城市之间资本边际报酬差异最小，而不同等级的城市之间资本边际报酬差异最大。从要素市场的扭曲来看，相对于区域而言，不同规模和不同等级城市结构的优化调整带来城市 TFP 提升的空间更大。换句话说，城市要素的再配置的重点是城市的等级和规模，而非地域。

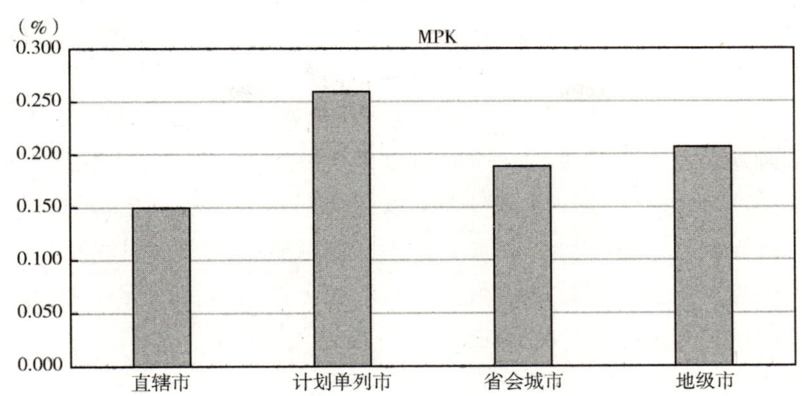

图2-8　不同等级城市的资本边际报酬

资料来源：DRCNET、WIND，作者计算。

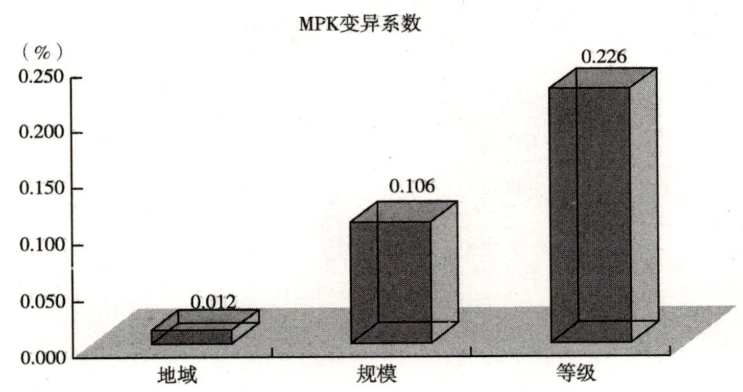

图2-9　不同维度内部城市资本边际报酬的离散程度

资料来源：DRCNET、WIND，作者计算。

第四节　城市化对经济增长的影响——基于可计算一般均衡模型的分析

从现有的文献来看，目前的研究大多集中在供给侧或者需求侧的单独分析，并未将两个方面的影响综合起来考虑。另外正如前面提到现有的研究表明城市化并非经济增长的充分条件，需要配套相关其他政策才能发挥城市化对经济增长的促进作用。而现有的研究并未综合分析城市化与这些配套政策的综合影响。本章则是试图利用可计算一般均衡模型将供给侧和需求侧两方面的影响综合在一起，同时考虑城市化的配套政策，设计综合情景来分析中国未来城市化对经济增长的可能影响。

前面分析了城市化从不同渠道对经济增长的影响作用（见图2－10）。为了更好地刻画这种复杂影响关系，这里构建了反映中国经济现实状况的可计算一般均衡模型。可计算一般均衡模型既可以反映不同生产部门之间的投入和产出关系，也可以反映经济活动的主体（企业、政府和居民）之间以及与生产部门之间的收入分配关系，还可以刻画经济活动主体的消费、投资行为。因此可以用来模拟城市化对经济增长的影响。

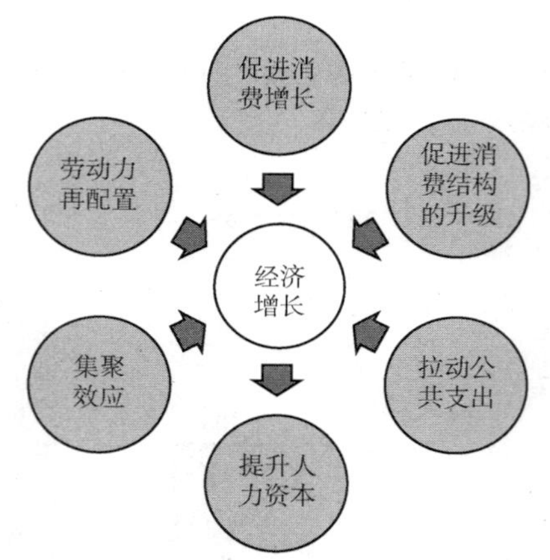

图2－10　城市化对经济增长的主要影响渠道

一、模型的介绍

在此，我们所构建的基本分析工具是动态递推中国经济可计算一般均衡模型（Computable General Equilibrium Model-CGE Model），是在国务院发展研究中心发展部以前开发的递推动态中国CGE模型的基础上修改更新而成的①。模型包括34个生产部门，城镇、农村两组居民家庭，以及5个初级生产要素：农业土地、资本和农业劳动力、生产性工人、专业人员。34个生产部门中包含1个农业部门、24个工业部门和9个服务业部门。模型的基年为2010年，数据主要来源基于2010年投入产出表编制的2010年社会核算矩阵（Social Accounting Matrix，SAM）。

① 关于模型本身更多的描述参见有关文献，李善同、翟凡（1997）“中国经济的可计算一般均衡模型”、翟凡（1997）“结构变化与污染排放——前景与政策影响分析”。

二、情景设计

这里所采用的方法主要是情景分析法。"情景"是指对未来进行的描述并指出走向这一未来的途径。由于未来经济社会发展的状况是由许许多多不确定性的因素共同作用的结果，存在很大的不确定性。"情景分析法"主要是通过广泛考虑未来各种不同的影响因素，根据不同的假设推断出不同的结果，给人们展示未来可能的发展状况。在城市化进程中，不同的政策选择决定了不同城市化道路，也就决定了未来不同城市化水平和质量。这里通过设计两种不同的城市化发展水平和质量的情景来模拟未来城市化对中国经济增长的影响。

表 2-6　　未来中国经济增长前景分析的情景设计

<table>
<tr><th>情景类别</th><th>情景设定</th></tr>
<tr><td>基准情景</td><td>基准情景的相关设定如下：
1. 人口总量的变化趋势外生，直接联合国的预测数据。
2. 城市化水平及城乡人口外生，2014～2020 年城市化率年均提高 0.9 个百分点，2021～2030 年城市化率年均提高 0.7 个百分点。
3. 劳动力总量的增长外生，农业土地的供给变化外生。
4. 各种国内税率保持不变，各种转移支付外生。
5. 2014～2030 年国际收支将保持平衡。
6. 政府消费增长率外生。
7. 全要素生产率（TFP）外生，假设 2013～2020 年的全要素生产率的增长率稍低于过去 30 年的平均水平，保持在 2% 左右的水平。
8. 技术进步的偏向性及中间投入率的变化外生。</td></tr>
<tr><td>高质量城市化情景</td><td>1. 促进经济的集聚，提高城市化效率。
ⅰ. 加快取消劳动力和人口流动的壁垒，农业劳动力平均每年比基准情景多转移 100 万～200 万人，2010～2030 年城市化率比基准情景每年提高 0.2 个百分点。
ⅱ. 促进城市化的合理布局和要素的自由流动和聚集，更大程度地发挥城市化的集聚效应，假设技术进步速度平均比基准情景快 0.1～0.2 个百分点。
2. 促进成果的分享，提升城市化的包容性。
ⅰ. 农民工市民化速度加快，每年将新增市民化农民工 500 万人。
ⅱ. 加快城乡以及城市内部的公共服务均等化，政府公共服务支出的增长速度比基准情景高 1～2 个百分点。
ⅲ. 改革收入分配制度，中等收入人群比重比基准情景年均高 0.3～0.5 个百分点，平均消费倾向累计将提高 5 个百分点左右。
ⅳ. 公共服务均等化和质量的改进以及中等收入人群比重的提高将加速城市人力资本的积累，技术进步速度平均比基准情景快 0.05 个百分点，技术工人的增长速度也比基准情景快 0.4 个百分点。
3. 促进绿色发展，提高城市化可持续性。
ⅰ. 征收碳税，提高能源利用效率，降低污染排放强度。2015 年开始征收碳税，税率从 50 元每吨 CO_2 逐步提高至 150 元每吨 CO_2。2015～2030 年间能源体用效率平均比基准情景高 0.5 个百分点。</td></tr>
</table>

在基准情景中，将在总结过去三十多年经济发展的历史趋势的基础上，综合考虑成功追赶的后发国家的经济发展历程，从供给和需求两个方面进行模型的设定。从人口和劳动力的变化来看，根据预测，未来10年中国的人口总量仍将不断增长，预计到2020年将超过14亿人，到2027年达到峰值14.15亿人；与人口总量变化趋势不同是，劳动年龄人口（15～64岁）将在2015年达到峰值[①]，到2020年基本持平，稍有下降；另外，老龄人口将快速增长，人口总抚养比将一改过去的不断下降的趋势而逐步上升，预计到2020年老龄人口抚养比和总人口抚养比将分别从2010年11.8%和36.9%上升到17.3%和41.8%。从技术进步的速度来看，未来10～20年来尽管仍然存在若干因素预示着我国TFP增长的空间仍然较大，如随着教育水平和质量的提高，人力资本积累带来的累积效应将越来越大；但随着市场化体制的不断完善、城市化率的不断提高等，要素重新配置带来效率改进和改革带来制度红利将越来越弱。综合这些因素，我们推测未来10年中国的TFP增长率将由过去3%左右下滑至2%左右。

从出口需求的变化来看，一方面，发达国家试图通过结构性改革解决金融危机暴露的问题的努力并未取得实质性进展，主要经济体却纷纷采取宽松的货币政策和“以邻为壑”的贸易保护主义政策。虽然目前在若干领域新技术革命已现端倪，但是在5～10年内，能否形成带动全球经济重回快速增长通道的重大技术突破及其大范围普及应用，还需要进一步观察。这些意味着慢增长将可能成为今后一段时期全球经济的常态。另一方面，国际经验预示着，随着经济发展水平的提升，国内要素成本将不断上升（包括汇率的升值），出口的国际竞争力也将不断下降。综合这两方面的因素，未来10年中国出口需求的增长速度将有所下滑。

高投资一直是中国经济高速增长的一个突出动力。而从过去几十年的发展历程来看，高投资需求主要来自房地产投资需求、基础设施投资需求以及扩大再生产而带来设备投资需求等。其中房地产投资需求主要取决于居民住房需求的增长；基础设施投资需求很大程度上来源于城市的发展；而设备投资需求则更多地取决于耐用消费品、出口等最终产品需求的增长。从国际经验来看，这些影响投资需求的主要因素与投资增长率之间都呈现出明显的阶段性变化规律。

① 国家统计局1月份发布2012年的统计数据显示15～60岁的劳动年龄人口已经开始下降了。而国际上通常将15～64岁设定为劳动年龄。

为了更好地分析未来10年中国投资的变化趋势，这里选取城镇居民新建住房的增速、城市人口增速、出口增速、汽车保有量增速以及人均GDP等五个指标分别作为影响投资需求的主要因素，同时利用后发追赶国家（日本、韩国和中国）的面板数据将这些指标与投资的增速进行回归，以发现相应的变化规律。综合前面城市化、居民住房需求和汽车消费需求以及出口需求等因素对投资需求的影响，假设在基准情景中未来10~20年投资需求将会由过去10年13%左右的增长速度下降6个百分点左右，这与日本和韩国历史上处于同一发展时期的趋势比较吻合。

通过对中国城市化发展的历史的分析可以看出，中国的城市化率提升速度已经是非常之快了。卓贤（2013）的研究指出在1980~2011年期间，我国城市化率平均每年提高1.03个百分点，在210个样本中排在第7位。如果考虑经济发展水平的差异，中国近10年来城市化率的提升速度则只是仅次于韩国。虽然如此，但目前中国的城市化水平无论是与发达国家还是发展中国家相比都还存在着差距。而且这种差距不仅仅体现在数量上，更是体现在城市化的质量方面。未来如何在保持较快的速度的同时，提升中国的城市化的质量将中国城市化进程的重要任务。为此本节在基准情景的基础上，设计了另外一个高质量的城市化情景。在这一情景下，一系列围绕城市化的效率、包容性和可持续性的政策将相继实施，如促进劳动力、土地等要素市场的改革，加快推进城乡和城市内部的基本公共服务均等化，改革和完善收入分配制度促进中等收入群体的壮大，还比如完善资源税和环境税促进企业提高能源利用效率和减少污染的排放。在高质量城市化情景中，模型假设2010~2030年间城市化率比基准情景年均提高0.2个百分点，这意味着到2020年城市化水平将达到62%，2030年将达到70%左右，接近上中等收入国家21世纪初的城市化水平。同时在效率、公平和可持续方面也将得到很大的提升。

三、情景分析

在情景设计的基础，利用可计算一般均衡模型进行模拟。对比两种情景可以反映城市化对经济增长的影响。首先还是需要介绍一下基准情景下未来中国经济概貌。

（一）基准情景

表2-7给出基准情景下的2010~2030年的经济增长的状况。在基准情景的

相关假设条件下，“十二五”期间 GDP 的增长速度将达到 8.0% 左右；随后经济增长将有所变缓 2015～2020 年、2020～2025 年以及 2025～2030 年的经济增长速度预期将分别达到 7.0%、6.0% 和 4.9%。整体来看，未来二十年的经济增长仍将保持较快的增长速度，年均达到 6.5% 左右。

表 2－7　　2010～2030 年的经济增长及其源泉（%，基准情景）

	2010～2015 年	2015～2020 年	2020～2025 年	2025～2030 年
GDP	7.9	7.0	6.0	4.9
增长的源泉：				
劳动力	0.3	－0.2	－0.2	－0.4
资本	10.1	8.3	6.6	5.1
TFP	1.7	2.1	2.1	2.1

从经济增长的源泉的角度来看，未来 20 年促使中国经济能够快速增长的主要动力还是快速的资本积累。虽然资本投入对于 GDP 增长的贡献在下降，资本投入对 GDP 增长的贡献年均仍然高达 60% 左右。快速的资本积累来源国内高储蓄率和高投资率。未来 20 年中国的人口老龄化程度将不断加重，65 岁以上的老龄人口在整个人口中所占的比重将由现在的 9% 左右不断上升到 2030 年的 17%，人口年龄结构的变化将带来的抚养率的提高，储蓄能力的下降和储蓄率的降低。随着居民储蓄率的下降，整个社会的投资也将随之下降，到 2030 年投资将下降到 35% 左右。相对于资本来说，劳动力的贡献非常小，这在一定程度源于我们国家的人口年龄结构。随着人口年龄结构的变化，2010～2020 年间中国将迎来劳动力年龄人口的高峰，随后劳动年龄人口将不断下降。随着劳动年龄人口的不断下降，如果劳动参与率没有大的变化，劳动力供给将随之下降。从对 GDP 的贡献来看，2020 年后劳动力数量投入对经济增长的贡献接近于零，而且会不断转变为负的。推动未来中国经济持续快速的另一动力就是全要素生产率的快速增长，而且其对于经济增长贡献越来越大，这在一定程度也说明完善体制改革，提高生产效率，促进技术创新，优化资源配置来带动全要素生产率的快速增长对转变经济增长方式，实现中国经济可持续发展的必要性。对于提高整体全要素生产率的诸多因素中，劳动力的重新配置起着非常重要的作用，诸多的

研究①都揭示改革开放以来农业劳动力向非农业产业的转移对 GDP 增长的贡献超过 1 个百分点。图 2－11 给出世界许多国家的非农就业比重和城市化水平，从中可以看出城市化水平和非农业就业比重呈现一种正向关系，伴随城市化进程的推进，越来越多的农业劳动力人口在城市获得了就业机会，相应的农业人口也随之转移到城市。在基准情景中，未来二十年随着农业人口和农业劳动力的不断减少，这种劳动力转移的贡献也随之减弱。

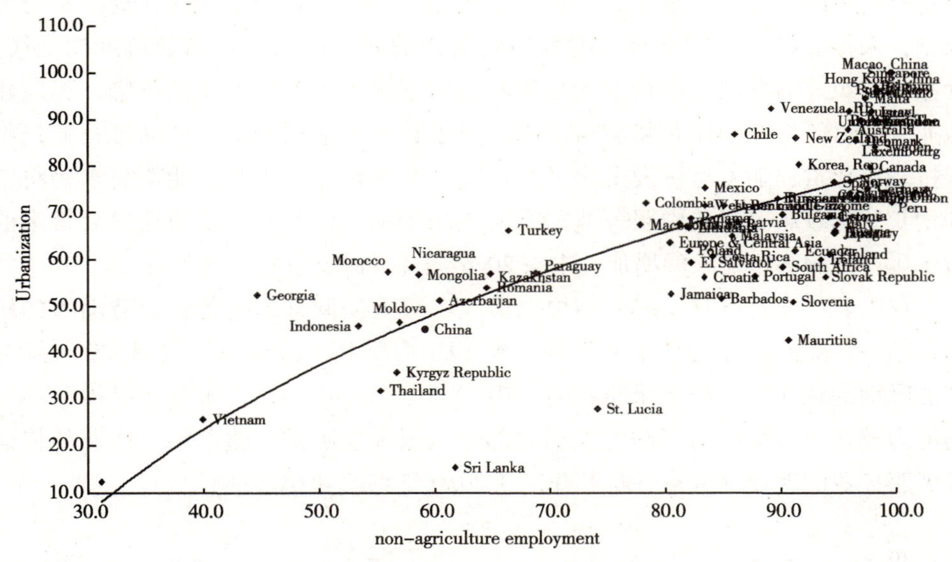

图 2－11 世界部分国家的城市化水平与非农就业比重

资料来源：World Bank，WDI。

表 2－8 2010～2030 年的 GDP 的结构及就业结构（%，基准情景）

	GDP			就业		
	2010 年	2020 年	2030 年	2010 年	2020 年	2030 年
第一产业	10.0	6.9	4.4	36.7	25.9	17.1
第二产业	48.2	42.8	37.2	28.7	29.1	28.2
第三产业	41.8	50.4	58.5	41.1	52.6	61.9

注：由于 2010 年 GDP 的数据来自投入产出表，所以 GDP 的部门结构与年鉴公布的结构会有所差异。

① 参见 Chow（1993），Woo（2002）等。

未来10～20年中国经济结构将出现较大的变化。表2－8给出了基准情景下2010～2030年产业结构。从模拟的结果来看，2020年三次产业的比重将调整到6.9：42.8：50.4①，到2030年三次产业的比重将进一步调整到4.4：37.2：58.5。消费结构变化（恩格尔效应）、技术升级、国际贸易是推动产业结构变化三大动力。从产业结构变化的趋势来看，随着农业劳动力的不断转出以及恩格尔效应的影响，未来20年第一产业的比重将不断下降。从第二产业来看，其比重将有所下降，就具体来说，各部门变化趋势不尽一致。由于受到资源本身的限制，采掘业将会有所下降；随着消费结构的变化以及出口增长速度的变缓，食品、纺织等消费品生产行业的比重将有所下降；随着投资率的下降，相应建筑业和建材等行业的比重将有所下降；对于技术密集型的电子产品等行业仍将保持较高比重；随着经济发展水平的提高和生活水平的提高，能源需求仍将不断增长。随着居民消费中服务业需求的不断增加，以及与工业快速发展带来的对于生产性服务业需求的增加，未来20年服务业的比重将一直上升。

伴随着产业的调整，就业结构也出现了很大的调整。随着农业劳动力的转出，第一产业的就业比重不断下降，到2030年下降到17.1%。未来20年第二产业吸纳的就业所占的比重将稍有上升。与第二产业相比，服务业吸纳劳动力的能力较强，转移出的劳动力中绝大部分被服务业吸纳，随着第三产业的快速发展服务业的就业比重将不断上升，到2030年将达到61.9%。

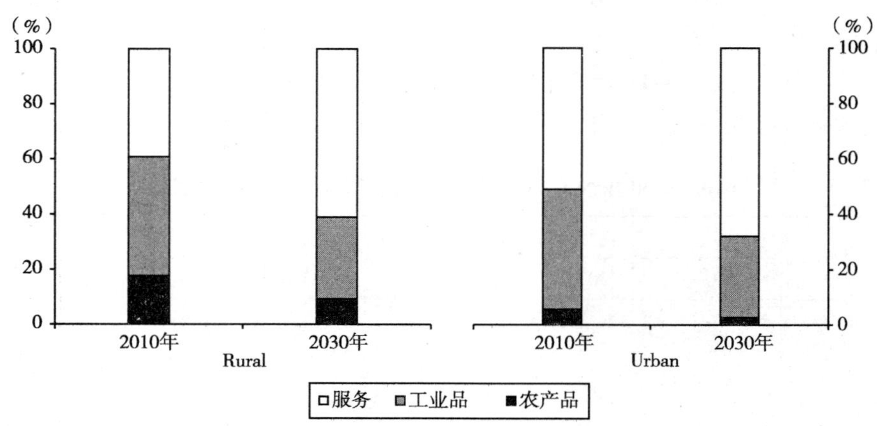

图2－12　农村和城市居民消费结构的变化

① 在此我们所提到的产业结构的比重都是基于现有的统计标准和口径以及2010年投入产出表反映的基年的产业结构比重而得到。

图 2－12 给出了基准情景下 2010 年和 2030 年农村和城市居民消费结构。城市居民对农产品消费所占的比重要低于农村居民，而对于服务业和工业品消费的比重要高于农村居民，2010 年城市居民农产品消费所占的比重比农村居民低 12 个百分点。而对于服务的消费则比农村居民高 13 个百分点左右。从未来 20 年的变化来看，随着收入水平的提高，居民对于服务消费的比重将继续提高，而对于农产品消费的比重相应有所下降。从农村居民来看，2030 年相对于 2010 年，对于服务消费的比重提高了 20 个百分点左右，而对于农产品消费的比重下降了 8 个百分点左右。城市居民消费结构的变化趋势与农村居民基本类似。

（二）高质量城市化情景

与基准情景的分析不同，这里主要从对比的角度揭示提高城市化的质量对中国经济未来的发展的影响。

1. 提高城市化的质量有利于促进经济增长，加快经济增长的方式的转变。在高质量城市化下，表 2－9 给出城市化情景下的未来 20 年经济增长的状况。从 GDP 的增长速度来看，2010～2030 年间，城市化情景比基准情景年均快 0.13 个百分点。从 GDP 总量来看，到 2020 年城市化加速情景下的 GDP 总量比基准情景提高了 0.9%；到 2030 年城市化加速情景下的 GDP 总量比基准情景提高了 2.4%。对比基准情景和城市化情景中城市化水平的差异，可以发现高质量城市化情景下城市化率比基准情景高 4 个百分点，意味着城市化率每提高一个百分点，将促进 GDP 增长速度提高 0.6 个百分点左右①。

表 2－9　2010～2030 年的经济增长及其源泉（%，城市化情景 2）

	2010～2015 年	2015～2020 年	2020～2025 年	2025～2030 年
GDP	8.0	7.2	6.1	5.1
增长的源泉：				
劳动力	0.3	－0.2	－0.2	－0.4
资本	10.0	8.0	6.2	4.6
TFP	1.9	2.4	2.5	2.6

从加速经济增长的动力来看，主要有三个。第一个动力来自劳动力的重新

① 世界银行 2005 年的一份报告指出：如果把农村人口的 1%、5% 和 10% 转移到城镇地区，那么整体的国内生产总值将会分别提高 0.5%、2.5% 和 5.0%。相对于世行的结构本书的结果略低，主要原因是世行的研究是基于 2001 年的数据所作的静态分析，随着城市化的提高，这种转移的边际作用将越来越小。

配置速度的加快，即劳动力由低生产率部门（农业）向高生产率部门（非农产业）转移速度的加快，这将从整体提高劳动生产率的水平。在高质量城市化情景下，模型假设每年将比基准情景多转移100万~200万农业劳动力至非农产业。而非农产业的劳动生产率是农业劳动生产率的4~5倍。模拟结果显示到2030年，高质量城市化情景下的劳动生产率要比基准情景下提高2.4%。可见劳动转移加速对于经济增长的贡献要高于基准情景。

第二个动力来自城市化加速导致了集聚效应的提高。城市化加速将加剧城市的集聚程度，而集聚程度的提升无疑会更大程度地发挥规模经济和范围经济的效应。而这种集聚效应的提高，既可以表现为整体城市集聚程度的提高，也可以表现为城市空间分布和城市结构的变化。从中国目前城市空间分布和城市结构来看，确实还存在效率改进的空间。对比中美的城市结构可以发现，对于500万人以上的超大城市来说，中美人口比重已经比较接近；对于100万~500万人的大城市比重明显偏低，要比美国低10个百分点，而100万人以下的城市则比重偏高。同时实证研究也表明100万人以下的城市要比100万~500万人的城市效率更低，其ICOR要高10%~30%。另外，Henderson（2007）、刘云中（2009）等研究都表明中国的城市规模偏小，Henderson指出中国特别是缺少100万~1200万人口的城市。

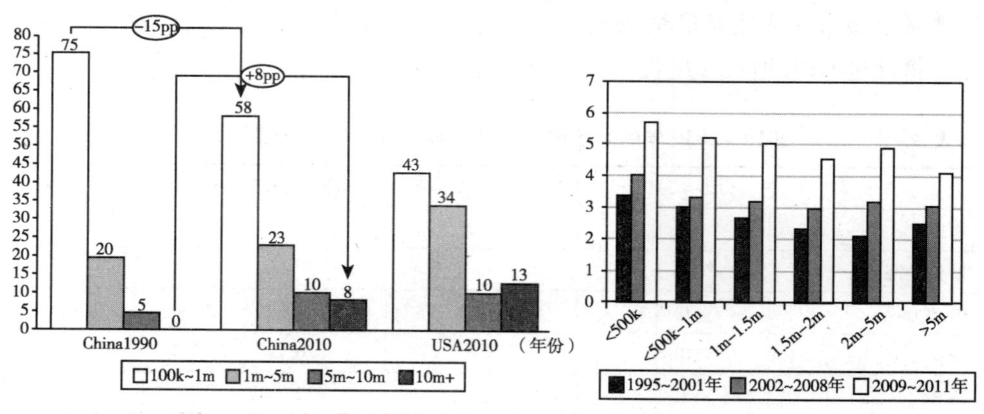

图2-13　城市结构以及城市效率的比较

资料来源：WB、DRC城市化报告初稿。

最后一个主要的动力来自劳动力素质（或者说人力资本）的提高。与农村相比，城市教育水平要更加现代化，也更加符合社会的需要；同时城市对于劳动力培训的机会也远远要多于农村。因此城市化进程的加速将从整体改善劳动力的素质，提升全社会的人力资本，促进经济的长期增长。同时随着收入分配制度的改革，中等收入群体增长更快，而中等收入群体更加注重人力资本的投入。家计调查数据显示，中等收入群体要比低收入群体在教育文化方面的支出高2个百分点以上。这两个方面共同支撑着高质量城市化情景下人力资本以更快的速度提升，为提供更多的专业技术人才。在高质量城市化下，专业技术劳动力的增长速度要比基准情景年均高0.4个百分点。专业技术人才是技术创新和应用的载体，也就相应促进全社会的技术进步和经济增长。

通过对比还可以发现，高质量城市化不仅可以促进经济增长，而且还有利于促进经济增长方式的转变。基准情景中未来近20年中国经济增长的最主要的动力仍然是资本的积累，资本对经济增长的贡献仍然超过60%。而在高质量城市化情景下，随着技术效率的改进和技术进步速度的加快，技术进步对经济增长的贡献明显增强，已经可以与资本的贡献并驾齐驱了。

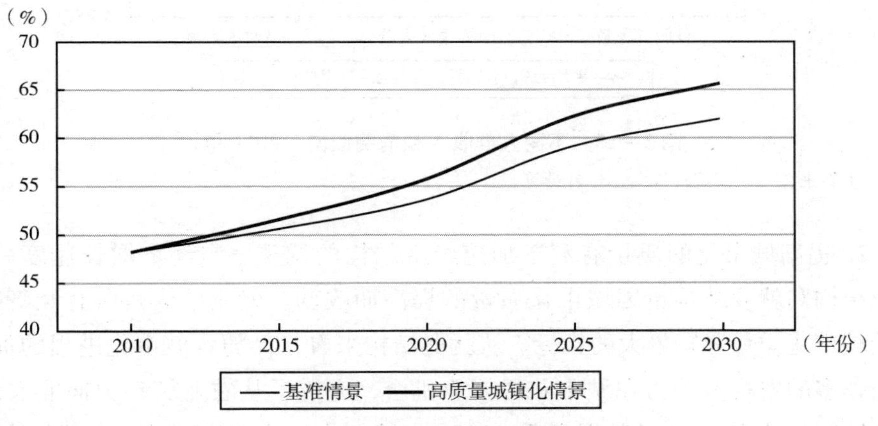

图2-14　两种情景下消费率的比较

资料来源：模型模拟结果。

经济增长方式的转变不仅表现在供给方面，模型模拟的结果还显示高质量的城市化还改善需求侧的经济增长动力结构。这种结构的变化表现为在高质量城市化情景下，消费率要明显高于基准情景。之所以会出现这种变化，主要原因在于：其一，在高质量城市化情景下，城市化率提升速度明显加快意味着更多的人口将居住于城市。同时农民工市民化步伐加快，城乡之间和城市内部公共服务的均等化步伐也在加快。这些都意味对政府的公共服务的需求将明显增加，政府的支出结构将需要调整，公共服务的支出将增加，而投资建设类支出需要相应缩减。其二，随着中等收入群体的更加壮大，整体的消费倾向也在不断提高。从家计调查的数据来看，收入水平越高，消费倾向越低。一方面虽然低收入人群有较高的消费倾向，但是其收入过低，购买能力明显不足；另一方面高收入人群虽然收入很高，购买能力很强，但是消费倾向不足。因此正是这种反向关系显示了提高中等收入人群的比重对于促进消费的重要作用。

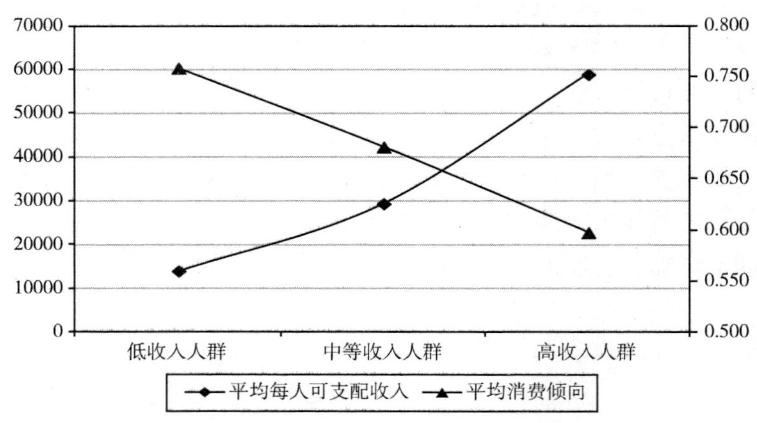

图 2－15　不同人群收入和消费倾向（2011 年）

资料来源：中国统计年鉴，作者计算。

2. 提高城市化的质量有利于加速经济结构的调整。与经济增长速度一样，产业结构和就业结构也因城市化质量的提高而改变。就业结构是所有经济指标中受城市化质量影响最大的指标。从就业结构来看，伴随着城市化进程的加速，越来越多的农村劳动力在城市获得就业机会，完成了从农业劳动力向非农劳动力的转变。从表 2－9 的数据来看，2030 年城市化加速情景下城市水平提高了 4 个百分点，相应带来农业劳动力比重下降了 5 个百分点左右。转移出来的劳动力被服务业和第二产业所吸纳。一方面随着城市化水平的提高，城市居民整体对服务业消费需求也随之提高，同时服务业相对于制造业来说，其吸纳劳动力的水平要远远高于后者，因此大部分转移出来的劳动力将被服务业所吸纳，从表 2－10 的数据来看，2030 年城市化加速情景下服务业就业比重比基准情景下提高了 5 个百分点；另一方面随着城市化水平的提高，城市基础设施和房地产建设的需求也随之增加，建筑业同样也是一个劳动力密集型的行业，相应转移出来的一部分劳动力则被第二产业中的建筑业所吸纳，整体来看第二产业的就业比重在城市化加速情景下也有所提高。

表 2-10　2010～2030 年的 GDP 的结构及就业结构（%，高质量城镇情景）

	GDP			就业		
	2010 年	2020 年	2030 年	2010 年	2020 年	2030 年
第一产业	10.0	7.8	5.8	36.7	23.5	11.6
第二产业	48.2	41.0	34.0	28.7	29.2	28.3
第三产业	41.8	51.3	60.2	41.1	54.7	66.8

从产业结构来看，消费结构的变化和大量转移的劳动力从需求和供给两个方面推动了产业结构的变化。前文的分析可以看，随着收入水平的提高，居民对于服务的消费比重不提高；城市居民对于服务的消费要远高于农村居民。因此随着城市化质量的提升，越来越多的农村人口转移到城市成为城市居民，其收入水平也随之提高，同时农村剩余居民的收入水平也有所提高，共同作用下居民对于服务业的需求快速提升，从需求角度拉动服务业的发展。同时随着政府对于公共服务均等化的推进，政府对于公共服务的支出也要明显高于基准情景，因此政府对于服务的需求也明显增加了。从供给角度来看，大量转移出来的农村劳动力正好满足了服务业这一劳动力密集型的产业的迅速发展对于劳动力的需求。从表 2-8 给出的模拟结果来看，与基准情景相比高质量的城市化将拉动服务业的比重提高近 2 个百分点。由于服务业的快速发展，制造业和农业①的比重相应有所下降。

3. 提高城市化的质量有利于实现成果的公平分享和提高社会的包容性。中国的城市化率非常之高，但是城乡之间仍然存在的各种差距，这些差距及表现为收入的差距，也表现为享受的基本公共服务等方面的差距。这些差距既有自身的影响，如农村居民的人力资本明显要低于城镇居民；也有由于不合理的政策导致的，比如劳动力流动的限制、与户籍制度向挂钩的公共服务体系以及就业歧视等。因此也可以看出中国过去的城市化进程缺乏包容性，甚至人为设置了各种不公平的制度限制。虽然近年来随着城乡居民之间收入出现缩小的趋势，但是这些差距仍然处于较高的水平。提高城市化的质量旨在消除这些不合理的限制和歧视，让城乡居民公平地参与经济活动、公平地享受公共服务和分享经济发展成果的权利。

根据模型的模拟结果，从居民的收入水平来看，对于城市居民来说，虽然

① 需要指出的表 2-8 给出的 GDP 结构是根据现价计算，如果根据实际价格计算，农业的比重比基准情景将下降的更多。

城市化进程加速使得越来越多的农村劳动力涌向城市，加剧了城市劳动力市场的竞争，但是另一方面随着城市化水平的提高，相应创造的城市就业机会也在增加，整体来看高质量情景下城市居民整体平均收入水平略有下降；对于农村居民来说，随着越来越多的农业劳动力的转出，剩余农村劳动力的边际生产率将有所提高，因此收入水平也相应有所提高。根据模拟的结果，农村居民在高质量城市化情景中人均收入水平将比基准情景提高了近 30%。从城乡的比较来看，随着农村居民收入水平的提高，城乡居民收入差距要比基准情景出较大幅度下降。图 2－16 的结果显示，高质量城市化情景下，城乡居民的收入差距要比基准情景缩小了 30% 左右。因此整体来看，提高城市化质量有助于提高了农村居民的收入水平，缩小了城乡居民间的收入差距。

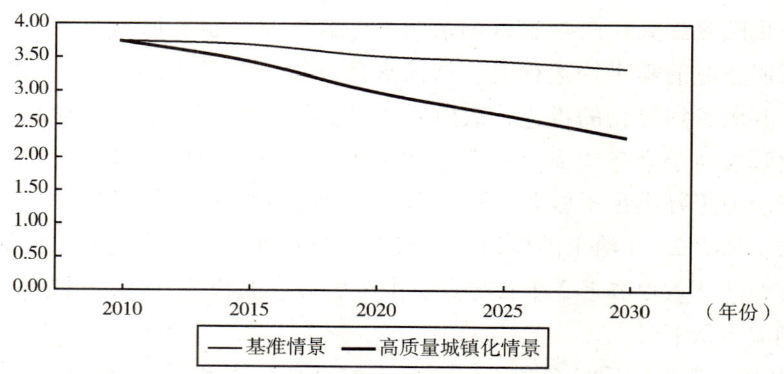

图 2－16　不同情景城乡居民收入差距变化

资料来源：模型模拟结果。

4. 提高城市化的质量有利于绿色增长和提高城市化的可持续性。一直以来，中国的快速城市化伴随着的就是高投资和资源的高消耗。从长期来看，这种模式明显缺乏可持续性。一方面随着资源的过度消耗和耗竭，相应的成本也会上升，使得进一步城市化的成本不断攀升；另一方面随着资源的高消费，带来是污染的高排放，直接影响居民的生活质量和经济增长的潜力。因此提高城市化的质量需要促进资源的合理配置，提高资源的利用效率，降低污染的排放强度。在高质量城市化情景下，通过征收碳税等一系列将外部成本内部化的政策措施来促进资源的合理配置和改进资源的利用效率。模拟的结果显示，在高质量城市化情景下，无论是能源利用效率，还是 CO_2 的排放强度都存在明显的改进。2030 年高质量城市化情景下能源的利用效率要比基准情景提高 15% 左右；而

CO_2 的排放强度要比基准情景下降近 20%。

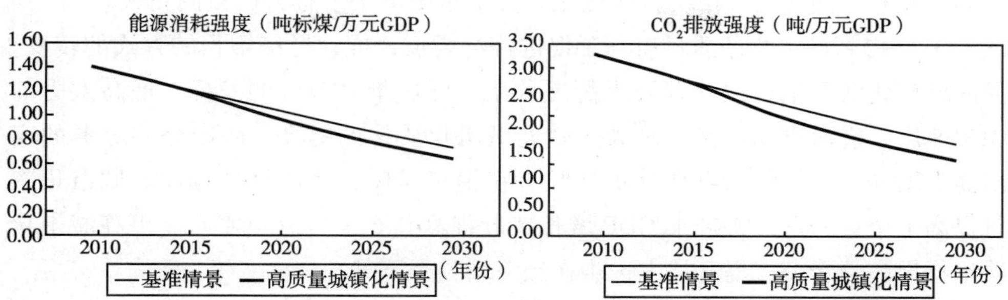

图 2－17 不同情景城乡居民收入差距变化

资料来源：模型模拟结果。

第五节 主要结论

本章首先对城市化对经济增长影响分析进行了文献梳理；在此基础对城市化对经济影响的两个重要方面（产业发展和生产率）分别进行了分析；最后通过设计不同的情景，利用可计算一般均衡模型分析今后中国提高城市化的速度和质量对中国经济的影响。根据这些可以得出以下几点主要结论。

（1）整体来看，中国的城市规模与城市产业结构之间不存在绝对层次体系或者专业化的特征，而是两种关系并存，这与国际经验比较吻合。从大的行业来看，采矿业和电力、燃气及水的生产和供应业的区位商与城市规模呈一种负向关系，表现出典型的专业化特征。制造业整体的区位商与城市规模之间表现出"倒 U 形"形态关系。建筑业区位商则与城市规模呈现反向关系。服务业整体的区位商与城市规模之间表现出微弱的"U 形"形态关系。制造业、建筑业和服务业则反映出一定层次体系特征。以资源为基础的和中间投入品制造业规模较小的城市表现更强的比较优势。消费品和资本品产业区位商大多与城市规模呈"倒 U 形"关系。制造业内部绝大多数行业表现出专业化特征。500 万～1000 万人的城市比其他规模的城市表现出更强制造业竞争力。生产型服务业、房地产和文化娱乐业表现出较强层次体系关系，规模较小的城市则主要发展生活类服务业和公共服务业。

（2）不同区域、不同类型、不同层级的城市之间都存在要素的不合理配置。其中不同地域（这里指东中西）城市之间资本边际报酬差异最小，而不同等级的城市之间资本边际报酬差异最大。从要素市场的扭曲来看，相对于区域而言，不同规模和不同等级城市结构的优化调整带来城市 TFP 提升的空间更大。

（3）提高城市化的质量有利于促进经济增长，推动经济增长的方式的转变。提高城市化的质量可以改善要素配置效率、促进集聚效应的发挥、提高人力的积累速度，进而推动经济的增长。随着城市化质量的提高，政府公共服务的支出需求增加，中等收入群体的更加壮大将提高居民整体的消费倾向。城市化率每提高 1 个百分点，将带来 GDP 增长速度提高 0. 6 个百分点左右。提高城市化质量将提高消费率，提升技术进步在经济增长中贡献。

（4）提高城市化的质量有利于实现成果的公平分享和提高社会的包容性。高质量城市化情景下，城乡居民的收入差距要比基准情景缩小了 30% 左右。提高城市化质量有助于提高了农村居民的收入水平，缩小了城乡居民间的收入差距。

（5）提高城市化的质量有利于加速经济结构的调整。城市化进程的加速将带动更多的农业劳动力向非农产业转移，促进服务业的发展，加速增长方式的转变。城市化率每提高 1 个百分点，服务业的比重将提高 0. 5 个百分点左右，服务业就业的比重将提高 1. 2 个百分点。

（6）提高城市化的质量有利于绿色增长和提高城市化的可持续性。提高城市化的质量，将有利于提高能源的利用效率，降低污染和温室气体的排放强度。2030 年高质量城市化情景下能源的利用效率要比基准情景提高 15% 左右；而 CO_2 的排放强度要比基准情景下降近 20% 。

（执笔人：何建武）

本章参考文献

① 龚关，胡关亮，2013：《中国制造业资源配置效率与全要素生产率》，《经济研究》第 4 期。

② 郭庆旺，贾俊雪，2005：《中国全要素生产率的估算：1979—2004》，《经济研究》第 6 期。

③ 简泽，2011：《市场扭曲，跨企业的资源配置与制造业部门的生产率》，《中国工业经济》第 1 期。

④ 柯善咨，向娟内，2012：《1996—2009 年中国城市固定资本存量估算》，《统计研究》，第 29 卷第 7 期。

⑤ 齐亚伟，陶长琪，2010：《中国全要素生产率的空间差异及其成因分析》，《数量经济

技术经济研究》第1期。

⑥ 王志刚，龚六堂，陈玉宇，2006：《地区间生产效率与全要素生产率增长率分解(1978—2003)》，《中国社会科学》第2期。

⑦ 赵自芳，史晋川，2006：《中国要素市场扭曲的产业效率损失：基于DEA方法的实证分析》，《中国工业经济》第10期。

⑧ Au, C. C. and Henderson, 2006, J. V. "Are Chinese Cities Too Small?" Review of Economic Studies, 2006, 73, pp. 549 - 576.

⑨ Borensztein, Eduardo and Jonathan Ostry, 1996, "Accounting for China's Growth Performance," American Economic Review, May.

⑩ Bosworth, Barry, and Susan M. Collins. 2003. "The Empirics of Growth: An Update." Brookings Papers on Economic Activity, 2003, no. 2, pp. 113 - 206.

⑪ Bosworth, Barry, Susan M. Collins, and Arvind Virmani. 2007. "Sources of Growth in the Indian Economy." India Policy Forum 3, pp. 1 - 50. China Data Center. Subscription to the Online China Database available at http://chinadatacenter.org/newcdc/bookmainpage.htm. University of Michigan.

⑫ Bosworth, Barry, and Susan M. Collins. 2008. "Accounting for Growth: Comparing China and INdia." Journal of Economic Perspectives, Vol. 22.

⑬ Caselli, Francesco, and James Feyrer. 2007 (forthcoming). "The Marginal Product of Capital." Quarterly Journal of Economics.

⑭ Chow, Gregory, 1993, "Capital Formation and Economic Growth in China," Quarterly Journal of Economics, August.

⑮ Chow, Gregory C., and Kui-Wai Li. 2002. "China's Economic Growth: 1952 - 2010," Economic Development and Cultural Change, 51 (1): 247 - 56.

⑯ Cohen, Daniel, and Marcelo Soto. 2001. "Growth and Human Capital: Good Data, Good Results." Technical Paper 179. Paris: OECD.

⑰ Dekle, Robert, and Guillaume Vandenbroucke. 2006. "A Quantitative Analysis of China's Structural Transformation." http://www.frbsf.org/publications/economics/papers/2006/wp 06 - 37bk.pdf.

⑱ Denison, Edward, 1974, Accounting for United States Economic Growth 1929 - 1969, Brookings Institution, Washington D. C.

⑲ Duranton, Gilles and Diego Puga, 2004., "Micro-foundations of Urban Agglomeration Economies", In Vernon Henderson and Jacques-Francois Thisse (eds.) Handbook of Regional and Urban Economics, volume 4. Amsterdam: North-Holland, pp. 2063 - 2117.

⑳ Esparza, A. X., and Krmenec, A. J., 1996, "The spatial markets of cities organized in a hierarchical system". Professional Geographer, Vol. 48, No. 4, 367 - 78.

㉑ Fan Shenggen, Zhang Xiaobo, and Sherman Robinson, 2003, "Structural Change and Economic Growth in China," Review of Development Economics, 7 (3).

㉒ Feder, Gershon, "Growth in Semi-Industrial Countries: a Statistical Analysis," in H. Chenery, S. Robinson, and M. Syrquin, (eds), Industrialization and Growth: a Comparative Study, Oxford: Oxford University Press (1986).

㉓ Glaeser, E. L., Kerr, W. R., 2009, "Local industrial conditions and entrepreneurship: How much of the spatial distribution can we explain?" Journal of Economics & Management Strategy, 18, 623 – 663.

㉔ Gollin, Douglas. 2002. "Getting Income Share Right." Journal of Political Economy, 110, no. 2: 458 – 74.

㉕ Hall E. R. and Jones I. C, 1999, "Why Do Some Countries Produce So Much More Output Per Worker Than Others", Quarterly Journal of Economics, February 1999, vol. 114 No. 1, pages 83 – 116.

㉖ Henderson, J. V., 1986, "Efficiency of Resource Usage and City Size". Journal of Urban Economics, 19, 47 – 70.

㉗ Henderson, V., Kuncoro, A., Turner, M., 1995, "Industrial development in cities". Journal of Political Economy, 103, 1067 – 1085.

㉘ Hu, Zuliu and Mohsin Khan, 1996, "Why is China Growing So Fast?" IMF Working Paper 96/75.

㉙ Holz, Carsten A. 2006a. "China's Reform Period Economic Growth: How Reliable Are Angus Maddison's Estimates?" Review of Income and Wealth, March, 52 (1): 85 – 119.

㉚ Holz, Carsten A. 2006b. "Measuring Chinese Productivity Growth, 1952 – 2005." Unpublished paper. http://ihome.ust.hk/socholz/Chinaproductivity-measures-web – 22July06.pdf.

㉛ Knight, John, and Li Shi. 1996. "Educational Attainment and the Rural-Urban Divide in China." Oxford Bulletin of Economics and Statistics, 58 (1): 83 – 117.

㉜ Li, Jingwen, 1992, "Productivity and China's Economic Growth," The Economic Studies Quarterly, Vol. 43 No. 4, December.

㉝ Lucas, R. E. 1988. "On the Mechanics of Economic Development." Journal of Monetary Economics, 22 (1), 284 – 343;

㉞ Markusen, Ann and Greg Schrock. 2003, "Cities as Hierarchists or Specialists? Evidence from Occupational Profiles". Working Paper #258, Project on Regional and Industrial Economics, the Humphrey Institute, University of Minnesota, May.

㉟ Robinson, Sherman, "Sources of Growth in Less-Developed Countries: a Cross-Section Study," Quarterly Journal of Economics 85 (1971): 391 – 408.

㊱ Sonobe, T. and Keijiro Otsuka. "Changing Industrial Structure and Economic Development:

Prewar Japan Revisited," paper presented at the Economics and Political Economy of Development at the Turn of the Century conference in memory of John C. H. Fei. Taipei (1997).

㊲ Wang, Yixuan, and You Wu. 2003. "Preliminary Estimates for China's Capital Stock in the State Sector." Statistical Research 5, pp. 40 – 45 (in Chinese).

㊳ Wing Thye Woo, 1997, "Chinese Economic Growth: Source and Prospects," The Chinese Economy, Vol. 3.

㊴ Young, Alwyn. 2003. "Gold into Base Metal: Productivity Growth in the People's Republic of China during Reform." Journal of Political Economy, 111 (6): 1220 – 61.

㊵ Zeng, Jinghai, Arne Bigsten, and Angang Hu. 2006. "Can China's Growth Be Sustained? A Productivity Perspective." Unpublished paper. http://www.handels.gu.se/epc/archive/00005194/01/gunwpe0236.pdf.

第2篇 布局与产业

第三章 城市规模与城市布局

城市是由各个相互依存的因素共同构成的系统性有机整体，是在有限的空间里各种发展要素（如人口、资源、交通、人类活动等）通过集聚效应形成相关的系统。城市发展需要各个要素在系统里进行输入和输出，并完成其能量的转换与扩张，才可以推动城市走向发展与繁荣。

本章将从总结全球城市发展趋势出发，分析影响城市发展因素，总结全球各地城市化发展经验，研究我国城市2000年至2010年城市规模分布情况以及影响我国城市布局的相关因素。

第一节 全球城市发展趋势

在全球化的时代，每个城市都面临着激烈的竞争环境，需要通过发展各要素来扩大自身的规模与实力，特别是随着全球化进程的不断加速，一些具备优势的城市规模不断扩大，功能完善，形成了对城市周边区域，甚至对全球产生了重要影响，从而成为全球城市。

本节主要分成两个部分对城市进行研究：第一，分析自然禀赋、区位条件与政策因素对城市发展的影响；第二，解析全球城市发展的规律，并且总结全球城市化发展的经验及对我国未来城市发展的启示。

一、城市发展影响因素分析

城市发展必然是在具备一定的自然禀赋下，在有利的区位条件下，在相关的政策因素指引下，形成人口高度聚集，资源高度集中的人类居住点，这些因素直接对城市规模、城市形态、城市发展等造成直接的影响。

城市的形成需要一定的自然禀赋（如地形、地貌、河流、气候等），为人类活动提供必要的物质基础，是形成城市的基础条件。通常情况下，大城市对自然禀赋的依存关系更紧密，因此大城市在地域分布上具有规律性。周一星（2003）在《城市地理学》中，根据自然条件把我国城市按其所在的区域地形分成10种类型：（1）滨海城市。一种是城市临海形成建区（如大连、青岛）；另一种是城市位于短小河流的河口，距海很近（如广州、温州）。它们的共同特点是多依托优良港湾或便利的海运条件而形成发展，处于滨海平原且狭窄，并且依靠着低山丘陵。（2）三角洲平原城市。这类城市距离海洋较近，城市周围平原广阔，水网稠密，土肥人众，农产资源丰富，为城市发展提供了有利的条件。例如，长江三角洲和珠江三角洲的密集城市群。（3）山前洪积冲积平原城市。这是中国城市形成发展中最重要的一种区域地形类型。山前堆积平原地形平坦、土壤肥沃而有坡度，水源丰富又排灌条件良好，为古代陆路交通线开辟和古代城市发育提供了优良环境，这种影响一直延续到近现代的城市分布。这类城市在中国北方分布十分广泛，如华北平原外侧沿着燕山南麓、太行山东麓、淮阳丘陵北麓、鲁中南丘陵山地外缘的一连串城市数量最多；祁连山北麓、天山南北麓、川西山地东麓等也有城市分布。（4）平原与低山丘陵相邻接的城市。这类城市处在窄狭平原和低山丘陵的交接地带。城市本体虽是平原地形，并都临河。最典型的是镇江以上长江中下游平原边缘的城市。在古代它们都具有城市建设所必备的良好防卫、交通、农业基础等条件。（5）低山丘陵区的河谷城市。低山丘陵地貌在中国有大面积分布，这里的城市多位于河谷，临河是共同特点。当低山丘陵区的河谷平原较宽阔时，如湘江平原，城市地形较平坦；当河谷平原比较窄小时，城市则有山城特点，如重庆。当河谷平原成盆地状时，如“金衢盆地”，则城市均靠盆地边缘。不论位处哪一种河谷平原，城市周围多地形破碎，起伏较大。（6）平原中腹的城市。城市位于广阔的平原面上，不临海、不背山、面坡小、地势低平甚至低洼。这种区域的城市发展条件相对较差。同在华北平原，但平原中腹，城市发展相对稀而小的状况与平原外围洪积、冲积平原城市多而密恰成鲜明对照。（7）高平原上的城市。数量很少，都分布在开阔平坦、海拔在1000米上下的蒙古高原面上。(8)高原山间盆地和各地的城市。在中国地形二级阶梯的高原上，绝大多数城市均集中在相对低平的山间盆地或谷地，并滨临河流。典型的如位于云贵高原坝子和谷地中的城市、黄土高原上河谷盆地里的城市。(9)中山谷地城市。在海拔500米到3000米的中山地区，相对高差较大，城市一定位于狭窄的河谷平原，如南平、三明、汉中、十堰、攀枝花、西昌。(10)高山谷地城市。在3000米以上的高山地区，城市形成在河谷之中，如拉萨。

总的来说，中国平原地区的城市多于低山丘陵地区，中山、高山地区数量极少；除了大平原中腹和三角洲平原外，城市选择两种地形过渡或交接的部位形成发展非常普遍；除了平原城市要滨临江河湖海以外，丘陵、山地区的城市多趋于河谷，临水也是普遍要求。上述10类所在区域的自然条件，为城市发展提供了必要的发展平台。

城市的区位条件是决定城市发展的直接因素。城市的发展是在自然环境提供的物质基础上，通过区位条件，推动城市的不断成长。一般说来，城市的形成与发展取决于它所在区位的自然资源、社会资源、历史文化、经济贸易、交通运输，以及水文地质和工程地质等多项条件。这些条件是城市经济增长、社会进步、文明发展的基础。城市发展的区位条件只有在一定环境下才能转化为区位优势。所谓区位优势，就是在诸多区位条件中，能够对城市经济社会的发展起主导作用和有决定性影响的条件。然而，区位条件变成区位优势需要一定的外部因素助力。良好的区位条件，只有在适应经济增长和社会发展的外部环境影响下，才能转化为区位优势。区位条件中，交通便利条件是对城市发展产生直接影响。随着社会经济的发展，公路、铁路、河海航运、空运成为主要交通方式，从而进一步增强了沿河、海港口城市的功能，扩大了城市规模。同时，拥有矿产资源和地处交通干线，特别是交通枢纽的城市和集镇也相继悄然兴起。以上海为例，它北靠长江，南临杭州湾，西与江苏和浙江接壤，境内地形平坦，土地肥沃，物产丰富，气候温和，资源条件和交通条件得天独厚；同时，上海作为海外贸易的重要港口，使其区位条件转化为区位优势，使得上海迅速成为全国最大的港口和重要的经济、科技、贸易、金融、信息、文化中心（陶松龄，甄富春，2002）。因此，城市发展需要一定的区位条件，城市充分利用区位条件，转换成区位优势，才可以促进城市自身不断发展。

城市发展的历程中需要面对各种政策因素的影响。自20世纪70年代末，西方国家开始了政策影响城市空间形态方面的研究。30年代世界经济危机之前，西方经济活动主要遵循古典自由经济理论，依靠“看不见的手”进行自我调节，政府仅扮演“守夜人”的角色。经济危机的爆发使西方学者认识到自由市场经济的缺陷，以凯恩斯为代表的学者更加强调政府对于市场的干预，公共政策成为政府解决“市场失灵”的重要手段。在当代中国影响城市空间形态的决定力量中，“政策”始终扮演关键的角色。张庭伟（2001）将城市空间结构演变的动力机制概括为三种力量：（1）“政府力”主要指当时当地政府的组成成分及其采用的发展战略；（2）“市场力”主要包括控制资源的各种经济部类及与国际资本的关系；（3）“社会力”主要包括社区组织、非政府机构及全体市民。中国的“社会力”发育尚显不足，在计划经济向市场经济转轨的过程中，城市发展以及城市空间结构演变主要表现为“政府力”和“市场力”此消彼长的结构优化过程，“市场力”是微观上推动城镇空间演化的内在动力，“政府力”是宏观上促成这种演化的外部动力。例如，我国通过五年计划与各种空间规划纲要，对城市的发展与格局起到决定性作用；同时，通过各级政府通过制定相应政策，通过市场机制、引导市场力量推动城市发展。政策可以直接对城市的形态、规模与发展产生直接影响，政府通过制定政策也可以直接引导城市的发展与壮大。

二、全球城市化发展规律与经验总结

城市在发展过程中，人口会不断涌入城市，特别是农村人口进入到城市从事非农业生产经营活动，而这一过程可以称为城市化。具体来说，城市化是以人口转移和集中为前提，以经济活动和资源要素的集聚为主要内容、以社会经济结构转变为核心、以农村和城市的互动为基本方式等特征。城市人口占总人口百分比是惯用的指标来衡量城市化发展水平，人口的城市化是城市化的明显标志。20 世纪 60 年代开始，人口城市化在许多第三世界国家以惊人的速度发展，大批的农村人口进入城市地区，呈现出一个世界性整体的人口城市化趋势。美国地理学家 Ray Northam 在 1979 年通过对各个国家城市人口占总人口比重的变化研究发现，城市化进程具有阶段性规律，全过程呈一条 S 形曲线，即逻辑蒂斯（Logistic）增长曲线规律（见图 3 -1）。

图 3 -1 显示的城市化进程曲线体现出 3 个阶段。第一，城市化初级阶段。该阶段城市化水平在 30% 以下，农业经济占主导地位，第一产业的就业比重在 50% 以上，农业生产率较低，工业刚起步，规模较小，发展过程中受到资本和技术的制约，农村人口向城市转移速度较慢，城市化进程缓慢；第二，城市化

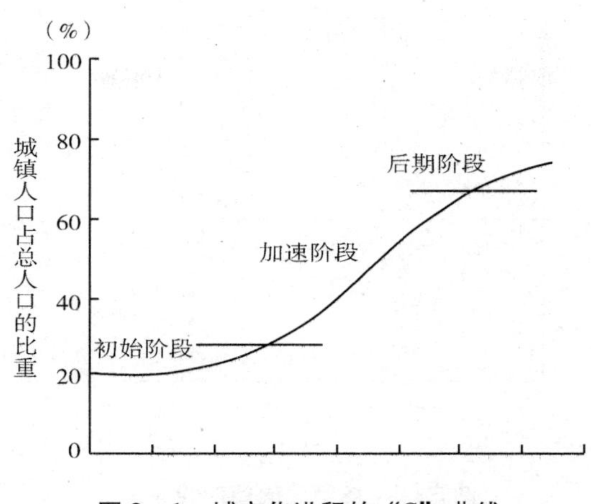

图 3－1　城市化进程的“S”曲线

加速阶段。该阶段城市化水平在 30%～70%，农业经济比重下降，农业生产率大幅度提高，劳动力从农业产业中释放出来，工业化规模和发展速度明显加快，相配套的第三产业随之发展起来，城市提供更多的就业机会，农村人口向城市集中速度加快，城市化进入加速发展阶段。城市化后期阶段。第三，城市化后期阶段。城市产业结构发生巨大变化，农业产业比例下降到 10% 以下，工业发展稳定，工业部门专业化，第三产业大规模发挥发展成为推动城市发展的主要动力，比重超过 50%，商业贸易与信息文化产业迅猛发展，城市职能复杂且多样化，人口大量聚集，城市化速度转入缓慢阶段。

伴随着城市化的进程，城市空间结构随着集聚与扩散机制产生重要变化。张车伟等（2015）指出城市的集聚效应与扩散效应存在一个与城市最优规模相对应的临界点（通常城市化率达到 50%），临界点之前，城市规模随着集聚效应而扩大；超过临界点后，城市规模随着集聚效应减弱而递减，城市扩散效应日益增强，城市规模达到极限，大城市走向郊区化，形成都市圈（metropolitan）（见图 3－2）。

都市圈的主要内涵就是区域经济活动中心和其周边区域有着较为密切的交流。根据 2016 年 Demographia World Urban Aread 的报告，按人口规模世界前十位的都市圈依次是：东京（3775 万人）、加尔各答（3132 万人）、德里（2573 万人）、首尔—仁川（2357 万人）、马尼拉（2293 万人）、孟买（2288 万人）、卡拉奇（2282 万人）、上海（2268 万人）、纽约（2068 万人）、圣保罗（2060 万人）。世界前十的都市圈的主要特征有：（1）普遍具有庞大的人口规模，上述国际都市圈的人口都已经超过两千万。（2）人口跨国多元化，国际大都市有很

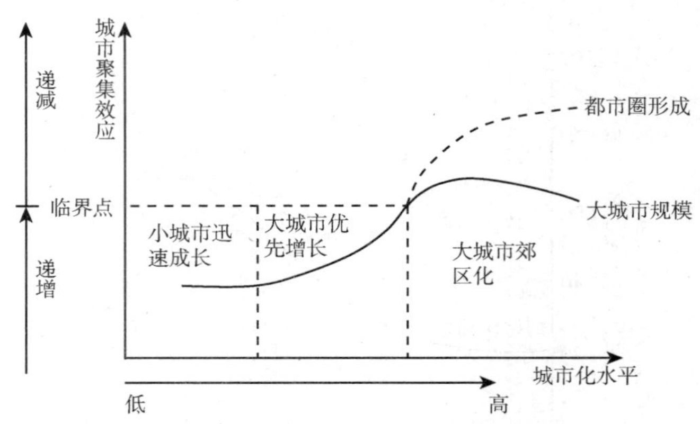

图 3－2　城市空间结构的演变

频繁的对外交流活动，其人口外籍多而构成国际化。（3）有较高的人口就业率。由于大量的外来人口涌入，他们寻找更好的就业机会，促进了劳动力市场的发展。（4）是一国重要的经济聚集区。都市圈不仅仅是一国的人口聚集圈也是一国高度集聚的经济圈，是推动该国经济发展的重要动力。（5）就业人口向高端服务业集中。都市圈已经实现了产业升级转型，变成以服务业作为经济主导产业，并且逐步向高端服务业发展。都市圈是城市发展到一定阶段后表现出来的高级形式。

根据上述城市到都市圈的发展规律，可以得出如下几点建议来推动我国都市圈的建设：第一，城市发展应该树立以优化人口结构和充分劳动力就业作为人口管理的基本原则。都市圈建设需要大量的高技能、高素质的劳动力，特别是吸引国际优秀人才，促进都市圈的人口结构得到优化，提升城市的综合竞争能力。第二，实现都市圈不同地区之间的人口流动，引导中心城区的低端服务人才向外围区域迁移，保持都市圈的核心竞争力。第三，通过产业布局调整带动人口流动，缓解都市圈人口过密的压力，引导制造业、低端服务业向外围区域迁移，高端服务业向中心城区迁移。第四，打造多元化产业，避免无就业问题而引发的城市贫民区现象，克服贫困带来的各种社会问题。

随着城市空间的不断扩张，具备优势的都市圈会演变成为区域中心城市，对区域发展产生至关重要的影响（苗建军，2004）。因此，各国政府和地区也在通过打造区域中心城市来推动区域经济社会的整体发展。优先发展区域性中心城市主要有两个经典理论：增长极理论和中心地理论。首先，1955 年法国学者 Francois Perroux 提出了“增长极”（Po1es of Development）概念，他认为经济发展的速度不可能均匀分布在一个区域内的每一个点上，经济增长是在不同地区、部门或产业，以不同速度不平衡增长。一定区域内经济发展之所以会出现不平衡现象，主要在于一些地区特别是一些中心城市，能优先集聚推动经济快速发展的主导产业或有创新能力的企业和企业家集团，从而形成“磁场极”式的多功能经济增长极。作为增长极的中心城市对该区域的经济发展会产生三种影响。一是支配效应。作为增长极的中心城市由于在技术、知识、信息等方面具有先进性，能够通过与周边地区的要素流动关系和商品供求关系，对经济腹地的经济活动产生支配作用，即周围地区的经济活动以增长极的变化而发生相应的变动。二是乘数效应。增长极一经形成就会对周边区域的经济发展起示范、组织和带动作用，加强与周边区域的经济联系。在这个过程中，由于循环累积因果机制的关系，增长极对周边经济发展的作用会不断序化和放大，最后影响范围和程度随之增大。三是溢出效应。增长极的极化效应和扩散效应的综合影响称为溢出效应。如果极化效应大于扩散效应，则溢出效应为负值，结果有利于增长极的发展。反之，如果极化效应小于扩散效应，则溢出效应为正值，结果对周边的经济发展有利。增长极的形成、发展、衰落和消失，都将引起区域空间与经济结构发生变化。第二个发展区域性中心城市的理论是中心地理论（central place）。中心地理论主要是讨论现在已经存在的城市如何更好地带动周围农村或腹地的问题，这些城市已经历了漫长的极化过程，有了相当的基础，具备了带动周围地区发展的能力；按中心城市理论要求，中心城市必须具备下列特征：（1）它是国民经济体系中承担各种经济职能的综合性城市；（2）人口集中，通常是指特大城市或大中城市；（3）具有优越的自然条件和便利的交通条件；（4）经济联系广泛，是我国重要的商业中心和对外贸易中心；（5）商品信息灵通；（6）文化教育事业发达，科技力量雄厚，管理经验丰富，是国家智力开发人才培养和输出的重要基地。中心城市理论认为，中心城市发展到一定阶段，由于经济优势的集聚而引起经济辐射把更多更好的产品和科学技术、经营管理经验等“软件”短射和“反馈”给周围中心城市相与之联系的经济区域，建立横向经济网络，带动它们发展，组成国民经济的良性循环。

发展区域中心城市，也将有力地推动我国区域经济社会发展。我们针对性地提出以下几点建议：（1）将创新作为区域中心城市经济转型的关键。创新一直是推动城市发展和实现城市转型的主导力量不仅为城市产业结构带来升级和优化，促进产业扩充和产业价值链的形成，从而增强城市价值活动和价值流，提升城市价值；也有助于尽可能地避免结构失衡、社会矛盾加剧、城市环境恶化等大城市病，促进城市全面、协调和可持续的发展，形成现代城市经济、现代城市文明、现代城市生活的基本格局。(2) 重视文化在区域中心城市经济转型中的作用。将发展促进文化理念渗透到传统产业的设计、生产、营销、品牌和经营管理等环节，从而改变传统产业的价值创造链条，使传统产业提供的产品更加富有文化含量、文化品位，促进区域中心城市传统产业的结构调整，从而达到提升整个社会经济质量，促进经济增长方式的转变。(3) 充分发挥政府在区域中心城市转型中的调控作用，推动区域中心城市形成合理的产业结构。(4) 关注区域中心城市在城市集群中的聚集作用，以区域中心城市带动城市集群的发展，形成具有全球性竞争力的新型地域单元。

全球化 (globalization) 在当今是一个不可避免的现象。资本的全球化促进了城市的迅速成长，资本的自由流动，对全球城市 (global city) 的崛起提供了必备的条件。Saskia Sassen 于 1991 年提出了全球城市这一重要概念，她指出全球城市是全球重要的节点城市，高度聚集全球各类资本，在政治、经济、社会、文化等方面对全球事务进行直接影响。此后，全球城市这个概念广泛地运用在学术、政治、经济领域。较早于全球城市概念，世界城市 (world cities) 的概念则广泛地运用在学术界来表示高度集中全球资本的节点与空间。

英国地理学者 Peter Hall 在 1983 年《世界大城市》一书中提出了衡量世界城市的 7 条标准：(1) 是主要的政治权力中心，是国家最高权力机构和各类政府机构所在地，是国际权威组织的所在地。(2) 是国际贸易中心，是一个国家的港口、公路和铁路交通的枢纽，是大型国际机场所在地。(3) 是一国家的金融中心。(4) 是各类专业人才集聚的中心，有众多的大学、大医院、图书馆、博物馆和各类科学、技术、文化艺术研究机构。(5) 是信息汇聚和传播的地方，有发达的出版业、新闻业及广播、电视网总部。(6) 有大量人口，而且集中了相当比例的富裕阶层人口。(7) 随着制造业贸易向更广阔的市场扩展，娱乐业成为主要产业部门。同时他评定了 7 个世界级城市：伦敦、巴黎、德国的莱茵—鲁尔区、荷兰的兰斯塔德（阿姆斯特丹、海牙、鹿特丹等城市组成的城市圈）、莫斯科、纽约和东京。1998 年 Peter Taylor 与 Michael Hoyler 根据城市的联系性强弱程度对城市进行排列。他们认为，整个世界城市网络体系就是一个“金字塔”形状。大量处于网络底层的城市只具有地区性职能；相当一部分处于网络体系中层的城市，具有区域性职能；少数处于网络体系顶层的城市，则具有全球性的职能。例如，伦敦就处于顶层，具有全球性职能的城市。

他们所在的全球化和世界城市（Globalization and World Cities）小组提出更丰富的14类指标评定世界城市：（1）庞大的人口，整体人口乃至都会区人口；（2）多元化的选民人口；（3）不同指标：人口、聚居地、流动性及城市化；（4）重大的金融储备/支出：城市或地区的GDP产值；股票市场：指数/市场资本化；跨国公司的总部；金融服务供应，如银行、会计；就业情况；（5）根据生活质数或城市发展；（6）生活指数：根据个人财富，如亿万富翁数目；（7）瞩目的交通基建：机场拥有瞩目的载客量或载货量；庞大、普及的公共交通系统；卓越的铁路；道路的使用；重要的海港；（8）重要的科技效能/基建：卓越的城市天际线或摩天大楼；（9）重要的设施：教育设施，如大学、国际学生就学；研究设施；健康设施，如医院、医学实验室；（10）世界宗教的参拜圣地；（11）国际组织的总部；（12）城市拥有联合国教科文组织历史及文化遗产；（13）高素质的文化设施：著名的博物馆及博物馆；著名的歌剧团；著名的交响乐团；著名的电影中心和电影节；著名的剧院中心；国际体育盛事场地；（14）旅游生产力：旅客、经济、赛事。由此可见，随着全球化进程的加速，世界城市的划分的指标也在增加，发达国家的中心城市在全球系统中占据主导地位，发展中国家的中心城市逐步在全球系统中发挥显著作用。

通过对全球城市相关理论的探究，对我国建设全球城市提供以下七点建议：（1）鉴于全球城市体系的等级差异，我国在建设全球城市中需要根据社会经济发展的实际有步骤、有目标、分阶段，稳步推进，逐步提升城市发展的层次，积极推进城市国际化的步伐，发挥全球城市网络中的重要作用。（2）实施规划先行战略，全面绘制我国全球城市未来发展的宏伟蓝图。（3）实施开放引领战略，大力发展总体经济。（4）实施服务主导战略，优化经济结构和转变经济增长方式。（5）实施人才集聚战略，为我国全球城市发展提供人力资源保障。（6）实施全球城市都市圈战略，提升区域整体竞争力。（7）利用跨国公司区域生产网络，形成紧密的区域经济联系，推动中国的全球城市—区域的形成和发展。

总之，城市在城市化进程中，在集聚与扩散的双重作用下，城市规模与空间不断发生变化，具有区位优势的城市发展会进化成为都市圈，并且成为区域中心城市，为所在区域发展起到关键性作用；在全球化的作用下，处于全球城市网络体系顶端的城市通过各类要素的发展，成为全球城市，深刻地影响世界格局。

第二节　城市规模

城市规模，狭义的概念指城市的人口数量，广义的概念指城市的人口数量，建成区面积和经济实力等。由于城市人口数量易于统计，且城市人口数量在一定程度上间接反映了城市的经济实力，人口数量便成为各国普遍采用的衡量城市规模的基本指标（周一星，1992）。当一个国家或者区域内的各个城市形成一定规模后，连同周边城镇将形成一个有着内在联系的城镇体系，并且在国家或区域内呈现城市规模等级分布。城市规模分布是研究城市规律的一项基础性工作。首先，研究城市规模分布有助于揭示城市规模成长的基本规律。其次，研究城市规模分布有助于预测城市人口规模、确定城镇体系结构、制定城市发展政策、推动社会经济发展。

本节主要分成五部分：第一，介绍城市规模分布经典理论；第二，分析影响我国城市规模的相关因素；第三，利用城市规模分布理论，采用“五普”“六普”人口普查数据，分析我国2000年与2010年间城市规模变化情况；第四，利用上述相同方法对我国的“四大板块”（东北、东部、中部、西部）进行区域的城市规模分析；第五，总结我国城市规模体系发展状况，提出我国未来城市化发展的相关建议。

一、城市规模分布的相关理论

城市规模分布，是指一个国家或区域内，城市人口规模的层次分布。通过城市规模分布的研究明确城市从大到小的序列与其人口规模的关系，揭示一个国家或区域内的城市人口是集中在一两个大城市里，还是成比例地分放在不同等级的城市里。研究城市规模分布有利于制定区域城市体系发展战略，为国家和区域发展提供长远的综合利益依据。在当代城市规模分布的研究中，首位分布与位序—规模分布是研究城市规模分布的两大主流理论，在欧美西方国家广泛运用研究城市规模（杨开忠，陈良文，2008）。

杰弗逊（Jefferson）在1939年对国家城市规模分布研究中，通过分析51个国家的情况，列出了每个国家前3位城市的规模和比例关系，提出了首位城市概念（Primate City），并且提出首位分布规律（Law of the Primate City）。他提出这一法则是基于观察到一种普遍存在的现象，即一个国家的“领导城市”总要比这个国家的第二位城市的规模要大，吸引了全国城市人口的很大部分，而且在国家的政治、经济、社会、文化生活中占据明显优势，因此他将这样规模的城市定义为首位城市。

用一国最大城市与第二位城市人口的比值来衡量城市规模分布状况的简单指标就是城市首位度。首位度大的城市规模分布，称首位分布。学者从传统的规模经济和集聚经济的角度指出空间集中的产生的有利影响：第一，首位分布允许资金和人才的更大积累，有利于知识的更加专门化和思想的广泛交流；提升了全区域的技术创新能力、知识扩散水平和产业升级速度，促进了区域经济发展。第二，首位城市是交通运输网络中效益最好的地方，有利于降低了交易成本、劳动错配概率和设施服务成本等，从而提高首位城市的劳动生产率；从而带动周边区域发展。与此同时，有许多学者对首位分布提出质疑：第一，首位分布的空间集中是对资源的一种低效利用方式，不利于资源的合理利用；第二，首位分布反映了许多社会方面的不平等，将优势资源过于集中在一个城市，从而小城市发展不足，不能有效承接技术扩散，从而不利于整个国家的可持续发展（许学强，朱剑如，1988）。总之，城市的首位分布是和经济发展的低水平联系在一起的，经济不发达是造成首位分布的原因。反之，经济发展是城市体系均衡发展的原因。因为经济发展增加了产品需求，提高了技术、职业、空间的专门化，专门化的必要条件就是一体化。一体化推动形成了一体化的社会网络和一体化的城市体系。

此外，奥尔巴赫（Felix Auerbach）在 1913 年首先提出了城市的位序—规模分布规律，具体是指一个国家或区域的城市规模分布体系中，大中小城市均有，城市数目随城市规模的减少，而有规律的增加，即方程式 1：

$$R(p) = M/P^{\alpha} \tag{3-1}$$

即如果将城市按照其规模进行排列，最大城市的排位为 1，规模为 p 的城市排位为 R(p)，M 和 α 是参数，M 实际就是规模最大城市人口数，α 被称为帕累托指数（Pareto exponent），α 越大，表示城市分布越为均匀；α 越小，表示城市分布越为集中。1949 年美国哈佛大学语言学家 Zipf 通过实证研究发现城市规模与其位序之间存在着稳定的关系，即一国的城市规模不仅服从帕累托分布，而且帕累托指数为 1，即 $\alpha = 1$。这一命题被称作 Zipf's Law 或者城市位序—规模法则（Rank-Size Rule）。在实证分析时，通常对方程式 1 两边取对数：

$$\lg R(p) = \lg M - \alpha \lg p \tag{3-2}$$

方程式2是检验一国或者区域内城市规模分布是否满足Zipf's Law的实证方程，将某一城市体系中城市数据进行回归，如果得到回归系数α等于1，说明该城市体系符合位序—规模法则；如果α大于1则该城市体系的集中程度要高于位序—规模法则的预期，城市人口的规模分布向高位次城市集聚，大城市扩展较为合理；如果α小于1，说明该城市体系的集中程度要低于位序—规模法则，小城市扩展才能使得城市规模分布更合理。

二、我国城市规模影响因素分析

根据我国城市发展的特点，分析了如下影响我国城市规模发展的四个主要因素：第一国家战略规划（五年计划）、第二行政体系、第三住房与土地供应系统、第四户籍制度。

首先，新中国成立以来，经历了十二个五年计划（规划），并且制定了第十三个五年规划。在每个五年计划的时间内，政府通过制定方针政策，站在国家宏观层面，直接或间接地对中国城市化发展产生了重要的或根本性的影响，我国城市化发展取得了举世瞩目的显著成就。方创琳（2014）指出新中国城市化发展先后历经了“一五”时期项目带动的快速城市化道路、“二五”时期无序城市化道路、“三五”、“四五”时期动荡萧条的停滞城市化道路、“五五”时期改革恢复的积极城市化道路、“六五”时期“抓小控大”的农村城市化道路、“七五”“八五”时期大中小并举的多元城市化道路、“九五”时期大中小并举的健康城市化道路、“十五”时期大中小并进的协调城市化道路、“十一五”时期中国特色的和谐城市化道路、“十二五”时期积极稳妥的健康城市化道路。“十三五”时期的目标是走城市群为主体形态，发展大中小城市综合承载能力，推进城乡一体化的城市化道路。

其次，我国城市之间已经形成了严格且多层次的行政等级体系，并且这种行政等级制度中包含着资源的优先配置与使用权利的安排。Davis和Henderson（2003）将政府运用政治与行政手段赋予某些城市优先发展的这个行为，称为政府“偏爱”，并把这些优先发展的城市称为“受欢迎城市”（王垚，年猛，2015）。在我国，行政等级越高的城市便可以看成是越受欢迎的城市，它们一方面可以获得更多来自中央政府的资源分配，如资金、人才以及各种优惠政策等；另一方面受欢迎的城市依靠行政手段促使资源由下一行政等级的城市流入高行政等级城市，最终提升高行政等级城市的聚集程度。魏后凯（2014）认为中国城市发展资源的配置存在明显的行政中心偏向，中央把较多的资源集中配置在首都、直辖市以及计划单列市，而各省、自治区则把较多的资源配置在省会城市，这直接导致了城市规模的大小及增长速度与其行政等级的高低密切相关。因为高行政等级的城市一方面可以获得更多来自中央政府的资源分配，另一方面也可利用高行政等级优势，依靠行政手段促使资源由下一行政等级的城市流入高行政等级城市，最终提升高行政等级城市的集中程度（蔡昉，都阳，2003）。虽然直辖市、计划单列市、副省级市以及省会城市（一些省会城市就是副省级市）都是由中央直接进行资源再分配的，但是，中央政府的支持力度是不同的，直辖市最高，其次是副省级市，最后才是其他省会城市。不同行政等级的城市由于受到中央政府“偏爱”的程度不同，与市场力量结合，形成了不同的发展特点，随着我国放松了对人口跨区域流动的管制，人口向大城市流动的管制也开始减弱。作为追逐利益“最大化”的个体和厂商，纷纷涌入“受欢迎城市”，导致这些城市的聚集效应进一步增强，城市规模迅速增长，高行政等级城市与低行政等级城市之间的人口规模差距逐渐扩大。总之，中国的城市规模及增长速度与其行政等级密切相关。行政等级较高的城市，其规模一般较大，增长速度较快；相反，行政等级较低的城市，其规模通常较小，增长速度也较慢。这种城市规模及增长速度的差异，是政府资源配置的行政中心偏向和市场力量交互作用的结果。政府在权限设置、资源配置和制度安排等方面对较高行政等级城市的偏爱，以及这些城市在政府与市场力量双重作用下形成的强大吸附能力，是造成这种差异的重要原因。行政中心偏向虽然有利于较高行政等级城市的发展，但它造成了城市之间的不公平竞争，扭曲了市场的资源配置功能，还强化了各城市争取提升行政级别的倾向。

再次，土地资源作为一种基础性的生产资料和经济要素，土地制度不可避免地成为影响城市化进程的关键性因素。我国农村土地集体所有、承包经营，城镇土地国家所有，以征收为唯一手段的农地转国有，以及城镇土地采取一次性出让、经营性土地实施招拍挂等，构成了我国现行土地制度的主要特点，其对农民迁移意愿与定居能力的影响是全面而深刻（蔡昉，都阳，王美艳，2005）。土地制度的变迁直接影响我国的住房系统。1988 年 4 月，第七届全国人民代表大会第一次会议通过的《中华人民共和国宪法修正案》第二条规定：“土地的使用权可以依照法律的规定转让”，为房地产市场的发展提了最高法律依据。1990 年 5 月，国务院发布的《城镇国有土地使用权出让和转让暂行条例》是中国第一个关于城镇国有土地使用权的出让和转让的专门法规。此后，中国的城镇房地产业的发展不断走向规范化。城镇土地制度改革及房地产市场的发展，从三个方面推动了城市化进程：第一，为农民在城市购买或租赁房屋，进行正常的就业和生活提供了良好的条件。第二，城镇土地制度改革促进了企业的集聚。中国城镇房地产市场的开发，使一大批企业纷纷在城市购地置业，谋求新的发展空间。这些房地产企业主要集中于大中城市的开发区，构成中国城镇经济发展的主要动力（叶裕民，2001）。通过城市土地制度的改革与住房市场的发展，城市不仅仅吸引了人口的入驻，带动了城市产业的发展，并且扩大了城市的规模，推动了城市的自我成长，加速了城市化的进程。

最后，我国的户籍制度。以农业和非农业人口作为身份标记的城乡分治的户籍制度作为典型的具有中国特色的计划经济产物，从诞生至今，始终承担着控制城市人口规模的重要角色，特别是调控进城务工经商的农民（蔡昉，2000）。新中国成立以来，户籍制度对城市人口规模调控首先是1950年代中后期至1980年代中期的实施全面严格控制阶段。其次是1980年代中期至20世纪末的引导农村劳动力向非农产业转移阶段。但是2000年以后，我国户籍制度发生了重大变革，国家出台相关政策推动农村劳动力向城市转移。主要特征是国家确立了以全面建立城乡统一的，以公民按实际居住地登记常住户口为基本形式，以具有合法固定住所为户口迁移基本条件的新型户籍管理制度目标，除了直辖市和省会城市采取以准入条件取代城市人口迁移增长计划指标管理政策外，全国大部分省市相继取消了农业户口、非农业户口的划分，实现了城乡户口登记管理一体化，户籍制度对城市人口规模调控的作用已经微乎其微。但是，德鹏（2002）指出当前户口制度仍然制约着城市规模的发展，具体存在以下两个问题：第一，当前对农村居民全面开放的只是城镇户口，农民到大中城市落户的制度障碍依然存在，影响了大城市的规模扩张。第二，户籍制度管理直接与城市公共资源分配挂钩。我国城市（特别是大城市）人口落户仍然有着制约作用，城市管理者通过户口制度实现人口调控的目的—控制城市人口规模膨胀。

上述四种因素对我国城市规模造成直接影响，深深地影响我国城市化进程。因此，我国在推动城市化进程中仍然要落实符合国情的五年规划纲要，不断调整各类城市的城市规模，改革行政体系、住房土地供应系统、户籍制度等，促进我国城市化的健康有序发展。

三、我国城市规模及城市体系分析

对我国城市规模及城市体系的研究采用的数据来自《2000年第五次全国人口普查数据》（以下简称“五普”）和《2010年第六次全国人口普查数据》（以

下简称“六普”），选取其中全国各省的省会城市、地级市和县级市的城镇人口进行分析。

根据2014年国务院出台的《关于调整城市规模划分标准的通知》（以下简称《2014城市规模通知》），将“五普”与“六普”数据带入划分等级中，对比分析2000年与2010年10年间全国城市规模的变化情况。《2014城市规模通知》是以城区常住人口为统计口径，将城市规模划分为五类七档：城区常住人口50万人以下的城市为小城市，其中20万人以上50万人以下的城市为Ⅰ型小城市，20万人以下的城市为Ⅱ型小城市；城区常住人口50万人以上100万人以下的城市为中等城市；城区常住人口100万人以上500万人以下的城市为大城市，其中300万人以上500万人以下的城市为Ⅰ型大城市，100万人以上300万人以下的城市为Ⅱ型大城市；城区常住人口500万人以上1000万人以下的城市为特大城市；城区常住人口1000万人以上的城市为超大城市。

表3－1反映出我国2000年和2010年的城市规模变化情况。2000年中国有城区常住人口在1000万人以上的超大城市2个（上海、北京），城区常住人口500万～1000万人的特大城市6个（重庆、广州、天津、武汉、深圳、成都），人口300万～500万人的Ⅰ型大城市6个，人口100万～300万人的Ⅱ型大城市105个。到了2010年，超大城市、特大城市与大城市的数量明显增加，其中超大城市新增（重庆、深圳和天津），特大城市增加了4个，大城市增加了63个，其中Ⅰ型大城市增加了17个，Ⅱ型大城市增加到了46个。相反中等城市和小型城市数量出现下降，特别Ⅱ型小城市的数量则明显下降，从2000年234个降到了2010年141个，减少93个。

与此同时，2000年与2010年全国各个城市的城镇人口的占比变化发生明显变化。与2000年相比，2010年超大城市与特大城市两类人口占比均有所增加，城市人口占全国总人口的比例从14.54%，上升到了2010年的21.26%，总计增长6.72%，其中超大城市的人口占比增长速度明显，达到了5.5%。2000～2010年，大城市仍然为占全国人口最大比例的城市规模类型，分别是40.42%和50.26%，增长9.84%；其中Ⅱ型大城市在10年间一直是占全国人口最大比例的城市规模类型，分别为35.06%（2000）和37.58%（2010），增长2.56%。2000年与2010年间，中等城市占全国城镇人口比重下降了7.17%。Ⅰ型小城市、Ⅱ型小城情况也与中等城市的下降趋势一样，均出现了城市数量下降与人口占比同时下降的现象，降幅分别为5.45%与3.96%。

总的来说，2010年与2000年的数据对比可以说明在这10年间，全国城市

（含县级市）的总数量减少了 36 个，主要集中在了Ⅱ型小城市的数量大幅度减少；而大城市、特大城市与超大城市这三类城市的城市数量增长了 70 个，说明了大规模的城市数量在不断增加的一个趋势。在全国城镇人口比重方面，十年间规模大的城市—超大城市、特大城市和大城市—人口占比明显，2010 年达到了 71.52%，人口比重上升了 16.56%，说明了 10 年间我国人口是朝规模大（即超大城市、特大城市与大城市三类型）的城市集聚，城市化水平在规模大的城市也会表现突出。总的来说，2000～2010 年间，全国城市规模的结构由原来的一个金字塔形状向菱形结构转变，即原先底层的数量较多的小城市迅速较少，中段的大城市规模不断扩。

表 3－1　　2000 年与 2010 年全国城市规模对比

“五类七档”划分标准（万）			2000 年		2010 年	
			数量（个）	占全国城镇人口比重（%）	数量（个）	占全国城镇人口比重（%）
超大城市		1000 >	2	5.46	5	10.96
特大城市		500～1000	6	9.08	10	10.30
大城市	Ⅰ型大城市	300～500	6	5.36	23	12.68
	Ⅱ型大城市	100～300	105	35.06	151	37.58
中等城市		50～100	134	21.14	127	13.97
小城市	Ⅰ型小城市	20～50	252	17.22	248	11.77
	Ⅱ型小城市	<20	235	6.69	140	2.73

注：（1）各类城市人口比重之和因小数位四舍五入原因有正负 0.01 的误差；（2）海南省因行政体系因素，未将省直辖行政单位中的县所属城镇人口作为城市单位算入。

国家城市体系的二城市指数（通常所说的首位度）、四城市指数和十一城市指数的分析有时统称为首位度指数分析。依据 2000 年我国城市的人口规模排序（见表 3－2），中国人口规模最大城市和第二位城市分别是上海市和北京市，城镇人口分别为 1448.99 万人和 1052.25 万人，将两个城市之比得出我国城市首位度为 1.38，根据城市人口规模排位前十一的城市，计算出四城市指数为 0.54，十一城市指数为 0.44。2010 年我国人口规模最大城市和第二位城市仍然是上海市和北京市，城镇人口分别为 2055.50 万人和 1685.86 万人，城市首位度为 1.22，比 2000 年下降 0.16。首位度的小幅度下降反映了在北京城市的人口规模扩展速度与上海相比有所增长，两个城市规模之间的差距在缩小。2010 年我国四城市指数为 0.48，十一城市指数为 0.41，两个指数与 2000 年同位序城市的指数相比均有小幅下降，这说明首位之后的城市与首位城市上海的人口规模差距在缩小，与上海的人口规模的扩张相比，其他城市的扩张速度要更快一些，特别是东莞和佛山的快速发展把原先的沈阳和哈尔滨挤出了原先序列。总的说来，我国城市上述的三个指数都是比较低的，说明我国的城市体系没有出现第一大城市呈现明显优势的首位分布，这与中国地域广阔、人口众多且分布不均、城市普遍处在发展阶段等特点有关。

表 3-2　　2000 年与 2010 年城市规模（首位度）对比

位序	2000 年城市规模		2010 年城市规模	
	城市	城镇人口（万人）	城市	城镇人口（万人）
1	上海	1448.99	上海	2055.50
2	北京	1052.25	北京	1685.86
3	重庆	861.14	重庆	1529.58
4	广州	754.74	深圳	1035.83
5	天津	708.98	天津	1027.78
6	武汉	678.74	广州	702.21
7	深圳	648.03	成都	825.96
8	成都	507.27	武汉	754.15
9	沈阳	491.95	东莞	727.13
10	南京	435.52	佛山	677.18
11	哈尔滨	429.93	南京	623.81

通过位序—规模法则制作图 3-3，描述 2000 年我国城市的人口规模与位序之间关系。将数据描成散点图后可以发现，城市人口规模对数与城市位序对数之间呈现明显的线性关系，所以我们用一条拟合直线来代表二者的关系。拟合直线在图中如虚线所示，拟合直线的方程：

$$Y = -0.9715X + 7.9059(R^2 = 0.8628) \quad (3-3)$$

其中 Y 代表 2000 年全国城市人口规模的对数，X 代表 2000 年对应城市位序的对数。方程 1 显示城市位序与城市人口规模呈现明显的负相关关系，且城市位序的对数每增加 1 个单位，城市人口规模的对数将减少 0.9715 个单位。2000 年城市人口规模分布基本服从位序—规模法则，一次项系数绝对值即 α（0.9715）略小于 1，说明全国城市体系比位序—对数法则的预期较低，位于高次位城市的城市规模在全国体系中的地位较高。

使用2010年中国的人口规模数据可以拟合直线方程为：

$$Y = -1.0465X + 8.2193(R^2 = 0.8713) \quad (3-4)$$

从绝对值α（1.0465）>1的结论显示，2010年城市规模分布依然符合位序—规模法则，但是全国城市体系比模型预期显示较高，说明前列大城市在主导城市规模扩展，大城市规模更快扩展较为合理。

对比方程3和4可以看出，2000年和2010年城市位序对数与城市人口规模对数之间都符合线性方程，2010年回归相关指数的绝对值比2000年高，说明2010年城市人口规模随着城市位序的变化相对于2000年更加迅速，城市人口规模之间的差异增大了，城市人口分布相对更不均匀了，同时也说明位于前列高位次城市人口规模发展规模较快，加速了拉大了与后序城市之间的差异。

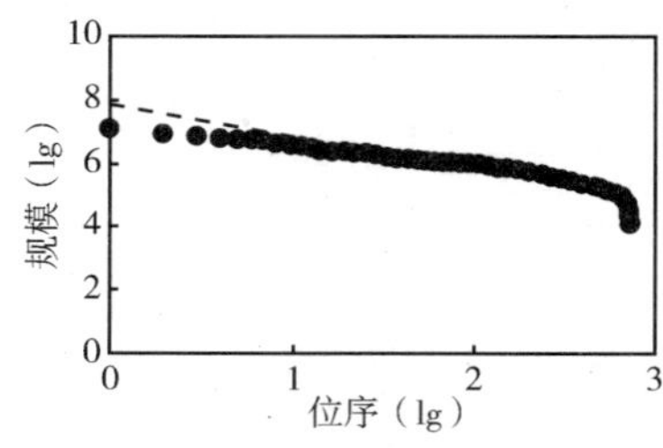

图3-3　2000年位序规模曲线

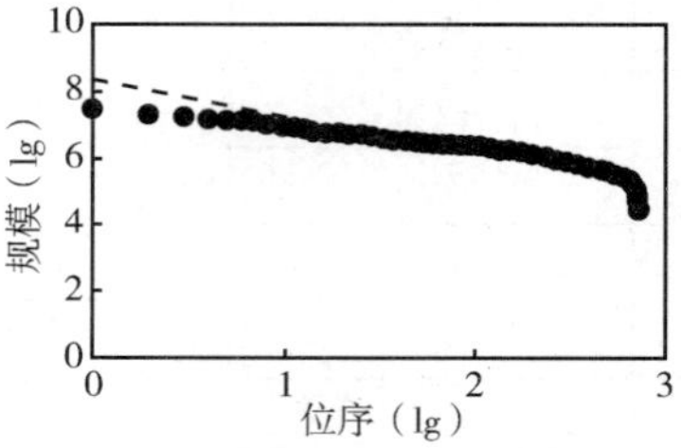

图3-4　2010年位序规模曲线

四、我国“四大板块”城市规模及城市体系分析

根据国家统计局2011年的划分办法，为科学反映我国不同区域的社会经济发展状况，为党中央、国务院制定区域发展政策提供依据，根据《中共中央、国务院关于促进中部地区崛起的若干意见》《国务院发布关于西部大开发若干政策措施的实施意见》以及“党的十六大报告”的精神，将我国的经济区域划分为东部、中部、西部和东北四大地区。从此，我国正式确立了四大板块。

根据国家统计局《2015国家统计年鉴》相关数据，制作我国四大板块基本情况对比分析表（表3-3）。东北地区是我国面积最小的区域（80.2万平方公里），人口占比（8.1%）与GDP（8.4%）占比均是全国最小的区域；东部地区是我国人口最多的区域，人口占比38.3%，GDP占全国的一半以上，也说明东部地区是我国经济最发达地区；中部地区的面积大于东北与东部，GDP占比也位列在区域内第二位；西部地区是我国国土面积最大的区域，人口占比（27%）仅次于东部地区。

表 3－3　　　　　　　　**我国四大板块情况对比**

四大地区	范　围	面积（万平方公里）	人口占比（%）	GDP 占比（%）
东北地区	黑龙江、吉林、辽宁	80.2	8.1	8.4
东部地区	北京、天津、上海、河北、山东、江苏、浙江、福建、广东、海南、香港、澳门、台湾	95.4	38.3	51.2
中部地区	山西、河南、湖北、安徽、湖南、江西	102.8	26.6	20.3
西部地区	内蒙古、新疆、宁夏、陕西、甘肃、青海、重庆、四川、西藏、广西、贵州、云南	685.1	27	20.2

资料来源：（1）国家统计局《2015 国家统计年鉴》；（2）香港、澳门与台湾纳入了我国东部地区。

2000～2010 年，东北地区城市数量基本没变化，并没有出现超大城市（见表 3－4）。2000 年，东北地区有 2 个Ⅰ型大城市（沈阳和哈尔滨），9 个Ⅱ型大城市；2010 年沈阳、哈尔滨发展成为特大城市，大连、长春则跻身成为Ⅰ型大城市。2000 年大城市的城镇人口所占整个东北地区的 46.18%，是城镇人口主要集中类型的城市；到 2010 年大城市与特大城市的城镇人口所占区域比例达为 55.45%，增长 9.27%，表明 10 年间东北地区人口朝特大城市与大城市这两类规模大的城市集中。与 2000 年相比，中等城市与Ⅰ型小城市城市数量下降幅度不大，同时人口占比分别下降 6.53% 与 2.23%。2000～2010 年Ⅱ型小城市的数量保持不变，人口占比仅仅下降 0.51%，说明该类城市发展较为稳定。

总的来说，东北地区除了沈阳和哈尔滨发展成为特大城市，其他城市结构变化不明显；大城市数量增长幅度较慢，中小城市数量有所减少，城镇人口向大城市发展的趋势明显，中等城市和小城市城镇人口占比下降，城市体系发展较稳定。

表 3－4　　　　　**2000 年与 2010 年东北地区城市规模对比**

“五类七档”划分标准（万人）			2000 年		2010 年	
			数量（个）	占全国城镇人口比重（%）	数量（个）	占全国城镇人口比重（%）
超大城市		1000＞	0	0	0	0
特大城市		500～1000	0	0	2	18.69
大城市	Ⅰ型大城市	300～500	2	16.78	2	11.92
	Ⅱ型大城市	100～300	9	29.40	11	24.84

续表

“五类七档”划分标准（万人）			2000 年		2010 年	
			数量（个）	占全国城镇人口比重（%）	数量（个）	占全国城镇人口比重（%）
中等城市		50～100	23	31.69	20	25.16
小城市	Ⅰ型小城市	20～50	32	15.46	30	13.23
	Ⅱ型小城市	<20	25	6.67	25	6.16

注：各类城市人口比重之和与表 3－1 情况一致。

表 3－5 表明 2000 年东北地区城市人口规模最大城市和第二位城市分别是沈阳（491.95 万人）和哈尔滨（429.93 万人），城市首位度为 1.14；四城市指数为 0.49，十一城市指数为 0.48。到 2010 年东北地区人口规模最大城市和第二位城市仍然是沈阳（607.42 万人）和哈尔滨（572.74 万人），城市首位度为 1.06，与 2000 年相比减少了 0.08，说明排在第二位的哈尔滨人口规模扩张程度比首位城市较大，缩小了与首位的差距；四城市指数为 0.46，十一城市指数为 0.49，与 2000 年相比相差不大。总的来说，10 年间东北地区前列城市规模差距变化不大，仅有很小幅度缩小或增加，前列城市位序并未发生明显变化（除 2010 年大连与长春位置互换），东北地区前列城市体系发展较为稳定。

表 3－5　2000 年与 2010 年东北地区城市规模（首位度）对比

位序	2000 年城市规模		2010 年城市规模	
	城市	城镇人口（万人）	城市	城镇人口（万人）
1	沈阳	491.95	沈阳	607.42
2	哈尔滨	429.93	哈尔滨	572.74
3	长春	292.58	大连	394.10
4	大连	290.13	长春	359.03
5	齐齐哈尔	205.90	齐齐哈尔	213.26
6	抚顺	161.63	大庆	184.68
7	鞍山	160.64	鞍山	176.18
8	吉林	156.57	吉林	160.79
9	大庆	138.68	抚顺	153.17
10	本溪	107.04	本溪	127.12
11	锦州	102.42	锦州	123.46

图 3－5 描绘了 2000 年我国东北地区城市的人口规模与位序的关系，城市人口规模对数与城市位序对数之间呈现明显的线性关系，拟合直线的方程是：

$$Y = -0.9677X + 7.0553(R^2 = 0.9332) \quad (3-5)$$

结果显示 α<1，说明 2000 年东北地区城市体系集中程度要比位序—规模法则的预期较低，位于前列的大城市在东北地区城市体系中的比重较高。

图 3－6 描绘了 2010 年东北地区城市的人口规模与位序的关系并且呈线性关系，拟合直线的方程是：

$$Y = -1.0112X + 7.1594(R^2 = 0.9435) \quad (3-6)$$

结果显示 α>1，说明 2010 年东北地区城市体系比位序—规模发展的预期较高，大城市在主导扩张。

对比方程 5 和 6，说明 2000～2010 年间，东北地区的城市体系结构发生了变化，前列城市的城市规模扩张，但是东北地区城市体系变化并不很明显。

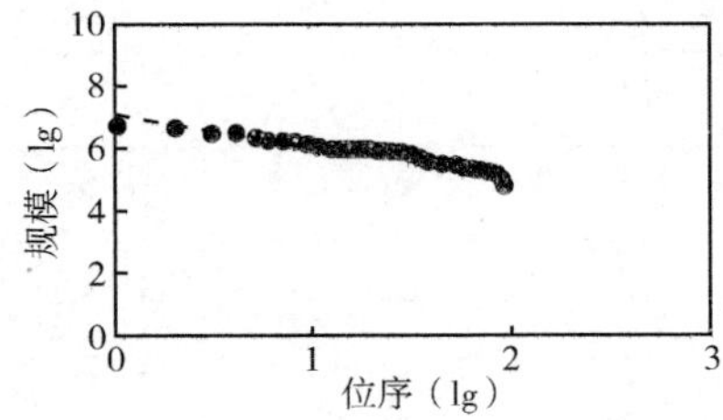

图 3－5　2000 年东北位序规模曲线

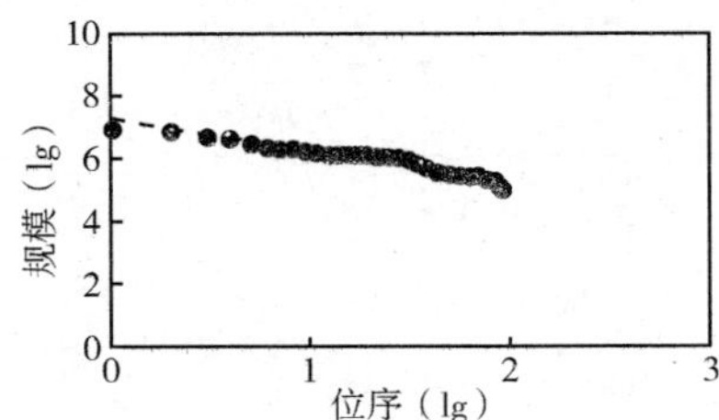

图 3－6　2010 年东北位序规模曲线

2000～2010 年，东部地区的城市数量减少 17 个，除中等城市与小城市这两类规模类型的城市数量明显减少，而其他城市类型无一例外都有增长（见表 3－6）。具体来说，2000 年东部地区有 2 个超大城市（上海、北京），3 个特大城市（广州、天津、深圳）和 51 个大城市（其中 3 个Ⅰ型大城市和 48 个Ⅱ型大城市）。到 2010 年，东部地区已经出现了 4 个超大城市（新增深圳、天津），人口比重上升 6.86%；以及 6 个特大城市（新增东莞、佛山、南京、杭州），人口比重上升了 1.29% 重要的是 2000～2010 年大城市数量增长显著，增长了 18 个。2000 年大城市是东部地区占据人口比重最多类型的城市，达到了 42.69%，到 2010 年，该类城市城镇人口占比上升到了 48.36%，增长了 5.67%；说明 10 年间，大型城市仍然是东部地区主要的承载城镇人口的城市类型。虽然中等城市的数量 10 年间仅减少了 2 个，但是人口比重却降低了

4.73%。此外，小型城市的城市数量及比重分别有明显下，其中Ⅰ型小城市的数量减少了8个，城镇人口占东部地区占比也随之下降了6.35%；Ⅱ型小城市的城市数量从2000年的50个迅速下降到了2010年的21个，城镇人口占下降了2.74%。

总之，2000~2010年东部地区大城市、特大城市以及超大城市这三类规模大的城市发展非常迅速，总计增长22个，多个大城市、特大城市和超大城市形成；而中等城市与小城市的城市数量与人口比重纷纷下降，特别是20万城镇人口以下的小城市数量迅速下降，人口占比也仅仅占到东部地区的1.11%，体现出了人口向大城市聚集靠拢和小城市收缩的整体趋势。

表3-6　　2000年与2010年东部地区城市规模对比

“五类七档”划分标准（万人）			2000年		2010年	
			数量（个）	占全国城镇人口比重（%）	数量（个）	占全国城镇人口比重（%）
超大城市		1000>	2	12.42	4	19.28
特大城市		500~1000	3	10.49	5	11.78
大城市	Ⅰ型大城市	300~500	3	5.58	14	16.95
	Ⅱ型大城市	100~300	48	37.11	55	31.41
中等城市		50~100	40	13.65	38	8.92
小城市	Ⅰ型小城市	20~50	102	16.89	94	10.54
	Ⅱ型小城市	<20	50	3.85	21	1.11

注：各类城市人口比重之和与表3-1情况一致。

表3-7显示2000年中国东部地区人口规模最大城市和第二位城市分别是上海（1448.99万人）和北京（1052.25万人），城市首位度为1.38，四城市指数为0.58，十一城市指数为0.56。2010年东部地区人口规模最大城市和第二位城市仍然是上海市和北京市，城市首位度为1.22，与2000年相比减少了0.16，说明北京的城市规模扩展明显；四城市指数为0.55，十一城市指数为0.50，与2000年相比分别减少了0.03和0.06，与前列城市差距缩小。总体来看，10年间东部地区前列城市的规模差距有一定的缩小。

表 3 - 7　　　2000 年与 2010 年东部地区城市规模（首位度）对比

位序	2000 年城市规模		2010 年城市规模	
	城市	城镇人口（万人）	城市	城镇人口（万人）
1	上海	1448.99	上海	2055.50
2	北京	1052.24	北京	1685.86
3	广州	754.74	深圳	1035.83
4	天津	708.98	天津	1027.78
5	深圳	648.03	广州	970.21
6	南京	435.52	东莞	727.13
7	东莞	387.00	佛山	677.18
8	济南	300.76	南京	623.81
9	温州	293.71	杭州	550.16
10	临沂	278.65	临沂	452.29
11	青岛	272.09	温州	436.86

图 3 - 7 描绘了 2000 年我国东部地区 248 座城市的人口规模与位序的关系。东部地区城市人口规模对数与城市位序对数呈现较为明确的线性关系，拟合直线的方程是：

$$Y = -0.9526X + 7.5375(R^2 = 0.9479) \quad (3-7)$$

结果显示 $\alpha < 1$，说明 2000 年东部地区城市体系的集中程度比位序—规模模型的预期较低，前列城市上海、北京、广州、天津深圳等城市的城市规模在东部地区城市体系中人口占比较大。

图 3 - 8 描绘了 2010 年东部地区人口规模与位序的关系，拟合直线的方程是：

$$Y = -1.0629X + 7.8832(R^2 = 0.9334) \quad (3-8)$$

结果显示 $\alpha > 1$，说明 2010 年东部地区城市体系的集中程度比位序—规模模型的预期高，大城市主导扩展明显。

对比方程 7 与 8，2000 ~ 2010 年间东部地区城市体系出现了大城市主导扩展的明显趋势，前列城市规模发展明显，城市规模分布的差距开始增加。

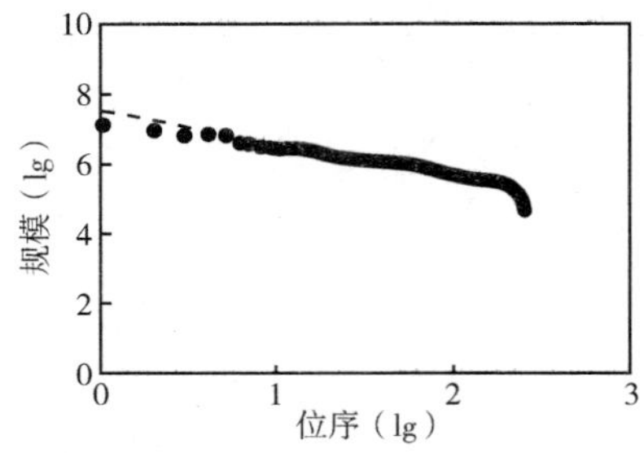

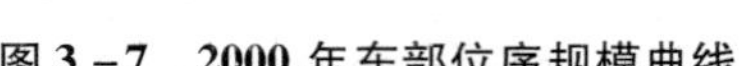
图 3－7　2000 年东部位序规模曲线

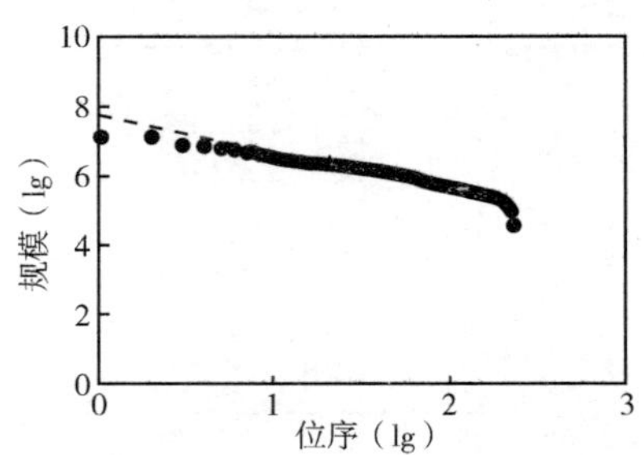

图 3－8　2010 年东部位序规模曲线

2000 年与 2010 年，中部地区城市数量没有发生变化，没有出现特大城市（见表 3－8）。2000 年，中部地区只有 1 个特大城市（武汉）和 28 个Ⅱ型大城市，没有Ⅰ型大城市；2010 年，武汉仍然是中部地区的特大城市，长沙、合肥、郑州、太原、南昌 5 个城市由Ⅱ型大城市发展成为Ⅰ型大城市。Ⅱ型大城市数量增加到了 52 个，同比增长 24 个，人口占比增长 16.03%。2000 年大城市、特大城市的城镇人口占中部区域总人口为 47.07%，而在 2010 年以上类型的城镇人口占比已经高达 73.19%，增长了 26.12%，由此可见特大城市和大城市是中部地区城镇人口集中的地区。2000～2010 年，中等城市明显减少了 16 个，城镇人口占区域占比也骤降 19.21%。Ⅰ型小城市的城市数量增加了 20 个，人口占比却小幅下降 1.15%。Ⅱ型小城市的城市数量则下降了 34 个，人口比重下降了 5.77%。

表 3－8 反映出 2000～2010 年中部地区规模大的城市类型有显著的发展，不仅仅是从城市数量增加较大，同时也迅速集聚了中部地区的城镇人口数量；反之中等城市和小城市的人口占比迅速下降，也反映出该类城市规模在缩小。

表 3－8　　2000 年与 2010 年中部地区城市规模对比

“五类七档”划分标准（万人）			2000 年		2010 年	
			数量（个）	占全国城镇人口比重（%）	数量（个）	占全国城镇人口比重（%）
超大城市		1000 >	0	0	0	0
特大城市		500～1000	1	6.70	1	4.85
大城市	Ⅰ型大城市	300～500	0	0	5	11.94
	Ⅱ型大城市	100～300	28	40.37	52	56.40

续表

“五类七档”划分标准（万人）			2000 年		2010 年	
			数量（个）	占全国城镇人口比重（%）	数量（个）	占全国城镇人口比重（%）
中等城市		50～100	41	31.29	25	12.08
小城市	Ⅰ型小城市	20～50	44	13.58	64	12.43
	Ⅱ型小城市	<20	58	8.06	24	2.29

注：各类城市人口比重之和与表 3－1 情况一致。

2000 年中国中部地区人口规模最大城市和第二位城市分别是武汉和太原（见表 3－9），城镇人口分别为 678.74 万人和 263.46 万人，城市首位度为 2.58，四城市指数为 0.88，十一城市指数为 0.69。2010 年人口规模最大城市仍然是武汉，但是第二位城市分别换成长沙，城镇人口分别为 754.15 万人和 417.78 万人，城市首位度 1.81，与 2000 年相比减少 0.77，说明中部地区第二位城市发展迅速，缩小了与首位城市（武汉）之间的距离；四城市指数 0.63，十一城市指数 0.48，与 2000 年相比分别减少 0.25 和 0.21。总的来说，10 年间中部地区前列城市的规模差距有明显的缩小，特别是长沙的城市规模排序从第四位上升到了第二位，人口规模增加了 172.05 万人，城市人口规模扩展明显。

表 3－9　　2000 年与 2010 年中部地区城市规模（首位度）对比

位序	2000 年城市规模		2010 年城市规模	
	城市	城镇人口（万人）	城市	城镇人口（万人）
1	武汉	678.74	武汉	754.15
2	太原	263.46	长沙	417.78
3	郑州	260.01	合肥	388.72
4	长沙	245.73	郑州	385.20
5	南昌	211.54	太原	332.18
6	合肥	196.40	南昌	331.32
7	洛阳	169.63	南阳	291.85
8	南阳	168.04	赣州	265.13
9	襄樊	156.42	洛阳	258.76
10	阜阳	154.85	上饶	246.55
11	常德	139.89	衡阳	237.17

图 3－9 描绘了 2000 年中部地区城市人口规模对数与城市位序对数呈现较为

明确的线性关系，拟合直线的方程是：

$$Y = -0.9283X + 7.2477 (R^2 = 0.8154) \tag{3-9}$$

结果显示 α<1，2000 年中部地区城市体系的集中程度比位序—规模模型的预期较低，前列城市在城市体系中的地位过高，需要发展后序城市人口规模。

图 3-10 描绘了 2010 年中部地区人口规模对数与位序对数的关系，拟合直线的方程是：

$$Y = -0.9693X + 7.4966 (R^2 = 0.8166) \tag{3-10}$$

结果显示 α<1，2010 年中部地区城市体系的集中程度比位序—规模模型的预期较低，前列城市在城市体系中的地位较高。

对比方程 9 与 10，结果显示 2000～2010 年中部地区的位序—规模回归的相关指数的绝对值明显小于全国平均值，说明前列城市在中部城市体系中占有重要的地位。同时与 2000 年相比，2010 年前列城市的城市规模发展明显，城市之间人口规模差距缩小，城市分布趋势向城市分区均匀发展。

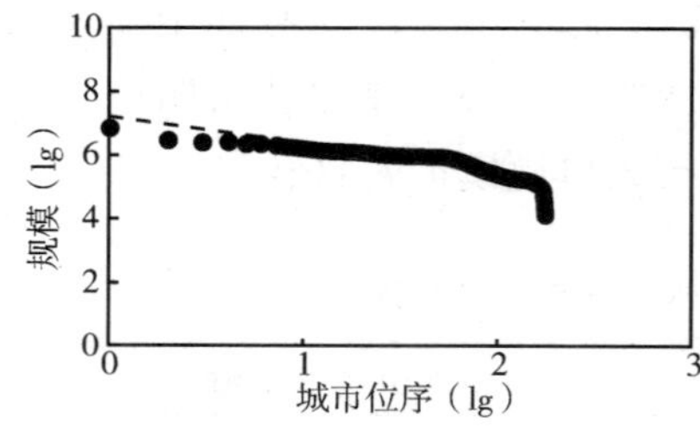

图 3-9　2000 年中部位序规模曲线

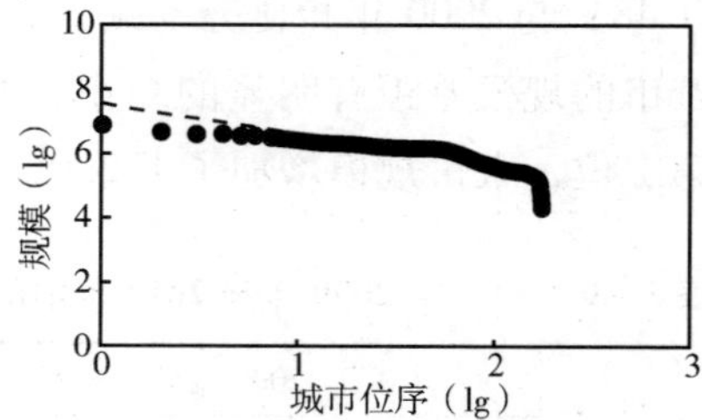

图 3-10　2010 年中部位序规模曲线

表 3-10 显示 2000～2010 年，西部地区城市总体数量减少了 16 个。具体来说，在 2000 年，西部地区拥有 2 个超大城市（重庆市、成都市），没有出现特大城市；有 21 座大城市，包括 1 个Ⅰ型大城市（西安市）和 20 个Ⅱ型大城市。到了 2010 年，西部地区出现了重庆这个超大城市，新增西安这个特大城市，超大城市和特大城市的人口占比也从原来的 13.62%，增长到了 19.7%，增长幅度达 6.08%。2010 年大城市的数量也增加到了 35 个，同比增加 14 个，人口占比增长 8.18%。2000～2010 年中等城市数量增长了 14 个，但是人口比重却只增长 1.27%，增长幅度与大城市、特大城市和超大城市相比明显较小。而小城市的城市数量下降 46 个，城镇人口占区域总人口的比重也下降了 15.53%。

总体来说，2000～2010 年西部地区的城市规模朝特大城市与大城市发展，人口也向大城市集聚，而中等城市与小城市的数量与比重同时减少，与中部地区情况很接近。

表 3-10　　2000 年与 2010 年西部地区城市规模对比

"五类七档"划分标准（万人）			2000 年		2010 年	
			数量（个）	占全国城镇人口比重（%）	数量（个）	占全国城镇人口比重（%）
超大城市		1000 >	0	0	1	10.25
特大城市		500～1000	2	13.62	2	9.45
大城市	Ⅰ型大城市	300～500	1	4.06	2	5.14
	Ⅱ型大城市	100～300	20	28.70	33	35.80
中等城市		50～100	30	20.13	44	21.40
小城市	Ⅰ型小城市	20～50	74	22.48	60	12.95
	Ⅱ型小城市	<20	102	11.01	70	5.01

注：各类城市人口比重之和与表 3-1 情况一致。

2000 年中国西部地区人口规模最大城市和第二位城市分别是重庆和成都（见表 3-11），城镇人口分别为 861.14 万人和 507.27 万人，首位度为 1.70，四城市指数为 0.71，十一城市指数为 0.72。2010 年中国西部地区人口规模最大城市和第二位城市仍然是重庆和成都，城市首位度为 1.85；四城市指数为 0.84，十一城市指数为 0.84；2010 的城市首位度指数与 2000 年分别相比分别上升 0.15、0.13 和 0.12。由此看出，10 年间西部地区首位城市的城市规模差距有明显增加，特别是重庆的城市人口规模扩展速度明显高于第二位的成都与其他城市，也说明首位城市的人口规模在 10 年间产生了明显的集聚效应。

表 3-11　　2000 年与 2010 年西部地区城市规模（首位度）对比

位序	2000 年城市规模		2010 年城市规模	
	城市	城镇人口（万人）	城市	城镇人口（万人）
1	重庆	861.14	重庆	1529.58
2	成都	507.27	成都	825.96
3	西安	408.47	西安	584.27
4	昆明	299.33	昆明	409.56
5	贵阳	208.04	南宁	357.83
6	兰州	207.09	乌鲁木齐	286.53

续表

位序	2000 年城市规模		2010 年城市规模	
	城市	城镇人口（万人）	城市	城镇人口（万人）
7	南宁	178.57	贵阳	276.53
8	乌鲁木齐	173.88	兰州	275.85
9	包头	154.90	柳州	216.68
10	绵阳	131.79	包头	210.67
11	遵义	130.99	南充	201.21

图 3－11 描述了 2000 年西部地区城市的人口规模对数与位序对数的关系，拟合直线的方程是：

$$Y = -1.0432X + 7.3836(R^2 = 0.8609) \quad (3-11)$$

结果显示 $\alpha > 1$，说明 2000 年西部地区城市体系的集中程度比位序—规模模型的预期较高，说明前列城市规模发展较好，与后序城市规模之间差距较大。

图 3－12 描绘了 2010 年西部地区城市人口规模对数与位序对数的关系，拟合直线的方程是：

$$Y = -1.1243X + 7.6726(R^2 = 0.8656) \quad (3-12)$$

结果显示 $\alpha > 1$，2010 年中部地区城市体系的集中程度比位序—规模模型预期高，结果与 2000 年相似，前列城市发展更加迅速。

对比方程 11 和 12 发现，2000～2010 年间西部地区城市间的差距明显增加，即 2010 年的回归的相关指数的绝对值 1.1243 明显大于 2000 年的 1.0432；说明各个位序的城市与首位城市之间的差距正在增加，城市人口规模差距变大，城市分布更不平均。更加表明了虽然重庆与成都已经成为城市人口规模较大的城市，但是总体大城市的数量并不多，其相对于西部地区的人口而言还不够。

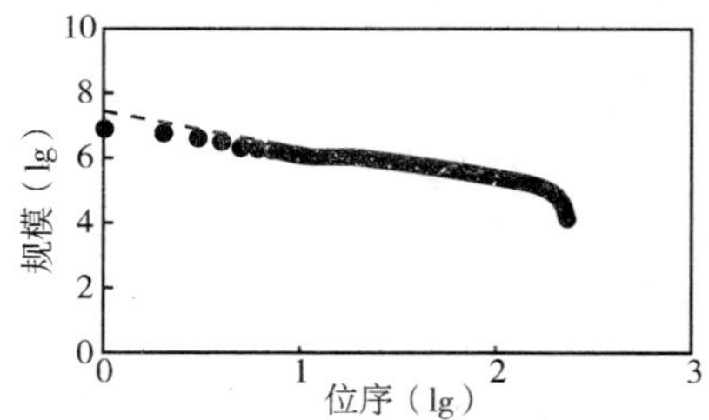

图 3－11　2000 年西部位序规模曲线

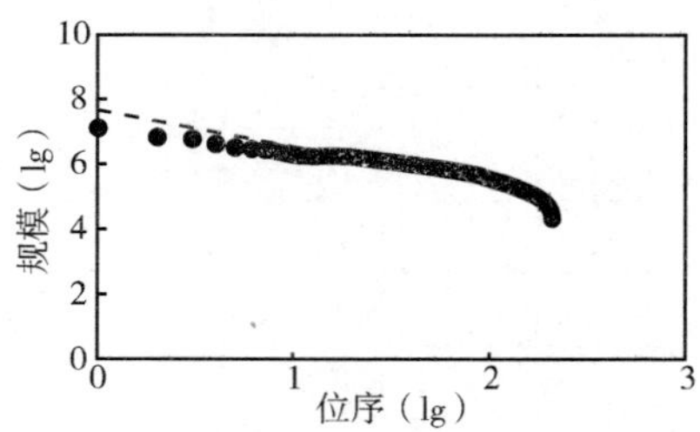

图 3－12　2010 年西部位序规模曲线

五、我国城市规模未来展望

我国城市规模的发展不仅受到了国家层面的五年计划直接影响，受到了行政等级划分所导致的资源利益分配不均衡，受到了土地制度、住房体系以及户籍管理制度的制约，同时随着改革开放的深入，市场化的力量增强，人口的自由和迁移，生产要素流动性的加强，城市在集聚效应和扩散效应的双重作用下，我国城市规模也在不断地变化发展中。

从 2000 ~ 2010 年全国的城市规模的变化情况来看，全国城镇人口向城市规模大的类型（即大城市、特大城市和超大城市三类）集聚，有力地说明了城市规模大的城市仍然产生着强大的集聚功能效应。这不仅是这类城市对其周边地区的人口吸引，同时也会吸收规模等级较小的城市人口，从而使得规模较小的城市逐渐在减少，而规模较大的城市增加，这将是可能是我国未来城市化发展的总体趋势。

针对我国四大板块而言，东北地区、东部地区、中部地区和西部地区的城市体系的规模结构演化较为一致，都经历了一个向规模大的城市发展，小规模城市减少的整体趋势。但是由于四大板块受到的各种因素制约不同，城市规模发展的方式也不尽相同。首先，东北地区城市体系整体发展较好，城市首位度在缩小，人口向大城市与超大城市集中。其次，东部地区城市体系发展变化较快，城镇人口规模增长主要集中在规模较大的城市，特别是在 2010 年东部地区达到了 4 个超大城市（上海、北京、重庆与广州），这些超大城市既有享受国家政策的倾斜与行政等级高的所带来的红利，同时也占据区位优势发挥集聚效应；同时小城市数量迅速的减少，人口占比下降。中部地区城市体系整体发展较慢，没有出现超大城市，特大城市也较少；首位城市规模增长并不迅速，但是第二位的城市的增长速度较快，小城市数量也在减少。西部地区城市体系的首位城市的城市规模发展明显，在城市体系中起主导作用。

我国未来的城市规模体系的发展将表现出以下三个主要特征。第一，中国的城市化具有巨大的潜力，城镇人口流向规模大的城市，城镇人口的增长将成为经济增长的重要推动力。第二，四大板块中规模大的城市发展空间潜力大，首位城市的集聚效应明显，是推动区域城市化的重要力量。第三，未来我国小城市的城市数量与城市人口比重呈现下降趋势，城市化的影响力在下降。

第三节　城市布局

研究城市体系、城市网络对城市布局具有重要意义。城市体系是一个国家或地区中不同类型和规模的城市空间分布结构，是经济和社会发展中的重要因素。城市规模分布理论中阐述的城市之间关系是相互竞争关系和等级关系，而实际上城市间更重要的是存在合作和互补关系，意味着所有城市都在一个紧密联结的网络中，城市体系中的每个城市都是一个网络结点，由经济活动的空间集聚和扩散所形成，城市布局已经受到了城市网络的直接影响。

城市网络研究已经从研究各个城市的属性转向研究全球视角下的城市网络。世界城市体系研究逐渐地吸引了学术界的兴趣，目前主要通过测度航空流、互联网基础设施分布、先进生产服务业跨国企业的空间分布和全球扩张来研究世界城市体系的组织变化。为了克服传统城市体系中缺乏城市间关系研究的缺点，目前世界城市网络研究已经发生了较大的转变，从单独研究城市属性向城市间相互关系研究转变，从研究城市体系到城市网络转变，从研究闭合的城市体系向开放的城市体系转变，从使用统计方法向网络分析方法转变。

本节主要从三个部分对我国的城市网络布局进行分析：第一，介绍影响城市布局的相关理论；第二，研究交通运输网络，包括公路、铁路（含高铁）、航空三种主要的交通网络对我国城市布局的影响；第三，根据我国的城市化战略格局（“两横三纵”），提出相关的建议。

一、城市布局的相关理论

城市网络中的“流动空间”理论与“中心流”理论，对城市网络研究提供了理论依据。

Castells（1996）提出的“流动空间”理论指出全球化实现物质的全球流动，信息技术以及互联网为空间的流动，推动了世界城市网络研究方法。世界城市网络的研究方法可以划分为以下三个层次：在第一层次上，交通和通信基础设施网络构成了世界城市网络的物质基础，这与城市间相互联系直接相关，因此航空流和互联网信息流主要用来分析城市间的联系强度和空间模式；在第二层次上，世界城市被定义为网络社会中的中心和结点，世界城市网络仅由城市间企业内相互联系来测度，这里的企业多具有世界影响力；在第三层次上，由信息精英的空间呈现形式构成了流动空间的另一个基本维度。因此，世界城市网络的空间特征可以通过跨国企业精英的空间流动数据（主要通过企业访谈方法）来测度。从世界城市系统来看，世界城市作为“流动空间的节点和枢纽”而存在。Castells 认为世界城市不是一个地点的概念，而是一种联系过程，世界城市是“在全球网络中作为一种高级服务生产和消费连接过程的中心”。Castells 构建了基于关系连接的世界城市研究框架，为全球化与世界城市研究中心的世界城市网络研究提供了理论基础，全球化与世界城市研究中心对世界城市体系中的关系数据进行了收集工作并且进行了系统分析，促进了世界城市网络系统的深入研究。世界城市由交通网络和在不同层次上提供纵向和横向联系的服务网络所联结起来。世界城市网络的实证研究主要包括基础设施网络和经济（或跨国企业）网络两部分。基础设施网络研究主要关注交通网络，包括了航空运输网络、铁路网络和道路网络，用交通流数据来刻画；经济网络研究则主要分析城市间的经济联系，由各种经济模型和相关指标来描述。

中心流理论（central flow theory）主要阐述的城市与城市之间的相互关系，各种流（劳动力、商品与知识）是如何影响城市的发展。传统意义上，中心地理论一直是理解城市与城市外部关系的重要理论。随着全球化进程的加速，在当代城市关系的研究中，中心流理论作为一种对城市网络的研究成为新城市研究方向，从而丰富了“流空间”的研究。Taylor 等学者（2010）提出城市外部关系的主要是两个通用过程：城镇性（town-ness）与城市性（city-ness）。具体来说，城镇性是指“本地”城市与其腹地之间关系的产物，中心地理论通过一个连锁的层次模型来描述城镇性；城市性是“非本地”城市与城市之间的关系，中心流理论通过互锁网络模型（Interlocking Model）来描述城市性。城市性包含一个城市间过程，一个链接不同城市地区形成城市之间网络的过程。城市性作为城市的一个通用特征，因其固有的复杂性而与城镇性不同。由城镇性的进程支配的城市地区可能通过增强城市性过程而迅速改变，它的经济将从简单的、本地的（基于腹地）变为与重要的、非本地的（基于全球）城市联结而成的复杂形态。由于城市性，更大的城市地区成为经济扩张的中心。由此，城市开始进行组合，并按照秩序而生成城市网络。在中心地理论中，位置的中心性是正式构建地方空间的基本建筑模块。与之相比，在中心流理论中，位置的中心性作为产生网络的基本建筑模块，在流动中达到中心阶段——它是被正式构造的流动空间。简而言之，在中心流理论中，各种流不仅融合了城市与腹地的紧密关系，同时城市与城市之间的流动，形成了紧密的网络关系，从而不断改变城市的规模，影响着城市的布局。

二、交通网络与城市布局

网络由点图层和交织成网的线图层两个层面的要素组成，交通网就是由交通站点和交通线两个层组成。在交通网络中，节点之间不会相互独立，而是彼此之间通过交通线连接起来。当结点连接后，城市之间就会相互影响。通过对我国的高速公路网络、铁路网络与航空网络的研究，总结交通网络对城市布局的影响以及发展交通网络的意义。

公路交通是城市产生和生长所需物质和能量的基本通道，是发挥城市集聚和辐射作用的桥梁纽带。特别是高速公路对城市布局与区域经济发展有显著影响，它极大地改变了人们的时空观念和行为模式，提高了沿线城镇经济总体水平，改善了交通状况，促进了城市之间、城乡之间的物流、人流、信息流的增长，进而带动了区域和城市经济的发展，对城市的结构演化也产生着深刻的影响。高速公路对城市群的发展起到了至关重要的推动作用。高速公路的发展使城市与城市、城市与农村的经济联系和商品流通越来越密切，先进的科学技术、科学的生产经营管理方式、新的生活方式等通过高速公路不断地向沿线城镇和乡村渗透，从而有利于大城市市场区域的扩展，直接扩大了城市规模，加速了城市与城市之间的各类生产要素交流，从而形成紧密的区域性的城市网络体系，推动了城市群的出现（王成新等，2011）。

我国建设高速公路对城市发展的意义在于：（1）高速公路使城市间引力度与城市经济发展呈正相关上升趋势。高速公路的开通缩短了城市间的时间距离，提高了通达性，也促进了城市间的商品流通，从而带动区域内城市的经济发展。（2）高速公路的发展不同程度地影响了城市的等级规模和其产业结构。且对中心城市和次中心城市的二、三产业影响显著不同，例如，第三产业在中心城市迅速上升，第二产业在次中心城市上升较快。（3）高速公路加速了城市化进程和城市群的出现与发展。高速公路开通使人口的移动受交通因素的影响减小，提高城市间通达性，使农村与城镇人口向城市集聚，改变了人口的空间分布和城乡差别，使劳动力从农村流向城镇，并从第一产业转向第二、第三产业。这种流动优化了高速公路沿线的产业结构，极大地促进了高速沿线地区的城市化水平和城市化进程。（4）高速公路对城市群结构演化也有日益深刻的影响。高速公路促使城市群体系结构不断演化，带来城市规模结构的快速变化，并促使产生了新的城市空间扩张模式——合并重组。依托高速公路形成的城市群职能结构转化的快速通道，各个城市的资金流、物质流、人流联系日益加强，城市群逐步成为一个有机整体。

铁路运输是承载我国物流、人流的主要交通方式。截至2015年底，全国铁路营业总里程达12.1万公里，规模居世界第二；其中高速铁路1.9万公里，位居世界第一，以高速铁路为骨架、以城际铁路为补充的快速客运网络初步建成。全国铁路横跨东西、纵贯南北的大能力通道逐步形成，物流设施同步完善，逐步实现了物流运输直达化、快捷化、重载化。

特别是，高铁从2008年以来的迅猛发展，取得了举世瞩目的成就（见表3-12）。其中，2008年到2015年，高铁占铁路运营比重从0.84%上升到10.69%；客运量增长52228万人次，2013年占铁路客运量比重达到了25.1%，相比2008年增加了24.6%；由此可见，高铁已经成为我国铁路运输乃至全国交通运输的重要组成部分，并且逐渐发挥着重要的空间效应。

表3-12　　2008~2013年我国高铁运输信息表

年份	营业里程（公里）	占铁路营业里程比重（%）	客运量（万人）	占铁路客运量比重（%）	旅客周转量（亿人公里）	占铁路客运周转量比重（%）
2008	671.5	0.84	734	0.5	15.6	0.2
2009	2698.7	3.16	4651	3.1	162.2	2.1
2010	5133.4	5.63	13323	8	463.2	5.3
2011	6601	7.08	28552	15.8	1058.4	11
2012	9356	9.58	38815	20.5	1446.1	14.7
2013	11028	10.69	52962	25.1	2141.1	20.2

资料来源：《中国交通运输统计年鉴（2015）》。

王垚和年猛（2014）研究指出高速铁路的城市空间效应，主要基于以下两个方面：一方面，基于高速铁路网络形成的“走廊”空间效应。铁路将地理空间上相互分割的城市个体联结起来形成的新的城市带（或城市走廊）和经济区，并促进该区域内部的经济一体化。由于“走廊”内部经济高度一体化，每个经济体面临更大的劳动力市场和市场份额，从而为每个城市带来经济增长的机遇。此外，高铁网络具有优化空间结构的功能，为区域内城市尤其是中等城市产业（尤其是面对面交流的服务业）的发展提供新的机遇，引致城市间物流、贸易的发展，形成具有独特功能、相互连接的城市网络结构。通过高速铁路来连接经济发达与人口密集的城市或地区，是促进地区经济、社会、文化统一发展的重要手段，如日本的“新干线”连接了经济最发达和人口最密集的东京、大阪等城市；以及法国的TGV连接了全国第一大城市巴黎和第二大城市里昂。另一方面，是基于高铁站形成的节点空间聚集效应。高铁站的城市作用与其自身的“双重身份”相关，即运输节点和空间载体。高铁站可以成为一个城市对外开放的“大门”，促进城市内部高铁站地区与其他地区的一体化以及连接高铁城市之间的一体化。此外，高速铁路会提升或强化原有城市的区位优势，从而吸引各种经济要素的聚集。因而，在高铁路沿线的“节点”处会给已有的城市带来新的发展机遇，同时也会促进一些新的城市形成。例如，日本“新干线”运营后，与1960年相比，1985年设高铁站点城市的人口增长速度比没有设站点的城市高出22%；一些产业，如批发、零售、工业及建筑业的增长比没有设站点的城市高出约16%～34%。中国高铁倾向于选择人口规模水平较高的城市进行建设，这可能是由于人口规模较大的城市经济发展水平也相对较高具有较强的财政“配套”能力和更有利于发挥高铁对城市之间人口的流动效应。

随着中国城市（尤其是一些部沿海发达城市）产业结构越来越向以服务业为主进行转变，高铁对城市规模扩张的积极作用也会进一步发挥，因此提出以下两点关键建议。首先，高速铁路对城市功能存在空间溢出效应。为进一步发挥高铁对城市规模扩张的积极作用，需要通过显著提高城市服务业的比重来进一步发挥高铁的城市功能。其次，由于高铁具有耗资巨大、投资回收期长等特点，对于一些不具备经济规模和人口规模优势来建设高铁的城市（尤其是中小城市）来说，高铁的投资可能会增加了地方政府错失发展其他产业的机会成本、透支了该城市未来发展的潜力。因此，建设高速铁路需要把上多个城市连接到一起，建立起效率更高的城市网络，提升沿线每个城市的整体经济，建设多层次的城市体系。

机场布局是民航发展规划的重要基础，布局规划不仅需要考虑经济、社会、政治等因素，还需从国家或区域尺度的机场体系对各机场进行系统定位（王姣娥，莫辉辉，2011）。美欧等发达国家民航机场体系较为完善，规划着力于基于运输需求的技术改造，相关学术研究多关注枢纽机场布局规划。相比而言，中国民航机场发展较为缓慢，加之严格的行业管理，规划重心倾向于技术设计，该领域的研究与实践直到21世纪以来才有较大进展。早期机场布局理论主要依据于影响因素分析与设计，如GDP、人口等，其后逐渐由单因素分析向多因素决策转向。近期，国内学者开始从系统学的视角出发，基于GIS技术构建机场布局的多目标优化模型（康停军等，2012）。与此同时，民航发展网络化、信息化、国际化等趋势成为各国乃至全球共同关注的重点主题，国际空港的区位分析及规划布局问题备受关注，与多机场区域交织成为国内外研究的热点命题。

研究航空网络采用数据来自《中国交通运输统计年鉴2013》，所选的研究对象为通航的地级市，利用社会网络分析法，对航空网络的中心性进行度量，分析我国通航城市的社会网络中心性与相互之间的关系，排名前5位的城市依次是：北京、上海、广州、深圳和成都。结果说明在全国航空运输活动中，这些城市比其他城市的联系更为紧密，在航空运输体系中所处的位置十分重要。全国主要城市划分为全国性航空中心城市（北京、上海、广州、深圳、成都）、13个区域性航空中心及主要航空节点城市（昆明、重庆、厦门、西安、杭州、三亚、海口、南京、乌鲁木齐、沈阳、哈尔滨、大连和青岛共13市）、其余34个城市则为省域航空中心及重要航空节点城市，其中包括各省省会，旅游城市（如桂林、丽江、张家界）和沿海开放城市（如福州、泉州、珠海）。全国性航空中心城市和区域性航空中心城市作为中国航空网络体系中的主要城市，几乎全面覆盖了全国各大区域：华东地区—上海、厦门、杭州、南京和青岛，华南地区—广州、深圳、三亚和海口，华北地区—北京，西北地区—西安和乌鲁木齐，西南地区—成都、昆明和重庆，东北地区—沈阳、哈尔滨和大连。

全国性航空中心城市（北京、上海、广州、深圳、成都）出发的旅客数量是最多的，且这些中心之间的联系是最紧密的，因五个全国性航空中心与各区域性航空中心城市之间的联系，从而形成全国航空网络最基本的菱形骨架（以北部的北京、东部的上海、南部的广州—深圳、西部的成都—昆明—重庆为4个顶点），菱形骨架的4条边和对角线都是中国最为重要的航线。可以看出各个城市的影响范围（航空客运量大于100万人次的航空流），北京作为首都，影响范围最广，覆盖了华北、华东和西部地区，上海次之，影响涵盖了整个东部沿海地区，广州—深圳则影响华南和西南地区，位于西部的成都—昆明—重庆将西部地区和东部地区有效地连接起来。在52个主要城市中，东部城市所占比例较高，东部城市间的航空流也较密集。因此，东部城市之间的航空联系较之中西部城市要更紧密，也反映出了东部地区的经济活跃程度要高于中部与西部地区。

我国建设航空网络对城市发展的意义在于：（1）汇集国内外临空产业的要求，促进城市配套设施的建设。（2）有利于引进国内外高端人才，为城市居民提供方便快捷的出行方式。（3）有利于跟踪世界高端产业发展趋势，吸引优质产业。(4) 有利于促进城市间的交流。

三、我国城市布局的建议

我国城市布局首先遵循我国的“两横三纵”城市化战略格局，加强交通网络的构建，优化城市分工，构建城市体系，加速升级城市群，形成合理的城市布局。

在《全国主体功能区规划》确定的城市化地区，按照统筹规划、合理布局、分工协作、以大带小的原则，发展集聚效率高、辐射作用大、城镇体系优、功能互补强的城市群，使之成为支撑全国经济增长、促进区域协调发展、参与国际竞争合作的重要平台。构建以陆桥通道、沿长江通道为两条横轴，以沿海、京哈京广、包昆通道为三条纵轴，以轴线上城市群和节点城市为依托、其他城市化地区为重要组成部分，大中小城市和小城镇协调发展的“两横三纵”城市化战略格局。我国未来城市化的主体方向需要按照“两横三纵”城市化的格局下进行，加强城市与城市之间的分工合作和相互交流，促进城市合理布局。

加强我国的交通网络建设是对我国城市布局产生直接影响。首先，高速公路建设对城市与城市之间的交流产生重要影响，也是构建城市群的重要手段。在我国大力发展城市群来带动城市化的同时，需要加强城市群内部城市之间的高速网络建设，加速城市与城市之间的人、物、信息的交流。其次，我国迅速发展的高铁是连接我国各个省份、区域的重要支撑，高铁网络的形成促进了经济发达及人口密集城市的相互联系，加强了城市与城市之间、区域与区域之间的交往，有利于形成合理的城市分工体系。最后，我国已形成以北京、上海、广州、成都为中心的菱形城市网络基本骨架，城市间的空间联系呈现出由中心城市往外依次递减的空间圈层结构，航空交通网络在一定程度上有助于推进区域均衡发展，重要的是促进东部沿海经济发达地区与中西部地区的交流，以重要的区域中心城市为龙头，推动各个区域之间的均衡发展。

基于以上对全球城市发展趋势、我国城市规模与城市布局三个方面的分析，本章有三点总结：第一，城市在城市化的进程中，通过集聚与扩散的作用，具有区位优势的城市将会成为区域中心城市甚至全球城市，对国家经济发展起引领作用；第二，我国城市规模分布呈现出规模大的城市快速发展，小城市数量急剧减少的趋势；第三，交通网络对我国城市布局起关键作用，对打造城市群，优化城市分工产生深远影响。

（执笔人：孟延春、谷　浩）

本章参考文献

① 蔡昉著．2000. 中国流动人口问题．河南人民出版社．

② 蔡昉，都阳．2003. 转型中的中国城市发展——城市级层结构、融资能力与迁移政策．经济研究，(6)：64－71.

③ 蔡昉，都阳，王美艳等著．2005. 中国劳动力的转型与发育．商务印书馆．

④ 德鹏著．2002. 城乡社会：从隔离走向开放．山东人民出版社．

⑤ 方创琳．2014. 中国城市发展方针的演变调整与城市规模新格局．地理研究，33 (4)：674－686.

⑥ 康停军，张新长，赵元，等．2012. 基于GIS和多智能体的城市人口分布模拟．中山大学学报：自然科学版，51 (3)：135－142.

⑦ 苗建军著．2004. 城市发展路径．南京：东南大学出版社．

⑧ 陶松龄，甄富春．2002. 长江三角洲城镇空间演化与上海大都市增长．城市规划，(2)：43－48.

⑨ 王成新，王格芳，刘瑞超，王明苹，李新华，姚士谋．2011. 高速公路对城市群结构演变的影响研究——以山东半岛城市群为例．地理科学，31 (1)，61－67.

⑩ 王姣娥，莫辉辉．2011. 航空运输地理学研究进展与展望．地理科学进展，30 (6)，670－680.

⑪ 王垚，年猛．2014. 高速铁路与城市规模扩张——基于中国的实证研究．财经科学，(10)：113－122.

⑫ 王垚，年猛．2015. 政府“偏爱”与城市发展：以中国为例．财贸经济，(5)：147－161.

⑬ 魏后凯等著．2014. 中国城市化：和谐与繁荣之路．社会科学文献出版社．

⑭ 杨开忠，陈良文．2008. 中国区域城市体系演化实证研究．城市科学，(3)：6－12.

⑮ 叶裕民．2001. 中国城市化之路．商务印书馆．

⑯ 张车伟，王智勇，等．2015. 中国人口合理分布研究—人口空间分布与区域协调发展．中国社会科学出版社．

⑰ 张庭伟．2001. 1990年代中国城市空间结构的变化及其动力机制．城市规划，(7)：7－14.

⑱ 周一星．2003. 城市地理学．商务印书馆．

⑲ 周一星．1992. 论中国城市发展的规模政策．管理世界，(6)：160－165.

⑳ Barabasi A L, Albert R. 1999. Emergence of scaling in random networks. Science, 286 (5439)：509－512.

㉑ Castells M. 1996. The rise of the network society. Vol. 1 of the information age：Economy, society and culture. Massachusetts and Oxford：Blackwell.

㉒ Demographia：Demographia World Urban Areas 12th Annual Edition：2016：04：http：//www.demographia.com/db-worldua.pdf.

㉓ Globalization and World Cities http：//www.lboro.ac.uk/gawc/.

㉔ Taylor，P. J.，Hoyler，M. & Verbruggen，R. 2010. External Urban Relational Process：Introducing Central Flow Theory to Complement Central Place Theory. *Urban Studies*，47（13）：2803－2818.

第四章　城市化与制造业发展

从世界城市化发展历程看，城市化是产业结构演进的结果。城市化本身是一个经济发展过程，现代城市化是工业化的产物，是三次产业不断演进的结果，三次产业依次增长的演进过程引致、影响、推动了城市化的发展。其中，农业和农村经济发展是城市化的第一推力，工业化的扩张是城市化的主要拉力，第三产业和新兴产业是城市化的后发动力。贝洛克（1991）认为经济因素是所有影响城市产生和发展的因素中最重要的因素。根据库兹尼茨和钱纳里的研究，随着经济发展水平不断提高，社会经济结构将会发生很大的变化，首先，经济结构从以农业为主向第二、第三产业为主转化，农业在三次产业结构中的份额不断下降，第二、第三产业结构所占份额不断上升；其次，人口从农村不断向城市转移，人口就业结构从以农业为主转变为以第二、第三产业就业为主的结构。随着经济的发展，聚集经济和规模经济效应使得工业化发展纵深化，引起人口和其他经济要素聚集于城市，从而推动城市化水平不断提高。本章内容将聚焦中国制造业的城市空间布局及其演变，城市产业多样化与专业化发展选择，并为中国城市可持续发展提供产业发展政策建议。

第一节　中国制造业城市分布及演变

在人类追求现代化的过程中，工业特别是制造业一直是国民经济的支柱产业。制造业水平是衡量一个国家综合实力的重要标志，也决定了一国长期竞争优势。我国已成为世界第一制造大国，从促进城市可持续发展的角度来看，我国面临的主要问题是加快城市制造业转型升级与优化空间布局。本节将制造业划分为劳动密集型制造业、技术密集型制造业和资源密集型制造业，分析我国制造业的城市分布及其演变。

一、文献综述

（一）国外研究综述

创建现代工业区位理论基础的是德国经济学家韦伯（Alfred Weber），他在1909年完成的专著《工业区位论》中系统阐述了工业区位理论，主要从降低生产成本的角度阐述了产业布局的最优区位。他将影响工业区位的因素分为两类：一类是影响工业分布于各个区域的“区域性因素”，另一类是在工业区域分布中，把工业集中于某地而不是其他地方的“集聚因素”。他认为，在众多影响工业产品成本的元素中，运输成本和劳动力成本是“随生产地的区位变化而变化”的因素，当一个地区因生产集聚所节省的成本大于因区位变化引起的劳动力成本和运输成本的增加，那么生产地点的调整是合理的。韦伯的理论至今仍为区域科学和工业布局的基本理论，但在实际应用中有很大局限性。

而以奥古斯特·勒施（August Losch，1940）为代表的市场学派，则强调在对产业进行布局时应考虑市场因素，把生产区位和市场结合在一起综合考虑，最好把企业布局在利润最大的区域。与韦伯的工业区位理论不同的是，勒施的理论把每个企业放入大量存在的企业体系中去考察。勒施主张的市场区位理论和韦伯主张的工业区位理论分别从市场和成本的角度回答了“产业转移到何地”的问题。

哈佛大学商学院教授雷蒙德·弗农（Raymond Vernon，1966）在《产品周期中的国际投资与国际贸易》一文中将企业产品作为分析的切入点，提出了产品生命周期理论，以产品生命周期的变化来解释产业国际转移现象。他认为产品和生物一样具有生命周期，从而将产品的生命周期划分为创新、成熟和标准化三个时期，产品的特性会随着产品生命周期的变换而发生变化，而产业是生产具有同类产品的企业的集合，所以产业也有一个产生、发展、成熟和衰退的过程，当经济先发展的国家或地区的某一产业进入成熟阶段以后，这一部门发展趋势是衰退或停滞，为保持其利益最大化，必须将这些产业向后发展国家或地区转移，而后发展地区则往往由于技术保密的解除以及生产技术的成熟而开始发展这些部门。弗农的观点主要是对美国的跨国公司20世纪60年代前后对外投资活动的总结，它在一定程度上解释了跨国公司对外进行产业转移选择的原因，认为某一产品成长到其生命周期的成熟或标准化阶段时就可以或应该向外进行转移，使该产品的生命周期得到最大限度的延长。尽管仍以各国要素享赋差异的存在为前提，但见解独特，立足于发达国家，以产品为落脚点，揭示了随产品技术含量的变化而出现的生产区域转移规律，为梯度转移理论奠定了基础。

之后发展起来的梯度转移理论，即源于弗农提出的产品生命周期理论。该理论的核心思想是认为国家与国家或者地区与地区之间存在着产业发展水平、要素禀赋结构或技术先进程度等方面的梯度差异，产业发展会遵循先在高梯度地区进行发展、达到一定程度后再逐次转移到较低梯度和更低梯度地区去的内在规律。梯度转移理论认为，之所以形成不同的经济梯度，主要是由区域间经济发展水平的差异造成，而由当地经济发展部门主导产业的发展情况所决定的产业内部结构状况则是决定区域间经济梯度的重要因素。所谓的高梯度区域是指具有发展潜力的区域，即该区域主导产业部门多数是由处于创新阶段的部门所构成的。该理论还认为，高梯度地区往往会发生创新活动，这些创新活动包括新的产品或技术、新的组织方法或生产管理以及新型的产业部门等。创新活动对区域发展梯度层次形成有至关重要的影响。通过多层次的城市产业结构的拓展，产业结构梯度转移也随之由高梯度区域逐渐向较低梯度区域进行。由于梯度转移理论主要建立在客观存在的地区经济二元结构基础之上，并且区域梯度的划分也难以做到科学合理，在实践应用中存在较大困难。

目前关于产业区位、地理集聚方面，主要被接受和认可的理论有：

（1）传统的资源禀赋论：强调自然资源、劳动力、技术等外生资源禀赋对产业区位的影响；

（2）新贸易理论：引入规模报酬递增、不完全竞争市场、产品差异化等因素，认为规模经济和市场规模效应导致产业地理集中；

（3）新经济地理模型：将产业区位完全内生化，强调交通成本与规模经济的相互作用，认为运输成本和规模经济的权衡是产业集聚的根本原因。新经济地理模型强调某些纯经济地理因素导致了初始的产业集聚，然后通过新经济地理因素进一步强化这种集聚。

（二）国内研究综述

在劳动密集型产业空间分布研究方面，陆发安（2006）在分析我国东西部劳动密集型产业转移的过程中，提出了东西部省区间劳动密集型产业转移进程缓慢、土地和劳动力等要素成本大幅上升是劳动密集型产业转移的主因等观点。许经勇（2008）认为劳动密集型产业对我国工业化的迅速发展的贡献不可小视，但属低附加值、低劳动生产率、资源消耗型的产业，是不可能永远发展下去的，终究要出现资源供给的“瓶颈”，这一论断表明了我国劳动密集型产业的国际竞争力并不强，在促进其合理布局的基础上要提高其竞争力。陈丹虹（2008）对珠三角地区劳动密集型产业转移做了研究，认为广东省应培育两至三个规模大、标准高、产业集群化的现代工业园区，以推动全省产业转移园区的规划和建设；同时，加强产业引导，应由政府、企业、行业协会等多方配合促进产业集群转移。周江洪、陈翥（2009）则认为，促进产业跨区域转移的总体思路是在减少阻碍产业转移的障碍的同时，增强产业转移方转出产业的动力。魏博通（2009）利用泰尔指数及其分解法分析了1980～2004年我国制造业的空间分布及变动状况，并对制造业空间分布的贡献度作了分析。他指出，改革以来除少数产业地理集中度出现了下降外，大部分产业出现了上升，上升幅度较大的是劳动密集型产业和高技术产业。黄艳等（2009），采用2003～2007年价格的工业总产值指标，计算了我国典型劳动密集型产业这几年的区位基尼系数，并得出了以下结论：经过改革开放以来的高速发展，劳动密集型产业在我国的集聚程度较高，但是绝大部分已开始出现向次发展地区扩散的现象。为了进一步了解产业扩散的趋势和动向，该文还计算了各省市各行业的工业总产值占全国该行业工业总产值的比例，并计算了2007年和2003年的比例差值，列出了2003年和2007年各行业产值占全国前四位的省市以及各省市所占百分比份额，分析得出：我国劳动密集型产业大都聚集在广东、江苏、上海以及浙江等这些东部发达地区，其产值占全国总产值的份额相对较大。而近年来，这些产业的分布局势发生了很大的转移扩散，这种转移扩散大致可分为两个方面，其一是各产业在各经济发达地区之间的转移，实现了产业的重新分配；其二是产业在各发达地区之间重新分配的同时，也都发生了向次发达地区转移扩散的趋势，而寻找新的低成本资源地（原材料资源或是劳动力资源）是推动这种转移最主要的因素之一。李燕、贺灿飞（2010）等人利用1980～2007年数据，通过计算基尼系数、省区区位商，研究了劳动密集型产业的地理集中程度与专业化水平的变化趋势，探讨了改革开放以来我国劳动密集型产业分布格局的变化。其分析发现，自改革开放后，我国劳动密集型产业的集中程度呈持续上升的趋势，随着经济全球化进程的进一步深入，其地理集中程度更是显著加速。市场、政策和全球化的力量强化了沿海地区的区位优势，导致劳动密集型产业的进一步集中；全球化的扩展使得外商投资和出口逐渐呈现北移的趋势；随着东部劳动力成本提高的压力逐渐加强以及中部地区交通便利的优势不断凸显，劳动密集型产业呈现向邻近中部地区转移的趋势。张伟轩（2011）以珠三角地区为代表，对劳动密集型产业的转移路径进行了分析和研究。他在对国内外产业转移的相关理论进行整理和归纳的基础之上，进一步分析劳动密集型产业转移的动因，并且以产业布局区位理论和修正的雁阵模型理论为支撑，对劳动密集型产业转移路径的机理作了分析。在他的研究中，还从劳动密集型企业生产函数入手、以两地区的效用函数作为核心，以此得到了劳动密集型产业转移的计量模型，进行了计量分析，最终得到适合珠三角地区进行劳动密集型产业转移的省份并就如何促进劳动密集型产业的转移提出了对策和建议。陈景新等（2014）在新经济地理学框架下，首次将脱钩理论应用到区域产业转移的定量研究中，采用弹性分析法构建了产业动态脱钩指数，提出了区域产业集聚和扩散的判断标准。并以四大经济发展区域为空间尺度．对 1993 ~2011 年我国三个典型的劳动密集型产业集聚与扩散的动态进行了实证研究。其研究发现：1993 ~2011 年间，典型劳动密集型产业在我国四大区域发展中存在明显的产业集聚和产业扩散现象。其中，在 1993 ~2005 年向东部地区集聚趋势明显；在 2006 ~2011 年从东部地区向外扩散，向中、西、东北地区集聚趋势明显；2005 年成为我国典型劳动密集型产业集聚与扩散的分水岭。

在资源型产业方面，资源型产业集群的研究吸引了相当多学者的关注。杨伟民、秦志宏（2005）的研究认为，资源型产业集群是相对于劳动密集、资金密集、技术密集、知识密集型等“落脚自由产业”而来的，是立足自然资源优势、依赖自然资源消耗来实现产业成长，以自然资源开发和加工产业为主导的，由众多相互联系的企业或机构在一定的地理空间范围内聚集而形成的经济群落。赵海东（2006，2007）对资源型产业集群的概念界定，在强调资源的地区集聚，根植独占，以自然资源的开采、加工和消耗实现成长的产业特征外，还特别强调了资源型产业集群不仅是企业集聚生产的概念，同时还是通过深度专业化分工，形成完整价值链条、健全产业支撑体系，带动区域经济协调发展的产业组织形式。彭长生和孟令杰（2008）则从产业集群和资源型产业两个方面界定资源型产业集群，认为资源型产业集群是自然资源的开采而兴起或发展壮大的相关企业和机构在一定的地理位置上集聚，同时也包括在地理上集中分布的相互依赖的企业，且资源型产业在工业中占有较大份额的集群。

一些学者通过对资源型产业的资源依赖、产业结构、政府作用、发展模式、演化周期等多个方面的深入剖析，对比一般制造业产业集群的产业特征，认为资源型产业集群化发展的路径具有一定的特殊性。杨伟民，秦志宏（2005）两位学者认为，在资源型产业群的演进初期加入制度因素分析，才能真正揭示资源型产业集群的形成机理和过程。他们将资源型产业集群的动态演进大致分成了三个阶段：第一阶段，比较优势源于区域内的自然资源和核心企业的整合能力；第二阶段，比较优势源于政府政策的倾斜和支持；第三阶段，比较优势源于以资源型产业集群为基础组成创新网络。王锋正，郭晓川（2007）认为成熟的资源型产业集群应具有五个显著特征：资源依赖性大、地理根植性强、专业化水平高、空间集聚和集群效应明显。

在针对资源型产业的集群发展动力研究方面，最早的研究者是内蒙古大学的王坤（2006），他运用钻石模型论述了资源型产业集群的发展问题，认为资源型产业集群发展需要资源供给、市场需求、产业支持、企业发展等要素。符正平，曾素英（2008）从资源型产业集群产生的供给条件、需求条件和社会文化历史条件出发，研究产业集群产生的原因，并认为网络效应在资源型产业集群形成过程中同样起着关键作用，以地方政府为代表所提供的地方公共产品的有效供给是该类集群形成和发展的重要条件。魏守华等（2016）认为集群发展的动力机制主要包括外部动力和内部动力。他对几种动力进行了整合：基于社会资本的地域分工、外部经济、合作效率、技术创新与扩散，并以图形的方式构造出产业集群的动力机制，以浙江嵊州领带产业集群为实证对象，对其研究的动力机制理论进行了验证。

另外，陈汉欣（2006）探讨了不同规模钢铁企业的空间分布特点和规律以及我国钢铁工业的发展趋势和优化布局方案；徐康宁等（2006）认为我国钢铁产业的空间布局呈现出以市场指向为主、兼资源依托型之格局，临海港口型特征不明显；贺灿飞，朱彦刚（2010）以石油加工业和黑色金属产业为例研究了中国资源密集型产业地理分布；刘娟（2012）就我国煤炭资源主导型产业的集群化发展问题进行了研究，为我国以煤炭为代表的不可再生性资源产业，在“规模化”“基地化”的政策导向和产业实施过程中遇到的可行性和有效性问题，提供了决策的理论参考；高楠，郭小川（2013）根据产业生命周期理论对资源型产业的成长模式做了研究，并得出在资源型产业后应当努力延伸自己的产业链、对自然资源的开采不能停留在粗加工、滥开采上、产品不能停留在低附加值和高能耗的产业上等结论。

在技术密集型产业空间分布研究方面，杨峰，雍兰利（2007）等基于当前产业状况，在对21世纪我国技术密集型产业的发展和自主创新能力的进步提出了主要包括目标约束、时间约束、竞争环境约束和产业链约束在内的四点约束条件。其中，竞争条件约束阐述了我国当前技术密集型产业从海外获得核心技术的条件进一步困难，必须尽快建立健全科技创新机制，并且努力实现技术密集型产业在现有的基础上实现全产业结构升级与优化的概念。而在产业链约束中则认为，“进入21世纪，企业间的竞争在很大程度上已表现为不同产品的供应链之间的竞争，‘集成者+外包’已成为供应链或产业链运营的主导形式，这种形式已成为21世纪企业发展的主流趋势。因此，在21世纪里是否具有集成能力和具有什么样的集成能力，已成为衡量一个企业在国际产业链中竞争能力和地位的重要标志。”而这正为我国技术密集型产业下一步的做好集成工作、努力打造技术密集型产业园区奠定了理论基础。郭克莎（2005）等则分析了技术密集型产业发展的规律性，认为其必将经历一个由低到高的过程，同时我国的技术密集型产业具有资本密集度较高等特点，指出“关键问题是大力提高自主创新能力、积极实施跨越式发展战略、处理好政府和市场的关系，并在推进体制改革、鼓励技术创新、发挥企业主体地位、促进人才资源开发等方面实施有效的政策措施”，强调了政策在技术密集型产业的发展以及转移中的作用。林玮，张向前（2013）等则是通过将我国技术密集型产业与对科研项目投入资金金额相挂钩，通过构建技术密集型产业国际竞争力分析模型，以RD人员投入强度、RD经费投入强度、国际市场占有率和贸易竞争力指数4个指标，分析了我国技术密集型产业的国际竞争力与科研的关系，并提出应加大技术密集型产业研发资源的投入力度，重视科研能力在技术密集型产业发展中的重要作用，大力协调与整合我国技术密集型企业高等院校研究机构以及国家相关研究部门的科研力量合理配置与利用多方研发资源，同时营造重视人才尊重人才的氛围与文化，为技术密集型企业的发展与产业竞争力的提升提供支撑。覃成林，熊雪如（2013）等基于相对净流量指标的测度，对2000～2010年技术密集型制造业的专业化指数、转移相对净流量进行了测算计量，并分析了中国技术密集型产业转移的趋势和相对规模变化。他们认为，我国的技术密集型产业主要集聚在京津区域、南部沿海区域和东部沿海区域。而几个主要区域中，东部沿海区域为技术密集型制造业的主要转入区域，属于集聚性产业转移。京津域是转出区域，属于扩散性产业转移。西南区域、西北区域是转出区域，属于集聚性产业转移。南部沿海区域、中部区域和东北区域既有转出也有转入。同时，其进一步指出，劳动密集型制造业转移、资源密集型制造业和技术密集型制造业转移均表现出空间相邻、经济联系密切的区域之间的转移规模较大，而空间距离远、经济关联度小的区域之间的转移规模小的特点。有所不同的是，相比劳动密集型制造业转移和资源密集型制造业转移，技术密集型制造业转移在时间和空间上存在更为复杂的集聚性转移与扩散性转移的转换。究其原因在于，技术密集型制造业与技术水平紧密相关，而技术流动性远在劳动力和自然资源之上，从而使得技术密集型制造业的转移更为频繁和复杂。同时，从产业生命周期的角度看，劳动密集型制造业已进入成熟期，各区域的产业转移类型转换总体上已经完成，而技术密集型制造业处于发展壮大时期，正在经历产业转移类型转换的过程，因此，在时段上看，技术密集型制造业也会在产业转移类型转换上显得更加复杂一些。陈湘桂、叶永生（2005）则是将广东、广西相邻两省作为东部与西部的代表，对这两个省份之间资金技术密集型产业的产业分布结构、产业发展状况、产业结构、产业产出效率结构等进行了比较分析。通过对广西、广东两省资金技术密集型产业的工业总产值以及其在总体工业总产值中的占比以及两省的资金技术密集型产业在全国的占比进行比较，对两省内部资金技术密集型产业的产业结构进行了分析，认为广东的工业已经较为成熟，重视经济增长的质量和效益，重视劳动密集型产业与资金技术密集型产业的协调发展，其发展技术密集型产业是为了突出解决广东社会经济发展过程中的重大基础性问题，例如能源、原材料、交通等，为社会经济的可持续发展提供有力的保障而广西工业发展则较为落后，发展资金技术密集型产业需要注意重视利用市场、发挥市场在配置资源的作用，在发展资金技术密集型产业的过程中，利用外部资源和市场，迅速完成资本的积累和集中，又促进资金技术密集型产业的产业升级，同时提出，广西在发展资金技术密集型产业的过程中同样要注重整体产业结构的优化关联发展，要在强化自身优势产业竞争力的同时，要注意发展优势产业的产业链，增强优势产业的盈利能力，把资源优势转换成经济优势。张平，吴艳（2009）等则对国内外产业转移以及其对我国国内的地区产业升级的影响做了相应分析。其中，针对国内产业转移部分，他们认为其具有以下特点：（1）在产业转移的方向上，东部及沿海地区是产业转移的输出地区，中西部是产业转移的输入地区；（2）在产业转移的内容上，以东部地区向中西部转移传统制造业为主；（3）在国内产业转移的主体上，企业尤其是民营企业扮演主要角色。从全国产业布局看，制造业向中西部地区转移，不仅符合技术梯度转移规律要求，有利于促进沿海地区产业升级，而且可以带动中西部地区制造业的发展。针对国内产业转移的影响，其认为，一方面从全国产业布局看，制造业向中西部地区转移，不仅符合技术梯度转移规律要求，有利于促进沿海地区产业升级，而且可以带动中西部地区制造业的发展。因此积极准备并主动承接东部产业转移，是中西部地区加快经济发展的重要机遇。特别是作为在地理空间中连接南北和在经济领域里承东接西的中部地区，其制造业的区位优势明显，将在承接东部产业转移的过程中促进产业结构升级。另一方面，他们还认为“在区域的产业分布上将由于不同地区的产业特点呈现出较明显的特色分工：东部将承接高技术产业及服务业转移，中西部将承接重要原材料与能源及制造加工业的转移，东北老工业基地与长江三角洲、珠江三角洲将更多地承接配套性装备制造、电子通信设备、交通运输设备的转移。”而这也与笔者的论文结论也是基本相符的。而刘思思（2011）则对地方政府行为对区域结构的影响进行了分析，将政府行为划分为积极型与消极型两种，在方法上将我国划分为东中西部三个地区分别进行实证分析。首先采用相似系数测度各地区产业结构的差异程度并将其作为因变量，其次将产业结构的影响因素——资源禀赋、运输条件、开放程度和两种地方保护纳入自变量并分别量化，最后分别建立东、中、西部地区固定效应动态面板模型。实证结果与理论分析基本一致，并得出结论认为：“在不考虑产业类别时，消极型的地方政府行为会导致产业结构趋同，而积极型的地方政府行为则会促进地区优势产业的发展，进而有助于地区产业差异化发展。”这为笔者论文中的政府必须发挥积极作用来引入并整合已引入的技术密集型产业奠定了理论基础。高鸿鹰，武康平（2010）等则针对我国制造业的技术密集与空间集聚之间的显著正相关性，从技术密集差异的视角导出了一个厂商区位选择模型，从而分析技术的密集程度对制造业集聚进行影响的作用机制。模型分析显示，技术密集型产业更倾向于空间进行集聚，并且存在着循环累积。这为本章技术密集型产业受当地科教文水平影响的结论以及努力发展科教文来吸引技术密集型产业提供了理论依据。汪彩君（2011）则通过对过度集聚、要素拥挤以及产业转移之间的关系进行研究，基于产业生命周期理论，对我国东部地区的产业生命阶段进行解读，并诠释了产业转移的原因。同时，基于我国制造业全要素生产率和产业梯度系数分析，提出了国内产业转移的路径。吕铁（2003）则通过讨论技术密集型产业发展优势的来源和动态变化，分析并强调了了产业政策在技术密集型产业发展优势形成中的作用。他认为，技术密集型产业发展优势主要有三个来源，即由国家特征决定的比较优势、由产业内企业内生的竞争优势和介于国家和企业之间的部门支持体系，同时认为，产业政策对于技术密集型产业的发展有着特殊的意义。

二、主要指标及数据来源

（一）测度指标

1. 区位基尼系数。区位基尼系数主要刻画的是产业在地理空间分布上的不均匀程度。取值区间为0到1，它的值越大，表明产业在空间的分布越不均匀。换言之，产业的区位基尼系数越大，产业的空间集聚程度越高。计算公式如下：

$$G_j = \frac{1}{2n^2 \overline{s_i}} \sum_{j=1}^{n} \sum_{m=1}^{n} |s_j^i - s_m^i| \qquad (4-1)$$

其中，G_j 区位基尼系数；s_j^i 为地区 j 产业 i 所占的份额；s_m^i 为地区 m 产业 i 所占的份额；n 为地区的数量；$\overline{s}_i$为全国产业 i 的平价份额。区位基尼系数越接近零，说明产业 i 的空间与整个工业的空间分布是一致的，产业相当平均地分布在各地区；反之，区位基尼系数越接近于1，说明产业 i 的空间分布与整个工业分布不相一致，产业可能集中分布在一个或几个地区，而在大部分地区分布很少，从而说明产业的集聚程度很高。因此，区位基尼系数越大，产业集聚度越高。

2. 产业在前n个城市的集中度。产业集中度用公式表示为：

$$CR_{kn} = \sum_{i=1}^{n} S_{ki} \Big/ \sum_{i=1}^{N} S_{ki} \qquad (4-2)$$

其中，CR_{kn}表示产业k在前n个城市的集聚度，S_{ki}表示k在城市i的工业增加值，N表示全部城市数。该指标可以反映产业k在前n个城市的集聚情况。

3. 产业城市集中率。产业地区集中率是产业产值在东部地区城市、中部地区城市、西部地区城市和东北地区城市的比重，可以反映其地理集聚水平，取值范围为0～1之间，取值越大反映该地区城市产业平均占有份额越大。

（二）数据来源

本书主要采用2003年、2007年、2011年272个城市两位码制造业总产值数据进行分析。

三、劳动密集型制造业城市分布及演变

劳动密集型产业是指进行生产主要依靠大量使用劳动力，而对技术和设备的依赖程度低的产业。从单位劳动力所使用的技术装备等固定资金量的多少看，

固定资产与劳动力匹配比例低，资金量少的是劳动密集型产业；从产品生产成本中活劳动消耗所占的比重大小来看，比重大的是劳动密集型产业；从资本有机构成来看，资本有机构成低的产业为劳动密集型产业。从国民经济产业分类来看，劳动密集型产业主要包括食品加工业、食品制造业、饮料制造业、烟草加工业、服装及其纤维制品制造业、皮革毛皮羽绒及其制造业、木材加工及其滕棕草制品业、家具制造业、造纸及纸制品业、印刷业，记录媒介的复制、文教体育用品制造业和其他制造业。

（一）劳动密集型产业总体分布变化

我国劳动密集型产业总体上呈现如下分布变化特点（见表4－1、表4－2和图4－1）：

第一，我国劳动密集型产业一直保持较高的地理集聚水平，主要集中在东部地区城市。从区位基尼系数来看，2003年、2007年以及2011年这3年劳动密集型产业的区位基尼系数均保持在0.5以上，说明其集聚程度较高。从劳动密集型产业地理集聚的CR_{30}系数来看，前30个城市劳动密集型产业的产值均占总产值的40%以上。从地区分布来看，虽然从2003～2011年其分布发生了变化，但60%以上的劳动密集型产业仍聚集在东部地区，并且从前四、前八个城市的分布来看，主要集中在长三角、珠三角这些经济发达地区。

第二，我国劳动密集型产业显现出扩散趋势，主要向中西部地区城市以及东北地区城市转移。反映其总体分布特征的区位基尼系数从2003年的0.67555下降到2011年的0.57107。从CR_4、CR_8以及CR_{30}系数来看，从2003～2011年，其比例相应都在下滑。而从地区分布看，劳动密集型产业从东部发达地区城市逐渐向其他地区转移：2003年东部占比在75%以上，中部、西部城市各自占比均在10%左右，东北部城市占比仅为4.399%；2011年劳动密集型产业东部城市占比下降到61.088%，中部城市占比增加到近20%，有明显上升。

表4－1　我国劳动密集型产业城市总体集聚状况

年　份	2003	2007	2011
基尼系数	0.67555	0.65453	0.57107
CR_4（%）	15.174	12.618	9.194
CR_8（%）	24.561	21.453	16.313
CR_{30}（%）	56.335	52.832	43.052

表 4－2　　我国劳动密集型产业前八个城市分布（按产值）

2003 年				2007 年				2011 年			
城市	产值	占比（%）	排序	城市	产值	占比（%）	排序	城市	产值	占比（%）	排序
上海市	182321445	5.21	1	苏州市	330559101	3.81	1	苏州市	441732942	2.47	1
苏州市	125228510	3.58	2	上海市	311609612	3.59	2	上海市	429400749	2.40	2
杭州市	118814143	3.39	3	杭州市	249468766	2.88	3	泉州市	418320577	2.34	3
广州市	104910223	3.00	4	绍兴市	202487907	2.34	4	佛山市	353420651	1.98	4
绍兴市	94017509	2.69	5	青岛市	199310777	2.30	5	青岛市	326002140	1.82	5
深圳市	83968147	2.40	6	泉州市	190307908	2.19	6	杭州市	325070292	1.82	6
青岛市	75805113	2.17	7	深圳市	189586890	2.19	7	广州市	316485360	1.77	7
宁波市	74850295	2.14	8	佛山市	186873676	2.16	8	潍坊市	304535643	1.70	8

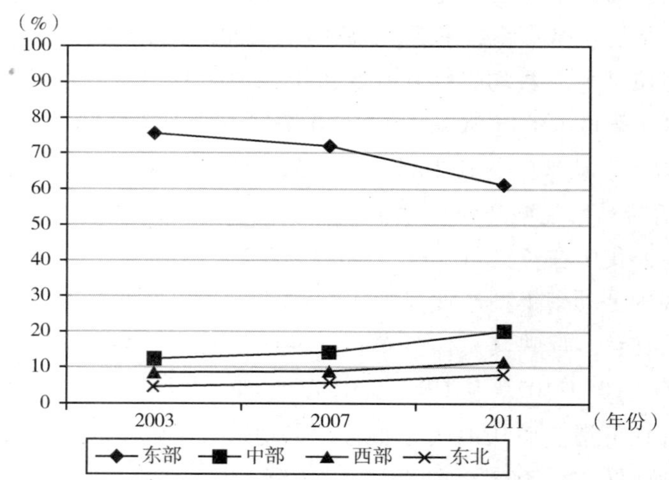

图 4－1　我国劳动密集型产业城市分布变化

（二）不同劳动密集型产业分布变化

劳动密集型产业主要包括以下 12 个行业：食品加工业、食品制造业、饮料制造业、烟草加工业、服装及其纤维制品制造业、皮革毛皮羽绒及其制造业、木材加工及其滕棕草制品业、家具制造业、造纸及纸制品业、印刷业，记录媒介的复制、文教体育用品制造业和其他制造业。不同劳动密集型产业的分布变化存在一定差异，主要呈现如下特点：

第一，绝大多数的产业呈扩散趋势。从 2003 年、2007 年和 2011 年的基尼系数变化情况（见图 4－2）来看，除烟草加工业和家具制造业之外，其他劳动密集型产业的基尼系数均呈下降态势，而烟草加工业和家具制造业经历了上升—下降的过程，说明可能的一个趋势是这两个产业从2003～2007年处于越来越集聚的状态，而2007～2011年又出现了轻度扩散。关于这一点，从 CR_4、CR_8 以及 CR_{30} 系数（见表4－3和表4－4）也可以看出来。

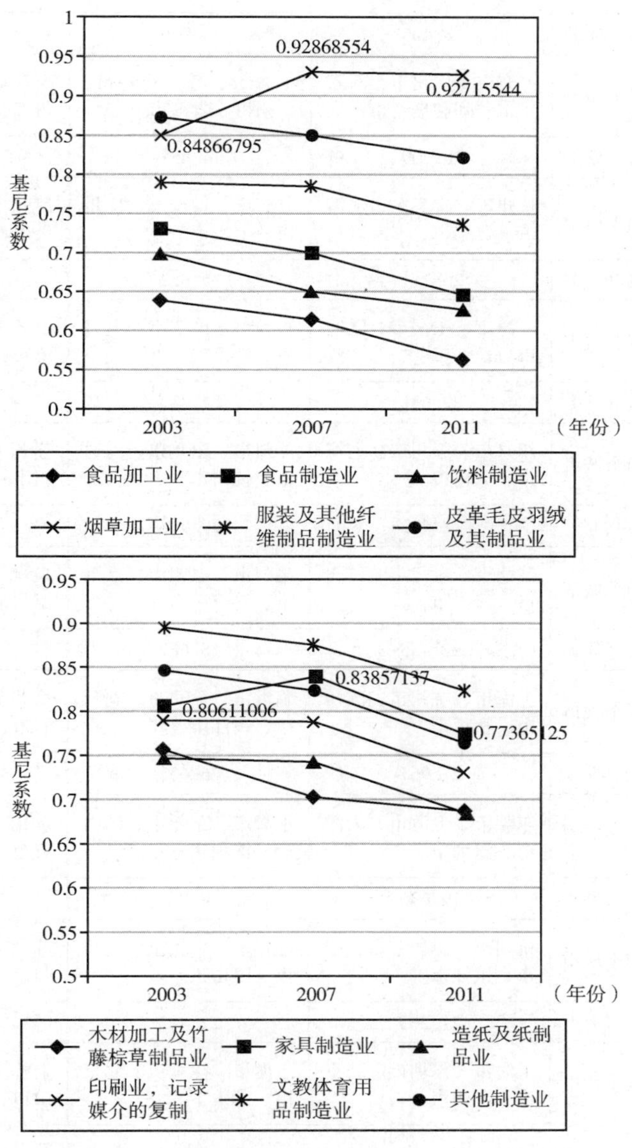

图4－2　我国不同劳动密集型产业基尼系数变化

表 4-3　　我国不同劳动密集型产业 CR_4 系数变化及城市分布

年份		2003	2007	2011
食品加工业	CR_4（%）	15.789	14.162	9.518
	前四个城市	威海市、青岛市、烟台市、潍坊市	威海市、烟台市、青岛市、潍坊市	沈阳市、青岛市、烟台市、潍坊市
食品制造业	CR_4（%）	18.406	14.996	14.561
	前四个城市	上海市、广州市、石家庄市、呼和浩特市	上海市、呼和浩特市、广州市、青岛市	天津市、上海市、广州市、漯河市
饮料制造业	CR_4（%）	18.209	14.452	14.806
	前四个城市	杭州市、宜宾市、上海市、北京市、	宜宾市、烟台市、杭州市、上海市	泸州市、宜宾市、遵义市、宜昌市
烟草加工业	CR_4（%）	26.111	35.832	36.506
	前四个城市	上海市、玉溪市、昆明市、长沙市	长沙市、昆明市、上海市、玉溪市	上海市、长沙市、玉溪市、昆明市
服装及其他纤维制品制造业	CR_4（%）	22.632	22.317	17.405
	前四个城市	绍兴市、苏州市、上海市、无锡市	苏州市、绍兴市、南通市、杭州市	苏州市、绍兴市、滨州市、南通市
皮革毛皮羽绒及其制品业	CR_4（%）	28.482	29.906	31.768
	前四个城市	温州市、泉州市、广州市、嘉兴市	泉州市、温州市、嘉兴市、石家庄市	泉州市、石家庄市、温州市、嘉兴市
木材加工及竹藤棕草制品业	CR_4（%）	22.455	18.687	19.273
	前四个城市	上海市、杭州市、苏州市、宿迁市	临沂市、徐州市、湖州市、镇江市	徐州市、临沂市、三明市、宿迁市
家具制造业	CR_4（%）	21.961	26.632	21.474
	前四个城市	东莞市、上海市、天津市、深圳市	上海市、东莞市、佛山市、深圳市	佛山市、成都市、上海市、东莞市
造纸及纸制品业	CR_4（%）	19.636	18.975	14.783
	前四个城市	杭州市、潍坊市、苏州市、镇江市	苏州市、东莞市、杭州市、潍坊市	苏州市、东莞市、杭州市、济宁市
印刷业，记录媒介的复制	CR_4（%）	21.263	22.422	15.626
	前四个城市	上海市、深圳市、北京市、广州市	上海市、深圳市、北京市、佛山市	上海市、深圳市、佛山市、北京市

续表

年　份		2003	2007	2011
文教体育用品制造业	CR_4（%）	31.511	27.979	20.197
	前四个城市	上海市、东莞市、宁波市、广州市	上海市、宁波市、东莞市、深圳市	宁波市、东莞市、汕头市、佛山市
其他制造业	CR_4（%）	27.307	26.230	22.799
	前四个城市	深圳市、上海市、苏州市、东莞市	深圳市、上海市、苏州市、佛山市	深圳市、佛山市、苏州市、上海市

表4-4　　我国不同劳动密集型产业CR_8系数变化及城市分布

年　份		2003	2007	2011
食品加工业	CR_8（%）	23.949	22.766	17.460
	前八个城市	威海市、青岛市、烟台市、潍坊市、临沂市、漯河市、天津市、上海市	威海市、烟台市、青岛市、潍坊市、临沂市、滨州市、漯河市、沈阳市	沈阳市、青岛市、烟台市、潍坊市、威海市、临沂市、长春市、大连市
食品制造业	CR_8（%）	29.872	24.881	23.232
	前八个城市	上海市、广州市、石家庄市、呼和浩特市、北京市、烟台市、哈尔滨市、长春市	上海市、呼和浩特市、广州市、青岛市、德州市、漯河市、石家庄市、北京市	天津市、上海市、广州市、漯河市、德州市、沈阳市、郑州市、呼和浩特市
饮料制造业	CR_8（%）	31.811	24.307	23.246
	前八个城市	杭州市、宜宾市、上海市、北京市、广州市、烟台市、徐州市、天津市	宜宾市、烟台市、杭州市、上海市、徐州市、广州市、北京市、泸州市	泸州市、宜宾市、遵义市、宜昌市、徐州市、广州市、烟台市、杭州市
烟草加工业	CR_8（%）	39.171	56.372	55.597
	前八个城市	上海市、玉溪市、昆明市、长沙市、常德市、杭州市、曲靖市、广州市	长沙市、昆明市、上海市、玉溪市、武汉市、郑州市、济南市、合肥市	上海市、长沙市、玉溪市、昆明市、武汉市、郑州市、广州市、济南市
服装及其他纤维制品制造业	CR_8（%）	36.357	35.624	28.901
	前八个城市	绍兴市、苏州市、上海市、无锡市、杭州市、宁波市、南通市、嘉兴市	苏州市、绍兴市、南通市、杭州市、无锡市、滨州市、嘉兴市、上海市	苏州市、绍兴市、滨州市、南通市、泉州市、杭州市、无锡市、潍坊市

续表

年份		2003	2007	2011
皮革毛皮羽绒及其制品业	CR_8（%）	44.128	43.161	43.447
	前八个城市	温州市、泉州市、广州市、嘉兴市、石家庄市、上海市、青岛市、杭州市	泉州市、温州市、嘉兴市、石家庄市、青岛市、东莞市、杭州市、广州市	泉州市、石家庄市、温州市、嘉兴市、莆田市、青岛市、东莞市、广州市
木材加工及竹藤棕草制品业	CR_8（%）	32.814	27.960	28.752
	前八个城市	上海市、杭州市、苏州市、宿迁市、徐州市、湖州市、嘉兴市、佛山市	临沂市、徐州市、湖州市、镇江市、宿迁市、上海市、佛山市、菏泽市	徐州市、临沂市、三明市、宿迁市、菏泽市、沈阳市、湖州市、南平市
家具制造业	CR_8（%）	36.353	40.956	32.169
	前八个城市	东莞市、上海市、天津市、深圳市、湖州市、广州市、佛山市、苏州市	上海市、东莞市、佛山市、深圳市、杭州市、沈阳市、苏州市、成都市	佛山市、成都市、上海市、东莞市、洛阳市、深圳市、沈阳市、青岛市
造纸及纸制品业	CR_8（%）	31.026	29.391	24.318
	前八个城市	杭州市、潍坊市、苏州市、镇江市、东莞市、上海市、济宁市、淄博市	苏州市、东莞市、杭州市、潍坊市、上海市、镇江市、淄博市、聊城市	苏州市、东莞市、杭州市、济宁市、潍坊市、聊城市、上海市、泉州市
印刷业，记录媒介的复制	CR_8（%）	34.439	33.182	25.567
	前八个城市	上海市、深圳市、北京市、广州市、佛山市、东莞市、杭州市、中山市	上海市、深圳市、北京市、佛山市、东莞市、成都市、汕头市、杭州市	上海市、深圳市、佛山市、北京市、汕头市、苏州市、东莞市、成都市
文教体育用品制造业	CR_8（%）	49.878	45.713	35.388
	前八个城市	上海市、东莞市、宁波市、广州市、中山市、深圳市、苏州市、威海市	上海市、宁波市、东莞市、深圳市、佛山市、中山市、苏州市、广州市	宁波市、东莞市、汕头市、佛山市、上海市、深圳市、广州市、苏州市
其他制造业	CR_8（%）	40.734	40.211	32.978
	前八个城市	深圳市、上海市、苏州市、东莞市、北京市、广州市、泉州市、中山市	深圳市、上海市、苏州市、佛山市、东莞市、台州市、宁波市、北京市	深圳市、佛山市、苏州市、上海市、扬州市、东莞市、南通市、杭州市

表 4－5 我国不同劳动密集型产业 CR_{30} 系数变化 单位:%

产业 \ 年份	2003	2007	2011
食品加工业	50.501	47.999	41.581
食品制造业	60.780	56.142	50.268
饮料制造业	58.598	52.503	50.417
烟草加工业	74.733	95.361	95.005
服装及其他纤维制品制造业	70.636	69.266	60.789
皮革毛皮羽绒及其制品业	83.268	78.465	73.292
木材加工及竹藤棕草制品业	62.711	56.391	54.397
家具制造业	69.516	76.974	67.030
造纸及纸制品业	61.819	63.362	55.216
印刷业，记录媒介的复制	68.980	67.051	60.085
文教体育用品制造业	86.882	82.632	72.280
其他制造业	77.855	74.950	65.722

第二，城市分布地区相对集中。从前八个城市劳动密集型产业的产值排名来看，山东省食品加工业所占份额大，2003 年和 2007 年前四个城市均在山东，而 2011 年，沈阳市成为食品加工业产值最大的城市；食品制造业、饮料制造业的城市分布虽然没有食品加工业那么集中，但以东部城市为主；烟草加工业产值排名前四的城市在 2003 年、2007 年和 2011 年虽有变化，然而均在上海市、长沙市、玉溪市、昆明市这四个城市内波动；服装及其他纤维制品制造业、木材加工及竹藤棕草制品业产值占前的城市主要集中在江浙沪这一长三角经济发达地区；皮革毛皮羽绒及其制品业产值排前八的城市主要分布在长三角、珠三角以及京津冀地区；家具制造业从产值排名前八的城市来看，有较为明显的变化：2003 年前八位的城市均位于东部发达地区，而 2007 年位于东北地区的沈阳市和位于西部地区的成都市分别跃居第六位和第八位，到了 2011 年成都更是一跃到了第二位，更有中部城市洛阳位列第五；造纸及纸制品业在苏杭地区较为发达，苏州市在 2007 年、2011 年产值均列第一；印刷业，记录媒介的复制主要集中在上海、广东以及北京地区；文教体育用品制造业以及其他制造业也主要在上海、浙江、江苏、广东一带。

就区域分布变化而言，从2003～2011年，主要表现为如下几点（见图4－3）：

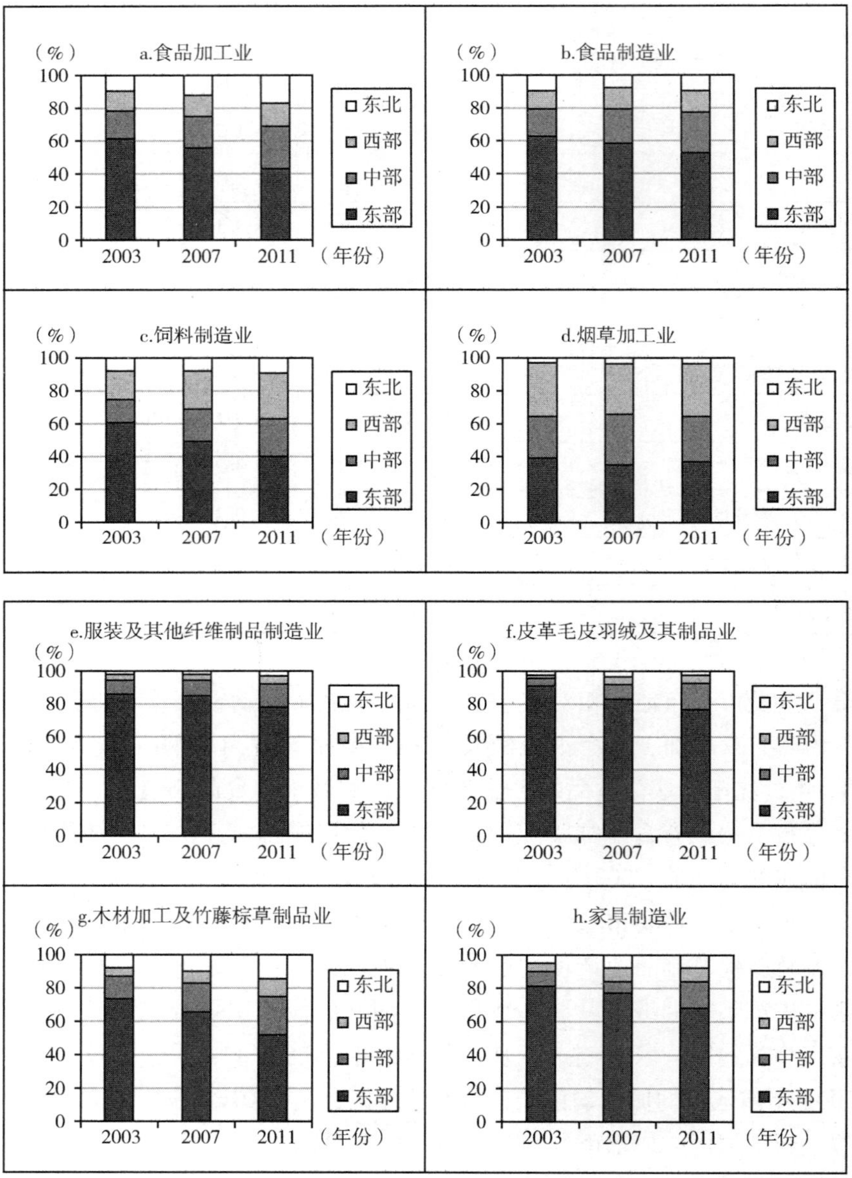

(%) a.食品加工业
100 80 60 40 20 0
2003 2007 2011 (年份)
□东北 ▤西部 ▦中部 ■东部

(%) b.食品制造业
100 80 60 40 20 0
2003 2007 2011 (年份)
□东北 ▤西部 ▦中部 ■东部

(%) c.饲料制造业
100 80 60 40 20 0
2003 2007 2011 (年份)
□东北 ▤西部 ▦中部 ■东部

(%) d.烟草加工业
100 80 60 40 20 0
2003 2007 2011 (年份)
□东北 ▤西部 ▦中部 ■东部

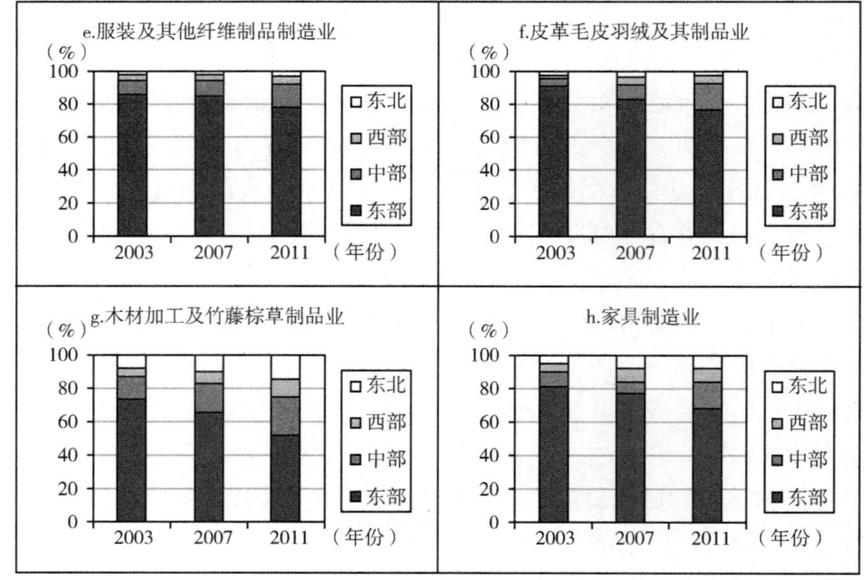

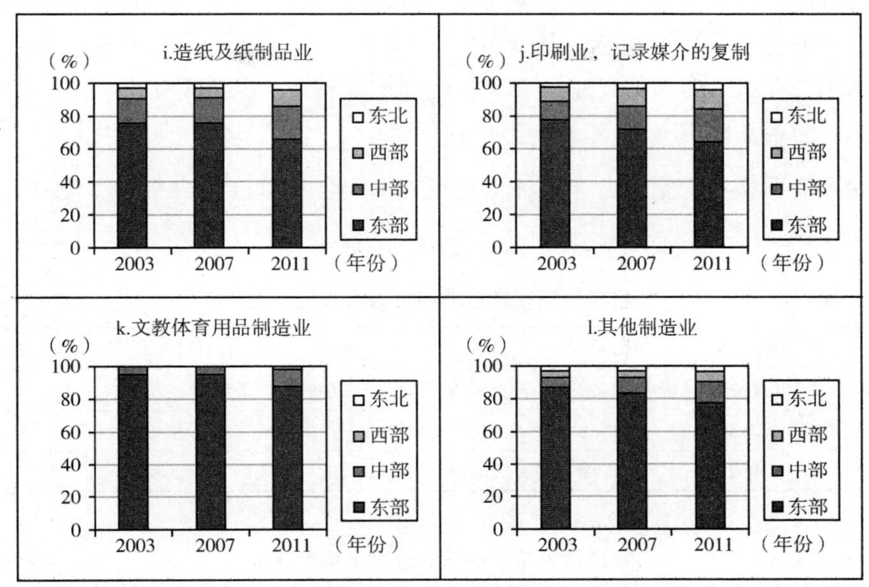

图4-3　我国不同劳动密集型产业地区分布变化

（1）食品加工业、食品制造业和饮料制造业东部产值占比均从60%附近下降到40%上下，而中部、西部和东北部各自的产值占比均有所上升，说明这三个产业有向中西部和东北部地区扩散的趋势。

（2）烟草加工业地区分布相对较为分散，并没有主要集中在东部地区，中西部也占有较大份额，这几年变化幅度不是很大。东部、西部产值占比经历了从减少到增加的过程，相应地，中部和东北部地区则表现为从增加到减少的趋势，但增幅与减幅均较小。

（3）服装及其他纤维制品制造业、皮革毛皮羽绒及其制品业、文教体育用品制造业、其他制造业的东部集中程度异常明显，虽然经历了产值占比下降的过程，但是仍然保持有近80%的产值，小部分出现了向中西部地区扩散的趋势。

（4）木材加工及竹藤棕草制品业、家具制造业、造纸及纸制品业、印刷业，记录媒介的复制主要集中在东部地区，但已经有比较明显的向中西部和东北部地区扩散的趋势。

四、资源密集型制造业城市分布及其演变

资源型产业是指以资源的开发和初加工为主的产业，它基于资源条件而确

定发展方向，以资源为主要生产要素，资源含量较高。根据国民经济行业分类标准，资源型产业主要包括：煤炭开采和洗选业、石油和天然气开采业、黑色金属矿采选业、有色金属矿采选业、非金属矿采选业、其他采矿业。

（一）资源型产业的总体分布变化

我国资源型产业空间分布总体上呈现如下变化特点（见表4－6、表4－7和图4－4）显示来看：

表4－6　　我国资源型产业前四位城市集聚状况

年份	基尼系数	CR_4（%）	地理集聚前四位城市
2003	0.6676	24.0	大庆市、东营市、盘锦市、天津市
2007	0.7189	18.6	大庆市、东营市、天津市、三门峡市
2011	0.6928	17.0	天津市、鄂尔多斯市、大庆市、唐山市

表4－7　　我国资源型产业前八位城市集聚状况　　单位：%

年份	CR_8	地理集聚前八位城市	CR_{30}
2003	33.4	大庆市、东营市、盘锦市、天津市、烟台市、西安市、济宁市、深圳市	59.8
2007	27.5	大庆市、东营市、天津市、三门峡市、唐山市、济宁市、盘锦市、鄂尔多斯市	59.2
2011	26.3	天津市、鄂尔多斯市、大庆市、唐山市、东营市、西安市、三门峡市、榆林市	54.5

第一，我国资源型产业集聚程度较高。从这3年的区位基尼系数来看，均在0.65以上，在0.7附近徘徊。从CR_{30}系数来看，比例均在50%以上。从地理集聚的城市来看，产值排名靠前的主要是在大庆市、东营市、天津市等城市。

第二，我国资源型产业呈现出扩散的趋势。从基尼系数来看，虽然从2003～2007年，基尼系数有所上升，但是从2007～2011年，基尼系数又出现了下降趋势。就CR_4、CR_8和CR_{30}系数而言，比例呈逐渐下降态势，集聚程度不及从前。2003年前4位城市产值之和占比为24.0%，依次为大庆市、东营市、盘锦市和天津市，到2011年这一占比下降了7个百分点，天津市取代大庆市成为产值占比最高的城市，大庆市下降到第三位，而鄂尔多斯市和唐山市发展迅速，分别位居第二位和第四位；同时，CR_8系数也从33.4%下降到26.3%，下降了7.1%，CR_{30}系数则从59.8%下降到54.5%，下降幅度为5.3%。

第三，我国资源型产业日益向中西部地区集聚扩散。就产业地区集中率而言，东部和东北部产值占比显著下降，而中西部地区的资源型产业产值占比明显上升，说明产业有从东部和东北部向中西部地区转移扩散的趋势。2003 年资源型产业产值前八位城市中，只有西安市（位列第六位）地处西部地区，其他七个城市均为东部和东北部城市，而到了 2011 年，除了西安市（仍位列第六位）之外，中西部其他资源型城市迅速发展，尤以鄂尔多斯市（内蒙古自治区）、三门峡市（河南省）、榆林市（陕西省）最为明显，分列产值排名第二位、第七位和第八位。其中，西安市一直有较强的工业基础，金属矿、非金属矿集聚；鄂尔多斯市的主要资源是煤炭，且易开采；三门峡市有三大优势矿产资源：黄金、铝土矿、煤炭；榆林市煤、气、油极为丰富，属于成长型资源型城市。

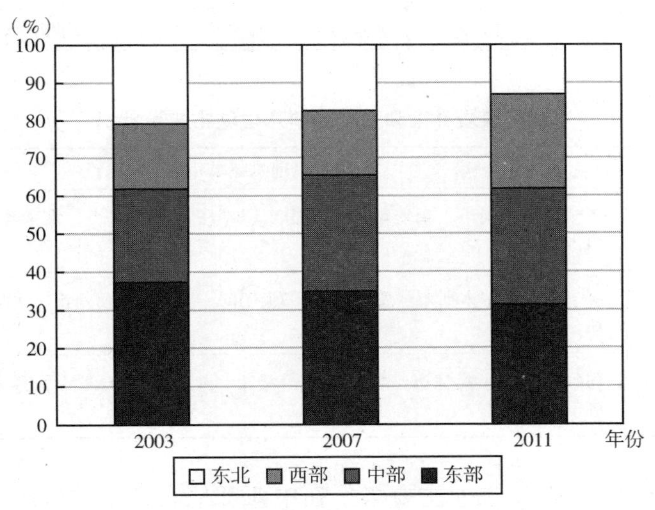

图 4-4　我国资源型产业不同地区城市集中率变化

（二）我国不同资源型产业城市分布变化

不同的资源型产业因各自发展特点的不同，空间分布变化也存在较大的差异。我国资源型产业主要包括以下六大行业：煤炭开采和洗选业、石油和天然气开采业、黑色金属矿采选业、有色金属矿采选业、非金属矿采选业、其他采矿业。各自的分布变化趋势归纳如下：

1. 煤炭开采和洗选业。

第一，煤炭开采和洗选业地理集聚度较高，且呈上升趋势。从区位基尼系数变化（见表4－8）来看，从2003～2007年，基尼系数发生了很大的变化：从2003年不到0.6上升到2007年的0.8以上。而2007～2011年则变化不大，只有极小幅度的下浮。从集聚城市来看，济宁市该产业产值在2003年和2007年均排第一，在这几年中，鄂尔多斯市煤炭开采和洗选业发展迅速，在2011年取代了济宁市成为产值最高的城市。从CR_4、CR_8系数显示来看，比例不断上升。而CR_{30}系数在2007年也有显著提升（增加了近20个百分点），虽然到2011年又有些许下降，但是较之于2003年，这一比例还是有明显提高的。

表4－8　我国煤炭开采和洗选业前四位城市集聚状况

年份	基尼系数	CR_4（%）	地理集聚前四位城市
2003	0.5866	14.3	济宁市、大同市、泰安市、平顶山市
2007	0.8198	17.5	济宁市、鄂尔多斯市、泰安市、平顶山市
2011	0.8149	19.5	鄂尔多斯市、榆林市、长治市、吕梁市

表4－9　我国煤炭开采和洗选业前八位城市集聚状况　单位：%

年份	CR_8	地理集聚前八位城市	CR_{30}
2003	23.2	济宁市、大同市、泰安市、平顶山市、枣庄市、晋城市、淮南市、徐州市	52.8
2007	30.9	济宁市、鄂尔多斯市、泰安市、平顶山市、枣庄市、朔州市、大同市、郑州市	71.7
2011	32.2	鄂尔多斯市、榆林市、长治市、吕梁市、朔州市、天津市、泰安市、济宁市	69.6

第二，煤炭开采和洗选业主要集聚在中西部地区城市。从产业地区集中率（见图4－5）来看，中部在经过2007年的占比增加后又回落（2011年与2003年基本持平，但产值占比始终排第一），西部产值占比增加，尤以2007～2011年最为显著（增加了近10个百分点），相应地，东部、东北部产值占比有所下降。2011年煤炭开采和洗选业主要集中在鄂尔多斯市（内蒙古自治区）、榆林市（陕西省）、长治市（山西省）、吕梁市（山西省）等资源型城市，这前四位城市均位于中西部地区，且产值之和占比高达19.5%。

2. 石油和天然气开采业。

第一，石油和天然气开采业有极高的集聚度，并且主要集中在大庆、东营、天津、盘锦等资源型城市。从2003～2007年，其基尼系数虽然发生了极小幅度

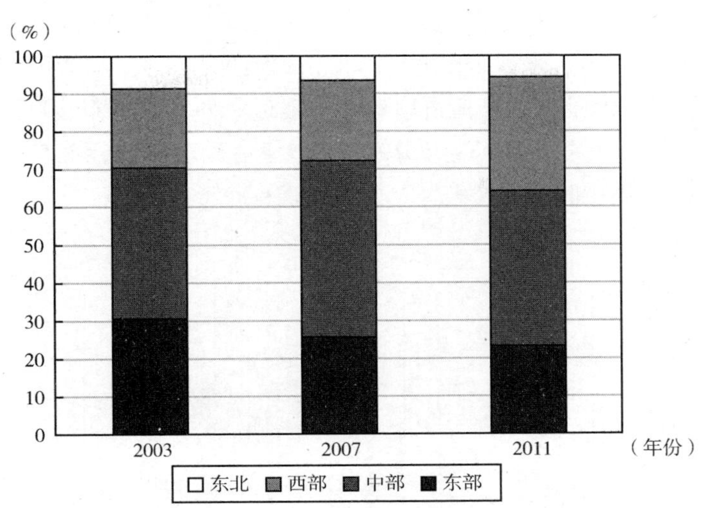

图 4-5 我国煤炭开采和洗选业不同地区城市集中率变化

的下滑，但值均保持在 0.96 以上。从 CR_4、CR_8 以及 CR_{30} 系数显示来看，虽然有略微下浮，但是光是前 4 个城市的产值占比就已经高达 60% 左右，而前 30 个城市就几乎覆盖了全部产值。

表 4-10 我国石油和天然气开采业前四位城市集聚状况

年份	基尼系数	CR_4（%）	地理集聚前四位城市
2003	0.9702	62.8	大庆市、东营市、天津市、盘锦市
2007	0.9671	59.3	大庆市、东营市、天津市、盘锦市
2011	0.9611	60.7	大庆市、天津市、东营市、西安市

表 4-11 我国石油和天然气开采业前八位城市集聚状况 单位：%

年份	CR_8	地理集聚前八位城市	CR_{30}
2003	82.7	大庆市、东营市、天津市、盘锦市、西安市、深圳市、延安市、湛江市	100.0
2007	80.0	大庆市、东营市、天津市、盘锦市、深圳市、松原市、延安市、沧州市	99.9
2011	76.7	大庆市、天津市、东营市、西安市、盘锦市、成都市、深圳市、松原市	99.3

第二，石油和天然气开采业已经出现了轻微的区域性扩散趋势。从产业地区集中率（见图4-6）来看，东北部产值占比有明显下降，2007年后东部产值占比上升并取代东北部成为产值占比最高的地区，西部在经过2007年的占比减少后又明显增加（较之于2003年，2011年产值占比增加了近10%），而中部地区石油和天然气开采业相对不发达，所占份额一直较小。

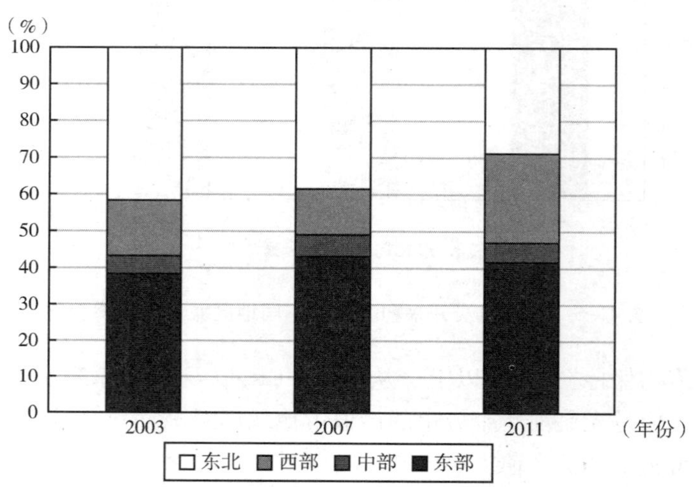

图4-6　我国石油和天然气开采业不同地区城市集中率变化

3. 黑色金属矿采选业。

第一，黑色金属矿采选业是集聚度很高的产业，且近50%的黑色金属矿采选业集中在东部地区，这几年变化不大。从区位基尼系数（见表4-12）来看，黑色金属矿采选业的基尼系数均在0.8以上，从集聚城市来看，唐山市一直位列产值前四位城市，承德、朝阳、辽阳等城市在2007年后也发展迅速。从CR_4、CR_8以及CR_{30}系数也可以看出，黑色金属矿采选业的集聚程度较高。

表4-12　我国黑色金属矿采选业前四位城市集聚状况

年份	基尼系数	CR_4（%）	地理集聚前四位城市
2003	0.9153	40.0	盘锦市、沧州市、唐山市、濮阳市
2007	0.8257	31.6	唐山市、承德市、淄博市、朝阳市
2011	0.8475	33.4	唐山市、承德市、朝阳市、辽阳市

表 4-13　　我国黑色金属矿采选业前八位城市集聚状况　　单位：%

年份	CR_8	地理集聚前八位城市	CR_{30}
2003	61.2	盘锦市、沧州市、唐山市、濮阳市、成都市、天津市、淄博市、辽阳市	89.9
2007	41.1	唐山市、承德市、淄博市、朝阳市、辽阳市、泉州市、临沂市、忻州市	70.2
2011	45.4	唐山市、承德市、朝阳市、辽阳市、泉州市、本溪市、北京市、临沂市	76.5

第二，黑色金属矿采选业在 2003～2011 年期间经历了扩散—集聚的过程。从 2003～2007 年基尼系数、CR_4、CR_8 以及 CR_{30} 系数均发生了比较明显的下滑，东北部产值占比有明显下降，中西部地区产值占比上升，主要是由东北部向中西部转移扩散；而 2007～2011 年以上系数又有所上升，但上升幅度远远小于下降幅度，发生了轻微集聚趋势。

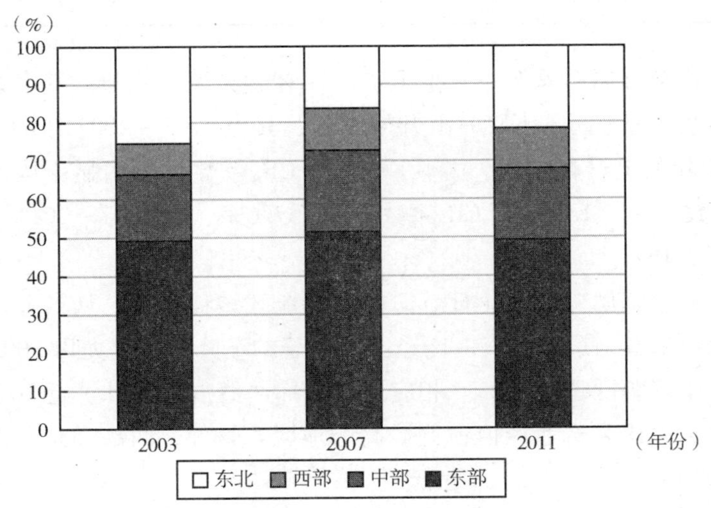

图 4-7　我国黑色金属矿采选业不同地区城市集中率变化

4. 有色金属矿采选业。

第一，有色金属矿采选业集聚程度极高。仅区位基尼系数而言，2003～2007 年一直在 0.9 附近浮动。从 CR_4 系数显示来看，仅前四位城市的产值就接近总产值的一半，而这几年的 CR_{30} 系数均维持在 80% 以上。从集聚城市来看，有色金属矿采选业主要集中在三门峡、烟台、洛阳等城市。

表 4－14　　我国有色金属矿采选业前四位城市集聚状况

年份	基尼系数	CR_4（%）	地理集聚前四位城市
2003	0.9027	59.7	烟台市、三门峡市、天津市、郴州市
2007	0.8792	46.1	三门峡市、烟台市、洛阳市、郴州市
2011	0.8885	47.1	三门峡市、烟台市、赤峰市、洛阳市

表 4－15　　我国有色金属矿采选业前八位城市集聚状况　　单位:%

年份	CR_8	地理集聚前八位城市	CR_{30}
2003	66.9	烟台市、三门峡市、天津市、郴州市、柳州市、黄石市、洛阳市、韶关市	84.8
2007	59.3	三门峡市、烟台市、洛阳市、郴州市、赤峰市、西宁市、赣州市、营口市	81.0
2011	61.0	三门峡市、烟台市、赤峰市、洛阳市、郴州市、赣州市、营口市、桂林市	83.1

第二，有色金属矿采选业发生了扩散－轻微集聚的趋势。基尼系数、CR_4、CR_8和 CR_{30}系数都经历了下降—上升的过程，其中 2003～2007 年的下降幅度比 2007～2011 年的上升幅度大，尤其以 CR_4、CR_8系数最为明显：从 2003～2007 年，CR_4系数下降了 13.6%，CR_8系数下降了 7.6%，而 2007～2011 年期间，各自仅上升了 1.0%、1.7%。

第三，有色金属矿采选业日益向中西部地区转移扩散。从产业地区集中率（见图 4－8）来看，东部产值占比经历了显著的下降过程，尤以 2003～2007 年最为明显，下降幅度超过 20%。相应地，中部产值占比上升了近 20%，超过东部成为有色金属矿采选业产值占比最高的地区。另外，西部和东北部产值占比也有些许增加。

5. 非金属矿采选业。

第一，非金属矿采选业属于集聚程度较高的产业，但相对而言其集聚程度不如其他资源型产业。非金属矿采选业的基尼系数相对其他资源型产业较小，但仍维持在 0.65 以上。从地理集聚的城市来看，非金属矿采选业主要集中在山东、广东等省份，前三十位城市的产值之和基本涵盖总产值的一半左右。

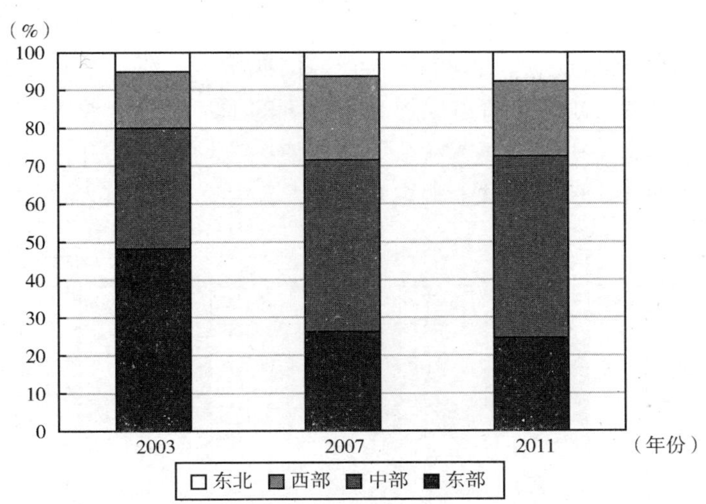

图 4-8　我国有色金属矿采选业不同地区城市集中率变化

表 4-16　我国非金属矿采选业前四位城市集聚状况

年份	基尼系数	CR_4（%）	地理集聚前四位城市
2003	0.7445	15.9	潍坊市、广州市、枣庄市、湖州市
2007	0.7149	14.2	青岛市、烟台市、湖州市、枣庄市
2011	0.6661	9.2	衡阳市、宜昌市、湖州市、清远市

表 4-17　我国非金属矿采选业前八位城市集聚状况　单位:%

年份	CR_8	地理集聚前八位城市	CR_{30}
2003	26.2	潍坊市、广州市、枣庄市、湖州市、烟台市、鞍山市、贵阳市、郴州市	59.5
2007	25.0	青岛市、烟台市、湖州市、枣庄市、潍坊市、信阳市、昆明市、临沂市	55.9
2011	16.5	衡阳市、宜昌市、湖州市、清远市、昆明市、潍坊市、临沂市、三明市	46.9

第二，非金属矿采选业出现了明显的由东部向中西部和东北部扩散的趋势。从 2003～2011 年，基尼系数一路下滑了近 10 个百分点。从 CR_4、CR_8 和 CR_{30} 系数变化看，三个比例值都经历了下降的过程，其中 2007～2011 年的下降幅度尤为明显。从地理集聚前四、前八位城市来看，2003～2007 年发生了山东省内部

城市之间的转移扩散，而2011年衡阳市（湖南省）、宜昌市（湖北省）逐渐取代山东、广东的城市成为产值最高的前二位城市。另外，从产业地区集中率（见图4-9）来看，东部产值占比经历了显著的下降过程，尤以2007~2011年较为明显。相应地，中部、西部和东北部产值占比均有所上升，到2011年，中部非金属矿采选业产值占比基本与东部持平，各占全国产值的1/3左右。

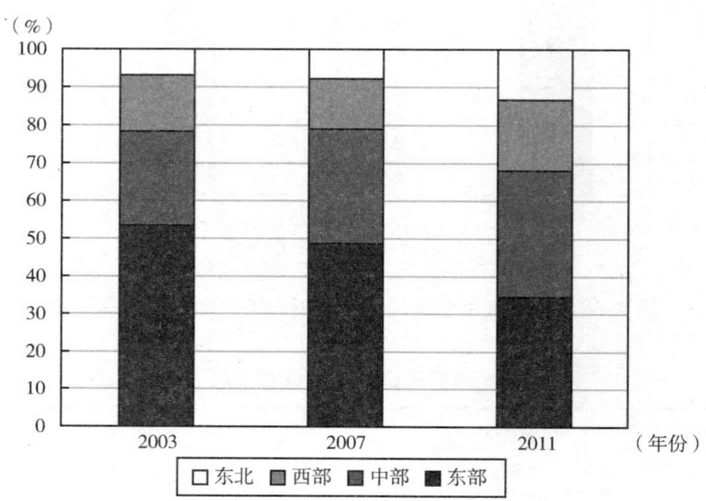

图4-9 我国非金属矿采选业不同地区城市集中率变化

6. 其他采矿业。

第一，其他采矿业集聚程度极高。从区位基尼系数（见表4-18）来看，其他采矿业的基尼系数在0.9以上，2007年和2011年甚至在0.95以上，可见其具有极高的集聚程度。并且从地理集聚前四、前八位城市（见表4-18、表4-19）来看，其他采矿业在山东省的城市集聚度较高，而就CR_{30}系数而言，2007年后前30个城市就已覆盖了其他采矿业的全部产值。

表4-18 我国其他采矿业前四位城市集聚状况

年份	基尼系数	CR_4（%）	地理集聚前四位城市
2003	0.9129	39.3	鞍山市、青岛市、烟台市、南阳市
2007	0.9713	66.6	威海市、泰州市、南阳市、赤峰市
2011	0.9651	50.1	威海市、赤峰市、四平市、郴州市

表 4-19　我国其他采矿业前八位城市集聚状况　单位:%

年份	CR_8	地理集聚前八位城市	CR_{30}
2003	58.5	鞍山市、青岛市、烟台市、南阳市、杭州市、桂林市、肇庆市、郴州市	88.6
2007	83.6	威海市、泰州市、南阳市、赤峰市、临沂市、内江市、岳阳市、青岛市	100.0
2011	80.9	威海市、赤峰市、四平市、郴州市、西宁市、雅安市、淄博市、武汉市	100.0

第二，其他采矿业在不断集聚的基础上，发生了明显的地区性转移扩散，尤以东部向西部转移最为明显。从 2003～2007 年，区位基尼系数从 0.9 左右上升到了 0.95 以上，之后略有下降，但仍维持在了 0.95 以上。从 CR_4、CR_8 系数变化看，比例值从 2003～2007 年有显著的提升，之后有所下降；以集聚城市而言，越来越多的中西部城市进入产值前四、前八位城市的行列，如赤峰市（内蒙古自治区）、西宁市（青海省）等。从产业地区集中率变化（见图 4-9）来看，从 2003～2007 年，除了东北部产值占比有所下降外，其他地区产值占比均有不同程度的上升。而从 2007～2011 年，东部其他采矿业的产值占比从第一位急剧下降到了第三位，下降了近 40%，西部产值占比明显提升，一跃成为占比最高的地区（2003 年西部占比最少）。

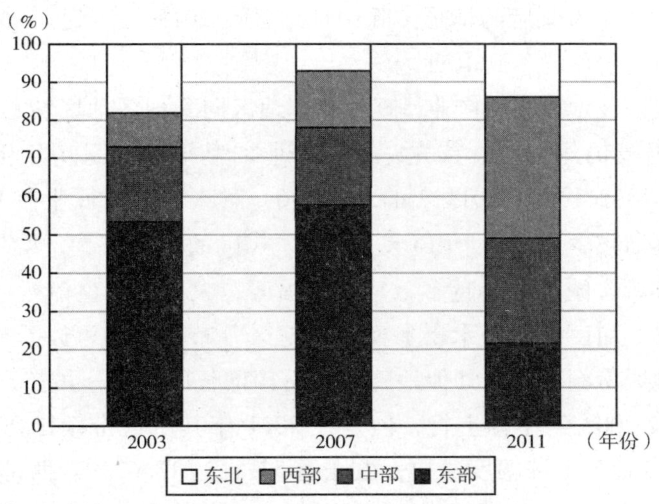

图 4-10　我国其他采矿业不同地区城市集中率变化

五、技术密集型制造业城市分布及其演变

（一）技术密集型产业总体分布变化

我国技术密集型产业总体上呈现如下分布变化特点（见表4－20、表4－21和图4－11）而言：

第一，我国技术密集型产业均始终呈现高度地理聚集水平。首先，2003年、2007年、2011年3年技术密集型产业的区位基尼系数均高于0.7，并且在2003年、2007年甚至达到了0.8以上，意味着整个产业布局各地区间差别极大。而由CR系数来看，前三十位城市占据了整体产业的50%以上，而前八位城市占总体产业值份额均达到20%以上，并且在2003年时是40%以上。以上信息均表明，我国的技术密集型产业总体上是集中度极高的，诸地区间产业发展情况相差较大。

第二，由产业集聚区域来看，技术密集型产业高度集中于东部地区城市，其他地区城市占比较少。首先，从技术密集型产业历年前八城市分布来看。可以看到，2003年、2007年、2011年，技术密集型产业前四位城市都在东部地区，而前八位城市中只有长春与重庆分别在2003年、2011年入选。而这些城市主要集中于珠三角、长三角、北京周边等经济以及教科文发达地区。而从东部、中部、西部、东北部各地区的技术密集型产业平均集聚率来看，东部地区占比始终超过70%，且在2003年、2007年都非常接近80%。而西部、中部、东北部始终呈现份额较为落后的情形，除中部地区在2013年达到13.69%外，三地区历年各自所占份额均不到10%。

第三，我国技术密集型产业呈现由东部地区向其他各地区转移扩散的趋势，但是扩散的规模仍然较小。首先，整体产业的基尼系数呈历年下降趋势，由2003年的0.81862下降至2011年的0.72646，意味着整体行业在不同地区分布情况的差异逐渐减少。同时，由CR_4、CR_8、CR_{30}的数据来看，均是呈历年下降势头，同时其所含城市数量越多，其下降幅度越大，说明整体行业在全国范围内的扩散转移。而由我国技术密集型产业地区分布变化也可以看出，总体是呈现一个东部地区份额下降，其他地区所占份额增长的趋势。虽然东部地区2007年所占份额较2003年小幅上行，但是在2011年其所占份额比2003年下降近8%左右。中部地区上涨幅度最快，上涨近5%，达13.69%。西部地区2011年所占份额为8.87%，增长了近2%。而东部地区上涨仅0.35，2011年所占份额为6.21%。

表 4-20　　我国技术密集型产业总体集聚状况

年　　份		2003	2007	2011
基尼系数		0.81862	0.80306	0.72646
CR_4（%）		28.50	18.86	14.52
CR_8（%）		40.87	25.56	23.34
CR_{30}（%）		74.86	57.82	53.52
地区分布	东部	78.98	79.05	71.23
	中部	8.21	8.54	13.69
	西部	6.94	7.00	8.87
	东北	5.86	5.40	6.21

表 4-21　　我国技术密集型产业前四、前八个城市分布

CR_4	2003 年	上海市	深圳市	苏州市	北京市				
	2007 年	上海市	深圳市	苏州市	北京市				
	2011 年	上海市	苏州市	深圳市	广州市				
CR_8	2003 年	上海市	深圳市	苏州市	北京市	天津市	广州市	长春市	无锡市
	2007 年	上海市	深圳市	苏州市	北京市	天津市	广州市	无锡市	佛山市
	2011 年	上海市	苏州市	深圳市	广州市	北京市	天津市	无锡市	重庆市

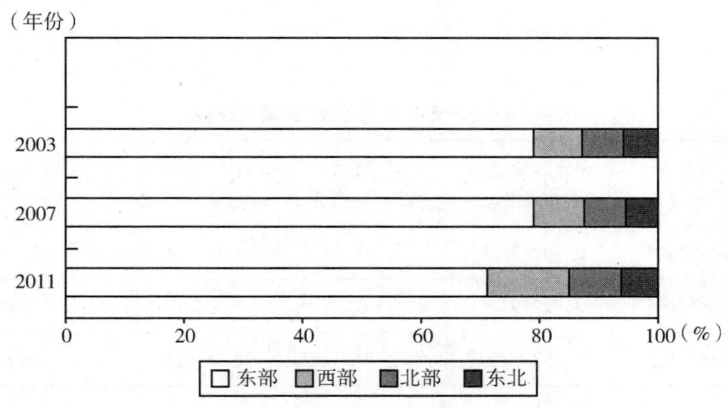

图 4-11　我国技术密集型产业不同地区城市分布变化

（二）不同技术密集型产业分布变化

技术密集型产业主要包括以下5个行业：专用设备制造业、交通运输设备制造业、电气机械及器材制造业、电子及通信设备制造业、仪器仪表及文化办公用机械制造业。由数据分析结果可以看出，不同技术密集型产业的分布变化存在一定差异，主要呈现如下特点：

第一，我国技术密集型产业中的各产业的集聚度均处于较高水平，但同时也出现较为明显的扩散趋势。由我国不同技术密集型产业2003年、2007年、2011年3年基尼系数（见表4－22）可以看出，在2003年专用设备制造业、电子及通信设备制造业、仪器仪表及文化办公用机械制造业的基尼系数均高于0.8，交通运输设备制造业的基尼系数为0.79223，接近0.8。其中，仪器仪表及文化办公机械制造业的基尼系数更是达到了0.92948。而在2011年专业设备制造业、交通运输设备制造业、电子及通信设备制造业的基尼系数仍高于0.7，仪器仪表及文化办公机械制造业的基尼系数为0.90186，仍高于0.9，说明这些产业的集聚度仍处于一个较高的水平。而由表4－22及图4－12来看，这些产业的集聚度都有着不同程度的下降。其中，下降幅度最大的是专用设备制造业，从2003年的0.80412降至2011年的0.70678，降幅达0.098接近0.01。而基尼系数下降幅度最小的是仪器仪表及文化办公用机械制造业，其大致呈先升后降的趋势，从2003年的0.92948攀升至2007年的0.93219，而又跌落至2011年的0.90186，其总跌幅仅为0.028，且仍处于一个较高的集聚度水平。而交通运输设备制造业、电子及通信设备制造业两者跌幅处于一个中间水平，前者跌幅为0.040，后者跌幅为0.063。而由其CR_8、CR_{30}数据（见表4－23）同样可以看出各行业之间的集聚情况及相关变化情况。

表4－22　　我国不同技术密集型产业基尼系数

年份	专用设备制造业	交通运输设备制造业	电气机械及器材制造业	电子及通信设备制造业	仪器仪表及文化办公用机械制造业
2003	0.80412646	0.79223156	0	0.83467658	0.92948812
2007	0.76837465	0.77799275	0	0.8116763	0.93219978
2011	0.70678423	0.75207499	0	0.76199351	0.90186197

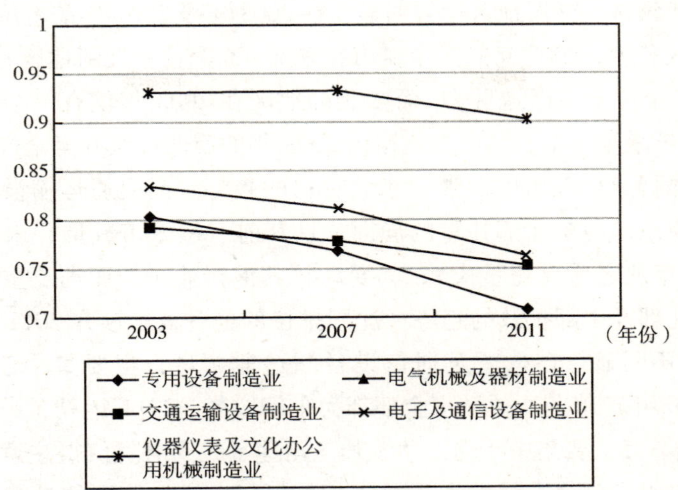

图 4－12　我国不同技术密集型产业基尼系数历年变化

表 4－23　　我国不同技术密集型产业 CR_4、CR_8 和 CR_{30} 系数变化　　单位：%

产　业	系数	2003 年	2007 年	2011 年
专用设备制造业	CR_4	24.46	20.64	19.66
	CR_8	36.54	32.06	25.98
	CR_{30}	72.27	65.50	55.96
交通运输设备制造业	CR_4	17.19	23.64	24.08
	CR_8	39.60	35.68	32.01
	CR_{30}	69.56	67.16	64.27
电气机械及器材制造业	CR_4			
	CR_8			
	CR_{30}			
电子及通信设备制造业	CR_4	26.55	23.88	22.24
	CR_8	40.42	37.87	30.72
	CR_{30}	76.75	71.45	66.39
仪器仪表及文化办公用机械制造业	CR_4	47.74	52.57	49.86
	CR_8	65.97	68.35	59.13
	CR_{30}	93.32	93.91	88.23

第二，而从产业的空间分布来讲，由我国不同技术密集型产业前八个城市分布来分析，我国的技术密集型产业的主要集聚区域大部分为东部。其中，专

用设备制造业领域，江浙地区优势明显，在2003年及2007年前三位城市均在长三角，而前八名中，2003年有7个城市在东部（6个位于江浙地区），2007年下降至6个（5个位于江浙地区）。而东北部地区在2003年仅有一个城市在前八位，而2011年增至2个，其中大连市由2003年的第四位跃升至全产业产值第二大城市，整体行业呈现出由江浙向东北转移的趋势。而交通运输设备制造业的分布大体呈现东部与东北部并重的局面，且其前六位城市成员并未有变动（仅广州在2007年及之后反超重庆），其变动较其他行业小。而需要重视的是，其有一定向东北部及中部扩散的趋势（沈阳排位的上升及长沙在2011年跻身前八位），但是并不明显。在电子及通信设备制造业领域，主要集中于东部地区，2003年、2007年产值前八位城市全部都为东部地区，2011年只有一个中部城市（合肥）入选。其主要集中于珠三角及长三角地区，同时，值得注意的是出现了从一线城市向周边二、三线城市扩散的趋势，其中比较典型的是苏州排名的上升（由2003年的第六位到在2011顶替上海成为第二位）与东莞在2007年顶替广州成为第八位，同时合肥出现在2011年第七位的位置应该也与其接近长三角的区位有一定关系。而仪器仪表及文化办公机械制造业中产值前八位全部位于东部地区，可见该产业在东部地区的集聚程度，同时从具体区域看，其主要集中地区同样是经济以及教科文较为发达的珠三角、长三角以及京津地区。而值得注意的是，该产业同样出现了由一线城市向周边二、三线城市扩散的趋势。其中较为明显的有苏州市在2011年取代上海市成为第二位、东莞市与惠州市排位的上升。同时，可以看出2003~2007年，产业逐渐向长三角的二、三线城市扩散（无锡、南京），而到2011年珠三角的产业地位有所上升（东莞、惠州、广州的排位增加）。

表4-24　我国不同技术密集型产业前八个城市分布

专用设备制造业									
CR_8	2003年	上海市	无锡市	苏州市	大连市	杭州市	宁波市	天津市	常州市
	2007年	上海市	苏州市	宁波市	大连市	杭州市	沈阳市	无锡市	青岛市
	2011年	上海市	大连市	苏州市	沈阳市	青岛市	杭州市	天津市	无锡市
交通运输设备制造业									
CR_8	2003年	上海市	长春市	重庆市	广州市	北京市	天津市	无锡市	沈阳市
	2007年	上海市	长春市	广州市	重庆市	北京市	天津市	沈阳市	苏州市
	2011年	上海市	长春市	广州市	重庆市	北京市	天津市	沈阳市	长沙市

续表

电子及通信设备制造业									
CR_8	2003 年	佛山市	上海市	青岛市	宁波市	深圳市	苏州市	杭州市	广州市
	2007 年	佛山市	上海市	苏州市	深圳市	青岛市	宁波市	无锡市	东莞市
	2011 年	佛山市	苏州市	上海市	无锡市	深圳市	常州市	合肥市	宁波市
仪器仪表及文化办公用机械制造业									
CR_8	2003 年	深圳市	上海市	苏州市	北京市	天津市	东莞市	厦门市	惠州市
	2007 年	深圳市	上海市	苏州市	北京市	天津市	东莞市	无锡市	南京市
	2011 年	深圳市	苏州市	上海市	东莞市	天津市	北京市	惠州市	广州市

第三，就整体技术密集型产业的在东部、中部、空间分布而言，由我国不同地区的平均集聚率可以看出，其在空间上的变化主要有以下几点：

专用设备制造业及电子及通信设备制造业均是东部地区占产业份额的大部分然后逐年减少分别由 2003 年的 80.31% 与 85.30% 降至 2011 年的 68.13% 与 74.91%。而中部、西部、东北部所占份额逐年增加，是典型的产业由东部地区逐渐扩散至中部、西部、东北部各地区的变化走势。同时也可以看出，中部、西部、东北部各部中在专用设备制造业及电子及通信设备制造业领域中都是中部地区所增加的份额最大。而西部和东北部始终在整个产业当中占据最小的份额。

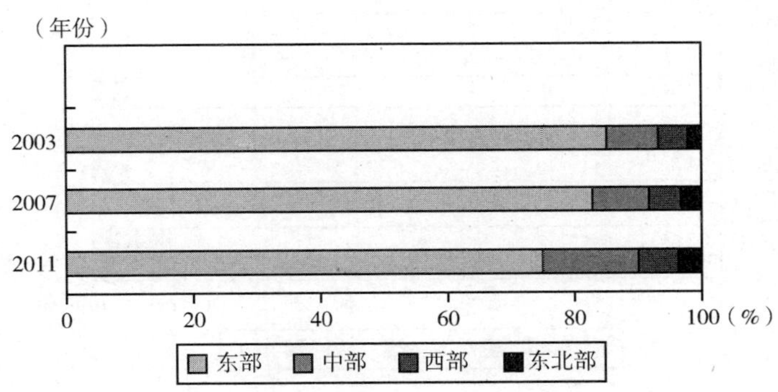

图 4－13　专业设备制造业与电子设备及设备制造业地区分布变化

交通运输设备制造业的区域分布情况较同类其他产业而言集中度较低，大体呈东部占据较大份额，同时中部、西部、东北部也各占据一定份额的态势。其东部地区及西部地区所占份额的变化均呈现先增后减的态势。中部地区 2003 年、2007 年两年所占产业比例持平，在 2011 年有着较大幅度的增长，由 14.40% 增至 18.16%。而东北部地区所占产业比例则是呈连续小幅下滑的态势，由 2003 年的 12.77% 一路下滑至 2011 年的 10.47%。从行业整体区域变化上讲，2003～2007 年大体呈现产业小幅转移至东部及西部态势，而从 2007～2011 年大体呈由东部、西部、东北部地区转移至中部地区的态势。同时，需要注意的是，交通运输设备制造业的区域分布变化情况较同类别其他产业幅度较小。

仪器仪表及文化办公用机械制造业的区位分布更趋向于集中于东部，东部地区占整个产业份额绝大部分（2003 年、2007 年皆大于90%），中部、西部、东北部占极小份额。同时，东部地区所占份额的变化情况呈先增后降趋势，由 2003 年的 93.44% 增至 2007 年的 94.54%，又降至 87.61%。东北部地区所占份额变化大体呈下降趋势，虽然 11 年小有反弹（由 2007 年的 0.58% 升至 0.77%），但仍未恢复至 2003 年水平（1.08%）。而中部所占份额变化情况呈小幅上升趋势，由 2003 年的 2.05% 升至 2011 年的 5.88%。西部地区所占份额变化呈先降后增趋势，先是由 2003 年的 3.43% 降至 2007 年的 2.67%，又攀升至 2011 年的 8.87%。总体上讲，整个产业已经呈现由东部逐渐向中西部扩散的趋势。但是变动的幅度较小，东部地区占产业比例绝大份额的情形并没有得到改变。

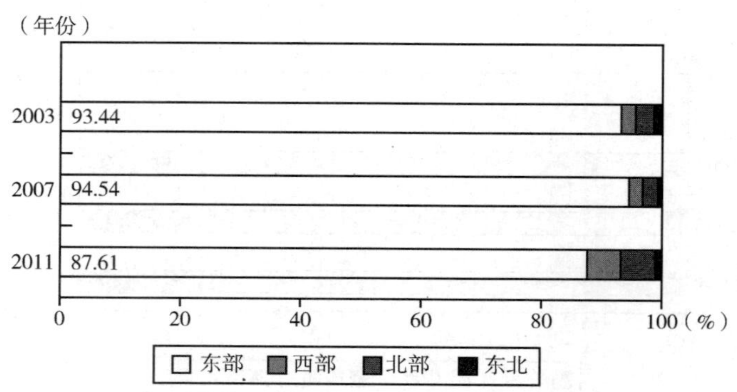

图 4－14　仪器仪表及文化办公用机械制造业不同地区城市分布

第二节　城市产业多样化与专业化发展选择

近年来，众多学者围绕我国市场一体化和地区产业结构专业化开展了大量研究，主要集中探讨专业化的评价方法及地区专业化对经济增长或产业集聚的影响等方面，然而学界尚未对我国地区产业结构专业化的发展趋势、决定因素达成共识。分析认清我国地区专业化现状、趋势及其决定因素，不仅具有重要的理论意义，而且对各地区依据各自要素禀赋和产业基础合理优化产业结构、促进区域经济协调发展、提高区域经济一体化水平也具有一定的指导意义。鉴于此，本部分在利用 2003 年、2007 年和 2011 年全国 273 个地级以上城市的工业数据，对全国城市产业专业与多样化情况进行分析的基础上，综合新古典贸易理论、马歇尔外部性理论、新贸易理论和新经济地理理论，探讨我国地区产业结构专业化的决定因素。

一、中国城市产业专业化与多样化特征观察

产业多样化的衡量方法主要包括早期的赫希曼——赫芬达尔指数（HHI）和耐用品指数，克鲁格曼提出的区位基尼系数（Locational Gini Coefficient）等。本书选择 Duraton（2001）在研究中所采用的相对多样化指数来衡量城市工业的多样化水平，以各行业工业总产值为经济指标进行计算。该方法是在赫芬达尔指数的基础上衍生出来的，赫芬达尔指数的倒数常用来衡量多样化，见公式（4－3）：

$$HDI_i = 1 \Big/ \sum_j S_{ij}^2 \qquad (4-3)$$

其中，HDI_i 是赫芬达尔指数的倒数，表示城市 i 工业多样化指数，其最小值为 1，代表城市完全专业化于某一个产业；S_{ij} 为城市 i 中产业 j 工业总产值占城市全部工业总产值的比重。

为了便于城市之间的比较，一般采用相对多样化指标，具体形式为：

$$DI_i = 1 \Big/ \sum_j |S_{ij} - S_j| \qquad (4-4)$$

其中，DI_i 表示城市 i 工业相对多样化指数，S_j 为产业 j 全国工业增加值占全国所有产业工业增加值的比重，DI_i 的值越大，表明该城市产业种类越多样化。

通常选用地区专业化指数衡量城市产业的专业化水平，即选择某城市中就业人数最多的行业作为该城市的专业化行业，用该行业的就业人数占城市总就业人数中的份额作为专业化指数：

$$ZZI_i = max_j(S_{ij}) \qquad (4-5)$$

为了更加准确地反映某城市工业相对全国的专业化程度，本书采用相对专

业化指数，一般相对专业化指数的形式为：

$$ZI_i = max_j\left(\frac{S_{ij}}{S_j}\right) \tag{4-6}$$

度量特定产业在某一地区的专业化程度，国内外一般用区位商指标，如Henderson等（1995）、Cecile（2002）、程秀林（2007）、薄广文（2007）。j产业在i地区的区位商被定义为j产业增加值在i地区产业总体中的所占份额与该产业在全国产业总体中的所占份额之比，具体计算公式如下：

$$S_{i,j} = \frac{\frac{Y_{i,j}}{Y_i}}{\frac{Y_{n,j}}{Y_n}} \tag{4-7}$$

其中，n 表示全国；$Y_{n,j}$为 j 产业在全国的增加值总量；Y_i 和 Y_n 分别表示为 i 地区和全国产业增加值的总量。显然这个指标度量了 j 产业相对全国水平而言在 i 地区的专业化程度。

对于某产业在某一地区面临的产业环境的多样性我们用标准化的Herfindhal集中性指数的倒数来测量，即对于 i 地区 j 产业，其外部产业环境的多样性被定义为除 j 产业以外的所有其他产业在 i 地区增加值中所占的份额，其公式为：

$$D_{i,j} = \frac{\dfrac{1}{\sum_{j'\neq j}^{M}\left[\dfrac{Y_{i,j'}}{Y_i - Y_{i,j}}\right]^2}}{\dfrac{1}{\sum_{j'\neq j}^{M}\left[\dfrac{Y_{n,j'}}{Y_n - Y_{n,j}}\right]^2}} \tag{4-8}$$

其中M表示产业总数，$Y_{i,j'}$为 i 地区除 j 产业以外的所有其他产业的增加值之和，$Y_{n,j'}$为全国除 j 产业以外所有其他产业增加值之和。该指标反映了 j 产业在 i 地区所有具有的产业多样性环境，其并不必然与 j 产业的专业化指数负相关。如果该指标的回归系数为正，则反映了产业之间的外部性，即Jacobs外部性对产业增长起促进作用。

利用作者收集整理的全国273个地级以上城市的数据，我们对全国地级以上城市工业多样化和专业化情况进行了分析，研究结果表明：

第一，全国城市工业多样化水平和专业化水平存在显著差异。由于篇幅有限，本章仅给出了全国273个地级及以上城市工业专业化指数和工业多样化指数的描述性统计（见表4－25和表4－26）。从表4－25和表4－26反映的结果来看，全国城市工业多样化水平和多样化水平差异显著。如2011年273个城市工业多样化水平最高的城市，指数达到为1.510，而最低的城市指数仅为0.556；工业专业化水平最高的城市，指数达到580.359，而最低的城市指数仅为5.875。

表4－25　全国273个地级及以上城市工业多样化指数描述性统计

年份	最大值	最小值	均值	标准差
2003	1.749	0.533	0.786	0.183
2007	1.608	0.540	0.814	0.171
2011	1.510	0.556	0.855	0.175

表4－26　全国273个地级及以上城市工业专业化指数描述性统计

专业化	最大值	最小值	均值	标准差
2003	728.380	4.322	56.043	76.456
2007	929.053	4.244	53.832	84.194
2011	580.359	5.875	41.578	56.843

第二，从演变趋势来看，全国城市工业专业化水平总体下降，多样化水平总体上升。由于篇幅有限，本章仅列出了全国273个地级及以上城市工业专业化指数平均值和工业多样化指数平均值（见表4－27）。从表4－27反映的结果来看，全国273个地级及以上城市工业相对专业化指数平均值由2003年的56.043下降至2007年的53.832，再下降到2011年的41.578；而全国273个地级及以上城市工业相对多样化指数平均值由2003年的0.786上升至2007年的0.814，再上升至2011年的0.855（见表4－27）。以上表明，近年来我国各城市工业化过程中，总体呈现多元化的发展特征。

表4－27　全国城市工业专业化与多样化平均值

年份	专业化指数	相对专业化指数	多样化指数	相对多样化指数
2003	0.255	56.043	13.875	0.786
2007	0.241	53.832	14.629	0.814
2011	0.225	41.578	16.706	0.855

注：该平均值为全国273个城市的算术平均值，数据来源于作者的计算处理。

第三，从地区角度来看，东部地区城市工业多样化特征明显，而西部地区城市工业专业化特征显著。根据我们对东部地区城市、中部地区城市、西部地区城市和东北地区城市 2003 年、2007 年和 2011 年工业多样化和专业化水平的测算，东部地区城市工业多样化特征明显，2011 年东部地区城市工业多样化指数平均值为 0.948，而中部地区、西部地区和东北地区城市分别为 0.864、0.760 和 0.790，表明西部地区城市工业多样化水平最低。与之相对应，西部地区城市工业发展呈现明显的专业化特征，2011 年西部地区城市工业多样化指数平均值为 66.135，而东部地区、中部地区和东北地区城市工业多样化指数平均值分别为 26.686、37.508 和 37.379。可见，在我国城市工业化发展中，东部地区城市更倾向于多种工业共同发展，而中西部地区城市更倾向于工业的专业化发展。

表 4 – 28　　各地区城市工业多样化指数平均值

年份	东部地区	中部地区	西部地区	东北地区
2003	0.908	0.760	0.689	0.724
2007	0.938	0.796	0.717	0.740
2011	0.948	0.864	0.760	0.790

注：该平均值为各地区城市的算术平均值，数据来源于作者的计算处理。

表 4 – 29　　各地区城市工业专业化指数平均值

年份	东部地区	中部地区	西部地区	东北地区
2003	28.054	55.252	95.318	46.805
2007	27.102	52.882	92.396	43.454
2011	26.686	37.508	66.135	37.379

注：该平均值为各地区城市的算术平均值，数据来源于作者的计算处理。

为了进一步验证不同地区城市工业多样化和专业化水平存在差别，我们列出了 2011 年全国工业多样化水平最高和最低 10 个城市以及工业专业水平最高和最低 10 个城市。从表 4 – 30 和表 4 – 31 反映的结果来看，全国工业多样化水平最高的 10 个城市基本为东部地区城市（仅有重庆和成都两个西部特大型城市进入全国工业多样化水平最高 10 个城市之列）；而全国工业多样化水平最低的 10 个城市基本为中西部地区城市（东部地区仅有以旅游城市著称的三亚进入工业化多样化最低 10 个城市之列）。而全国工业专业水平最高的 10 个城市基本为中西部地区城市，而工业专业化水平最低的 10 个基本为东部地区城市。

表 4-30　　2011 年全国工业多样化水平最高和最低的 10 个城市

全国相对多样化水平最高 10 个城市			全国相对多样化水平最低 10 个城市		
城市	指数值	所在地区	城市	指数值	所在地区
上海	1.510	东部	榆林	0.591	西部
重庆	1.442	西部	鹤岗	0.590	东北
石家庄	1.297	东部	崇左	0.585	西部
杭州	1.287	东部	朔州	0.585	中部
淮安	1.284	东部	鹰潭	0.576	中部
成都	1.275	西部	三亚	0.573	东部
天津	1.245	东部	阳泉	0.569	中部
潍坊	1.203	东部	嘉峪关	0.566	西部
宁波	1.197	东部	延安	0.556	西部
南京	1.194	东部	固原	0.556	西部

表 4-31　　2011 年全国工业专业水平最高和最低的 10 个城市

全国相对专业化水平最高 10 个城市			全国相对专业化水平最低 10 个城市		
城市	指数值	所在地区	城市名	指数值	所在地区
保山	580.359	西部	衢州	9.907	东部
安康	465.776	西部	盐城	9.720	东部
崇左	422.435	西部	南京	9.457	东部
鄂州	222.729	中部	眉山	9.082	西部
商洛	183.847	西部	马鞍山	8.005	中部
雅安	173.174	西部	济南	7.783	东部
来宾	143.490	西部	苏州	7.664	东部
绵阳	126.568	西部	北京	7.571	东部
三门峡	123.045	中部	沈阳	7.052	东部
固原	121.432	西部	上海	5.875	东部

注：表中数据位作者利用有关数据处理所得。

从各地区城市工业多样化和专业化水平变化趋势来看，全国所有地区的城市工业多样化水平均有所上升，而工业专业化水平均有所下降，这与我们前文分析的结论一致。如东部地区城市工业多样化指数平均值由 2003 年的 0.908 上升至 2011 年的 0.948，而工业专业化指数平均值由 2003 年的 29.054 下降到 2011 年的 26.686。

第四，从不同规模城市来看，不同规模城市工业专业化与多样化水平存在显著差异。不仅不同地区城市工业专业化和多样化水平差异显著，不同规模城市的工业专业化和多样化水平也差异明显。图4－15和图4－16反映了不同规模城市工业专业化和多样化水平及变化。通过同一时期各规模城市的比较可知，城市工业多样化水平随着城市规模扩大而提高，城市专业化水平随着城市规模扩大而下降，如2011年特大型城市工业多样化指数平均值为1.02，而小型城市工业多样化平均值仅为0.74；2011年特大城市工业专业化指数平均值为27.14，而小型城市工业专业化指数平均值为79.19。可见，在中国的城市发展中，大城市更倾向于多种工业共同发展，而小城市更倾向于工业的专业化发展。

从时间序列上看，各类规模城市的工业多样化水平在2003～2011年期间均呈现上升趋势，专业化水平在2003～2011年间均呈现下降趋势。如小型城市工业多样化指数平均值由2003年的0.68上升至2007年的0.72，再上升至2011年的0.74；而工业专业化指数平均值由2003年的79.19下降至2007年的64.00，再下降至2011年的59.30。表明近年来，我国各类城市在工业发展过程中呈现较为明显的多元化趋势。

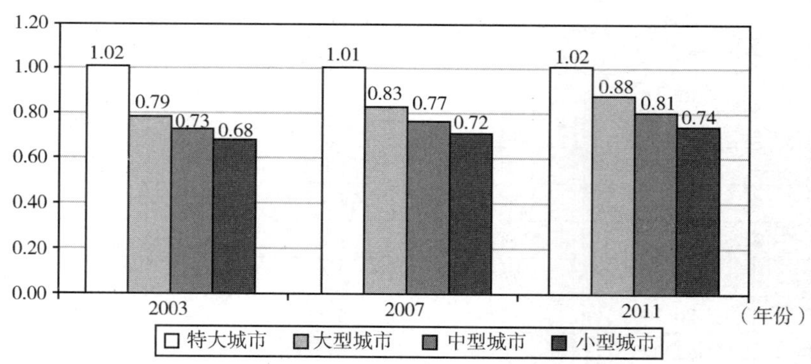

图4－15　不同类型城市工业相对多样化水平及变化

另外，我们进一步通过相关系数表来观察工业多样化、专业化与城市规模的关系。城市规模用城市内非农业人口数表示，考虑到数据的可得性，选用2012年《中国城市统计年鉴》中的数据进行计算，结果见表4－32。可以看出，城市工业的多样化水平与城市规模正相关，相关系数为0.517，而专业化水平与城市规模负相关，但是相关系数水平较低，仅为－0.141。这与图4－15和图4－16反映的结果一致，即规模较大的城市产业多样化水平较高，专业化水平较低，

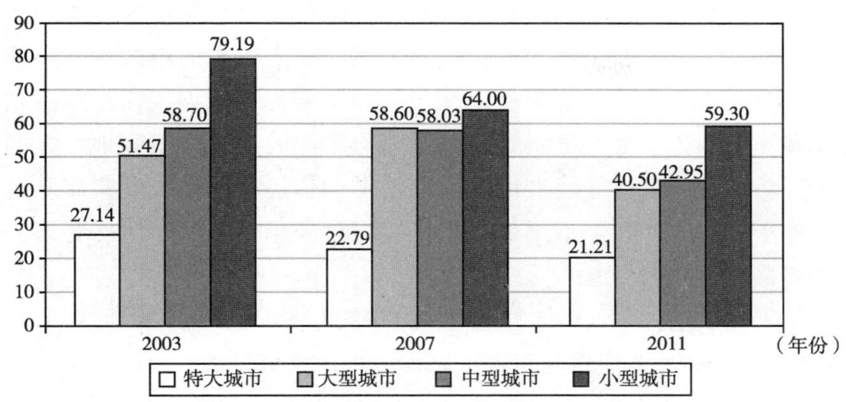

图 4－16　不同类型城市工业相对专业化水平及变化

反之则反；而且与我国城市经济发展的实践相符，在规模较大的城市中，由于人力和科技资源丰富，不同企业之间的信息交流顺畅，吸引各类产业集聚，带来多样化的产业结构，使得相对专业化水平下降。此外，多样化与专业化水平之间存在一定的负相关性，但并不完全负相关，相关系数仅为－0.27。

表 4－32　多样化、专业化与城市规模相关系数

	城市规模	相对专业化	相对多样化
城市规模	1.000	－0.141	0.517
相对专业化	－0.141	1.000	－0.270
相对多样化	0.517	－0.270	1.000

二、地区专业化决定因素及其检验模型

目前有四种理论可用于解释地区专业化的成因：一是新古典贸易理论；二是新贸易理论；三是新经济地理理论；四是集聚经济理论。新古典贸易理论以完全竞争、同质化产品和规模报酬不变为主要特征，强调不同地区生产效率或现有技术差异以及要素禀赋引起的相对生产成本差异（也称为比较优势）在地区专业化中的作用。经济一体化进程有利于各区域根据自身比较优势进一步优化生产要素和各种资源在生产活动中的配置，专业化生产能够密集使用本地区优势要素或资源的产品。由于要素可在区域之间自由流动，因而各地区对生产要素的需求最终会使生产要素价格在各地区趋于均等。因此新古典贸易理论为

产业间专业化的产生提供了有利证据。然而，比较优势在解释地区专业化成因方面并不充分。大多数工业化国家已普遍采用产业内贸易的形式相互交换同一产品类别的差异化的商品。新贸易理论与新经济地理理论以规模报酬递增、产品差异化和不完全竞争为特征，认为产业间与产业内贸易在不同地区之间是同时存在的。新贸易理论与新经济地理理论均强调市场规模在产业集聚和地区专业化中的作用，但前者假定不同地区市场规模是外生给定的，而后者认为市场规模是由集聚经济内生决定的。

本章引入区域规模（size）、地区人口密度（dens）以及地区虚拟变量（east、central、west）等变量分别表示比较优势、集聚经济、运输成本和市场接近性对地区专业化的影响。首先，区域规模对地区专业化的影响有两个方面，一是根据新古典贸易理论，规模越大的区域，其人口异质性和各种地域因子比如自然资源禀赋、地理和气候特征的变化就越大，其地区专业化程度就越低；二是新经济地理理论认为区域规模越大则集聚效应就越强，从而在某些行业可能有特定的集聚经济，从而又促进了大规模区域的专业化。其次，地区人口密度衡量了运输成本在地区专业化中的作用。那些必须支付高运输费用的产业就倾向于在人口密集的区域分布，而过度集聚又会产生拥挤成本，在此情况下需要较低运输费用的行业将会在人口稀疏的区域分布。因此，地区人口密度能够影响产业专业化程度。最后，地区虚拟变量衡量了地理位置对于地区专业化的影响。新经济地理理论认为市场接近性是企业进行专业化生产、获得规模经济效益的根本原因。影响产业区位选择的市场力量在东、中、西部地区依次递减，引入我国东中西部地区虚拟变量可以在一定程度上反映厂商面临的市场规模。马歇尔外部性是另一种影响地区专业化的重要力量。该理论认为专业化集聚有三个方面主要来源：劳动力“蓄水池”效应、中间投入品和生产性服务的规模经济、专业技术和知识的外溢效应。劳动力资源共享与匹配和知识溢出效应这两条外部性作用渠道与一定空间内专业技术人才密度密不可分。城市中较高的劳动力和专业人才密度使人们在空间上更为接近，有利于工人就近获得匹配工作岗位，也有利于产生相互合作、知识共享的创新氛围，促进厂商之间知识溢出效应。本章以地区人才密度（tcdens）来衡量企业受到的外部经济的影响。

根据以上理论分析，令 S 为地区专业化水平，最终用于解释地区专业化的模型具有如下形式：

$$S_{it} = \alpha_0 + \alpha_1 Insize_{it} + \alpha_2 Indens_{it} + \alpha_3 Intcdens_{it} + \alpha_4 east_{it} + \alpha_5 central + \alpha_6 west + \mu_{it} \tag{9}$$

此外，Imbs and Wacziarg[1]认为地区专业化程度还与当地经济发展状况有关，地区专业化程度随着地区经济发展水平不断提高表现出先降低后增加的U形发展趋势。因此，以地区人均收入（pcincom）表示区域发展状况，在（1）式中同时引入pcincom及其二次项来体现区域经济发展状况对地区专业化的影响。则（1）式变为：

$$S_{it} = \alpha_0 + \alpha_1 Insize_{it + \alpha_2} Indens_{it} + \alpha_3 Intcdens_{it} + \alpha_4 east_{it} + \alpha_5 central + \alpha_6 west + \alpha_7 Inpcincom_{it} + \alpha_8 In(Inpcincom)_{it} + \mu_{it} \quad (4-10)$$

其中，α_0 为常数，$\alpha_1 \sim \alpha_8$ 为弹性系数，μ_{it}为随机误差，在面板数据模型中允许截面同期相关和时间序列相关，即 $\mu_{it} = C_i + T_t + \varepsilon_{i,t}$，$C$ 和 T 分别是截面单元固定效应和时间固定效应，$\varepsilon_{i,t}$是期望为零的独立同分布随机变量，即 $\varepsilon_{i,t} \sim N(0, \sigma^2)$，$i = 1, 2, \cdots, N$，为截面单元数，$t$ 为年份。

三、变量与数据说明

考虑到多样化和专业化某种程度上一个问题的两个方面，因此本书重点对专业的决定因素进行分析。由于数据获取的可得性，本书以全国273个地级及以上城市2005~2011年数据，数据来自2006~2012年《中国城市统计年鉴》《中国区域经济统计年鉴》，价格指数来自2005年以来各省统计年鉴。被解释变量：地区专业化的度量。选取各城市中19个行业就业数据来计算地区专业化指标，这19个行业为：农、林、畜、渔业，采矿业，制造业，电力、燃气及水的生产和供应业，建筑业，交通运输仓储和邮政业，信息传输、计算机服务和软件业，批发和零售业，住宿和餐饮业，金融业，房地产业，租赁和商务服务业，科学研究、技术服务和地质勘查业，水利、环境和公共设施管理业，居民服务和其他服务业，教育，卫生、社保和社会福利，文化、体育和娱乐业，公共管理和社会组织。就业数据为各城市19个行业单位从业人员数（单位：万人）。

解释变量：（1）地区规模：以各城市人口规模来表示，单位：万人。数据直接从历年《中国城市统计年鉴》采集。

（2）人口密度：以各城市人口规模与城市建成区面积之比来表示：$dens_i = \frac{p_i}{A_i}$。

其中，p_i为城市i人口规模，A_i为城市i建成区面积（单位：平方公里）

（3）专业人才密度：以各城市专业技术人才占总就业比重表示：$tcdens_i = \frac{\tau_i}{\sum_p E_{i,p}}$。

其中，T_i为城市 i 专业技术人员。本文以信息传输、计算机服务和软件业以及科研技术人员数占城市就业比重来衡量城市专业技术人才密度。笔者认为这个指标在一定程度上测度了厂商感受到的外部经济。

（4）地区人均收入：以各城市人均工资水平来表示（单位：元）。以 2005 年为基期，采用消费者价格指数进行价格调整。

四、计量模型估计与结果说明

本章顺序使用 F－统计量、Hausman 检验、Wooldridge 检验、LR 检验法选择适宜的面板数据模型。结果显示方程中存在个体效应，Hausman 检验接受原假设，且误差项存在一阶自相关，个体间误差项亦存在异方差。为了消除自相关和异方差，本章用可行的广义最小二乘法（FGLS）来估计个体间的误差项存在自相关和异方差的情况。表 4－33 列出了方程（2）的面板 FGLS 估计结果。

表 4－33　　地区专业化及其影响因素的面板 FGLS 估计

变量	（1）	（2）	（3）	（4）	（5）
lnsize	－0.0464***	－0.0395***	－0.0370***	－0.0373***	－0.0364***
lndens	－0.0583***	－0.0536***	－0.0467***	－0.0467***	－0.0473***
east		0.0494***	0.0713***	0.0719***	0.0703***
central		0.0313*	0.0101	0.0101	0.0102
west		－0.0247	－0.0173	－0.0467	－0.0027
lntcdens			0.0647***	0.0467***	0.0651***
lnpcincom				0.00235	－0.458***
$(\text{lnpcincom})^2$					2.130***
－cons	1.094***	1.039***	0.771***	0.750***	－4.467
R^2	0.8472	0.8835	0.9232	0.9257	0.9583
N	2002	2002	2002	2002	2002

注：括号中为 t 统计值；* 表示 $p<0.10$，** 表示 $p<0.05$，*** 表示 $p<0.01$；N 为样本量。

表 4－33 的面板估计结果显示，生产的专业化水平随着城市规模的提高而

降低，这强调了特定地区的专业化水平与地域分割程度的密切联系。地区规模越大，内部人口异质性、要素禀赋差异和自然地理差异就越大，这些因素的存在阻碍了地区一体化进程，从而导致生产的专业化水平降低。城市人口密度对专业化的影响为负，可能意味着人口越是密集的城市的生产结构就越接近整体的平均水平（生产结构越是具有趋同倾向），即我国大多城市人口密度过大，已经产生过度集聚现象，拥挤成本不利于地区生产的专业化。从方程（1）~（3）看，随着地区虚拟变量和专业技术人才密度的引入，方程拟合优度明显提高（从0.8472提高到0.9232），说明地理区位和外部性对城市专业化具有很强的解释能力。地区虚拟变量的估计结果显示，城市地理区位对专业化水平具有不同的影响效果方程（2）~（5）。与中西部地区相比，东部地区城市具有更高的专业化水平，也就是说，城市越是接近国内外市场，其生产结构的差异性就越强。方程（3）~（5）中城市专业技术人才密度的参数估计显著为正，说明发达的劳动力市场、充裕的中间产品供给与厂商之间或员工之间密切的相互联系和合作（技术外溢）有利于厂商在同一地域集中布局和进行专业化生产。地理区位和外部性对地区专业化的影响特征可以在一定程度上解释目前我国东部地区大多数企业难以向中西部地区转移或集聚的问题。尽管我国东部地区在自然资源、劳动力成本、本地市场等方面没有明显优势，但其靠近国外市场，在国内市场需求日渐萎靡的情况下，国外市场需求的影响使大部分外向型企业在该地区集聚，受规模报酬递增影响，厂商集聚、收入水平提高和劳动力流动之间的累积循环机制带来的收益使企业并不情愿转移到其他地区。此外，受外部经济影响，大型企业能够便捷地在东部地区获得所需要的技术型劳动力、廉价的中间投入品和充分的技术供给，但在西部地区，这些要素条件和基础设施水平缺乏使大型企业难以存活。引入城市平均收入后，方程（4）的拟合优度与方程（3）相比并未明显改善，且城市人均收入的参数估计并不显著。而将城市人均收入二次项引入方程后如方程（5），拟合优度迅速由0.9257增加到0.9583，且城市人均收入及其二次项参数估计的显著性也得到明显改善，说明城市经济发展水平与生产专业化之间具有显著的非线性关系。具体来说，城市人均收入二次项系数为正（2.13），一次项系数为负（-0.458），表明随着人均收入增加（或经济发展水平提高），城市专业化水平表现出先降低后增加的U形发展模式，这一结果也印证了Imbs and Wacziarg对于地区经济发展水平与专业化之间关系的假设。为反映地区差距，笔者将全国286个地级及以上城市分为东、中、西三个子样本，分别估计了各因素对地区专业化的影响。表4-33报告了相应的估计结果。

表 4－34　　地区专业化及其应先个因素的分地区面板 FELS 估计结果

变　量	东	中	西
lnsize	－0.020976 **	－0.049055 ***	－0.0421099 ***
lndens	－0.032287 ***	－0.0509535 ***	－0.0554358 ***
lntcdens	0.084352 **	0.034024 ***	0.0583223
lnpcincon	－0.0452565 **	－0.0385368 **	－1.484926 *
$(\mathrm{lnpcincon})^2$	0.0837631 **	0.410008 **	6.783432 *
－cons	0.6837039	－7.376171	－0.6729925
R^2	0.8857	0.8882	0.8905
N	2002	2002	2002

注：括号中为 t 统计值；* 表示 $p<0.10$，** 表示 $p<0.05$，*** 表示 $p<0.01$；N 为样本量。

表 4－34 显示，与全国样本估计相似，城市规模对地区专业化的作用为负，且中西部地区的负向影响大于东部地区，说明中西部地区导致城市内部异质性的因素对区域一体化的阻碍作用较东部地区更强，使得中西部地区区域分割程度更大，从而对地区专业化具有更强的负面效应。随着城市人口密度不断增大，东中西部地区专业化都在不断降低，且城市人口密度对专业化的负面影响由西向东逐渐降低，表明我国西部和中部地区各大城市也表现出明显的过度集聚现象，且拥挤效应由西向东逐渐降低。与东部地区相比，中部和西部地区城市的集聚效应明显偏低，该类城市不仅城市本身发展缺少产业支撑，而且城市空间布局分散、交通基础设施不健全，难以形成集聚经济优势。在产业基础薄弱、集聚效应不显著下，行政干预成为推动城市发展的主要力量。由行政主导的盲目推进城市化的策略不仅使大多数城市规模过大，更使得各城市生产结构不断趋同，造成土地资源浪费和要素配置扭曲。以城市专业技术人才密度表示的外部经济对专业化的作用也具有明显的地区差异，其作用效果从东向西依次降低，说明东部地区产业较中西部地区更具有专业化集聚趋势，在行政力量主导下，西部地区城市的粗放式发展不仅阻碍了劳动力、中间投入和技术等生产要素在市场机制下自由集聚并发挥集聚优势，而且还增加了经济运行成本，阻碍专业化进程。城市人均收入及其二次项的参数估计在三个地区相似，表明经济发展与地区专业化之间的 U 形发展模式在不同地区具有稳定性。

（执笔人：吴三忙）

本章参考文献

① 奥古斯特·勒施．2010. 经济空间秩序［M］. 北京：商务印书馆．

② 薄文广．2007. 外部性与产业增长［J］. 中国工业经济，(1)：58－69.

③ 保罗·贝洛克．1991. 城市与经济发展［M］. 南昌：江西人民出版社．

④ 陈丹虹．2008. 珠三角地区劳动密集型产业转移研究．暨南大学硕士学位论文．

⑤ 陈汉欣．2006. 新世纪我国钢铁工业的发展与布局及其愿景［J］. 经济地理，(01)：98－106.

⑥ 陈景新，王云峰．2014. 我国劳动密集型产业集聚与扩散的时空分析．统计研究，31(2)：34－42.

⑦ 陈湘桂，叶永生．2005. 广西与广东资金技术密集型产业比较分析．广西经济管理干部学院学报，17（4）：61－65.

⑧ 符正平，曾素英．2008. 集群产业转移中的转移模式与行动特征——基于企业社会网络视角的分析［J］. 管理世界，(12)：14－23.

⑨ 高鸿鹰，武康平．2010. 技术密集与制造业集聚：一个基于中间厂商博弈的分析［J］. 产业经济研究，(46)：10－16.

⑩ 高楠，郭小川．2013. 基于产业生命周期理论的我国资源型产业的发展历程研究．贵州大学学报，31（2）：34－37.

⑪ 贺灿飞，朱彦刚．2010. 中国资源密集型产业地理分布研究——以石油加工业和黑色金属产业为例．自然资源学报，25（3）：488－501.

⑫ 黄艳．2009. 我国典型劳动密集型产业的分布现状及近年来的转移趋势．现代经济，(9).

⑬ 李燕，贺灿飞，朱彦刚．2010. 我国劳动密集型产业地理分布研究．地理与地理信息科学，(1).

⑭ 林玮，张向前．2013. 我国技术密集型产业国际竞争力研究．科技进步与对策，30(5)：52－59.

⑮ 林秀林．2007. 地区专业化、产业集聚与省区工业产业发展［J］. 经济评论，(6)：69－79.

⑯ 刘娟．2012. 煤炭资源主导型产业的集群化发展研究．中国矿业大学博士学位论文．

⑰ 刘思思．2011. 地方政府行为对区域产业结构趋同的影响分析．南京：南京财经大学．

⑱ 陆发安．2006. 我国东西部劳动密集型产业转移之思考．广西经济，(7).

⑲ 吕铁．2003. 论技术密集型产业的发展优势，中国工业经济，10（187）：13－20.

⑳ 覃成林，熊雪如．2013. 我国制造业产业转移动态演变及特征分析［J］. 产业经济研究，(63)：12－21.

㉑ 汪彩君．2011. 过度集聚、要素拥挤与产业转移研究．杭州：浙江工业大学．

㉒ 王锋正，郭晓川 . 2007. 资源型产业集群与内蒙古经济发展［J］. 工业技术经济，(01)：14 – 21.

㉓ 王坤 . 2003. 基于“钻石体系的”资源型产业集群成长的分析［J］. 北方经济，(13)：5 – 9.

㉔ 韦伯 . 2010. 工业区位论［M］. 北京：商务印书馆 .

㉕ 魏博通 . 2009. 中国制造业的空间分布及变动趋势 . 湖北师范学院学报（哲学社会科学版），(4).

㉖ 魏守华，陈扬科，陆思桦 . 2016. 城市蔓延、多中心集聚与生产率［J］. 中国工业经济 . (08)：58 – 75.

㉗ 徐康宁，韩剑 . 2006. 中国钢铁产业的集中度、布局与结构优化研究：兼评 2005 年钢铁产业发展政策 . 中国工业经济，(2)：37 – 44.

㉘ 许经勇 . 2008 . 我国劳动密集型产业面临严峻挑战 . 湖南城市学院学报，29 (3).

㉙ 杨峰，雍兰利 . 2007. 21 世纪我国技术密集型产业自主创新的约束条件 . 河北师范大学学报，30 (6)：16 – 20.

㉚ 杨伟民，秦志宏 . 2005. 资源型产业集群竞争优势的动态演变路径［J］. 内蒙古大学学报（人文社会科学版），(4)：90 – 93.

㉛ 徐康宁，韩剑 . 2006. 中国钢铁产业的集中度、布局与结构优化研究：兼评 2005 年钢铁产业发展政策 . 中国工业经济，(2)：37 – 44.

㉜ 许经勇 . 2008 . 我国劳动密集型产业面临严峻挑战 . 湖南城市学院学报，29 (3).

㉝ 杨峰，雍兰利 . 2007. 21 世纪我国技术密集型产业自主创新的约束条件 . 河北师范大学学报，30 (6)：16 – 20.

㉞ 周江洪，陈翥 . 2009. 论区际产业转移力构成要素与形成机理中央财经大学学报，(2)：66 – 70.

㉟ Cecile Batise. 2002. 专门化、多样化和中国地区工业产业增长的关系［J］. 世界经济文汇，(4)：45 – 65.

㊱ Henderson V. , Kuncoro A. & Turner M. , 1995, Industrial Development in Cities, Journal of Political Economic, vol. 103, pp. 1067 – 1090.

㊲ Raymond Vernon. 1966. International Investment and International Trade in the Product Cycle. The Quarterly Journal of Economics, 80 (2): 190 – 207.

第五章　城市化与服务业发展

近年来，我国经济增长的动力格局发生了很大的变化，服务业的带动作用增强。服务业增加值在GDP中所占比重呈现上升趋势，2016年达到了51.6%。中国服务业就业人数已超过农业和工业，成为非农就业的主体。在快速的城市化进程中，服务业总体呈现集聚特征，但在不同城市中呈现出不同的空间组织形态。研究城市服务业空间分布特征及演变趋势，对于认识服务业发展规律，促进服务业和城市化的健康发展具有重要的理论和实践意义。

对于服务业的空间组织形态，Scott（1988）最先提出了“服务业集聚”的概念。Coffey（1991）等学者指出，功能不同的服务企业通过前后向联系呈现地理集群现象，在许多国际性城市形成“组织活动复合体”。很多学者认为，相对制造业而言，服务业更依赖本地市场容量，具有更强的空间集聚效应。Kolko（2007）在比较了美国各行业的集中度后发现，集中度最高的是生产性服务业。产业集聚成为当今服务业空间组织的重要特征之一，随着全球经济和国际市场一体化程度的不断提高，国际分工和专业化水平逐步深化以及社会网络、信任和规范等社会资本的作用，产业在世界范围内重新定位和布局，服务业集聚在地域上得到了快速的展现。

服务业集聚发展的主要空间载体是城市，因为城市化的发展本身就意味着聚集经济在空间地域上的实现，城市的产生是农业生产率提高、产业分工深化的结果。一般而言，大城市是服务业导向的，这是由于大城市经济规模比较大，可以满足高等级产业发展的门槛。大城市的产业基础更加分散和多样化，而小城市的产业发展往往更加专业化。Krugman（1991）指出，当今世界最为壮观的地方化范例实际上是建立在服务业的基础上而不是制造业，而且技术将促进服务业的地方化。这样就导致服务业在不同类型、不同规模的城市具有不同空间分布特征和发展机制。

国内学者对服务业的研究已经取得了很大的进展，但系统的对全国范围内服务业空间分布格局的研究较少。程大中和黄雯（2005）利用就业人口和增加值的数据分析了全国服务业的区位分布和地区专业化及变化趋势，由于数据的可得性问题，选择的是以省市区作为基本的空间分析单元。即使学者选择以地级及以上城市作为空间单元对服务业的分布进行研究，也多局限于小区域范围内。如闫小培和钟韵（2010）研究了广州作为高等级中心城市的其生产性服务业输出的空间结构特征，结果表明中心地的服务范围不限于单个城市体系的区域，服务的流向更多的是在高等级城市之间。李慧中和王海文（2007）利用区位指数和空间基尼系数研究了长三角服务业结构和空间布局，认为不同的服务业部门在结构演进中并非平行发展，在空间中也并非均质存在。在长三角地区，服务业形成了以上海为增长极、省会城市和经济中心城市为次一级增长极点的等级结构和雁阵格局。高传胜和刘志彪（2005）对长三角地区的生产性服务业的重要性和发展潜力进行了研究，认为发达的生产性服务促进了长三角制造业的大量集聚。在已有的相关文献中，对服务业的研究多集中在长三角地区和珠三角地区，即使对全国范围服务业格局进行的研究也多以省为分析单元（陈建军，陈国良，2009）。也有对全国地级及以上城市作为基本空间单元进行的分析（姚永玲，赵霄伟，2012），但这些研究多集中在服务业的就业格局方面。以服务业的从业人数作为衡量指标可以反映服务业的就业特征，但不能很好地反映其经济特征和趋势。从经济属性来讲，应该用服务业的增加值来进行分析。

有鉴于此，本章在以下四个方面做了改进：（1）在数据的使用上，本书主要利用服务业的增加值等常规性经济数据做深入翔实的分析，同时辅以从业人口规模进行比较。（2）在空间尺度选择上，本书选择地级及以上城市作为基本的空间单元进行分析，充分研究城市聚集经济下服务业空间分布的格局。（3）随着科技的发展，通信手段的多样化，部分服务产品可流通、可贸易，且服务产品的交易成本大幅下降。服务行业的布局及辐射范围有了新的变化，服务行业的空间分布会呈现新的特征。（4）关注不同类型服务业地理集聚的时空变化特征。尽管服务业地理集聚化是较为普遍的现象，但是不同服务部门由于其外部性、规模经济、产业关联度、服务对象以及发展目标等存在很大的差别，空间分布特点与演变趋势不尽相同。为弥补上述研究缺陷，本章采用测度产业地理集聚的指标对我国服务行业空间分布的特点及变化趋势进行了深入的分析。

本章所利用的数据主要来自《中国区域经济统计年鉴》《中国城市统计年鉴》以及中宏数据库。2000～2016 年使用 287 个地级及以上城市数据。由于 2011 年撤销地级巢湖市，2011 年使用 286 个地级及以上城市数据进行分析。2000～2016 年 287（或 286）个地级及以上城市的服务业增加值和地区生产总值都占全国的 98% 以上，所以地级及以上城市服务业的分布特征和演变趋势能够体现全国城市服务业总体的发展特征。

第一节　我国城市服务业的空间分布特征

一、服务业在城市中的分布及使用数据的解释

根据服务业的产值比重和从业人口比重在城市中的分布（见表5－1和表5－2），我们发现按服务业产值排序，排在前面的多为直辖市和省会城市，而排在后几位的多位资源密集型城市。按服务业从业人口比重来排序，排在前面的也多为直辖市和省会城市，而排在后面的则较为复杂，无律可循。

表5－1　　2010年城市服务业比重的部分列表　　单位：%

按服务业产值比重排序				按服务业从业人口比重排序			
名称	比重	名称	比重	名称	比重	名称	比重
北京市	75	克拉玛依市	10	北京市	74	陇南市	16
海口市	68	大庆市	14	乌鲁木齐市	70	通辽市	17
拉萨市	64	金昌市	15	海口市	60	保山市	19
三亚市	63	漯河市	18	包头市	56	贺州市	19
张家界市	62	鹤壁市	18	上海市	56	云浮市	19
广州市	61	嘉峪关市	19	乌海市	55	百色市	20
呼和浩特市	59	濮阳市	20	三亚市	54	保定市	20
上海市	57	许昌市	20	太原市	54	清远市	22
贵阳市	54	延安市	20	大连市	51	钦州市	22
乌鲁木齐市	54	攀枝花市	22	南昌市	51	潮州市	22
太原市	53	内江市	23	南京市	51	玉林市	22
深圳市	53	焦作市	23	广州市	50	崇左市	22
济南市	53	三门峡市	23	沈阳市	50	白银市	22
西安市	52	东营市	24	兰州市	50	开封市	22
南京市	52	巴彦淖尔市	24	武汉市	50	普洱市	22
武汉市	51	资阳市	24	牡丹江市	49	中卫市	22
哈尔滨市	51	宜春市	24	深圳市	48	汕尾市	23
南宁市	50	盘锦市	25	天津市	48	河源市	23
成都市	50	周口市	25	营口市	48	广安市	23
固原市	49	双鸭山市	25	珠海市	48	濮阳市	23

注：重庆、西宁和拉萨的服务业从业人口比重数据缺失。

表 5－2　　2015 年城市服务业比重的部分列表　　单位:%

按服务业产值比重排序				按服务业从业人口比重排序			
名称	比重	名称	比重	名称	比重	名称	比重
北京	80	内江	24	三亚	86	东莞	17
海口	76	资阳	25	固原	86	南通	18
乌鲁木齐	69	攀枝花	25	铜仁	82	绍兴	19
呼和浩特	68	鹤壁	26	乌兰察布	80	泉州	22
上海	68	漯河	26	北京	80	泰州	23
广州	67	宝鸡	27	六安	79	中山	24
三亚	66	咸阳	27	贺州	79	苏州	25
张家界	66	宜宾	28	丽江	79	扬州	25
太原	61	泸州	28	毕节	78	盘锦	26
兰州	60	眉山	28	昭通	77	佛山	26
西安	60	遂宁	28	丽水	76	莆田	29
拉萨	59	大庆	29	张家界	75	金昌	29
深圳	59	延安	29	银川	75	嘉峪关	29
杭州	58	南充	29	怀化	74	儋州	30
南京	57	雅安	30	河池	74	惠州	30
济南	57	曲靖	30	安康	73	鹤壁	30
贵阳	57	达州	30	陇南	73	台州	31
哈尔滨	56	滁州	30	中卫	73	伊春	32
厦门	56	乐山	30	海东	72	淮北	33
昆明	55	宜昌	30	广元	72	淄博	33

表 5－2 是 2015 年城市服务业产值比重和就业比重的前二十位城市和后二十位城市的列表。从城市服务业产值比重排序看，在前二十位的城市多为行政等级比较高的城市，城市服务业产值比重比较低的后十二位个城市多为资源型的城市。而从服务业从业人口比重排序来看城市的属性，难以发现规律性，且出现很多意想不到的城市，比如，从时间趋势上看，比较 2010 年和 2015 年的数据，城市服务业的就业比重排序具有极大的不稳定性和不可靠性。这也是解释了为什么用服务业增加值对于整个分析更加准确和有意义。

二、服务业在城市发展中的地位及比较优势

由于各个城市的经济发达程度、自然资源条件以及功能发展定位等不同，

服务业在一个城市的发展中发挥的作用也不同。限于篇幅我们只展示了服务业在城市经济中地位较高的前二十位城市。从表 5－3 可以看出，（1）北京、海口、三亚、拉萨、广州等 20 个城市服务业在其经济发展中占据着重要的地位，服务业的增加值在当地生产总值的占比基本都在 50% 以上，这些城市的经济增长主要依托服务业。（2）服务业比重排名在全国前二十位的城市中包括 2 个直辖市和 14 个省会城市。一般而言，直辖市和省会城市作为区域的政治、经济和文化中心，承担着重要的服务功能，产业发展的多元化特征突出，其服务业相对于工业更为重要。当然，也存在经济发展较为单一的省会城市。作为西藏自治区首府的拉萨，由于其地理位置、气候条件以及生态环境等的约束，产业发展以农牧业为主，服务业的发展主要集中在公共管理和社会组织、旅游业以及与之密切相关的餐饮和住宿业，拉萨的工业发展水平低，2010 年规模以上的工业增加值为 15.88 亿元，在地区生产总值中的占比仅为 8.88%，自然资源供给特征以及社会公共事务的需求决定了拉萨的服务业比重相对较高。（3）深圳、东莞的经济体量大，深圳的经济总量在全国城市中排第四位，东莞的经济总量排第二十二位，此外，深圳和东莞均是市场化程度高的沿海大城市，在市场化力量的驱动下制造业集聚发展并进一步促进服务业需求的提高。（4）海口、三亚、张家界等以旅游业为主的城市，虽然服务业是支柱产业，但是相比而言，其服务业和地区经济总体发展体量比较小，是专业化的中小城市，经济发展以旅游业的带动为主。以 286 个地级及以上城市的指标做合计，北京、海口、三亚、拉萨、广州等 20 个城市地区经济产值占总和的 21.84%，而其服务业占总和的比重为 31.06%，相比而言，服务业集中度更高。

表 5－3　　2011 年服务业在各城市中的地位

城市名称	服务业比重（%）	服务业比重位序	城市 GDP 在全国中的比重（%）	城市 GDP 在全国的比重位序
北京	76.07	1	3.16	2
海口	69.83	2	0.14	205
三亚	66.70	3	0.06	271
拉萨	61.55	4	0.04	281
广州	61.51	5	2.42	3
张家界	61.39	6	0.06	269
呼和浩特	58.69	7	0.42	65
上海	58.05	8	3.73	1

续表

城市名称	服务业比重（%）	服务业比重位序	城市GDP在全国中的比重（%）	城市GDP在全国的比重位序
乌鲁木齐	53.78	9	0.33	81
深圳	53.50	10	2.24	4
济南	53.09	11	0.86	23
贵阳	53.05	12	0.27	100
太原	52.74	13	0.40	70
南京	52.40	14	1.20	15
西安	52.15	15	0.75	29
成都	50.76	16	1.33	10
哈尔滨	50.63	17	0.83	25
东莞	49.65	18	0.92	22
杭州	49.27	19	1.37	8
武汉	48.94	20	1.32	11
合计：	—	—	21.84	—

注：计算各指标在全国的比重时，全国数据是286个城市加总所得的值。

资料来源：作者根据《中国区域经济统计年鉴》计算所得。

一般认为，伴随着技术进步、生产专业化程度加深和产业组织复杂化，不同的制造部门中的非生产部门逐渐分离出来，这一过程推动了服务部门专业化的快速发展。进一步以区位商来衡量服务业发展的比较优势，可以看出，我国部分城市服务业发展的比较优势突出，已经初步形成了服务业的专业化分工格局。比如，北京、海口、三亚、拉萨、广州和张家界的区位商超过了1.5，相对于全国服务业而言，这些城市的服务业已经成为当地具有明显比较优势的产业。而克拉玛依、大庆、金昌、嘉峪关等城市服务业区位商非常低，表明服务业是其经济发展中的弱势产业。这些城市多数是资源型城市，侧重于发展煤炭、石油、天然气、铁矿、铜矿等产业。

三、服务业在全国城市的分布

通过计算城市服务业在全国服务业中的比重，我们发现，表5-4中前20个城市与表5-3中的排序发生了比较大的变化。虽然有些城市服务业发展在本城市总体经济中不具比较优势，但其服务业增加值在全国表现反而更加突出。

(1) 北京、上海、广州等占全国服务业较高的前二十位城市，其服务业占全国的比重高达41.87%，城市 GDP 占全国的比重累计达到33.30%。(2) 从城市行政等级以及发展区位来看，前二十位的城市中多为直辖市以及省会城市，包括了4个直辖市、8个省会城市和4个副省级城市。苏州、无锡、东莞和佛山4个城市虽然在城市行政等级中属于一般地级市，但经济体量大，都属于东部地区发达的城市，区位条件优越，其服务业和总体经济的发展均在全国占据着重要位置。(3) 从区位条件来看，服务业较发达的前二十位城市中有13个是港口城市，上海、广州、深圳、天津、苏州、重庆、武汉、南京、青岛、大连、宁波、东莞、佛山13个城市包括了海岸港城市、河口港城市、内河港城市，它们作为重要的交通枢纽以其独特的区位优势汇聚了大量的人流、物流和资金流，从而促进了服务业的快速发展。完善、便捷、高效的交通系统对服务业发展起着重要的支撑作用。唐山市和郑州市的 GDP 在全国的排名分别为十九和二十位，其服务业在全国的排名分别为二十六和二十三位。唐山市作为海口港城市，其交通运输、仓储和邮政业在全国排第四位，目前唐山服务业的发展主要依靠交通运输业来带动。郑州市是全国重要的铁路、航空、高速公路、电力、邮政电信的主要枢纽，是连接华北地区与中南地区最大的物资集散地，交通运输业带动了整个城市服务业的快速发展。(3) 从城市群的角度看，有6个城市属于长三角城市群、有4个城市属于珠三角城市群，而环渤海、辽中南等城市群的服务业发展相对较弱。服务业的聚集能够带动城市群的发展，促进城市群的一体化和城市之间的专业化分工；而城市群为服务业的发展提供了更大的发展空间，城市群的产业关联网络更加密集。(4) 从前二十位城市的区域分布来看，有16个城市位于东部地区，而中西部地区分别只有2个城市。服务业发达、在全国服务业中具有举足轻重地位的城市绝大部分都分布在东部地区，东部地区以其雄厚的经济基础、聚集的制造业、开放的市场以及便捷的交通条件等促进了服务业的快速发展。

表5-4　　2011年服务业在全国城市中的分布

地区	服务业在全国的分布	服务业在全国分布位序	城市 GDP 在全国的比重（%）	城市 GDP 在全国的比重位序	服务业比重（%）	服务业比重位序
北京	5.94	1	3.16	2	76.07	1
上海	5.35	2	3.73	1	58.05	8
广州	3.67	3	2.42	3	61.51	5
深圳	2.96	4	2.24	4	53.50	10

续表

地区	服务业在全国的分布	服务业在全国分布位序	城市 GDP 在全国的比重（%）	城市 GDP 在全国的比重位序	服务业比重（%）	服务业比重位序
天津	2.51	5	2.20	5	46.16	28
苏州	2.20	6	2.08	6	42.75	44
重庆	1.74	7	1.95	7	36.20	108
成都	1.67	8	1.33	10	50.76	16
杭州	1.66	9	1.37	8	49.27	19
武汉	1.59	10	1.32	11	48.94	20
南京	1.55	11	1.20	15	52.40	14
青岛	1.52	12	1.29	12	47.74	26
无锡	1.46	13	1.34	9	44.03	35
沈阳	1.25	14	1.15	17	44.12	34
大连	1.23	15	1.20	14	41.47	55
宁波	1.18	16	1.18	16	40.51	61
东莞	1.13	17	0.92	22	49.65	18
济南	1.12	18	0.86	23	53.09	11
长沙	1.07	19	1.09	18	39.58	71
佛山	1.07	20	1.28	13	33.74	150
合计	41.87	—	33.30	—	—	—

注：计算各指标在全国的比重时，全国数据是 286 个城市加总所得的值。

资料来源：作者根据《中国区域经济统计年鉴》计算所得。

四、服务业在全国城市中的集聚方向

从以上的分析中可以看出，服务业在城市层面呈现显著的集聚特征。我们通过计算服务业的集中率 CR_3，CR_{10}，CR_{20}和 CR_{30}，进一步分析服务业在全国城市中的集聚方向，即服务业趋向于集中在什么行政等级的城市、什么规模的城市、什么区位特征和区域的城市。

从表 5－5 的计算结果可以看出，2015 年集中率 CR_3达到了 13.72%，而且服务业集聚在北京、上海和广州这样的特大城市。而集中率 CR_{10}为 28.56%，服务业集聚的这 10 个城市包括了 4 个直辖市、4 个省会城市和 2 个沿海发达城市。集中率 CR_{20}为 40.47%，服务业集聚的方向依然表现出了向大城市集聚的特征，同时，服务业也较多地集聚在省会城市和副省级城市。2015 年，集中率 CR_{30} 近 50%，也就是说，中国一半的城市服务业集聚在 30 个城市中。从这些城市发展特征和属性可以看出，我国服务业在城市层面的集聚倾向于人口和经济规模较大的城市。

表 5－5　　2013 年和 2015 年中国城市服务业的集中率　　单位：%、亿元

集中率	CR3	CR10	CR20	CR30
2013 年	14.97	29.30	41.87	50.33
2015 年	13.72	28.56	40.47	49.21

2015 年第三产业产值排名前 30 的城市

城市	第三产业产值	城市	第三产业产值	城市	第三产业产值
北京	18331.74	武汉	5564.25	西安	3454.71
上海	17022.63	青岛	4909.63	东莞	3332
广州	12147.5	无锡	4728.05	南通	3231.8
深圳	10288.28	郑州	4057.1	福州	3106.81
天津	8625.15	济南	3849.9	佛山	3028
重庆	7497.75	长沙	3834.77	烟台	2996.49
苏州	7243.24	大连	3697.5	常州	2938.9
南京	6133.31	宁波	3620.71	徐州	2751.78
杭州	5853.25	哈尔滨	3513.8	石家庄	2738.9
成都	5704.52	沈阳	3456.69	长春	2678.8

资料来源：2016 年各城市统计年鉴、统计公报和国家统计局数据库。

通过以上分析可见，服务业表现出显著的集聚性，至于服务业偏向集中于何种类型的城市，我们利用交叉列联表进行具体分析和验证。本章将城市服务业比重大于 2011 年全国服务业增加值平均比重 43.8% 定义为服务业发展水平高，服务业比重小于 33% 定义为服务业发展水平低，其他定义为中等发展水平的服务业。根据城市的行政等级类型、城市规模、城市所在区位和区域等城市特征属性对城市进行划分。然后对各城市类型与服务业比重做交叉列联表分析，结果见表 5－6。可以总结得出以下特点：

第一，城市行政等级不同，所掌握的行政资源和权利不同，服务业发展水平就不同。直辖市中属于服务业发展水平高的城市数量是 3 个，27 个省会城市中有 19 个城市服务业发展水平高，占省会城市的比重为 70.37%。5 个非省会的

副省级城市服务业发展水平都较高。而一般的地级市服务业发展水平高的城市数量非常少，在一般地级市中有 129 个城市服务业发展水平低，占全部一般地级市的比重为 51.6%。所以，从城市行政等级来看，服务业向直辖市、省会城市和副省级城市集聚，这与城市的行政等级所决定的城市功能相关，行政等级高的城市承担着更多的政治、文化等服务功能。

第二，城市规模不同，其本地市场潜力不同，服务业的发展水平显示出较大差异。7 个超大城市有 5 个城市服务业属于高发展水平，而服务业发展水平低的中小城市的数量占比都超过了 50%。所以，从城市规模结构来看，服务业主要集聚在经济规模大的城市。究其原因在于城市规模越大，经济越多元化，越易满足服务业发展的门槛要求，服务业发展水平也较高。

第三，城市区位不同，服务业发展水平具有显著的差异。沿海省市的城市服务业发展水平明显高于非沿海省市的城市。沿海省市的城市高服务业发展水平的有 20 个，非沿海省市中有多达 101 个城市的服务业发展属于低水平，占其城市数量的 58.72%。从区位上来说，高水平的服务业向沿海发达城市的集聚特征明显，这是由于沿海省市的城市可获得更多的外部资源和更多的对外开放机会，沿海城市外向发展功能强，从而促进了服务业的发展。除此之外，我们完全按照城市是否沿海进行分类，得到的结果同样非常显著。

第四，根据城市所在的区域不同，服务业发展水平高的城市更多集中在东部地区，中西部地区的城市服务业发展水平偏低。东部地区服务业发展水平高的城市有 19 个，而东部地区服务发展水平低的城市数量非常少，仅有 15 个城市，占东部地区城市数量的 17.24%。中部地区服务业发展水平低的城市数量较多，有 53 个，占中部地区城市数量的 66.25%。西部地区和东北地区服务业中低水平的城市数量也比较多。

表 5-6　2011 年城市特征分类与服务业分类的交叉列联表　单位：个、%

根据城市特征分类		服务业分类						城市总数	卡方检验
		高		中		低			
		数量	比重	数量	比重	数量	比重		
城市行政等级	直辖市	3	75.00	1	25.00	0	0.00	4	Pearson chi2 (6) = 126.30 Pr = 0.000
	省会城市	19	70.37	8	29.63	0	0.00	27	
	副省级城市	3	60.00	2	40.00	0	0.00	5	
	其他地级市	11	4.40	110	44.00	129	51.60	250	

续表

根据城市特征分类		服务业分类						城市总数	卡方检验
		高		中		低			
		数量	比重	数量	比重	数量	比重		
城市规模	超大城市	5	71.43	2	28.57	0	0.00	7	Pearson chi2 (8) = 74.73 Pr = 0.000
	特大城市	10	47.62	10	47.62	1	4.76	21	
	大城市	9	21.43	24	57.14	9	21.43	42	
	中等城市	4	4.76	33	39.29	47	55.95	84	
	小城市	8	6.06	52	39.39	72	54.55	132	
区位	沿海省城市	20	17.54	66	57.89	28	24.56	114	Pearson chi2 (2) = 32.32 Pr = 0.000
	非沿海省城市	16	9.30	55	31.98	101	58.72	172	
区域	东部地区	19	21.84	53	60.92	15	17.24	87	Pearson chi2 (6) = 49.39 Pr = 0.000
	中部地区	3	3.75	24	30.00	53	66.25	80	
	西部地区	12	14.12	27	31.76	46	54.12	85	
	东北地区	2	5.88	17	50.00	15	44.12	34	
总计		36	12.59	121	42.31	129	45.10	286	

注：（1）Pearson chi2 检验均显著，表明城市行政等级、规模、区位和区域显著地影响服务业的发展水平。

（2）比重是指某发展水平城市数量占该类城市总数量的比值。比如，高服务业发展水平的直辖市的比重为75%是指3个服务业发展水平高的直辖市占所有直辖市数量的比值。表中副省级城市仅包括非省会的副省级城市；城市规模是按照城市的经济规模进行划分的，按照城市人口规模划分所做的交叉表，结果同样显著。

第二节 我国城市服务业的空间演变趋势

一、城市服务业发展的集聚化趋势明显，增强了整体经济的集聚效应

图5－1展示了2000～2013年中国地级及以上城市区位基尼系数。从总体上看，2000～2013年服务业区位基尼系数不断上升，2000年服务业区位基尼系数为0.559，2013年上升到0.597。这表明在城市层面上服务业的集聚趋势不断增强。服务业区位基尼系数两次较大的变化分别发生在2004年和2008年，可能的原因在于，第一次和第二次全国经济普查对服务业增加值进行了修订和整理。第二产业区位基尼系数在2005年达到峰值后迅速下降，主要由于东部地区土地

价格、劳动力成本、环境约束等因素的影响，东部地区一些制造业开始向中西部地区转移，造成第二产业空间分布格局的新变化。第二产业的集聚水平的下降带动整体经济的发展向相对分散的均衡化方向发展。而由于服务业的集聚水平仍处于上升阶段，所以整体经济的分散化速度小于第二产业集聚水平下降的速度。

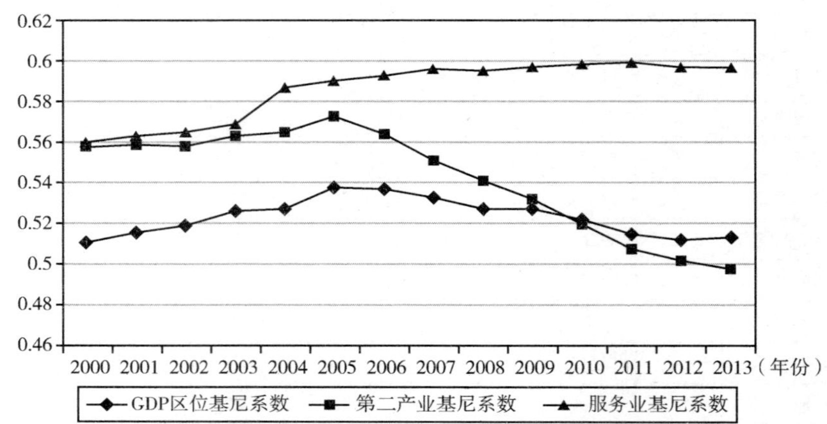

图 5-1　2000～2013 年中国地级及以上城市区位基尼系数变化趋势

二、城市服务业集中率达到峰值后略有下降

我们计算了 2000～2011 年我国地级及以上城市服务业集中率，以衡量重要城市服务业的集聚变化趋势，图 5-2 展示了 CR_3，CR_{10}，CR_{20}和 CR_{30}的变化。总体来说，城市服务业的集中率呈现大致相同的上升趋势。从 2000 年至 2011 年 CR_3，CR_{10}，CR_{20}和 CR_{30}都在达到峰值后略有下降，虽然达到峰值的时间不同，但近两年都有所下降。2000～2011 年服务业 CR_3 包括北京、上海和广州，其值从 2000 年的 13.65% 上升到 2007 年的 16.01% 后略有下降，到 2011 年仍较高，为 14.98%。CR20 具有相似的变化趋势，在 2007 年达到峰值后略有下降。CR_{10}和 CR_{30}具有相同的波动趋势，CR_{30}从 2005 年后就超过了 50%，一半以上的服务业增加值只集中在 30 个城市中，显示出非常高的集聚度。

三、我国城市服务业呈现较强的向东部地区集聚趋势

东部地区服务业增加值占比从 2000 年的 56.88% 上升到 2011 年的

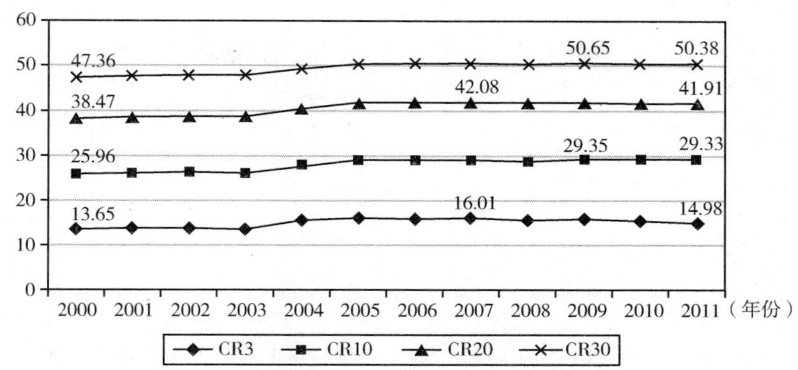

图 5-2 2000～2011 年中国地级及以上城市服务业集中率变化趋势

59.21%，西部地区服务业增加值比重略有上升，从 2000 年的 14.63% 上升到 2011 年的 15.45%。而中部地区和东北地区服务业增加值比重下降，分别从 2000 年的 18.11% 和 10.38% 下降到 2011 年的 16.61% 和 8.73%。尽管四大区域服务业增加值比重有升有降，但是从各地区服务业增加值的绝对值来看，都明显增加。

四、服务业发展的区域差距趋势

2000 年以来我国城市服务业的泰尔指数总体呈现上升趋势（如图 5-3 所示），泰尔指数从 2000 年的 0.15 上升到 2011 年的 0.19，服务业区域间的差距远大于区域内差距，区域间的差距决定了服务业区域总体差距的走势，只是在 2010 年和 2011 年服务业区域间差距略有下降，带动服务业的总体区域差距小幅度降低。然而，对于区域内部来说，东中西部地区区域内差距变化各异（如图 5-4 所示）。东部地区服务业的区内差距在 2005 年达到 0.18 后呈现明显的下降趋势，2011 年为 0.17，仍高于 2000 年的 0.15，2005 年后东部地区服务业发展在集聚过程中呈现相对均衡。中部地区服务业的区内差距变化平稳，由于发展阶段、产业转移、生产要素等条件影响，中部地区仍处于制造业加快发展时期，服务业总体的发展处于相对低均衡状态。西部地区服务业的区域内差距在 2004 年后迅速扩大，这主要是由于西部大开发的政策效应开始显现，但在西部大开发的过程中西部地区各城市在地理条件、生态承载力等方面差异较大，政策的获益地区相对集中在某些增长极上，如成渝地区，关中天水地区等，这使得西部地区服务业的区域内差距明显扩大。

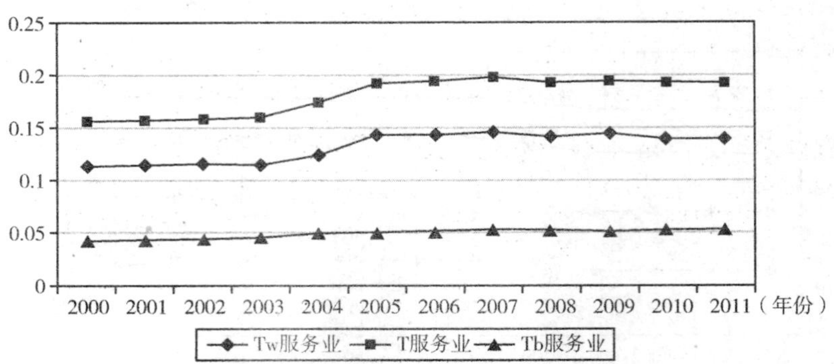

图5-3　2000~2011年中国地级及以上城市服务业泰尔指数变化趋势

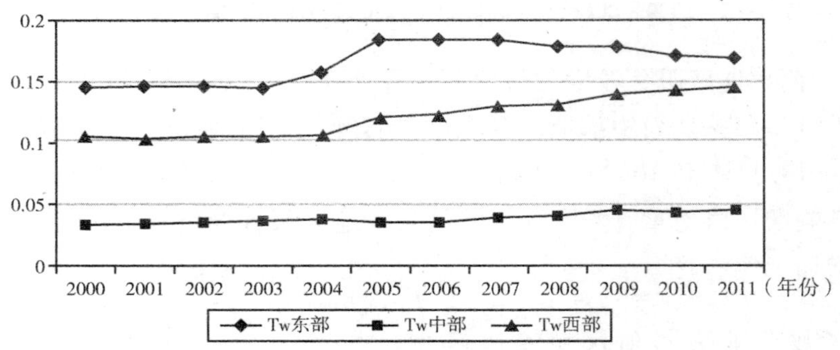

图5-4　2000~2011年中国地级及以上城市服务业的区域内差距

第三节　我国不同类型服务业空间分布特征和趋势

我国服务业发展取得长足进步，服务业增加值比重从1978年的23.93%上升到2016年的51.6%。按照不变价计算，1997年以来，服务业增加值的增长率就一直快于整体经济①，经济发展的服务化趋势显著。随着经济发展的知识化、专业化趋势不断加强，服务业内部结构也快速变化，金融业、信息服务业、专业服务以及研发和科技服务等技术、知识密集型服务业迅速成长为服务业的主体。到2011年，全国生产性服务业增加值达到了73544亿元，占服务业的比重为35.84%，占GDP的比重为15.55%，生活性服务业增加值占服务业和GDP

① 由于2003年印发的《三次产业划分规定》及《国民经济行业分类》（GB/T 4754—2002）对服务业做了重新分类和估算，2003年第三产业增长率出现调整性下降，使得其慢于整体经济的增长。

的比重分别达到了43.71%和18.96%。服务业总体呈现集聚特征，但由于服务业包括特征迥异的多个行业，不同服务行业空间分布特征各异，在不同城市中呈现出不同的空间组织形态。研究其空间分布形态及演变趋势，对于认识服务业发展规律，促进服务业和城市化的发展具有重要的理论和实践意义；对于提高资源利用效率，提升产业竞争力以及城市和区域的快速发展具有重要的战略意义。

在已有的相关文献中，也有对全国地级及以上城市服务业就业格局的研究，但仅以就业规模作为衡量指标往往不能正确反映服务业，尤其是生产性服务业与城市的潜能和势能。而且通过就业规模来衡量不同部门在经济活动中的权重，也常引来一系列的批评（Sassen，2001）。在诸如伦敦和东京等大城市中，金融和专业化的生产性服务业就业人数占其总就业人数的比例很小，但其在经济活动中的地位却非常高。所以从经济属性来讲，应该用服务业的增加值来进行分析。

一、三类服务业的分布特征和变化趋势

国内外许多学者研究了服务业的空间分布特征，集聚的现象主要体现在生产性服务业中。我们利用三类服务业增加值的GINI系数来衡量其分布的不平衡性。从图5－5可以看出，生产性服务业呈现最为显著的聚集特征，而且在2002～2010年间，生产性服务业增加值GINI系数不断升高，从2002年的0.593上升到2010年的0.683，呈现集聚发展态势。生活性服务业的空间集中度略有上升且很缓慢，从2002～2010年，仅上升了0.017，生活性服务业的集聚度一直低于生产性服务业。公共服务业分布的不平衡性在2002～2007年略有上升，之后呈现分散和均等化趋势。

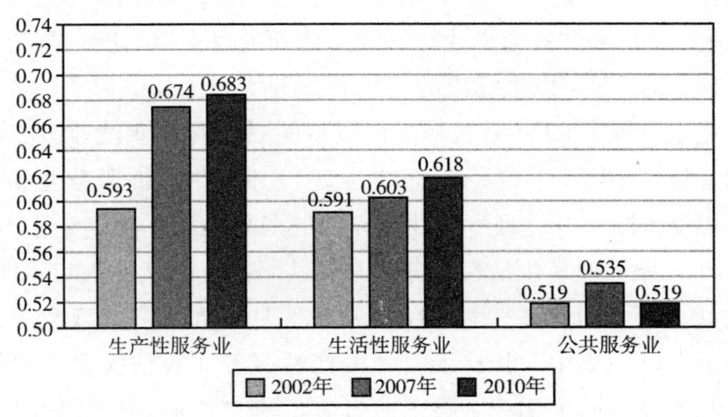

图5－5　2002～2010年三类服务业增加值GINI系数的变化

生产性服务业的集聚是一个非常重要的议题，很多学者也从理论角度对其集聚的现象进行了解释。克鲁格曼认为，高新技术产业和生产性服务业等现代产业属于规模经济的不完全竞争部门，由于受产品规模经济影响和垄断利润的需求，这种行业的空间上分布的市场结构接近于寡头垄断竞争。Daniels 则用城市化经济和地方化经济效应来解释服务业在全球空间内的集聚。他认为，服务企业为了追求交通、通信设施，住房和商务楼宇以及多元化的劳动力需要集聚在城市内（城市化经济），而为了降低不确定性需要同类似的企业集聚在一起（地方化经济），这两种效应使得服务企业在国际化过程中往往采取“跟随战略”，即跟随目标客户和行业内的标杆性企业，从而使得这些企业更主要地集聚在城市，特别是大城市内。生产性服务业的集聚使得企业能够充分利用相似或相同的产品生产者以及不同类型产品和服务业的生产提供商所产生的规模经济效益，集聚化的力量得以更大程度的发挥。生产性服务业集聚有利于企业享受相互间的服务，增加实现前后向联系的机会；有利于企业找到更加合适的人才，节约搜寻人才的成本；有利于提高企业的剩余，降低企业与顾客之间的信息不对称；有利于通过集聚学习获得竞争优势。

而生活性服务业的发展门槛较低，即使在人口规模较小的村镇，生活性服务业也都有获利的空间。由于我国城市人口总体上呈现聚集分布态势，所以生活性服务业追随人口和市场格局呈现聚集分布格局，其聚集程度小于追求规模收益递增的生产性服务业。

在经济快速发展的背景下，城市公共服务业具有逐步实现均等化趋势。这与公共服务业的发展要求和政府的责任相一致，是实现包容性城市化的体现。国家努力强化政府公共服务能力，重视发展教育、卫生、科技等社会公共服务事业，加大对欠发达地区的公共社会事业的财政支持和项目支撑力度。从公共服务业分布趋势来看，“十一五”以来提出的“公共服务均等化”取得了一定成效。

而以从业人口规模 GINI 系数来衡量城市间三类服务业就业分布特征时，会呈现不同的趋势。如图 5 - 6 所示，2006 ~ 2010 年，生产性服务业和生活性服务业就业聚集程度不断上升，且生活性服务业的聚集程度一直高于生产性服务业。2010 年，生产性服务业、生活性服务业和公共服务业的从业人口 GINI 系数则分别为 0. 614、0. 635 和 0. 361，生活性服务业主要是劳动密集型产业，其发展更多的是依赖于人口的集中。相比而言，生产性服务业吸纳就业人口较少，因为生产性服务业中很多属于知识、技术或资本密集型产业。生活性服务业单位增加值能够解决的就业人数远大于生产性服务业。生产性服务业和生活性服务业

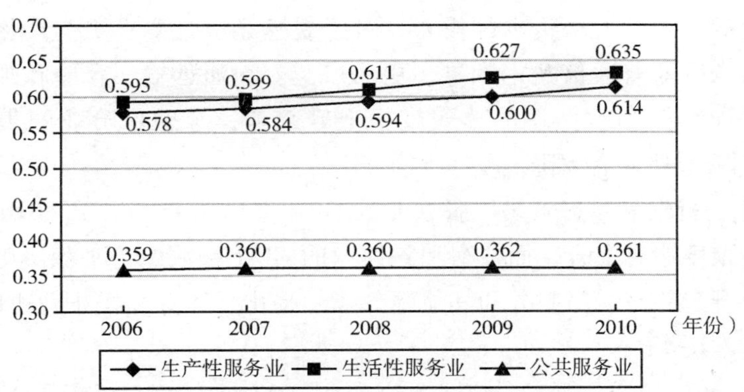

图 5－6　2006～2010 年三类服务业从业人口 GINI 系数的变化

的产业人口分布特征差异在金融业和住宿和餐饮业中体现得最为显著。2010 年金融业的从业人口 GINI 系数为 0.496，而住宿和餐饮业的从业人口 GINI 系数为 0.712。因为金融业是追求规模经济、知识密集度高、附加值高的服务业，金融业能够以较少的从业人员创造巨大的增加值。住宿和餐饮业是劳动密集型产业，且追随人口而布局。例如，2011 年北京市金融业每亿元解决 148 人就业，而住宿和餐饮业每亿元解决 839 人就业，如果再考虑到餐饮业中有较多的非正规就业，则住宿和餐饮业的劳动密集型特征更为显著。生产性服务业和生活性服务业因数据使用的不同，表现出不同的聚集特征，这进一步说明利用增加值数据更能准确反映服务业各部门的经济结构和分布特征，而利用从业人口规模只能反映其产业的就业布局特征。

公共服务业的不平衡程度非常低，2006～2010 年期间，公共服务业的从业人口 GINI 系数一直徘徊在 0.360 左右，而且分布比较稳定，总体呈现均等化的趋势。

二、服务业各部门的空间演变趋势

尽管从总体上来说，我国服务业在空间上呈现不断集聚的态势，但对于不同的行业来说，由于其规模要求、发展特性、政策导向、政府干预程度等的不同，在空间演变趋势上呈现不同的特征。

从表 5－7 城市各部门的增加值 GINI 系数可以看出，2002 年，服务业部门中 GINI 系数最高的是科学研究和综合技术服务业，金融保险业次之。到 2010 年，虽然科学研究和综合技术服务业的 GINI 系数略有降低，但仍然是所有服务业部门中最为集中的，其次为租赁和商务服务业以及金融业。这几个服务业部门需要更多的知识、人力资本的投入，对于规模经济的要求更为严格，其所服务的辐射范围因随着通信技术的进步更为广泛。交通运输、仓储和邮政业以及信息传输、计算机和软件业的集聚度呈上升趋势，金融保险业的集聚程度在2007年达到峰值后略有下降。

2002年，批发和零售贸易、餐饮业的GINI系数为0.57，到2010年批发和零售业的集聚度略有上升，而住宿和餐饮业的GINI系数保持平稳。房地产业总体上呈现上升趋势。居民服务和其他服务业、文化、体育和娱乐业也略有上升，上升速度非常缓慢。

从GINI系数的变化可以看出，无论是在2002年、2007年还是2010年，公共管理与社会组织的均等化程度最高，2002年表现为国家机关、政党机关和社会团体的均等化程度最高。教育、卫生、社会保障和社会福利事业的均等化程度次之。从2007年到2010年除卫生、社会保障和社会福利事业外，教育、公共设施业以及公共管理和社会组织等都呈现更加均等化的趋势。教育业的相对均等化有利于居民获得更好的基础教育，从而提高整体的受教育水平。而对于公共管理和社会组织来说，基本每个地方都有涉及，大到中央首府，小到乡镇村委，都有公共管理和社会组织的存在。

表5－7　2002年、2007年和2010年城市服务业各部门增加值GINI系数表

服务业部门	2002年	服务业部门	2007年	2010年
农林牧渔服务业	0.52	交通运输、仓储和邮政业	0.59	0.59
地质勘查业、水利管理业	0.58	信息传输、计算机服务和软件业	0.67	0.70
交通运输、仓储及邮电通信业	0.54	批发与零售业	0.62	0.64
批发和零售贸易、餐饮业	0.57	住宿和餐饮业	0.56	0.56
金融保险业	0.72	金融业	0.77	0.75
房地产业	0.60	房地产业	0.66	0.65
社会服务业	0.68	租赁和商务服务业	0.80	0.78
卫生、体育和社会福利业	0.55	科学研究、技术服务与地质勘查业	0.80	0.81
教育、文艺及广播电影电视业	0.55	水利、环境和公共设施管理业	0.63	0.61
科学研究和综合技术服务业	0.82	居民服务和其他服务业	0.55	0.57
国家机关、政党机关和社会团体	0.49	教育	0.57	0.54
其他行业	0.68	卫生、社会保障和社会福利业	0.54	0.56
		文化、体育与娱乐业	0.69	0.71
		公共管理与社会组织	0.51	0.49

资料来源：根据各城市统计年鉴计算所得。

三、服务业各部门聚集的程度和方向

以上研究表明，服务业中，主要是生产性和生活性服务业在城市层面呈现显著的集聚特征，而公共服务业呈现均等化的分布状态。我们通过计算服务业的集中率 CR_3，CR_{10}和 CR_{20}，进一步分析生产性和生活性服务业各部门在全国城市中的集聚方向，即服务业趋向于集中在什么行政等级的城市、什么规模的城市、什么区位特征和区域的城市。

从表 5－8 中，以服务业增加值衡量的产业空间集中率可以看出，生产性服务业的空间集中度远高于生活性服务业。

生产性服务业的集中度最高，CR_3、CR_{10}和 CR_{20}分别达到了 24.6%、43.9%和 60.0%。生产性服务业中，尤其以科学研究、技术服务与地质勘查业、租赁和商务服务业的产业集中特征最为显著，这两个行业超过 70%增加值仅集中在 20 个城市。金融业超过 50%的增加值集中在 10 个城市中。这与国外的生产性服务业发展的趋势相一致，比如，金融业在英国的分布表现出高度不均衡的特征，伦敦以及东南地区占有 50%以上的金融企业，而伦敦金融产业又主要集聚在金融城，英国商务服务业主要集中在为数不多的几个中心城区内，其集聚度要高于其他产业。从我们展示的生产性服务业的 CR_{10}城市中可以看出，北京、上海、广州和深圳等四大城市的生产性服务业在全国占据着重要的地位。生产性服务业的发展与城市的人口和经济规模，城市的行政等级以及是否是靠近沿海地区的经济发达城市有着密切的关系。在 CR_{20}的 20 个城市中，包含了 4 个直辖市、7 个省会城市、4 个非省会的副省级城市和 5 个沿海较发达的大城市。

表 5－8　2010 年以增加值衡量的城市生产性和生活性服务业空间集中率　单位：%

行　业	CR_3	CR_{10}	CR_{20}	CR10 城市									
				1	2	3	4	5	6	7	8	9	10
生产性服务业	24.6	43.9	60.0	北京	上海	广州	深圳	天津	苏州	杭州	重庆	成都	武汉
交通运输、仓储和邮政业	13.9	32.8	49.5	上海	广州	北京	唐山	天津	青岛	重庆	深圳	大连	武汉
信息传输、计算机服务和软件业	29.0	48.6	63.9	北京	上海	广州	深圳	成都	大连	杭州	苏州	南京	东莞
金融业	30.0	51.7	67.6	上海	北京	深圳	广州	杭州	天津	重庆	苏州	成都	南京
租赁和商务服务业	32.9	54.7	71.9	北京	广州	上海	东莞	深圳	苏州	天津	佛山	杭州	武汉
科学研究、技术服务与地质勘查业	37.2	59.6	74.6	北京	上海	天津	广州	成都	武汉	深圳	杭州	南京	长沙

续表

行业	CR_3	CR_{10}	CR_{20}	CR10 城市									
				1	2	3	4	5	6	7	8	9	10
生活性服务业	17.8	36.3	52.6	上海	北京	广州	苏州	深圳	天津	无锡	武汉	成都	杭州
批发与零售业	19.4	39.3	54.4	上海	北京	广州	苏州	天津	深圳	无锡	重庆	青岛	武汉
住宿和餐饮业	12.5	30.6	47.1	北京	广州	上海	苏州	成都	深圳	武汉	无锡	天津	东莞
房地产业	18.6	38.4	55.1	北京	上海	广州	深圳	苏州	杭州	天津	武汉	成都	佛山
居民服务和其他服务业	11.1	27.5	43.6	天津	上海	大连	广州	青岛	珠海	鞍山	深圳	北京	长沙
文化、体育与娱乐业	26.3	47.5	62.6	北京	广州	长沙	上海	深圳	成都	武汉	苏州	天津	南京

资料来源：作者根据各城市统计年鉴计算所得。

生产性服务业集中在高等级城市中，通过嵌入城市发展的等级结构，促进城市等级体系的形成与优化。生产服务业以大都市圈为据点，通过都市圈内等级城市间水平分工与协作，容易形成聚集—扩散的效应。大都市圈内部的城市梯度分工和错位发展，又可以有效促进生产服务业的集聚—扩散功能，从而带动各级城市的发展。

生活性服务业主要面向最终消费群体，其对规模门槛的要求相对于生产性服务业要低很多。生活性服务业的空间分布特征受到个体消费者分布格局的影响。消费者多的地区，市场规模大，生活性服务业会靠近市场规模大的地区或城市。从 CR_3，CR_{10}和 CR_{20}的分析结果来看，生活性服务业中以文化、体育和娱乐业的集中度最高，从 CR_{10}城市展示中也可以看出，除北京、广州、上海等特大城市外，长沙、成都和武汉等以休闲娱乐为突出特征的省会城市也是聚集文化、体育和娱乐业的主要城市。文化、体育和娱乐业超过 60% 的增加值只集中在 20 个城市中。住宿和餐饮业的集中度最低，住宿和餐饮业的需求门槛相对较低，人口和经济活动的小市场就可以为住宿和餐饮业提供获得利润的基本要求。对于居民服务和其他服务业而言，其聚集的方向非常不同，天津是集聚度最高的城市，珠海和鞍山也成为提供居民服务的重要城市。

四、服务业比较优势和专业化格局

（一）生产性服务业和生活性服务业的比较优势

一般认为，伴随着技术进步、生产专业化程度加深和产业组织复杂化，不同的制造部门中的非生产部门逐渐分离出来，这一过程推动了服务部门专业化的快速发展。以区位商来衡量生产性和生活性服务业发展的比较优势，从表5－9

中可以看出，我国部分城市服务业发展的比较优势突出，已经形成了服务业的专业化分工格局。

表 5－9　2010 年生产性服务业和生活性服务业前 20 个城市的区位商

城市	生产性服务业	城市	生产性服务业	城市	生活性服务业	城市	生活性服务业
北京	2.45	东莞	1.25	三亚	2.73	阳江	1.27
广州	1.66	武汉	1.23	珠海	1.61	东莞	1.27
上海	1.64	福州	1.21	茂名	1.48	苏州	1.24
深圳	1.61	秦皇岛	1.20	北京	1.42	汕头	1.24
乌鲁木齐	1.41	天津	1.19	广州	1.41	武汉	1.22
成都	1.31	西宁	1.17	鞍山	1.41	南宁	1.20
南京	1.31	南宁	1.14	厦门	1.35	揭阳	1.19
大连	1.28	厦门	1.10	上海	1.34	成都	1.19
杭州	1.27	青岛	1.09	无锡	1.33	深圳	1.19
济南	1.27	郑州	1.09	济南	1.29	常州	1.16

资料来源：作者根据各城市统计年鉴计算所得。

从生产性服务业区位商来看，首先北京最高，达到了 2.45，其次为广州、上海、深圳等。相对于全国生产性服务业而言，这些城市的生产性服务业已经成为当地具有明显比较优势的产业。而且，生产性服务业专业化程度高的前 20 个城市具有明显的高行政等级性和总体经济较为发达的特征。20 个城市包括 3 个直辖市，11 个省会城市，4 个非省会的副省级城市。一般而言，直辖市和省会城市作为区域的政治、经济和文化中心，承担着重要的服务功能，产业发展的多元化特征突出。行政等级高，经济体量相对较大的城市，可优先获得更多的劳动力和投资，集聚更多的社会资源，生产性服务业的专业分工更深化。东部沿海发达城市东莞和港口城市秦皇岛的生产性服务业比较优势也非常突出。

从生活性服务业区位商来看，首先三亚最高，达到了 2.73，其次为珠海、茂名、北京和广州等。相对于全国的生活性服务业而言，这些城市的生活性服务业具有明显的比较优势。在这 20 个城市包括 2 个直辖市，5 个省会城市。生活性服务业主要面向最终的消费群体，因此人口多、收入水平高的城市，如北京、上海、广州和深圳等的生活性服务业比较优势明显。此外，在这 20 个城市中有 8 个城市属于广东省，生活性服务业的发展水平主要受市场化的力量驱动，政府对其干预相对较少，广东省的人均可支配收入高，生活性服务业发达，比较优势突出。三亚作为特色的旅游和休闲城市，生活性服务业是其支柱产业，经济发展以旅游业、房地产业和住宿餐饮业的带动为主。

（二）服务业各部门的比较优势分析

由于各个城市的经济发达程度、自然资源禀赋条件以及功能发展定位等不同，生产性和生活性服务业在一个城市的发展中发挥的作用也不同，从细分行业来看，城市各行业区位商也存在不一致性，这主要源于城市的区位特征、发展方向、市场化程度、本地市场规模等存在很大的差异。限于篇幅我们仅展示了服务业各部门区位商较高的前10个城市。

表5-10　2010年生产性服务业和生活性服务业各部门前10个城市的区位商

交通运输、仓储和邮政业		信息传输、计算机服务和软件业		金融业		租赁和商务服务业		科学研究、技术服务与地质勘查业	
唐山	2.78	北京	3.51	深圳	2.61	东莞	4.08	北京	5.06
鄂尔多斯	2.38	深圳	1.77	北京	2.54	中山	3.65	廊坊	3.34
秦皇岛	2.37	大连	1.72	上海	2.18	广州	3.33	天津	2.26
晋中	2.04	东莞	1.68	杭州	1.96	北京	2.81	洛阳	2.24
乌鲁木齐	1.99	西宁	1.68	温州	1.80	芜湖	2.62	兰州	2.08
沧州	1.96	广州	1.65	金华	1.60	上海	1.88	成都	2.08
邯郸	1.93	成都	1.63	南京	1.57	福州	1.64	保定	1.96
运城	1.93	上海	1.61	成都	1.51	常州	1.49	武汉	1.95
防城港	1.86	湖州	1.58	乌鲁木齐	1.46	佛山	1.39	上海	1.73
石家庄	1.85	南京	1.42	宁波	1.42	大连	1.38	南京	1.64
批发与零售业		**住宿和餐饮业**		**房地产业**		**居民服务和其他服务业**		**文化、体育与娱乐业**	
揭阳	1.66	三亚	4.70	三亚	7.03	珠海	6.55	长沙	4.23
上海	1.65	丽江	2.11	宿迁	1.86	茂名	3.98	湘潭	3.16
无锡	1.64	茂名	1.95	东莞	1.63	鞍山	3.65	北京	3.04
茂名	1.48	清远	1.80	杭州	1.61	邵阳	3.38	黄山	2.25
北京	1.46	阳江	1.78	广州	1.58	辽源	3.31	广州	2.24
阳江	1.45	信阳	1.77	北京	1.56	衡阳	3.10	鞍山	2.20
汕头	1.44	成都	1.72	淮安	1.53	湘潭	2.99	成都	2.09
鞍山	1.43	济南	1.68	泰州	1.49	伊春	2.45	宿州	2.09

续表

批发与零售业		住宿和餐饮业		房地产业		居民服务和其他服务业		文化、体育与娱乐业	
苏州	1.41	南宁	1.68	沧州	1.48	益阳	2.42	广元	1.99
广州	1.37	南宁	1.43	合肥	1.44	韶关	2.32	益阳	1.85

资料来源：作者根据各城市统计年鉴计算所得。

从表5-10中可以看出，交通运输、仓储和邮政业区位商高的前十位城市主要是港口城市和自然资源富足的城市。唐山、秦皇岛、沧州和防城港等港口城市，作为重要的交通枢纽以其独特的区位优势汇聚了大量的人流、物流和资金流，从而促进了交通运输服务业的快速发展。完善、便捷、高效的交通系统对服务业发展起着重要的支撑作用。鄂尔多斯、晋中、乌鲁木齐、邯郸和运城的煤炭、铁矿石、有色金属等资源丰富，资源的开采、输出等需要交通运输、仓储等服务业的大力支撑。

信息传输、计算机服务和软件业区位商最高的是北京，达到了3.51，远高于第二位的深圳。北京的经济发展多样化、良好的创新环境等为信息传输、计算机服务和软件业提供了发展的空间。具有明显比较优势的城市还包括大连、东莞、西宁、广州等。区位商高的前十位城市包括2个直辖市、4个省会城市、2个非省会的副省级城市，沿海大城市东莞的信息传输、计算机服务和软件业也具有非常高的比较优势，这些城市行政等级高、经济发达，且拥有良好的投资环境、较为丰富的人力资本和技术资源。

金融业、租赁和商务服务业区位商高的城市主要是东部大城市，如北京、上海、广州、深圳、东莞、杭州、南京等。金融业、租赁和商务服务业呈现规模报酬递增的特性，为了追求规模经济效益，它们一般聚集在经济体量大、市场规模大的城市，如果市场有限的话，其发展就会受到限制。金融业是国家垂直管理的特殊行业，银行和证券公司的设立往往会考虑城市的行政等级。比如银行的组织结构层级大致可以划分为“总行—分行—支行—储蓄所”的形式。总行和分行通常以行政区划为基础进行设置。支行、基础网点不完全追随行政区划而设立，在银行业市场化的进程中，它们的设立或撤并行为更多受到来自于外部市场的驱动力。

科学研究、技术服务与地质勘查业区位商最高的是北京，达到了5.06。廊坊、天津、洛阳、成都等均是所在省市高等院校和科研机构分布最多的城市。

批发和零售业区位商高的前10个城市的区位商相差并不大，且除北京和鞍山外，另外8个城市全部分布在东南沿海。揭阳、上海、无锡、茂名等沿海城市利用便捷的交通网络和有利的区位条件发展批发和零售业。

三亚住宿和餐饮业和房地产业的区位商分别为4.70和7.03，远高于其他城市。这主要是由于其丰富且独特的旅游度假资源优势，吸引了大量国内外旅游者，同时在优越的生态环境和人居环境条件下，国际旅游岛的建设引发了房地产的投资高潮。住宿和餐饮业区位商高的城市还包括其他旅游休闲城市，如丽江、成都和南宁等。东莞、杭州、广州、北京等因其经济和人口规模大促进了房地产业的迅猛发展。

居民服务和其他服务业区位商比较高的城市集中的分布在湖南和广东省。

文化、体育与娱乐业区位商较高是长沙、湘潭、北京、黄山和广州等。长沙作为旅游型城市，入境旅游总收入居中部城市首位；其娱乐业和传媒业独具特色，长沙娱乐传媒已渐渐成为湖南乃至全国的强势媒体。由于消费观念的不同，长沙人在娱乐方面投入很大资金，各种娱乐休闲活动层出不穷。湘潭是全国著名的历史文化名城，名人荟萃是湘潭重要的人文特色，红色旅游在全国是首屈一指。北京作为首都文化和体育事业的快速发展为其在全世界博得了荣誉。而广州的娱乐业因消费观念、人口众多而得以有力发展。

第四节　服务业城市集聚主要影响因素

以生产性服务业为例来看，2014年7月，国务院发布了《关于加快发展生产性服务业，促进产业结构调整升级的指导意见》，对生产性服务业的总体要求、发展导向、主要任务和政策措施进行了阐述，这是国务院首次对我国生产性服务业发展作出全面部署，为我国生产性服务业又好又快发展指明了方向。

与此同时，生产性服务业发展相对滞后、水平不高、结构不合理等问题突出，亟待加快发展。生产性服务业涉及农业、工业等产业的多个环节，具有专业性强、创新活跃、产业融合度高、带动作用显著等特点，是全球产业竞争的战略制高点。加快发展生产性服务业，是向结构调整要动力、促进经济稳定增长的重大措施，既可以有效激发内需潜力、带动扩大社会就业、持续改善人民生活，也有利于引领产业向价值链高端提升。

从20世纪中期起，生产服务业在全球范围内迅速崛起及其持续快速发展的态势引起了国内外众多学者的关注，相关研究成果也不断涌现（李江帆，毕斗斗，2004）。本章通过分析评述国内外相关文献的基础上，试图对生产性服务业研究的主要内容、方法、影响机制以及今后发展趋势进行归纳与总结，以期对国内相关研究有所借鉴。

一、分析结果

（一）描述性分析结果

表5－11数据表明，生产性服务业增加值最高的是“北上广深”等特大型城市，北京生产性服务业产值最高，超过7500亿元，占总样本的10.79%；次之的是上海和广州，分别为6834亿元和3798亿元，占总样本的8.30%和5.40%。上海、北京、广州、深圳、苏州五个城市的生活性服务业产值占总样本的1/3以上，前十位城市占167个城市的45.74%左右，前二十位城市的产值超过总样本的60%，前三十个城市生活性服务业产值占167个城市的70%以上，表明生产性服务业集聚程度较高。

从交通、邮政仓储业的情况来看，作为港口大城市的广州，其产值最高，超过930亿元，占总样本产值的4.60%；其次是上海和北京，分别为895亿元和816亿元，占总样本的5.69%和4.84%。上海、北京、广州、天津、苏州五个城市的生活性服务业产值占总样本的20%以上，前十位城市占167个城市的32%以上，前二十位城市的产值超过总样本的50%，前三十位城市生活性服务业产值占167个城市的60%以上。从产业在城市的分布来看，交通、邮政仓储业是生产性服务业聚集度最低的，在一定程度上是由于该产业的发展特征和经济规律所决定的，体现了交通的较高通达性以及更广的覆盖度的特征。

从信息传输、计算机服务和软件业的情况来看，北京的产值最高，超过1622亿元，占总样本产值的16.43%；次之的是上海和深圳，分别为919亿元和648亿元，占总样本的9.31%和6.57%。北京、上海、深圳、广州和杭州五个城市的息传输、计算机服务和软件业产值占总样本的40%以上，前十位城市占167个城市的53%左右，前二十位城市的产值不到总样本的67%，前三十位城市生活性服务业产值占167个城市的74%以上。

从金融和保险业的情况来看，出现北京和上海双核并重的特征，占总样本产值均超过的10%；其次是深圳和天津，分别为1721亿元和1002亿元，占总样本的7.27%和4.23%。北京、上海、深圳、天津和广州5个城市的房地产业产值占总样本的37%以上，前十位城市占167个城市的52%左右，前二十位城市的产值占总样本的近67%，前三十位城市生活性服务业产值占167个城市的76%以上。

表 5－11　2012 年我国生产性服务业增加值排名前 30 的城市

单位：亿元、%

排名	生产性服务业			交通运输、仓储和邮政业			信息传输、计算机服务和软件业			金融业			租赁和商务服务业			科学研究、技术服务和地质勘查业		
	地区	产值	比重	地区	产值	比重	地区	产值	比重	地区	产值	比重	地区	产值	比重	地区	产值	比重
1	北京	7584	10.79	广州	930.6	4.60	北京	1622	16.43	北京	2537	10.71	北京	1341	12.16	北京	1268	22.97
2	上海	5834	8.30	上海	895.3	4.43	上海	919	9.31	上海	2450	10.5	广州	1089	9.88	上海	504	9.12
3	广州	3798	5.40	北京	816.3	4.04	深圳	648	6.57	深圳	1721	7.27	上海	1066	9.67	天津	384	6.95
4	深圳	3443	4.90	唐山	788.2	3.90	广州	519	5.26	天津	1002	4.23	东莞	519	4.71	广州	288	5.22
5	天津	2580	3.67	天津	683.6	3.38	杭州	310	3.14	广州	971	4.10	苏州	390	3.54	成都	216	3.92
6	重庆	1945	2.77	青岛	549.2	2.72	成都	301	3.05	重庆	916	3.87	深圳	387	3.51	深圳	216	3.90
7	苏州	1917	2.73	重庆	515.2	2.55	大连	270	2.73	苏州	820	3.46	天津	335	3.04	杭州	164	2.96
8	成都	1857	2.64	深圳	471	2.33	苏州	231	2.34	杭州	791	3.34	无锡	301	2.73	长沙	127	2.31
9	杭州	1752	2.49	呼和浩特	451.4	2.23	重庆	208	2.11	成都	741	3.13	杭州	275	2.50	沈阳	113	2.05
10	青岛	1450	2.06	大连	435.8	2.16	东莞	200	2.02	宁波	451	1.90	佛山	270	2.45	青岛	104	1.89
11	大连	1398	1.99	鄂尔多斯	420.7	2.08	天津	177	1.79	大连	445	1.88	中山	267	2.42	重庆	95	1.72
12	济南	1099	1.56	石家庄	394.3	1.95	沈阳	163	1.65	无锡	424	1.79	青岛	265	2.40	苏州	89	1.62
13	东莞	1087	1.55	苏州	387.5	1.92	济南	152	1.54	济南	411	1.74	成都	238	2.16	洛阳	88	1.59
14	无锡	1078	1.53	成都	361	1.79	福州	137	1.39	青岛	398	1.68	重庆	211	1.91	大连	86	1.56
15	沈阳	1065	1.51	泉州	323.9	1.60	佛山	137	1.39	郑州	380	1.60	常州	185	1.68	合肥	76	1.37
16	宁波	1053	1.50	徐州	323.9	1.60	青岛	134	1.36	温州	356	1.50	福州	180	1.63	无锡	72	1.30

续表

排名	生产性服务业			交通运输、仓储和邮政业			信息传输、计算机服务和软件业			金融业			租赁和商务服务业			科学研究、技术服务和地质勘查业		
	地区	产值	比重	地区	产值	比重	地区	产值	比重	地区	产值	比重	地区	产值	比重	地区	产值	比重
17	唐山	1020	1.45	郑州	321.8	1.59	长春	130	1.31	沈阳	333	1.41	沈阳	174	1.58	保定	71	1.29
18	郑州	931	1.32	济南	320.4	1.58	长沙	127	1.28	福州	291	1.23	长春	163	1.48	长春	71	1.28
19	佛山	863	1.23	邯郸	299.1	1.48	无锡	103	1.05	佛山	252	1.07	长沙	162	1.47	济南	69	1.26
20	长沙	849	1.21	宁波	297.1	1.47	温州	101	1.02	长沙	231	0.98	大连	162	1.47	郑州	69	1.24
21	福州	843	1.20	沈阳	281.8	1.39	宁波	91	0.93	金华	228	0.96	宁波	148	1.34	宁波	66	1.20
22	呼和浩特	774	1.10	沧州	268.1	1.33	郑州	91	0.92	厦门	228	0.96	济南	145	1.32	克拉玛依	66	1.20
23	石家庄	769	1.09	淄博	236.3	1.17	泉州	89	0.91	常州	227	0.96	南道	138	1.25	佛山	65	1.18
24	长春	740	1.05	长春	223.7	1.11	合肥	87	0.88	南通	220	0.93	扬州	121	1.09	扬州	60	1.08
25	泉州	660	0.94	乌鲁木齐	215.3	1.06	贵阳	73	0.74	合肥	215	0.91	合肥	105	0.96	福州	53	0.95
26	常州	652	0.93	杭州	213.5	1.06	呼和浩特	70	0.71	南宁	212	0.90	芜湖	103	0.93	石家庄	47	0.85
27	合肥	648	0.92	长沙	201.7	1.00	厦门	65	0.66	台州	209	0.88	南宁	95	0.86	兰州	41	0.75
28	温州	621	0.88	吉林	190.4	0.94	吉林	61	0.62	石家庄	208	0.88	郑州	70	0.64	南宁	36	0.65
29	南通	613	0.87	福州	182.7	0.90	金华	59	0.60	东莞	200	0.84	泰州	63	0.57	乌鲁木齐	33	0.60
30	徐州	612	0.87	无锡	117.9	0.88	石家庄	59	0.60	泉州	189	0.80	徐州	63	0.57	东莞	33	0.59

从租赁和商务服务业的情况来看，2012 年北京市租赁和商务服务业的产值最高，为 1341 亿元，占总样本产生的 12.16%；次之的是广州和上海，两个城市相差不大，其租赁和商务服务业的产值均占总样本的 9.5%。北京、广州、上哈、东莞和苏州 5 个城市的租赁和商务服务业产值占总样本的 40% 以上，前十位城市占 167 个城市的 54% 左右，前二十位城市的产值占总样本的近 72%，前三十位城市生活性服务业产值占 167 个城市的 82%。

从科学研究、技术服务和地质勘查业分布情况看，2012 年北京市的增加值以压倒性优势占据首位，为 1269 亿元，占总样本的 22.97%；其次是上海和天津，分别为 506 亿元和 394 亿元，占总样本的 9.12% 和 6.95%。北京、上海、天津、广州、成都五个城市的文体娱乐业产值占总样本的 48% 以上，前十位城市占 167 个城市的 61%，前二十位城市的产值占总样本的近 75%，前三十位城市生活性服务业产值占 167 个城市的 85%。数据结果表明，在五类生产性服务业中，科学研究、技术服务和地质勘查业的集聚程度是最高的。

（二）相关分析结果

1. 经济发展水平与生产性服务业的相关性。众多理论研究表明，经济发展水平与生产性服务业增加值之间存在密切关系。但图 5－7 分析结果表明，经济发展水平与生活性服务业发展之间并不是完全的直线系，北京、上海、广州、深圳、天津、苏州、杭州等城市的生产性服务业产值明显高于平均水平，但鄂尔多斯、东营、克拉玛依、乌海等城市虽然人均 GDP 具有较高产值，但生产性服务业的水平明显较低。

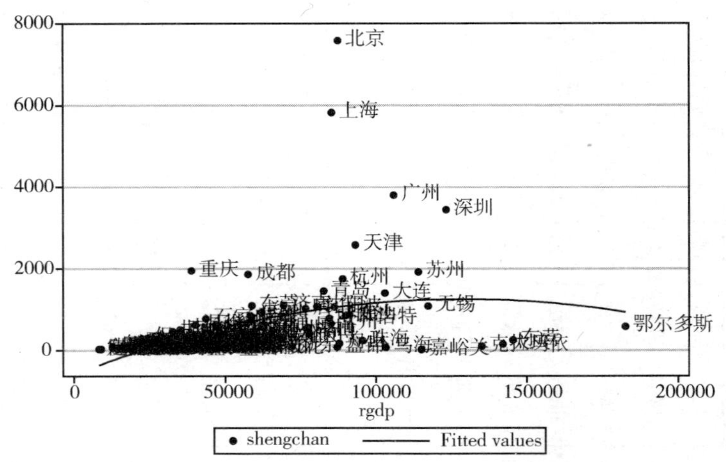

图 5－7　经济发展水平与生产性服务业的相关关系

2. 城市规模与生产性服务业的相关性。用于衡量城市规模的指标很多，可以是城市的人口数量、城市的地区生产总值、城市建成区面积等，本节选用城市常住人口数量作为衡量城市规模的指标（用城市 GDP 来衡量，与生产性服务业也具有明显的相关关系），一定数量的城市人口是生产性服务业发展劳动力来源和市场需求的重要基础。图 5－8 数据分析结果表明，常住人口数量与生产性服务业之间存在显著的线性相关关系，人口规模越大，生产性服务业的产值越大。特别是生产性服务业产值超过 2000 亿元的北京、上海、广州、深圳、天津等城市，常住人口都在 1000 万人以上。

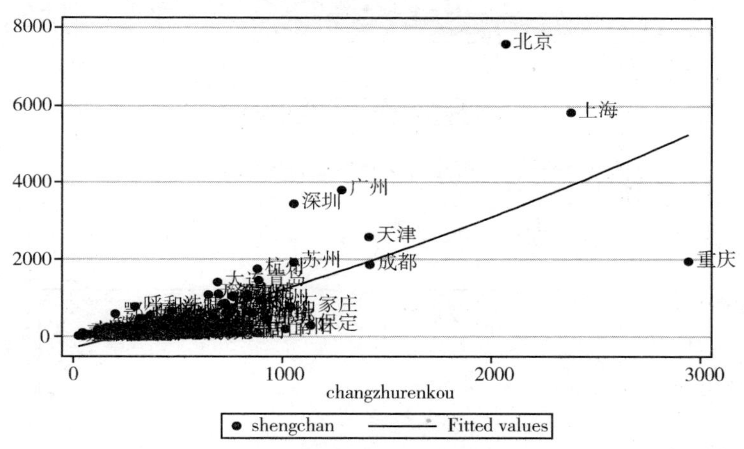

图 5－8　人口规模与生产性服务业的相关关系

3. 城市化水平与生产性服务业的相关性。城镇是生产性服务业发展的重要空间载体，图 5－9 数据分析结果表明，城市化水平与生产性服务业之间存在显著的线性相关关系，城市化水平越大，生产性服务业的产值越大。北京、上海、广州、深圳和天津的城市化水平非常高，同时其生产性服务业发展程度也比较高，而由于克拉玛依、乌鲁木齐和乌海等城市的个性化特征，其由于团厂和矿区的存在，城市化水平也非常高，但是生产性服务业相对比较低。

4. 制造业与生产性服务业的相关性。制造业的发展水平和分布格局影响了生产性服务业的形态，生产性服务业从制造业中分离出来以后，是其重要的服务对象。图 5－10 数据分析结果表明，制造业产值与生产性服务业之间存在显著的线性相关关系，制造业产值越高，生产性服务业的产值也越大。上海的生产性服务业产值高于拟合线，而苏州、无锡、宁波等则是制造业相对比较高，这主要是由于上海生产性服务业的辐射性影响。生产性服务业产值超过 2000 亿

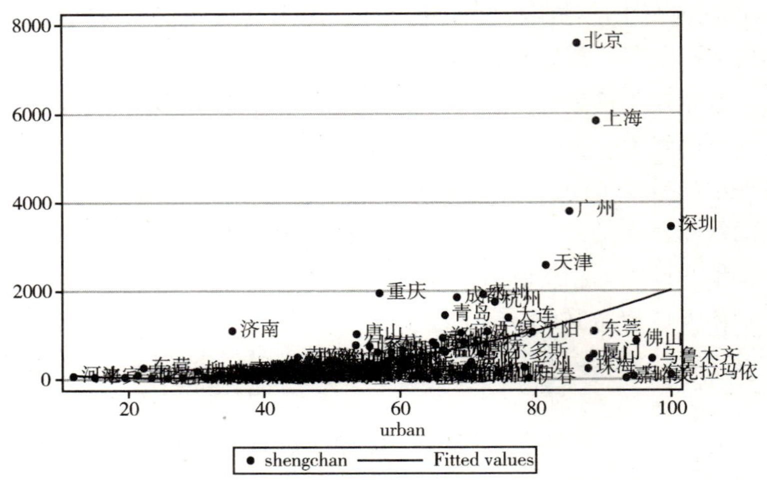

图 5－9　城市化与生产性服务业的相关关系

元的北京、上海、广州、深圳、天津等城市，制造业产值都在 10 万亿元以上。

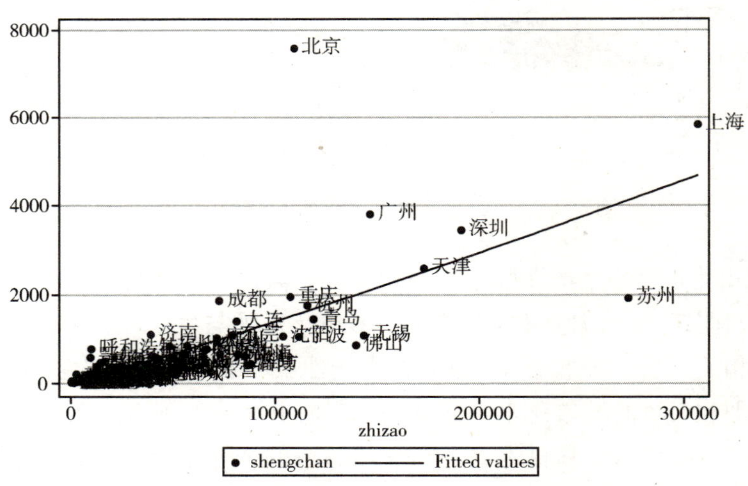

图 5－10　制造业与生产性服务业的相关关系图

5. 城市通达性与生产性服务业的相关性。图 5－11 数据分析结果表明，以城市客运量作为衡量指标的城市交通通达性与生产性服务业存在显著的正相关关系。城市交通通达性越好，生产性服务业产值越高。

6. 知识溢出与生产性服务业的相关性。图 5－12 数据分析结果表明，以高等学校专任教师数量作为衡量指标的知识溢出与生产性服务业产值之间存在着

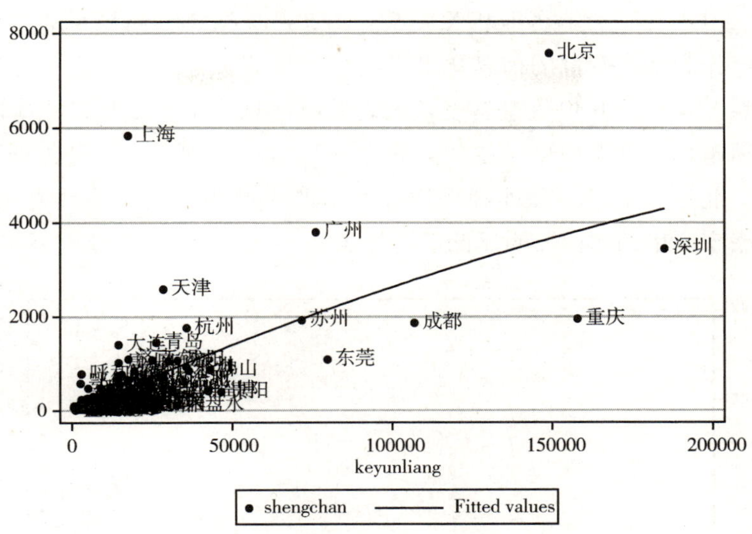

图 5－11　交通运输与生产性服务业的相关关系

较强的线性关系，高等学校教师数量越多，代表城市知识化水平和知识溢出程度越高，相应的生产性服务业产值越高北京、上海和深圳的生产性服务业产值要明显高于同等教师数量的城市，而郑州的生产性服务业产值要明显低于同等教师数量的城市。

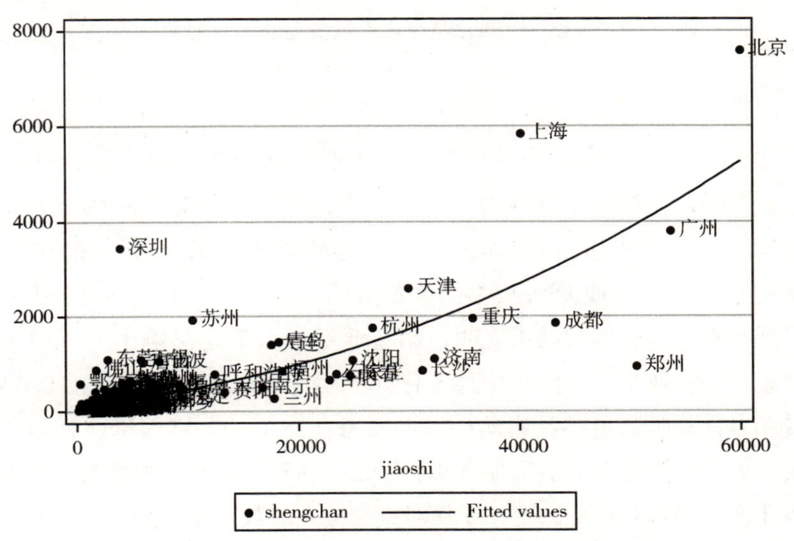

图 5－12　知识溢出效益与生产性服务业的相关关系

7. 信息化与生产性服务业相关关系。图 5－13 数据分析结果表明，以互联网开户数量作为替代变量的信息化水平与生产性服务业产值之间存在较强的正向相关关系。互联网开户数量越多，代表城市信息化水平越高，相应的生产性服务业产值越高。可以预见，在“互联网＋”行动计划下，信息化程度会得以快速提高。北京、上海、深圳和天津等城市的生产服务业产值要高于趋势线，而潍坊、南宁两市的产值要明显低于趋势线。

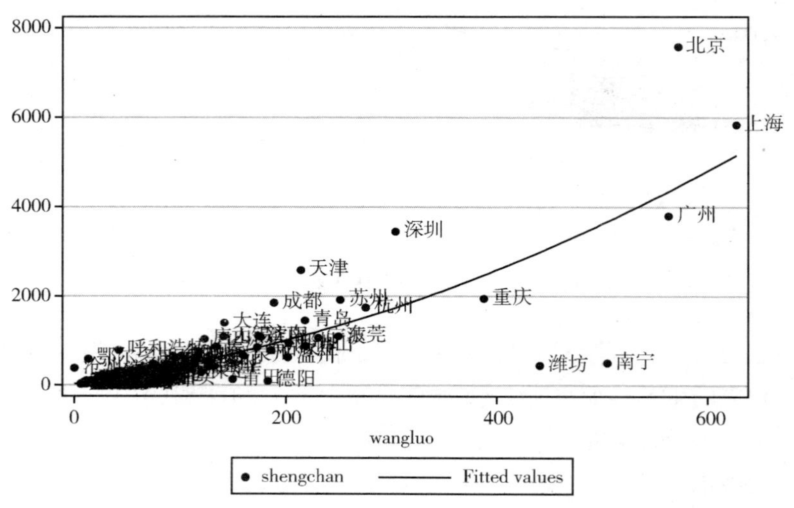

图 5－13　信息化与生产性服务业的相关关系

（三）模型分析结果

1. 生产性服务业产值模型分析结果。生产性服务业产值多层线性回归模型 1 分析结果表明，在控制了其他因素以后，常住人口规模对生产性服务业产值没有显著影响。而人均 GDP 每增加 1 元，因变量增加 0.02 亿元。但出乎意料的是，多层模型结果和普通 OLS 模型结果都表明，城市化水平并不显著提高生产性服务业发展水平。多层模型结果表明，制造业发展水平是影响生产性服务业的最为显著因素，制造业生产总值每增加 1 亿元，生产性服务业产值增加 0.004 亿元。客运数量和专任教师数量都是影响生产性服务业产值的关键因素，客运数量每增加 1 万人，生产性服务业产值增加 0.011 亿元；高等学校专任教师每增加 1 人，生活性服务业产值增加 0.018 亿元。互联网宽带接入户数更是影响生产性服务业产值的显著因素，接入户数每提高 1 万户，生活性服务业产值提高 1.135 亿元。

从省级因素来看，政府作用是影响生产性服务业的关键因素，政府作用每提高1个百分点，生产性服务业产值增加38亿元。而市场化程度业是作用于生活性服务业发展的重要力量，市场系数每提高1个位数，生产性服务业产值提高51亿元。

表5-12 生产性服务业的多层固定效果模型与一般OLS模型比较

	多层线性（模型1）			多层线性（模型2）			普通OLS（模型3）		
变 量	系数	标准误	P>t	系数	标准误	P>t	系数	标准误	P>t
城市特征									
常住人口	-0.076	0.106	0.474	-0.034	0.099	0.728	0.136	0.181	0.454
人均GDP	0.002	0.001	0.003	0.003	0.001	0.001	0.002	0.002	0.171
城市化率	-3.782	1.490	0.011	-1.060	1.185	0.371	-0.063	2.674	0.981
制造产值	0.004	0.001	0.000	0.004	0.001	0.000	0.004	0.001	0.003
客运数量	0.011	0.001	0.000	0.010	0.001	0.000	0.006	0.002	0.003
专任教师	0.018	0.002	0.000	0.016	0.002	0.000	0.024	0.005	0.000
宽带户数	1.135	0.304	0.000	1.009	0.277	0.000	2.393	0.610	0.000
省级特征									
政府作用	38.49	20.79	0.064	1.07	3.21	0.740	14.53	6.33	0.023
市场系数	51.14	16.68	0.002	-0.13	2.18	0.953	5.23	4.43	0.239
截距	-3785.59	1423.03	0.008	-128.65	196.97	0.514	-934.46	382.95	0.016
Random-effects Parameters									
sd（_cons）	821.52	112.75		38.21	24.05				
sd（Residual）	169.60	10.27		170.55	10.22				
城市样本量		167			163			167	
省级样本量		29			25				
Prob > chi2（F）		0.0000			0.0000			0.0000	
Adj R-squared								0.7960	

2. 分类生产性服务业产值模型分析结果。模型4结果表明，在控制了经济发展水平、城市化水平、省级特征等因素以后，常住人口规模对交通邮政业具有显著影响，人口数量每增加1万人，交通邮政业产值增加0.135亿元。经济发展水平与交通邮政业发展存在密切关系，人均GDP每增加1元，交通邮政业产值增加0.001亿元。多层模型分析结果表明，城市化水平并不影响交通邮政业的发展情况。制造业生产总值每增加1亿元，交通邮政业产值增加0.001亿元。客运数量每增加1万人，交通邮政业产值增加0.0004亿元。高等学校专任教师

数量每增加 1 人，交通邮政业产值也增加 0.005 亿元。互联网宽带接入户数每增加 1 万户，批发零售业产值增加 0.104 亿元。在省级特征中，政府财政支出比例和市场化系数对交通邮政业的发展都没有显著影响。

模型 5 结果表明，常住人口规模对信息软件业没有显著影响。经济发展水平与信息软件业发展存在密切关系，人均 GDP 每增加 1 元，信息软件业产值增加 0.0003 亿元。多层模型分析结果表明，城市化水平与信息软件业之间存在负向相关关系。制造业生产总值每增加 1 亿元，信息软件业产值增加 0.0003 亿元。客运数量每增加 1 万人，信息软件业产值增加 0.0025 亿元。高等学校专任教师数量每增加 1 人，信息软件业产值也增加 0.0023 亿元。互联网宽带接入户数每增加 1 万户，信息软件业产值增加 0.13 亿元。多场模型分析结果表明，省级变量中的政府作用对信息软件业的影响并不显著，但市场系数每增加 1 个百分点，信息软件业产值增加 10 亿元左右。

模型 6 结果表明，在控制了经济发展水平、城市化水平、省级特征等因素以后，常住人口规模与金融业发展之间呈现负向相关关系。经济发展水平与金融业发展之间没有显著联系。多层模型分析结果表明，城市化水平与金融业之间存在负向相关关系。制造业生产总值每增加 1 亿元，金融业产值增加 0.0017 亿元。客运数量每增加 1 万人，金融业产值增加 0.0062 亿元。高等学校专任教师数量每增加 1 人，金融业产值也增加 0.0046 亿元。互联网宽带接入户数每增加 1 万户，金融业产值增加 0.31 亿元。多场模型分析结果表明，省级变量中的政府作用对金融业的影响显著，政府作用每增加 1 个百分点，金融业产值增加 18 亿元。市场系数每增加 1 个百分点，金融业产值增加 24 亿元左右。

表 5－13　　交通邮政业、信息软件业和金融业多层模型分析结果

	交通邮政业（模型 4）			信息软件业（模型 5）			金融业（模型 6）		
变　量	系数	标准误	P > t	系数	标准误	P > t	系数	标准误	P > t
城市特征									
常住人口	0.1348	0.0359	0.000	－0.0121	0.0193	0.532	－0.0936	0.0429	0.029
人均 GDP	0.0013	0.0003	0.000	0.0003	0.0001	0.068	0.0005	0.0003	0.164
城市化率	－0.1589	0.5363	0.767	－0.6282	0.2701	0.020	－1.4546	0.6031	0.016
制造产值	0.0010	0.0003	0.001	0.0003	0.0001	0.024	0.0017	0.0003	0.000
客运数量	－0.0004	0.0004	0.293	0.0025	0.0002	0.000	0.0062	0.0005	0.000
专任教师	0.0050	0.0010	0.000	0.0023	0.0004	0.000	0.0046	0.0010	0.000
宽带户数	0.1041	0.1207	0.388	0.1337	0.0549	0.015	0.3105	0.1229	0.012
省级特征									

续表

	交通邮政业（模型 4）			信息软件业（模型 5）			金融业（模型 6）		
变　量	系数	标准误	P > t	系数	标准误	P > t	系数	标准误	P > t
政府作用	-1.29	1.38	0.348	7.90	5.20	0.129	18.42	7.92	0.020
市场系数	-1.59	0.99	0.108	10.33	4.16	0.013	23.97	6.36	0.000
截距	69.46	84.55	0.411	-768.87	355.78	0.031	-1773.97	542.16	0.001
Random-effects Parameters									
sd（_cons）	18.44	9.24		207.16	27.85		312.27	43.36	
sd（Residual）	77.54	4.52		30.63	1.85		68.70	4.17	
城市样本量		167			167			167	
省级样本量		29			29			29	
Prob > chi2		0.0000			0.0000			0.0000	

模型 7 结果表明，常住人口规模、人均 GDP 水平、城市化水平等因素对租赁商务业的影响都不十分显著。但多层模型分析结果表明，制造业生产总值每增加 1 亿元，租赁商务业产值增加 0.001 亿元。客运数量每增加 1 万人，租赁商务业产值增加 0.001 亿元。高等学校专任教师数量每增加 1 人，租赁商务业产值也增加 0.004 亿元。互联网宽带接入户数每增加 1 万户，租赁商务业产值增加 0.56 亿元。多场模型分析结果表明，省级变量中的政府作用对租赁商务业的影响显著，政府作用每增加 1 个百分点，租赁商务业产值增加 5.86 亿元。市场系数每增加 1 个百分点，租赁商务业产值增加 7.12 亿元左右。

模型 8 结果表明，常住人口规模对科学技术业没有显著影响。经济发展水平与科学技术业发展存在密切关系，人均 GDP 每增加 1 元，科学技术业产值增加 0.0002 亿元。多层模型分析结果表明，城市化水平与科学技术业之间存在负向相关关系。制造业生产总值每增加 1 亿元，科学技术业产值增加 0.0001 亿元。客运数量每增加 1 万人，科学技术业产值增加 0.0008 亿元。高等学校专任教师数量每增加 1 人，科学技术业产值也增加 0.0024 亿元。互联网宽带接入户数每增加 1 万户，科学技术业产值增加 0.04 亿元。多场模型分析结果表明，省级变量中的政府作用对科学技术业的影响显著，政府作用每增加 1 个百分点，科学技术业产值增加 5.67 亿元。市场系数每增加 1 个百分点，科学技术业产值增加 8.08 亿元左右。

表 5－14　租赁商务业和科学技术业多层模型分析结果

	租赁商务业（模型 7）			科学技术业（模型 8）		
变　量	系数	标准误	P > t	系数	标准误	P > t
城市特征						
常住人口	－0. 0738	0. 0361	0. 041	－0. 0003	0. 0105	0. 975
人均 GDP	0. 0003	0. 0003	0. 362	0. 0002	0. 0001	0. 003
城市化率	－0. 6410	0. 5225	0. 220	－0. 3189	0. 1458	0. 029
制造产值	0. 0010	0. 0003	0. 000	0. 0001	0. 0001	0. 071
客运数量	0. 0010	0. 0004	0. 013	0. 0008	0. 0001	0. 000
专任教师	0. 0040	0. 0009	0. 000	0. 0024	0. 0002	0. 000
宽带户数	0. 5613	0. 1078	0. 000	0. 0391	0. 0296	0. 187
省级特征						
政府作用	5. 86	3. 27	0. 073	5. 67	4. 39	0. 197
市场系数	7. 12	2. 67	0. 008	8. 08	3. 50	0. 021
截距	－540. 80	223. 60	0. 016	－583. 18	300. 36	0. 052
Random-effects Parameters						
sd（_cons）	120. 15	20. 64		175. 87	23. 33	
sd（Residual）	61. 23	3. 84		16. 50	0. 99	
城市样本量		167			167	
省级样本量		29			29	
Prob > chi2		0. 0000			0. 0000	

二、总结与讨论

生产性服务业在全球范围内迅速崛起并持续快速发展的态势引起了国内外众多学者的关注，不少学者对生产性服务业发展的影响因素进行了分析，相关研究成果不断涌现。本节在建设新型城市化的目标和约束下，利用产业聚集理论对生产性服务业的空间组织形态进行分析，在城市特征层面、产业特征层面和市场层面分析了生产性服务业发展的动力机制。最后通过多层计量模型对生产性服务业的影响因素进行了实证检验。

（一）生产性服务业的基本分布

生产性服务业增加值最高的是“北上广深”等特大型城市，北京生产性服务业产值最高，超过 7500 亿元，占总样本的 10. 79%；次之的是上海和广州，分别为6834亿元和3798亿元，占总样本的8.30%和5.40%。上海、北京、广州、深圳、苏州5个城市的生产性服务业产值占总样本的1/3以上，前十位城市占167个城市的45.74%左右，前二十位城市的产值超过总样本的60%，前三十个城市生产性服务业产值占167个城市的70%以上，表明生产性服务业集聚程度较高。

从产业在城市的分布来看，交通、邮政仓储业是生产性服务业聚集度最低的，在一定程度上是由于该产业的发展特征和经济规律所决定的，体现了交通的较高通达性以及更广的覆盖度的特征。从信息传输、计算机服务和软件业的情况来看，北京、上海、深圳、广州和杭州五个城市的息传输、计算机服务和软件业产值占总样本的40%以上，前十位城市占167个城市的53%左右。从金融和保险业的情况来看，出现北京和上海双核的并重的特征，占总样本产值均超过的10%；其次是深圳和天津，分别为1721亿元和1002亿元，占总样本的7.27%和4.23%。从租赁和商务服务业的情况来看，北京、广州、上海、东莞和苏州五个城市的租赁和商务服务业产值占总样本的40%以上，前十位城市占167个城市的54%左右，前二十位城市的产值占总样本的近72%，前三十位城市生产性服务业产值占167个城市的82%。从科学研究、技术服务和地质勘查业分布情况看，2012年北京市的增加值以压倒性优势占据首位，为1269亿元，占总样本的22.97%；其次是上海和天津，分别为506亿元和394亿元，占总样本的9.12%和6.95%。北京、上海、天津、广州、成都五个城市的文体娱乐业产值占总样本的48%以上，前十位城市占167个城市的61%，数据结果表明，在五类生产性服务业中，科学研究、技术服务和地质勘查业的集聚程度是最高的。

（二）生产性服务业影响因素探讨

生产性服务业产值多层线性回归模型1分析结果表明，在控制了其他因素以后，常住人口规模对生产性服务业产值没有显著影响，主要对交通邮政业具有显著影响。

经济发展水平是决定生产性服务业发展的重要因素，人均GDP每增加1元，生产性服务业产值能增加200万元。从不同行业来看，交通邮政业与经济发展水平之间的关系最为紧密，而租赁商务业与人均GDP之间的相关性不强。

多层模型结果和普通OLS模型结果都表明，城市化水平并不显著提高生产性服务业发展水平，甚至与信息软件业、金融业、科学技术业之间存在负向关系。这表明，城市化发展与生产性服务业发展之间存在较为复杂的关系，城市化进程并不一定带来生产性服务业的进步；相反，在某些条件下可能阻碍一些行业的提高。

生产性服务业与制造业之间存在相互作用、相互依赖、共同发展的互动关系。本节研究表明，制造业发展水平是影响生产性服务业的最为显著因素，制造业生产总值每增加1亿元，生产性服务业产值增加0.004亿元。从分类行业来看，制造业影响程度最大的是金融业，次之的是交通邮政业和租赁商务业。

客运数量是影响生产性服务业产值的关键因素，客运数量每增加1万人，生产性服务业产值增加0.011亿元。也是影响信息软件业、金融业、租赁商务业和科学技术业的重要因素。特别是金融业的发展，对交通条件的依赖程度最高。

多层模型结果表明，在控制了人口规模、经济发展水平、城市化水平、省级特征等因素以后，高等学校专任教师每增加1人，生产性服务业产值增加0.018亿元。同时，知识因素对交通邮政、信息软件、金融、租赁商务、科学技术等所有分类行业都具有显著影响。

互联网宽带接入户数更是影响生产性服务业产值的显著因素，接入户数每提高1万户，生产性服务业产值提高1.135亿元。同时，信息水平对信息软件业、金融业、租赁商务业具有显著影响。但互联网宽带数对交通运输仓储邮政业和科学技术业并没有显著影响。

从省级因素来看，政府作用是影响生产性服务业的关键力量，政府作用每提高1个百分点，生产性服务业产值增加38亿元。而从分类行业来看，省级政府因素对金融业的影响最为显著。

而市场化程度也是作用于生产性服务业发展的重要力量，市场系数每提高1个位数，生产性服务业产值提高51亿元。从分类行业来看，市场化程度因素对信息软件业、金融业、租赁商务业和科学技术业都有重要的影响。

（执笔人：李华香）

本章参考文献

① 陈建军，陈国亮，黄洁．2009新经济地理学视角下的生产性服务业集聚及其影响因素研究［J］．管理世界，（4）：83－95.

② 程大中，黄雯．2005．中国服务业的区位分布与地区专业化．财贸经济，（7）：73－81.

③ 高传胜，李善同．2008. 中国服务业：短处，突破方向与政策着力点．中国软科学，(2)．

④ 高传胜，李善同．2007. 中国生产者服务：内容，发展与结构．现代经济探讨，(8)：68－72.

⑤ 高传胜，刘志彪．2005. 产者服务与长三角制造业集聚和发展——理论，实证与潜力分析．上海经济研究，(8)：35－42.

⑥ 高觉民，李晓慧．2011. 生产性服务业与制造业的互动机理：理论与实证．中国工业经济．

⑦ 顾乃华．2008. 生产性服务业发展趋势及其内在机制——基于典型国家数据的实证分析．财经论丛，(2)：15－21.

⑧ 胡霞．2007. 集聚效应对中国城市服务业发展差异影响的实证研究．财贸研究．

⑨ 江波，李江帆．2013. 政府规模，劳动——资源密集型产业与生产性服务业发展滞后：机理与实证研究．中国工业经济．

⑩ 江静，刘志彪，于明超．2007. 生产者服务业发展与制造业效率提升：基于地区和行业面板数据的经验分析．世界经济，(8)：52－62.

⑪ 江小涓，李辉．2004. 服务业与中国经济：相关性和加快增长的潜力．经济研究，(1)：4－15.

⑫ 江小涓．2011. 服务业增长：真实含义，多重影响和发展趋势．经济研究．

⑬ 荆林波，李蕊．2008. 中国服务业的发展水平结构变化与增长趋势及国际比较．产业经济研究．

⑭ 李华香，李善同．2014. 中国城市服务业空间分布的特征及演变趋势分析．管理评论，(8)：22－30.

⑮ 李善同，高传胜等．2008. 中国生产者服务业发展与制造业升级．上海：上海三联书店.

⑯ 李善同，华而诚．2002. 21 世纪初的中国服务业．北京：经济科学出版社．

⑰ 李善同，李华香．2014. 城市服务行业分布格局特征及演变趋势研究．产业经济研究，(5)：1－10.

⑱ 李勇坚，夏杰长．2009. 制度变革与服务业成长．北京：中国经济出版社．

⑲ 刘兵权，王耀中．2010. 分工，现代生产性服务业与高端制造业发展．山西财经大学学报，(11)：35－41.

⑳ 刘曙华．2012. 生产性服务业集聚与区域空间重构，北京：经济科学出版社，11.

㉑ 刘志彪．2006. 发展现代生产者服务业与调整优化制造业结构．南京大学学报，(5)．

㉒ 刘志彪．2006. 论现代生产者服务业发展的基本规律．中国经济问题，(1)：3－9.

㉓ 刘志彪．2015. 全面深化改革推动服务业进入现代增长轨道，天津社会科学，(1)：122－127.

㉔ 申玉铭，邱灵，任旺兵等．2007. 中国服务业空间差异的影响因素与空间分异特征．地理研究，（6）．

㉕ 沈家文．2012. 生产性服务业与中国产业结构演变关的量化研究．北京：经济管理出版社．

㉖ 世界银行．2009. 2009 年世界发展报告：重塑世界经济地理．北京：清华大学出版社．

㉗ 汪德华，张再金，白重恩．2007. 政府规模，法治水平与服务业发展．经济研究，（6）．

㉘ 吴三忙，李善同．2012. 中国各地区生产性服务业发展的比较研究．资源与产业，（6）．

㉙ 闫小培，钟韵，林彰平．2010. 高等级中心城市生产性服务输出空间特征．地理研究，（12）：2166－2178.

㉚ 甄峰，顾朝林，朱传耿．2001. 西方生产性服务业研究述评．南京大学学报．

㉛ 钟韵．2007. 区域中心城市与生产性服务业发展．商务印书馆．

㉜ Andersson M. 2004. Co-Location of Manufacturing & Producer Services ［R］. Centre of Excellence for Studies in Science and Innovation，1－24.

㉝ Bailly. 1995. Producer Services Research in Europe ［J］. Professional Geographer，（1）.

㉞ Coffey W J. 1995. Producer services research in Canada. Professional Geographer，47（1）：74－81.

㉟ Coffey. W J. 2000. The Geographies of producer services，Urban Geography，（2）：170－183.

㊱ Daniels P W·. 1995. Producer services research in the United Kingdom·Professional Geographer，47（1）：83－87.

㊲ Daniels P. W. 1985. Service Industries：a Geographical Appraisal ［M］. London：Cambridge University Press.

㊳ Daniels P. W.，Ho K. C. 2005. Service industries and Asia-Pacific cities：new development trajectories. London：Routledge（Taylor & Francis Group）.

㊴ Duranton G，Puga D. 2000. Diversity and specialization in cities why，where and when does it matter?［J］. Urban Studies，37（3）：533－555.

㊵ Francisco，J. B.，and J. P. Kaboski. 2012. The rise of the service economy［J］. American Economic Review，102（6）.

㊶ Francois. J F，1990. Trade in Producer Services and Returns due to Specialization under Monopolistic Competition ［J］. The Canadian Journal of Economics，23（1）：109－124.

㊷ Glaeser E. 2010. Agglomeration Economics ［M］. Chicago：The University of Chicago Press.

㊸ Krugman，P. 1991. Increasing return and economic geography ［J］. Journal of Political Economy，99（3）：483－499.

㊹ Marshall J, Jaeger C. 1990. Service activities and uneven spatial development in Britain and its European partners: Development fallacies and new options. Environment and Planning A, 22 (10): 1337 - 1354.

㊺ Masahisa Fujita & Jacques-François Thisse. 2003. Does Geographical Agglomeration Foster Economic Growth? And Who Gains and Loses from it? [J]. The Japanese Economic Review, 5 (2): 121 - 145.

㊻ Mashall J N, Wood P A, Daniels P W et al. 1988. Services and Uneven Development [M]. Oxford: Oxford University Press.

㊼ Pandit N R, Cook G A S. 2001. Swann G M P. The dynamics of industrial clustering in British financial services. The Service Industrial Journal, 21 (4): 33 - 61.

㊽ Scott A. J. 1988. Flexible production systems and regional development: the rise of new industrial spaces in North America and Western Europe [J]. International Journal of Urban and Regional Research, 12 (2): 171 - 186.

㊾ Stigler G J. 1956. Trends in Employment in the Service Industries [M]. Princeton, N J: Princeton University Press, 47, 160.

㊿ Strange W. C. 2001. The determinants of agglomeration. Journal of Urban Economics, 50: 191 - 229.

第3篇　土地、劳动力与资本

第六章　土地制度与结构转型

土地制度是中国政治经济制度的基础性安排。土地制度改革是中国全局改革的关键而敏感的领域。独特的土地制度安排与变革是中国经济高速增长和结构变革的发动机。1980年代初的农村土地制度改革拉开了中国改革开放大幕，促进了中国的农村转型和体制转轨，1990年代末的城市土地制度变革推动中国从乡土中国向城乡中国的历史转型。但是，中国在利用土地创造“中国奇迹”的同时，也形成独特的以地谋发展模式，造成国民经济运行、财富增长与分配对土地的过度依赖，障碍经济转型和结构改革。随着中国经济从高速转向中高速增长平台①，发展动能出现转换，土地的发动机功能减退，以地谋发展模式的弊端凸显，深化土地制度改革对全局的意义重大。

中国改革走过了40年的非凡历程，土地制度改革也经历了任人评说的风风雨雨。本章第一部分是一个对中国过去40年土地制度改革进程与主要内容的回顾性评论；第二部分评估了土地制度在40年国民经济高成长阶段所起的历史作用，分析了这套土地制度体系存在的主要问题；第三部分展望了中国经济在进入新阶段后的主要特征，提出了为适应这一阶段性转换急需深化推进的土地制度改革。

① 刘世锦，刘培林，何建武．我国未来生产率提升潜力与经济增长前景［J］．管理世界，2015年第3期。

第一节　土地制度变革进程：一个回顾性评论

对过去40年中国的土地制度变革给出一个统一的一般性评论是很困难的。这一方面是因为土地制度安排的目标与变迁路径在城乡和不同用途之间差异很大，另一方面是因为对各项土地制度变革结果的评价因角度和立场不同而共识很差，有些方面的改革比较一致地令人称道，有些方面的变迁产生的影响巨大但争议很大，有些深层的制度改革因利益、观念、知识的羁绊贻误时机令人遗憾。从土地制度对中国经济和社会转型的影响来看，农村承包地、农民宅基地、土地转用、城市土地使用是其中影响深远且至关重要的几项制度安排，我们将分别予以讨论。

（一）农地集体所有家庭承包制度。农村承包地是全国土地面积中份额最大、涉及人数最大的一块。截至2015年末，全国共有农用地64545.68万公顷，其中耕地13499.87万公顷（20.25亿亩）[①]，家庭承包经营的耕地面积13423.68万公顷，占总耕地面积的99.44%，这些土地发包给2305.74万户农户承包经营[②]。农村承包地制度一向被视为对农业绩效、农民权利和社会稳定具有基础性影响的安排。

与历史上的土地制度相比，中国共产党执政以来的农地制度具有在乡村改天换地的性质。在传统乡土中国，农地属于家户私有，以自耕农和佃农为主的家庭农业是小规模农地的主要经营者，土地所有权和经营权同等受到法律保护和契约约束，且耕作权在很大程度上具有事实上的所有权权能。[③] 中国共产党取得政权后，实行公有制的社会主义制度，全面推进中国从农业国向工业国的转变[④]。为此，新政权在乡村进行一系列国家主导的制度再造[⑤]，形成独特的农村土地集体地权制度：一是作为公有制在乡村的实现形式，对农村土地实行集体所有制，国家通过人民公社、生产大队、生产小队三级对农村实行全面政治经济控制；二是国家事实上行使集体土地产权。生产队对土地的使用由上级控制，

① 国土资源部：2016年国土资源公报。

② 屈冬玉：《中国农业统计资料》，中国农业出版社，2015年版。

③ 费孝通，刘豪兴：《乡土中国》，上海人民出版社，2007年版。

④ 毛泽东：《毛泽东选集》，其中在中国共产党第七届中央委员会第二次全体会议上的报告，人民出版社，1991年版。

⑤ 杜润生：《杜润生自述：中国农村体制变革重大决策纪实》，人民出版社，2005年版。

并不享有作物种植选择权，收益权因国家实行农产品统购统销而丧失，生产队的公共积累和社员分配以完成国家任务为前提；三是农业经营制度实行主要以生产队为单位的统一经营，农业经济活动和社员劳动由生产队统一安排，生产成果按工分统一分配[①]。

政治气候的变化加上国家控制的集体所有、统一经营制度的低效，中国于20世纪70年代末80年代初成功实现了上下互动的农地改革。经过底层创造、顶层支持与政策推动[②]，形成了各方所接受的农地集体所有、家庭承包制度：一是在公有制社会主义制度下，改革以坚持土地集体所有制为前提。国家连续通过文件宣示集体所有制不变，强调包产到户与私有单干的不同[③]；保留“三级所有、队为基础”的集体所有构架；农民与土地的关系被界定为发包与承包关系；集体组织不同程度地行使着集体所有权；农村土地不准买卖。二是形成国家、集体与农户之间的承包合约。土地合约的初始安排由自发变法的底层农民默认，后来被作为一项非签约但必须遵守的三方合约制度化，即“留足国家的、交够集体的、剩余是自己的”，农户在承诺并完成所承担的国家任务和集体义务的前提下，获得集体土地剩余索取权。三是集体所有权明确为成员集体所有权。与集体化时期的“社员”不同（他只是以自己的劳动为国家做贡献、同时分配一定收入），包产到户后的“成员”不仅以集体成员身份平均分配集体土地和资产，随人口增减带来的成员权变化调整土地，而且享有集体土地上长出的一切资产的权益。改革以后的集体所有权事实上成为集体成员的权利集合，同时也使集体所有权的身份性更加强化。四是明晰承包农户对农地的产权。通过集体所有权与使用权的分离，做实承包权为一束实实在在的权利，又通过强化农户的主体地位，不断完善农户对所承包土地的使用权、收益权和转让权。五是实行家庭农业经营制度。通过废除生产队统一组织生产、统一收益分配的经营制度，以家庭替代生产队成为农业生产、经济决策与收益所得的单位，农户成为农业经营主体，并通过相关法律予以制度化。

农地集体所有、家庭承包制度确立以后，在实施进程中，尽管遇到一些波折和质疑，但这套制度安排还是坚持了下来，并且农地权利演进一直朝向强化农民土地产权保护的方向。

① 周其仁：“中国农村改革：国家和所有权关系的变化（下）——一个经济制度变迁史的回顾”，载《管理世界》，1995年第4期。

② 农村发展组：《中国农村经济体制改革的系统考察》，1984年。

③ 中共中央批转《全国农村工作会议纪要》，1982年1月1日。

一是在法律上明确集体所有的内涵。通过《农村土地承包法》和《物权法》立法对集体所有的内涵予以法律表达，即“农村土地农民集体所有，是农村基本经营制度的根本”，“土地集体所有权人对集体土地依法享有占有、使用、收益和处分的权利”，“农民集体”作为土地所有权的主体，分属三个层次，即“村农民集体”“村内农民集体”“乡（镇）农民集体”。①

二是完善和保护农户土地承包权的财产权。针对土地承包权作为一种特殊的用益物权，明确承包地就是农民的财产②；以法律形式明确承包农户依法享有承包地使用、收益和土地承包经营权流转的权利，有权自主组织生产经营和处置产品，承包地被依法征用、占用的，有权依法获得相应的补偿，承包期内发包方不得收回承包地，不得调整承包地，不断拓展土地转包权③；限制公权力对农民土地财产权利的侵犯，明确规定，法定承包期内，任何组织和个人不得干预农民的生产经营自主权，不得违法调整和收回承包地，不得违背农民意愿强行流转承包地，不得非法侵占农民承包地。④

三是不断延长土地承包期，稳定农民对土地权利的预期。土地承包期从1984 年的15 年⑤，延长到第二轮延包时的30 年⑥，1998 年中共十五届三中全会赋予农民长期而有保障的土地使用权⑦，到中共十七届三中全会时提出“长久不变”⑧，十八届三中全会进一步重申这一规定。⑨

四是改革成员集体所有权。20 世纪 80 年代末中央农村政策研究室在贵州湄潭试点“增人不增地、减人不减地”。2002 年“增人不增地、减人不减地”写进农村土地承包法。《土地承包法》明确，“国家依法保护农村土地承包关系的长期稳定”、“承包期内，发包方不得调整承包地。”

五是土地承包合约条件的变化。一方面是附着于土地的国家义务的变化。

---

① 王利明，周友军．论我国农村土地权利制度的完善［J］．中国法学，2012 年第1 期。

② 柳随年：《〈中华人民共和国农村土地承包法（草案）〉的说明，2001 年6 月26 日在第九届全国人民代表大会常务委员会第二十二次会议上，载《中华人民共和国全国人民代表大会常务委员会公报》2002 年第5 期，第353 ~356 页。

③ 参见《中华人民共和国农村土地承包法》（2002 年 8 月 29 日第九届全国人民代表大会常务委员会第二十九次会议通过）第二十六条。

④ 国务院办公厅关于妥善解决当前农村土地承包纠纷的紧急通知（国办发明电〔2004〕21 号）。

⑤ 中共中央关于一九八四年农村工作的通知。

⑥ 中共中央国务院关于当前农业和农村经济发展的若干政策措施发布实施。

⑦ 中共中央关于农业和农村工作若干重大问题的决定。

⑧ 中共中央关于推进农村改革发展若干重大问题的决定。

⑨ 中共中央关于全面深化改革若干重大问题的决定。

先是减低粮食任务，农民对完成任务以外的土地得以有权自由种植；到允许农民以货币交粮，减低农民土地与粮食任务的挂钩；到实行粮食购销体制改革，国家以市场化方式购粮，农民与土地粮食任务解除；到国家实行种粮补贴。另一方面是集体义务的变化。从上交集体公积金、公益金，至20世纪90年代各种负担摊派到承包地，农民不堪重负；到后来采取一事一议，与承包地不挂钩，国家和集体义务的改变，农民承包地权利的剩余权扩增。①

六是家庭农业经营制度作为国家基本制度。1991年首次提出“把以家庭联产承包为主的责任制、统分结合的双层经营体制，作为中国乡村集体经济组织的一项基本制度长期稳定下来，并不断充实完善。”1999年《宪法》明确“农村集体经济组织实行家庭承包经营为基础、统分结合的双层经营体制。”2002年《农村土地承包法》正式提出“国家实行农村土地承包经营制度”。2008年十七届三中全会强调“以家庭承包经营为基础、统分结合的双层经营体制，是适应社会主义市场经济体制、符合农业生产特点的农村基本经营制度，是党的农村政策的基石，必须毫不动摇地坚持。”②

（二）集体所有、农民使用宅基地制度及其变迁。在各项土地中，宅地权是一项关乎农民居住权和财产权的重要权利，宅基地制度也被视为对政治和社会影响至关重要的制度安排。截至2015年，在全部土地中，村庄用地为140.134万公顷③，其中宅基地约为133.3万公顷④。

历史上的农民宅基地与土地一样一直是农民的私权，且与其上所盖房屋的权利不可分割。⑤ 土改和合作化时期的宅基地及其房屋还是属于农民私有。到人民公社时期开始实行宅基地和房屋权利的分别设置，即宅基地一律不准出租和买卖，使用权归各户长期使用，房屋永远归社员所有，可以买卖或租赁。⑥ 到20世纪80年代初开启农村改革时，集体所有、农民长期使用的宅基地制度架构初具雏形：一是宅基地所有权归生产队集体所有，社员禁止出租和买卖。二是宅基地与其上的房屋权利相分离，农户拥有宅基地长期使用权，对房屋拥有排他性所有权，可以买卖、租赁、抵押、典当，宅基地使用权随着房屋的买卖和租

---

① 周其仁、刘守英，湄潭：一个传统农区的土地制度变迁，载中共贵州省委政策研究室、中共贵州省湄潭县委编：《土地制度建设试验监测与评估》，1997年。

② 中共中央关于推进农村改革发展若干重大问题的决定。

③④ 赵惠珍（兼）总编，中国城乡建设统计年鉴，中国统计出版社，2015年版。

⑤ 参见 陈小君，蒋省三：“宅基地使用权制度：规范解析、实践挑战及其立法回应”，载《管理世界》2010年第10期。

⑥ 赵树枫．农村宅基地制度与城乡一体化［M］．中国经济出版社，2015年版。

赁而转移。三是确立了宅基地依集体成员申请无偿取得。①

改革开放以后，当中国的农地制度不断朝向财产权方向演进时，宅基地制度则朝向使用与管制并行的方向发展。

一是集体宅基地所有权。与耕地所有权朝向成员集体所有相比，集体对宅基地的所有权强度与控制权更强。在宅基地的所有权上，集体组织绝不是一个仅仅具有法律意义的一级，而是拥有实实在在的控制权、使用权和收益权。集体组织享有村庄宅基地的分配权，可以依法收回农户超出按法定面积的宅基地，拥有对村庄内未分配到农户手上集体空闲地、公共用地、经营性用地的控制权。在一些实行村庄改造以及土地整治的村庄，集体控制宅基地结余指标的收益权。

二是农户宅基地使用权与住房所有权。法律规定，宅基地使用权人对集体所有的土地享有占有和使用的权利，有权依法利用该土地建造住宅及其附属设施；一户只能拥有一处宅基地；农村村民出卖、出租住房后，再申请宅基地的，不予批准；宅基地因自然灾害等原因灭失的，宅基地使用权消灭。对失去宅基地的村民，应当重新分配宅基地。但农民的宅基地使用权不得转让、抵押、收益。农房是农民的私有财产，坚持农村房屋农民所有，享有对房屋的买卖、出租、抵押、典权、转让等权利。

三是宅基地的成员身份性和非成员限制进入。只有集体经济组织成员，才有资格申请和得到宅基地，非集体经济组织成员无法获得宅基地。对非成员取得宅基地的限制逐步严格，1982 年时允许农村社员中回乡落户的离休、退休、退职职工、军人和回乡定居的华侨申请取得，1987 年《土地管理法》中允许城镇非农业户口居民经县人民政府批准后建住宅，1991 年的《土地管理法实施条例》仍然开放城镇非农业户口居民使用集体土地建住宅，到 1999 年时发生重大转向，规定“农民的住宅不得向城市居民出售，也不得批准城市居民占用农民集体土地建住宅”。2004 年 28 号文明令“禁止城镇居民在农村购置宅基地”。②

四是强化宅基地使用管制。将农村宅基地占用农用地纳入年度计划，规定各省（区、市）下达给各县（市）用于城乡建设占用农用地的年度计划指标中增设农村宅基地占用农用地计划指标，农村宅基地占用农用地的计划指标应和

① 刘守英．直面中国土地问题［M］．北京：中国发展出版社，2014 年版。

② 国务院．关于深化改革严格土地管理的决定。

农村建设用地整理新增加的耕地面积挂钩。县（市）国土资源管理部门对新增耕地面积检查、核定后，应在总的年度计划指标中优先分配等量的农用地转用指标用于农民住宅建设，但事实上很难实施。宅基地审批采取各县（市）可根据省（区、市）下达的农村宅基地占用农用地的计划指标和农村村民住宅建设的实际需要，于每年年初一次性向省（区、市）或设区的市、自治州申请办理农用地转用审批手续，经依法批准后由县（市）按户逐宗批准供应宅基地。对农村村民住宅建设利用村内空闲地、老宅基地和未利用土地的，由村、乡（镇）逐级审核，批量报县（市）批准后，由乡（镇）逐宗落实到户①。

（三）土地转用制度安排及其变迁。过去40年，中国经济的高增长伴随着工业化和城市化的快速转变，农地非农化的规模和方式影响甚大。2003～2015年，中国农地转为非农用地面积1156.18万公顷。② 农地转为建设用地，从空间来看包括转为城市建设用地和农村建设用地，从所有制来看存在集体转用和国家征用两种途径。

改革之初到1998年土地管理法修订前，农地转为集体建设用地的通道一直是敞开的。1980年代初期，随着农地改革释放大量剩余劳动力，政府鼓励农民利用集体土地创办乡镇企业，农村建设用地量快速增长。1978年全国乡镇企业用地估计235.5万亩，到1985年时估计约844.5万亩，用地规模扩大了2.6倍。1981～1985年新建农民住宅平均每年在6亿平方米以上。

直到1987年实施老《土地管理法》时，农村土地进入非农建设还保留有三个通道：一是只要符合乡（镇）村建设规划，得到县级人民政府审批，就可以从事“农村居民住宅建设，乡（镇）村企业建设，乡（镇）村公共设施、公益事业建设等乡（镇）村建设”。二是全民所有制企业、城市集体所有制企业同农业集体经济组织共同投资举办联营企业，需要使用集体所有土地时，“可以按照国家建设征用土地的规定实行征用，也可以由农业集体经济组织按照协议将土地的使用权作为联营条件。”三是城镇非农业户口居民经县级人民政府批准后，可以使用集体所有的土地建住宅。这一时期的集体建设用地仍然不断增长，集体建设用地量从1988年的69万亩增加到1992年时的93.5万亩。

1992年开始，国家对集体建设用地的政策发生转变，集体土地必须先征为

① 参见高圣平：“宅基地使用权初始取得制度研究”，载《中国土地科学》2007年第2期。
② 国土资源部.2004年中国国土资源公报国土资源部，2016年中国国土资源公报。

国有出让才能作为建设用地；集体土地作价入股兴办联营企业的，其土地股份不得转让。① 1998 年出台修订后的《土地管理法》从法律上对农地进入非农集体建设使用的口子缩紧，农民使用集体土地从事非农建设变成国有建设用地主通道的一个除外，即“兴办乡镇企业和村民建设住宅经依法批准使用本集体经济组织农民集体所有的土地的，或者乡（镇）村公共设施和公益事业建设经依法批准使用农民集体所有的土地的除外。”明确规定“农民集体所有的土地的使用权不得出让、转让或者出租用于非农业建设”，保留“农村集体经济组织以土地使用权入股、联营等形式与其他单位、个人共同举办企业”。② 1999 年出台的一项规定要求“乡镇企业用地要严格限制在土地利用总体规划确定的城市和村庄、集镇建设用地范围内”。自那以后，加上乡镇企业改制和建设用地年度指标管制的加强，农村集体建设用地在大多数地区合法进入市场的通道基本关闭。直到 2004 年时对农村集体建设用地使用的规定才发生一些变化，该年发布的《国务院关于深化改革严格土地管理的决定》中“鼓励农民建设用地整理，城镇建设用地增加要与农村建设用地减少挂钩。在符合规划的前提下，村庄、集镇、建制镇中的农民集体所有建设用地使用权可以依法流转”。到 2006 年的国务院关于加强土地调控有关问题的通知也是允许在“符合规划并严格限定在依法取得的建设用地范围内，农民集体所有建设用地使用权流转”。

农地转为非农使用中，征地是主要工具。尤其是在集体建设用地转用通道关闭后，征地转用更是成为唯一的合法土地转用方式。1982 年《宪法》恢复了 1954 年宪法“国家为了公共利益的需要，可以依照法律规定对土地实行征用”的原则，但是，该法也第一次提出城市土地属于国家所有、农村土地属于集体所有，形成两种所有制并存与分治的土地所有权结构。③ 1987 年出台的《土地管理法》坚持土地征用公共利益原则，但是公共利益用途的界定极其宽泛，“国家进行经济、文化、国防建设以及兴办社会公共事业”皆可实行征地，征地补偿实行原用途原则，只是将土地补偿费和安置补助费两项总和提高到不超过土地被征用前 3 年平均年产值的 20 倍，以及对被征地者采取就业和转换身份安

① 国务院．关于发展房地产业若干问题的通知。

② 参见《中华人民共和国土地管理法》（中华人民共和国第九届全国人民代表大会常务委员会第四次会议于 1998 年 8 月 29 日修订通过）第四十三条。

③ 参见全国人民代表大会：《中华人民共和国宪法》（1982 年 12 月 4 日第五届全国人民代表大会第五次会议通过 1982 年 12 月 4 日全国人民代表大会公告公布施行）。

置。[①] 1998 版《土地管理法》沿袭了征地公共利益原则、城乡分治格局和原用途补偿，将两项补偿之和提高到不超过土地被征用前 3 年平均年产值的 30 倍。这部法律同时做出了两条对土地转用产生重大影响的规定：一是确立“土地用途管制制度”，国家编制土地利用总体规划，规定土地用途，控制建设用地总量，对年度建设用地指标实行审批；二是规定任何单位和个人进行建设，需要使用土地的，必须依法申请使用国有土地[②]。

征地转用产生的问题随着工业化城市化进程加快越来越严重。国土部于 2001 年开始启动征地制度改革试点。[③] 在试点基础上，国土部于 2005 年试行征地统一年产值标准和征地区片综合地价，统一年产值标准的计算是，在一定区域范围内，综合考虑被征收农用地类型、质量、等级、农民对土地的投入以及农产品价格等因素，以前三年主要农产品平均产量、价格为主要依据测算的综合收益值，再根据土地区位、当地农民现有生活水平和社会经济发展水平、原征地补偿标准等因素确定相应的土地补偿费和安置补助费倍数进行计算。征地区片综合地价的计算是，在城镇行政区土地利用总体规划确定的建设用地范围内，依据地类、产值、土地区位、农用地等级、人均耕地数量、土地供求关系、当地经济发展水平和城镇居民最低生活保障水平等因素，划分区片并测算的征地综合补偿标准（原则上不含地上附着物和青苗的补偿费）。尽管区片综合价考虑了被征地农民的土地发展权，但是，执行这一标准的范围仅限于城市和集镇范围，在这一范围之外的大量征地，仍然按照产值（即原用途）标准进行。[④]

2003 年以后，中央层面明确要求推进征地制度改革。中共十六届三中全会提出了征地改革的内容和方向是“按照保障农民权益、控制征地规模的原则，改革征地制度，完善征地程序。严格界定公益性和经营性建设用地，征地时必须符合土地利用总体规划和用途管制，及时给予农民合理补偿”。十六届五中全

---

① 参见《中华人民共和国土地管理法》（1986 年 6 月 25 日第六届全国人民代表大会常务委员会第十六次会议通过 1986 年 6 月 25 日中华人民共和国主席令第 41 号公布 1987 年 1 月 1 日起施行）。

② 参见《中华人民共和国土地管理法》（中华人民共和国第九届全国人民代表大会常务委员会第四次会议于 1998 年 8 月 29 日修订通过）。

③ 黑龙江省从 2000 年起，在全省实行了各市、县主要地类的征地统一年产值标准的做法；浙江省杭州市、江苏省南京市和苏州市也从 2000 年起不再以产值倍数来测算补偿费用，而是综合考虑土地用途、土地区位条件、当地经济发展水平和土地供求关系等因素，结合当地城镇居民社会保障水平，确定征地补偿标准。

④ 吴宇哲，彭毅，鲍海君．基于土地发展权分配的征地区片综合地价研究［J］．浙江大学学报（人文社会科学版），2008 年第 6 期。

会要求“健全对被征地农民的合理补偿机制”。十六届六中全会要求“从严控制征地规模，加快征地制度改革，提高补偿标准，探索确保农民现实利益和长期稳定收益的有效办法，解决好被征地农民的就业和社会保障”。2006 年中央 1 号文件明确提出，“加快征地制度改革步伐，按照缩小征地范围、完善补偿办法、拓展安置途径、规范征地程序的要求，进一步探索改革经验”。2008 年《中共中央关于推进农村改革发展若干重大问题的决定》要求“继续推进征地制度改革试点，规范征地程序，提高补偿标准，健全被征地农民的社会保障制度，建立征地纠纷调处裁决制度”。十七届三中全会提出“在土地利用规划确定的城镇建设用地范围外，经批准占用农村集体土地建设非公益项目，允许农民依法通过多种方式参与开发经营并保障农民合法权益”。

2010 年国土资源部在国家综合改革试验区等选取 11 个城市开展征地制度改革试点，主要内容是：区分公益性和非公益性用地，缩小征地范围；完善征地补偿安置机制；改进农用地转用与征收审批方式。在试点工作指导意见中规定非公益用地项目主要包括经依法批准建设的旅游娱乐、商业服务、工业仓储等类型。确定了缩小征地范围的区域，在土地利用总体规划确定的城镇建设用地范围内，除法律规定可使用农民集体土地外，建设用地涉及农村集体土地的，原则上予以征收；在土地利用总体规划确定的城镇建设用地范围外，非公益性用地退出征地范围，经批准以其他方式取得农村集体土地。遗憾的是由于时间短，试点范围小，未见成效。①

党的十八届三中全会决定对土地制度改革进行总体部署，内容包括：在符合规划和用途管制的前提下，允许农村集体经营性建设用地出让、租赁、入股，实行与国有土地同等入市、同权同价；缩小征地范围，规范征地程序，完善对被征地农民合理、规范、多元保障机制；扩大国有土地有偿使用范围，减少非公益性用地划拨；完善土地租赁、转让、抵押二级市场；建立有效调节工业用地和居住用地合理比价机制，提高工业用地价格。② 并在全国开展试点，2015 年 2 月 27 日，第十二届全国人民代表大会常务委员会第十三次会议通过了《全国人民代表大会常务委员会关于授权国务院在北京市大兴区等 33 个试点县（市、区）行政区域暂时调整实施有关法律规定的决定》，落实中共中央办公厅和国务院办公厅《关于农村土地征收、集体经营性建设用地入市、宅基地制度改革试

---

① 唐健．征地制度改革的回顾与思考［J］．中国土地科学，2011 年第 25 期。

② 《中共中央关于全面深化改革若干重大问题的决定》（中国共产党第十八届中央委员会第三次全体会议通过）单行本，人民出版社 2011 年版。

点工作的意见》，正式开始农村土地三项制度改革。

（四）市地制度安排及其变迁。土地转为国有以后的城市用地制度安排，不仅为工业化城市化的快速推进提供土地保障，而且成为城市建设重要资金来源。改革之前，中国实行的是土地供应无偿、无限期流动的制度。1987 年《土地管理法》规定了行政划拨和有偿出让两种土地使用模式。1987 年 12 月 1 日，深圳市首次公开拍卖一幅 8588 平方米地块 50 年的使用权，土地使用权在中国第一次作为资产进入市场。1988 年 4 月修改《宪法》，在删除土地不得出租规定的同时，增加了“土地使用权可以依照法律的规定转让”的规定。1990 年 5 月，国务院发布《城镇国有土地使用权出让和转让暂行条例》，明确规定土地使用权可以采用协议、招标和拍卖三种方式。1998 年土地管理法明确规定了“土地使用权可以依法转让”，以及“国家依法实行国有土地有偿使用制度”。国家以土地所有者的身份，由市县级人民政府作为代表，将国有土地使用权在一定年限内以协议、招标、拍卖方式出让给土地使用者，土地使用者则按照出让合同的约定向国家支付土地使用权出让金。1999 年以来又不断加大土地有偿使用制度改革，减少划拨用地比重，增加有偿使用比重。2002 年 5 月，国土资源部出台《招标拍卖挂牌出让国有土地使用权规定》第 11 号令，规定商业、旅游、娱乐和商品住宅等各类经营性用地，必须以招标、拍卖或者挂牌方式出让。全国“招拍挂”出让土地的面积和价款从 2001 年的 0.66 万公顷、492 亿元，提高到 2006 年的 6.65 万公顷、5492 亿元。2004 年国务院发布 28 号文规定工业用地必须实行招拍挂，国有建设用地招拍挂出让比重逐年上升，2001 ~ 2010 年，招拍挂出让面积占出让土地面积比重从 7.3% 提高到 88.3%。土地招拍挂出让收入占出让总收入的比重到 2010 年达到 92.23%（见表 6 – 1）。

表 6 – 1　　历年土地出让及招拍挂出让

年份	招拍挂出让				国有土地出让	
	面积（万公顷）	招拍挂占比（%）	价款（亿元）	招拍挂占比（%）	面积（万公顷）	价款（亿元）
2001	0.66	7.30	492	—	9.04	—
2002	1.81	15	969.24	—	12.05	—
2003	5.19	27.78	—	—	18.68	2937.76
2004	5.21	29.16	3253.68	55.20	17.87	5894.14
2005	5.72	35.05	3920.09	71.21	16.32	5505.15

续表

年份	面积（万公顷）	招拍挂出让			国有土地出让	
		招拍挂占比（%）	价款（亿元）	招拍挂占比（%）	面积（万公顷）	价款（亿元）
2006	6.65	28.60	5492.09	71.54	23.25	7676.89
2007	11.53	50.91	10074.86	82.47	22.65	12216.72
2008	13.36	81.91	9528.74	92.87	16.31	10259.8
2009	18.83	85.30	15098.5	94.90	22.08	15910.2
2010	25.73	88.27	26000	95.94	29.15	27100
2011	30.47	91.25	30200	95.87	33.39	31500
2012	29.3	90.77	25500	94.80	32.28	26900
2013	33.88	92.32	40400	96.19	36.7	42000
2014	25.15	92.53	31800	95.21	27.18	33400
2015	20.44	75.20	28600	85.63	22.14	29800

资料来源：根据历年《中国国土资源公报》整理。

在现行土地法律制度下，在土地转变用途过程中，政府不仅成为农地转变为市地的唯一仲裁者，而且拥有从农村获得土地转换给城市使用的排他性权力。伴随土地转变用途，政府替代农民集体成为土地的所有者和城市土地的经营者，成为以地谋发展模式的主要制度安排。①

第二节　土地制度的绩效与困境

与对中国土地制度本身的评判分歧甚大相比，有关这套制度安排在中国过去40年经济增长与结构转变中的作用似乎共识要多一些，不过，对于土地制度到底是如何发挥作用的，需要有更具针对性的解释。另外，由于中国土地制度变革本身就是约束下的选择，新的制度安排生成以后又形成相应的利益结构、损益关系和内生机制，这套制度安排的运行成本上升是必然的，对国民经济的负面影响不断地显化。我们在本部分既对这套制度安排的绩效予以客观评价，也指出其存在的主要问题。

① 刘守英．以地谋发展模式的风险与改革［J］．国际经济评论，2012年第2期。

一、土地制度安排与中国经济的历史转型

中国过去40年的经济高增长，被称为“经济奇迹”①，1978～2016年，GDP年均增长率达到14.996%，工业增加值率年均增长14.14%，城市化率年均提高3.11%，几项重要的土地制度安排与变革影响甚大。农地改革促进了农业增长和人口出村，为中国经济转型提供了微观基础；在严格保护耕地和粮食安全的前提下，对有发展机会的区域实行土地的宽供应，保证了经济高增长；地方政府以扭曲的工业用地价格招商引资，利用土地提供园区基础设施，促成了高速工业化，使中国成为世界制造工厂；利用土地资本化和以地融资，解决了中国城市发展所需的巨额资本，助推快速城市化。

（一）土地是拉动经济的发动机

中国传统发展模式在政府主导发展权下，依托于高增长和高投资维持治理秩序。由于土地权力由市县政府把控，土地成为地方政府拉高增长、推动投资的主要工具。过去40年间，土地事实上承担着双重功能，一方面对农民实行最严格的耕地保护制度来保障国家粮食安全，另一方面睁眼闭眼管土地，保障地方政府通过土地宽供应促增长。具体表现为：一是在追求GDP导向下，通过土地的宽供应保增长。2003～2012年间，全国国有建设用地年供应总量从28.64万公顷增加到69.04万公顷，年均增长10.27%。二是在经济增长出现减速时增加土地供应（见图6－1）。三是通过区域性放地保增长，全球金融危机之前，土地供应指标主要集中于沿海土地需求量大的区域，保证了这些区域经济增长对土地的需求，21世纪以来又通过加大土地供应推动西部开发和中部崛起；四是在年度计划指标控制下，地方将越来越稀缺的土地指标大部分用于省会城市和主要地级城市及开发区的发展用地需求。建设用地的有效供给，保障了经济的高增长。

（二）农地改革与农业转型

过去40年中国之所以能利用土地制度及其变革推动经济增长与结构变革，农地制度安排及其变革所起的基础性、稳定性作用是一切得以发生的前提。在中国这样一个长期以农为本的国家，土地制度的第一功能就是稳粮和安民。农地改革的绩效恰恰解除了这一隐忧，不仅使农地制度朝着明晰产权的方向完善，

① 林毅夫，蔡昉，李周．中国的奇迹，上海人民出版社，1999年版。

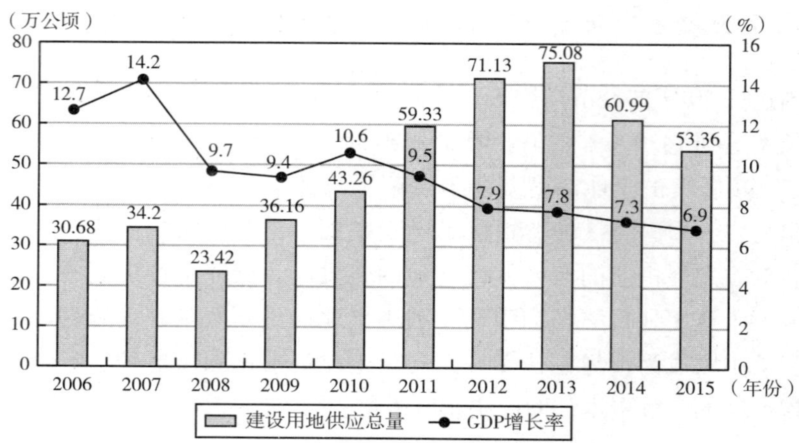

图6－1　建设用地供应与GDP增长率

也使农地非农用进程得以展开。一是由于家庭经营的有效性，使其作为一项基本制度被确立下来并坚持不变，成为中国农产品增长的微观基础。家庭经营制度从1984年普遍化，直到2016年，尽管各类新型农业经营主体有所成长，家庭承包土地仍然占耕地面积的99.4%，粮食作物产量从1984年的40730.5万吨增加到2016年的61625万吨，促进增长的因素有科技进步、现代投入的增加，家庭经营制度的稳定也是基础性的。二是农户地权制度促进人地关系的松绑。在传统乡土中国，农民被土地绑缚着；国家工业化时期农民被排斥在工业化之外，甚至被绑缚在集体土地上；家庭承包制后，农民得以先离土离农参与本地乡村工业化、继之离土出村参与异地工业化，成为促进中国结构革命的主要力量。三是根植于家庭承包制度的人地关系变化和结构转变，农业发展模式发生重大变化，农地流转加快，到2016年农地流转已经达到36%，农业投入从以人力为主转向靠机械为主，农业发展动能从主要以提高土地生产率为主转向以提高农业劳动生产率为主（见表6－2）。

表6－2　　土地制度与农业转型

年　　份	2010	2011	2012	2013	2014	2015
农地家庭承包比例（%）	94.09	94.45	96.89	98.15	98.37	99.41
土地流转率（%）	14.67	17.85	21.25	25.70	30.32	33.29
农村人口外出比例（%）	58.38	59.49	59.87	61.61	63.16	63.68

续表

年　份	2010	2011	2012	2013	2014	2015
农业纯收入占比（%）	29.07	27.18	26.61	26.54	25.70	25.09
农用机械总动力（万千瓦时）	92780.48	97734.66	102558.96	103906.75	108056.60	111728.10
土地生产率（公斤/公顷）	4973.58	5156.89	5301.76	5376.60	5385.10	5984
劳动生产率（公斤/人）	1960.10	2075.23	2167.99	2260.95	2316.94	2410.30

资料来源：中国农业统计资料。

（三）工业用地配置方式与高速工业化

改革开放以后，中国走上了一条与计划经济时期国家工业化完全不一样的道路，包括20世纪80年代中期至90年代中期的乡村集体土地工业化，以及90年代以后的园区工业化。新的工业化模式使中国成为世界制造工厂，独特土地制度下的工业用地供给方式所起的作用举足轻重。

80年代中期后的乡村工业化，源于农地改革后大量的剩余劳动力要找出路，在城市体制僵化、农村劳动力不可能进入的约束下，只能允许农民在集体土地上办企业，实质是允许农民集体所有土地直接进入非农用地市场。1998年的《土地管理法》修订之前，中国建设用地使用的两大主体都在乡村，一个是改革后收入改善的农民盖房子，另一个就是农民在集体土地上从事的乡镇企业。1993～1998年间，非农建设用地从224824公顷增加到367854公顷，其中乡镇企业用地从13943公顷减少到8180公顷，占总量的4.5%（见表6－3）。农民在集体土地上展开的乡村工业化有其自身的优势，由于土地属于农民集体所有，农民集体在自己的土地上创办企业不需要支付土地成本，避开了企业创办期资本不足的制约，乡村企业或者直接通过内部分配解决土地使用，或者以极低的地租获得集体土地使用权。这一发展路径也得益于那个时期国家农村政策对农民的进一步松绑，为了解决过剩农村劳动力的出路，政策取向是鼓励农民利用集体土地创办乡镇企业。农民在集体土地上的乡村工业化根本改变了中国工业化的格局，到1993年时，中国的工业产值份额形成国有企业、乡镇企业、外资企业各占1/3的格局。①

① 裴小林："集体土地所有制对中国经济转轨和农村工业化的贡献：一个资源配置模型的解说"，载黄宗智《中国乡村研究（第一辑）》，商务印书馆，2003年第1版。

表 6－3　　非农建设用地实际用地情况统计　　单位：公顷

年份	非农业建设用地	乡镇村集体建设用地	乡镇企业用地
1993	224824	30183	13943
1994	186630	22023	9826
1995	190376	19909	11621
1996	171467	14897	6235
1998	367854	16558	8180

20 世纪 90 年代中期以后，由于集体土地的乡村工业化造成大量耕地被占用、环境污染、工业不集聚，1998 年的土地管理法实行土地用途管制制度，逐渐关闭集体建设用地从事非农建设通道，园区工业化逐步替代乡村工业化成为中国推进工业化的主要模式，并在中国东部地区和中西部地区的部分园区取得成功。园区工业化的成功一方面得益于园区的特殊政策环境，另一方面得益于独特的土地配置方式。一是政府以土地进行招商引资。由于政府能提供的主要条件就是廉价土地，于是以土地优惠（低价供应、甚至零地价、负地价）招商引资成为普遍的手段。二是以地进行园区基础设施建设。园区之所以能从事几通几平的基础设施建设，工具还是土地，园区或者直接提供土地由公司进行整体开发与批租，或者以地抵押从银行获得贷款进行建设，用企业进驻后创造的税收来平衡。三是向入驻企业提供年期足够长的权利完整的土地使用权，入驻园区企业使用土地年限达 50 年，企业可以利用土地抵押、转租、转让，既稳定了企业投资预期，也解决了企业发展的融资需求。由于中国土地资源禀赋的劣势，如果完全靠土地市场配置，中国的工业用地成本会大大高于其他土地资源禀赋更好的经济体，中国的工业化就会因土地价格抬升而受阻。90 年代末以来，中国依靠高比例的工业用地供应谋发展，每年差不多 40% 左右是供到工业用地上，以及靠政府垄断土地一级市场供应土地，压低工业用地的价格。（见表 6－4）2000～2016 年间，全国综合地价水平、商服地价水平和居住地价水平年均涨幅分别是 8.8%、9.61% 和 12.35%，但工业地价水平年均涨幅仅为 3.5%，远低于商业和居住地价的涨幅。工业用地的低成本保障了工业化的快速推进，使中国成为世界制造工厂。

表 6-4　工业用地和工业增加值　单位:%

指标	工矿仓储用地供应增长率	工业增加值增长率	工业地价增长率
2007	-8.34	21.09	15.67
2008	-34.44	17.94	4.81
2009	52.31	4.83	1.53
2010	7.00	19.57	5.36
2011	26.35	18.18	28.30
2012	8.31	7.05	-16.98
2013	3.04	6.43	4.48
2014	15.83	5.18	6.00
2015	-49.53	1.13	2.43
2016	-4.54	4.80	2.89

（四）土地资本化与快速城市化

2000年以后，中国的城市化进程加速，2000~2016年，常住人口城市化率从36.22%提高到57.35%，年均增长2.91%，土地资本化为城市建设提供了巨额的资本需求，地方政府土地利益最大化和土地与住房资产价值攀升的联动是城市化的重要动力。一是对经营性用地实行招拍挂的制度安排，使土地资本化价值大幅上升。2003年以来，中国以招拍挂出让的土地395.30万公顷，实现土地出让收入315871.05亿元，2016年是2003年的89倍。二是住房商品化改革和这一期间人口城市化加速带来的巨额住房需求，为地方政府土地利益最大化提供出口，2003~2016年，中国新增住房2578776.9万平方米，房地产开发商贷款和居民购房贷款在2003~2016年间增加6.85倍，住房价格提高2.88倍。商品房价格的不断攀升带来土地成交价格的不断上升，土地溢价的不断上涨激励地方政府以经营性用地的招拍挂获取更大的土地出让收入，2001年通过“招拍挂”方式出让的土地占全部土地出让面积的7.3%，2014年时已经占到92%，为此，土地出让收入的攀升一方面为地方政府从事城市基础设施建设提供资金来源，另一方面也激励地方政府实行城市扩张以获得更多土地资本，2000~2015年，中国的城市建成区面积增长1.42倍（见表6-5）。三是通过以地融资为城市发展提供更大资金来源。尤其是2008年以后各级政府建立各类融资平台，以地抵押融资大幅上升，2008~2015年，土地抵押面积和金额从2008年的16.6万公顷和18107亿元提高到2016年的49.08万公顷和113300亿元。

表6－5　土地资本化与城市扩张

指标	城市建成区面积（平方公里）	商品房平均售价（元/平方米）	招拍挂面积占比（%）	政府土地出让收入（亿元）	城市化率（%）	土地抵押面积（万公顷）	土地抵押金额（亿元）
2003	28308.02	2359	27.78	5421.31	40.53	—	—
2004	30406.19	2778	29.16	6412.18	41.76	—	—
2005	32520.72	3167.66	35.05	5883.82	42.99	—	—
2006	33659.8	3366.79	28.60	8077.64	43.9	—	—
2007	35469.65	3863.9	50.91	12216.72	44.94	—	—
2008	36295.3	3800	81.91	10259.8	45.68	16.6	18107
2009	38107.26	4681	85.30	15910.2	46.59	21.7	25856
2010	40058.01	5032	88.27	30108.93	47.5	25.82	35300
2011	43603.23	5357.1	91.25	31500	51.27	30.08	48000
2012	45565.76	5790.99	90.77	26900	52.57	34.87	59500
2013	47855.28	6237	92.32	42000	53.7	40.39	77600
2014	49772.63	6324	92.53	42940.3	54.77	45.1	95100
2015	52102.31	6793	75.20	33657.73	56.1	49.08	113300

资料来源：中经网统计数据库、中国国土资源年报等。

二、现行土地制度存在的问题

改革后形成的土地制度体系经过40年的运行后，有些制度安排的内在缺陷开始显化，有些制度安排的运行成本不断上升，需要重新审视土地制度对经济发展和转型的影响。在我们看来，最需要关注的是两个方面，一是支撑了中国40年高增长的以地谋发展模式是否还能持续；二是对乡村发展与转型影响甚大的几项农村土地制度安排的适应性如何。

（一）以地谋发展模式难以为继

中国的以地谋发展模式在支撑经济高增长的同时，自身也产生对高增长的高度依赖。在经济高增长时，以地招商引资—税收增加和人口聚集—城市扩张—房地产价格抬升—土地出让收入增加、土地抵押与贷款以新还旧—经济增长的循环还可以持续。但是，在经济下行以后，这一循环的某些环节就会出现问题，从而影响国民经济运行。主要表现为：

1. 继续加大土地供应难以拉升GDP增长。为了应对2008年的全球金融危机，我们采取紧财政、松货币、放土地的方式来应对可能的经济过度下滑。令人遗憾的是，GDP 增长除 2009 年达到过一个高点外，自那以后一直下行，尽管土地的宽供应一直延续到 2013 年，但经济增长率从 2009 年的 10.6% 一直下滑到 7.8%。2013 年以后，由于经济继续下行，对土地的需求下降，建设用地的供应也减少了。由于中国经济已经从过去 10% 以上的超高速增长转向 6% ~7% 的中高速增长，这意味着，继续依靠土地宽供应拉经济增长的模式已一去不复返了（见图 6-2）。

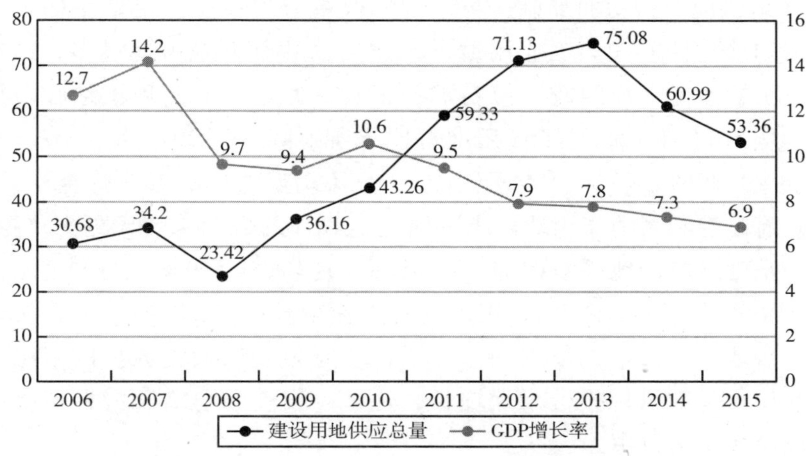

图 6-2　土地供应与 GDP 关系

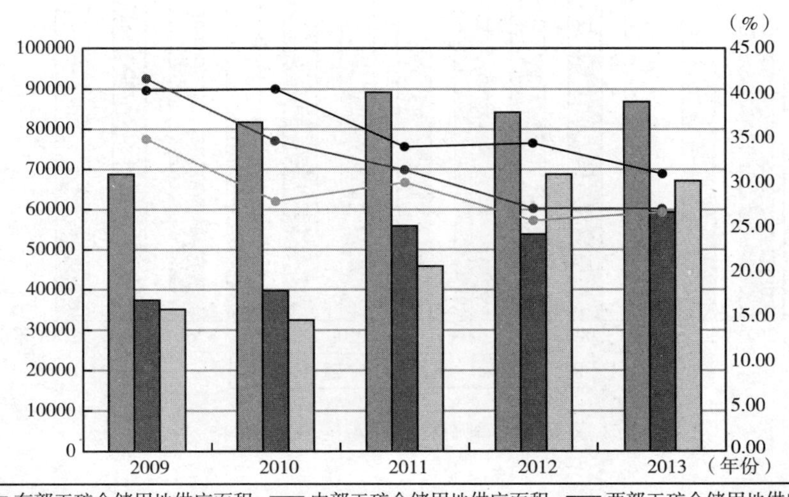

图 6-3　各地工矿仓储用地供应结构

2. 以地招商引资的效力减退。中国园区的以地招商模式在2004年以后就开始发生变化，表现为东部地区的工业用地量开始下降（见图6－3），主要原因是，东部地区的企业生存与发展转向质量提升和产业升级，对土地低成本和土地抵押融资获得贷款的依赖减低。尽管中西部地区模仿东部地区的园区模式以地招商引资和靠土地提供优越的基础设施，但是，这些地区的园区招商引资绩效不佳，相反，政府以地招商引资造成政府债务高企。

3. 土地供应结构扭曲加剧，与结构性改革背道而驰。土地结构失衡是中国最严重的结构性问题。工业用地占比过高，基础设施占地过多，房地产用地比例过小，使土地成为政府拉投资的工具，也是政府实现土地收益最大化的手段。从2011年开始，工业用地占比有所下降，从2011年的32.8%降至2016年的23.39%，但是，房地产用地占比不增反减，从28%降至6.7%，表明地方政府以控制房地产用地供应量保土地收入的机制未变，更为严重的是，这一时期基础设施用地不断增加，从38.8%提高到55.9%，与同期基建投资增长上升相吻合，2011～2016年，基建投资增长率达28.61%。在实体经济不景气、房地产投资达到拐点的情况下，政府只能依赖更大量的基础设施用地供应和拉大基础设施投资来保增长，这种拉投资和稳增长的短期措施事实上会造成延缓结构改革。

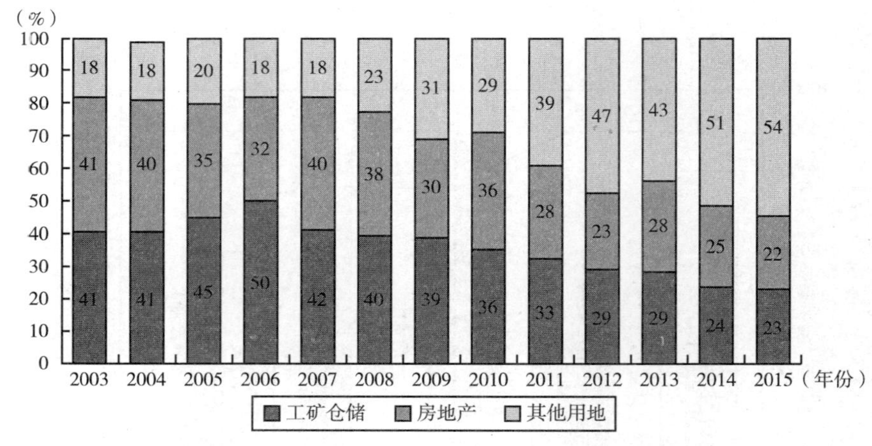

图6－4　国有建设用地的供应结构

资料来源：历年《国土资源统计公报》。

4. 土地出让成本上升，土地净收益下降，土地抵押上升。中国在高速城市化得以推进，很重要的一个工具是土地的低成本，政府征地的成本低，更多的土地收入用于城市投资。但是，随着很多城市的用地从原来的新增用地转向存量用地，加上农民权利意识的觉醒，征地拆迁的成本大幅上升。2008年以来政府土地出让成本大幅上升，很多地方占到一半以上，有的地方到60%。成本上升的结果是，政府的土地净收益下降，到2016年时才20%左右。在土地出让收益下降的情况下，政府还在加大基础设施投资，一些地区的新城、新区建设进行扩张，政府的建设资金转向更多依赖土地抵押，2008年以来土地抵押面积和金额从16.6万公顷和18107亿元上升到2016年的49.08万公顷和113300亿元。土地出让收益的减少和土地抵押的上升，背后是更大的债务的金融风险。

表6－6　　土地抵押、成本和收入状况

年份	土地抵押		土地成本		土地出让收入	
	面积（万公顷）	金额（亿元）	成本性支出占比（%）	征地相关成本占比（%）	实际入库（亿元）	净收益（亿元）
2008	16.6	18107	56.1	47	9942.1	4363.3
2009	21.7	25856	53.8	44.5	14239.7	6583.29
2010	25.82	35300	58.4	49.6	29398	12216
2011	30.08	48000	71.8	57.45	33477	9423.24
2012	34.87	59500	78.31	60.2	28886.3	6261.4
2013	40.39	77600	81.69	60.89	41250	7551.26
2014	45.1	95100	79.07	57.63	42940.3	8987.93
2015	49.08	113300	79.76	60.34	33657.73	6813.14

资料来源：财政部、国家统计局、国土资源部。

5. 政府债务风险与银行金融风险加大。一是许多城市的土地抵押价值是在土地高价时评估的，一旦经济下行，土地需求下降，土地实际价值与评估价值的差拉大。二是2010年到2015年期间，地方政府承诺用土地出让收入偿还债务的平均占比达到40%。由于土地价值被高估，加上地方政府利用以新还旧机制获得贷款，地方政府土地相关债务会上升。三是过高的杠杆率。土地名义杠杆率在0.5~0.6倍，真实的杠杆率是1.5~2倍，中西部地区土地杠杆率更高，大部分中西部省份真实杠杆率都在2以上。

（二）农村相关土地制度安排滞后于农业和乡村转型

1. 集体地权制度安排妨碍农业经营方式变革。现行的农地集体地权制度是各种约束和利益博弈下的结果。这套制度在中国农业经营以自耕农为主时没有什么问题，但是，随着农民出村与非农经济活动增加，尤其是“农二代”对土地和农民的观念发生重大变化以后，农地制度安排与农业经营制度之间的匹配就出现了不一致。一是在所有成员就是自耕农时，成员权集体所有作为集体所有的支配形式，不会受到法律和现实的挑战，但是，在以成员权获得的承包经营权不再经营土地以后，集体所有者是否需要主张土地的集体所有权？在大量承包农户主要依靠非农经营活动以后，集体所有者对农户土地的再组合与合约再安排是否具有合法性以及利益保障如何实现？二是农户承包权的地位和权利保障。尽管法律明确承包权是农民的财产权，但是它同时也是一个用益物权，农民承包土地与集体之间是承包发包关系，在人地分离趋势下，承包权与经营权分离成不可逆之势，承包权的权利内涵会发生哪些变化？制度选择的方向是朝向更强更完整的承包权保障，还是在设置底线下朝向有利于强化经营权的方向？三是经营权的权利地位与经营制度的演化。从发展趋势来看，中国的农业经营制度必然朝向适度规模和经营主体多元化的方向演化，但是如何抵达这一目标？经营权如何从千万小农的承包权中分离出来？如何使经营权成为一种有保障的权利，赋予经营权的权利有多大？赋权强度的火候如何把握？都是目前已经遇到、未来会更加显化的亟待想法解决的问题。

2. 宅基地制度安排失效。在中国的农村几项土地安排中，宅基地制度是最落后的一项制度安排。一是宅基地大量入市。尽管在法律上没有赋予宅基地出租、转让和交易权利，但事实上，农民宅基地进入市场已呈普遍化趋势。在广大沿海地区和城乡结合部地区，农民将宅基地盖成多层住宅用于出租，满足快速工业化下大量外地农民工的居住问题。二是宅基地成员权无偿取得制度的实施困难与弊端凸显。在沿海地区和广大城乡接合部地区，随着城镇建设用地越来越紧张，无偿分配宅基地制度早已名存实亡。由于无法分配宅基地，农民或者由于居住或者为了更多的出租，违法违规利用村庄用地盖房。在传统农区，宅基地无偿分配大量占用耕地和村庄公共地，危及耕地，也造成村内农户之间的不公平。三是宅基地管理失控。尽管法律在宅基地管理上的规定非常严格，事实上镇以上土地管理很难落地，实施机制缺乏，管理成本高昂。四是宅基地的无序扩张不利于城市健康发展。在政府管制缺位下，农民宅基地的扩张和盖房更是处于无序，甚至蔓延，城中村的无序和土地低效利用，加大城市管理成本和城市更新难度。五是宅基地制度的村社封闭性不利于村庄转型。由于宅基地制度的成员身份性，符合身份的人既然无偿获得，不要白不要，村外的人无法进入。事实上，“农二代”已经出现离土出村不回村的趋势，由此加剧村庄的衰亡。成员身份、社区封闭的宅基地制度导致村内成员不放弃宅基地，村外人无法进入，加剧村庄衰败。

3. 集体建设用地通道关闭阻碍乡村发展。由于农民利用集体土地从事非农建设权利被剥夺，导致大多数乡村地区非农经济活动萎缩，农村产业的单一，导致农民在乡村地区的发展机会受阻，更加剧了农民的离土出村，造成乡村的凋敝和城乡差距的拉大。在存在集体建设用地的地区，由于农村集体建设用地的权利残缺，制约了集体建设用地的资本化，大幅提高了集体土地上产业进入的门槛，由于规划制约，大量农村集体建设用地利用处于法外状态，加上企业利用集体土地无法抵押，影响企业发展，由此也造成集体土地上的非农经济活动越来越萎缩。

第三节 下半程经济的趋势性特征与土地改革

经过40年的改革开放，中国的经济增长与结构转变已迈进一个历史新高度，综合国力已达到世界第二，成为世界制造大国，一半以上的人口已工作和生活在城市，土地制度安排及其变革顺应和推动了这一进步。但是，中国经济已经和正在发生一些重要的趋势性变化，经济增速下行并已进入新增长平台，新的经济发展动能正在累积，工业化进入转型升级，城市化进入质量提升，城乡关系从单向城市化转向城乡互动，乡村经济活动日趋活跃和多元，这些变化将决定中国经济下半程的走势，也势必带来土地与国民经济的关系发生重大转变，必须在此基础上对土地的功能进行重新定位，精心谋划中国下半程的土地制度改革。

一、下半程经济的趋势性特征与土地功能变化

1. 经济发展阶段转换对土地的依赖减低。无论从国际经验还是经济发展阶段看，中国经济增速下台阶是必然的趋势，即从过去30多年10%的高增长转向中高速增长。经济结构也将发生一系列深刻变化，服务业超过第二产业，内需发挥更大作用，增长的动力更多依靠生产力提升和创新驱动，增长的质量和效

益大大提升①。随着经济发展阶段转换，土地的发动机功能不仅不再那么一开就灵，而且负面效应，尤其是由此带来的扭曲会加大；以土地宽供应保增长不仅没有必要，而且造成稀缺资源的浪费，提高土地配置效率对经济增长质量的意义要远远大于增加土地数量拉经济增长。土地供应与配置方式如何因应这一经济增长阶段变化需求，是下半程土地与国民经济关系的重大问题。

2. 产业转型升级使产业发展不再主要依赖制度压低的土地低成本支撑。中国上半程依靠独特土地制度带来的土地低成本成为世界制造工厂，但是，随着其他要素相对价格的变化与制度成本上升，中国不可能继续依靠制度扭曲带来的土地低成本保住世界制造工厂地位。从实地调研看，中国已经有部分区域、城市、产业、企业正在转型升级中脱颖而出，经过新一轮的产业竞争与升级，中国将出现一批有竞争力的制造城市、产业、企业和产品，而不是目前以园区为依托、靠土地低成本支撑的制造工厂。这些在未来竞争中胜出的制造业区域和微观主体也不需要再依靠土地的低成本和土地抵押解决资金需求，一些在竞争中失败的区域和微观主体继续靠土地低成本也难逃被淘汰命运。因此，中国下一轮的制造业发展不再是如何保障供地，而是如何在制造业竞争中盘活现有存量土地，优化土地利用。产业演变的另一个特征是，制造业与服务业的深度融合以及服务业占比上升，2013 年中国服务业比重已经超过制造业，当年第一产业和第二产业增加值占 GDP 比重分别为 46.7% 和 44% 。由于服务业不像制造业那样需要那么多的土地，产业结构的这一变化也将使土地在未来产业发展中的作用减低。建设用地结构的优化、工业用地的再配置、园区转型以及供地方式与结构变化，将是下半程要面对的重大土地政策问题。

3. 从单向城市化到城乡互动带来的土地配置方式变化。在城乡巨大落差、二元体制驱使和快速城市化拉动下，中国上半程的城市化基本上是人口、土地、资本从乡村到城市的单向配置。下半程的城乡关系正在转向城乡互动。一是人口在城乡的互动成为趋势。一方面，人口落脚城市公共政策的难以一步到位和农民工对家乡故土难以割断，农民主要在经济机会多的城市和区域工作、回本地安居会成为中国人口城市化的主要选择；另一方面，由于城乡两个文明的不同特征和共生共存，城里人到乡下体验乡村文明将会成为一个趋势，人口在城乡之间的互动和对流增强。二是城乡形态巨变，村庄高度分化，大部分村庄的

① 德怀特·珀金斯：《东亚发展：基础和战略》. 中信出版社，2015 年版；刘世锦：《中国经济增长十年展望 2015—2024》，中信出版社，2015 年版。

衰败与部分村庄的活化并存；一部分小镇的成长，成为连接城市与乡村的驿站；一部分城市因要素集聚、知识扩散与创新活力而胜利，城市的生与死并存，有活力的城、镇、村之间的分工和连接性增强。三是由于乡村发展机会的增加，资本在城市寻找投资机会的同时，也有部分到农业和乡村寻找机会。四是消费观念、人流的变化带来乡村发展机会增加，乡村发展的用地需求也在上升。城乡互动将取代单向城市化，人口在城乡之间对流，资本在城市寻求获利的同时资本下乡加快，土地在城乡之间的配置和资本化加快。

4. 农业革命与乡村转型需要重新审视乡村空间的价值。中国下半程的最大变化是乡村正在孕育的一场革命。一是由于中国进入小康社会，国民对粮食的需求从数量转向质量，粮食农业的重要性降低，农业功能和形态将发生巨大变化，农业除提供基本食物需求外，将转向质量、安全、休闲、健康和特色农业，农业的获利机会将大大增强，我们需要重新定义农业，重新认识农业的作用。二是农民的分化与“农二代”带来的结构革命。中国在现在和今后时期农民高度分化，农民群体变化的另一个特征是代际差异。第一代农民工的基本轨迹是离土、出村、回村，第二代农民工基本上是离土、出村、不回村，他们与土地的关系、对农业的观念、行为特征等都已发生根本变化。三是乡村产业、业态的变化。一方面由于城市需求变化，很多乡村产业复活和壮大；另一方面是新技术革命和商业模式变革，扩大了许多乡村手工艺品、土特产的市场范围和非人际交易。四是村庄的分化。中国的村庄作为一种制度，应传统农耕文明而生，随着人地关系改变、农业发展方式转型，以耕作半径划定的村庄聚落方式正在变化。中国的村庄正在出现重大分化，一部分村庄开始复活，充满生机，承担起城乡之间新的功能，另一些村庄正在出现破败、衰落。

二、下半程的土地改革

1. 改变土地作为增长发动机功能，告别以地谋发展模式。中国经济转型的最困难之处，一方面是如何从已经形成的以地谋发展模式转身，这套发展方式就像吃鸦片一样，沾上了就上瘾，且很难戒除；另一方面取决于提高生产率和创新驱动的新增长模式能否建立。更难的是，这两者相互影响，前者好使且机制还能用，就不会转向后者，而新模式建不起来，又不得不转而回过来依赖旧模式。这也是当这套模式的弊端暴露无遗后为何不改甚至愈演愈烈的原因。在我看来，经济下行和换挡是改变长期难以转变的以地谋发展模式的机遇，理由前面已进行过详细讨论，基本结论是这套模式的成本收益结构已变得继续沿用不再合算了。要真正告别以地谋发展模式，我们建议：一是从中央层面明确不再以土地保发展功能，不再让土地参与宏观调控（即在经济冷时放地、经济热时控地），利用经济下行期土地需求下降的机遇取消土地指标年度管制，转向建设用地总规模和严格规划管制。二是改变将土地做为发动机的角色，避免以此将经济增长速度人为拉高；阻止地方政府以土地低价招商引资，减少产能过剩和重复建设；改变地方政府卖地和圈地的制度安排和利益激励，减低城市边界无节制外扩和土地城市化。三是改革地方政府独家垄断土地市场格局，允许土地所有者在规划和用途管制下进入土地市场。四是改革地方政府以地融资机制，取消一些纯为了以地融资、没有任何现金流的土地融资，切断政府以地融资的机制。五是对已经形成的土地债务进行彻底清理，进行一次性处理。六是组建国有土地经营公司，保证政府通过经营获得一定量的政府收入。七是对不同功能土地、不同面积和套数住房征收差别性不动产税。

2. 以用地结构优化促进结构改革。在土地发动机功能改变后，接下来可以着手的是，优化土地利用的结构，以此推动国民经济结构的改革。一是减少基础设施和公共用地供地，缓冲依赖投资拉增长的惯性。经过近三十年的基础设施大规模投资以后，中国基础设施投资高峰已过，不适宜为了保投资和保增长，继续加大基础设施投资，由此会加剧结构扭曲。大规模基础设施投资的占地以征地取得，不仅加大政府财政支出，也加大政府与被征地农民的冲突。另外，城市公共用地占比过高，这些用地被用于建大马路、大广场、大办公楼等形象工程，不仅占用大量资金，浪费土地，也导致城市宜居和发展用地被挤占。二是继续减少工业用地比例，改变地方政府土地园区化招商引资的发展方式。与国际经验相比，中国土地利用结构中，占比最高的是工业用地，尽管近几年有所下降，但占比还是过高，随着经济结构的优化，制造业的转型升级，工业用地供地量及占比下降还有很大空间，是下半程以工业用地配置促结构改革的主要方面。三是改变园区低价供地招商引资方式促进园区转型升级。中国的园区工业化为中国成为世界制造工厂做出了历史性贡献，但是，由此也导致工业用地价格扭曲，企业因土地成本低占地过多，以及园区土地投机等弊端，这种弊端在近年来中西部地区表现尤为明显。必须改革目前政府以土地低价招商引资方式，对靠土地抵押进行园区超前基础设施建设的投资与税收平衡进行评估。压缩和整合绩效不佳的园区。三是增加房地产用地比例，改变住宅用地供地方式，抑制房地产市场泡沫化。总体上要增加住宅用地供地总量，提高住宅用地在建设用地中的比重。对投资性住房和居住性住房采取不同的供地方式，前者继续采取招拍挂方式，土地价格和住宅价格完全由市场配置；居住用地由政府配给，无论是产权房还是租赁房只能用于居住，与市场性住房通道阻断；在城中村和城边村开放集体建设用地市场，允许农民集体利用集体建设用地盖租赁房，实现农民工和部分低收入者的住有所居。四是建立建设用地结构优化的利益分享机制。现有产权拥有者的土地转化为居住、商业服务业以及容积率更高的用地，土地级差收入会大幅上升，应该根据级差收入生成原理，考虑城市更新和产业升级中的公共用地来源、资金需求和资金平衡、合理确定原产权拥有者的分享比例。

3. 推进适应城乡互动的土地改革。城乡关系变成单向城市化，重要的支撑性制度安排是城乡土地转用制度，乡村土地变为城市建设用地只能通过征收和国有，农民和乡村失去土地发展权。乡村发展权利的丧失，导致乡村劳动力外流，土地向城市配置，以及资本在乡村获利机会少。要实现城乡中国阶段生产要素的城乡对流与互动，就必须改革城乡土地配置制度，允许农民集体土地在符合规划和用途管制下进入建设用地市场，实现两种所有制土地的同地同权，这是决定中国从城乡中国阶段迈入城市中国的最重要改革，将对中国发展模式的可持续性和中国现代化的实现起决定性作用。实质性的制度改革，一是改革征地制度，完善正在进行的土地管理法修改稿中对公共利益征收目录的列举，改变目前修改稿中仍然坚持的被征收土地的原用途原则，逐步实行土地市场价补偿，对城乡房屋在被征收时实行同价同权补偿，将留用地征收制度化、法律化。二是落实中共十八届三中全会土改精神，建立城乡统一的建设用地市场，符合土地利用总体规划的集体经营性建设用地，允许集体土地所有权人采取出让、租赁、作价出资或者入股等方式出让，集体经营性建设用地使用权可以转让、出租或者抵押。在此基础上，将集体经营性建设用地拓展到集体建设用地。

4. 推进以三权分置为核心的农地改革。集体所有权、承包权和经营权各自的权利界定与内涵明确以及三者之间的关系，是创新和实施农地三权分置制度的关键，关乎转型期农地权利体系的重构以及中国农业现代化的路径。一是明确集体所有权是农民集体的所有权，坚持农民集体是土地集体所有权的权利主体，村集体经济组织或村民委员会、村民小组、乡（镇）农村集体经济组织只是代表集体行使土地所有权。二是土地承包权是赋予集体成员的财产权，土地承包权人对承包土地依法享有占有、使用和收益的权利；通过转让、互换、出租（转包）、入股或其他方式流转承包地并获得收益；就承包土地经营权设定抵押；自愿有偿退出承包地等。三是土地经营权是各类农业经营主体享有的耕作权，土地经营权的宗旨是为耕作者提供稳定的土地使用和投资预期，在明确承包权和经营权关系的前提下，对经营权单独设权、赋权，并逐步增大和保障其权能。

5. 适应乡村转型的宅基地制度改革。整个农村土地制度改革里面，对农业最大的影响是土地经营制度，对整个村庄现代化来讲，影响最大的是宅基地制度，必须切实推进改革。一是明确宅基地用益物权，完善农村宅基地权利体系。赋予宅基地财产权，是宅基地制度改革的突破口，保障农民的宅基地用益物权，就必须赋予农民对宅基地更充分的占有、使用、收益和转让权以及继承权，使其真正成为农民的财产。明确宅基地集体所有权、农户宅基地使用权与农户房屋所有权的权利内容以及三者之间的权利关系。二是改革现行宅基地制度，实现宅基地的资本化。改革宅基地的成员分配制度和无偿取得制度，以一个时点为界，集体合法成员一次性获取均等的宅基地，新成员或立新户者取得宅基地，以有偿方式取得。在此基础上，对不同区域宅基地对外开放，采取差别性办法。三是改革村庄规划和用途管制，完善宅基地管理制度。以规划管制明确村庄和政府宅基地管理责任。明确宅基地使用主要是村庄存量用地。将存量管理权下放到村一级，在此基础上，政府加大从严实施用途管制。

（执笔人：刘守英）

第七章　农业转移人口市民化

规模史无前例的人口流动是改革开放以来中国最重要的社会现象之一，也是引发社会变革的主要驱动力之一。当前，我国正进入工业化的第二阶段和城市化的加快阶段，工业化和城市化的快速发展对流动劳动力将继续产生较大的需求，转移人口作为一个特殊的人口群体将长期存在于我国现代化事业的发展进程之中。而有序推进农业转移人口的市民化，也成为我国工业化发展、城市化提高、现代化实现的关键环节。

第一节　农业转移人口市民化的现状与特征

本节我们将从以下五个方面对农业转移人口的市民化状况展开分析：农业转移人口的市民化意愿、就业与收入状况、住房与居住情况、社会保险参与以及随迁子女的教育状况。

一、农业转移人口市民化意愿分析

党的十八大报告提出要走中国特色新型城市化道路，推进以人为核心的城市化，推进农业转移人口的市民化。而城市化、市民化的实现，不仅表现在农业转移人口的就业收入、住房居住、社会保障等方面，也表现为农业转移人口的个体意愿和心理选择。在农业转移人口市民化的研究成果中，有关经济融入、社会保障、教育发展等维度的研究较多，而从转移人口的心理意愿角度来分析其市民化进程的研究相对较少。一方面是因为影响转移人口心理意愿的因素比较复杂，另一方面是数据资料获取的难度较大（肖昕如，丁金宏，2009）。转移人口的市民化意愿涉及转移人口的生存环境、城市公共服务政策和城乡社会经济协调发展等多个方面的社会问题。因此，分析我国农业转移人口市民化的战略和模式，需要分析农业转移人口的居留意愿及其影响因素，并重视这些因素对城市化战略和模式的影响（侯红娅等，2004）。接下来，本小节将利用天津农业转移人口市民化意愿的调查数据对此展开分析。

如表 7 - 1 所示，农业转移人口融入意愿比例最高，超过 85% 的人口愿意融入本地社会，成为天津人口的一员。有 7 成人口打算在天津长期居住，但愿意迁入户籍的仅有一半左右。而打算在本地养老的比例最低，仅有不到 1/5。

表 7 - 1　　天津市农业转移人口市民化意愿　　单位：%

市民化意愿	问题设置	是	否
融入意愿	愿意融入本地社会，成为其中的一员	85.7	14.3
居留意愿	是否打算在本地长期居住	70.5	29.6
迁户意愿	若没有任何限制，您是否愿意把户口迁入本地	54.8	45.2
养老意愿	是否打算在本地养老	19.2	80.8

天津市农业转移人口融入意愿的交互分析结果（见图 7 - 1）表明，30 ~ 39 岁人群的融入意愿最高，次之的是 40 岁以上人群，20 ~ 29 岁农业转移人口的融入意愿相对较低。从性别比较的视角来看，女性打算融入本地的比例更高。从受教育程度的分类来看，高中文化程度的农业转移人口融入意愿最为强烈，而初中及以下文化程度的融入意愿要明显降低。从职业类型来看，公司职员愿意融入的比例最高，次之的是学生，无职业的融入意愿明显较弱。从收入水平来看，没有收入和 2000 ~ 3000 元人群的融入意愿较为强烈，收入在 5000 元以上的人群的融入意愿反而并不强烈。

天津市农业转移人口长期居留意愿的交互分析结果（见图 7 - 2）表明，30 ~ 39 岁人群的长期居留意愿最高，次之的是 20 ~ 29 人群，40 岁及以上农业转移人口的长期居留意愿相对较低。从性别比较的视角来看，女性打算长期居留的比例更高，近 80% 的女性都打算在流入地长期居留，而男性要低 10 个百分点。从受教育程度的分类来看，高中文化程度的农业转移人口居留意愿最为强烈；而初中及以下和专科及以上的居留意愿要明显降低。从就业情况来看，有工作的居留比例都较高，而没有工作的长期居留比例较低。从收入水平来看，5000 元以上人群的长期居留比例明显较高，而 2000 元以下人群的长期居留比例明显降低。

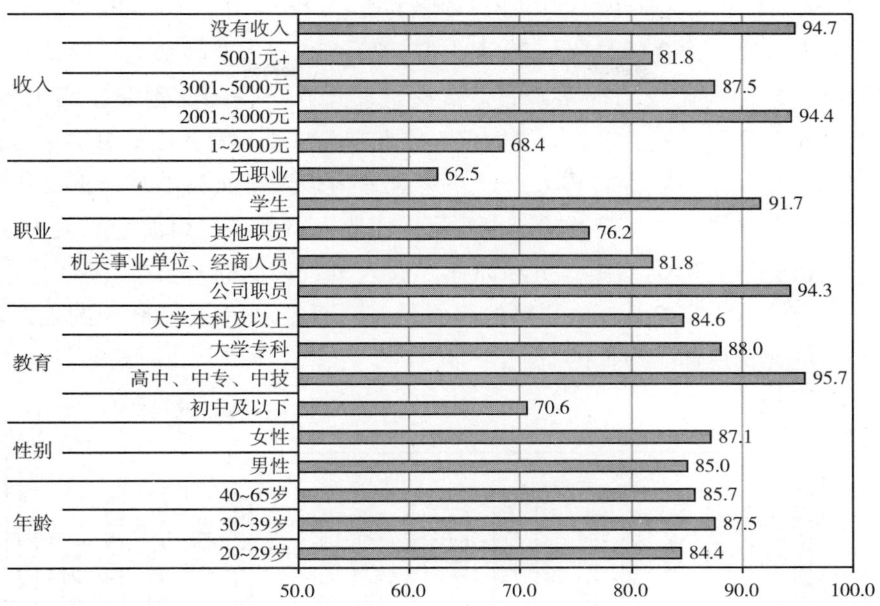

图7-1　天津市农业转移人口融入意愿的交互分析结果（%）

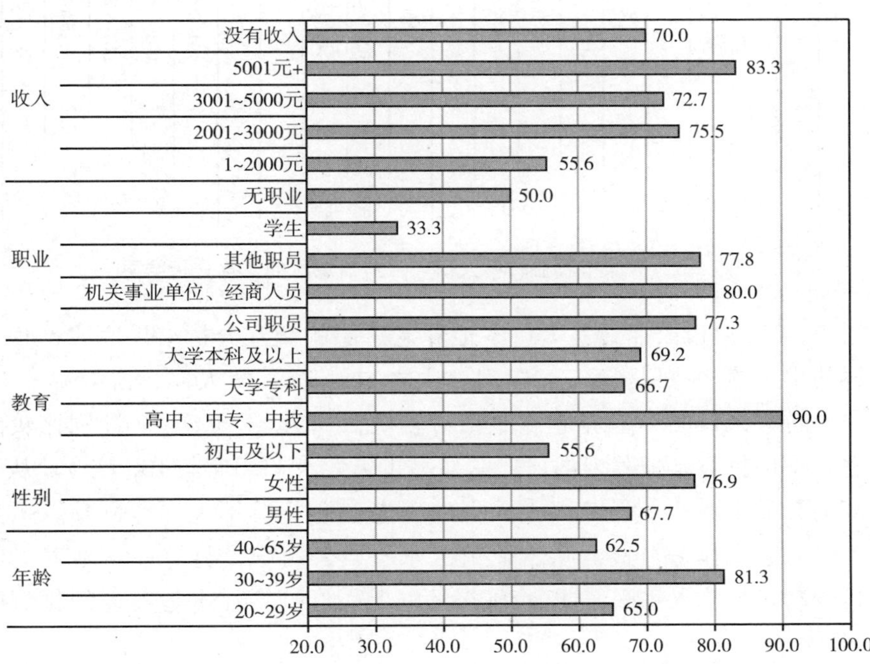

图7-2　天津市农业转移人口长期居留意愿的交互分析结果（%）

图7－3天津市农业转移人口迁户意愿的交互分析结果表明，40岁以上人群的迁户意愿最高，次之的是20～29岁人群，30～39岁农业转移人口的迁户意愿相对较低。从性别比较的视角来看，女性打算迁入户籍的比例明显高于男性，有近6成女性打算迁入户口，而男性仅5成左右。从受教育程度的分类来看，高中及以上文化程度的农业转移人口迁户意愿最为强烈，而初中及以下文化程度的迁户意愿明显降低。从就业状况来看，无职业人员迁入户口的意愿最为强烈，次之的是机关事业单位工作人员和商业经商人员，最低的是学生。从收入水平来看，没有收入人员打算迁入户籍的比例最高，而收入超过5000元的人群打算迁入户口的比例反而是最低的。

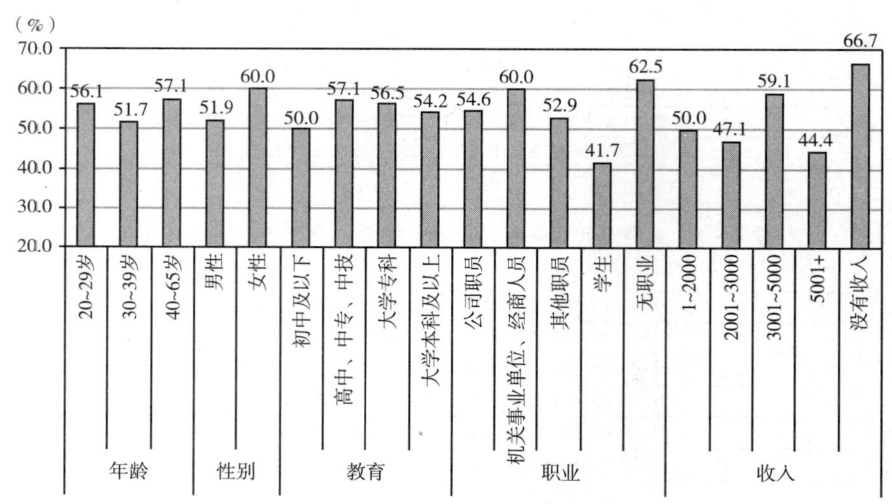

图7－3　天津市农业转移人口迁入户口意愿的交互分析结果

图7－4天津市农业转移人口本地养老意愿的交互分析结果表明，30～39岁人群的本地养老意愿最高，占1/4；次之的是20～29人群，占16%；40岁以上农业转移人口的本地养老意愿相对较低，仅为14.3%。从性别比较的视角来看，女性打算本地养老的比例明显高于男性（33.3%与13.5%）。从受教育程度的分类来看，专科及以下人群的养老意愿相差不大，本科及以上人群的本地养老意愿显著升高。从就业情况来看，公司职员打算在本地养老的比例明显较高。从收入水平来看，5000元以上人群打算在本地养老的比例明显较高。

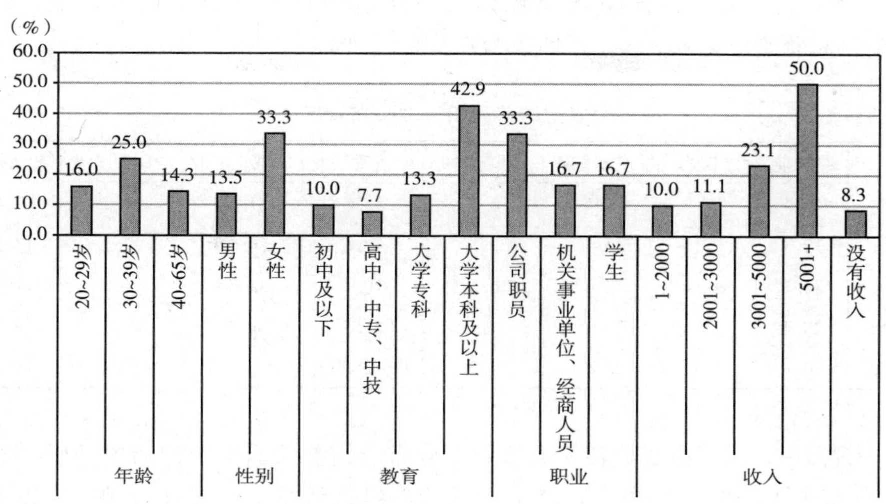

图7-4 天津市农业转移人口养老意愿的交互分析结果

二、就业与收入的现状与特征

农业转移人口经济层面的研究最早可以追溯至 Ravenstein（1885），他认为流迁最重要的因素就是经济条件（Cooke，2003），而当今绝大部分农业转移人口仍是以寻求就业和增加收入为流动目的。因此，经济整合毫无疑问是农业转移人口诸多问题中的首要维度，成为市民化最为关键的环节。而且，农业转移人口的经济状况是其他方面市民化的基础和前途，能够显著影响他们的居住生活状况、社会保障水平、随迁子女教育、市民化意愿等。在本节接下来的部分，我们将利用北京、上海、天津、广州、深圳五城市的调查数据对农业转移人口的就业与收入状况等相关问题展开分析。

由于劳动市场分割，大部分农业转移人口被排斥到相对低端的次级劳动力市场工作（段媛媛、殷京生，2002；格丽娅，2007），一般从事粗、苦、脏、重、险、累的工作（甘满堂，2001）。从表7-2五城市农业转移人口行业分布状况来看，天津市农业转移人口行业分布主要集中在制造业（24.5%）、批发零售业（18.1%）、居民服务业（16.7%）以及住宿餐饮业（15.8%）。与北、上、广、深四城市的农业转移人口相比，天津市农业转移人口从事建筑业和交通运输业的比例最高，分别为9.7%和6.3%，而深圳市农业转移人口从事建筑业的比例较低，仅有2.0%，北京市农业转移人口从事交通运输业的比例最低，仅有2.8%。但是，天津市农业转移人口从事信息软件业的比例最低，仅有1.3%，而北京市为4.8%，深圳市为6.9%。

表7-2　　农业转移人口行业分布状况　　单位:%

	制造业	建筑业	批发零售业	交通运输业	住宿餐饮业	信息软件业	居民服务业	其他行业
天津	24.5	9.7	18.1	6.3	15.8	1.3	16.7	7.6
北京	10.3	7.2	20.7	2.8	17.6	4.8	23.2	13.5
上海	34.1	8.2	12.4	6.2	10.4	3.3	14.0	11.5
广州	28.7	4.7	23.3	4.1	11.5	4.4	13.5	9.7
深圳	30.3	2.0	21.6	4.7	12.0	6.9	10.7	11.9

从表7-3五城市农业转移人口职业分布的情况来看，天津市农业转移人口行业分布主要集中在生产（17.5%）、商贩（12.5%）、经商（11.0%）以及餐饮（11.7%）等。与北上广深四城市的农业转移人口相比，天津市农业转移人口职业为负责技术办事人员的比例最低，仅为5.3%，而上海为8.9%，北京为10.2%，广州为10.3%，深圳最高为11.7%。

表7-3　　农业转移人口职业分布　　单位:%

	天津	北京	上海	广州	深圳
负责技术办事人员	5.3	10.2	8.9	10.3	11.7
经商	11.0	17.1	11.4	20.1	22.5
商贩	12.5	4.8	4.3	5.2	2.4
餐饮	11.7	12.9	7.5	8.4	7.1
家政	0.8	0.9	1.6	0.3	0.2
保洁	2.5	2.9	2.8	1.5	0.9
保安	1.4	2.3	1.5	2.5	1.3
装修	4.0	6.9	4.1	2.1	1.9
其他商业、服务业人员	10.6	27.1	15.4	16.9	19.9
生产	17.5	6.6	23.1	22.1	21.5
运输	3.8	1.7	3.7	1.9	3.2
建筑	6.7	2.3	3.8	1.9	0.6
其他生产运输设备操作人员及有关人员	7.7	2.2	8.0	3.9	3.5
其他	4.6	2.1	3.9	2.9	3.4

从表 7－4 五城市农业转移人口就业单位的情况来看，天津市农业转移人口在个体工商户和私营企业中工作的比例最高，分别为 38.3% 和 32.8%。这与北、上、广、深四城市的农业转移人口没有显著差别。但天津市农业转移人口中无单位的比例要明显高于北、上、广、深四城市的比例达 11.7%。

表 7－4　　农业转移人口就业单位性质　　单位：%

	天津	北京	上海	广州	深圳
土地承包者	2.9	0.5	1.6	0.5	1.1
机关、事业单位	1.2	2.9	1.1	1.3	1.6
国有及国有控股企业	4.8	4.4	4.7	1.5	1.5
集体企业	2.9	3.6	2.5	2.6	1.2
个体工商户	38.3	39.9	25.7	46.3	39.2
私营企业	32.8	40.8	42.1	34.8	43.7
港澳台企业	0.5	0.1	4.0	3.5	5.3
日/韩企业	1.5	0.2	1.2	1.7	0.6
欧美企业	0.2	0.3	1.2	0.1	0.5
中外合资企业	2.8	1.9	6.5	4.0	3.0
其他	0.6	0.3	0.7	0.0	0.3
无单位	11.7	5.2	8.8	3.8	2.0

从图 7－5 五城市农业转移人口就业身份的情况来看，天津市农业转移人口中自营劳动者的比例最高，达 30.4%，上海市的此比例最低，仅为 19.9%。而上海市中雇员的比例最高，为 71.5%，广州市的雇主比例最高，有 11.7%。

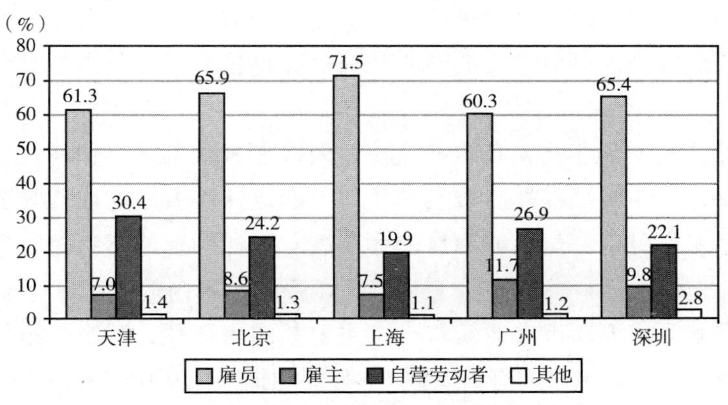

图 7－5　农业转移人口就业身份状况

从图7－6五城市农业转移人口收入水平的情况来看，广州市和天津市的农业转移人口收入水平较低，分别仅为3626元和3703元。北京市农业转移人口每月收入水平为4232元，而上海市为4378元。深圳市工资水平最高，每月收入达4699元。数据分析结果表明，城市间农业转移人口的工作差别巨大，最低值广州和最高值深圳之间收入差异有1000多元。

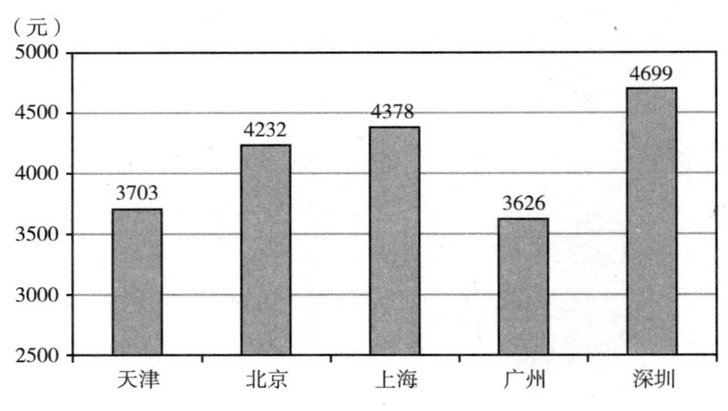

图7－6　农业转移人口收入状况

三、住房与居住的现状与特征

农业转移人口是我国城市化过程的特殊群体，他们在为城市建设和发展做出重要贡献后，理应得到公正的回报。改善进城农业转移人口的居住状况，为他们城市住房需求的满足提供支持，使农业转移人口群体“住有所居”“安居乐业”，是尊重和保障公民基本生存和发展权利的体现。城镇住房是农业转移人口市民化的必需要素，同时又是最棘手、最难解决的问题，从这个意义上说，住房问题是农业转移人口市民化的核心和关键，直接决定了我国城市化的速度和质量。

目前除了极少数进城经商的农业转移人口在城镇购买了住房之外，绝大部分农业转移人口在城镇都没有自己的住房。农业转移人口的居住方式基本是两种，一种是租住民房，包括城中村房、车库、楼梯间、地下室等；另一种是住集体宿舍，包括工厂宿舍、简易工棚、打烊后的门店内等。2014年流动人口监测调查数据表明，天津市农业转移人口主要是租房居住，其中，租住私房的有63.5%，租住单位雇主房的有7.2%，单位雇主提供免费住房的占13%，在天津市已购商品房的有11.8%。分析数据同时表明，天津市农业转移人口能够居住廉租房、公租房的比例很少，分别只有0.1%和0.2%。相比北、上、广、深四城市，天津市已购商品房的比例是最高的。

表7-5　农业转移人口住房类型　单位:%

	天津	北京	上海	广州	深圳
租住单位/雇主房	7.2	9.8	3.4	7.0	6.8
租住私房	63.5	66.9	79.3	73.0	82.4
政府提供廉租房	0.1	0.0	0.0	0.0	0.1
政府提供公租房	0.2	0.0	0.6	0.0	0.0
单位/雇主提供免费住房	13.0	13.2	4.8	9.9	2.9
已购政策性保障房	0.2	0.2	0.0	0.0	0.1
已购商品房	11.8	5.5	7.6	5.6	5.0
借住房	0.7	1.6	2.0	0.7	0.3
就业场所	2.0	1.7	1.2	3.1	0.2
自建房	0.7	0.4	0.2	0.2	2.1
其他非正规居所	0.7	0.7	0.9	0.7	0.1

2014年流动人口监测调查数据表明，天津市农业转移人口每月居住花费800元，而北京市在五城市中最高，达1100元左右；深圳市也较高，有1046元。上海市和广州市的住房消费分别为894元和865元，相差不大。

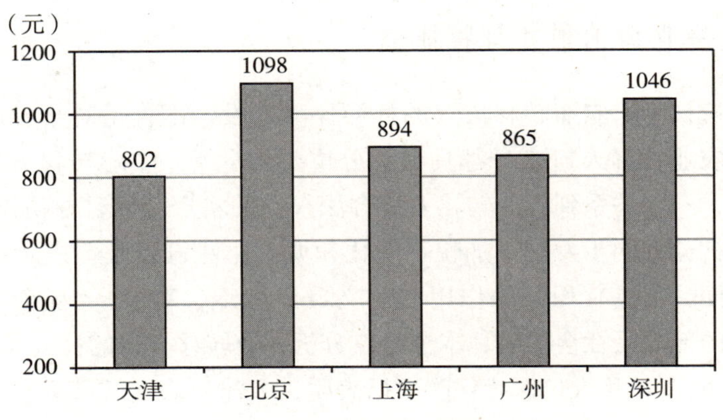

图7-7　农业转移人口住房支出

住房可支付能力是指特定收入水平的居民，在其所在区域的住房市场中，租赁或购置一套满足社会合理标准的住房在经济上的可承受能力；测量住房可支付能力，最广泛采用的方法是收入比例法，即通过房租（或房价）占个人（或家庭）支出和收入的比重来测量居民对住房消费的承受能力（熊景维，2013）。2014 年流动人口动态监测调查数据表明，从住房支出占总支出和总收入的比重来看，北京市的最高，住房支出占总支出的比重接近 1/3，占总收入的比重也接近 1/5。天津市的住房支出也相对较高，住房支出占总支出的比重接近 30%，占总收入的比重也接近 15%。住房支出所占比重较低的是上海市，占总支出的比重仅为 1/4 左右，占总收入的比重仅为 12.7%。

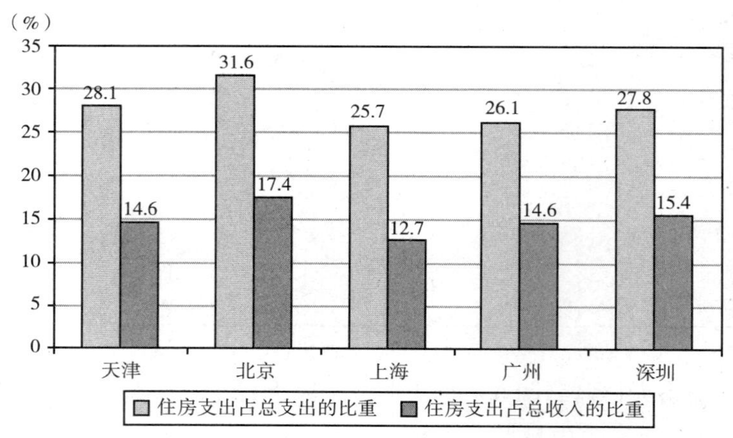

图 7－8　农业转移人口住房支出所占比重

四、社会保险的现状与特征

人们普遍认为，农业转移人口的社会保障建设，不管是对于发展社会保障事业还是对农业转移人口自身都具有十分重要的意义。农业转移人口社会保障制度的落实，不仅关系到农业转移人口合法权益的实现，而且在协调城乡关系、推动经济与社会的同步发展、加快工业化和城市化建设以及促进“三农”问题的解决等方面，都具有积极的作用和意义（漆先瑞，2014）。社会保障中最主要、最重要的部分是社会保险，本节重点分析农业转移人口的社会保险状况。

图 7－9 农业转移人口医疗保险数据表明，天津市农业转移人口参加城镇职工基本医疗保险的比例为 13.1%，是五城市中最低的；而购买商业医疗保险的比重也仅有 4.1%，与上海市持平，低于北京、广州、深圳三市。天津市农业转移人口参加城镇居民基本医疗保险的比例仅有 1.8%，远低于深圳市的 12.3%。

参加城乡居民合作医疗保险的比例有2%，虽然低于深圳市的3.3%，但比北、上、广为高。

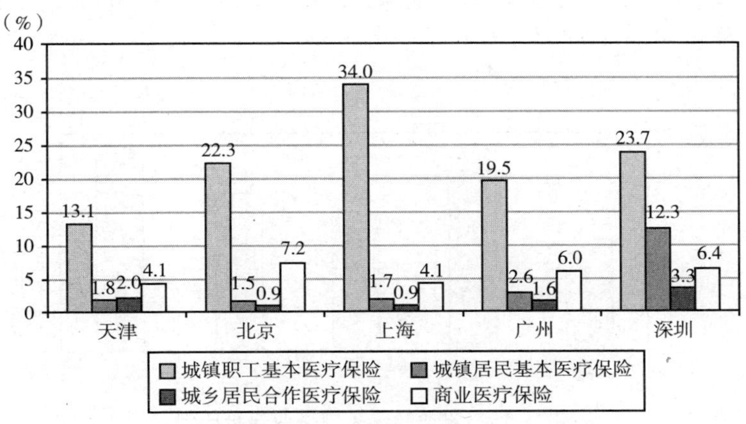

图7-9　农业转移人口医疗保险状况

图7-10农业转移人口养老保险数据表明，天津市农业转移人口参加城镇职工养老保险的比例为14.5%，是五城市中最低的一个城市；而北京市有23.4%的样本明确表示有城镇职工养老保险，上海市更是高达35.5%，是天津市的两倍多。而天津市农业转移人口参加城镇居民养老保险的比例更是只有2.7%，虽然与北、上、广三城市差异不大，但远低于深圳市14.3%的比例。

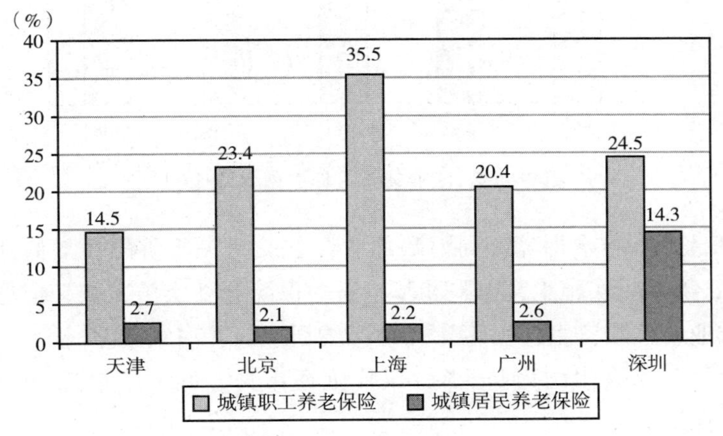

图7-10　农业转移人口养老保险状况

图 7－11 农业转移人口失业保险数据表明，天津市农业转移人口参加失业保险的比例只有 11.8%，是五城市最低者；次低的是上海市，有 18.2% 的样本明确表示参加了失业保险；而较高的是北京市和深圳市，分别有 20.6% 和 22.9%。

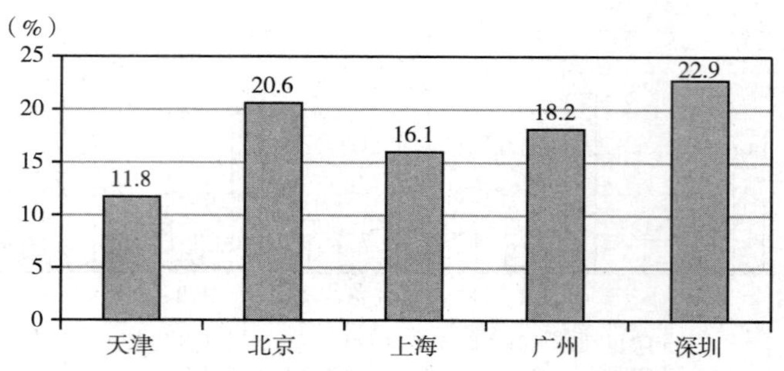

图 7－11　农业转移人口失业保险比例

2014 年流动人口监测调查数据表明，天津市农业转移人口参加工伤保险的比例有 21.8%，与北、上、广三城市保持同样的水平，但远低于深圳市 39.8% 的水平。

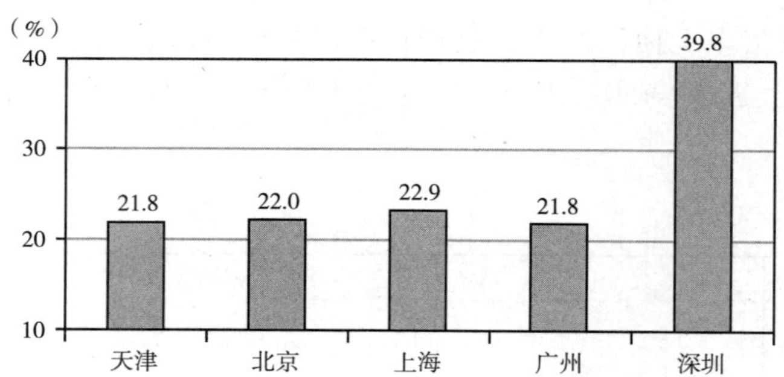

图 7－12　农业转移人口工伤保险比例

2016 年人事和社会保障部同财政部联合下发《关于阶段性降低社会保险费率的通知》，确定将实施生育保险和基本医疗保险合并实施工作，但这不影响我们对之前农业转移人口生育保险参加情况的研究。2014 年数据显示，天津市农业转移人口生育保险比例为 9.5%，仅比上海市高，低于广州的 16%，北京的 18%，以及深圳的 23%。

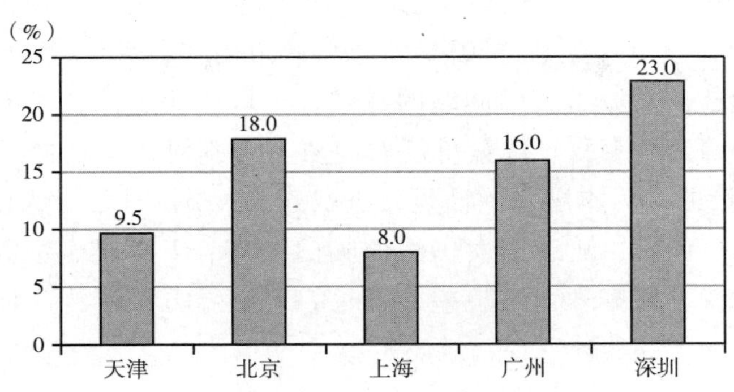

图7-13 五城市农业转移人口生育保险比例

五、随迁子女教育发展的现状与特征

20世纪90年代以来，越来越多的农业转移人口不再“单身外出”，而是以“举家迁移”方式进入城市务工经商，家庭化趋势逐步扩大，随迁子女所占比重也逐年增加。与中国的其他家长一样，农业转移人口对随迁子女的教育抱以很高的期望，希望子女能够上好的学校、取得好的成绩，从而改变整个家庭的社会经济状况。同时，随迁子女的教育过程和教育程度也事关农业转移人口第一代和第二代两代人的市民化进程。

2001年在国务院印发的《关于基础教育改革与发展的决定》中针对流动人口子女教育问题提出了“要重视解决流动人口子女接受义务教育问题，以流入地区政府管理为主，以全日制公办中小学为主，采取多种形式，依法保障流动人口子女接受义务教育的权利”。这一规定标志着“两为主”政策的正式提出（李慧，2014）。2003年1月5日，国务院办公厅印发了《关于做好农民进城务工就业管理和服务工作的通知》，特别指出要“多渠道安排农民工子女就学”。随后，中共中央国务院发布的《关于进一步加强和改进未成年人思想道德建设的若干意见》《关于推进社会主义新农村建设的若干意见》《关于解决农业转移人口问题的若干意见》等政策中都相继提出了保障农民工随迁子女接受义务教育权利的问题，将其作为我国推进教育公平的重要举措。2006年新修订的《中华人民共和国义务教育法》也规定了“父母或者其他监护人在非户籍所在地工作或者居住的适龄儿童、少年，在其父母或者其他法定监护人工作或者居住地接受义务教育的，当地人民政府应当为其提供平等接受义务教育的条件”。2010年，我国发布《国家中长期教育改革和发展规划纲要（2010—2020 年）》进一步强调农民工随迁子女义务教育阶段要坚持执行“两为主”政策（李慧，2014）。这些政策措施表明政府已经认识到了农业转移人口随迁子女城市就学问题的特殊性，从法律上确认了农业转移人口随迁子女的平等受教育权。政策价值取向从“差别对待”转向“一视同仁”，“两为主”政策的“人本理念”凸显，进城务工人员随迁子女入读公办学校的比率不断上升。但是，随迁子女仍然面临门槛高、上学难、资源少、学校教师不能公平对待、家庭教育环境差、家长教育引导方法不当、面临众多心理问题等，具体如下：

（一）教育资源不足

研究显示，我国每 4 个城镇儿童中就有 1 人为流动儿童。近年来，随着流动儿童的急剧增加，一些地方的流动儿童数量已经超过了本地户籍儿童数量。有报道称，上海目前 18 岁以下青少年人口已出现“倒挂”现象，即外来人口超过本地人口。流动儿童“长期流动”（在城市生活与学习的时间越来越长）或“不流动”（一直留在城市）的现象开始越来越普遍，给所在城市的学校资源和教学设施带来巨大的压力。如图 7 - 14 所示，天津市 2010 ~ 2014 年小学学生数量与学校数量所示，由于外来儿童的迅速上涨，天津全市小学生数量从 2010 年的 50 万人增长到 57 万人，5 年间增加了 14%，而学校数量反而呈现下降趋势，从 2010 年的 956 所下降到 2014 年的 842 所。不仅是学校数量，包括财政资金、教学设施、从教老师等都远远跟不上学生的增长数量，需求与供给之间的矛盾越来越尖锐。

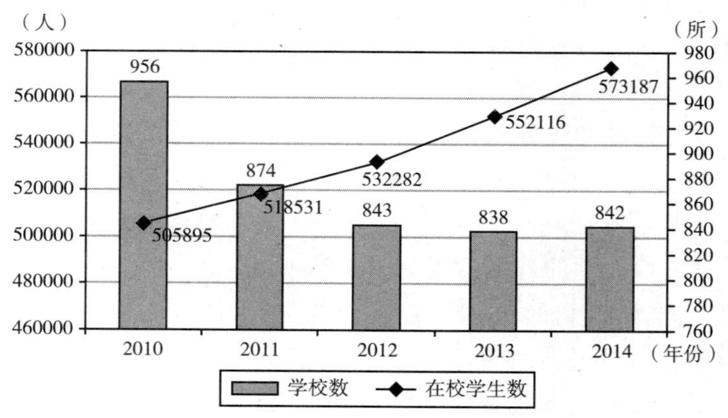

图 7 - 14　天津市 2010 ~ 2014 年小学学生数量与学校数量

（二）"入学门槛"种类繁多

对随迁子女的义务教育问题，中央政府的方针是"以流入地政府为主，以公办学校为主"，目前政策上已没有障碍。但在实践中，种种不合理的门槛和限制依然存在。北京、天津、上海、广州、郑州、济南等多地明确规定，进城务工人员随迁子女在流入地公办学校入学需要父母提供"五证"，即城市暂住证、父母务工证明、流入地居住证、流出地无监护人证明、户籍证明。这些手续的办理过程不仅消耗了农业转移人口大量的时间和精力，有的还不能在限制时间内办理成功，极大地影响了随迁子女的就学和发展。

（三）异地升学困难

近几年，在持续关注农业转移人口随迁子女义务教育阶段就学问题的同时，农业转移人口随迁子女义务教育后的升学问题也成为关注焦点。由于大多数省市还没有完全实施异地高考，随迁子女只能在户籍地参加高考，因此，很多随迁子女在小学毕业后就会提前返回老家"备战"高考。如图 7－15 所示，2013 年省内跨县 1 年级学生有 94 万人，到 9 年级时只有 66 万人，减少 30%；而跨省学生随着年级增长减少的更多，1 年级时有 85 万人，9 年级时仅有 34 万人。这些在 1 年级到 9 年级的时间中"消失"的学生，有的回到老家成为"留守儿童"，有的到外地求学，成为真正的"流动儿童"。

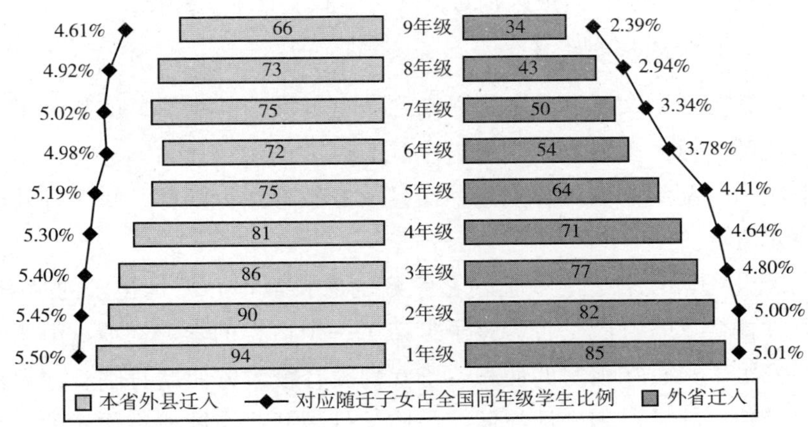

图 7－15 2013 年中国进城务工人员随迁子女年龄结构（单位：万人）

资料来源：新公民计划，中国流动儿童教育现状 2016。

（四）学校投入不足和教师重视程度不够

不少城市的公办学校以各种理由拒绝接受农业转移人口子女入学，特别是一些重点学校。即使是接纳进城务工人员随迁子女就学的公办学校，一般也不是拥有较好教育教学设施设备的优质学校，而大多是接近农业转移人口居住地的城郊结合部薄弱学校或乡镇薄弱学校。这些学校一般面积比较小，教室比较少，操场和活动中心很小甚至没有，体育设施设备和图书资料设施设备等也很缺乏。而作为接纳进城务工人员随迁子女就学重要平台的民营民工子弟学校，由于缺少当地政府的相关扶持，与城市一般公办学校相较而言，其教育教学设施设备更是落后。有学生抱怨说："生物课全都是那种需要用显微镜观察的，但是我们学校只有一台显微镜，老师用，都不让我们看。这学校图书馆都没有"（段秀婷，2013）。

当前，由于进城务工人员随迁子女没有城市户籍，大多是以旁听生的身份入读公办学校，其难以获得流入地公办学校的正式学籍。一些地方将对其的教育考核排除在学校和教师的考核体系之外，致使其不能依法获得公正的学业成绩评价和品行评价。一些学校和教师对进城务工人员随迁子女的学习放任不管；一些公办学校为追求升学率等将进城务工人员随迁子女独立编班，不计入学生总基数之中；一些奖励措施（如入队、入团、评优、奖励等）也因进城务工人员随迁子女的特殊身份，而被区别对待（方益权，沙非，2015）。

（五）家庭环境和家长教育

对大多数随迁子女而言，之所以来到城里过漂泊的生活，就是为了能与父母在一起生活。但大多数农民工家长承受着巨大的生存压力、分身乏术，较难将时间和精力分配到家庭教育上来，而且家庭教育意识淡薄，缺乏有效的家庭教育观念和方法。

1. 家庭学习环境较差。农业转移家庭的家长最担心就是孩子的学习成绩，但他们又往往会忽略自己是否为孩子打造了一个适合的学习环境。由于收入有限，很多农民工家长在租房的面积、子女的教育投入方面精打细算，大部分孩子没有自己独立的学习和生活空间。一些父母是开小商铺或小作坊的，往往就在父母的店铺或作坊内伴随机器或集市的喧嚣做作业（陈静静，2014）。

2. 缺少沟通与关爱。大部分转移人口由于文化素质不高，在城市中找到的工作比较辛苦或者工作时间较长，他们往往与孩子的沟通较少，缺乏对孩子的关注和关爱。父母为生计起早摸黑地干活，没时间管孩子是转移家庭的普遍状况。来自广东省的调研数据表明，流动儿童家长中，每周和孩子的相处时间在7个小时以上的只占55%左右。而对于大多数随迁儿童来说，父母的陪伴就像奢侈品。当被问及“父母带自己出去玩和父母聊天的频率”时，分别有79.4%和62.7%的孩子选择的答案为“有时会”；而选择“父母经常会和自己聊天”的儿童不到总数的1/3，选择“父母经常会带自己出去玩”的儿童也只有总数的1/10左右（黎蘅，林亦旻，2013）。

3. 教育方法不当。亲身感受着显著的城乡差异，随迁子女的家长们开始重视对孩子的教育，希望子女能够通过读书改变命运。但家长们普遍对教育的价值认识还普遍停留在考上大学或者出人头地过好日子，对于孩子人格、素养、情感、兴趣、习惯等方面关注不足。长时间的体力工作会使家长身心疲惫，遇到孩子的问题时很难做到情绪管理，有时也直接把气撒到了孩子身上。会不自觉地使用打骂、讽刺、哄骗等错误的教育方法。一出现问题，唠叨，责骂是最平常，粗暴的打孩子也是普遍存在的，当孩子开始反抗之后，束手无策的家长又反而开始哄骗，进而放任、溺爱。而这些家长也往往早已将这种方法固化，认识不到这些对孩子的危害性。

第二节　提高农业转移人口市民化水平的建议与措施

农业转移人口的市民化需要政府、社会、企业、学校等多元主体的共同努力和配合，也涉及政策法律、行政措施、财政资金、社会观念、群际关系等众多内容。本节在上一节分析的基础上，结合现有的相关政策与措施，提出了以下五个方面的关于提高农业转移人口市民化水平的建议与措施：

一、提高市民化意愿，促进心理认同

（一）分类、有序提高农业转移人口市民化意愿

1. 融入群体。青壮年、受教育程度较高、流入时间较长、职业声望较高的转移人口的市民化意愿很强，返乡意愿很弱。针对这些市民化意愿很强的转移人口，城市社会应在就业、住房、社保等把他们作为户籍人口同等待遇，满足他们长期居住、迁入户口、将来养老的各种需求。

2. 徘徊群体。70后、90后、受教育程度中等、职业类型一般、经济社会状况“凑合”的群体对于“落叶归根”还是“落地生根”具有不确定性和不稳定

性。针对市民化意愿徘徊的群体，流入地应在就业、住房、社保等方面给予他们更优厚的待遇和措施，吸引他们更意愿留在城市居住和生活。

3. 返乡群体。年龄较大、受教育程度较低、流入时间较短、职业声望较低的转移人口的市民化意愿很弱，返乡意愿很强。针对这些返乡意愿强烈的转移群体，流入地一方面也为这些群体在的时间内做好管理和服务工作，另一方面也要做好他们回乡后的接续工作。

（二）政府做好调查规划和管理服务工作

由于农业转移人口市民化意愿的异质性和复杂性，同时也由于不同特征农业转移人口市民化意愿的差异性和动态性，政府应采用动态调查系统和现代信息化管理技术，加大资金投入力度和相关政府部门投入，及时、有效、准确地了解和掌握农业转移人口融入、居留、迁移等意愿的现状以及其特征和未来变化趋势，为政治、经济、社会、文化等各项工作提供信息支持和决策支撑。做好就业、居住、社保、教育等方面的管理和服务工作。大城市经济社会更加发达，教育医疗等公共服务水平更高，农业转移人口自然是愿意融入以及长期居留的（可能不愿意在本地养老），但由于就业居住、子女教育等方面的不公正待遇和较低的经济社会地位，使得他们的态度和意愿发生排斥甚至是逃离。因此，政府应在破除劳动力市场分割、开放和增加保障性住房、提高社保参保率以及完善公平、公正教育工作等方面继续努力，通过这些措施提高转移人口市民化意愿。

二、改善就业状况、提高收入水平

（一）政府做好制度设计方面的工作

农业转移人口就业状况的改善和收入水平的提高涉及面广、管理难度大，政府应该重点进行顶层设计、制度变革和政策扶持等工作。

农业转移人口职业化程度低、工资收入少的根本原因之一是劳动力市场分割，正如定量分析结果显示，转移人口绝大多数只能在生产、建筑、家政、保洁、保安等就业环境差、劳动强度大、收入水平低的非正式劳动力市场就业，造成这一分割的重要障碍就是城乡差别、区域差别的户籍制度。而破解之道就是户籍制度改革：进一步调整户口迁移政策，统一城乡户口登记制度，取消农业户口与非农业户口性质区分和由此衍生的蓝印户口等户口类型，全面实施居住证制度，体现户籍制度的人口登记管理功能。坚持因地制宜、区别对待；充分考虑当地经济社会发展水平、城市综合承载能力和提供基本公共服务的能力，实施差别化落户政策。尊重城乡居民自主定居意愿，依法保障农业转移人口及其他常住人口合法权益。立足基本国情，积极稳妥推进，优先解决存量，有序引导增量，合理引导农业转移人口落户城镇的预期和选择。改进城区人口 500 万以上的城市现行落户政策，建立完善积分落户制度。根据综合承载能力和经济社会发展需要，以具有合法稳定就业和合法稳定住所（含租赁）、参加城镇社会保险年限、连续居住年限等为主要指标，合理设置积分分值。按照总量控制、公开透明、有序办理、公平公正的原则，达到规定分值的流动人口本人及其共同居住生活的配偶、未成年子女、父母等，可以在当地申请登记常住户口（国务院关于进一步推进户籍制度改革的意见，2014）。

（二）推进农业转移人口的“大众创业、万众创新”

农业转移人口有 3 亿以上（包括已经转出和将来可能转移的），人力资源转化为人力资本的潜力巨大，但就业总量压力较大，结构性矛盾凸显。前文模型结果已经表明，私营企业、个体工商户等创业人员的就业状况较好，收入水平较高。因此，推进农业转移人口“大众创业、万众创新”，对于通过创业增加收入，让更多的转移人口富起来，促进收入分配结构调整，实现创新支持创业、创业带动就业的良性互动发展，是农业转移人口发展的动力之源，也是富民之道、公平之计、强国之策。

（三）职业教育是提高农业转移人口工作技能的关键因素

作为教育体系中不可缺少的重要部分，职业教育在中国现阶段更具有特殊的意义，它是实现农村剩余劳动力转移和推进农村城市化建设的重要举措。应提高各级政府、各职能部门和广大人民群众对职业教育重要性的认识，认识到职业教育是国民经济和和谐社会建设的重要基础；推进职业教育改革与发展是促进农业转移人口生产率提高、发展我国经济，特别是制造业国际竞争力的重要途径，是我国现阶段促进劳动就业和再就业的重要手段。其中的重点是改革职业教育课程设计。确立以职业能力为本位的教学课程体系，更加突出“专业基础课 + 专业技术课 + 实践课”模式的与时俱进性，减少文化课的数量和考核，减轻专业理论知识的难度，提高专业技术的时代性和现代化，使课程学习紧跟国内外最新的生产技术和生产工艺。加强实践操作能力，增加学生在实验室、实习基地、制造车间等实习、操作场所的时间和课程，使理论基础和专业技术在实践中有机结合和相互促进，推进职教员工职业技能的不断进步。

三、改善住房环境、提高居住水平

（一）农业转移人口城市住房问题的化解必须多元主体共同努力

农业转移人口城市住房与居住问题是一项系统性工程，它牵涉户籍制度改革、土地制度改革、劳动就业制度改革、农业转移人口合法权益维护、农业转移人口子女教育等方方面面的问题。这些问题如果单独由政府、市场或者企业进行解决都不可能，若由政府完全供给，财政支出成本高、政府负担过重而难以持续；若完全由市场提供，则可能因市场失灵引发供给混乱无序、公平性缺失；若由企业供给住房，势必加大企业的投资成本，降低企业收益，难以切实改善农业转移人口居住条件。因此，农业转移人口住房的供给必须发挥政府、社会、市场、企业以及个人等多方作用，构筑一个协同合作、分担责任的社会化、市场化机制。政府在其中要发挥主导作用，给予政策引导、扶持。一方面政府要结合地方实际，考察农业转移人口的真实意愿和实际需求并纳入城市建设规划，通过在建设、分配、准入和退出环节的科学测算，确保转移人口住房问题的有序、合理推进；另一方面要加大财政投入，供应充足的保障性住房，以满足支付能为不足而产生住房困难的农业转移人口享受到政府提供的公共居住条件。充分发挥市场的功能，调动市场中的资源和多方社会力量，不断扩大住房供给面和拓宽有效供给渠道。鼓励企业履行和承担改善农业转移人口居住条件的社会责任，为转移人口提供集体宿舍、租房补贴等。

（二）“以租为主”是化解当前农业转移人口城市住房问题的现实选择

1. 在增加低端租房房源供应上，应按照“政府主导、市场运作”的原则，由政府牵头、引导社会力量建设符合农业转移人口特点的租房。政府应在租房建设选址、供地及相关配套设施建设方面予以支持，增强租房建设的市场激励，优化住房建设品质和空间布局，使租房供应基本上切合农业转移人口的实际需求，方便其通勤并节省通勤成本。同时可考虑设立低端住房补贴基金，向缺乏基本住房可支付能力的农业转移人口提供救济。此外，还应充分挖掘城市闲置住房资源的利用效率，鼓励居民利用自有住房向农业转移人口出租。

2. 城市政府在进行城中村改造的过程中，要充分考虑到农业转移人口的租住需求。在改建的新房中，应规定一定比例的住房专门用于向农业转移人口出租，或在原有土地上配建一定数量的农业转移人口公寓，以该群体可承受的较低租金出租。《国务院关于解决城市低收入家庭住房困难的若干意见》也强调，

"城中村改造时，要考虑农业转移人口的居住需要，在符合城市规划和土地利用总体规划的前提下，集中建设向农业转移人口出租的集体宿舍"。要采取切实措施，防止城中村改造变相"移花接木"，形成事实上对农业转移人口的排斥和驱逐。

3. 规范租房市场管理，加强对租房市场的法制化调节和租房标准建设。加强租房建设和管理的相关立法，制定租房条件最低标准。加强对市场房租价格的监管，规范私人业主住房租赁行为，保障农业转移人口租户的合法权益。可探行由地方政府对房租价格进行监管，推行低端租房的指导价格，防止房东"乱涨价、乱摊派"对农业转移人口的不合理剥夺，保证低端租房负担在大多数人群的可承受范围内。尽快建立与地区经济发展水平相适应的、保证基本居住需求的最低租房标准，增强租房设施配套和居住质量，提升租房品质。最后，政府应努力搭建农业转移人口城市租房的信息发布平台，低价或免费向他们提供租房信息服务，减少农业转移人口搜寻房源的中间成本，增加其租房的选择空间。促进租房资源的合理配给，提高住房有效利用率，增加农业转移人口对城市住房的可及性。

（三）适时有序推动将农业转移人口纳入城市住房保障体系

数据分析结果表明，农业转移家庭在一线城市能够获得政策性保障性住房的比例很低，五城市都不足1%；但是，农业转移人口住房问题事关重大，而同时他们又是城市住房困难群体，将他们纳入城市住房保障体系是必然趋势。当前应适经济发展阶段和财力承受能力情况，量力而行，循序渐进地予以推进。国外城市化过程中转移人口住房保障实践表明，在城市化发展的初期阶段，城市新增转移人口的住房主要依靠政府兴建保障性住房、并以低租金出租的方式解决。我们也应以"住房公建"来弥补低收入群体住房支付能力的不足，集中社会资源增加对农业转移人口家庭的住房供给，保障转移人口市民化所需的安居住房条件。针对目前我国城市廉租房仅适用于城市低收入家庭、公共租赁房主要以城市居民为保障对象的制度阻碍，应在财力增长的基础上，打破农业转移人口城市住房和市民住房保障之间的壁垒，推动城市公共租赁房、廉租房向农业转移人口开放，逐步将农业转移人口纳入城市住房保障体系之中。同时政府应加大公共住房建设投资，制定城市公共住房发展规划，兴建符合农业转移人口群体经济特点和满足其基本居住需求的保障性住房，增加对外来人口住房的有效供给。

四、有序提高农业转移人口参保率

政府在社会保障项目中扮演着极为重要的角色，因为社会保障是利用公共资源实现公共利益的过程，需要政府做好立法与执法工作，做好管理与服务工作，做好财政与资金工作，分类有序推进农业转移人口的社会保障进程。

1. 立法与实施。加快社会保障立法，建立健全农业转移人口社会保障制度，修订完善有关法律法规，增加保障农业转移人口权益的实质性内容，完善法规，强化法制维护是从根本上解决农业转移人口权益保护问题的关键。目前，我国的社会保障制度只有单项法规，不同部门、不同地方也出台各自的社会保障政策，城乡之间、地区之间、单位之间的社会保障制度缺乏衔接，且国家层面尚未出台专门针对农业转移人口社会保障的相关法规。因此，建立全国统一的、可规范操作的、适合转移人口特点的社会保险制度，把农业转移人口真正纳入城市社会保险体系，完善农业转移人口社会保障立法和执法进程是当前工作的重中之重。

2. 管理与服务。健全社会化管理与服务，需要在全国范围内建立一系列基本制度，如社会保障经办机构组织结构与操作规范、统一的社会保险受益人识别号码体系、社会保险费征缴程序、工资报告制度、银行和邮局对社会保障基金流程托管规程等。

3. 财政与资金。财政资金是农业转移人口社会保障制度运行的血液，没有充足的资金，转移人口社会保障制度就无法运行。其一，应降低转移人口参加社会保险的门槛，即研究确定适合转移人口收入情况的费基、费率，减轻他们参加社会保险的负担。其二，应当提高转移人口社保待遇，农业转移人口是社会的弱势群体，应当发挥财政的收入再分配作用，对转移人口的社保基金大力补贴。其三，农业转移人口社会保障体系建设起步晚，相较于城镇劳动者的保障，将面临更大的资金缺口。农业转移人口社保基金的筹集，除了传统的政府财政拨款、用人单位缴纳和农业转移人口缴费外，还可以开辟新的筹资渠道，例如征收社会保障税、发行国债、发行彩票以及大力发展慈善事业等。

4. 分类与有序。从现实角度出发，应分类、有序把农业转移人口纳入城镇社会保障范围。可以根据农业转移人口的职业特点、收入状况、流动程度、定居城镇意愿、市民化程度等标准，对农业转移人口群体进行细分，在此基础上采取分层分类的措施，保障农业转移人口的社会保障权益。

5. 转移与接续。“碎片化”原为社会传播语境的专业用语，意为完整的东西破成诸多零块，我国的社会保障制度随着时代的发展也逐渐呈现出“碎片化”的特征，如城市与农村分割、区域与区域之间的差异、私人部门与公共部门分立等，导致了多种社会保险制度并存的局面，无法在城乡、区域之间自由转移和接续。因此，国家制定统一的政策与措施，打破分割的管理体制，简化行政办公流程，实现各种社会保险的转移接续。

五、改善随迁子女教育发展状况

（一）政府多方面的权利与责任

“两为主”等政策对于保证随迁儿童接受义务教育的平等权利和机会发挥了重要的作用。但相关的法律法规还应进一步完善，如将随迁子女的教育纳入流入地教育普及的考核内容，进一步明确流入地的投入、管理责任等（彭飞，2014）。各地逐步将常住人口全部纳入区域教育发展规划，将随迁子女全部纳入财政保障范围。坚持农业转移人口随迁子女义务教育的准公共产品属性，继续完善以财政拨款为主的多元的教育投入体制。以公办学校为主，建立中央及地方的经费分担机制；基于县乡财政财力相对困难的现实，中央财政在农业转移人口子女义务教育投入中发挥主要作用。要求各地在安排中央财政奖励资金时，要按照“重点倾斜、集中投入”的原则，向接收随迁子女较多、条件薄弱的城市学校倾斜。要加强宏观调控，合理分配教育资源，统筹安排预算内外资金，还要尽量地缩小地区间、校际间基础设施建设和师资水平等差距，合理规划学校布局，科学核定教师编制，足额拨付教育经费，提供公平的教育服务（杨林，张敬聃，2012）。建立健全全国联网的中小学生学习信息管理系统，动态跟踪学生的流动，全面及时掌握中小学生的准确情况。各地政府要认真履行职责，创造条件使所有符合当地政府规定条件的随迁子女顺利入学，并接受良好的各阶段教育。继续消除随迁子女就学障碍，流入地教育行政部门和公办中小学要制定或主动公开相关政策，明确随迁子女招生计划、手续、时间等，简化就读手续，规范入学程序。同时，允许一些特大城市、大城市根据国家总体精神，实事求是地安排符合条件的义务教育阶段随迁子女入学，逐步实现免试就近入学和对口直升。例如，上海市针对符合条件的随迁子女（除自主选择自费民办学校外）已实现100%义务教育阶段公办学校或政府购买学位的民办小学就读。只需提供父母农民身份证明、在沪居住证明或就业证明，即可在上海免费接受义务教育（李洁茹，卢世博，2016）。

（二）引导社会力量办学教学

1. 社会各界的共同努力。社会组织、高等院校、企业工厂、服务机构、社区居委会等社会各界凝聚力量、团结协作，通过线上、线下的多元联结渠道，利用多种方式方法，共同改善随迁子女的教育与发展状况。如市、区少年宫为他们开专属课程；游乐园、图书馆、博物馆等公共服务机构为其开辟绿色通道，让孩子们开阔眼界、寓教于乐；企业对随迁子女的慈善救助活动，大学生社团对打工子弟学校支教的积极参与，有关媒体的跟踪报道，等等。2011 年，新公民计划建立起打工子弟学校的数据平台在线地图，包括全国 12 个城市 441 所民办打工子弟学校，通过线上线下的支持，帮助更多的企业、基金会和个人参与打工子弟的教育环境改善。目前已支持近百家企业为打工子弟学校提供爱心捐赠和支持。

2. 社区支持。建立社区中心，在课外时间为孩子提供社区教育是在美国、日本、香港地区已经比较成熟和普遍的工作方法。随迁儿童大多居住在城乡结合部，父母忙于工作，放学后无人看管的问题比起城市同龄人更为显著。他们有更多校内教育无法满足的教育空白时段，与更多元化的教育需求，都是社区教育工作亟待填补的（袁沅，2015）。根据北京木兰社区活动中心和新公民计划于 2012 年的《打工子女社区教育需求调查报告》，超过 80% 的孩子明确表示喜欢到社区中心参加活动。例如：广州小金雁社会工作服务中心在石碁镇社区建立社区儿童中心，立足社区营造一个舒适的学习和成长环境空间，为社区里的随迁儿童提供课外辅导、儿童影院、兴趣小组、亲子活动，暑期夏令营和生日会等活动，提高随迁子女对所居住社区的适应和归属感，促进社区融合。

3. 社工工作。社会工作是指在一定的社会福利制度框架下，根据专业价值观念、运用专业方法帮助有困难的人或群体走出困境的职业性的活动。专业的社工职业在我国出现的时间并不长，但由于该职业济困助贫的天性，近年来随迁子女服务已成为很多社工项目和机构主要的工作领域之一。在学校里，社工工作经常被划为学校辅导工作范畴，与心理辅导及德育老师共同协助学生，以专业的社会工作方法为在校中学生提供学业、康乐、情绪和人际关系等方面的辅导和服务（袁沅，2015）。同时，针对城市生活适应与身份认同等问题，社工可以设计一系列的主题课程，例如城市生活注意事项、安全主题、自我认知与成长等，通过主题社工课堂，进行城市学习与探索，掌握基本城市生活技能，增强城市适应。还可以组织和带领随迁儿童开展城市主题探访活动，带领他们走出其生活的小小世界，走进城市，坐坐公交和地铁，参观科技馆和博物馆，走进世界公园，探索城市文化……增强他们对城市资源的了解和利用，也在城市探访过程中，注重随迁儿童与其他群体的互动，增强公众对于流动儿童群体的了解和关注。

（三）学校的投入和教师的责任

1. 学校的责任与义务。随迁子女教育是所在学校的重要职责和主要义务。首先，学校应做好管理服务工作。学校要合理规划，做好招生计划、学生数量、入学区域、毕业计划等，为随迁子女的入学、结业提供充足、高效的准备。学校同时要配置好教育资源、教学设施，在教室安排、教师分配、学习设施、体育场所、实验材料、食堂宿舍等方面为随迁子女提供便利和照顾。其次，规划好教师学生评价体系。在教育评价方面，学校对随迁学生进行多样性的、针对性评价，并对随迁学生教育中表现突出的教师予以奖励，使教师更加关注随迁学生的学习和成长（陈静静，2014）。最后，营造公平公正的学习环境，让所有学生都能体会到自己作为学校一员的重要性，发挥学生的主人翁精神。通过课堂课外活动、社团活动、主题班团会等各种方式，使学生之间了解各自的优势、互相尊重、互相理解，互相帮助，共同发展与进步（陈静静，2014）。

2. 教师的责任与义务。教师是在教育一线对随迁儿童影响力最大的群体。首先，应转变旧有眼光，用发展的思路正确看待随迁学生的生活状况和学习情况，让随迁子女感受到来自学校、老师和同学的温暖，尽快适应学校生活，愉快地投入学习中去。其次，日常教育教学中，平等地对待这些学生，让他们在课上课下享受同等的学习机会，并充分挖掘他们的学习潜能，及时给予肯定、表扬，不断提高学业水平和自信力（陈静静，2014）。最后，在教育教学方面，要进一步了解这些学生的学业和心理需求，更新教育教学方法、策略，有意识地创设有利的学习环境，使学生心情愉快，学习主动性增强。开发针对随迁子女的补充课程，加强这些学生的个别化指导，帮助这些学生适应学校的学习和进度（陈静静，2014）。

（四）家长的责任与义务

家庭是儿童的第一个学习场所，家长对孩子的影响是非常重要的。而家庭教育本身就是一个长期工程，它牵动的是家庭内部每一个人的观念和行为。但转移人口家庭面对生存的压力，资源的匮乏，流动性的影响，自身与城市的冲突，传统与现代观念和方法的冲击和家庭内部的情感矛盾，亟须更多的支持与干预。从孩子教育与沟通，到情绪管理，再到夫妻关系，从学习观念到方法到陪伴训练，都是必不可少的。

（执行人：胡　枫　陈志光　高　颖）

本章参考文献

① 陈静静 . 2014. 公办学校在随迁子女教育中的主体责任及其实现——以上海市浦东新区为例 . 教育科学，第 2 期 .

② 段秀婷 . 2013. 流动儿童升学意愿的认知影响因素分析 . 中国青年政治学院硕士学位论文 .

③ 段媛媛，殷京生 . 2002. 城市流动人口：中国城市社会中的弱势群体 . 新疆社科论坛，第 6 期 .

④ 方益权，沙非 . 2015. 进城务工人员随迁子女教育平等权保障研究 . 浙江社会科学，第 5 期 .

⑤ 甘满堂 . 2001. 城市农民工与转型期中国社会的三元结构 . 福州大学学报（哲学社会科学版），第 4 期 .

⑥ 格丽娅 . 2007. 农村富余劳动力转移和融入城市问题 . 前沿，第 12 期 .

⑦ 侯红娅，杨晶，李子奈 . 2004. 中国农村劳动力迁移意愿实证分析 . 经济问题，第 7 期 .

⑧ 黄曦 . 2011. 以就业为导向的高职人才培养模式探讨 . 武汉船舶职业技术学院学报，第 1 期 .

⑨ 黎蘅，林亦旻 . 2013 – 5 – 28. 3 成流动儿童与父母每周相处不足 7 小时 . 广州日报 http：//gzdaily. dayoo. com/html/2013 – 05/28/content_2263537. htm###.

⑩ 李慧 . 2014. 农民工随迁子女城市普通高中就学政策研究 . 东北师范大学博士学位论文 .

⑪ 李洁茹，卢世博 . 2016. “我们要让一家人在一起”——流动儿童教育“福地”上海的双重压力 . 南方周末 . http：//www. infzm. com/content/116744.

⑫ 漆先瑞 . 2014. 新生代农民工市民化进程中的权益保护制度创新初探 . 人才资源开发，第 10 期 .

⑬ 肖昕如，丁金宏 . 2009. 基于 logit 模型的上海市流动人口居返意愿研究 . 南京人口管理干部学院学报，第 3 期 .

⑭ 熊景维 . 2013. 我国进城农民工城市住房问题研究——以进城农民工的市民化为主要考量 . 武汉大学博士学位论文 .

⑮ 杨林，张敬聃 . 2012. 农民工随迁子女教育公平的财政实现机制探析 . 学术交流，第 6 期 .

⑯ 袁沅 . 2015 – 8 – 29. 用生命影响生命 . 团结报 .

⑰ Cooke，T. J. 2003. Family Migration and the Relative Earnings of Husbands and Wives. Annals of the Association of American Geographers. 93：338 – 349.

第八章 城市化融资模式

城市化的不同阶段、不同方面需要不同的融资方式匹配。过去重视土地城市化，一些城市“摊大饼”式扩张，建设宽马路、大广场、新城新区、开发区和工业园区，融资来源主要依靠“土地财政”以及地方融资平台。现在已经重视人口城市化，通过加快农民工市民化，加快提高户籍人口城市化率，融资来源主要依靠社会保障投入以及财税改革。未来应当重视经济城市化，通过服务业结构调整升级，使其成为吸纳就业的主要来源和社会稳定的重要基础，融资来源除依靠间接融资外，还应当大力发展直接融资。而城市化的终极目标应当是人的城市化，这不仅体现为户籍的转变、生活水平的提高，更体现为生活习惯的转变、精神追求的提高，融资来源应当调动政府、市场、企业、个体和国际等众多力量，依靠可持续的融资方式，包括：财税改革、地方政府债券、政策性金融、政府和社会资本合作（PPP）。

第一节 我国传统的城市化融资模式

一、土地财政

最近20年，中国地方政府以土地出让收入为支撑，主导了大规模的基础设施建设，其中尤以交通基础设施建设为甚。在规模方面，2016年我国铁路营业里程达到12.4万公里，其中高速铁路2.2万公里以上；高速公路营业里程也突破13万公里，位居世界第一。在建设速度方面，以高铁为例，自2008年京津城际高速铁路为发端到2014年底，短短6年中国高铁运营里程已达1.6万公里，高居世界首位，约占世界总里程的60%[①]。如果没有地方政府基于土地收益的投

---

① 卢春房在第17届中国科协年会大会上的报告：《中国高速铁路的技术特点》，http：//bbs.railcn.net/thread－1469097－1－1.html。

资性支出，中国的基础设施建设难以取得今天的成就。

不过，由于土地资源有限性以及国家对房地产业的调控趋紧，依靠“土地财政”获得资金的模式难以持续。同时，目前“土地财政”收入正在日益减少（见表8－1），不断下滑的卖地收入意味着中国的地方政府不能再像过去那样为城市基础设施建设提供源源不断的资金。

表8－1　近年我国土地出让收入及占比　单位：亿元，%

年份	土地出让收入	地方财政收入	土地出让收入占地方财政比重
2011	33166	52547	63.12
2012	28422	61077	46.53
2013	41250	68969	59.80
2014	42940	75860	56.60
2015	32547	82983	39.22
2016	37457	87195	42.96

资料来源：财政部。

二、融资平台＋商业银行贷款

为了促进地方经济的发展、加快推进城市化进程，一些地方政府进行了投融资体制创新，相继建立了一些隶属于地方政府的投融资平台。所谓投融资平台，是指由地方政府发起设立，通过划拨土地、股权、规费、债券、税费返还等资产，组建一个资产和现金流均可达到融资标准的地方国有企业或企业集团，必要时辅以地方财政的变相担保或由地方人大出具“安慰函”作为还款承诺，以实现平台的对外融资，并将资金主要投入于市政基础设施建设及公用事业等领域。

过去，给投融资平台贷款的主要是国家开发银行一家，2008年底以来，各家商业银行蜂拥而至，在一些地区甚至出现了竞相给投融资平台发放贷款的局面。过去，国家开发银行在给地方平台发放贷款时还可以从地方政府手中尽可能多地获取一些必要的财政经济相关信息；现在，由于商业银行之间出现了竞争性放贷的局面，因此贷款条件被不断放松。

据统计，截至2013年6月底，全国各级地方政府投融资平台的负债总额为4万多亿元，其中绝大部分来自于银行贷款；截至2015年，全国共有各级政府投融资平台3800多家，其中70%以上为县区级平台公司。

第二节 传统城市化融资模式带来的弊病

一、“土地财政”导致城市化“摊大饼”

在过去较长一段时间，“土地财政”是地方政府推进城市化的主要资金来源。2008~2015 年，地方政府土地出让收入分别为 1.04 万亿元、1.40 万亿元、2.91 万亿元、3.32 万亿元、2.85 万亿元、4.12 万亿元、4.29 万亿元、3.25 万亿元，土地出让收入相当于地方本级公共财政收入的 50% ~60%。

事实上，大量土地的流动是不等价的，农村土地经过国家征迁转为建设用地以后，政府将土地转为商业用途进行“招拍挂”或者出让，能卖几十万元、几百万元，而农民获得的补偿相对较低。地方政府这种“低价征地、高价卖地”的融资模式是导致城市化建设“摊大饼”的主要诱因。

二、“融资平台+商业银行贷款”导致城市化缺乏长期规划

商业银行用于城市基础设施建设的资金属于“短存长贷”，地方政府融资平台使用商业贷款则是“短借长投”，资金使用的短期性特征明显。由于缺乏长期稳定的资金来源用于城市建设投资，地方政府难以用长期思维考虑未来 10 年甚至更长时间的规划问题。

三、地方政府债务高企

2014 年各省曾公布截至 2013 年 6 月底政府性债务审计报告①。2016 年初，25 个省相继披露了截至 2015 年底的地方政府债务数据。

从各省债务规模来看，无论是 2013 年 6 月底还是 2015 年底，江苏省的债务规模都最大，2015 年底达 10954.3 亿元；宁夏回族自治区的债务规模最小，2015 年底为 1138.9 亿元。从平均债务规模来看，2013 年 6 月底平均债务规模为 3910.3 亿元，2015 年底达 5697.5 亿元，增加了近 1787.2 亿元（见图 8-1）。

从各省债务增速来看，两年半间，25 省平均债务增速达 53.78%。宁夏回族自治区债务增速最快，为 126.78%，其次为广西壮族自治区，为 115.61%，贵

① 魏加宁．地方政府债务风险化解与新型城市化融资［M］．机械工业出版社，2014 年版。

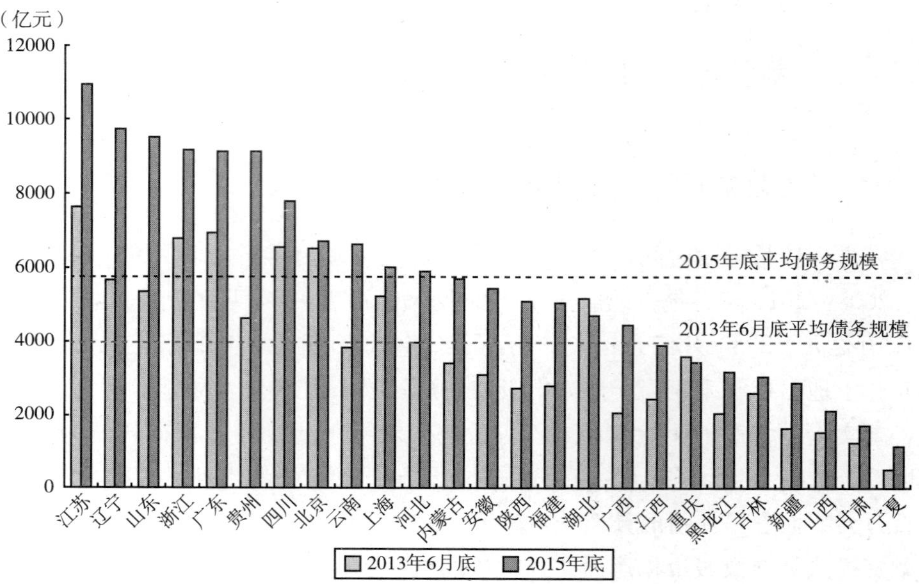

图 8－1　各省负有偿还责任的债务规模

资料来源：Wind 及作者计算。

州省也逼近 100% 的增速。重庆市、湖北省债务增速则为负增长，分别为 －5% 和 －9%（见图 8－2）。

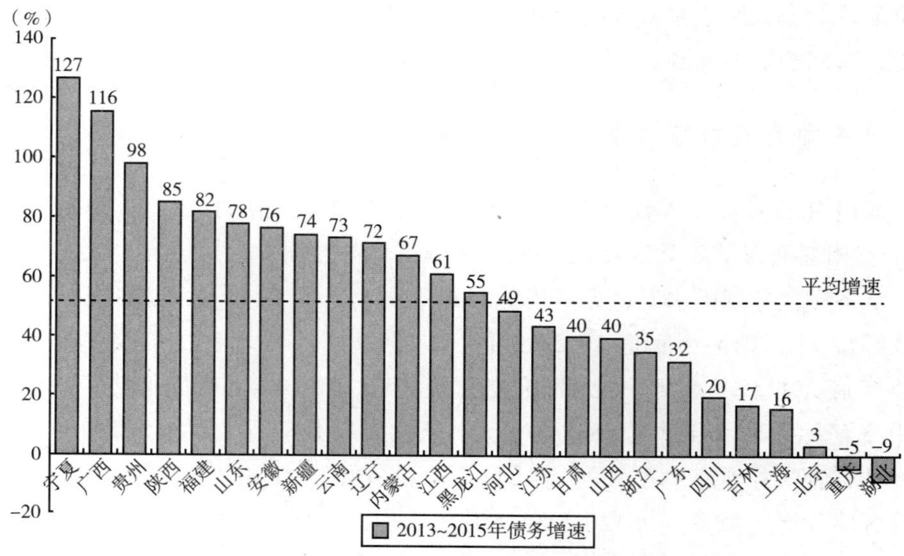

图 8－2　2013～2015 年各省负有偿还责任的债务增速

资料来源：Wind 及作者计算。

从各省负有偿还责任的负债率水平来看，2015 年底贵州省的负债率为 86.98%，超过 60% 的警戒线水平，也远高于其他省份，是全国平均水平的 3 倍多。与 2013 年 6 月底相比，北京市、重庆市和湖北省 2015 年底负债率出现明显下降（见图 8－3）。

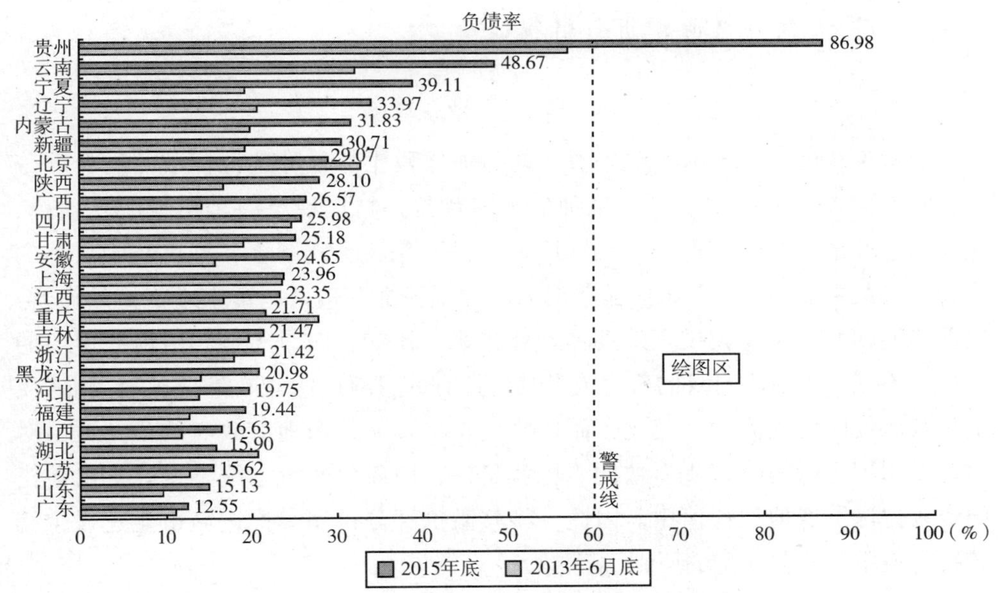

图 8－3　各省负有偿还责任的债务负债率

资料来源：Wind 及作者计算。

四、城市治理模式扭曲

首先，我国是单一制政体，财权上收，但事权下放，地方政府在财权事权高度不匹配的情况下，不得不寻找税收之外的金融资源，然而我国地方政府长期缺乏规范透明的融资渠道。

其次，我国只有“自上而下”的监督体制，主要财政资源和人事权均掌握在上级政府手中，但是，以一个上级政府对多个下级政府，监督的有效性往往成疑。缺乏“自下而上”的监督体制导致当地公众无法有效约束地方政府的行为。

最后，以往过度关注 GDP 的政绩考核机制和地方官员的任期制导致地方政府行为短期化，责任追究机制缺位进一步加剧了这一问题，此外，地方政府也没有树立起法治意识和契约意识。

第三节　探寻可持续的城市化融资模式

一、扩大地方财源：进行财税改革

（一）开征财产税，可持续分享土地增值收益

从理论角度以及各国实践来看，就与地方税主体税种选择标准的吻合度分析，财产税有作为地方税主体税种的天然优势。财产税是一种典型的受益税，比较贴近城市化融资“取之于民，用之于民”宗旨。实际上，城市基础设施的改善、公共事业的发展和公共服务能力的增强，都会带来城市未来价值的提升，也即当期的城市化建设投资效益体现在未来。比如，城市土地和房地产价值的上涨，不是因为业主自身的努力或是其所拥有的房地产的“自然成长”，而实质上是其所处区位优势发生变化，而这些变化主要又是由地方政府的公共支出对房地产周围环境的改善所引致的。也就是说，城市化建设中地方财政支出被正向资本化进了房地产价值中。因此，将其溢价部分再用于推进城市化建设，比较符合成本—收益匹配的原则。

相应地，城市未来财产税收入的多少与城市化建设水平的高低相互关联，彼此间存在正向反馈激励机制。由于一个辖区内的房地产是不可移动的，财产税的税基是相对固定的。从居民角度看，财产税的税负难以转嫁，而房地产价值的提高主要是源于地方公共支出所导致的周边环境改善。因此，为了保证房地产的保值升值，居民会更加密切地关注地方的公共支出状况，这将促使地方更负责任地处理辖区内税收与公共物品供给。从政府角度看，未来城市土地和房屋的不断升值，将使得财产税税基扩大而增加未来财政能力，这是宏观角度可观察到的公共投资项目的未来收入。

目前，中国还没有真正意义上的财产税，此前在上海和重庆试点的房产税设定的征税门槛比较高，筹集的财政收入相对有限。在新的财产税立法中，应尽可能在税基、税率、减免政策等方面留有余地，体现灵活性，并由省级政府通过专门的《财产税法》来确定财产税的征税对象、基本税率及变动幅度、评估机构及减免税等基本事项。然后，由市县级政府在法定的税率变动幅度内，确定本辖区内的具体适用税率，并根据第三方机构独立评估出的房地产市场价

值来计算应纳税额。由财产税所筹集到的收入应全部划归市县级地方政府用于城市化建设。这样会使地方政府事权与财权匹配更为合理，实现城市化建设水平、财产税收入与政府偿债能力间的良性循环，这也符合“谁投资、谁受益、谁负债”的原则。

（二）征收交通拥堵费，大力发展公共交通

随着城市人口的聚集，以及人民收入水平的提高，私家车数量不断增多，城市内部的交通拥堵问题日益严重。这不仅仅是北京、上海这样超千万级人口的一线城市的问题，许多几十万人口的内陆城市也面临同样的挑战。显然，城市面积的局限性决定了私家车不断增长最终只会导致城市交通的寸步难行。这一方面需要通过改善城市的交通管理方式来加以解决，另一方面还需要通过价格杠杆限制人们的私家车需求。一种方式是拍卖车牌，价高者得，甚至可以借鉴新加坡的经验，为拍得的车牌设定有效期，成为一种可持续的收入，这同时也避免了车牌获取成本的新老不公；另一种方式是学习伦敦、新加坡收取拥堵费，虽然在传统的认知当中，城市道路是典型的公共物品，很难有效实现区分对象的收费办法，但随着 IT 技术和卫星定位技术的进步，城市道路已经转变为“准公共物品”，完全有可能基于“智慧城市”的理念，分路段、分区域、分时段、分价格收取拥堵费。收拥堵费的方式较之于“一刀切”的限购、限行更合理，一定程度上避免了损害国内汽车产业的发展，其所筹集的收入还能增强城市政府的财力，以便用于发展公共交通体系，提高公共交通网络的密度、便捷性和舒适性。

二、直接融资方式：地方政府发行债券

地方政府发行债券有助于变地方政府隐性债务为显性债务，也有助于减轻地方基础设施建设对银行贷款的过度依赖，还有助于推动地方财政的规范和透明，以及加快推进地方行政体制改革和基层民主制度建设，是可持续的城市化融资方式之一。

（一）地方政府发行债券有利于规范地方政府举债途径

地方政府债券强调地方政府的责任，即中央赋予地方发债权的同时，也赋予了其相应的责任。虽然在我国现行财政体制下，中央政府仍承担转移支付和地方债隐性担保责任，但逐步把债务责任管理、使用效率管理、风险与偿付管理等通盘纳入地方政府考核体系，将是规范地方举债融资的必然路径。

（二）地方政府发行债券有利于增强地方政府内部约束

为确保地方政府债务按期还本付息，地方财政部门可通过年度预算安排、财政结余调剂以及债务投资项目收益一定比例的划转等途径，建立财政偿债基金。对有经济效益的项目债券，财政部门应对其经营效益情况进行监控，统一由财政部门还本付息。考虑到偿债的长期性和可预期性，地方发债必须要有规划，包括发债总体规划以及具体项目规划，建立跨年度预算平衡机制和实施中期财政管理规划，同时把原来地方政府规避法律限制的城投债、平台债显性化、透明化。这种约束可以保证发债资金的使用效果，而不至于因债务资金无效使用导致财政风险加大。

（三）地方政府发行债券有利于增强地方政府外部约束

地方政府为了发行债券，必须将债券信用评级、承销团组建、发行兑付等信息进行披露，一方面可以倒逼地方政府建立资产负债信息管理体系，有利于提高地方政府债务透明度，有助于科学揭示和量化评估债务风险，实现风险评估常态化；另一方面有利于强化市场监督机制，有利于纳税人、信用评级机构、金融中介机构以及广大投资者对地方债券的运行进行适时监督。

（四）地方政府发行债券有利于促进体制机制改革

规范地方政府自主发债必将推动中央与地方产权、事权以及支出责任改革，对清理地方融资平台，促进地方政府、市场、社会职能明确、分工合作等方面，将起到基础性作用，对我国深化财政与金融体制改革乃至实现国家治理体系现代化目标，都具有重大的探索意义。

三、间接融资方式：发挥政策性金融的作用

政策性金融是在中央政府的支持下，依托国家信用，运用各种融资手段，在国家指定的业务范围内，直接或间接为执行国家产业政策、区域政策、配合政府特定经济和社会发展目标而进行的一种资金融通行为。政策性金融将在城市化发展中发挥以下作用：

（一）为城市化发展直接提供资金支持

城市化要解决三个核心问题：人的问题、地的问题、钱的问题，其中钱是最基础的问题。资金（钱）是配置资源的基础，而城市化本身就是资源重新配置的过程。一国或地区获取资金的能力直接影响其城市化的发展速度和发展水平。现阶段我国的城市化发展在执行层面主要依靠二、三线城市的地方

政府，长期以来，由于我国的债券市场发展滞后，以及地方政府自主发债试点刚刚起步，导致地方政府主要依靠财政性资金和银行贷款作为推进城市化发展的主要资金来源。由于财政性资金不具有跨期资源配置能力且规模有限，以及以基础设施为代表的城市化建设项目一般期限较长且多具有公益性等原因，商业银行贷款容易出现期限错配，从而使政策性银行贷款成为地方政府的重要融资渠道。虽然随着我国债券市场的不断发展，地方政府债券自主发行的推广，未来城市化发展的融资渠道必然会不断拓展，但政策性金融与其他融资渠道具有互补性和共存性，将会作为城市化融资的重要融资渠道而长期存在。

（二）引导商业性金融和民营部门的资金投入

政策性金融主要是做商业性金融做不了、做不好和不愿做的事情。政策性金融的引导作用主要是指，随着政策性金融资金的前期投入，降低项目未来发展的不确定性，逐渐吸引其他商业性金融机构及民营部门的资金投入，从而起到资金杠杆作用。

在城市化进程中，政策性金融的引导作用主要体现在对新兴产业或区域的推动上。政策性金融对处于成长前期、发展前途不明的重点产业或领域先行融资，表明政府对这一领域的扶持意向，降低投资收益的不确定性，从而增强其他金融机构和投资者的信心。同时，通过主动营造环境、建设市场、维护信用和制定规则，为商业性金融机构金融空白或短缺领域提供支持，力求调动社会各种资源进入国家重点领域和薄弱环节。

当商业性金融机构或者民营部门对这一领域的投资热情高涨以后，政策性金融机构再逐渐减少或者退出其投资资金，把该领域让给商业性金融机构或者民营部门，转而扶持其他产业或领域，形成一种政策性金融对商业性金融投资取向的引导机制，从而促进国家产业政策或区域规划的顺利实施，提高整个社会的投资效益，促进城市化的综合发展。

（三）促进城市化发展和地区均衡发展的有机结合

在我国城市化进程中，地方政府债券这一融资工具如完全按照市场化的原则运行，中西部欠发达地区的财政实力、管理水平等就会构成信用评级时的不利因素，这些地区从债券市场融资的能力也将受到影响。

为了平衡地区发展差距，防止过度出现“马太效应”，就需要政策性金融对这种“市场失灵”来加以弥补。政府可以根据生产力的梯度分布制定（政策性金融的）区域信贷政策，以促进地区间经济的均衡发展。

四、吸引民间投资：利用政府和社会资本合作（PPP）

PPP 是英文“Public Private Partnership”的缩写，即政府和社会资本合作，指的是为了共同完成某个项目（主要是公共事业项目）的投资、建设和运营，政府、营利性企业和非营利性企业形成的相互合作关系。PPP 的基本特征是，政府与民营企业共享投资收益，共担投资风险；通过政府政策的引导，在一定额度的政府资金支持下，在项目的建设期和运营期，采用民营化方式在公共事业领域引入民间资本及其管理和服务。

PPP 模式是当前城市化融资的重要方式之一。PPP 模式不仅可以通过引入社会资本，增加基础设施和公共服务的数量，更重要的是可以通过转变政府职能，提升基础设施和公共服务的质量，从而有效地提高城市治理的水平。具体而言，PPP 模式有六大积极作用，一是推进国家治理体系和治理能力现代化，提升政府治理的水平。PPP 模式可以促使政府职能从项目实施者转变为规划者和监督者，有利于减少政府对微观事务的干预，充分发挥市场在资源配置中的决定性作用。二是 PPP 模式下吸引社会资本参与要求提高政府预算与政府债务的透明度。PPP 项目全生命周期的合作模式要求政府从以往单一年度预算收支管理逐步向中长期财政规划、推进建立和完善现代财政制度和资产负债管理转型，而且要求建立跨年度的资本预算，会计制度由现收现付式改为权责发生制，编制健全的资产负债表。三是防范和化解财政风险。PPP 模式的引入能够促进私人股权融资的增加，有利于降低融资平台的杠杆率。PPP 模式中，社会资本可以有效分担城市化建设和运营管理当中的法律风险、政策风险和技术风险（项目完工风险、建造风险等）。四是拓展融资渠道，缓解政府短期建设资金短缺的压力。社会资本在满足公共服务标准前提下有动力最大限度地压缩成本以获取最大利益。五是拓宽社会资本投资领域。PPP 机制要求对民间资本放开准入，可以给有长期投资偏好的企业主体更好的生存和发展空间，为政府和市场主体寻求共赢提供契机。六是优化项目管理并提高资金使用效率。私营部门全过程参与准公共产品的前期设计及规划有利于避免政府的决策失误和资源浪费。

第四节　相关实践进展及存在的问题

一、财税改革：地方税体系建设方向明确，需加速推进

2012 年开始推行的“营改增”试点，是理顺增值税抵扣链条，减轻税收负担的重大举措，但这项改革客观上也减少了地方政府主体税种。从当前地方政府财政状况来看，“土地财政”不可持续，存量地方政府性债务正处于偿债高峰期，新型城市化的融资需求较大，多方压力均要求地方财政要有可靠的收入来源。根据中共十八届三中全会的决定，下一步的财税体制改革，关键是要以税制改革为基础，完善地方税制，理顺央地财政关系，保障地方财力，促进地方政府转变职能。

二、地方政府债券：正门已开，但地方举债自主权依然限制较多

2014 年 8 月 31 日，全国人民代表大会审议通过的《预算法（修正案）》规定：“经国务院批准的省、自治区、直辖市的预算中必需的建设投资的部分资金，可以在国务院确定的限额内，通过地方政府发行债券举借债务的方式筹措。”这一规定标志着省一级地方政府债券发行合法化，但也存在三个缺陷。

（一）中央对地方背书

审批权限仍然放在国务院是中央对地方债务背书的体现。我国现行体制为单一制国家，中央管着地方的“人、财、物”，（法理上）中央政府对地方政府债务负有兜底责任，由此而引发的地方政府道德风险十分巨大，因此主张地方政府自主发债。

（二）发债层级限制在省一级政府

地方政府存量债务风险主要在市级政府，未来城市化新增融资压力也主要在市级政府。新一届政府强调依法治国，改革也要在法律框架内进行，《预算法》一经修订后，至少十年内无法再次修改，因此应具有一定的超前性。所以，不论短期是否允许市级地方政府自主发行债券，都有必要为此留一个政策口子。否则，未来很有可能出现法律跟不上形势变化的需要。

（三）限额发债

地方举债需要在国务院确定的额度内进行，这意味着地方政府发行债券仍

然是政府说了算。建议中央不应控制规模，仅设立警戒线，地方政府能不能发行债券，由市场说了算，但中央要进行相应的信息披露。

三、PPP 实践：冷热不均

当前，就全国而言，PPP 存在着明显的冷热不均现象。大体上是，上热下冷；发改财政热，行业主管冷；国有企业热，民营企业冷；国开行热，其他行冷；律师咨询机构热，其他中介机构冷；中东部热，西北部冷；基础设施热，公共服务冷；大项目热，小项目冷；前期建设热，后期运营冷；融资方式热，治理改革冷。

（一）从政府层级来看，基本上是上热下冷

PPP 工作原本主要是市级政府和企业之间的事情，但现在是上级政府比下级政府要着急，并且越往上越热，越往下越冷。就好比“孙子孙女们光谈恋爱不结婚，结果爷爷奶奶急了”，于是，中央政府又是派督查组，又是搞第三方评估，恨不得立竿见影，马上就看到成效。

然而基层政府却由于种种原因想热热不起来，一是政府层级过多，中央精神要经过三层解读之后才能够到达基层；二是中央部门之间政策不协调，作为执行者的地方政府往往不知所措；三是地方政府缺乏相关人才和运作经验，难以支撑 PPP 工作的全面展开，因此热情程度大打折扣。

（二）从中央部门来看，基本上是发改财政部门热，行业主管部门冷

在中央政府明确表示大力推广 PPP 模式之后，国家发改委和财政部积极响应，先后以“指导意见”、“实施意见”和“通知”等形式，或单独或联合下发了多项政策文件。此外，国家发改委和财政部还各自建立了项目库或推出示范项目，其中，国家发改委公布的 PPP 项目库涉及 1043 个项目，投资规模达 1. 97 万亿元；财政部推出的首批示范项目 30 项，总投资约 1800 亿元。

然而，与此相对照的是，各行业主管部门对 PPP 的反应则较为冷淡。目前只有人民银行等少数部门与发改委或财政部联合发布了鼓励引导社会资本进入相关行业的政策文件，但基本上只是些原则性意见，至今尚未有发改委、财政部以外的其他部委单独下发过针对 PPP 的具有改革意义或操作性质的指导性文件。

一些主管部门对 PPP 相对冷淡，根本原因还在于部门利益，其中较为突出的一项是人事制度。如果在自己主管的领域引入了社会资本以后，主管部门就

会丧失对这些下属企事业单位主要领导的人事任命权，进而使得主管部门无法再继续向下属单位派遣“空降干部”，从而堵了系统内人事升迁、流动的渠道。

（三）从企业来看，基本上是“国企热，民企冷”

目前，在各地推出的PPP项目中，作为“社会资本”参与PPP项目的代表方基本上还是中央国企、地方国企和融资平台，真正的纯民营资本实际上寥寥无几。可以说，在我国PPP模式中第二个P基本上都是假民营，真国企。形成这一局面的原因是十分复杂的。

首先，从地方政府角度来看，一方面地方政府与民企合作最担心的是政治风险，在项目价值难以确定的情况下，极易遭受“国有资产流失”的谴责和批评，同时还要承担被审计、反腐部门追查的风险，因此目前地方政府更愿意与国有企业合作，至少用不着担心所谓“国有资产流失”等问题；另一方面，地方政府对民营企业缺乏必要的信任，也缺乏一定的手段对民营企业进行有效控制。

其次，从国有企业角度来看，一方面，就地位而言，目前只有国有企业，尤其是央企才能够与地方政府平起平坐，实现对等谈判；另一方面，在大力反腐的背景下，与地方政府合作不存在政治风险，如能与地方政府签订兜底协议或回购协议的话也不会存在经营风险。

最后，从民营企业角度来看，一是担心地方政府信用问题。以往民营企业在参与类似的PPP项目时，地方政府不讲信用，单方面撕毁或修改合同以及拖欠资金等问题比比皆是，地方政府的失信行为导致政府信用早已严重透支，失去了民营企业的信赖。二是国企与民企存在着严重的不平等现象，民营企业的融资成本显著高于国有企业；同时在土地政策方面，对民企的限制和审批环节也显著多于国企；三是在国有企业仍然大量分布在竞争性领域“挣大钱”，与民争利的情况下，要想让民营企业进入到薄利、微利甚至是无利可图的准公益的公共服务领域里来“做贡献”，显然是政府一厢情愿。

（四）从金融机构来看，基本上是国开行热，其他行冷

一方面，国开行热，主要是由于相关文件出台以后，国开行也面临着转型问题，过去主要依靠对地方融资平台贷款的模式已经难以为继，“三个统一”（统一评级、统一授信、统借统还）的模式也将在2017年底停止，因此国开行必须加快找到新的放贷方向和经营模式。于是，国开行各地分行为了找到新的出路，纷纷与地方政府展开合作，或签署PPP项目授信协议，或提供资本金直

接入股，或帮助地方政府建立 PPP 引导基金或专项投资基金。

另一方面，与国开行的积极参与形成鲜明对照的是，其他金融机构尤其是商业银行对 PPP 的热情并不高。一些商业银行仅对存量项目进行续贷，而对新建项目基本上不予提供融资支持。其原因之一在于银行监管部门至今尚未出台任何支持 PPP 的相关政策，导致商业银行面临较大的政策风险，因而不敢轻举妄动。

（五）从中介机构来看，基本上是律师、咨询机构热，其他中介机构冷

自 2003 年左右起，我国就有一批律师事务所和咨询公司开始为具有 PPP 特征的政府与企业之间的合作项目提供中介服务。其中，律师事务所主要集中在谈判时的法律咨询、合同的合法性审查、法律纠纷的应对等相关领域；而国内外专业咨询机构，如毕马威、大岳咨询等，则主要从项目规划、项目评估、项目审查、项目建设与运营等各方面提供全方位咨询服务。

与此相对照的是，其他中介机构，如会计师事务所等，至今尚未在 PPP 项目中发挥应有的作用。

（六）从地区来看，大体上是中东部地区热，西北部地区冷

当前，就 PPP 而言，地区分布极不均衡，存在着明显的中东部热，西北部冷的格局。

一方面，从政策法规出台的情况来看，大多数中东部省份的政府已经出台“指导意见”或“实施意见”等政策措施，同时各行业主管部门也积极参与 PPP 相关政策法规的制定，不少部门已经公布本省的 PPP 实施意见；反观西北部地区，多数省份对 PPP 的理解尚处于初级阶段，政策法规大多仍处于研究阶段。

另一方面，从项目库建设和示范项目的推广来看，财政部 30 个项目中，仅有贵州、重庆和陕西三个西部省份的 3 个项目被纳入示范项目中，而发改委 1043 个项目中绝大多数项目都在中东部。

导致这一结果的主要原因是：一方面，中东部地区经济规模、政府财政状况、市场化程度等方面相对较好，社会资本的实力比较强；与之相比，西北部地区地方政府财力不足，更多依靠中央政府转移支付；市场化程度较低，社会资本的实力不足。另一方面，PPP 模式本身和发行地方债一样，存在明显的“马太效应”，即强者越强、弱者越弱，因此不利于缩小地区差距。由此可见，西北部地区的基础设施建设可能更多地需要政策性银行的资金扶持和中央政府的转移支付。

（七）从项目领域来看，大体上是基础设施热，公共服务冷

无论是中央政府还是地方政府，在已推介的 PPP 项目中，绝大多数仍然是基础设施建设项目，而公共服务领域的项目比例相对较低。从国家发改委 PPP 项目库领域分布来看，在 1043 个项目中，公共服务领域的项目仅有 266 个，约占全部项目总量的 26%。从财政部推广的首批 30 个 PPP 示范项目来看，涉及医疗、教育、养老、环保四大需求的 PPP 项目仅有 3 个（环境综合治理 2 个、医疗 1 个），占比仅为 10%。

（八）从项目规模来看，大体上是大项目热，小项目冷

各级政府在筛选 PPP 项目时，存在重大型项目，轻小型项目的倾向。举例而言，在广东省 PPP 项目库中，158 个项目的平均投资规模为 21.4 亿元，其中低于 1 亿元投资规模的项目有 40 个，占全部投资项目总数的 25.32%，低于 5000 万元投资规模的项目有 19 个，占全部投资项目总数的 12.03%。在四川省，705 个项目的平均投资规模为 5.56 亿元，其中低于 1 亿元投资规模的项目有 273 个，占全部投资项目总数的 38.72%，低于 5000 万元投资规模的项目有 166 个，占全部投资项目总数的 23.55%。

（九）从项目性质来看，大体上是前期建设热，后期运营冷

无论是地方政府还是社会资本，在参与 PPP 项目时仍然将重心放在项目的前期建设上，而对于 PPP 项目的后期运营则缺乏足够的兴趣。从地方政府来看，由于受到“稳增长”的压力，以及上级政府的任务摊派，因此只注重当前的短期效应，对于项目的建设施工给予了更多的关注。从社会资本来看，由于依然存在着“赚快钱”的心理，只想从前期的工程建设中尽快获得利润回报和现金流，而对于项目后期的运营和维护则不感兴趣，因此想方设法与地方政府签署回购协议或补贴协议，设法将后期运营风险转移给地方政府。

（十）从追求目标来看，融资方式热，治理改革冷

PPP 的本质在于通过地方政府和社会资本的合作，增加公共产品和服务的供给，提高公共产品和服务的质量与效率，因此需要各级政府从各个方面来全方位推进治理体系改革和提高治理能力。

但是从目前情况看，大部分地方政府却仅仅把 PPP 模式视为一种新的融资模式，作为对地方融资平台的替代融资工具，而对于 PPP 在推动政府职能转变、改革政府治理体系、提高政府治理能力等方面的积极作用和重要意义缺乏足够的认识，只想“穿新鞋，走老路”，根本不想推进政府自身改革。

当前我国在PPP领域存在着的“该热的不热，该冷的不冷”的冷热不均现象，至少与以下原因有关。

1. 组织结构扭曲。由于中央政府缺乏一套统一、高效的PPP组织管理架构，国家发改委和财政部都在试图主导PPP的推进工作，两部委频繁下达各自的红头文件，建立各自的PPP项目库，致使地方政府无所适从。

在省级政府，有的地方由发改部门主导，有的地方由财政部门主导，还有的地方尚不知所措，但从调研的多数省份来看是由财政系统主导。然而到了市级政府，PPP的领导工作又大多回到了发改系统。

上下主管部门的不一致，造成了部门之间政策不一致，协调工作难度加大。

2. 追求目标错位。当前在推进PPP过程中，地方政府和社会资本在追求目标上存在着严重错位。

一方面，就地方政府财政状况而言，从地方政府来看，那些财政状况比较好的地方政府，对推进PPP项目的积极性不高；从企业方面来看则正好相反，只有财政状况较好的地方政府，企业才敢与之合作搞PPP，否则就会敬而远之。

另一方面，就项目投资回报而言，从地方政府来看，对于那些投资回报快、回报率高的项目，地方政府大多不想放手，只想自己来做；而只有那些投资回报慢、回报率低的项目，地方政府才想采用PPP方式来吸引社会资本投资；而企业方面的想法则恰好相反，只有那些投资回报快、回报率高的项目，企业才会有积极性，否则就会敬而远之。

3. 基本理念缺失。导致PPP冷热不均的更深层次原因还在于PPP基本理念的严重缺失。PPP的基本理念强调“三大意识”，即平等意识、法治意识和契约意识。

首先，从平等意识来看，PPP的基本理念是公共部门的“第一个P”和私人部门的“第二个P”要能够平起平坐，平等参与；但现实情况是，目前只有行政等级更高的国有企业（主要是央企）才有可能与地方政府进行较为平等的谈判和合作，而地方国企以及其他社会资本在同地方政府谈判中处于相对弱势地位。这里，特别需要指出的是，PPP与特许经营之间最大的不同点在于，PPP强调的是政府与企业的平等参与，而特许经营的基本理念依然是政府居高临下，政府允许谁干什么，就只能干什么，因此双方处于不平等的地位。

其次，从法治意识来看，一方面，民营企业的领导多为终身制，要对项目长期负责；而地方政府的主要领导则存在着换届问题，因此民营企业大多担心地方政府换届以后“人走茶凉”，后任否定前任的决定。所以，推进PPP需要的是法治保障，而不是在任领导人的许诺。

另一方面，PPP 究竟是适用于行政诉讼法，还是适用于一般商法或民事诉讼法，也是平等意识能否在法治领域得到体现的基本要求。

再次，从契约意识来看，在我国，由于长期实行计划经济，红头文件往往高于法律文件和契约合同。因此，地方政府常常以上级政府政策有变为理由而单方面终止合同或随意修改合同条款。

事实上，早在 2008 年国际金融危机以前，一些地方政府曾因资金不足而尝试采取 PPP 的模式开展基础设施建设，但在国际金融危机爆发以后，在“4 万亿”的推动下，许多地方政府纷纷撕毁已经与社会资本达成的协议，转而采取地方融资平台方式直接从商业银行贷款建设这些项目，从而极大地损害了地方政府的信誉，成为今日民间资本对 PPP 项目态度冷淡的一个重要原因。

4. 投资回报错配。首先，在国有企业仍然大量存在于竞争性领域，继续与民争利、谋取暴利的情况下，试图让民间资本进入到薄利、微利甚至是无利可图的准公益性领域，纯属资本属性的严重错配，这恐怕是当前 PPP 推进效果不佳的最根本原因之一。

其次，随着我国经济增速不断下行，投资回报率也已经由高回报转向低回报，前期营利性较好且现金流充沛的项目已经基本完成，但由于社会资本对于高回报的期待仍然停留在高速增长时期，故而对盈利空间不大、回收周期过长、经济效益较低的准公益性项目积极性不高。

再次，当前我国的社会资本投资大多依靠银行借贷，所谓“PPP”实际上是“PPFP”，而目前企业投资回报的计算，通常是在银行借贷本息之上进行“加点”，然而在融资价格“双轨制”的情况下，民营企业融资的成本要明显高于国有企业，因此，把以往的政府投资转变为 PPP 项目，由民间资本进行融资时，融资成本就会出现不降反升的局面，导致民间资本积极性不高。

5. 风险分布错位。首先，按理说，政府投资使用的是纳税人的钱，因此必须严格审批；而民间投资则属于投资者自主决策，风险自担，因此在审批上应当予以放宽。但是在实际工作中，政府投资项目转为 PPP 项目之后，审批手续非但没有减少反而更加复杂，项目获得批准的不确定性非但没有降低反而更加增大。因此，审批风险的增大严重影响了社会资本参与 PPP 项目的积极性。

其次，PPP 的核心原则是风险共担，但在我国推进 PPP 的实际工作中，“风险共担”变成了“风险共推”。无论是政府还是企业，双方都想在推进 PPP 的过程中将风险转嫁给对方，政府方面推进 PPP 的基本想法是减轻政府债务风险；

而企业方面则谋求通过政府回购、财政补贴等方式对风险进行兜底。由于合作双方都不想承担风险，致使双方很难谈到一起。

再次，上下风险错位。由于中央与地方事权划分不合理，一些 PPP 项目往往是由地方政府与社会资本进行合作，但是定价权却掌握在中央政府主管部门手中，于是，中央政府的职能越位导致基层双方决策风险增大。例如，上届中央政府突然宣布节假日期间高速公路停止收费，就大大增加了基层的投资决策风险。

第五节　政策建议

一、合理调整增值税分成机制，尽快开征房地产税

全面推开“营改增”试点后，国发〔2016〕26 号文将增值税的地方分成比例从 25% 提高至 50%，实行增值税五五分成体制，基本维持了中央地方财力分配的比例关系。然而，增值税五五分成体制会极大地影响地方政府的行为，不是一个合理的长期制度设计。根本性问题在于，增值税是在生产、批发、零售等各流转环节征收，征管实践中采用的是属地申报纳税原则，即所谓的“生产地原则”：各流转环节企业所在地税务机关对本环节增值额征税，同时，地方政府按照生产者所在地分享增值税收入。按照“生产地原则”共享分配增值税，导致税收收入归属与税负归属的不一致性，会扭曲地方政府与市场参与者的行为模式，可能带来地方保护、市场分割、重复建设、产能过剩等问题。

为了改变增值税分成对地方政府行为的扭曲性激励效应，可行的解决方案是将收入分成体制（分钱制）改为税基共享体制（分税制），国地税各自负责征管归属本级的收入。具体的方案是，建议将增值税税率降至 10%，继续由国税部门征收，收入全部归中央政府。同时，由于增值税本质上是对消费征税，可以将归属地方的增值税税基结合目前在生产环节征收的针对特定物品的消费行为调节税，也就是目前名义上的消费税，扩大为在零售环节对所有商品普遍征收的真正的消费税。消费地的市县地方政府直接征收 7% 的零售税（消费税），全部归当地政府享有。

这一改革将产生双重好处：一是减少对地方政府行为的扭曲。二是最大限度实现税制中性，减少商品流转过程中的价格信号扭曲。由于增值税是间接税，而且是价外税，在税负完全转嫁的理想条件下，增值税具有中性特征，在流转

环节环环抵扣，不扭曲市场价格信号，不构成企业的真实负担，其税负实际上是由最终消费者负担的，本质上是针对一般消费行为普遍征收的“消费税”。不过，在现实经济运行中，并不满足税负完全转嫁的条件，实际上税负是由供求双方分担的，具体的分担比例取决于供给弹性与价格弹性的相对大小。当前中国经济中产能过剩问题比较严重，意味着供给方在价格博弈中的力量弱于需求方，生产企业不得不自行承担和消化部分增值税税负。如果配合一般消费税的开征降低增值税标准税率，无疑非常符合当前供给侧结构性改革“降成本”的目标。

完善地方税体系最好的解决办法是全面开征房地产税。城市管理的经济意义就在于让整个城市的土地资产不断升值。房地产税与土地的价值挂钩，实际上是与地方政府提供的公共服务、社区管理和社区规划等密切相关，符合激励相容的原则，与市场经济对地方政府职能的合理定位要求相贯通。有利于调动地方政府的积极性，促进地方政府转变职能，推进地方政府治理方式的转型，使得地方间围绕公共服务供给进行良性竞争，加强财源建设。地方政府必然不再是只专注于买地卖地，而是要致力于为企业和居民提供更好的城市管理和社区服务，改善发展环境和人居环境，并且会改变过去对人口流动设置高户籍门槛的做法，以优质公共服务吸引人口流入，促使辖区内的不动产不断地升值，进而扩大房地产税的税基。在这样的正向反馈模式下，地方政府可持续发展的财政基础更加稳固，地方政府投入基础设施建设和公共服务供给的积极性会更具有可持续性，更加符合新型城市化战略的方向。

从近期来看，建议先对城市居民非经营性住房和经营性用房征收，居民住房征收范围的确定以“调节高端”为原则，只对远高于平均价的房产开征，具体征收细则由地方政府按照地区间差异制定。从远期来看，随着农村地区工业化和城市化水平的提高，逐步将农村房地产纳入征收范围，扩大税基。

二、将地方政府债券发行权进一步下放至市县级政府

对于允许地方政府自主发债的政府层级，专家学者存在着不同的观点。一种观点认为，允许地方政府自主发债，应从省级政府做起，理由是：我国现行体制的风险控制薄弱、约束机制不足，各地的行政管理体制、经济发展水平以及政府意识、习惯、能力和水平都存在较大差距，一下子完全放开各级政府的举债权限比较危险，应先赋予省级政府一定的举债权限，然后循序渐进地放开到地市级政府，这个学习和适应的过程也可以培育地方政府的市场意识、法制

意识和信用意识。另一种观点认为，允许地方政府自主发债，应从市级政府做起，一是因为城市基础设施建设，大多是市、县政府层面操作，市级政府的基础设施建设责任重；二是降低信息沟通与协商成本，省级政府举债融资后再将资金分配到市、县一级交易成本太高，不利于资本市场对发债主体的风险判断；三是直接允许市、县政府公开举债透明度更高，而且通过资本市场的风险约束机制，可以使举债成本直接反映该地方的偿债能力和风险水平，可以更加规范的管理不同层级地方政府举债行为；四是允许市县直接举债也是尊重现实的做法，现状是所有的县级政府甚至乡镇政府都已经在举债了，而且是非规范的举债，额度也非常大。与其把它挡在外面，不如尊重现实允许其正规举债。

我们认为由于《预算法》修改时间间隔较长且审批程序繁杂，可以至少放开允许各级政府发债的口子，初期可以从省级政府和计划单列市政府做起，一些条件具备的地方可以先行试点市级发债，待地方债市场进一步规范、成熟之后，再逐步下放至更低级别的地方政府。

三、政策性金融需处理好几大关系

（一）金融与财政的关系

从外部关系紧密程度来看，政策性金融机构与政府之间的关系无疑是最紧密和最直接的，政策性金融机构通常是由政府创设的，是政府为实现其特定的经济职能和政策目标的重要工具。政策性金融是财政职能的延伸，但它又不等同于财政。财政更多的是资金投入，不追求回报；金融（无论是政策性金融还是商业性金融）起到融资中介的作用，要求还本付息，要对存款人或债券持有人负责。

城市基础设施建设是城市化发展的主要内容。城市基础设施的基本特性，一是公用性，满足社会公共需求；二是福利性，以服务社会为目的，所以在城市基础设施的运营中存在非营利和价格的控制；三是城市基础设施建设具有渐进性的特点，建设周期长、回收期长，甚至难以直接回收。由于以上特性，城市基础设施建设通过商业银行和资本市场融资困难相对较大，更适于由政府财政投资来完成。但这并不意味着所有的项目都完全排除市场化的融资方式。按照城市基础设施所提供的产品、服务，以及基于使用这些产品服务的收费可能性，城市基础设施可以分为纯公共产品和产生现金流的准公共产品两大类。前者应由政府投资，而后者在很多情况下可以通过一定的制度安排理顺产权关系，从而按照市场化模式运作，以定价覆盖成本，发挥市场对资源的配置作用。在这种情况下，政策性金融成为介于一般商业银行与财政投资之间，更适应城市基础设施建设融资要求的一种有效手段。

（二）政策性金融和商业性金融的关系

政策性金融和商业性金融存在较大区别：商业性金融筹资成本完全是市场化的，而政策性金融借助国家主权信用可以降低筹资成本。商业性金融的不良贷款损失通常由商业银行自己承担，但是政策性金融如果形成风险和损失，最终要由政府承担。

在城市化推进过程中，政策性金融和商业性金融是相辅相成、互相补充、合作竞争的关系。这主要表现在市场定位存在差异，但又存在合作关系。

1. 市场定位不同。政策性金融机构和商业银行之间主要区别是政策性金融机构以政府信用作担保，资金来源是政府注资或发债筹资。其目标是贯彻政府政策，引导社会资金投向。而商业性金融则以法人资产作担保，主要靠股东资本或吸收公众存款，做中短期信贷业务，以零售为主，以追求利润最大化为目标。因此，前两者主要承办商业性金融机构不愿涉足的或不能办理的政策性金融业务；后者作为一国金融体系和制度的主体，承办绝大部分的商业性金融业务。但是政策性金融机构与商业性金融机构在制度或法律上是平等关系，前两者虽与政府政策和相应的政府担保相联系，但并无凌驾于商业银行之上的权力。

2. 两者存在合作关系。在市场经济中，政策性金融机构和商业性金融机构之间存在很强的合作和补充关系。因为如果完全依靠市场机制自由运作，商业性金融机构的活动往往无法保证长期资金的有效率分配；而脱离了商业性金融机构的网络和信息资源支持，政策性金融机构的经营成本和经营风险将大大上升，最终可能难以完成国家赋予的使命。具体来看，这种合作关系主要表现在：

第一，根据政府的调控需要，政策性金融机构可以作为政策执行机构，对于商业性金融机构所从事的符合政策导向或要求的经营活动予以资金融通和偿还担保等方面的支持。

第二，政策性金融机构可以帮助商业性金融机构开拓新市场。在一些商业性金融机构不敢进入的高风险领域，政策性金融机构通过业务开发或增信服务，不仅可以降低项目投资风险，促进相关投资（例如城市道路附近的相关私人投资），而且可以积累大量有关地方、行业、项目的丰富资料和信息，从而间接地帮助商业性金融机构拓展市场。

第三，共同为某类或某个项目提供融资服务。例如政策性金融机构和商业性金融机构可以联合组成银团，为某个准公益项目提供贷款；再如通过政策性农业保险公司为农业生产提供保险，可以在很大程度上降低农村信用社、小额贷款公司的信贷风险。

第四，委托商业性金融机构承办部分政策性业务。出于成本和费用节约的需要，政策性金融机构也可以加强与商业性金融机构的合作，充分利用后者的机构网络，高效率地办理业务。

（三）中央政府与地方政府的关系

在城市化过程中，政策性金融提供融资的项目可以分为两类：一类属于地方政府应投的项目，一类属于中央政府应投的项目。对于政策性金融机构融资产生的收益以及由此带来的风险等，应正确区分中央政府与地方政府各自承担的责任。

同时，政策性金融机构自身也要与中央政府和地方政府做好协调和衔接工作，与中央政府相关部门对接财政贴息、政策支持等事宜；与地方政府加强沟通合作，推动地方政府做好城市化发展规划与融资规划的有效对接。在推进城市化的过程中，政策性金融机构需要与有关部门就信贷规模、债券发行等做好沟通。在棚户区改造过程中，政策性金融机构的发展规划与地方政府的城市化规划如何有效衔接，政策性金融机构如何参与地方政府的棚户区改造规划编制，如何提高融资规划设计和财务顾问服务等，都值得深入研究。

四、推进PPP既要积极又要稳妥

（一）宏观上，要处理好三大关系

一是处理好稳增长与促改革的关系。对PPP稳增长的作用不能期望过大，但是其对促改革的作用十分巨大，是全面深化改革的重要突破口。

二是处理好短期增长与长期发展的关系。对PPP的短期作用不能期望过大，但是PPP的长期影响将十分巨大，可以为我国经济的长期可持续发展打下良好基础。

三是处理好融资功能和政府治理的关系。对PPP的融资作用不能期望过大，但是PPP对于推进政府治理现代化的作用十分巨大。

因此，推进PPP，既不能急于求成，也不能停滞不前，更不能知难而退。

（二）微观上，要把握好三个平衡

首先，中央政府要把握好“稳增长”与“防风险”之间的平衡。目前，发改部门着急推 PPP 为的是“稳增长”，财政部门着急推 PPP 为的是“防风险”。一个优先考虑的是分母，是 GDP；一个优先考虑的是分子，是债务。推进 PPP，一方面可以在减轻地方政府债务风险的同时，在一定程度上促进经济的长期发展；但是另一方面，如果在推进过程中操之过急，不顾实际情况去“逼婚”，尤其是如果政府依然控制着服务对象（比如国有企业）和服务价格，就有可能形成新的隐性债务风险，对长期发展不利。

其次，地方政府要把握好投资者与老百姓之间的平衡，既要给投资者提供合理的盈利空间，又不能将成本过度转嫁给老百姓，在二者之间要达到合理的利益平衡，实现互利共赢。

再次，社会资本要把握好收益性和公益性之间的平衡，既要保证合理的投资回报，又不能试图谋取暴利从而影响到项目的公益性。

最后，金融机构要把握好传统模式与金融创新之间的平衡。金融机构既不能在原有的融资模式上故步自封，也不能盲目去搞所谓的“金融创新”而加大未来的风险；金融机构要积极稳妥地为各类 PPP 项目提供更加优质、更加便捷和更加安全的融资服务。

（三）观念上，要强调三大意识

首先，推进 PPP 首先必须建立平等意识，要求政府与企业建立平等关系，平起平坐，政府方面不得居高临下，更不能过分强调政府的“特许权”而无视企业的“经营权”。政府在 PPP 项目的全过程中要做到公平、公正、公开，要建立透明的项目信息平台，以及规范的竞争机制。

其次，推进 PPP 必须加强法治意识，要通过加快立法、坚定执法来规范政府与企业双方的行为，明确双方的权利义务，保障双方的合理诉求。

最后，推进 PPP 必须强化契约意识，政府与企业在签约前可以认真商议，反复修改，不必急于求成；但是一旦合同签署，无论是政府方面还是企业方面，都必须严格遵守，不得随意撕毁和单独修改合同。

（四）组织上，要明确牵头单位

为了解决好发改部门与财政部门在 PPP 问题上的部门之争，至少有三种方案可供领导选择。

第一种方案，考虑到推进 PPP 不是一项简单的融资模式问题，而是全面的政府治理改革，因此，理应由国务院总理或主管副总理牵头，成立一个跨部门并有独立学者参与的 PPP 委员会，实行科学决策，排除部门利益。

第二种方案，考虑到PPP的主要实施者是地方政府，中央政府的主要责任就是推动统一立法，因此，最理想的方案是在全国人大设立一个PPP立法委员会，加快推进PPP立法进程，其余具体工作交由地方政府自主决策。

第三种方案，如果改革实在困难重重，前两个方案都做不到，必须由某一个现有部门（国家发改委或财政部）单独牵头的话，那么至少也要实行部门领导交叉换位（来自新加坡的经验），以此来克服部门利益的干扰。

（五）环境上，要加快国企改革

为了更好地推进PPP，吸引更多的民间资本，一个必要条件就是所有国有企业都必须尽快退出竞争性领域。如果国有企业仍然在竞争性领域与民争利，那么，让民间资本进入薄利、微利甚至是无利的准公益性领域和PPP项目，就只能是不切实际的幻想，只能是政府一厢情愿，不会取得实质性进展。

（执笔人：魏加宁、唐滔、朱太辉、杨坤、赵伟欣）

本章参考文献

① 地方债制度研究会．2002. 地方债手册，（日本）地方财务协会发行．

② 弗兰克·J·法博齐等．2014. 固定收益证券手册．中国人民大学出版社．

③ 高旭东，刘勇．2013. 中国地方政府融资平台研究．科学出版社．

④ 郭励弘等．2009. 地方基础设施建设融资问题研究．国务院发展研究中心调研报告专刊.

⑤ 胡斌．2002. 政策性金融与我国城市化发展战略．中国金融，（10）：37－38.

⑥ 胡怀邦．2014. 开发性金融的国家使命．中国金融，（8）：9－12.

⑦ 日本地方财政学会．2002. 财政危机与地方债制度．（日本）劲草书房．

⑧ 唐滔．2016. 增值税改革与地方税体系建设．金融发展研究，（9）：63－66.

⑨ 王曼怡，李勇．2010. 城市化发展与金融支持研究——以北京远郊区县城市化为例．人民论坛，29：043.

⑩ 魏加宁，土居仗朗．2003. 地方债研究．国务院发展研究中心宏观经济研究部．中国金融出版社印刷（无刊号）.

⑪ 魏加宁．2014. 地方政府债务风险化解与新型城市化融资．机械工业出版社．

⑫ 魏加宁．2015．PPP“冷热不均”的原因分析与政策建议．新金融评论．

⑬ 章江益．2009. 财政分权条件下的地方政府负债——美国市政公债制度研究．中国财政经济出版社．

⑭ 周沅帆．2010. 城投债：中国式市政债券．中信出版社．

⑮ Alfen. Hans-Wilhelm et al. 2009 . An Introduction to PPP Concept; in "Public-Private Partnership in Infrastructure Development—Case Studies from Asia and Europe", Ed by Bauhaus-Universität Weimar, Publisher of Bauhaus-Universität Weimar, 8 –41.

⑯ Allan J R. 2001. Public-private partnerships: A review of literature and practice. Saskatchewan Institute of Public Policy.

⑰ Feldstein S G, Fabozzi F J. 2011. The handbook of municipal bonds. John Wiley & Sons.

⑱ Hong Kong Institute of Surveyors. 2009 . Practical Guide to Public Private Partnership (PPP) Projects. Published by the Hong Kong Institute of Surveyors.

⑲ Maquire S. 2011. State and local government debt: An analysis.

⑳ Mishkin F S, Eakins S G. 2006. Financial markets and institutions. Pearson Education India.

㉑ Schulz A, Wolff G B. 2008. The German sub-national government bond market: evolution, yields and liquidity. Discussion paper Series 1/Volkswirtschaftliches Forschungszentrum der Deutschen Bundesbank.

㉒ The European Commission. 2003. Guidance for successful PPP.

㉓ Treasury H M. 2003. PFI: meeting the investment challenge. London: HM Treasury.

㉔ World Bank. 1997. Selecting an Option for Private Sector Participation. Washington: The World Bank.

第九章　要素市场化改革——高效、包容城市化的基础

城市化是一个复杂的社会现象，它涉及产权、土地法和市场、社会服务、居民的身份和福利、公共财政和资本市场以及环境目标和控制等各方面政策。过去的三十年里，中国的城市化主要表现为在经济、社会和环境三个方面的转型。随着中国经济正在进入新的发展阶段，这些转型也将处于发展的十字路口。新的发展阶段主要体现在以下方面：

（1）农业生产率的不断提高；

（2）向更高技术制造业和服务业的升级；

（3）更加注重公平，增加消费，培育中产阶级；

（4）采用更加绿色的生产技术和消费模式。

可以通过更高效、包容和可持续的城市化促进这些目标的实现。然而，将这些目标融合到城市化的道路并不简单。即使对于仅有500万人口、地域面积700平方公里的新加坡来说都很艰难，对于人口众多、地域辽阔的中国而言则更具挑战性。

基于对以往文献的分析，本文提出了一个框架，综合考虑了中国快速城市化面临的挑战、现有政策的局限性，以及哪些政策限制了城市化进程中的效率和公平。随着中国经济发展战略转向更多依靠国内需求，其增长路径将转为由要素市场的效率决定。向市场经济的转型仍在继续但依然是不完全的，在要素市场里还存在着由于中央计划经济遗留问题所导致的扭曲。公共政策的实施仍然以计划和控制为基础，导致公共政策依赖于对劳动力流动的行政性限制、土地交易规则的任意性以及往往受政治目标导向而非经济效率驱动的贷款配置。未来随着经济变得越来越复杂，公共政策应给市场留下更多的决定权以改善资源和要素的配置，政府则可以专注于建立提高土地和资本市场效率的体制。

第一节　关键要素市场化改革

一、财政资本和金融资本

在中国，公共财政和金融部门是相互交织的。中国经济中的资本配置体系就像人体的循环系统：它收集财政资源，在经济发展需要的地方提供资源，而政府是整个系统的心脏。从根本上改变政府的作用则是财政和金融改革的核心。

中国政府在金融体系中扮演着三个不同的角色——战略促进者、所有者和监管者。国家通过行政以及价格控制、担保、信贷指南、金融机构所有权和无效监管对金融体系进行广泛干预。所有现代市场经济中，中国市场是唯一由政府高度集中搞战略促进，而忽略所有者和监管者作用的市场。国家应适当保持中心地位，但必须重新确定政府在其中扮演的角色。强大的法律、监管和体制框架下的竞争将有利于保持战略促进的基础地位。政府所有权应适当弱化并更高效地行使。由于扩大融资和融资改革带来了新的金融风险，政府应强化监管，使金融体系趋于稳定和现代化。近来，金融体系的发展状况恰恰反映出其脆弱性。并且，金融体系的转型将带来新投资效率的提高，以重新定位经济的发展方向。转型还需关注那些无效投资、过度负债和影子银行制度规制不力带来的风险。

公共财政改革是金融机构改革的一部分。地方政府应承担起提供和资助基础设施及各项基本公共服务的责任。各级政府以及地方政府之间还存在着财政收入差距大、财权和事权不匹配等问题。地方政府的财政收入只占其政府支出的一半左右，因此他们依靠预算外收入，特别是土地销售收入等来缩小收支差距。2001～2012年期间，地方税收从国内生产总值的7.1%提高到8.6%，土地交易收入从国内生产总值的1.4%上升到5.8%。在过去，中央政府财政收入的配置比较合理，同时，经济快速增长促进了财政结余的产生，特别是在大城市。但是，经济增长放缓将会降低财政收入的增长，地方政府没有提高其财政收入的能力，这将影响地方政府提供服务的质量以及多样性。

二、劳动力

现有户籍制度把人们享有的社会权益与其合法居住身份所在地联系在一起。

人的迁移难以改变其合法居住身份，这成为建立有效劳动力市场的主要障碍。要统一公民身份并建立起一个繁荣的中产阶级，改革户籍制度是必要的。但仅改革户籍制度是不够的，还必须进行公共财政和农村土地制度的改革作为其补充。公共财政改革取决于一揽子基本社会服务和各级政府之间财权和事权的配置。应该允许农村转移人口选择保留或离开集体所有土地，这将在人口转移时产生土地所有权的交易、清算或其他涉及土地权利的交易并增加流动性。

目前已经在深圳、成都和重庆进行了以促进农村转移人口融入城市生活的城乡统筹改革试点。试点结果表明，地方政府能够有效推动出生在农村以及城市的居民在教育、医疗保健、提供经济适用住房和其他社会基础设施等方面的融合。有关农村转移人口的住房问题可以参考其他国家的经验，如美国联邦机构提供抵押贷款担保。重庆市也实行了抵押保险。自 2011 年起，农民可以用地票抵押担保。为保障借款给高风险人群的贷款人的利益，重庆市还建立了一项基金以补偿银行高达 30% 的不良贷款，农民在第一年的借款高达 150 亿元。低收入居民和农村转移人口的城市抵押市场可以对消费产生重大影响。从 2009 年进行的家庭调查中发现一项显著有益的住房财富效应：预防性储蓄的降低和消费的增加。据估计，农村转移人口住房所有权每增加 1 个百分点将提高家庭消费 15 亿元。如果转移人口住房所有权接近城市居民的水平，则意味着年消费将提高 1200 亿元。

三、土地

不完全产权、土地征用和政府控制限制了土地制度的发展，加剧了土地紧张与日益严重的不平等问题。农村土地归集体所有，城市土地归国家所有，并由各自的法律和监管机构管理各自的体系。

国家拥有将农村土地转变为城市和工业用地的权力。当局采取了一些土地改革以促进土地使用权的规范化，取得了显著的效果。LANDESA 一项调查估计，获得土地使用权证的农民进行长期投资（例如温室或果园）的可能性将翻倍，其中五分之四的投资将在授权一年内完成。该投资使家庭平均净收入增加 2500 美元，相当于农村家庭的年平均收入。2016 年 3 月 18 日，中国人民银行宣布了农村居民进行土地抵押及房屋担保以获得商业银行贷款的试点计划。

定价的扭曲、地方政府利用土地征用进行融资的行为导致过多城市土地分配给工业用地，挤出服务部门和高密度住宅用地。2000 ~ 2010 年，商业用地和住宅用地价格指数分别上涨 208% 和 528%，而工业用地价格指数仅上涨 71%。土地价格应由市场决定，工厂保有他们持有的土地价值，上调工业用地价格的同时降低住宅用地价格，迫使工业走出城市，并促进房地产价格的下降。

不合理的土地价格机制导致了土地扩张、污染和拥挤等问题。许多公寓单元和房屋空置。中国的总体房屋空置率高达 15.5%，第二（或非主要住宅）住房的空置率则高达 67.5%。鉴于住房过剩和空置率高的问题，政府可以考虑开发租赁市场，一个强大的租赁市场将有助于土地流动性和效率的提高。

第二节 从公共金融改革开始

中国的城市金融体系发展过快。蓬勃发展的城市中产阶级需要更高质量和更多样化的服务，而地方政府靠窄税基所维持的公共服务将出现不充足和不平等问题。城市住房供不应求。城市基础设施急需改善以吸纳大量外来务工人员举家安居落户。随着城市寻求更具包容性的服务以及公共设施，财政需求将不断增加，并且随着中国经济战略向国内消费和服务转型，未来十年还将出现新的需求。

扩大税基能否使地方政府满足这些需求？答案并不明确。中国的一个核心问题是，虽然地方政府负责提供所有基本社会服务，但财政收入资源集中在中央政府：地方政府缺乏界定税基或设定税率的自主权[①]，只能通过加强行政管理来影响有效税率。地方政府也可以征收用户费用，但这些费用通常需要得到上级政府的批准。完全覆盖其支出的情况非常少见。

中国财政制度的一个特点是财政收入的高度集中和财政支出的高度分权。中央政府提高或授权提高近 100% 的一般性收入[②]：几乎没有一项收入是完全由地方政府决定和提高的。相比之下，工业化国家地方政府税收的这一比例约为 25%，发展中国家约为 10%（Bahl，2010）。除少数例外[③]，这些国家的模式与中国几乎完全集中的财政收入模式非常不同。尽管收入集中在中央，地方政府仍负责 85% 的支出，其中包括几乎所有社会支出。

① 地方税收自治的唯一要素是在法定最高和最低税率范围内选择城市土地使用税税率。
② 其中约 15% 的资金用于中央政府直接支出，其余部分通过各项税收和赠款形式分配给各级政府。
③ 德国集中了大多数税率，大型发展中国家墨西哥和印度尼西亚也是如此。

诚然，中国高度集权的财政收入分配制度对中央政府有利。它允许中央政府对整体资源进行统一分配，使其稳定计划更易实施。中央政府还可以控制全国税收负担的分配，获得税务管理的规模经济效应。然而，集权收入和分权支出的结合引发了四个主要的公共融资问题。

第一，经济活动的不平衡导致了基本社会服务和服务质量的不均衡。财政收入的分配基于其征收来源，导致地方政府收入大量集中在经济活动繁荣地区①。相比贫穷地区，这种不平等分配更有利于富裕地区，但事实上，贫穷地区对于基本社会服务的需求更高。例如，上海的公共教育体系是中国甚至是全世界其他地区所向往的，但它只是一个特例，这样的成就是其他城市难以企及的②。

第二，在该体系防止地方政府提高财政收入，为超出转移支付系统分配资源部分的需求作调整，或防止债务抵押、弥补意外赤字。

第三，收入集中化迫使地方政府采取后门融资方式，如出售土地租赁（财政收入完全保留）和通过特殊融资平台进行借款。中央政府经常忽视这些策略而允许地方政府支出的必要增加。

第四，地方政府对当地人民难负其责。地方政府可以通过税收权力的下放对人民负责，使人们将地方税务负担直接与地方政府预算联系起来。

在过去，经济高速增长带来了财政收入余额，财政收入集权分配的实施效果较好。但是，全球经济放缓将会降低财政收入增长速度。与此同时，城市化的发展将带来新的支出压力，地方政府无力提高自身收入将影响当地服务的提供。

因此，为改善服务获取途径、确保高服务质量、扩大住房融资并为有形基础设施项目（交通、水、污水系统）提供资本支出，城市财政和金融体系亟待整顿。为更好推进城市化，中国的财政和金融体系应该在以下三个方面进行改革：

---

① 在1994年实行的分税制下，所有税收分为三种类型。中央税包括消费税、关税、车辆购买税。共享税包括增值税（中央和地方份额比为75/25）、公司所得税（60/40）、个人所得税（60/40）和证券交易税（97/3）。地方税包括营业税、物业税、城市土地使用税、车辆使用税、车辆许可证、契约、城市维护和建设税。

② OECD国际学生评估（Performance for International Student Assessment，PISA）调查中，对于15岁学生在阅读、数学和科学各方面表现，上海市排名比芬兰、中国香港和新加坡都靠前。但上海公共教育体系并没有为农村转移人口家庭带来益处。与发展中国家和发达国家的PISA测试成绩显著相关的因素——幼儿教育入学率和持久性，其差异性很大。

（1）允许地方政府提高税收收入以改善其在城市支出中的作用，例如为急需的服务和基础设施项目提供资金。新税制包括住宅物业税、土地重建获取的价值税、机动车辆税及其使用、服务费用；此外，还需要制定新的税收方案以确保提供城市居民所需要的服务。

（2）重新配置政府在社会福利和保险方面的支出责任。中央政府取代地方政府管理养老保险体系融资。中国养老支出的集中化使得劳动力具有更强的流动性和更有效的风险统筹。确保初等教育、公共卫生和基本社会福利享有权的最低社会福利计划应在全国范围内获得资助以保证其在全国范围内施行；

（3）撤销与私营企业不平等竞争的地方政府所有制企业，以及地方政府为保护企业免受市场竞争而设立的本地产业优惠支持，从而消除地方政府壁垒、加强市场竞争。

一、允许地方政府提高税收收入以调整其在城市金融体系中的作用

中国是地方财政收支差距最大的国家。中国很大程度上忽视了地方政府理性支出的分配问题，缺乏转移税收权利的举措。2012 年，地方政府支出占预算支出的 2/3，而收入仅占所有税收的 1/3。

近来，随着地方领导人创新性地对不断增长的经济和基础设施需求压力作出反应，这种垂直方向的不平衡有所减弱。这表明，当下可能是中国再度考虑其财政制度的恰当时机。

中国应推行强有力的规定以给予地方政府更大的收入增长权力，至少在设定地方税率方面可以考虑实施。第一，提高地方政府税收，如土地和财产税等地方政府具有明显信息优势的税种，这将增强收入的流动性。第二，分权地方税率将提高经济效率：用中央政府的转移性支出替代地方税将提高大城市地区的税收价格，进而影响当地有关劳动力和资本的相关决策。第三，高收入地区对中央政府的转移支付依赖性低，地方税通过为低收入地区释放资金有效促进公平。第四，地方税收权力允许地方政府根据需要提供服务，并且通过证明其债务管理和维持公共设施的能力获得信誉。第五，地方税收能够鼓励地方政府将竞争战略从后门转向前门。

地方税能够以相当低的成本管理产生可观的财政收入而不对其他管辖区的居民造成支付负担。因此，问题的关键是找到增加地方税收的对策。举例说明：

（1）从土地开发中汲取价值。即使没有将农村土地转变到城市，也可以从现有的城市土地分配中增加财政收入。首先，从工业用地转到住宅或商业用地

的重新分配能提高财政收入。其次，取消对工业用地的补贴能减少税收支出，从而提高财政收入。这两种方法对于那些相对领先、经济转向服务型的城市而言具有相关性。再次，向那些在基础设施发展中获得财产升值的人群征收各种形式的增值税。最后，对土地增值税进行重组，可以从中获得地方政府未参与交易部分的资本收益。

（2）对机动车辆及其使用征税。中国部分城市，例如上海，已经实行通过拍卖车牌将汽车使用限制在可持续水平的政策。昂贵的车辆注册费、对燃料征收消费税等同样可以提供较高的潜在财政收入。将这些政策纳入安排将有效调节对公共交通运输价格的影响。

（3）针对各项服务收取相应费用。上调城市服务的价格以涵盖其成本，如水、交通、电力和天然气等。国际上，对于主要由个人消费的政府服务收取用户费用的情况十分常见。在高收入国家，该费用通常包括全部成本，即运营和维护的成本加上折旧和利润的资本费用。低收入人群可以选择为有限服务（生命线定价）支付较低的费用。

中国的税收结构还可以通过其他方式得到改善。很重要的一步是最近一项重要改革—用增值税（VAT）取代服务营业税。服务增值税可以从增值税税务中扣除，从而鼓励该部门的发展。企业内部服务不再具有税收优势，服务增值税将鼓励公司将服务外包给其他更专业的企业。

此外，中国还将考虑增值税与地方政府间的分享问题。目前采用的根据增值税缴纳地而非消费量进行分摊的做法从以下两个方面扭曲了资源分配。一方面，它鼓励地方政府坚持保留本应转移到其他地方的业务，因为这些业务的存在需要缴纳增值税。另一方面，由于公司总部常设在大城市，大城市能够收取其相应的营业税。拥有中央增值税的国家通常采用以下做法：增值税收入不与各级政府分享或按客观原则（如德国按人口；日本按消费）分配税收收入。

在中期，中国可以考虑重组财政收入转移制度，转向基于财政能力和支出需求准则的补助金分配模式，将资源分配给最需要的地方。许多 OECD 国家都使用该体系：澳大利亚就是一个复杂的例子。（相反，美国没有系统地平衡州际分配，而是依赖联邦专项补助金和州政府的政策，因此其服务标准差异较大。）中国税收由按税收来源分配转变为准则分配将显著改变分配结果。这种转变是递进的并伴随新的，地方税务权力的引入。例如，地方政府根据支出需求和财政收入能力等客观标准分配“目标份额”，并以当前所占份额为基础逐渐实现这一份额。

二、集中化养老金支出融资和最低社会保障，重新分配政府的社会福利和保险责任

该由哪级政府层官员对服务和相关支出负责？与很多国家不同，中国没有为中央或地方政府应负责任的清单。相反，中国有一个一般性的责任描述，但该描述留下很大的解释空间。缺乏确定性可能导致提供服务的成本重复计算、难以提供服务并承担其失职导致的后果。

事实上，中国现在将养老金、失业和收入支持计划的责任分配给了地方政府。也就是说，中国财政收入流动虽然集中在中央，但其社会福利支出权利是分散的。市县政府不能为社会保障融资统筹风险，导致广泛的退休金拖欠和违约问题，以至中央政府被迫补贴（Martinez-Vazquez and Qiao，2010）。

中国的财政政策路径与常见寻求地方收支平衡的政策相反，这和大多数发达国家的安全网计划管理形成对比，发达国家的这些计划大部分或高度集权，并以服务的统一提供和最低保证资金符合国家利益为原则。最佳选择是重新分配支出责任，将服务交由最高效的一级政府提供。

各国政府服务计划各异，在一些领域如社会保障方面，中国继续分散支出可能并不妥当。享受最低社会待遇如初等教育、公共卫生和基本社会福利的权利应在全国范围内资助以确保其有效实施。如果将提供社会保障服务等职能转移到中央政府，相应地，则需要重新分配融资责任。为弥补劳动力老龄化带来的遗留成本和预期缺口，应降低分配给地方政府税收的垂直份额或增加中央政府收入。

三、放松政府对经济活动的控制和干预

中国财政改革的目标是实现平衡财政收支责任的体制，从而更加明确地将传统提供公平、有效公共服务的政府职能与私营部门的投资和生产职能分开。放松地方政府在信贷市场受到的限制，使城市基础设施获得大量投资。此外，中国还应确定私有化职能，划清公共和私营部门责任界限。

（一）允许市场约束下的城市政府举债

为城市基础设施，无论是交通、供水、固体废物管理还是污水排放及处理提供资金来源，中国的城市需要有借款能力。创造国内信贷市场将有助于城市

适应农村转移人口的流入和新服务部门的建立，还将增强城市发展的可持续性，因为基础设施融资不再依赖于地方土地销售。随着城市化的进一步加强，中国地方政府将分别通过三个主要机制应对基础设施带来的挑战：

（1）土地租赁形式的资产销售（政府管理基金融资）；

（2）财政预算收入；

（3）借款（市场融资）。

在以上三种机制中，借款是基础设施和其他长期资产融资的最有效方式。然而，当前中国的借款方式使得资本配置效率严重低下，并削弱了地方政府财政。解决措施是，在符合特定条件的国家框架下，给予地方政府正式发行基础设施债券的权力。国家框架只需要严格限制借款的目的和数额。对融资目的的限制将把债务融资限于长期资产的建设中。对数额的控制要考虑框架的规定，并着力于信用评估，包括地区生产总值、财政收入、预算状况和未偿还债务等。

随着地方政府举债的规范化，地方投资公司由于失去了来自地方政府的明确偿还担保，可能将不再存在或以其他作用形式而存在。所有地方政府举债将变得透明，借款成本可在资本账户下列入经常预算，经常项目和资本支出之间的配置也将更加透明。

政府举债规范化的关键是建立一个信用评估系统。用于发行一般债券的信用评估方法面临一个棘手的问题：需要站在借款人和贷款人之间、透明化预算并充分披露财务，还需要一个运作良好的市场。因此，地方政府信用的认证应该来自中央政府。地方银行监测地方政府的财政状况时，地方官员和地方开发银行之间未完全独立。为了有资格获得借款，地方政府必须使用标准化分类系统披露其财务信息。

（二）结束地方政府对地方产业的优惠支持

另一个公共部门和私营部门职能混淆的例子是，地方政府仍然拥有与私营企业竞争的企业，尽管由于多为预算外收入，其收益情况不清楚。地方政府还为特定的企业提供基础设施和补贴，增加了企业利润。这些做法将资金从政府主要职能上抽离。将产业，通常是低效率产业，设在城市内部，加速城市蔓延、占用住宅所需的空间，并在城市服务的提供中获取利益。而拥有城市边缘农业土地使用权的居民们因此受到不公正待遇。加之地方官员对居民的有限责任，以及现有的鼓励官员发展产业、促进国内生产总值增长，而非鼓励他们提供更好的服务的机制，使这一问题变得更为严重。

中国的总体战略应该是减少地方政府在经济增长中的直接干预，特别是取消对企业的所有权、管理和优惠支持，让企业进入市场、面临市场竞争。地方政府应该转换角色以起到支持作用，如提供公共服务和监管体系以刺激经济发展。地方政府应该相信市场的作用，向经济代理人发出正确的信号。地方政府仍然支持经济，但不直接经营企业，也不成为企业所有者的合作伙伴。

第三节 促进劳动力流动

过去的30年里，中国的城市扩张速度创历史新高。1978年，中国城市人口只占18%，到2012年这一比重超过52%。中国还见证了历史上规模最大的人口转移，这也是城市人口不断增长的最大原因。从2002~2012年，中国有1.17亿人口从农村转移到城市。

推动中国快速城市化和人口转移的动力改变了中国经济。中国劳动生产率增加了近四倍。工资，包括低技能工人、女性和农村转移人口的工资，平均每年增长11.8%。转移人口就业占第二产业就业的58%，第三产业的52%和建筑业的80%。

然而，中国却未出现农村和城市收入的趋同。发展早期阶段，由于劳动力从农村到城市的转移，城市收入增长快于农村。但随着收入的不断增加，这一差距应不断下降从而使城乡收入日渐趋同。

中国的城乡收入差距推高了总体的收入不平等。这种不平等性由于一些政策，特别是户籍制度政策而不断加剧。户籍制度阻碍了城乡一体化，限制了人口流动和就业，阻碍了经济发展给转移人口带来的好处。户籍制度将转移人口享受社会服务（基础教育、卫生、社会住房）的权利与其原籍所在地联系起来，阻碍了转移人口举家迁移，除非其收入所得足以支付孩子享受当地社会服务。与此同时，社会保障问题仍然存在。在中国，社会保障和不断演变的养老金补贴方案对于农村和城市工人的适用情况不尽相同。

一些地区存在当地居民歧视新进外来务工人员的现象，影响其地区生产力。但随着人们学习新技能、积攒新经验，以及雇主间的相互竞争，这种歧视通常可以克服。然而，中国将歧视纳入诸如户口之类的监管和制度中：外来务工人员必须像遵守法律一样去接受歧视。由户口定义的“浮动”人口成员比其他同等资格的工人工作时间长，却无法享受在职培训和晋升机会(Henderson，2009)。Démurger et al.（2008）使用中国家庭收入（CHIP）数据研究，发现两者的工资差距超过40%。此外，中国整体家庭的不可转移性可能是阻碍中产阶级成长最大的单一因素。2011 年，只有五分之一的外来务工人员是举家迁移的。

中国对流动性的限制加剧了社会紧张局势，加剧了劳资纠纷，导致中产阶级疲软。部分原因是流动性限制降低了经济效率。1990～2004 年，中国的城市人口年增长率为 3%～4%，低于其他发展中国家快速增长的 5%～6%（Renaud，1981；Henderson，2009）。城市居住人口过少而农村居住人口过多时，农业劳动力大量过剩，人口城市化率过低阻碍了城乡收入趋同。

中国应该鼓励人们举家定居在工作地，并作为永久居民居住在工作所在地。为实现这一转变，这里提出以下几项改革措施：

（1）以实际居住地为准的制度取代原居民权利（户口）制度，改进政府在劳动力转移中的作用。按经济活动界定居住所在地，参照当地城市标准明确对应的福利，从基于原籍的社会保障制度转变为以居住所在地为基础的制度，从而提高地方政府帮助转移人口融入城市地区的能力。

（2）重新配置政府对权利和福利包括各级政府间的财政关系的责任，以适应从基于原籍的政策向基于居住地的政策的转变，确保“钱跟人”。整合农村和城市养老金计划（同时鼓励城市农村转移人口加入缴费型城市养老金制度），并赋予中央政府对所有市民最低社会福利计划的责任，使社会保险具有可转移性。

（3）放松政府对劳动力流动的限制，不仅仅是改革户口制度，还需要改革土地等制度，鼓励农村转移人口处置其农村财产。允许农村转移人口退出集体土地所有的同时，允许土地出售。增加农村转移人口意愿的表达、支持经济适用住房，从而减少转移人口定居城市的障碍。

这项改革意味着，任何结束或放松户口限制的行为都需要与政府财政改革相协调——平衡政府层面的支出责任、税收收入和政府间转移支付。允许农村转移人口清算农村财产的土地改革同样需要纳入考虑。随着原籍户籍制度的消除，其他对农村转移人口的限制可以通过人口的永久性转移和社会福利的转移逐渐消除。

一、明确政府在劳动力转移中的作用

在市场经济体系下，人们的生活地点和工作地点由雇主不断变化的需求和工人的能力以及个人偏好决定。在中国，农村转移人口和包容城市化的主要障碍是自 1958 年以来中国政府执行的户籍制度。30 年来，户口在很大程度上确定了人们的居住状况。20 世纪 90 年代初，结束粮食配给和放松城市管制驱动了劳动力流动的急剧加快。家庭承包责任制的引入使得农业生产率大幅度提高并实现农村劳动力的自由转移——但户籍制度仍然限定了人们获得当地社会服务和工作机会的可能性。

户口带来机会的不平等及其社会后果。通过采用居住地登记制度，中国可以降低这种不平等的程度。近期，相关改革已在部分地区进行试点。在某些方面，非农业户口和农业户口之间的差异相比之前有所改善，其中有几个省市甚至完全消除这种差异。但在大城市之外的城乡居民和地区户籍人口之间仍然存在巨大差异，农村转移人口获得社会保险的机会甚少。

近期，在一些地区实行户口改革的试验侧重于消除当地农业和非农业户口之间的差距。深圳作为中国最早和最大的转移人口城市，在治理和容纳农村转移人口方面实践时间最长且最集中。虽然数百万农村转移人口给深圳带来了繁荣和富裕，但农村转移人口面临的问题仍然待进一步解决。当地政府采取了一些行动，甚至尝试前所未有的措施来给农村转移人口同等的待遇。其中两项措施是缴费型医疗保险计划和与户口相当的永久居住制度。

（一）由传统的原籍户籍制度向居住地登记制度转变

户籍改革可以通过建立国家居住许可证实现，将户籍的权益与户籍状况脱钩。以改革政府间财政关系为基础，从基于原籍的制度转向基于居住地的权益和福利制度可分为以下三个步骤：

（1）明确现代居住地登记制度。包括建立与经济活动（如就业、创业）相关的居住地登记制度、身份校验制度、资格限制以及享受各项服务的居住要求。

（2）为相关权益确定公平的城市化标准。对基本教育、卫生、老年社会保障和社会援助（低保）的成本及融资选择进行估计。鉴于城市住房市场特质、“社会住房”成本、土地市场状况以及消费者偏好等，政府应考虑实施有针对性的需求侧租金补贴。

（3）制定一项从基于原籍的社会政策转向基于居住地的社会政策计划。一旦该计划实施得当，未来5~7年内这一举措将可以在许多城市地区推行。

从户口转移到以居住地登记制度还需要消除农村出口的障碍，使农村转移人口充分融入城市，并使社会权益在全国范围内流动。

（二）进一步规范就业，为农村转移人口创造良好的工作机会

当前中国的经济模式建立在外来务工人员的低劳动报酬基础之上。外来务

工人员通常为非正规就业，工资低、生活条件差且工作时间长。与当地城市工人相比，他们受教育程度低、工作经验较少。对于同等工作，外来务工人员在非正规市场上赚的钱更少——通常低60%～70%（OECD，2012；Knight，Song和Jia，1999）。此外，外来务工人员的工作安全性也比当地工人低得多（IPLE-CASS，2001；2010）。

随着就业需求的转变，政府需要创造更多途径以帮助农村转移人口获得正规就业机会，并享受全部福利：

（1）建立健全强大的劳动力市场机构，帮助外来务工人员就业并培养外来务工人员的工作技能。此类投资应侧重终身学习和职业生涯的持续升级。

（2）制定相关政策以增加在职培训机会，鼓励私营机构进入培训市场。

（3）修订养老金准入准则；重新审查对孙辈和体弱父母的照顾责任并使劳动法规和兼职工作更加灵活。退休人数的增加使得该项举措成为必要，对于中国继续培育人力资本而言更将是一项挑战。

（三）加强地方政府提供服务的能力，帮助农村转移人口融入当地

随着户口被以居住地为导向的社会政策取代，地方政府必须为一轮城市外来转移人口高潮作准备。中国的城市可以从其他国家的快速转型经验中学习。美国是世界上最大、最开放的转移人口国家，城市通过创建教育、服务和创业机会计划促进社会包容。例如，美国康涅狄格州纽黑文市向成功升学的高中毕业生提供大学奖学金；芝加哥设有专门办事处，为移民提供来自城市、学校、社区组织、私人机构等各项服务。

然而，中国的城市管理者认为，农村转移人口对城市预算带来新压力的同时并不产生新的财政收入。管理层的考核中不包含对转移人口的生活质量或社会包容性指标的评估。从国际及当地的转移人口经验来看，城市包容性建设的五项原则是：

（1）地方政府担起包容责任。地方政策应根据农村转移人口的经济贡献为其分配相应所得，与此同时，对地方政府及领导人的绩效评估中应包括是否成功将农村转移人口融入当地城市生活。

（2）动员地方相关部门机构接纳农村转移人口。城市不仅应将包容农村转移人口作为特定部门或机构的责任，包容性应当纳入所有利于改善包容度的机构的活动中。

（3）重视二、三线城市地方政府的包容性创新。近年来，中国二、三线城市的GDP和就业增长速度均高于一线城市，且在户籍改革方面取得了较大进步，

来自二三线城市的实践经验和教训可供一线城市参考。

（4）改善地方政府、非政府组织和其他非政府机构之间的合作。地方政府可以通过与那些帮助农村转移人口的非政府组织建立信任、支持、有效和互利的伙伴关系，从而更好地建立包容城市化。

（5）按照社区和身份所在地组建城市和街区。街区将城市与农村土地加以区分，并将居民锁定在城市，国内外经验表明，以社区为基础的措施有利于社会融合。

二、重新配置政府对农村转移人口的权益和职责

为促进基于原籍居住权益转变为基于居住地的居住权益，中国需要对政府责任进行重新配置。随着人口转移障碍的降低、农村转移人口涌入城市，中央和地方政府应减轻城市的财政压力，承担起更高的社会保障和福利责任。

中国的养老金覆盖面仍低于同等发展水平国家。历史上，中国社会保障覆盖率低的主要群体是农民、外来务工人员以及非正规就业的城市居民。一个主要原因是，一直以来，中国的社会福利制度是基于户籍制度的。这种限制导致了农村转移人口和城市工人权益之间的差距。

2009 年下半年，中国启动了一个全国范围农村社会养老保险试点，把个人账户份额与退休基本养老金匹配结合。中央政府为中西部省份养老金计划提供部分资金，其中用于沿海省份的资金约为中西部的一半。

2011 年中期，社会养老保险试点在城市居民中施行。2014 年国务院决定将农村社会养老保险和城镇居民社会养老保险两项制度合并实施。

新的养老金制度包括四种计划方案，分别针对：（a）城市就业人员，（b）城乡居民，（c）公共部门单位工作人员和公务员以及（d）自愿企业及个人养老金安排。所有这些计划均由一般财政收入和劳动税提供资金，其中劳动税占的比重较高。城市社会保险缴费比例超过雇主工资给付的 30% 和员工月工资的 10%。因此，中国的劳动税楔高于大多数 OECD 国家且以不同标准计算得到的社会贡献率都较高。

城乡居民养老金计划（b 型）存在一个缺陷：分割性，统筹的水平太低，并限制了福利的可转移性，最终降低农村转移人口的参与程度。因为这些养老金计划的实施主要统筹在县市级（影响公共补贴的结果），养老金权益在计划内和计划间的转移悬而未决。类似问题在医疗保险制度中同样存在。

城乡居民养老金计划（b 型）分割性产生的问题可通过以下方案解决：公

共补贴管理改革、关键参数改革、统筹机制改革、信息系统管理改革以及计划管理改革。鼓励农村转移人口参加缴费型城市职工养老金计划（a 型）可以缓解城乡居民养老金计划（b 型）补贴的财政负担。但城市职工计划的高费率将阻碍多数农村转移人口的参与。此外，款项的统筹和给付责任在地级市完成，省级统筹只部分实施并主要通过调整资金机制完成，其在城市之间的转移性受限。以上种种因素，加之高额的社会保险税将外来务工人员从养老金制度中挤出。

最佳解决办法是整合城乡居民养老金计划（b 型），同时鼓励城市农村转移人口加入缴费型城市职工养老金计划（a 型）。改革政策应考虑雇主和雇员的激励措施，同时解决长期财务的可持续性问题。新政策可能将参数改革（如提高退休年龄）与系统改革（如引入定义名义贡献的方法）结合起来。从而促进退休金福利完全可转移——劳动力更具流动性。

除养老金外，中央政府还为全面便携的最低社会福利计划提供资金并提供享有初等教育、公共卫生和基本社会福利的权益。当前，健康保险覆盖了总人口的96%以上，但服务效益和质量水平在区域、城乡之间差距仍然很大，农村转移人口大部分被排除在城市系统之外。没有国家一揽子计划，地方政府无法支持当地农村转移人口，对农村转移人口的间接壁垒将继续存在。

三、放松对流动性的政策限制

大多数发展中国家认识到，农村居民涌入城市这一趋势通常是长期的，但中国政策的制定前提假设却是绝大多数农村转移人口是暂时性的——即他们最终会从城市返回农村。由于政策原因，他们在农村的资产固化，又缺乏城市社会福利，难以进入信贷市场进行投资，因此他们很难在城市永久定居。城乡居民的充分融合不仅需要消除原籍户籍制度，还需要城乡改革制度辅助消除人口转移的间接障碍。

（一）允许农民脱离集体土地所有制，使农村资产流动化

在中国，农村和郊区的土地，除国有部分，均由农村集体所有。作为集体组成部分，每个家庭对社区土地都有不可分割的所有者权益，这种权益无明确界限。农村集体代表家户行使权利并签订相应的土地使用法定条款。目前该使用财产权的有效期为30年。

土地所有权及其使用法和政策明确表明，家户对土地和农用地的使用权限

较低。农村集体间、城乡地区间的土地配置需要政府干预。它们与市场经济的不相容性促进了土地的自由谈判和转让。

提倡农业土地私有合法化。农业土地保有权的安全性尤为必要——现有制度提倡的土地使用财产权需最终转化为完全自由的市场权益。支持农村租赁作为经济保障来源的人们则反对农业土地私有化。但是，中国持续了25年的城市化是不可逆转的。设想一个年轻时离开村庄，15年后再回到家乡的人是不会农业耕种技术的。在经济不景气期间，许多转移人口回到农村，大部分很快又返回到城市（Cai和Chan，2009）。

农村集体有的指自然村，相当于人民公社制度下的生产大队；较常见的是指行政乡，相当于公社制度的人民公社（每个公社约有10个生产大队）。1958~1961年，人民公社运动达到高潮，公社内的生产队或生产大队共享财产、粮食、收入和土地所有权。在大多数省份，农民被迫加入公共食堂。每个人所获得的粮食取决于整个生产队的劳动而非个人，从而降低了劳动积极性，生产大幅下降，加上自然灾害，饥荒问题以及死亡人数急剧上升问题时有发生。1961年，农村人均粮食消费量降至1949年以来最低水平（Chang和Wen，1997）。

1961年5月政府废除公共食堂，饥荒结束了。公共食堂的废除结束了人们对集体粮食的需求，促进了生产，1958~1961年的“大跃进”终止了。到了1984年，农民从集体生产中解放，公社制度大体废除。此次退出未影响农业生产以及社会稳定（在部分贫困偏远地区，农民自20世纪70年代末以来陆续退出人民公社，转为家庭为单位的生产）。

自允许农民退出公社之后，农业生产率以及生产力迅速提高。10年内，中国又取消了城市居民粮票制度。现在，中国的人口几乎是20世纪60年代后期的两倍，人们的饮食中也包括了更多的肉类食品。尽管农业劳动力规模缩小，耕地面积减少，中国的粮食产量仍然在不断上升。

当前，农民在1984年获得的退出公社的权利仍不完全。虽然允许从公社制度集体生产中退出，农民仍然无法退出土地的集体所有权。目前农村的一些问题，诸如城乡收入差距加大、农民土地纠纷、农民和地方政府之间的冲突、地下土地和住房市场、城市土地和住房价格膨胀以及阻碍农民从农村转移到城市地区等都与土地问题有关。

当前土地制度限制了土地市场的诞生，导致很多经济扭曲。农民不能离开集体土地所有权，土地也无法作为他们进入非农业部门的资产。农民将集体土地提供给城市或以市场价格向城市居民提供住房土地是非法的。城市只有在政府允许的情况下才能扩张，只有政府才能从农民手中收取耕地，也只有政府才能拥有和提供城市用地。

历史表明，过渡到面向市场的土地使用权和所有权制度可以通过以下两个步骤实现：

第一，提供给农民充分退出集体土地所有的权利，对于自20世纪80年代或近期土地调整或土地重新分配以来一直使用的土地，将其直接划为私人所有。农民有选择是否继续持有集体土地所有的权利。

第二，赋予农民退出农业生产的权利，并有权将他们拥有的土地（按照城市规划和区划规定允许）出售给其他农民或城市开发商。

在全新土地市场下，土地所有权将是多重的，国有土地、集体土地和私有土地之间相互竞争。政府放弃对土地供需的垄断。对非国有、非城市用地的歧视应转为更有效、公平的制度。最后，无论是通过农业种植，还是帮助农民进入更有生产力的行业就业，新土地市场都将提高农民土地的价值、增加农民收入。

（二）降低阻碍定居和融入城市的非户籍壁垒

改革户籍制度将给予农村转移人口获得同等公共福利的机会，并消除对转移人口取得社会住房和当地就业机会的限制。但是，来自劳动力和信贷市场以及城市社会的一般歧视可能仍将继续。城市化改变了人们的生活方式、社会制度以及个人、家庭、社区和社会之间的关系。城市社会结构脆弱紧张，社会冲突屡有发生。土地征用、房屋拆迁、环境污染、劳动争议（都与农村转移人口和城市化有关）是群体性事件的三大原因。主要涉及外来务工人员的劳动争议在2005~2012年期间几乎翻了一番。

城市社会紧张事件往往发生在四类人群之间：当地居民和转移人口之间；外来务工人员群体间；外来务工人员和雇主之间；外来务工人员与当地地方政府之间。已长久获得当地户口的居民不欢迎新来转移人口，将其与城市破坏、拥挤和污染加剧、市政预算紧张联系起来。因此，需要通过政策手段建立社会资本和信任，从而缓解在城市化进程中的紧张和冲突。

地方政府可以通过建立和解、谈判的平台缓解冲突。此外，地方政府还应鼓励相关组织机构为农村转移人口提供参与决策的渠道。如果农村转移人口缺乏正式代表，很可能通过非正规的组织联合起来，从而给社会造成风险。

此外，过高的房价以及资金短缺阻碍了农村转移人口在城市的长期居住，城市原有居民产生不满，转移人口成为城市二等公民。从地方政府到中央政府都应通过租赁市场支持和抵押保险帮助农村转移人口增加买房机会。

第四节 土地市场的兴起和繁荣

在中国，无论是农村或城市，都不存在土地市场。土地不存在个体完全占有的情况：农村土地归集体所有，城市土地归国家所有。此外，政府采取有效买方垄断，在初级土地市场上作为唯一买方将农用地转换为城市用地；同时采用卖方垄断，在二级土地市场将土地拍卖租赁给城市开发商。因此，土地的供给和需求并非通过市场价格连接，从而土地的真正价值未得以凸显。

中国的土地使用还受行政规则的限制。在过去的35年里，尽管农业生产和土地管理改革促进了农村经济增长及生产率的提高①，个人对土地的权利仍然较弱。土地的重新分配，无论是农村和城市土地之间还是在农村集体土地之间，都需要政府的干预。最后，国家对土地所有权的控制通过征用土地、转换土地用途和规范土地使用权来实现。这种完全控制有可能导致土地管理弱化——年度计划低效、抑制经济增长，甚至产生寻租和腐败现象。

目前，中国的土地所有制结构及其实施都不足以作为支撑高效、包容和可持续城市化的基础。土地的价值评估和使用限制与土地可自由谈判和转让的市场经济不相容。为促进土地市场的兴起和繁荣，中国需要做到以下几点。

（1）建立土地价值评估体系、改革分区规制，优化政府在确定土地使用管理方面的作用；建立统一、透明的城乡土地价值管理和定价体系，帮助地方当局重新开发城市核心以适应服务业的发展，并协助改善公共交通和提供经济适用住房。这也是创建真正意义上土地市场的关键步骤。集约的土地使用将使经济更具效率，城市社会更具包容性，城市发展更具可持续性。

（2）重新分配国家征用和转换土地用途的权力以减少地方政府与土地相关的激励。允许农村土地，无论是集体所有还是家庭财产所有，进入新兴的城市土地市场，并接受总体规划和分区规制。

（3）通过确立、扩大和加强个人财产权利并确保农民自愿选择退出农村集

---

① 20世纪70年代末，在中国中部安徽省的一个小村庄里，一些农民开启了家庭承包责任制。耕地仍然属于集体所有，但生产和管理通过长期合同委托给单个家庭。到20世纪80年代初，家庭承包责任制度，作为一种基于市场的奖励办法，在全国范围内实行，覆盖了90%的农民。这项改革带来了强劲的农业经济增长，增加了农民收入。

体土地所有权，放松政府对土地使用的限制。在现有的土地流转体系内，政府有专有权购买农村土地并将其转让给城市用户。城市政府从这种制度中获利，以支持当地财政，但这一行为是以牺牲农村土地所有者的利益为代价的。现行制度中，土地供给与需求分离，将价格机制排除在外，导致土地的过度征用和城市扩张。一个健全的土地市场将有效缓解土地利用的上述问题。

一、明确政府在建立健全土地价值评估体系中的作用

中国的经济变化、人口膨胀和不断提高的人民收入水平将转变土地使用，建设高楼大厦。城市的发展遵从有效的城市规划，可以使城市变得舒适便捷，人民生活健康愉悦。

以上海市为例：2000 年上海发生了巨大的空间结构转变，当时超过八层以上建筑有 3529 栋，2010 年增加到 20579 栋建筑（包括近 1000 栋三十层以上的建筑）。扩大楼房的建筑面积以及上调楼层高度限制的城市规划引导城市进一步走向密集型。为确保经济大力发展，上海市平均 10.7% 地区生产总值用于基础设施建设。

系统、透明的土地价值评估体系有助于提高城市土地使用效率、使楼层建设面积达到最佳比率，促进城市的逐步发展。发达国家使用财产属性和市场交易数据来估算土地价值。但发展中国家缺乏相应基础机构、土地使用记录以及潜在收入和土地开发投入成本等具有时效性和可靠性的辅助数据。为此，韩国在 20 世纪 70 年代发展了一批合格的私人财产评估师（代替从前评估土地收购市场价值和资产重置成本的地方政府官员）。1972 年，韩国还建立基本土地价格制度，自此土地评估变得更加透明，土地价值信息获取更加便捷①。另一个可借鉴的例子是哥伦比亚首都波哥大。不久前，波哥大还更新了土地库存信息。

土地使用强度管理、土地与基础设施特别是交通运输相结合的建设情况等，都需要制定相关政策来规范。此类政策在波哥大、纽约和圣保罗已有成功先例。

改革现有管理体系使未来城市密度与基础设施服务相匹配

在考虑历史发展的前提下，中国未来“第三次土地改革”应参考城市土地管理的国际经验。与其他国家城市规划一致，中国的城市规划面临的主要挑战仍然是如何将土地使用与基础设施相匹配。城市建设的密集程度应如何把握?

---

① 由两名评估人员对财产价值进行评估，取其平均为最后价值；如果两项评估数额间的差异超过 10%，则第三名评估师将参与进来以计算新的平均。

高密度意味着对电力、用水和排污处理等服务的高要求，还需要更为有效的公共交通体系，确保城市环境的可持续发展。城市规划密集程度不应超过基础设施的密集程度，但密度过低又会导致基础设施的利用不充分。

城市规划参照分区条例和地理方位来确定城市密度——明确提出建筑退缩尺度、容积率、开放空间需要、高度，以及明确土地利用区域等。开发商必须遵守这些规定才能获批相关项目。土地开发遵循兼容和互补的原则，可以考虑建立时尚区、金融区、零售区和工业区。一项灵活适应市场需求且做到土地价值最大化的分区规划无疑是最有效率的。土地开发还需遵循灵活性。“随着时间的流逝，土地使用的变化，分区政策需要适应，预计和指导相关变动，因此分区规划从来不是一成不变的。”（纽约市城市规划部，2011）

在分区规划促进城市发展方面，中国可以考虑创新的方法如出售或拍卖城市重建权。这些权利的实施可以参考巴西圣保罗增建潜力证书的成功案例。还有一个例子是在巴西实行的 outorga onerosa 系统：该系统允许在指定区域增加外围建筑以获得城市基础设施改善基金。作为建筑许可的条件，需要其支付改善基础设施费用。此类费用已经在旧金山、圣保罗等城市中实施，旨在减轻城市发展可能带来的负面影响如拥堵问题。最后，分区规划需要开发商直接为基础设施改进融资以获得额外的建筑面积。正是由于广泛实施区划激励，纽约市筹措资金建设 350 万平方英尺的公共空间、商场和外墙改善区域①。

二、城市政府相关土地激励制度改革

改革现有土地流转制度，中国有若干可选政策。其一，终止国家和集体土地所有权的二元性和差别待遇。其二，弥补农村土地转化和城市土地分配制度中的缺陷。深化改革有助于实现中国高效、包容和可持续的城市化。

城市扩张及工业发展对过去 10 年中国经济的有效增长起到了重要作用。地方政府大力竞相供应土地用于发展，土地激励措施推动了制造业的蓬勃发展、基础设施的发展和城市住房的扩张。2000～2010 年期间，中国综合地价指数上涨 297%，商业地价指数上涨 208%，住宅用地价格指数上涨 528%，工业用地价格上涨 71%。

地方政府收入越来越依赖于国家对土地的使用和变更权。地方政府作为城

① 除了这些财政和非财政措施能为改善基础设施建设融资，还可以通过改良征税为其提供资金。

市土地的所有者，可以对工业投资未来50年、商业企业未来40年以及住宅公司未来70年的土地使用权进行拍卖。21世纪初，土地租赁收费迅速增长，占当地财政收入的很大一部分①。其中大多数资金用于基础设施投资，土地成为中国建设铁路、机场和其他项目公私伙伴关系的主要公共资金来源。仅2012年，土地拍卖就产生了2.55万亿元，相当于地方政府财政收入的47%。此外，为规避地方政府举债限制，已经成立数以千计的特殊城市发展投资中介——用地方政府土地作为抵押从银行系统筹集资金。

中国土地激励机制已经超过了它的有用期。城市工业和其他用地的双重定价体系使城市经济过度工业化、收益递减、向服务型经济的转型变缓。地方政府负责提供城市公共服务、投资、就业和城市经济发展。政府需要在经济增长和均衡、可持续发展之间权衡。但是，对市长的绩效考核仅取决于经济增长情况。因此，城市通过改善基础设施和提供土地特许权，竞相投资于工业和房地产开发。城市出现了土地的过度开发，在空间上分散，大多数用于工业用途，而且密度低，结果导致城市低效率扩围、土地浪费、城市蔓延等问题。同时，土地供给受严格管控，导致土地特别是商业和住宅用地的价格居高不下。

除了造成抵消城市扩张之外，目前相关土地激励政策使得地方政府不愿意释放或提供土地用于经济适用房，从而造成农村转移人口的住宅严重短缺。农村建设用地管理制度禁止农民开发土地用于非农业用途如住宅建设。因此，数亿农村转移人口生活在雇主提供的宿舍，或那些规划和基础设施较差的“城中村”里。这些区域的空间配置不受城市规划控制。农村转移人口的住房短缺助兴了非正规住房市场——由农村集体和农民提供的有限产权住房。

限制国家征用土地的权力并重新分配土地征收所得

有必要削弱政府对土地的征收权②，使其只适用于将土地用于公用目的的情形。目前，国家对土地“公众利益”的权利没有明确的法律界定或限制。为使中国的二元土地市场一体化，法律和监管的改革可以参考国际范例限制征收权，将权力从市县政府重新分配到监督机构和法院。

土地市场整合应伴随基于估算公平市场价值的补偿新原则。为开发城郊地

① 与土地相关的收入从1999年的不到收入的10%，增长到2007年占收入的50%以上。2001年至2012年，国有土地出售收益增加了约20倍，从1290亿元增加到26900亿元。

② 根据城市规划，国家可以从集体征用土地进行建设，无论被征用土地的性质和目的是什么——是用于公共利益（道路和基础设施）还是私人使用（工业、商业、住宅发展）。

区土地的潜在价值，中国可以规范化集体经营单位的住房权利，将其从有限权利转变为完全住房权利（参考城市目前施行的方案）。

僵化的规则阻碍了农用地转为建设用地，阻碍了城市化进程①。部分原因是考虑了粮食安全问题的这些规则可能将导致未来几年土地价格的膨胀和非法建筑的扩张。为增加土地供给，中国可以允许集体所有的建设用地在市场上进行交易成为城市建设用地，或由其所有者因其他目的（如出租住房）对土地进行开发。借鉴深圳市的做法，这项改革还需要将土地从市县政府所有转为集体所有。城乡建设用地综合市场将减少对农村土地的征收，降低将土地所有权转为国家所有的必要性。对集体土地和国有土地的统一处理需减少扭曲，加大供给，合理定价。

三、通过明确、扩大和加强个人财产权放松政府对土地使用的限制

2008 年“中共中央关于推进农村改革发展若干重大问题的决定”表示，健全严格规范的农村土地管理制度，划定永久基本农田，建立保护补偿机制，确保基本农田总量不减少。考虑到家庭分配的土地有限，应制定一项标准用以确定家庭在农村集体中的成员地位及其享有土地使用权的资格。

大多数农村土地使用权的转让没有正式记录，使得农村产权的建立较为困难。产权的不确定性以及相关机构的缺乏导致交易局限在能进行社会交易的亲友圈内，从而减少了土地租赁活动，降低了生产效率，造成了市场分割。一旦农用地市场发展成熟，正规化的使用权转让制度将激励农村家庭继续从事农业活动，并通过保证长期获得更多土地以扩大生产面积，从而提高收入。在一个处于成长中的经济体，土地租赁产生的生产率增长可高达 60% 。

确保土地保有权还将提供农村人口更多的转移自由。此外，土地权足够安全，且土地权可以在需要时作为安全保护，将鼓励农村人口转移到城市地区。由此产生的对人口转移的促进将有效缓解农村—城市不平等问题。

（一）允许自愿退出集体土地所有权

在中国，农村和郊区的土地除国有部分外均归农村集体所有。如前流动性部分所讨论，农村家户作为集体的成员，拥有土地的所有权且该所有权是不可

① 城市和农村建设用地存量共约为 24 万平方公里。其中约 5/6 是农村集体所有的非耕地土地，其他 1/6 的城市土地归国家所有。城市建设用地包括住宅、公共设施、工业仓库、对外交通、道路和广场、市政公共设施、绿化带及专用土地。城市土地结构在指定工业用地中占有相当高的份额，只有少数用于住宅建筑、交通、绿化带和服务。

分割的。为明确土地的合法权益，集体将土地合同承包给个体农户。在这样的体系下，难以形成真正的土地市场。

当前土地合同所规定的农用地土地权利是财产使用权，有效期为30年。通常在集体书面合同或由县政府颁发的证书中明确规定，用户权利在租赁期内可转让和继承（并可在30年期限结束后延长）。

虽然当前法律和政策明确了土地使用权，农村家庭的土地权利仍然十分有限且面临着较高的土地征收风险。农用地保有制度产生了关于使用权、合同的更新和有效期限等问题。最后，缺乏针对农村集体土地（宅基地或其他）权利的完整定义和保护措施。

（二）明确土地登记

当前法律对现有农村土地登记的法律效力及效用提供的指导甚少。中国可以通过建立契约注册、所有权登记或者介于两者之间的某种形式来表明立场，澄清其与现有文件（土地合同和证书）之间的法律关系。一些政府部门担心新的土地调查和土地登记将引发新的或故有的索赔事件等，以及由土地征用、土地使用调整和强制土地交易引起的纠纷。

（三）农村宅基地产权的界定及其可转移性

宅基地是位于农村住宅底下的地块。与农用地不同，宅基地在20世纪50年代中期没有集体化，仍然是私人的。然而，宪法规定农村土地包括农民宅基地归集体所有。农村家户对其宅基地具有“长期”使用权，但这些权利没有具体化并且有不同的解释：没有法律正式声明其持有时间。此外，一家户只有一块宅基地。农民可以出售或出租住宅，即放弃了他们的使用权，但不能再获得其他宅基地。

有关宅基地的法律不足以保护农民的土地保有权，宅基地的使用权比农用地更受限制。虽然家户有权获得宅基地的相关赔偿，但只要经县政府批准，这些权利就可以由集体因其他目的收走。为改善这一状况，中国应当规定宅基地使用权的期限、范围和担保。

此外，宅基地的使用权应可转让或可用作抵押。现行法律对宅基地使用权的转让未做出明确规定，但规定了其不可抵押性。虽然宅基地上的房屋可以抵押，但是对农村宅基地的规定影响住宅的出售价格。因此，金融机构不愿意对其进行抵押，从而农村房地产市场的发展受到限制。

房屋可以说是农民最大的投资，而对房屋的进一步改善，因农民无法获得贷款而受到阻碍。农民不能出售自己的住宅，难以创造新的财富。农村人口转移到城市，面临完全丧失住房资产的风险：迁移后农民不仅无法继续使用他们的房子，并且在转移宅基地权时也不能有效转卖他们的房子。

第五节 未来城市化政策

中国的城市化政策在城市化发展早期阶段发挥了重要作用，促进了中国从低收入国家上升为中高收入国家。但近年来，中国经济增长放缓，改革以来出现的社会和经济不平等仍较严重。决策层开始思考：过去的经济增长模式是否适用中国未来发展。

一国从中等收入向高收入转变，其经济结构变得越来越复杂，人民期望也有所改变：除基本需求外，人们开始寻求更高生活标准，包括愉悦的生活和整洁的环境。向高收入阶段过渡的国家在跨越所谓的“中等收入陷阱”时，需要政策调整的支持以适应新的社会发展需要。

中国的发展正处于十字路口。继续依靠原来的老路所能带动的经济增长无法在解决农村贫困这一重要问题的同时，满足上升的中产阶级的需求。政策改革也将面临众多困难。但是，为使中国转向消费主导型增长并避免社会、环境威胁，政策改革又是必需的。

在薄弱公共财政和土地市场制度下的土地快速城市化，以及行政限制下农村转移人口举家迁移放缓是政策改革面临的主要压力。这些压力又带来了两大挑战，一是社会和经济不平等的加剧。这种不平等性已达到亚洲最高，它抑制人们对消费品和服务的需求，阻碍中国经济向服务型经济的转型，并可能引发社会风险。另一个是环境污染问题，环境污染严重损害人类健康，这在全球气候问题领域引发关注。

行业间甚至跨所有制的生产要素重新配置所带来的红利大幅下降。年全要素生产（与要素重新分配无关）增长率贡献从1991～2000年占GDP的2.5%下降到2001～2010年的0.3%，与所观察的其他快速发展中经济体缓慢增长一致。接下来，从工业到服务业的转型通常较缓慢，带来的经济增长也较迟缓——其原因是工业和服务业之间的初始生产率差异比农业和工业之间的差异小一些。

土地、劳动力和资本要素市场的扭曲阻碍经济集聚，减缓收入趋同，影响消费增长。此外，不平等的资本收益份额导致社会不满的蔓延。在当地城市居民中，资本收益占2010年家庭平均收入的8%。相比之下，农村转移人口的这一比例只在3%～4%。由于城市住房（及其资本利得）的半私有化与农村土地持续不可转让性，农村和城市资产分配的不平等变得更为极端。2002年，中国财富基尼系数为0.55，远远高于收入不平等，其中住房在净财富不平等中占2/3（Zhao和Ding，2008）。近90%的城市居民在2005年前后拥有住房，而农村转移人口群体中这一比例不到10%。随着城市住房价格上涨，该差异变得越来越明显：2002～2007年间，城乡人均住房财富比从4.5倍增长到7.2倍，而2008年城乡收入差距仅为3.1倍。

三大改革——资本市场、劳动力市场和土地市场改革

中国产品市场的开放取得了非常好的效果，但新型城市化还需基于要素市场的进一步改革：劳动力、土地和资本市场的改革。帮助外来务工人员举家迁移到工作所在地，并获得更高的报酬；土地使用由需求驱动，而非政策激励；地方政府通过制定地方税和有效分配资本获得资金，使各级政府收入和支出责任相协调；考虑对农村地区的影响重新调整中央政府的作用，只资助最有效基金（如国家养老金制度），指导国家走上新经济转型的道路。

（一）城市融资多样化——充分的财政自主权和严格的地方责任制

中国的城市金融体系发展过快。地方政府的窄税基在提供公共服务方面缺乏充分性和平等性。然而，中国的财政收入配置集权制度使地方政府没有自主权，地方政府无权界定税基或设定税率，并与地方承担的责任脱节。政府收入分配以财政收入征收来源为基础，收入流向经济活动高密度的地区：这一制度促进了富裕地区的发展。地方政府被迫采取其他后门融资方式例如出售土地租赁。中国应该从以下三方面改革财政和金融体系：

（1）地方政府提高税收收入，改善政府在城市支出中的作用；

（2）重新分配社会福利和社会保险中政府的支出责任；

（3）放松中央政府对地方政府进入信贷市场的限制，降低地方市场竞争障碍。

（二）农村转移人口离开农村原籍户口，成为城市居民

中国还没有出现农村和城市发展中本该在几十年的城市化后产生的收入趋同现象。城乡收入差距因各种政策特别是户口政策而加剧。为了让转移人口迁移并作为永久居民定居在他们工作的地方，中国应该进行以下三项改革：

（1）通过改革户口登记制度，改善政府在劳动力转移方面的作用；

（2）重新分配政府权益和福利，包括各级政府之间的财政关系，以实现从原籍制转向居住制的社会政策；

（3）放松政府对流动性的限制，通过土地改革使农村转移人口的农村资产货币化。

（三）以需求为导向，拉动土地市场的兴起与繁荣

当前土地流转体系难以支撑高效、包容、可持续的城市化。在中国，无论是农村还是城市，土地的使用均受行政规则的限制。对土地价值评估和使用的限制与现代经济不相容。在现代经济中，土地可以自由谈判和转让。中国土地市场的蓬勃发展需要：

（1）创建统一、透明的土地评估系统，优化政府在确定土地使用方面的作用；

（2）将国家征用和土地转换以及土地征收所得再分配给土地改革，并减少目前地方政府享受的与土地有关的激励政策；

（3）确认、扩大和加强个人财产权，并允许自愿退出农村集体土地所有权，放松政府对土地使用的限制。

这里提出的改革是相互依存的，不能脱离整体进行部分整改。中国决策层、学者和媒体曾经就所有改革问题进行过讨论，当前需要的是探讨改革的可行性。

关键改革概要见表9－1。

表9－1　　城市资本市场、劳动力市场以及土地市场的关键性改革

	定　位	重新分配	放　松
资本市场	确定城市财政支出中政府的作用：加强地方政府财政自主权，地方政府加入国家信贷体系，并通过国家抵押贷款保险扩大低收入居民的住房机会。	通过集中养老金支出和为最低社会福利提供资金，重新分配政府对社会福利和社会保险的支出责任。	放松政府对城市经济增长的限制——通过住房抵押贷款市场民营化，结束城市与私营企业之间的竞争。
劳动力市场	明确政府在劳动力转移中的作用，通过以实际居住地为基础的制度取代以原籍为基础户籍制度；进一步使农村转移人口就业正规化，从而为其创造更多的就业机会；改善地方政府服务以促进农村转移人口融入城市。	重新分配政府对权益和福利的责任，并通过整合城乡养老金计划、赋予中央政府最低社会保障责任，使社会保险可转移。	放松政府对流动性的限制，降低城市地区非户口障碍，使城市农村转移人口在农村的持有资产化。

续表

	定　位	重新分配	放　松
土地市场	明确政府在确定土地使用方面的作用，通过建立土地价值评估体系和改革市政区域规划与管理体系，为未来的城市密度与基础设施建设相匹配。	重新分配土地征用和转让权力以及征收所得——改革城市政府土地激励机制，为城乡建设用地创造一体化市场。	通过确认、扩大和加强个人财产权，允许农民自愿退出农村集体土地所有权，放松政府对土地使用的限制。这将需要制定新的法律以明确土地登记、界定和转让农村宅基地的产权问题。

执笔人：吴卓瑾（祝灵秀，潘晨翻译）

本章参考文献

① Bahl, Roy W. 2010. "Financing Subnational Governments with Decentralized Taxes." International Studies Program Working Paper 10 – 20, International Center for Public Policy, Andrew Young School of Policy Studies, Georgia State University.

② Bahl, Roy W., Johannes F. Linn, and Deborah L. Wetzel, eds. 2013. Financing Metropolitan Governments in Developing Countries. Cambridge, MA: Lincoln Institute of Land Policy.

③ Cai, Fang, and Kam Wing Chan. 2009. "The Global Economic Crisis and Unemployment in China." Eurasian Geography and Economics 50 (5): 513 – 31.

④ Chang, Gene Hsin, and James Wen. 1997. "Communal Dining and the Chinese Famine of 1958 – 1961." Economic Development and Cultural Change 46 (October): 1 – 34.

⑤ Démurger, Sylvie, Marc Gurgand, Shi Li, and Ximing Yue. 2008. "Migrants as Second-Class Workers in Urban China? A Decomposition Analysis." GATE Working Paper 08 – 08, Lyon.

⑥ Henderson, J. Vernon. 2009. "Urbanization in China: Policy Issues and Options." Report for the China Economic Research and Advisory Programme.

⑦ IPLE-CASS (Institute of Population and Labor Economics, Chinese Academy of Social Sciences). 2001. China Urban Labor Survey, Wave I. Beijing.

⑧ IPLE-CASS (Institute of Population and Labor Economics, Chinese Academy of Social Sciences). 2010. China Urban Labor Survey, Wave III. Beijing.

⑨ Knight, John, Lina Song and Jia Huaibin. 1999. "Chinese Rural Migrants in Urban Enterprises: Three Perspectives." The Journal of Development Studies 35 (3): 73 – 104.

⑩ Landesa. 2011. "2010 Findings of the17 – Province Survey of Rural Land Rights in China." Landesa Institute, Beijing.

⑪ Martinez-Vazquez, Jorge, and Baoyun Qiao. 2010. "Expenditure Assignments in China." International Studies Program Working Paper 10 – 28, International Center for Public Policy, Andrew Young School of Policy Studies, Georgia State University.

⑫ OECD (Organisation for Economic Co-operation and Development). 2010. PISA 2009 Results: Executive Summary. Paris: OECD Publishing. http://pisa2009.acer.edu.au/.

⑬ OECD (Organisation for Economic Co-operation and Development). 2012. China in Focus: Lessons and Challenges. Paris: OECD Publishing.

⑭ Renaud, Bertrand. 1981. National Urbanization Policy in Developing Countries. Oxford, UK: Oxford University Press.

第 4 篇　民生与治理

第十章　中国城市公共服务供给体系研究

第一节　我国城市化进程及对公共服务产生的影响

一、我国城市化进程的基本特点

城市化是现代化的重要标志之一。从全球看，一国城市化水平与其现代化水平高度正相关。2015 年，世界各国城市化率的平均水平为 57.96%，高收入国家为 75.39%，中等收入国家为 54.48%，低收入国家仅有 33.3%。[①] 虽然我们常常用一国城镇人口占总人口的比重，即城市化率来衡量其城市化水平，[②] 但单一量化指标并不能反映城市化的全貌。比如，2015 年巴西、墨西哥等国的城市化率分别达到 85.69% 和 79.25%，[③] 但大量城市贫民窟的存在表明他们并未实现完整意义上的城市化。从我国情况来看，尽管 2015 年我国常住人口城市化率达到了 56.1%，但与发达国家 80% 的平均水平相比，与人均收入和我国相近的发展中国家 60% 的平均水平相比，城市化水平还有较大提升空间。[④]

不同学科对城市化有着不同的定义，但综合起来可以理解为：城市化是一

① World Development Indicators，2017 年 4 月 27 日，http：//data. worldbank. org/data-catalog/world-development-indicators.

② C. Wilson. The Dictionary of Demography. Oxford，1986，p. 225.

③ World Development Indicators，2017 年 4 月 27 日，http：//data. worldbank. org/data-catalog/world-development-indicators.

④ 2014 公报解读：新型城市化——经济社会发展的强大引擎．中国信息报．2015 年 3 月 9 日。

国现代化过程中，伴随工业化的不断推进，农村人口不断向城镇聚集、农业劳动力不断向非农产业转移，并逐步消除城乡二元结构、最终实现城乡发展一体化的历史过程。

首先，城市化是经济问题，是生产方式的重构。农业劳动生产率的提高为第二、第三产业发展创造了条件。第二、第三产业更高的劳动生产率以及空间聚集引致的规模经济、范围经济、外部经济，进一步吸引更多的生产要素流入，推动城镇得以不断发展壮大。因此在经济意义上，城市化是工业化的伴生品，是生产要素由低生产率部门向高生产率部门流动，进而推动社会分工不断细化、生产力水平不断提高的过程。

其次，城市化是社会问题，是社会结构的重构。农村人口进入城市，是人们为了追求更好生活而进行的自由迁徙与重组，导致社会阶层重新划分，人们的生活方式也随之发生显著改变。[①] 随着城市人口逐步成为社会主流，城市文明改变了整个社会生态，从而实现从农业社会、农业文明向城市社会、工业文明的转型。[②]

再次，城市化是环境问题，是人与自然关系的重构。工业化、城市化让人们摆脱对自然过度依赖的同时，大幅增加了能源资源的消耗和对自然生态的影响，并使资源环境压力在空间上更加集中于部分城市化地区。[③] 城市化是人口经济在国土空间上的重组，健康的城市化可以更加集约高效地利用土地等自然资源，更加有效地保护生态环境，在大幅提升经济社会发展水平的同时实现人与自然关系的和谐共生。

最后，城市化是政治问题，是社会治理结构的重构。社会结构调整会引发制度创新，城市社会分层更加明显、文化更加多元，在人口聚集和增长中进行着“陌生人”的再组织，血缘地缘纽带的丧失促使人们制定并遵循更为统一的游戏规则，法治建设、自由平等、多元包容等现代元素成为普遍的共识及必然选择，并促生新的社会治理模式。

总体来看，城市化是由乡村社会向城市社会的转型与变迁，会引发人与人、人与自然、人与社会的关系发生质的变化。乡村社会与城市社会在其本质特征上存在诸多差异（见表 10－1）。

---

① 崔功豪等．城市地理学．江苏教育出版社，1992 年版。

② Louis Wirth. Urbanism as a Way of Life. American Journal of Sociology. 1989（49）：46－63.

③ 山鹿城次著．朱德泽译．城市地理学．湖北教育出版社，1986 年版。

表 10 - 1　　城市社会和乡村社会的差异

	乡村社会	城市社会	城市化内涵	实现条件
人与人的关系	以农业生产为主，基本自给自足	非农产业为主，社会成员共生，生活资料通过市场交换	生产生活方式重构	工业化创造更多非农就业机会 市场化促进要素优化配置和商品交换 个体就业能力和发展能力提升
	以血缘地缘为基础，个体之间基本同质，家庭保障	以社会分工为基础，个体之间异质性强，相互联系和约束力减弱	社会结构重构	维护个体自由与平等 良好的创业环境 健全的社会保障体系
人与自然的关系	分散式低密度村落	集聚式高密度城镇	人与自然关系重构	城市空间形态和布局合理 城市规划建设合理
	资源环境基本平衡 对自然依赖度高	资源消耗总量大、区域生态环境压力大、自然灾害破坏力大		资源集约节约利用 生态安全环境宜居 健全的灾害危机应对机制
人与社会的关系	宗亲乡土社会，传统文化观念、风土人情、社会习俗具有较强约束力	社会分层，文化多元化，利益诉求多元化	社会治理模式重构	社会治理结构合理 社会治理模式创新 城市文化包容多元
		社会运行复杂化，社会管理难度加大		法治健全 社会公平正义 城市高效安全运行

改革开放30多年来，我国的城市化取得了长足的进步，从1978年到2015年，城镇常住人口从1.7亿人增加到7.7亿人，城市化率从17.9%提升到56.1%，标志着我国已由农业大国实现向城市社会的过渡；[①] 从1978～2010年，城市数量从193个增加到658个，建制镇数量从2173个增加到19419个。[②] 但是，从其他国家的实践看，城市化既有成功的经验，也不乏失败的教训（见图10－1）。人口聚集速度超过工业化的过度城市化，会带来大量“贫民窟”及相应的社会问题；[③] 人口城市化和农业现代化滞后于工业化，会拉大城乡差距，形成城乡二元社会；城市化过程中不能很好地尊重自然、保护生态环境，会付出巨大的环境代价甚至带来毁灭性的灾难；城市治理结构的调整不能适应社会转型的需要，可能引发社会不稳定甚至是更为严重的社会问题。

① 国家新型城市化报告2015，国家发展和改革委员会编，中国计划出版社，2016年版。

② 国家新型城市化规划（2014—2020年）. 人民出版社，2014年版。

③ 王桂新等. 中国人口迁移与城市化研究. 中国人口出版社，2006年版。

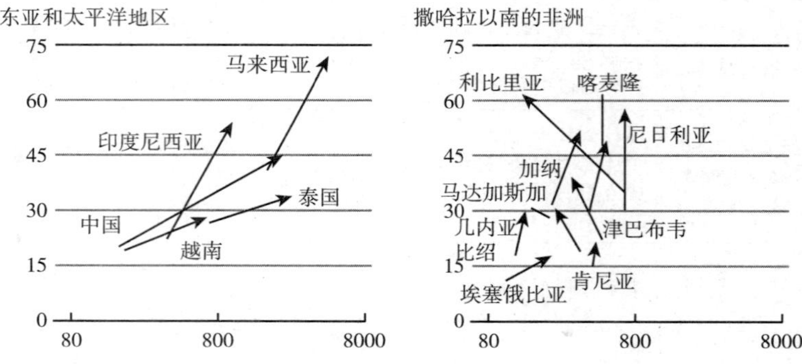

图 10－1　部分国家城市化率与人均收入的关系

资料来源：华创证券研究所研究报告。

换句话说，城市化不仅仅体现为人的城市化，更是一个多维度的发展进程。城市化的多维内涵决定了成功的城市化必然是经济发展、社会进步、文化建设、生态文明、社会治理创新协调推进的城市化。① 如果不能全面把握城市化的内涵，过于强调其中的某个层面就会导致各子系统之间出现"断裂"，不仅城市化发展受阻，而且会影响发展大系统的功能与稳定。因此，城市化不是没有风险的"康庄大道"，并不必然迈向成功。

二、我国城市化进程的突出矛盾

在过去的 30 多年里，我国经历了创纪录的增长，成功使 5 亿人口脱贫。1978 年中国只有不到 20% 的城镇人口，到 2015 年这一数据达到了 56.1%。但这一城市化率与中国的人均收入水平不相匹配。根据人均收入的增长趋势计算，预计到 2030 年，中国的城市化率将达到 70% 左右，大约有 10 亿人生活在城市里。② 如何实现更加高效、包容和可持续的城市化进程，成为摆在我们面前的课题。总体来看，我国城市化进程中面临以下突出矛盾。

第一，城市化滞后于工业化。在多数现代国家，城市化高峰、工业化高峰与人口发展高峰是"三位一体"的。多年以来，我国工业化发展只吸纳农村富余劳动力进城就业，但其本人和家属的城市化速度远远滞后于人口流动速度。

① 何志扬．城市化道路国际比较研究．武汉大学博士论文．2009 年．第 33—35 页。

② 中国：推进高效、包容、可持续的城市化．国务院发展研究中心和世界银行报告，2014 年。

2014 年全国农民工总量 27395 万人，其中，外出农民工 16821 万人，但举家外出农民工 3578 万人，不足 1/3。[①] 中国农业大学一项针对农村留守人员状况的调查显示，目前全国有 8700 万农村留守人口，其中包括 2000 万儿童、2000 万老人和 4700 万妇女。[②] 家庭分居、人地分离、人户分离的现象十分严重。如图 10－2 所示，从整体上看，我国城市化、工业化、农业现代化之间联动性方面，与目前世界发达国家相比依然偏弱。

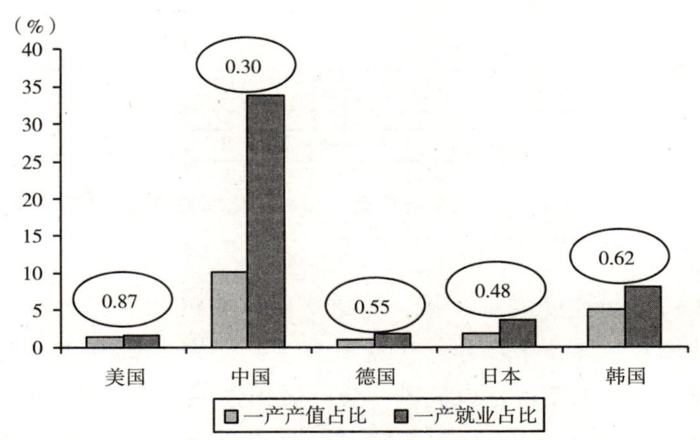

图 10－2 各国农业产业匹配度（产业值比重/就业比重）对比

资料来源：根据 2011 年世界银行数据整理 http：//data. worldbank. org. cn/。

第二，“半城市化”问题突出。2015 年我国城市化率为 56.1%，而城镇户籍人口只占总人口的 39.9%，二者相差 16.2 个百分点，形成了一个巨大的“剪刀差”，2016 年全国人户分离人口达到 2.92 亿人，其中流动人口 2.45 亿人。[③] 这意味着有 2 亿多城镇人口只是在城镇居住半年以上的“常住人口”，参见图 10－3。[④] 其中大部分为农民工及其家属，由于未能与城镇居民享受同等的公共服务和其他权利，并没有实现完整意义上的城市化。

第三，城乡建设用地浪费严重，“土地城市化”快于人口城市化。长期以来，特别是近 10 年来，城镇建设用地快速扩张，如北京近 20 年来的城镇建设用地增长了约 1.5 个百分点，但其人口只增长了约 0.5 个百分点，城镇建设用地增

① 2014 年全国农民工监测调查报告，国家统计局。

② “中国农村空心化严重，8700 万妇孺老人留守农村”，中国经济网，2011 年 9 月 6 日。

③ 《2016 年国民经济和社会发展统计公报》，国家统计局。

④ 国家新型城市化规划（2014－2020），人民出版社，2014 年版。

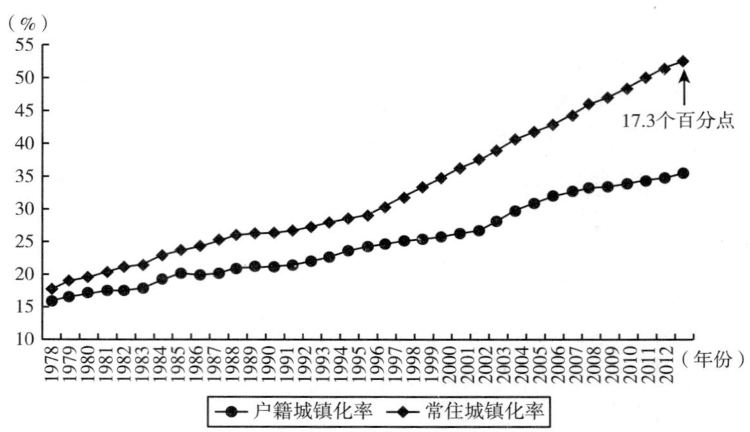

图 10－3 常住人口城市化率与户籍人口城市化率的差距（1978～2012）

资料来源：《国家新型城市化规划（2014—2020）》。

长速度是其人口增长速度的近 3 倍，而重庆则在人口几乎零增长的情况下，其城镇建设用地增长了 2.5 个百分点（见图 10－4）。一些城市"摊大饼"式的无序蔓延，开发区、新城新区建设成风，全国城镇建成区人口密度由 2001 年的每平方公里 8872 人下降至 2011 年的 7284 人，东北部分省份已降至 5000 人以下。① 2000～2011 年，全国建成区面积增长 76.4%，远高于城镇人口 50.5% 的增长速度。与此同时，农村建设用地没有因为人口的大量外迁而减少，2000～2011 年，农村人口减少 1.33 亿人，农村居民点用地却增加了 3045 万亩。② 城乡建设用地"双扩张"的局面表明用地的严重浪费。

第四，空间发展不平衡问题突出。从大区域看，2013 年我国东部地区常住人口城市化率达到 62.2%，而中部、西部地区分别只有 48.5%、44.8%。③ 2015 年常住人口城市化率最高的省市是广东省，达到了 68.71%，深圳市在 2014 年就已经实现 100% 的城市化率。从城市化形态看，不同地区城市化明显处于不同的发展阶段，城市群和超大城市主要集中在东部地区。从城市发展水平看，不同层级城市在产业发展、基础设施、公共服务等各方面都存在明显差距。大城市拓展的不断自我强化，导致城际差距越拉越大，不仅不利于缩小区域发展差距，而且已成为抑制城市自身健康发展的重要因素。

第五，"城市病"问题日益突出。虽然我国城市化率距离发达国家普遍 70%

---

① 根据《中国城乡统计年鉴》《城市建设年鉴》《中国统计年鉴》整理。

②③ 国家新型城市化规划（2014—2020 年），人民出版社，2014 年版。

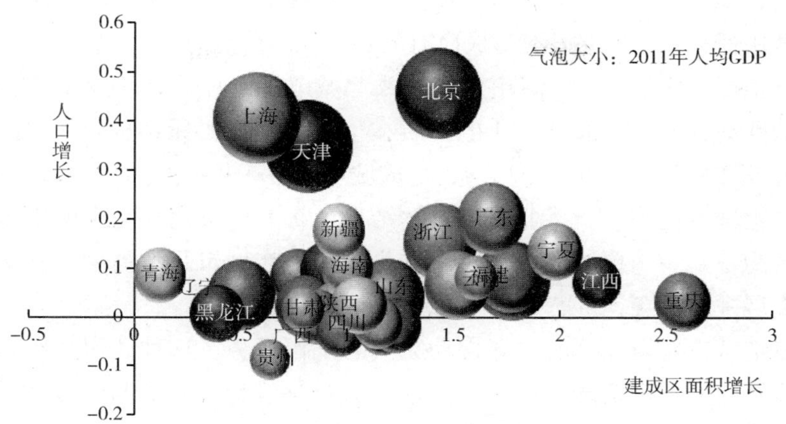

图 10－4　各省近 20 年城镇建成区面积增长与人口增长（截至 2011 年）

以上的水平还有很大差距，但部分城市交通拥堵、环境恶化、房价高企、事故多发等问题已十分严重。长三角、京津冀、珠三角地区资源环境承载能力显著下降，东部、中部一些地区出现长时期的“雾霾”天气。许多中小城市和小城镇污水横流、垃圾围城现象十分突出。

综上所述，我国工业化不仅未对城市化发展产生应有的“联动效应”，即使在只转移农村劳动力的情况下，也未能让他们真正落户城镇，而只是实现了统计意义上的城市化。可在这一过程中，我们却占用了大量的耕地，对生态环境造成了相当程度的破坏，许多城市已经不堪重负，运行效率下降、人居环境恶化。

事实上，城市化进程中的问题也有其深层次的认识偏差。目前，国内学术界和政策界对于城市化的认识偏差最为典型的有以下几种：

一是把城市化等同于城市化率的高低。这种认识带来的结果是重数量、轻质量，模糊了不同的城市化发展可能存在质的差别，没有认识到城市化的丰富内涵。实践中的危害主要是把城市化率当作追求目标，导致“揠苗助长”的“强迫城市化”。

二是把城市化等同于城市建设。这种认识带来的结果是“只见城、不见人”，“只有城、没有市”，虽然城市规模不断扩大、基础设施超前发展，但并没有相应地聚集经济和人口，出现“空城”“鬼城”。[①] 大部分开发区只有工厂和

① 洪银兴. 城市功能意义的城市化及其产业支持. 经济学家，2003 年第 2 期。

产业发展，没有生活区；同时有些城区只是单纯的居住区。城市的畸形发展导致建成区快速扩张，但并没有形成应有的功能和承载能力。

三是把城市化等同于“城市发展”或“城市优先发展”。这种认识忽略了城乡之间的联动，未能认清城市化的本质在于消除城乡二元结构，在实践中出现了对农村发展权益的侵占甚至掠夺，造成城乡差距不断拉大。

四是把城市化等同于工业化的自然结果。认为城市化是完全的市场主体自主选择行为，是一个单纯的经济问题，排斥政府在城市化发展中的作为，忽视城市化发展中的社会、生态、政治等非经济属性。

五是把城市化当成政府主导推动完成的工作任务。这种认识从纯自由经济学的维度转向另一个极端，同样未能理清城市化过程中政府与市场的关系。在实践中，进一步扭曲为直接按行政区推进城市化。最为典型的是把城市化率作为考核指标层层分解，甚至直接到县，以县为单位推进城市化。

六是把城市化理解成农村居民生活方式的改变，简化为农民上楼居住和农村公共服务、基础设施的改善，将农村新型社区建设，即所谓的“就地城市化”作为城市化的重要途径，造成大量农村人口“被上楼”。① 一些地方将“新型农村”作为城市化的组成部分，打着新农村建设的幌子对农村进行大量的拆并，引发许多社会矛盾和遗留问题。

七是忽略城市化发展中的文化元素，千城一面现象严重、城市建设缺乏民族和地域特色；一些地区对老城区盲目的大拆大建、拆真建假，隔断了历史的文脉。在小城镇建设中存在同样问题。

简而言之，中国快速的城市化进程对城乡关系、空间关系、人口关系、生活条件、产业关系、生产条件等方面都带来了深刻的影响，所带来的问题及其表现如表 10 - 2 所示。②

表 10 - 2　　城市化进程中的突出问题及表现

问题	表现
城乡失调	城乡收入差距拉大
	城市病出现端倪
	农村生活环境差

① 吴楚材．城市与乡村——中国城乡矛盾与协调发展研究．科学出版社，1996 年版。

② 冯奎．中国城市化转型研究．中国发展出版社，2013 年版。

续表

问　题	表　现
空间分散	大城市数量相对不多，分布不均
	中等城市作用不明显
	小城市功能不全
	小城镇太多，太分散
人口迁移分离	两栖式流动
	失地、失业、无保障
生活条件差	失地农民生活堪忧
	都市打工者的工作和生活条件差
产业发展分散、孤立	产业分散
	城市化与工业化独立发展
生产要素配置低效	土地利用率低
	融资渠道不畅
	基础设施投资渠道狭窄

三、城市化进程对城市公共服务产生的影响

美国著名经济学家、诺贝尔奖获得者斯蒂格利茨曾表示："21 世纪影响世界经济的主要有两件事，一是美国的新技术革命，二是中国的城市化。"城市化是经济增长的引擎，也是实现"中国梦"的重要途径。有研究发现，世界各国的城市化率百分点与人均 GDP 的对数值的相关系数基本稳定在 0.85 的水平。我国 1978～2012 年城市化率百分点与人均 GDP 对数的相关系数高达 0.99。也就是说，城市化率与经济发展密切相关，在我国表现尤为明显。此外，全国有超过一半的就业人口在城镇上班，城市化也成为社会转型发展的重要标志。① 当前，我国正在经历着快速、大规模、史无前例的城市化进程，人口在城乡和区域之间的转移，对我国公共服务的供给产生了巨大的影响和挑战。

1. 城市公共服务供给总量带来挑战。随着中国经济和社会的快速发展，人们对教育、医疗、社会保障、公共安全、基础设施等基本公共物品的需求呈现快速增长趋势。与此同时，快速的城市化促进了产业聚集和人口集中，尤其是大量的人口迁移到城市，导致城市公共物品供给不足，供需矛盾日趋紧张。主

① 2014 公报解读：新型城市化——经济社会发展的强大引擎．中国信息报．2015 年 3 月 9 日。

要表现为：公共服务不能满足外来人口的需求、公共服务资源从结构上也不能适应外来人口的要求、公共服务财政支出压力日益严峻、城市管理难度日益增大。[①] 通过户籍制度改革促进流动性的同时，应注意到城市公共服务供给存在着容量约束，目前城市公共服务供给不足已经非常明显。[②]

2. 人口向城市的集聚导致农村“空心化”，造成已建成公共服务设施的闲置和浪费。随着城市化、工业化的快速发展，不少农村劳动力转移正经历着由离土不离乡、到临时性外出、再到离土离乡举家外出的变化，大量农村人口尤其是青壮年劳动力不断外流，农村常住人口逐渐减少，很多村庄出现了“人走房空”现象，留守的多为孤寡老人和妇女儿童。越来越多的青壮年外出务工，使得农村居住人口急剧下降，农村人口的大量外流和迁移，导致整个农村的留守人员年龄结构、社会文化结构、经济产业格局等方面严重失衡，由此产生了住宅空巢、土地空置、产业和社会文化空洞等现象，形成了农村的土地空心化、人口空心化、产业空心化、文化空心化和基础设施空心化等空心化局面，致使农村政治、经济、文化、社会事业发展停滞，甚至出现倒退。可以说这是城乡转型发展进程中乡村地域系统演化的一种不良过程，是复杂的社会经济过程在村庄物质形态中的表现。[③] 随着城市化建设的逐步加快，在这些逐渐失去“发展活力”的农村，随之带来的是原有公共服务设施的闲置。

3. 服务资源配置不均衡，优质资源过于集中，城乡、区域和群体之间的公共服务水平和质量差距较大。长期以来，受经济、自然和社会等诸多因素的综合影响，我国公共服务资源配置极度不平衡，户籍制度及与之相关的城市公共服务、农村土地所有权制度、社会保障不可携带以及为低收入群体提供的住房不足的体制原因造成了人口迁移的缓慢。[④]尤其是在教育、医疗、文化等领域，优质资源越来越多地集中在城市和东部地区，在城市越来越多地集中在少数公共服务机构，越来越多地为少数群体服务，严重影响了公共服务均等化目标的实现。

从区域发展看，呈现出东高西低的态势，东部地区较中西部地区资源拥有量大，配置能力强，提供的水平也较高，这正是东部地区较中西部地区更具有人才吸引力的原因所在。从国际经验来看，没有太多证据表明发达国家存在这

① 张晓杰．城市化、区域差距与基本公共服务均等化．经济体制改革．2010 年第 2 期。

②④ 《中国：推进高效，包容，可持续的城市化》，国务院发展研究中心和世界银行报告，2014 年。

③ 郭国仕．城市化过程中的农村空心化问题研究．龙岩学院学报．2013 年第 3 期。

种“福利移民”,[1] 表明我国城乡之间公共服务的数量和质量存在巨大差异。

从城市空间分布看，公共服务资源在特大城市、大城市、中小城市及农村区域分布也呈现出逐渐减弱的趋势，特大城市和大城市更具有魅力，其不仅为年轻劳动力提供充分的就业机会，而且公共服务功能相对齐全，几乎决定了劳动力的就业流向；相反，对公共服务资源配置能力弱的城市、农村的发展将形成更大的制约。有证据显示，即使像成都这样的大城市，放宽对享有公共服务权利的限制，也没有导致过多外来人口为了这些福利而涌入。[2]

从公共服务类型看，教育、卫生、医疗、社会保障、就业服务等公共服务资源的分布也存在较大的差异。以教育资源为例，全国985、211高校主要分布在北京、上海、江苏等发达地区。由于优质高校数量上的差异，也引发了教育硬件设施、教师质量等资源的非均衡、不公平配置。同样，我国医疗卫生、社会福利、道路交通、通信等其他公共资源的分布亦存在较大的城乡、区域、地区及城市的差异。这种非均衡的公共服务资源分布与配置会导致人才的非均衡流动和转移，继而会导致城乡的非均衡发展，如果不加以改进，将积重难返，不利于城市化推进，也不利于消除收入的区域差距。[3]

4. 进城失地农民存在较大的公共服务障碍，难以真正融入城市。伴随着城市化的发展，大量农村土地被征用。20世纪80年代、1992年前后和2003年前后，我国先后出现了三次大规模的“圈地浪潮”，大规模地征地造成了大批失地农民。随着征占农村土地规模的扩大，失地农民的数量也越来越多，其增长速度已远远超过了公共服务供给能力的增加速度。失地农民，其“农民”身份已经不复存在，他们虽然持有城市“绿卡”，但缺乏相应的社会、文化和生活基础，缺乏相应的谋生手段，缺乏社会认可度，在相当一段时间无法适应城市的文化环境和生活习惯，难以真正从心理和精神上融入城市。

综上，城市化增加了失地农民的生存发展难度，同时城市也面临不断增长的公共服务保障需求的压力，集中表现为：户籍变更滞后，社会保障缺失；就业方式转变，就业渠道匮乏；生活成本增加，就业需求剧增；文化难以融入，社会排斥普遍，生存难度增加。其中社会排斥又主要表现为五个方面：一是经济排斥，二是政治排斥，三是社会关系排斥，四是文化排斥，五是福利制度的排斥。总而言之，失地农民在城市化进程中身处被边缘化的境地。[4]

①② 《中国：推进高效，包容，可持续的城市化》，国务院发展演技中心和世界银行报告，2014年。

③ 杨翠迎．城市化进程中公共服务资源配置面临的挑战与对策．甘肃社会科学．2014年第4期。

④ 杨斌，张咏梅，王佳音．我国城市化进程中失地农民问题研究述评．西部论坛．2010年第6期。

四、当前我国城市公共服务供给中的主要问题

《国家新型城市化报告2015》显示，我国城市化率和户籍人口城市化率之间存在16.2个百分点的差距。为了进一步缩小差距，加快城市化进程，2016年《政府工作报告》提出到2020年实现常住人口城市化率达到60%、户籍人口城市化率达到45%的目标。随后，《国务院办公厅关于印发推动1亿非户籍人口在城市落户的方案的通知》公布，目标是在"'十三五'期间，户籍人口城市化率年均提高1个百分点以上，年均转户1300万人以上。到2020年，全国户籍人口城市化率提高到45%，各地区户籍人口城市化率与常住人口城市化率差距比2013年缩小2个百分点以上"。2016年3月，《中华人民共和国国民经济和社会发展第十三个五年规划纲要》发布（见专栏1），要求增加服务供给：促进基本公共服务均等化、满足多样化公共服务需求、创新公共服务提供方式。2017年1月国务院印发了《"十三五"推进基本公共服务均等化规划》明确全体公民都能公平可及地获得大致均等的基本公共服务的权利，确立了到2020年，基本公共服务体系更加完善，体制机制更加健全，在学有所教、劳有所得、病有所医、老有所养、住有所居等方面持续取得新进展，基本公共服务均等化总体实现的目标。

当前我国城市公共服务供给体系的建设和发展还存在一些问题，尽管早在2012年公布实施的《国家基本公共服务体系"十二五"规划》界定了基本公共服务的类别，明确了中央与地方在各项公共服务上的管理权限和责任划分，并将基本公共服务指标纳入到各级政府的绩效考核和行政问责，初步形成了"地方政府为主，统一与分级相结合"的公共服务管理体制。但从我国公共服务体系建设的实践来看，体制和机制还存在不少问题。

专栏1　基本公共服务项目清单

（一）公共教育

免费义务教育、农村义务教育学生营养改善、寄宿生生活补助、普惠性学前教育资助、中职国家助学金、中职免学费、普通高中助学金、家庭经济困难普通高中学生免学费、个人学习账号和学分累计等。

（二）劳动就业

基本公共就业服务、创业服务、就业援助、就业见习服务、大中城市联合

招聘服务、职业技能培训和技能鉴定、农民工培训、12333 电话咨询服务、劳动关系协调、劳动人事争议协调仲裁等。

（三）社会保险

职工基本养老保险、居民基本养老保险、职工基本医保、居民基本医保、失业保险、工伤保险、生育保险服务等。

（四）卫生计生

居民健康档案、健康教育、预防接种、传染病及突发公共卫生事件处理、儿童健康管理、孕产妇健康管理、老年人健康管理、残疾人健康管理和社区康复、慢性病管理、严重精神障碍患者管理、卫生监督协管、结核病患者健康管理服务、中医药健康管理、艾滋病病毒感染者和病人随访管理、社区艾滋病高危行为人群干预、免费孕前优生健康检查、疾病应急救助、基本药物制度、计划生育技术指导咨询、农村部分计划生育家庭奖励扶助、计划生育家庭特别扶助、药品安全保障等。

（五）社会服务

最低生活保障、特困人员供养、医疗救助、临时救助、受灾人员救助、养老救助、老年人福利补贴、困境儿童分类保障、留守儿童关爱保护服务、未成年人社会保护、基本殡葬服务、优待抚恤、退役军人安置、重点优抚对象集中供养等。

（六）住房保障

公共租赁住房、棚户区改造、农村危房改造、农房抗震改造、游牧民定居等。

（七）文化体育

公共文化设施免费开放、公益性流动文化服务、收听广播、观看电视、农村数字电影放映、读书看报、应急广播、少数民族文化服务、数字文化服务、参观文化遗产、公共体育场馆开放、全民健身服务等。

（八）残疾人基本公共服务

困难残疾人生活补贴和重度残疾人护理补贴、重度无业残疾人最低生活保障、贫困残疾人基本型辅助器具补贴、贫困残疾人家庭无障碍改造补贴、基本社会保险个人缴费资助和保险待遇、基本住房保障、残疾人托养服务、残疾人康复、残疾人教育、残疾人职业培训和就业服务、残疾人文化体育、无障碍环境支持等。

（资料来源：《中华人民共和国国民经济和社会发展第十三个五年规划纲要》）

1. 政绩观尚未根本扭转，政府职能转变还不到位，公共服务体系建设的科学性亟待加强。一是公共服务产品的提供与公众需求存在脱节。我国服务型政府建设稳步推进，但“重经济、轻服务”的理念尚未根本扭转，尤其是在一些中西部地区表现比较突出。公共服务提供中存在较为明显的部门意志和主观倾向，导致公共服务和产品与公众需求存在一定程度的脱节。二是公共服务体系建设中“重建设、轻运营”的现象比较普遍。公共服务的硬件设施虽然不断优化和完善，但公共服务能力、服务队伍、服务标准和规范等相对滞后，导致服务质量和效能不高。三是公共服务资源缺乏统筹，难以发挥整体效益。基层公共服务资源投入加大，但条块分割现象比较严重，公共服务资源缺乏统筹，公共财政资金投向难以集中，重复建设和资源浪费现象比较严重。四是服务资源配置不均衡，优质资源过于集中，城乡、区域和群体之间的公共服务水平和质量差距较大。尤其是在教育、医疗、文化等领域，优质资源越来越多地集中在城市和东部地区，在城市越来越多地集中在少数公共服务机构，越来越多地为少数群体服务，严重影响了公共服务均等化目标的实现。五是公共服务绩效评价体系亟待完善。公共服务标准和绩效评估体系建设相对滞后，刚性不足，市民满意度在绩效评价中的关注度不够。

2. 公共服务保障力度日益加大，但投入总量仍然不足。2016 年全年国民总收入达到了 742352 亿元，比 2015 年增长 6.9%，公共服务保障力度随之加大，全国一般公共财政在教育、社会保障和就业、医疗卫生、住房保障的投入规模逐年增长（见图 10－5）。2016 年教育、文化体育与传媒、医疗卫生与计划生育、社会保障和就业财政支出分别占到国民总收入的 3.8%、0.43%、1.8% 和 2.9%。[①] 然而，我国公共服务投入存在总量不足，分配不均，不足与浪费并存的情况。从卫生总费用占 GDP 比重来看，远低于发达国家 8.5% 的比重，从卫生总费用负担看，我国政府负担比例仅为 39.4%，远低于世界 61.8% 的平均水平。[②] 从文化来看，资金投入不足导致了公共文化设施落后。按照国际图联标准，每 5 万人拥有一所图书馆，有效服务半径标准为 4 公里，2013 年，我国平均 46 万人才有一个图书馆，平均辐射半径为 57 公里。[③] 可见，我国公共服务的保障力度还需提高。

3. 以“地方政府为主，统一与分级相结合”的公共服务管理体制逐渐明

---

① 2016 年国民经济和社会发展统计公报，国家统计局。

② 张占斌．中国公共卫生政府投入及国际比较分析．学习论坛．2009 年第 3 期。

③ 多头管理资金投入分散，公共文化资源不足与浪费并存．大众日报．2014 年 2 月 28 日。

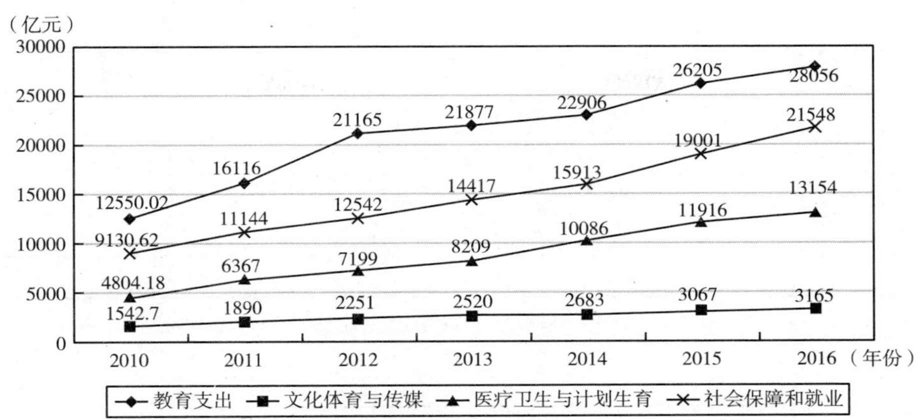

图 10－5　全国一般公共财政用于主要公共服务项目的支出

资料来源：各年财政收支情况，中华人民共和国财政部官网。

确，但中央和地方的管理权限和成本分担机制有待进一步理顺。中央对地方的税收返还和转移支付力度不断加大，有效地均衡了各地财力。如图 10－6 所示，2011 年省级人均财政收入的基尼系数大致在 0.50 左右，而省级人均财政支出的基尼系数则下降为 0.25 左右。但是，公共服务领域的财力和事权不匹配问题依然突出。“财权层层上收、事权层层下放”，加之各级政府在教育、医疗卫生、社会保障等方面的事权划分不清，责任不明，导致直接提供基本公共服务的基层政府存在严重的财力和事权不对等问题。转移支付制度还不完善，政策目标模糊，难以体现中央政府均衡地方政府公共服务能力的目标（见表 10－3），我国转移支付总量中 40% 是以专款形式安排的资金，用于效率优先的项目（通常是“中央部署、地方执行”），背离了“均等化”目标的初衷。多数专项转移支付体现为“部门”利益，往往标准不明、形式过多、管理分散、分配不规范，客观上降低了财政转移支付的决策科学性和资金利用效益，难以发挥规模效应。此外，省级以下财政转移支付制度建设落后、操作不规范，又加剧了财力性转移支付规模的不合理。

表 10－3　　中央对地方转移支付的构成　　单位:%

年份	一般性转移支付比例	专项转移支付比例
2009	47.8	52.2
2010	48.4	51.6
2011	52.5	47.5

续表

	一般性转移支付比例	专项转移支付比例
2012	53.3	46.7
2013	57.1	42.9
2014	59.3	40.7
2015	56.8	43.2
2016	60.6	39.4

资料来源：各年中央和地方预算执行情况与预算草案的报告汇总，中华人民共和国财政部。

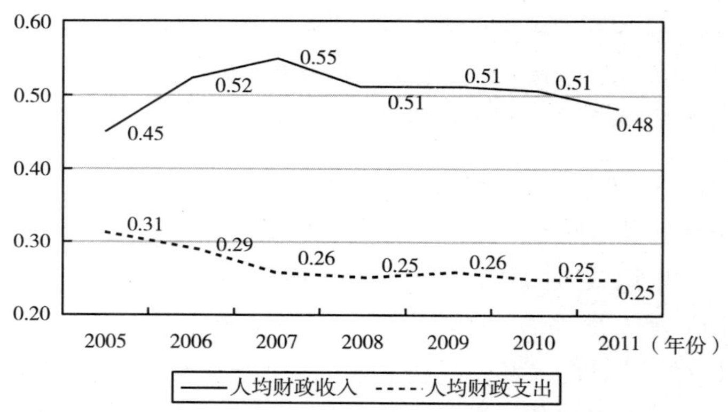

图 10－6　各地区人均财政收入和支出基尼系数（2005～2011）

4. 多元化公共服务体系初步建成，但政府管理能力亟待加强。各地通过政府采购、项目补贴、贷款贴息、税收减免等多种措施引入企业和社会组织参与公共服务，初步实现了“提供主体和提供方式多元化”，取得了较好的成效。例如，国务院于2013年9月发布《关于政府向社会力量购买服务的指导意见》，要求在教育、医疗、住房等公共服务领域，加大政府向社会力量购买服务的力度；北京市自2010年以来设立社会建设专项资金，用于购买社会组织的服务。[①] 但是，我国政府合同能力、市场管理能力和服务监管能力相对滞后，在一定程度上制约了市场机制的发挥和服务效能的提升。例如，公交民营化改革10年后回归国有，宣布公交行业市场化改革的失败；[②] 2013年前后，广东天河、荔湾、越秀和番禺等地爆发了4起环卫工人罢工事件，这些问题的根本原因在于政府

① 公共服务外包：“小财政”撬动“大管理”，光明网，2011年5月5日。
② 市政公用“国有化”回潮，《南风窗》，2012年第21期。

信誉缺乏、责任缺失以及监管缺位，运用市场化机制提供公共服务的能力还相对滞后。

5. 户籍制度改革进展缓慢，外来人口享受城市公共服务仍存在制度障碍。在我国城乡二元体制下，基本公共服务权利附着于户籍制度，城乡居民享受公共服务的差别不仅拉大，而且被户籍制度固化。其中，农民工“半城市化”问题尤其突出。2011 年，国务院宣布实施户籍管理制度改革，并按不同城市级别分类推进，要求各地采取措施改善城市暂住人口的登记，逐步实施居住证制度，以此作为加快推进城乡一体化改革的重要组成部分。[①] 据统计，2016 年末全国农民工总量为 28171 万人，比上年增长 1.5%，其中，外出农民工 16934 万人，增长 0.3%；本地农民工 11237 万人，增长 3.4%。[②] 这个庞大的群体生活在城市，但在子女教育、医疗卫生、社会保障、就业服务等公共服务上存在很大的制度障碍，属于被边缘化的群体。清华大学中国经济数据中心 2013 年的研究表明，我国非农户籍人口占全国总人口的比例仅为 27.6%，[③] 这意味着大量外来人口难以在城市享受到高质量的公共服务。目前，各地加大了吸纳农业转移人口的力度，2010 ~2012 年间全国农业人口落户城镇的数量达到 2505 万人，[④] 但与当年 2.6 亿的总量相比，总体进展仍然缓慢。

第二节　城市公共服务供给的理论分析

古典经济学的公共服务供给理论建立在市场失灵的基础上。由于公共服务作为公共产品的非竞争性和非排他性特点，不可避免发生“公地悲剧”“囚徒困境”和“集体行动的逻辑”，市场之手无效，政府是公共服务供给领域的唯一主体。但随着政府垄断性供给公共服务的弊端凸显，包括供给效率低下、质量低劣、有效供给不足等，在 20 世纪 70 年代新公共管理运动掀起了西方私有化改革的浪潮，以公共选择理论和产权理论为依托，以引入竞争为宗旨，公共服务的供给可开始由政府以外的市场和社会供给。但随着 21 世纪初西方国家对公共服

① 2011 年 3 月，国务院起草了《关于积极稳妥推进户籍管理制度改革的通知》，全文于 2012 年 3 月发布。

② 国家统计局 2016 年国民经济和社会发展统计公报。

③ 清华大学中国经济数据中心发布中国城市化调查大型数据，显示，中国户籍城市化率非常低，非农户籍人口占全国总人口的比例仅为 27.6%，20 年内农转非比例仅增长了 7.7 个百分点。

④ 发改委：中小城市将放开落户限制，新京报，2013 年 6 月 27 日，http：//www.chinatimes.cc/huaxia/pages/moreInfo1.htm？id = 129279。

务私有化和外包的反思，发现单纯由市场和社会供给也会出现新的诸如服务质量下降、服务成本上升、公平性缺失等问题，交易成本理论和产业组织理论从委托—代理关系和信息不对称的视角对此作出了解释，于是实践中出现了逆市场化和逆外包的趋势，在明确政府公共服务供给主体责任前提下的公私合作和政府间合作是当下普遍采用的方式。由此也可见，公共服务供给发展脉络是理论和实践相互检验和调试的过程。

一、公共服务中的政府、市场和社会

从供给主体角度，公共服务供给中包含政府、市场和社会三类主体。

首先，政府组织由于其代表利益的公共性且具有凌驾于社会之上的权威性，在提供公共服务的过程中具有先天的优势。政府供给公共服务的过程也的确显示出了组织周密、执行迅速、目标明确以及具有连续性和统一性的特点。然而在实践中，政府单一供给模式无法充分回应社会公共需求的问题十分突出，公共服务由政府垄断供给可能因供给数量过多而导致过高的预算支出，也可能因缺少约束导致供给成本超过实际所需而造成社会资源浪费，是一种客观存在的现象，即出现了“政府失灵”。因此在实践中，政府主要承担基本公共服务的职能。①

其次，利用市场机制，由私人组织提供公共服务不仅能够通过产权私有化来解决搭便车问题，而且有利于打破行政垄断，优化资源配置。但是，私人组织是以营利为目的的，市场也天然具有趋利性、外部性、自然垄断性和信息不对称的特点。因此，由私人部门按照市场机制供给公共服务，就有可能出现拒绝提供服务或者服务垄断，出现公共服务供给不足或服务过剩等问题，影响公共服务的公平、效率与责任等政治目标，存在着无法估计的潜在风险，这就是“市场失灵”。因此，私人部门供给公共服务是有限的。实践中，私人部门提供公共服务的范围主要集中在部分准公共物品和服务上。②

社会是政府与私人部门之外的第三种力量。由于政府和私人部门在公共服务供给中的缺陷，第三部门的补充就不可缺少。由于第三部门的特殊性质，这类组织的服务多带有援助的特点，擅长于对社会弱势群体提供公益性服务，因此，能够促进社会的公平正义。但目前我国社会组织发展还很不充分，自身组

①② 夏志强，付亚南．公共服务多元主体合作供给模式的缺陷与治理．上海行政学院学报．2013 年第 4 期。

织建设和能力建设均不完善，存在着公益不足、操作不规范、独立性欠缺等问题，即存在着“志愿失灵”，使得第三部门在公共服务中发挥的作用十分有限。[①]

综上所述，从各自组织结构的特点来看，政府供给重公平、市场供给重效率、社会供给有利于少数弱势群体。根据已有研究，政府根据人民意愿提供公共物品但质量往往不高，于是出现“政府失灵”；市场无法提供足够、质量好的集体物品，于是出现“市场失灵”（Weisbrod，1974）；[②] 但社会供给同样存在服务成本过高的“志愿失灵”。因此，有效公共服务供给的关键是将各类服务供给主体的优势进行整合，避免劣势的发展。不同主体间关系构成了公共服务供给模式，整体来看，政府公共服务供给主体责任不能缺失。

二、公共服务供给模式及主要特征

公共服务是指由政府负责提供、满足社会和公众需求的公共产品。公共服务的供给并不意味着一定要由公共部门（政府部门）生产，生产和供给的分离是市场化机制引入的理论基础，要充分利用市场机制和竞争机制，充分发挥市场在资源配置中的基础性作用，在公共服务的生产中用最小的投入获得最大的产出，即公共服务提供的核心问题：低投入和高产出。

不同的学者在研究中对公共服务的供给模式做出了不同的分类。陈振明（2007）提出了公共服务的 4 类提供机制：分别为政府供给、市场供给、社会供给以及合作机制。[③] 政府供给是指公共服务或公共物品由政府或其他公共部门提供；市场供给是指“引进市场激励以取代对经济主体的随意政治干预，通过合同承包、特许经营、凭单等形式把责任委托给在竞争市场中运营的私营公司和个人”；社会供给是指“社会自主供给，包括第三部门供给、社区供给和自愿供给，作为公共物品供给的辅助与补充形式，是弥补政府失灵和市场失灵的重要社会部门”；合作机制是指“政府、市场和第三部门之间的协作和配合”，尽管这些主体作用的机制和方式各不相同，但合作机制可以使公共服务的供给更有效率，如表 10－4 所示。

① 夏志强，付亚南．公共服务多元主体合作供给模式的缺陷与治理．上海行政学院学报．2013 年第 4 期。

② Weisbrod，B. A. 1977. Toward a Theory of the Voluntary Non-profit Sector in a Three-Sector Economy. The Economics of Nonprofit Institution. 1986. Rose-Ackerman S，editor. New York：Oxford University Press.

③ 陈振明．加强对公共服务提供机制与方式的研究．东南学术，2007 年第 2 期。

表 10－4　　公共服务提供机制的基本类型

机制类型	政府权威机制	市场机制	志愿机制	混合性机制
政府干预程度	高	低	低	中
政府制度要求	全面控制制度	引导性制度	引导性制度	弹性制度结构
主要机制举例	公共事业、公共企业、管制	使用者付费	家庭与社区非营利组织	信息与规劝、多中心混合
服务范围	普遍性服务	限于付费者	限于特定地区或目标	混合

资料来源：陈振明．加强对公共服务提供机制与方式的研究．东南学术，2007（2）：69－76.

国外学者对不同供给模式的分类也具有很多种。美国城市管理协会（ICMA）将公共服务供给模式分为6类：营利组织供给、非营利组织供给、志愿者供给、城市间合作供给、特许经营、补贴；Girth等人（2012）则将公共服务供给模式分为政府供给、合作供给、营利组织供给，以及非营利组织供给这4类；[①] Shiomo（2012）将公共服务供给模式分为四类，包括政府供给、市场供给、第三部门供给以及自助供给。[②] Warner等（2002）[③] 和Bel等人（2009）[④] 在文章中对比了私有化和城市间合作这2种公共服务供给模式的绩效差异；Warner等人（2001）[⑤] 的文章考察了私有化、公共部门供给、逆私有化和政府型企业这4类供给模式的绩效差异。可见，公共服务供给的主体包括政府、企业和社会组织，具体的提供方式包括外包、私有化、合作等方式。公共服务供给模式的内涵较为广泛，在实践中有多种表现形式。目前学术热点集中在对外包、私有化以及政府和社会资本合作模式的讨论（Public-Private Partnership），外包是利用市场竞争，私有化是到市场上竞争，政府和社会资本合作模式的内涵和外延较广，不同的政府和市场合作的方式都可以纳入该理论框架内，包括服务外包。

① Girth, A. M., Hefetz, A., Johnston, J. M., Warner, M. E. 2012. Outsourcing Public Service Delivery: Management Responses in Noncompetitive Markets. Public Administration Review, 72 (6): 887－900.

② Shiomo, M. 2012. Self-Provision of Public Services: Its Evolution and Impact. Public Administration Review, 72 (2): 285－291.

③ Warner, M. E., Hefetz, A. 2002a. Applying Market Solutions to Public Services: An Assessment of Efficiency, Equity and Voice. Urban Affairs Review, 38 (1): 70－89.

④ Bel, G., Fageda, X. 2009. Factors Explaining Local Privatization: a Meta-regression Analysis. Public Choice, 139 (1): 105－119.

⑤ Warner, M. E., Robert, H. 2001. Local Government Restructuring: Privatization and its Alternatives. Journal of Policy Analysis and Management, 20 (2): 315－336.

不同供给模式的根本区分在于利用不同的提供机制。关于“公”和“私”核心区别正是基于市场化机制和政府提供机制这两极基础上的讨论，当公共服务完全由市场供给，例如私有化，那么就是完全的“私”模式；如果公共服务完全由政府生产和供给，如政府直接提供，那么就是完全的“公”模式。当然，绝大多数供给方式都是介于这种“公”和“私”之间的混合模式，但公和私的划分能够让我们清楚地定义各类服务模式在该谱系中的定位（见图10－7和图10－8）。

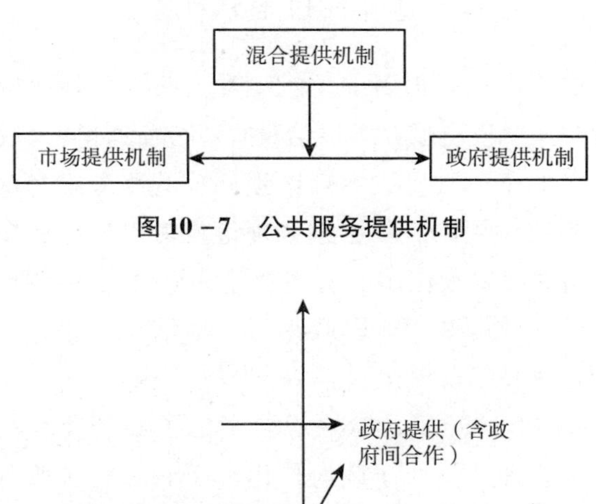

图10－7　公共服务提供机制

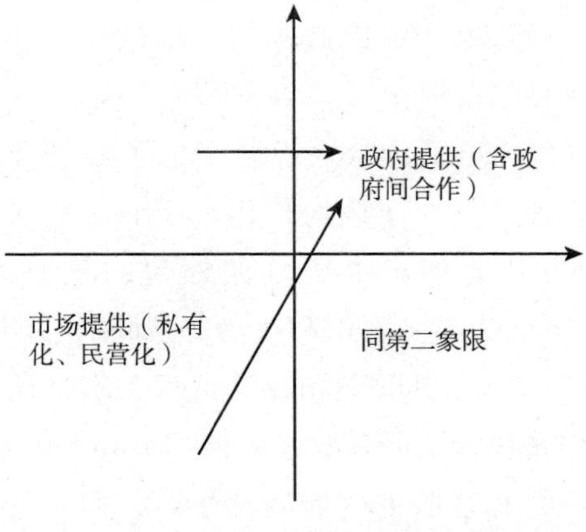

政府提供（含政府间合作）
市场提供（私有化、民营化）
同第二象限

图10－8　“公”和“私”的象限之分

在图10－7中，谱系的两极分别是市场化提供机制和政府提供机制，对应着图10－8中的“私”和“公”，在公—公关系中，包含了政府直接供给和政府间合作两种供给方式，其提供主体是单一的政府；在第二象限的“公—私”关系中，包括各种混合供给方式，例如公共服务外包、政府购买服务，以及补贴等；在第三象限中为纯粹的“私”部门供给，具体的方式为私有化和民营化。当然，目前在西方国家已经出现了将私有化的公共服务进行政府回收的情况，同样的案例也发生在我国多个地区的多个领域，因此，利用纯粹的私部门提供公共服务，无论在理论上还是在实践中，已经遭到了改革的失败。综上，基于第一象限和第二象限关于服务供给方式的研究，是未来研究的方向。①

总之，在目前的研究中，公共服务供给的主体包括政府、市场（企业）和非营利组织（第三部门）。供给方式包括他们之间的合作（公—公合作；公—私合作；公—非营利部门合作）。政府直接提供、政府购买服务（公共服务外包）、特许经营和财政补贴是政府供给公共服务的手段。公共服务供给模式包括了提供主体和提供手段的集合。

三、公共服务供给模式选择的因素分析

尽管公共服务供给模式有很多种，但一类公共服务到底应由哪类模式供给却受到许多要素的制约，没有哪一类供给模式适合所有的公共服务②。公共选择理论强调产权和市场竞争，交易成本理论强调公共服务本身的特性，产业组织理论强调市场结构和政府规制。除了这些理论流派以外，更多的研究聚焦于具体的要素分析，分析哪些要素作用于公共服务供给模式的选择。这些要素包括：政治因素、服务属性、政府能力、财政因素、地域特征、人口规模等，而且这些要素本身往往结合在一起发挥作用。

政治因素。Anna 和 Stuart（2007）综合考虑了经济和政治要素这两个环境变量，组织变量以及管理变量对于政府作出电子政务外包服务的选择影响，结果发现政治因素是地方政府作出电子政务外包的核心因素；③ Bel 和 Fegeda（2007，2009）的研究也认为经济要素和政治要素同时影响地方政府作出私有化的决策，其中政治要素包括意识形态和政治过程，实证研究发现其对小城镇影响显著，意识形态对欧洲和大城市影响显著；④ Tavares 和 Cames（2007）从交易成本的框架分析了为什么有些服务政府内部生产，而有些服务却以快速增长的态势采用城市间合作的方式。结果发现，政治、服务特性都在起作用，政治是

① 丁姿．关于医疗服务供给中社会资本作用的实证研究［博士论文］．北京：清华大学公共管理学院．2016。

② no size suitable for all.

③ Anna Ya Ni，Stuart Bretschneider. 2007. The Decision to Contract Out：A Study of Contracting for E-Government Services in State Governments. Public Administration Review，67（3）：531－544.

④ Bel，G.，Fageda，X. 2007. Why Do Local Governments Privatize Local Services? A Survey of Empirical Studies. Local Government Studies，33（4）：517－534；Bel，G.，Fageda，X. 2009. Factors Explaining Local Privatization：a Meta-regression Analysis. Public Choice，139（1）：105－119.

核心作用（降低政治风险）。[①]

服务属性。交易成本理论认为，服务特征本身会影响公共服务供给模式的选择。服务特征包括资产专属性和服务的易测量性。前者指生产该项服务是否需要专门的投资，后者指外包组织测量服务或者监管服务供给行为的难易程度（Williamson，1999）。[②] Girth 等人（2012）的研究表明，资产专属性较高的服务应由政府内部生产和供给，而竞争性的服务可以外包给非政府组织。[③] Tavares 等人（2007）的研究也得到类似的分析结论，易测量的公共服务更容易采纳多元化的供给方式，资产专属性较高的服务由政府内部生产。[④] 为什么服务特征会影响公共服务的供给模式选择？原因在于当一个产品的资产专属性较高且不易测量时，采用政府以外组织提供该项服务的合同风险较大。由于双方缔结的是非完全合同，在合同执行过程中形成的委托—代理关系，双方信息不对称而导致委托方监管成本过高。Brown 等人（2009）针对较高资产专属性产品服务外包过程中产生的委托—代理关系进行研究，发现双方容易进入“套牢风险”和囚徒困境状态，委托方对于外包商敷衍了事的行为控制不了。[⑤] 总之，委托方和被委托方目标不一致性和信息不对称性能够有效解释公共服务外包的成本要素和交易风险。

人口规模。人口规模也是外包中能否获得规模经济进而影响外包决策的变量，Warner 和 Hefetz（2004）的分析发现，人口越多，外包越少，因为供给现有人口公共服务已经具备规模经济优势。[⑥] Bel 和 Miralles（2003）对西班牙固体垃圾外包的影响要素进行分析后也发现，人口和外包决策呈现倒 U 形关系，人口太少和人口太多都不会采纳外包的形式。[⑦] 人口太少，外包的监管成本太高；

---

① Tavates, A. F. , Camoes, P. J. 2007. Local Service Delivery Choices in Portugal: A Political Transaction Costs Framework. Local Government Studies, 33 (4): 535 - 553.

② Willimson, O. E. 1999. Public and Private Bureaucracies: A Transaction Cost Economics Perspective. Journal of Law, Economics & Organization, 15 (1): 306 - 342.

③ Girth, A. M. , Hefetz, A. , Johnston, J. M. , Warner, M. E. 2012. Outsourcing Public Service Delivery: Management Responses in Noncompetitive Markets. Public Administration Review, 72 (6): 887 - 900.

④ Tavates, A. F. , Camoes, P. J. 2007. Local Service Delivery Choices in Portugal: A Political Transaction Costs Framework. Local Government Studies, 33 (4): 535 - 553.

⑤ Brown, T. L. , Potoski, M. , Slyke, D. M. V. 2009. Contracting for Complex Products. Journal of Public Administration Research and Theory, 20 (special issue): 41 - 58.

⑥ Hefetz, A. Warner, M. 2004. Privatization and Its Reverse: Explaining the Dynamics of the Government Contracting Process. Journal of Public Administration Research and Theory, 14 (2): 171 - 90.

⑦ Bel. G. , Mirallers, A. 2003. Factors Influencing the Privatization of Urban Solid Waste Collection in Spain. Urban Studies, 40 (7): 1323 - 1334.

人口太多，公共部门内部生产本身就具有了规模经济。

政府能力。Hefetz 和 Warner（2004）发现政府管理能力，监管能力对地方政府公共服务供给中出现的逆私有化解释力很强。[①] 政府能力可以具体细分为几个方面：（1）绩效管理能力。政府做出公共服务供给模式的选择后，对于公共部门绩效影响要素的研究就变得重要起来。在对公共部门组织绩效的研究中，公共部门的战略可以概括为两点，一是改进绩效，包括数量、质量、价值、责任、代表性等，二是提供更好的公共服务（Boyne 和 Walker，2010）。[②] 政府的管理能力则体现在对公共组织内部可控要素的管理。（2）合同管理能力和监管能力。除政府直接供给的模式外，其他供给模式绝大部分要通过缔结合约的方式，政府需要完全信息、全面监管和确保服务质量（Warner 和 Hebdon，2001），[③] 相应的，政府的合同管理能力和监管能力在合同履行中起到降低信息不对称性、管控服务供给过程、确保服务质量的作用。政府的管理能力和监管能力对地方政府做出公共服务提供机制的选择有较高的解释力（Hefetz 和 Warner，2004）。[④]（3）政府信用。政府要能维系和外包商之间的信任关系进而降低风险。而双方信任的建立是达成双赢结局的前提（Brown et al.，2007）。[⑤]（4）政策制定能力。政府要能提供必要的政策环境，包括法律制度等（Y. H Yang et al.，2013；Bel 和 Warner，2008）。[⑥]（5）信息获取能力。政府还要能够获取信息，以降低服务供给中的信息不对称性和风险性。信息，监管和服务质量是关注的重点（Warner 和 Hebdon，2001）。[⑦]

此外，还包括财政因素和地域特征的影响。（1）财政因素。财政压力是早

---

① Hefetz, A. Warner, M. 2004. Privatization and Its Reverse: Explaining the Dynamics of the Government Contracting Process. Journal of Public Administration Research and Theory, 14 (2): 171 – 90.

② Boyne, G. A., Walker R. M. Strategic Management and Public Service Performance: The Way Ahead. Public Administration Review. 2010, 70 (Supplement s1): s185 – s192.

③ Warner, M. E., Robert, H. 2001. Local Government Restructuring: Privatization and its Alternatives. Journal of Policy Analysis and Management, 20 (2): 315 – 336.

④ Hefetz, A. Warner, M. 2004. Privatization and Its Reverse: Explaining the Dynamics of the Government Contracting Process. Journal of Public Administration Research and Theory, 14 (2): 171 – 90.

⑤ Brown, T. L., Potoski, M., Slyke, D. M. V., David. M. V. 2007. Trust and Contract Completeness in the Public Sector. Local Government Studies, 33 (4): 607 – 623.

⑥ Y. H Yang, Y. L Hou, Y. G Wang. 2013. On the Development of Public-private Partnerships in Transitional Economies: An Explanatory Framework. Public Administration Review, 73 (2): 301 – 310; Bel, G., Warner, M. E. 2008. Does Privatization of Solid Waste and Water Services Reduce Costs? A Review of Empirical Studies. Resources, Conservation and Recycling, 52 (12): 1337 – 1348.

⑦ Warner, M., Hebdon, R. Local Government Restructuring: Privatization and Its Alternatives. Journal of Policy Analysis and Management. 2001, 20 (2): 315 – 336.

期学者解释外包行为最重要的考量因素，Bel 和 Fegeda（2007，2009）认为，经济要素中的财政压力和降低成本的需要可能影响政府作出私有化的决定，实证结果发现，小城镇较易受到财政压力的影响。①（2）地域特征。Hefetz 和 Warner（2011）在研究中将市场属性，服务属性和地域特征纳入考量范围，结果发现，充分竞争的市场并不存在，而地域特征则在城市和农村两个纬度上表现出了差异，他们的结论是：必须要考虑地域特征。②

通过上述要素分析可见，在城市进行公共服务供给模式多元化具有更大的可行性：市场较为发达，竞争激烈，能够自由选择公共服务供给主体；政府能力较强，具有丰富的市场管理和公共服务提供经验；人口规模大且分布集中，便于公共服务供给规模效益的发挥；且根据我国国情，城市公共服务更多表现为由于大量外来人口涌入导致的供给和需求严重不平衡问题，相比较之下，农村公共服务体系一直由政府主导建设，因此，在城市公共服务供给中探索和践行多元化供给模式具有现实的可行性和意义性。

第三节　我国城市公共服务供给分析

党的十八届五中全会审议通过的《中共中央关于制定国民经济和社会发展第十三个五年规划的建议》明确要求增加公共服务供给，从解决人民最关心最直接最现实的利益问题入手，增强政府职责，提高公共服务共建能力和共享水平。同时强调，要创新公共服务提供方式，能由政府购买服务提供的，政府不再直接承办；能由政府和社会资本合作提供的，广泛吸引社会资本参与。

一、我国城市公共服务供给现状

改革开放以来，我国政府公共服务职能不断得到改善，各级政府公共服务质量有了显著提高。但是，与人民群众日益增长的社会公共需求相比，与我国全面建设小康社会的战略目标要求相比，与国际上公共服务水平较高的其他国家相比，我国城市公共服务供给水平还比较弱，主要表现在以下几个方面：

---

① Bel，G.，Fageda，X. 2007. Why Do Local Governments Privatize Local Services? A Survey of Empirical Studies. Local Government Studies，33（4）：517 –534；Bel，G.，Fageda，X. 2009. Factors Explaining Local Privatization：a Meta – regression Analysis. Public Choice，139（1）：105 –119.

② Hefetz，A. Warner，M. 2011. Contracting or Public Delivery? The Importance of Service，Market，and Management Characteristics. Journal of Public Administration Research and Theory，22（2）：289 –317.

第一，高度垄断，忽视个体需求。新中国成立以来，我国建立了计划经济发展模式，政府在社会的政治、经济、社会、文化生活方方面面居于绝对的主导地位。改革开放以来，尽管向市场经济体制转轨，但长期以来形成的政府对公共服务供给垄断的局面并未打破，而且为了追求经济快速增长，我国政府直接参与竞争产品的经营，广泛参与私人产品的提供，造成公私角色的错位。具体来说，我国传统的公共产品和服务供给理念将政府看成是公共服务供给的天然和唯一的主体。政府作为全能型政府负责一切公共产品和公共服务的生产和提供，即企业由政府建、资金由政府拨、价格由政府定、盈亏由政府负。在这种体制下，由于不存在高经营风险，政府公共服务缺乏对投入与产出的精确核算、监督与管理；由于其产品和服务在市场上具有独占性，从服务使用者的意愿和利益往往得不到有效维护；由垄断带来的冗员过多、缺乏创新、成本过高导致公共服务的低效。

第二，总量不足，重实体轻服务。长期以来，政府职能界定不清晰，“越位”“缺位”和“错位”现象比较普遍。由于我国的市场经济体制改革是在原有计划经济体制的基础上进行的，尽管市场正逐渐成为资源配置的有效方式，但数次调整后的政府职能仍然留有计划经济的痕迹。政府仍然掌握着许多本应由市场来优化配置的资源，对社会管理和公共服务职能关注不够，政府活动中“越位”、“缺位”、“错位”的现象还比较普遍，各级政府不同程度地表现出了经济管理强、市场监管弱、社会管理弱、公共服务弱等特点。各级政府仍然管了一些不该管的事情，扮演了“经济建设型”政府角色，既是“运动员”，又是“裁判员”，扭曲了政府与市场的关系；应由政府管理的社会公共事务，如收入调节、社会保障、科学教育事业、医疗卫生事业、环境保护等，政府还没有很好地担负起责任，最终带来了经济与社会的不平衡发展，导致一些重大民生问题长期得不到解决。在公共服务提供方面，政府过多地参与了本应通过市场机制解决的私人产品的生产和提供，干扰了提供私人产品企业的经济活动，干扰了市场发挥资源配置的基础性作用。各级政府淡化了政府的公共服务和宏观管理职能，对社会管理和公共服务重视不够并且投入不足，导致社会管理和公共服务供需矛盾突出。

第三，结构失衡、地区失衡。从公共支出的领域来划分，政府公共服务主要可分为三个方面：一是维持性公共服务，是指维持国家安全、行政管理正常运转的公共服务，如国防、外交、公共行政服务等；二是经济建设服务，是政府为促进经济发展而直接进行各种经济投资的服务，如投资经营国有企业与公共事业、投资公共基础设施建设、对企业经营活动进行补贴等；三是社会服务，是指政府通过转移支付和财政支持对教育、社会保障、公共医疗卫生、科技补贴、环境保护等社会发展项目所提供的公共服务。一般来说，经济建设服务提供的主要是混合公共产品，而社会服务提供的主要是纯公共产品即基本公共产品。目前我国的公共支出格局还带有很浓厚的“建设财政”的特点，公共支出被大量地运用于政府没有比较优势的用途上，过多地进入了那些本应由市场力量发挥主要作用的领域，特别是竞争性和营利性的经济领域。①

通过上述分析可见，尽管改革开放以来我国经历了 7 次较大的行政管理体制改革，通过精简机构、重新划分职能同时强调政府在社会管理和公共服务供给中的主体角色，但我国城市公共服务供给仍然存在总量不足、政府高度垄断、结构和地区失衡等问题。究其原因，主要可以归纳为 4 个方面：（1）政府财权和事权划分不清。政府间公共服务职责划分不明确、分工不科学和管理不完善，基本公共服务综合绩效整体处于偏低水平，缺乏提供公共服务的激励机制，地方政府公共服务意识淡薄。（2）政府职能转变不到位。政企、政资、政事、政府和市场中介组织关系不明，政府没有有效地将市场机制、企业、社会组织等纳入公共服务供给模式，导致公共资源不足、服务效率低下、服务质量不高、服务成本高昂。（3）效率和公平的失衡。我国政府目前的公共服务供给能力不足，不能保证基本的社会公平，已经成为影响我国社会稳定、阻碍我国市场经济改革进一步推进的重要因素。（4）市场成熟度不高、社会组织发育不完善。通过政府以外力量供给公共服务是西方国家经验实践，但也面临着诸如信息不对称、监管成本过高等问题。从我国现实情况来看，一方面政府和市场、社会合作的经验并不丰富，另一方面市场机制本身并不完善、社会组织的发育也处于早期，因此，为了更好地实现政府、市场和社会三方力量供给公共服务，仍需要不断地深化改革，释放改革红利。

二、我国城市公共服务供给改革的历程及评估

我国城市公共服务供给改革历程可以划分为 2 个阶段，一是新中国成立后到改革开放前的计划经济阶段，二是改革开放以来由计划经济向市场经济转轨的转型阶段。随着发展阶段的转变，不同社会阶层和利益团体对于公共服务的

① 徐增辉．论我国公共服务供给现状及市场化改革．华北电力大学学报（社会科学版）．2005 年第 3 期。

要求也从如何满足基本生活需求转变为多元化需求和如何有效、公平配置的矛盾。[①] 这种矛盾可以具体概括为：计划经济体制形成的政府管理一体化与市场经济条件下公共服务多元化的矛盾；重要的公共服务责任与相对匮乏的行政资源之间的矛盾；严格的政府绩效考核与有限的地方政府财政能力之间的矛盾。[②] 从公共服务供给主体的角度来看，从单纯公共部门供给到社会参与，逐步实现“发展导向—效率优先”向“进步导向—均等共享”转型。

（一）公共部门供给

新中国成立后，城市公共服务被认为是社会主义的福利事业，公共服务供给由政府及事业单位垄断。传统计划经济体制下单位制的建立，将所有类型的城市公共服务囊括其中，人是“单位人”，享受着政府直接提供的所有公共服务：教育、医疗、住房、社会保障等。政府控制着经济与社会发展的所有领域，公共服务由政府通过单位直接供给，不存在任何市场空间。在这种体制下，城市公共服务的供给水平不高、但均衡性较好，人与人之间的差别不大，人们的公共服务需求趋同。同时，由于单位制的固化和城乡户籍制度的原因，全国范围内人口的流动性很低，城市公共服务供给的主要对象是城市人口，没有面临像今天这样庞大的流动人口服务群体。因此，对新中国成立后到改革开放前计划经济体制下公共服务供给特点的评论可以说是供给主体单一、服务类别单一、保障水平不高、绝对平均主义；单位作为连接国家政权与个人中间地带发挥着维护国家社会严格控制的作用。[③]

（二）社会参与

改革开放以后，我国逐步由计划经济体制向市场经济体制迈进，单位制逐渐瓦解，“单位人”向“社会人”转变。随着社会控制的减弱，人口逐渐在城市间流动，由农村地区向城市地区转移。由于社会人的增加和农村人口的流入，加之经济水平的快速增长带来了对公共服务需求的质量和数量要求的提高，原有通过单位制供应的公共服务已经远远不能满足人民需求。由政府一家垄断公共服务供给已经凸显出能力的不足和质量的下降。在这样的转型背景下，由政府一元供给向政府、市场、社会多元供给的格局渐渐形成。体制转型也为市场留出了足够的发展空间，为社会参与公共服务供给提供了有利

---

① 齐海丽．我国城市公共服务供给中的政社合作研究．上海交通大学出版社，2015 年版。
② 王浦劬．政府向社会组织购买服务：中国与全球经验分析．北京大学出版社，2010 年版。
③ 齐海丽．我国城市公共服务供给中的政社合作研究．上海交通大学出版社，2015 年版。

的条件。《国家基本公共服务体系“十二五”规划》明确提出要创新公共服务供给方式，实现提供主体和提供方式多元化（见表10－5）。可见，当下我国城市公共服务供给模式的发展方向就是多元化的、鼓励社会参与的，这是为了迎合百姓日益增长的公共服务需求、全面提升服务品质、动员社会力量的结果。

表10－5　社会力量参与公共服务事业的不同形式

	参与性质	盈利水平	支持力度
民间资本	营利性	高于市场平均水平	不予支持
		低于市场平均水平	适度支持
	非营利性	无利或微利	全面支持
社会组织	非营利性	无力或微利	全面支持

资料来源：杨宜勇，邢伟．公共服务体系的供给侧改革研究．公共治理．2016（3）：70－83。

三、我国城市公共服务供给的创新实践分析

我国当下城市公共服务供给创新较为典型的是政府购买服务、公用设施委托经营、政府和社会资本合作（PPP），以及志愿服务四项。

（一）政府购买服务

政府购买服务是创新社会治理体制的重要议题。1995年上海市浦东新区政府委托基督教青年会负责罗山市民中心（罗山会馆）的日常运营服务，标志着我国政府采用合同形式向社会力量购买公共服务的开始。① 《国务院办公厅关于政府向社会力量购买服务的指导意见》发布，标志着我国政府购买服务工作正式启动。三部委联合下发的《政府购买服务管理办法（暂行）》（财综〔2014〕96号）发布，标志着政府购买服务进入规范化的运转轨道。党的十八届三中全会首次提出“创新社会治理”，政府职能转型方向成为统筹社会资源的协调人角色，通过购买服务处理好政府、市场和社会三者之间的平衡关系。

我国长三角地区有着20多年政府购买社会服务的经验。南京、宁波、上海、苏州、杭州、常州、温州、无锡等长三角地区政府运用多种购买手段进行

① 季路，王青平，范炜烽．社会治理视域下政府向社会力量够买公共服务评估研究——基于长三角地区的调查．江苏社会科学．2016年第6期。

政府购买公共服务的实践，并且在不断探索中各地区政府提出按照不同标准、设计指标、对购买构成进行评估，以提升公共服务的供给能力。一方面加强政策建设，如《常州市关于推进政府购买公共服务工作的指导意见》《无锡市人民政府关于全面深化政府向社会力量购买服务的贯彻实施意见》等政策出台呼应国家层面要求。另一方面，在政府购买服务中越来越以民众需求的多元化为导向，改变传统单一化供给模式，定制化公共服务供给日益凸显。在购买居家养老服务方面，南京在购买过程中，首先进行信息采集，并以街道、社区养老设施为依托，借助市场化运作机制，向居家老人提供“套餐式”服务，其特点是根据居家老人“定制化”服务“量身定做”。①

在北京市，北京市民政局和北京市社会建设工作办公室是组织购买社会组织服务的主要政府部门。以北京市“社会建设专项基金”为例，2010 年起北京市委市政府实施政府购买社会组织服务工作，满足社会公共服务需求，改善民生并推进社会管理创新实践。北京市社会建设工作办公室具体负责执行，购买服务的范围包括基本公共服务、社会公益服务、社区便民服务、社会管理服务、社会建设决策研究信息服务，共计 5 个方面 40 个类别。② 项目组织采取申报—专家匿名评审—立项—签订合同—资金拨付—验收的流程进行，仅 2011 年，北京市社会建设工作办公室投入 5297 万元，购买了 363 项社会组组服务，撬动配套资金 1912 万元。工作成效主要体现在三个方面：第一，完善政府购买社会服务的工作机制。建立了项目主责单位监督、项目承接单位具体落实的工作模式；发挥了专项基金的撬动作用，形成多元投入的良性机制。第二，扩大了专业化社会服务的覆盖面。发挥了社会组织在专业领域提供服务、反映诉求的作用，群众也在项目实施中享受到了专业化和职业化的服务。第三，提高了社会参与度。加强了以“枢纽型”社会组织为龙头的社会组织管理模式，凸显了行业协会在社会服务建设中的带头作用。③

不仅在社会服务领域，近些年来，随着我国公共文化服务在国家战略地位的提升，社会力量参与公共图书馆事业建设也如火如荼开展起来。在政府购买服务方面，2016 年 5 月国务院办公厅转发了文化部四部委《关于做好政府

① 季路，王青平，范炜烽．社会治理视域下政府向社会力量够买公共服务评估研究——基于长三角地区的调查．江苏社会科学．2016 年第 6 期。

② 《北京市 2011 年政府购买社会组织服务项目指南》。

③ 《中国政府购买社会组织服务研究报告》．中民慈善信息中心．http：//www.zmcs.org.cn/qtbg/6711.jhtml。

向社会力量购买公共文化服务工作的意见》，文件中对承接主体做了明确要求：一是依法在登记管理部门登记或经国务院批准免于登记的社会组织；二是符合条件的事业单位；三是依法在工商管理或行业主管部门登记成立的企业、机构。将社会组织列为第一类承接主体反映出公益类社会组织未来在公共文化服务体系建设中将大有可为。在公共图书馆领域，政府向社会力量购买服务包含两类：一是公共图书馆可以把自身的运营与管理向社会组织在内的社会力量购买，如后勤、保安等业务外包。近年来，一些图书馆的采访、编目均对外招标，由社会公司来承担；二是全民阅读活动的组织与承办、公益性讲座的组织与承办等核心业务外包，甚至设施运营和管理整体外包。如北京西城的砖读空间、宣阳驿站的社会化管理、无锡新区图书馆将运营与管理托管给台湾艾迪讯公司。①

（二）公共设施委托运营

在公共图书馆建设方面，早在国家政策出台之前各地已有先行先试的成功经验。2015 年 5 月国务院办公厅转发文化部、财政部、新闻出版广电总局、体育总局《关于做好政府向社会力量购买公共文化服务工作的意见》，意见指出到 2020 年，在全国基本建立比较完善的政府向社会力量购买公共文化服务体系，公共图书馆的运营和管理明确纳入其中。在公共图书馆的运营和管理方面，一些地方已有先行先试。案例之一，2001 年艾迪讯电子科技（无锡）有限公司参与江苏无锡新区管委会公开招标，承接新区图书馆的建设、管理、运行和服务工作。在社会化运营后，图书馆灵活设置岗位，招募专业人员，强化奖励激励机制。据测算，与其他同等规模的图书馆相比，该馆运营成本节约了 2/3，工作人员减少了 1/3。该馆全年无休，服务深入社区、企业、学校，同时还开展生活体验馆、少儿绘本故事会、语言沙龙等多项活动，并在 2013 年被评为“一级图书馆”。案例之二，2015 年经营网上图书租赁业务的企业“老约翰绘本馆”以“职业经理人”身份承接无锡蠡湖街道图书馆的管理、运营工作。充实了 4000 余册适应学龄前儿童阅读的绘本馆藏，装修风格、配套设施、内部布置更加人性化，并引入现代营销手段充分考虑不同类型读者的需求，分别针对学龄前儿

① 白雪华. 关于社会力量参与公共图书馆事业建设的几点思考. 引自：杨松. 积极探索和不断完善公共文化服务领域政府与社会资本合作模式（PPP 模式）——关于社会力量参与公共文化（图书馆）服务专题访谈. 图书馆杂志. 2015 年第 11 期。

童、学生、普通读者举办“周末故事会”“四点半课堂”、读书会等公益读书活动。①

在大型公共体育场委托经营方面，由于体院场馆运营专业化和规模化的要求，体育场馆的委托经营是发展的重要趋势。我国城市大型体育场馆的委托经营情况比较普遍。例如宁波市体育局与宁波西格置业有限公司签订委托管理承包经营合同，委托经营宁波游泳健身中心。② 通过缔结合约，双方规定了法律权利和义务关系。如宁波游泳健身中心委托经营合同规定，由受托人提供、以委托方作为受益人、由中国银行直开的有效期为7年的人民币100万元的无条件保函，作为合同履约保证。同时由受托方尽可能争取税收和收费上（水、电、气）的优惠，中心的房产税、土地使用税由委托方向财政部门申请减免。经营者对于政府组织的公益性活动（含市运会）和体育赛事等需无偿提供场地和相应的服务（含人员、附属用房及器材设备）。同时，要求中心坚持社会效益为主的原则，保证中心公益性的性质，向社会全年开放，价格合理，对学生、老年人、残疾人优先优惠开放。

在医疗服务供给方面，政府卫生部门将转型期的医院委托经营给有实力的医疗企业经营。2010年门头沟公立医院改革，为了打破医院设施设备陈旧、医疗技术人员匮乏、管理落后的恶性循环，在改革中通过门头沟区政府和凤凰医疗缔结合同的方式，引入社会资本建立了现代法人治理结构和新的投入机制和运营管理机制。在不改变政府对医院所有权和监管职责的前提下，由政府出资并以管理费的方式向凤凰医疗集团购买管理服务。凤凰医疗则负责医院的投入、运营和维护。重构包括决策体系、运行机制、投入机制、监管机制和分配机制，运营的核心内容是把医院交给专业医疗管理机构管理。2011年在对门头沟托管效果得到认可的第2年，凤凰医疗对市属大型国企京煤集团下属京煤集团总医院进行托管。2012年6月凤凰医疗集团在门头沟的托管范围扩大，与门头沟区政府合作组建全市首个公立医院集团，法人治理结构和运行、监管机制扩展到区中医院（见表10－6）、斋堂医院和门城社区卫生服务中心、妙峰山中心、军庄中心等机构。2014年9月，凤凰医疗又托管了区妇幼保健院。

---

① 张若冰，申晓娟，李丹．社会力量参与公共图书馆服务体系建设现状简析．国家图书馆学刊．2015年第4期。

② 王健，陈元欣，王维．中美体育场馆委托经营比较研究．西安体育场馆委托经营比较研究．2013年第1期。

表 10-6 凤凰医疗集团的医院网络

投资主体	时间	投资标的	IOT 时间	医院级别
凤凰医疗集团	2002	北京市健宫医院	/	二甲
	2005	托管北京燕化医院	48 年（2008～2055 年）	三级
	2010	托管北京门头沟医院	20 年（2011～2030 年）	二甲
	2012	托管北京京煤总医院	19 年（2012～2030 年）	三丙
	2012	托管门头沟区中医院	19 年（2012～2030 年）	二甲

资料来源：丁姿．关于医疗服务供给中社会资本作用的实证研究［博士论文］．北京：清华大学公共管理学院．2016。

（三）政府和社会资本合作（含特许经营）

20 世纪 90 年代，英国率先提出了政府和社会资本合作模式（Public-Private Partnership，PPP）的概念，积极开展公共服务民营化，后来这一模式逐渐在美国、加拿大、新加坡、日本等发达国家得到广泛应用。[①] 2013 年党的十八届三中全会决定明确提出，允许社会资本通过特许经营方式参与基础设施投资和运营。2014 年 11 月，国务院印发了《关于创新重点领域投融资机制鼓励社会投资的指导意见》，明确要求建立健全 PPP 机制，拉开了我国 PPP 发展的序幕。

政府和社会资本合作模式是在基础设施及公共服务领域建立的一种长期合作关系。通常模式是由社会资本承担设计、建设、运营、维护基础设施的大部分工作，并通过“使用者付费”及必要的“政府付费”获得合理投资回报；政府部门负责基础设施及公共服务价格和质量监管，以保证公共利益最大化。[②] 广义的 PPP 是介于纯粹公有制和纯粹私有制之间的连续体（见图 10-9），最左边是完全由政府部门提供的模式，最右边则是完全由私营部门提供的形式，连续体右半部分不同形式间私营化程度的高低是相对而言的，它们之间的区别十分细微，并且具体到每个个案，情况也不尽相同。[③]

① 中外城市建设融资机制创新案例比较研究，清华大学公共管理学院课题组，2016 年 3 月。

② 关于推广运用政府和社会资本合作模式有关问题的通知，财金〔2014〕76 号。

③ E. S. 萨瓦斯．民营化与公私部门的伙伴关系．中国人民大学出版社 2002 年版。

政府部门	国有企业	服务外包	运营维护外包	合作组织	租赁建设经营	建设转让经营	建设经营转让	外围建设	购买建设经营	建设拥有经营

完全公营————————————————→完全民营

图 10－9　公共服务供给模式族谱

目前我国正在大力推广运用政府和社会资本合作模式（PPP），加强 PPP 项目全生命周期财政管理，保障项目实施质量。PPP 项目的发展较为迅速，项目领域涉及轨道交通、污水处理、垃圾焚烧、城市供水和城市交通等，涉及能源、供水、公用事业、基础设施各个方面。参与方包括港资、外资、国企、民企各类企业。[①] 2016 年，全国 PPP 综合信息平台入库项目已签约落地的项目 1351 个、总投资 2.2 万亿元。[②] 截至 2017 年 4 月 30 日，全国 PPP 综合信息平台入库项目达到 11700 个、总投资额 15.3 万亿元（见表 10－7）。[③]

表 10－7　全国 PPP 项目数量（截至 2017 年 4 月 30 日）

项目领域	项目数量	项目领域	项目数量
能源	207	教育	601
交通运输	1584	文化	366
水利建设	596	体育	233
生态建设和环境保护	761	市政工程	4479
农业	125	政府基础设施	228
林业	27	城镇综合开发	765
科技	148	旅游	781
保障性安居工程	542	社会保障	112
医疗卫生	537	其他	307
养老	301		

资料来源：全国 PPP 综合信息平台项目库，财政部政府和社会资本合作中心。

① 冯珂，王守清，伍迪，赵丽坤．基于案例的中国 PPP 项目特许权协议动态调节措施的研究．工程管理学报．2015 年第 3 期。

② 关于 2016 年中央和地方预算执行情况与 2017 年中央和地方预算草案的报告，国家财政部。

③ 全国 PPP 综合信息平台项目库，财政部政府和社会资本合作中心．http：//www. cpppc. org。

专栏2　北京地铁四号线的PPP建设模式

北京地铁建设的融资模式在国内极具代表性，经历了完全政府投资、混合投资和PPP模式，PPP模式的使用有效提高了北京地铁的建设规模和速度。1965年北京地铁开始修建，1969年10月第一期工程投入试运营，截至目前，北京地下铁道总长52公里，30个运营车站，客运量日平均125万人次。早期阶段采用政府承担全部建设资金的融资模式，到5、9、10号线建设则采用简单的混合投资模式。北京地铁4号线是国内首个以PPP模式——公私合营模式合作投资进行的项目。2005年2月7日，京投公司与香港地铁公司及北京首都创业集团有限公司达成协议，合作成立公私合营公司，政府授予30年特许经营权，PPP公司负责4号线列车及机电设备的投资建设和运营管理。4号线是兼具公益性与营利性两部分，属于公益性部分的采用TOT模式，即政府投资建成后，由PPP公司完成"移交（租赁）—运营—移交"过程；属于营利性的部分采用BOT模式，由PPP公司完成"建设—运营—移交"的过程。由于营利性部分必须考虑合理投资回报率，因此特许经营协议中对特许期限、收益分配、风险分担、运营服务标准进行了详细规定。[①] 京港地铁投资约50亿元人民币负责4号线运营和管理，在特许经营期结束后，将项目设施完好、无偿移交给北京市政府。[②] 地铁4号线自运营以来实现了预期效果：引入竞争，提高了地铁营运的管理水平，转化政府职能、实现政企分开；[③] 节约了政府财政开支、控制了投资成本、提高了服务质量和水平、表现出了良好的社会收益和服务水平。

在公共交通领域，一般采用特许经营的方式。由于公共交通是基本的公共服务，涉及多个利益相关者，因此在引入社会资本时有一定的争议，也具有一定的复杂性，但尽管如此，采用特许经营方式引入社会资本在我国城市公共交通服务供给中较为普遍。张万宽（2008）曾对下列2个案例（见表10-8）进行了实地调研。合肥白马巴士有限公司于2003年9月28日正式挂牌并投入运营，注册资本5000万人民币，合肥市公交集团与香港白马公司各占50%，首期

① 郝亚伟，王盈盈，丁慧平．城市轨道交通PPP模式核心要点研究——北京地铁M号线案例分析．土木工程学报．2012年第10期。

② 王莹．基于公共治理视角下的公共服务供给机制改革研究——以北京市地铁为．法治与社会．2015年第9期。

③ 北京地铁四号线PPP项目案例分析．经济研究参考．2014年第13期。

经营合肥市20条公交线路、360台公交车，经营期限30年，投资总额1.2亿元。沈阳康福德高安运巴士有限公司是2004年9月新加坡康福德高集团子公司康福德高（中国）公司与沈阳安运集团合作经营巴士业务的成果。康福德高在沈阳康福康福德高安运巴士合资公司中投入现金1300万美元，持有80%股权，运营18条公交线路，运营车辆511台，员工接近1100人。

表10－8　　公共交通领域的政府和社会资本合作部分案例

名　　称	合同方	形式	期限	投资额
合肥白马士有限公司	合肥公交集团、香港白马公司	合资	30年	1.2亿元
沈阳康福德高安运巴士有限公司	沈阳安运公司、新加坡康福德高集团	合资	无定期	1300万美元

资料来源：张万宽．若干转型国家的公私伙伴关系：理论与实证研究［博士论文］．北京：清华大学公共管理学院，2008。

（四）志愿服务

在深化行政管理体制改革的过程中，随着转变政府职能，从一元管理向多元治理社会结构的转变，我国志愿服务事业取得了较快发展，志愿服务的内容丰富、形式多样，领域广阔。志愿服务是人们不为直接物质利益，奉献时间与精力，为帮助他人、帮助社会提供的服务，① 是利他行为的一种形式。② 2008年可以称为志愿者元年，在当年的汶川地震的救灾和奥运会举办中，志愿者发挥了极大的作用。志愿服务也由此成为了公共服务供给模式的组成之一。一方面，它带有个人自愿、奉献精神、社会参与、“邻里守望”等特点；另一方面，也面临着自身组织建设和能力建设不完善，存在公益不足、操作不规范、独立性欠缺等问题，即“志愿失灵”。③ 尽管如此，志愿服务仍然是我国公共服务供给体系中重要的供给方，需要在实践中加以规范、改革和完善。

近年来文化志愿服务事业发展迅速，《中共中央关于深化文化体制改革推动社会主义文化大发展大繁荣若干重大问题的决定》明确提出“壮大文化志愿者队伍，鼓励专业文化工作者和社会各界人士参与基层文化建设和群众文化活动”。在国家层面，较为典型的是“春雨工程”——全国文化志愿者边疆行、

① 谭建光．志愿服务：理念与行动．人民出版社，2014年版。

② 马克·A. 缪其克，约翰·威尔逊．志愿者．魏娜等译．中国人民大学出版社，2012年版。

③ 夏志强，付亚南．公共服务多元主体合作供给模式的缺陷与治理．上海行政学院学报，2013年第4期。

“大地情深”——国家艺术院团志愿服务走基层这两项示范性文化志愿活动。丰富了边疆、民族、革命老区的公共文化生活，同时也促进了专业文化志愿者获得更多艺术创作灵感，具有非常好的社会溢出效应。在地方层面，各类主题文化志愿活动层出不穷，例如“传递书香、见证成长”公共图书馆志愿服务活动、“精彩生活，幸福使者”文化馆（站）志愿服务活动、“共享历史，感受快乐”博物馆志愿服务活动、“感受艺术，美丽心灵”美术馆志愿服务活动、“文化惠民，为您服务”文化惠民工程志愿服务活动、“邻里守望，文化暖心”关爱重点群体文化志愿服务活动、“欢乐节日，爱我中华”节日纪念日文化志愿服务活动、“文化公益，社会责任”企业文化志愿服务活动、“关爱成长，快乐生活”乡村学校少年宫志愿服务活动。[①] 文化志愿服务的发展调动了公共工作者的积极性，提高了文化资源的配置效率，促进了我国公共文化服务体系建设。

我国图书馆界引入志愿者服务始于 1996 年，由福建省图书馆开创，此后上海图书馆、深圳图书馆、广州图书馆、佛山图书馆等陆续引入了志愿者服务，志愿者队伍形成了一定的规模，也产生了社会效益。2009 年 7 月，广州图书馆初步实现了志愿服务制度化管理，正式公开向社会各界招募志愿者，改变了以往单一面向学校招募志愿者的发展瓶颈问题。同时服务项目扩展到许多领域：(1) 书刊管理； (2) 帮助老年人、未成年人、残障人士利用图书馆资源；(3) 承担外语、艺术、计算机等各类培训和活动策划、主持工作；(4) 其他工作：心理咨询辅导、会务、多种语言翻译、数据录入、资料加工等。此后，广州图书馆成为志愿者项目的重要载体，2008 年多所高校建筑学院志愿者在少儿部举办“奥运建筑”教育活动；2009 年暑假广州大学计算机学院到电子阅览室指导老年读者使用电脑和网络；2010 年“灯塔计划”志愿者多次到少儿部为家长和儿童演绎绘本书。[②]

在重大活动的举办和重大事件的应急方面，志愿者队伍的组织、管理和服务能力得到了表现。第一，在重大活动中，志愿者活动包括接待协助、媒体服务、秩序引导、问询服务等，2007 年 4 万名志愿者参与了上海世界夏季特殊奥林匹克运动会；2008 年 10 万名志愿者参加了北京奥运会；2010 年约有 20 万名世博园志愿者和服务点志愿者参与了上海世博会。第二，在公共事务特别是突发事件和公共危机中，志愿服务和社会组织发挥了不可忽视的作用。2008 年约

① 李培志．文化志愿服务与构建现代公共文化服务体系．特区理论与实践，2016 年第 5 期。

② 沈艺红．谈公共图书馆志愿服务——以广州图书馆为例．四川图书馆学报，2011 年第 2 期。

有300万人以上的国内外志愿者队伍深入汶川灾区，另有100万志愿者在后方参与抗震救灾；2010年在玉树抗震救灾中，仅成都市就有万名志愿者服务玉树地震伤员。①

无论是常态化的志愿者服务，抑或是应急管理和危机管理情况下的志愿服务，都是政府和市场之外的第三部门、个人进行组织的结果。由于源于内心对于慈善和奉献的利他主义精神，因此志愿活动在现实中表现出回应性强、维护社会公平正义、灵活调整、创新和专业等优势。② 这是社会主义精神文明和集体精神的表现，对于公共服务中社会参与和社会力量的发展意义重大，有利于公共服务公平和正义价值的维系。志愿服务一方面创造了经济价值提升了服务的质量和效果，另一方面有利于公民参与公共服务，优化服务供给效果和社会治理水平，③ 这也是政府供给和市场供给所不具备的优势。

第四节　现代国家治理体系下的城市公共服务供给体系构建

一、现代国家治理体系对城市公共服务提出的新要求

党的十八届三中全会提出国家治理体系和治理能力现代化的战略。习近平同志指出，国家治理体系是在党领导下管理国家的制度体系，包括经济、政治、文化、社会、生态文明和党的建设等各领域体制机制、法律法规安排，也就是一整套紧密相连、相互协调的国家制度；国家治理能力则是运用国家制度管理社会各方面事务的能力，包括改革发展稳定、内政外交国防、治党治国治军等各个方面。④ 江必新（2013）指出，国家治理体系和治理能力现代化，就是使国家治理体系制度化、科学化、规范化、程序化，使国家治理者善于运用法治思维和法律制度治理国家，从而把中国特色社会主义各方面的制度优势转化为治理国家的效能。⑤ 总之，现代国家治理体系建设是前提，治理能力现代化是执行的结果。

现代国家治理体系对城市公共服务提出了新要求，治理能力现代化建设的

① 郝永红．完善志愿服务体系，优化政府公共管理．中国行政管理，2010年第8期。

② 齐海丽．我国城市公共服务供给中的政社合作研究．上海交通大学出版社，2015年版。

③ 魏娜，王哲．志愿服务对公共服务的价值与影响．长白学刊，2016年第1期。

④ 习近平．切实把思想统一到党的十八届三中全会精神上来．人民日报，2014年1月1日。

⑤ 江必新．推进国家治理体系和治理能力现代化．光明日报，2013年11月15日。

重点是处理好政府、市场、社会的关系（高小平，2014）。[①] 俞可平（2013）提出衡量一个国家治理体系是否现代化的 5 个标准：其一是公共权力运行的制度化和规范化，它要求政府治理、市场治理和社会治理有完善的制度安排和规范的公共秩序；其二是民主化，即公共治理和制度安排都必须保障主权在民或人民当家做主，所有公共政策要从根本上体现人民的意志和人民的主体地位；其三是法治，即宪法和法律成为公共治理的最高权威，在法律面前人人平等，不允许任何组织和个人有超越法律的权力；其四是效率，即国家治理体系应当有效维护社会稳定和社会秩序，有利于提高行政效率和经济效益；其五是协调，现代国家治理体系是一个有机的制度系统，从中央到地方各个层级，从政府治理到社会治理，各种制度安排作为一个统一的整体相互协调，密不可分。[②] 这 5 个标准对公共服务供给提出了更高的要求，遵循现代国家治理体系，政府、市场和社会的关系必然具有制度化、民主化、法制化、高效率和协调性特征。以治理主体为轴心，实现“三有”状态，实现市场主体竞争有序、调控主体主动有度、社会主体积极有位（辛向阳，2014）。[③]

二、我国城市公共服务供给体系的制度设计

（一）政府、市场和社会的责任区分

改革开放以来我国社会已经发生深刻的结构性变化，社会形成了三个相对独立的子系统，俞可平（2014）总结为政治社会、经济社会和公民社会。政治社会以党和政府官员为代表，以党政组织为基础；经济社会以企业家为代表，以企业组织为基础；公民社会以公民为代表，以民间组织或社会组织为基础。[④] 从公共服务供给角度来看，三个子系统分别代表政府、市场和社会三类供给主体。在城市公共服务中，三类主体各有侧重，应该具有明显的责任区分。

第一，政府责任。在公共服务供给中，政府是责任主体，但责任主体不意味着公共服务必须由政府垄断供给，且中西方的实践都证明，仅由政府供给公共服务效率低下、成本高昂、腐败不断，需要政府和市场、社会力量合作，借助外部力量提高公共服务的供给能力。值得注意的是，公共服务提供方式的多

① 高小平．国家治理体系与治理能力现代化的实现路径．中国行政管理，2014 年第 1 期。

② 俞可平．衡量国家治理体系现代化的基本标准．北京日报，2013 年 12 月 9 日。

③ 辛向阳．推进国家治理体系和治理能力现代化的三个基本问题．理论探讨，2014 年第 2 期。

④ 俞可平．论国家治理现代化．社会科学文献出版社，2014 年版。

元化并不意味政府责任的市场化，相反，多元供给体系对政府责任和政府能力提出了更高的要求。一是保障公平。政府供给的责任在于对“服务真空”领域进行保障，由于服务供给具有不同的类型、受众群体具有多区域特征，因此政府的责任供给一方面是保障所有类型公共服务最基本的水平，另一方面是专门针对不发达的偏远地区、农村地区、中西部地区的公共服务供给，即那些市场力量和社会组织力量做不到或不愿做的领域。二是监管。公共服务是否能够有效供给受到政府监管能力的影响。由于公共服务效果具有外溢性特征，因此通过多元供给体系进行服务供给时，能够对供给过程进行有效监管，影响服务的供给效果。因此，提高监管能力是政府责任。三是合作和信用。一方面，合作意味着存在权力的界限，当下政府和社会资本合作模式（Public-Private Partnership）成为供给多元化的代表，政府如何避免超出自己职能范围对市场活动和社会过程进行干预。政府不合理干预的后果会扰乱正常的市场秩序和社会秩序、同时抑制其创新性活力,[①] 不利于国家治理体系的完善。另一方面，政府信用的问题影响公私合作的持续性，也会影响服务供给效果。一般认为，在公共服务供给中，委托—代理关系的建立必然存在信息不对称性和目标不一致性问题，但信任关系能够降低信息不对称性，进而有利于服务供给效率提高。因此，建立良好的政府信用是政府的责任。

第二，市场责任。与政府这只“看得见的手”相对应的，是市场这只“看不见的手”。市场在准公共服务供给中具有效率的优势，例如在公共交通、公共通信、公用设施、文化体育等服务领域。但市场的缺陷在于过分追逐效率而忽视公平。当通过缔约合同的方式，利用外包或合作等手段，市场在公共服务领域成为了重要的服务供给者。由于市场天然追逐利润，重视投入—产出的成本和收益核算机制，因此，资源配置必将引向那些能够获得利润的领域和地区，如交通、通信等，更偏向于发达地区和大城市的公共服务供给。在这样的前提下，市场责任则表现为通过有效的资源配置，保障那些能够发挥市场力量供给的公共服务的品质和成本控制，发挥效率优势。同时，尽可能发挥企业的社会责任，以弥补在公平价值中的不足。从公共服务供给的发展历程来看，我国政府和市场的关系处于两个极端：一是政府过度垄断带来的市场供给不足，二是鼓励市场参与服务供给但政府监管不力。前者是指在公共服务供给中过分强调政府的作用而排斥市场，改革开放前的公共服务供给则属这类情况；后者是指

① 竹立家．国家治理体系重构与治理能力现代化．中共杭州市委党校学报，2014 年第 1 期。

在公共服务供给中忽视服务属性而片面交由市场供给，改革开放后八九十年代期间市政公用事业的市场化改革过热就属于这类情况。核心的问题是市场和政府的责任界限不清晰，尤其是政府职能定位的不清晰，原因在于对公共服务本身属性的认识不到位。因此，当下公共服务供给政策强调政府主体责任的前提下，由多元主体合作供给公共服务，创新供给模式。

第三，社会责任。一个国家的社会治理状况，取决于政府对社会生活的管理能力，更取决于公民的自我管理水平。国家与社会协同治理的实质，就是政府与公民对社会政治事务的合作管理。① 在公共服务供给中，我国社会组织在90年代后和21世纪初期开始出现，并积极参与各项社会管理活动。与政府和企业相比，社会力量的规模更广、方式更加灵活，也更能够了解公共服务本身之于社会个体成员的意义。社会组织，又称非营利组织（Non-government Organization，简称NGO），是社会责任的典型主体代表。社会组织提供的服务具有灵活性、定制性、公益性和公共参与性的特点，对于那些市场真空、政府又无力供给的领域，社会组织能够发挥特色作用，如在社区矫正中针对特定群体的社会服务、在社会福利事业中专门针对少数群体的救济服务、抗震救灾中的志愿服务等。因此，社会责任的发挥能够有效弥补政府失灵和市场失灵带来的问题，对于促进社会公平正义具有重要的意义。因此，“加快形成政社分工、权责明确、依法自治的现代社会组织体制”被写入了党的十八大报告。需要明确的是，社会责任的发挥需要探索社会组织承接公共服务的内容和方式，西方发达国家的经验是在微观社会管理和公共服务领域发挥社会组织的作用，可见，社会责任的发挥离不开政府部分职能向社会组织的有序转移。

（二）公共服务属性对供给模式的影响

公共服务的属性对供给模式的选择和绩效都产生影响。本节从分类学的角度，从两个视角讨论公共服务属性对供给模式的影响，一是传统的公共服务分类，即通过竞争性和排他性两个维度进行的分类，讨论准公共物品和私人产品的供给模式选择；二是从交易成本视角对服务属性进行的分类，即从资产专属性和服务的易测量性视角讨论公共服务的供给模式选择。

一是从竞争性和排他性两个维度，传统上可将服务类型分为纯公共产品、准公共产品以及私人物品，不同类型的服务应采纳不同的供给模式。制度经济学认为，由于公共服务具有的非排他性和非竞争性的程度不同，既有纯公共服

① 俞可平．论国家治理现代化．社会科学文献出版社，2014年版。

务，又有更多是介于私人服务和公共服务之间的公共池塘资源和俱乐部产品，这使得公共服务供给的政府垄断成问题，也使得公共服务的私人或市场供给成为可能（陈振明，2008）。[①] 但实际上，不同类型公共服务的属性存在争议。以医疗服务为例，詹国彬（2009）根据医疗服务产品属性的供给面和需求面两个角度，对相应的提供机制进行分类比较，如表 10－9 所示。对于那些纯公共产品的医疗服务、满足百姓的基本医疗需求，由政府直接供给或政府给予供给者和弱势群体以补贴让其在市场上交换。对于那些具有私人产品属性和满足非基本需求的医疗服务，则由营利性医疗机构提供让居民在市场中自由购买。[②] 争议在于，不同于公共卫生的“纯公共物品”和非基本医疗服务的“私人物品”属性的清晰划分，基本医疗服务的产品属性争议较大。顾昕等（2006）认为基本医疗服务属于私人产品，可以由市场有效供给；[③] 葛延风（2007）则认为其具有公共物品或准公共物品的属性，因此必须由政府直接供给。[④]

表 10－9　　医疗服务按产品属性分类及医疗机构的责任分工

	产品属性		提供机制
	供给面	需求面	
1	私人产品	非基本需求	营利性医疗机构提供，居民在市场中自行购买
2	私人产品	基本需求	非营利医疗机构提供，居民自行购买，政府向弱势群体提供补贴，以市场原则交换
3	准公共产品	基本需求	非营利性医疗机构提供，居民自行购买，政府向供给者和弱势群体提供补贴，以市场原则交换
4	纯公共产品	基本需求	非营利性医疗机构提供，政府购买，向居民分配，或政府直接承办向居民分配

资料来源：詹国彬．公立医疗机构民营化改革的模式及其比较．公共管理学报，2009（4）：61－68.

二是从交易成本理论角度，将服务特征分为资产专属性和服务的易测量性两种，前者指生产该项服务是否需要专门的投资，后者指外包组织测量服务或

① 陈振明．公共服务提供机制专题研究引言．东南学术，2008 年第 1 期。

② 詹国彬．公立医疗机构民营化改革的模式及其比较．公共管理学报，2009 年第 4 期。

③ 顾昕．鱼与熊掌不可兼得？医疗服务的市场化与社会公益性．公共管理高层论坛（第 4 辑），2006 年第 2 期。

④ 葛延风，贡森．中国医改问题根源出路．中国发展出版社，2007 年版。

者监管服务供给行为的难易程度（Williamson，1999）。[①] 从公共服务供给的角度，当公共服务由政府以外的部门进行生产时，通过缔结合约形成委托—代理关系，随之而来的是委托、代理双方由于目标不一致性和信息不对称性带来的监管成本和降低服务质量的问题。例如营利组织可能为了降低成本而降低服务质量；非营利组织可能片面追求服务质量但不追求成本最低。因此，必须根据服务特征选择恰当的供给模式，如资产专属性较高的服务要由政府内部生产和供给，而竞争性的服务则可以外包给营利性组织（Girth et al.，2012）。[②] 易测量的公共服务更容易采纳多元化的供给模式（Tavares 和 Camoes，2007）。[③] 即使在同一种公共服务内，也分为核心服务和边缘服务两类。一般认为，那些边缘服务适宜于采用市场化供给的方式，而核心服务则采取政府供给或合作供给的方式。可见，服务属性能够解释政府做出市场提供决策、同时也能够解释为什么政府要直接供给。服务属性和供给模式的适应程度一定意义上影响了服务绩效，进而能够解释服务供给的绩效差异。

（三）社会发展阶段及市场环境的影响

公共服务供给体系受到社会发展阶段的影响。第一，从经济发展水平来看，随着改革开放以来经济总量提升，我国综合国力不断增强，市场和社会力量发展壮大，随着公共服务供给范围和标准不断提升，市场和社会有能力进入城市公共服务供给体系。第二，从深化行政管理体制改革的角度来看，随着我国改革进入深水区，政府职能转变的基本要求是改变过去政府“越位”“缺位”和“错位”的问题。服务型政府的能力之一就是正确处理政府、市场和社会的关系问题。因此，城市公共服务供给体系的建立必须是基于多元治理的角度，由多种供给模式所组成。第三，从社会发展水平来讲，人民生活总体上达到小康水平。百姓的服务需求从基本的温饱问题向更高质量的公共服务转移，教育、医疗、环境、基础设施、通信等，但一元化的政府垄断供给显然不能满足这种需要。

我国城市公共服务供给体系同时受到市场特征影响。由于处于不同的发展

---

① Willimson，O. E. 1999. Public and Private Bureaucracies：A Transaction Cost Economics Perspective. Journal of Law，Economics & Organization，15（1）：306－342.

② Girth，A. M.，Hefetz，A.，Johnston，J. M.，Warner，M. E. 2012. Outsourcing Public Service Delivery：Management Responses in Noncompetitive Markets. Public Administration Review，72（6）：887－900.

③ Tavates，A. F.，Camoes，P. J. 2007. Local Service Delivery Choices in Portugal：A Political Transaction Costs Framework. Local Government Studies，33（4）：535－553.

阶段，各地的市场特征尤其是竞争性程度存在差异，因此服务供给体系要因地制宜。从起源来说，公共服务供给体系多元化的理论研究起点是公共选择理论。公共选择理论认为公共服务的“生产和供给”可以分离，市场进入公共服务供给领域能够有效降低政府机构臃肿效率低下的问题。市场化的核心是将竞争机制引入公共服务供给中，通过多家服务商之间的竞争提高服务质量、降低服务成本。公共选择理论为当时苦于政府机构改革的困顿撕开了一道裂缝，迅速被多国政府所采纳，在 20 世纪七八十年代西方世界掀起了一股“私有化”的浪潮。但是，尽管当时的许多研究表明，引入市场竞争有效提高了公共服务的供给效率，降低供给成本。可随着研究的深入，这一时期的研究被后来的学者戏谑是一场“时髦的模仿”（Boyne，1998），① 大量的实证研究发现片面由市场供给普遍没有提高质量、降低成本，实际运行情况欠佳。实际研究中发现，市场环境，尤其是竞争环境变化多端。一方面是在许多服务领域往往缺乏市场竞争，例如那些天然带有高资产专属性的产品，市场进入门槛太高。另一方面是随着许多服务领域的发展，市场环境常常从竞争走向寡头垄断，影响了利用多家供给商竞争手段的实现。所以，我国城市公共服务供给体系制度设计中需要充分考虑市场环境情况。

三、完善我国城市公共服务供给体系的建议及实施路径

当代公共问题的动态复杂性及其特征表明公共领域正在发生一场深刻的结构性变迁，公共治理体系必须具有复杂适应性的性质，即公共治理必须更具灵活性、广泛的参与性、强大的能动性、大胆的试验性或探索性以及强大的协同性、自组织性等（杨冠琼等，2014）。② 体现在公共服务供给体系建设中，则要求正确处理好政府、市场和社会的关系。其中，合理界定的政府权力体系是国家治理“权威主体”，是实现国家“多元共治”的关键环节。需要深化政府职能转变，而政府职能转变的一个关键前提是政府的自我定位，是建立一个有限政府而不是一个全能政府，真正实现“政府的归政府、市场的归市场、社会的归社会”，形成职能边界清晰的政府、市场、社会“共治”的“现代国家治理体

① Boyne，G. A. 1998. Bureaucratic Theory Meets Reality：Public Choice and Service Contracting in U. S. Local Government. Public Administration Review，58（6）：474 –484.

② 杨冠琼，刘雯雯．公共问题与治理体系——国家治理体系与能力现代化的问题基础．中国行政管理．2014 年第 2 期。

系”（竹立家，2014）。[①]

按照服务型政府的建设目标，加强城市公共服务供给体系建设，应以效能提升为主线，促进城市公共服务的标准化、均等化、社会化和信息化建设，重点推进居民需求反馈和汇集机制、公共服务标准化和均等化、政府购买公共服务、社会力量参与公共服务、公共服务绩效评估体系、政府能力建设等方面的工作，主要思路如下：

（1）以人为本、立足民需。改变公共服务提供中的主观倾向，发挥基层地方政府的主体作用，加快建立公众需求反馈机制。

（2）软硬并重，突出软件。要坚持设施建设和运行管理并重，在继续完善公共服务硬件设施的同时，更加注重产品供给、服务能力、队伍建设、制度标准和规范等软件建设，提升服务质量和效能。

（3）资源整合、共建共享。加强相同或相近公共服务领域的跨部门、跨领域的服务资源整合，改善公共服务资源过度分散格局。尤其在基层公共服务设施的统筹规划和建设上。

（4）资源下移、重在基层。建立基层政府财力与事权相匹配的财政体制，推动资源下移、重心下移、责任下移，发挥基层政府的责任主体地位。

（5）技术引领，注重创新。充分利用现代科技尤其是移动互联网技术，创新公共服务供给的手段和方法，丰富公共产品的展示方式，提高公共服务供给的质量和效率。

（6）科学发展，突出效能。建立科学的、效能导向的公共服务绩效评价体系和考核办法，推动将义务教育、基本医疗和公共卫生、养老保险、最低生活保障、社会救助等基本公共服务项目纳入地方政府的绩效考核体系。

重点任务包括：

一是进一步明确中央和地方的公共服务提供职责，建立公共服务标准体系，促进公共服务均等化。中央政府应主要负责公共服务的战略规划、范围划定、标准制定、财力保障和服务监督评估；地方政府则主要负责公共服务的具体谋划、组织、实施以及改革。体现国家整体利益的全国性公共产品和必须在全国范围内统筹安排的事务，应由中央政府负责设立全国性公共服务机构，如环境保护、社会保障等，经费由中央财政提供；由本地居民享用的地方公共产品应由地方政府负责提供，支出责任主要在地方政府，中央政府按照财力与事权相

① 竹立家．国家治理体系重构与治理能力现代化．中共杭州市委党校学报，2014年第1期。

匹配的原则，通过财政转移支付的方式予以保障。加快制定和完善公共服务标准，明确公共服务提供的规范，作为面向公众的服务承诺和监管服务过程的依据。对于基本公共服务如义务教育、公共卫生、公共文化等，应由中央按照均等化原则制定统一的服务供给标准，地方可在国家统一标准基础上，根据本地实地制定不低于国家标准的地方实施标准，形成“国家标准兜底线、地方标准促特色”的公共服务标准体系，即促进全国范围内的基本公共服务均等化，又鼓励地方政府根据实际因地制宜，更有针对性地满足本地居民需要。

二是要促进城市公共服务的社会化发展，构建多元化的公共服务体系，提高公共服务供给能力。公共服务是政府的责任，但并不意味着必须由政府包办。仅仅依靠公共财政，也难以从根本上解决公共投入不足的现状，难以有效满足公民日益旺盛的基本需求。社会力量参与公共服务不仅是社会文明和进步的标志，也是在公共服务领域引入市场机制、充分发挥市场在配置资源中决定性作用的创新举措。在公共服务领域引入市场机制，构建由公共部门、私营部门和第三部门共同参与的多元化公共服务体系，一方面将有助于激发各类社会主体参与积极性，解决公共投入不足的问题，缓解公共服务领域的供需矛盾；另一方面也有助于在公共服务领域引入竞争机制，引入私营部门的管理经验，提高公共服务的效能。政府需要按照公共服务均等化的要求，制定《公共服务标准》，明确公共服务提供的范围、规范、质量、价格和速度，作为面向公众的服务承诺和监管公共服务生产过程（包括公共部门、私营部门和第三部门）的依据，重点包括行业准入、质量、价格、公平性等方面的标准。

三是加快财政体制改革，建立基层财力与事权相匹配的财政制度，并以法律手段予以明确。加快中央财政转移支付体制改革，完善省以下财政转移支付制度，通过地方财政支出能力的均等化实现基本公共服务提供的均等化。重点包括：（1）建立与财政增长挂钩的公共服务投入体制，保障公共服务支出的稳步增长；（2）提高一般性转移支付的规模和比例，提高转移支付资金分配的制度性、规范性和透明度；（3）财政支出重点向城市基层、不发达地区以及弱势群体的公共服务供给倾斜，尤其是加大对“老少边穷”地区的转移支付力度，保障城市公共服务的基本财力；（4）按照公共服务均等化的目标，探索建立各级政府履行事权的财力需求测算体系，重点构建县级基层政府的公共服务财力保障机制；（5）调整中央、省、县之间的财力分配关系，尤其是完善省对县的财政分配体制，加大中央和省对财力缺口较大的县级政府的财政转移支付力度。

四是强化城市公共服务中的政府责任主体地位，尤其是基层政府的主体责任，加强政府能力建设。公共服务是政府的职能，政府采用外包方式委托第三方来提供公共服务，只是转移了公共服务的任务，并不转移公共服务的责任。公共服务外包后，政府仍然是公共服务的责任主体，对公共服务提供负有终极责任。因此，加强政府能力建设是多元化公共服务体系良性运作的关键，重点加强政府管理公众需求、创造制度环境、运用市场机制、培育服务主体、监管服务提供等能力。加强公共服务提供中的政府监管，包括行业准入、质量、价格、公平性等方面，以实现公共服务均等化的目标。强化基层政府在公共服务中的责任主体地位，如群众需求识别、产品设计、产品供给等，鼓励地方基层政府革新服务理念，丰富服务内容，创新服务模式。完善政府监管体系，首先必须明确公共服务的标准和规范，并明确纳入服务监管。在监管体系建设上，要建立集政府例行监督、公众监督和社会监督为一体的多元化监管体系，尤其是要建立公众监督机制，邀请公众参与对外包企业的监督。在考核公共服务供给主体的绩效时，也可以引入公众评价机制。

五是加快户籍制度改革，切实保障城镇常住人口的公共服务权益。城乡二元户籍制度是导致城乡公共服务差距的根本原因。加快进行户籍制度改革、推进城市化建设是打破城乡二元结构、实现基本公共服务均等化的重要制度保障。放宽小城镇和小城市的落户限制，有序放开中等城市落户限制，逐步放宽大城市落户条件，合理设定特大城市落户条件，逐步把符合条件的农业转移人口转为城镇居民。建立按常住地登记居民户口的制度，努力实现义务教育、就业服务、基本医疗、保障性住房等覆盖城镇常住人口。

六是推动建立科学的、以服务效能为导向的公共服务绩效评价体系。建立科学的、以群众需求为基础、以效能为导向的公共服务绩效评价体系和考核办法，引入公共服务第三方评价机制，扩大公共服务群众满意度测评。推动将公共服务纳入政府效能和领导干部政绩考核指标体系，并作为刚性约束，引导地方政府和公共服务机构把精力放到提升服务效能上来。加快推进公共服务的法制化、标准化和规范化建设。

（执笔人：杨永恒、丁姿）

第十一章　城市化中的社会治理

第一节　从社会管理到社会治理：重大的治道变革

一、概念梳理

在党的十八届三中全会通过的《中共中央关于全面深化改革若干重大问题的决定》首次将我国改革的总目标定位于“完善和发展中国特色社会主义制度，推进国家治理体系和治理能力的现代化”之前，我国广泛使用的是“社会管理”的概念。

苏联学者奥马罗夫在《社会管理——某些理论与实践问题》（1987）中提出：社会管理是管理主体对社会系统实施的有科学根据的影响，为的是使系统实现它面临的目标和任务。这种影响能够使系统呈现有序状态，使它趋于稳定和转变为另一状态，而该影响的实现要从加工反映系统运动特征的信息的结果出发，要借助于人类活动的组织、协调。我国社会学家陆学艺在《当代中国社会结构》（2010）一书中提出，社会管理包含三要素：主体、内容和手段。社会管理是指政府以及其他社会主体对社会生活、社会结构、社会制度、社会事业等各个方面进行组织、协调、服务、监督和控制的过程，以解决社会问题，提高社会公共福利，推动个人发展和社会系统和谐有效运行。① 丁元竹（2008）认为：社会管理是指在一定共同价值基础上，人们处理社会事务和提供社会公共服务的过程，社会管理的目标是实现社会公平、公正以及社会效率②。

在党的十八届三中全会召开之后，社会治理在我国成为热词，社会管理的概念则基本淡出。对于社会治理与社会管理的区别，社会学家周晓虹教授指出：从社会管理到社会治理，尽管只有一字之差，却是从根本上对国家与社会关系

① 陆学艺：《当代中国社会结构》，社会科学文献出版社，2010 年版。
② 丁元竹：《中国社会管理的理论建构》，《学术月刊》2008 年第 2 期。

有了新的确认。具体说来，（1）新型社会治理体制倡导“在发挥政府主导作用”的同时，“鼓励和支持社会各方面参与”。也就是说，在新的社会治理体制下，国家或政府不再是单一的社会管理主体，其他社会组织、私营机构也可以作为权力主体参与其间，这体现了“还权于民”的倾向。（2）同原先社会管理体制强调国家（政府）对社会的强制性管理不同，新型社会治理体制强调在“政府治理和社会自我调节、居民自治”之间建立“良性互动”式的合作。要实现良性互动，一方面需要社会的自主、自治与自律，另一方面需要政府的引导、扶持与回应。事实上，社会的正当需求与政府的积极回应，正是达成“善治”的前提。（3）新型社会治理体制必须摒弃将效率尤其是单纯的经济效率作为政府的主导行为准则的观点，同时改变社会管理的全能主义模式。就前一点而言，我们应该从单纯地追求 GDP 增长，转而追求经济与社会协调、可持续的发展模式，从强调“效率优先，兼顾公平”转为“公正基础上的效率，以公平促效率”；就后一点而言，则力求使政府能够逐渐减少其管理职能而强化其社会服务职能，国家不再扮演社会治理的“全能”角色，在管好自己应该管的事情的同时，将不该管的事情交给社会组织或其他中介机构①。

二、治理理论的兴起：起源与演进

根据中国人民大学杨光斌教授的研究，近年来流行起来的“治理”理论肇始于世界银行的经济学家团队。1989 年世界银行报告《南撒哈拉非洲：从危机走向可持续增长》中首次出现了“治理危机”（crisis in governance）一词。撒哈拉以南的非洲在 20 世纪 80 年代出现 10 年的经济衰退，从中等收入国家倒退成为低收入国家。报告认为，根本原因在于，政府质量恶化，忽视了扶持民间组织发展。这种自上而下的统治方法难以激发对发展大有裨益的社会能量，公共管理和制度框架建设方面的缺陷也无法为经济发展提供良好的环境支持。报告提出，过去 10 年非洲的经济社会危机根源在于公共机构（public institutions）的失败，私营企业、市场机制要想良好发展，就离不开有效的公共服务、可靠的司法制度以及对公众负责的行政机关，而这些共同构成了“良好的治理”，即“善治”（good governance）。“在非洲发展问题的冗长陈述之下是治理的危机”

① 周晓虹：全面深化改革的社会路径，《南京社会科学》2015 年第 2 期。

“治理意味着运用政治权力管理国家事务”①，若要实现善治，就需要在政府和社会之间实现良好的平衡。

自此，“治理”一词开始被学界大量使用。1992 年世界银行的年度报告标题就是“治理与发展”。该报告提供了“善治”的四个方面：公共管理、问责制、有利于发展的法律框架、信息透明度。

治理理论的主要创始人之一詹姆斯·罗西瑙（J. N. Rosenau）在其代表作《没有政府统治的治理》中，将治理定义为一系列活动中的管理机制。与统治不同，治理的主体未必是政府，也无须依靠强制力量克服挑战而使别人服从。与统治相比，治理是一种内涵更为丰富的现象，既包括政府机制，也包含非政府、非正式的机制。他认为治理反映了“政府并非完全垄断一切合法权力”的一种观念，治理是有效政府管理的基础，是有效管理的补充。

联合国成立的全球治理委员会于 1995 年发表了一份题为《我们的全球伙伴关系》的研究报告，将治理定义为各种公共的或私人的个人和机构管理其共同事务的诸多方式的总和。它是使相互冲突的或不同的利益得以调和并且采取联合行动的持续的过程。

俞可平教授在其 2000 年出版的《治理与善治》一书中，在梳理了多位西方学者对治理的界定之后，认为可将“善治”定义为“使公共利益最大化的社会管理过程”。善治的本质特征就在于它是政府与公民对公共生活的合作管理，是政治国家和公民社会的一种新型关系，是两者的最佳状态。综合各家观点，他提出善治的六个基本要素，即：（1）合法性，指社会秩序和权威被自觉认可和服从的性质和状态；（2）透明性，指信息的公开性；（3）责任性，指的是人们应当对自己的行为负责；（4）法治（rule of law），即法律作为公共政治管理的最高准则；（5）回应性（responsiveness），基本意义是公共管理人员和管理机构必须对公民的要求作出及时的和负责的回应；（6）有效（effectiveness），即管理的效率。

综上，可以归纳出典型的治理具备以下特征：首先，治理的主体未必是政府。治理虽然需要权威，但这一权威既可以是公共机构，也可以来自私人机构，或来自二者的合作。其次，治理强调国家与社会的合作，私人领域和公共领域之间的界限趋于模糊，国家与社会并非是二元的对立关系，而是相互依存。再

① Sub-Saharan Africa: from crisis to sustainable growth: a long-term perspective study, World Bank, 1989.

次，治理是一个上下互动的权力运作过程，与统治的自上而下方式不同。最后，治理还意味着管理手段的多样化，而不仅仅依靠国家强制力。

在其自身的内涵及特征基础上，“治理”之前被冠以不同的形容词作为界定，广泛应用于各个领域，诸如全球治理、公司治理、社区治理、国家治理、政府治理、社会治理等。本书以城市社会治理作为研究对象，研究的是发生在城市空间范围内、属于社会范畴的治理行为。

三、我国从社会管理到社会治理的历史演进

1949 年之后，中国按照战时的社会动员经验和“苏式社会主义”的模式建立了社会管理模式和计划经济体制。在这样的体制下，政府一直控制着整个社会的全部经济运行和社会管理，甚至包括社会成员的日常生活，是典型的全能型政府[①]。在这种社会中，国家掌握一切资源，通过行政控制来实现社会的整合，将社会管理纳入经济管理范畴，通过计划手段实现对社会经济生活的管理。这种管理体制带有浓厚的计划经济色彩和价值取向，也与苏联及东欧计划经济国家社会管理的做法基本一致。在这种高度一元化的社会管控体制之下，政府是政治、经济、社会生活的计划者和管理者，政府管控社会资源，实现对社会的管理及公共服务产品的组织和供给。民众生活的各方面几乎都被纳入行政权力控制的范围之内，国家的触角延伸到社会生活的每一个领域。在这一阶段，国家对社会成员进行资源的分配是通过城市的“单位”和农村的“人民公社”来具体实现的。城镇单位制和农村人民公社体制，具有典型的政治、经济与社会三位一体的功能。“单位”和“人民公社”通过垄断政治、经济、社会资源，形成了对所属成员的支配关系，社会成员没有自由支配的资源，缺乏自由流动的空间，成员只有全面依附单位和人民公社，从而造就了社会个体的依赖性人格。

与指令性计划经济体系相适应，我国社会管理领域也以指令性的集中管理为指导思想，强调由政府来集中配置一切社会资源。“单位”作为这一时期社会组织的基本形式，通过利益关系将个人和国家联系起来，具有独特的社会控制和社会动员的功能。因此，计划经济时期的社会管理是以单位制为基础展开的。另外，随着 1958 年 1 月《中华人民共和国户口登记条例》的颁布，我国进入了对人口流动的严格控制期。这种对人口流动的严格管制制造了城乡隔离的身份

① 周晓虹：《全面深化改革的社会路径》，《南京社会科学》2015 年第 2 期。

制度，并建立起了一个城乡隔离的国家福利体系。虽然对户籍的管制一定程度上缓解了当时供给不足的经济状态，但是却牺牲了社会的公平和人口正常流动所创造的财富价值，对中国社会的发展产生了深远的影响。

从新中国成立到改革开放前期，我国社会管理的主要特点是：社会资源以计划配置为主，社会整合以行政手段为主，社会事业由国家或集体包办，并以户籍制度限制人口的城乡间流动。以行政手段为主的社会整合表现在以政治控制和行政控制代替社会控制，依靠政治动员、行政命令、典型示范来达到社会成员思想上的一致和行动上的统一，实现社会整合的目标。这个时期的国家是社会管理的唯一主体，社会服务的唯一提供者，行政手段是主要的管理手段。政府管理、强制秩序、政府包揽、政府统管的高度一元化管理成为这一时期社会管理模式的主要特征。

改革开放开始之后，我国计划经济体制逐步被破除，党和政府探索着将市场经济机制逐步引入到我国经济发展实践中，从计划经济向"有计划的商品经济、社会主义商品经济"逐步过渡。在这一过程中，我国的所有制结构由单一的公有制，经过"公有制为主体、非公有制经济为补充""鼓励和支持非公有制经济发展"，逐步演变为"以公有制为主体，多种所有制形式共同发展"的所有制结构。所有制结构的变动使得社会关系结构加速调整，同时社会成员的自由活动空间逐步扩大，社会流动加剧。在这一阶段中，社会经济成分、组织形式、就业方式、利益关系和分配方式开始出现多样化的趋势，原有的整体性和平均化的社会利益结构逐步被打破，各类利益主体开始成长。在这一阶段，国家对社会成员进行资源的分配是通过城镇中的"单位制 + 街居制"和农村的"村民委员会"来具体实现的。

1992 年邓小平南方谈话之后，中国加快了市场化改革的进程。当年 10 月召开的党的十四大正式提出了"我国经济体制改革的目标是建立社会主义市场经济体制"。随着市场经济体制的逐步确立和不断完善，社会也步入了快速转型时期。市场经济体制改革的不断深化使得社会结构产生激烈、深刻和持续的分化，对传统的社会管理体制和模式形成了一系列重大的挑战。

一是单位制和一元化传统社会体制的解体带来的挑战。市场化导向的经济改革导致了传统单位制的解体，长期高度集中的一元化传统社会体制也随之解体。单位制的解体导致社会成员对原有单位的依附性减弱，从而转变为"社会人"。市场经济还把一部分人完全推向社会，这些人包括国企下岗人员、非公有经济从业人员等。市场经济还带来人员流动的加快，出现一大批既没有单位依靠也没有固定居住地的流动人口。这样，原来的单位制社会逐渐演变为“非单位型”社会，这一转变彻底改变了国家管理的微观基础。

二是社会结构的转型和变迁带来的挑战。我国社会结构的最明显特点就是由于身份制和户籍管理制度形成的城乡二元结构。随着市场经济的发展，基于身份制的二元社会结构逐渐解体，原有的户籍管理制度很难满足人户分离和流动人口不断增加的社会现实，但新的管理制度又未能及时产生。尤其是随着城市化进程的加速，大批农民摆脱身份和户籍的束缚涌入城市，他们因无法被纳入现行城市管理体制的范畴而造成一系列管理问题。

三是政府角色转换和职能转变不到位带来的挑战。这主要指政府在社会管理中越位、错位和缺位的问题。政府社会管理越位和错位主要表现为政府运用不恰当的手段管理了不该管和管不了的社会事务。以前些年屡屡成为新闻热点的“城管”问题为例，很多目前属于城管执法范围内的事项，如社区周边的占道经营、社区内部的私搭乱建、乱倒垃圾、邻里之间的噪声污染等问题，本应通过社区自治、居民民主协商和自主管理加以解决，公权力介入之后反而常常引发激烈的官民矛盾，事倍功半甚至劳而无功。政府社会管理缺位主要表现为政府该管却没有管而造成社会管理的真空。在一些地方、一些领域，政府在社会管理和公共服务领域盲目引入市场化，本应由政府承担的责任被简单地放弃，带来了许多严重的社会问题。周晓虹教授指出：20 世纪 90 年代后，国家为了 GDP 增量和经济绩效，同时减少自己的财政压力，退出了一些本应坚守的公共领域，在一定程度上放弃了自己的政府责任，连同教育、医疗等民生领域都开始实施大规模的产业化或民营化，由此导致民众权益广受侵害、各种利益普遍失衡，原本应居于我们事业中心的“社会”反而被挤出了社会主义[①]。

四是新型治理主体缺失和不发育带来的挑战。由于长期以来，政府对社会的控制过于严厉，我国不仅社会组织的规模、种类、能力都比较差，而且基本上也没有形成自治、自主和自律的能力。许多民间组织由于各种原因不能进行注册而无法得到法律认可和合法身份；党政官员和一般大众普遍对民间组织缺乏理解，抱有不信任、怀疑、防范和抵制的态度。民间组织所处的这种外部环境非常不利于其获得政治学意义上的合法性，极大地影响了民间组织的发展和在社会治理中发挥作用。

自 20 世纪 90 年代中期以来，随着工业化、信息化、城市化、市场化、全球

① 周晓虹：《全面深化改革的社会路径》，《南京社会科学》2015 年第 2 期。

化进程的加快，我国的社会结构、社会利益格局、社会管理对象、社会价值理念等都发生了深刻的变化，原有的权力高度集中、政府统管一切的社会管理方式已经不适应新的经济社会发展要求。过去一个时期政府重经济建设、轻社会管理所造成的弊端也越来越多地显现出来。在这样的背景下，从 90 年代末期开始，加强社会管理成为政府的一项重要方针。首先在 1998 年的《国务院机构改革方案》中，明确提出了政府的基本职能是：宏观调控、社会管理和公共服务。2002 年，党的十六大报告把“社会更加和谐”列为全面小康社会的目标体系中的一个重要指标，这是党的历届代表大会首次提出“社会建设”的目标。与此相适应，报告又提出了“完善政府的经济调节、市场监管、社会管理和公共服务的职能”。

2003 年 10 月，党的十六届三中全会通过的《中共中央关于完善社会主义市场经济体制若干问题的决定》特别强调了“完善基层群众性自治组织，发挥城乡社区自我管理、自我服务的功能”。对完善政府社会管理和公共服务职能，强调了六个方面的内容，即完善流动人口管理、深化户籍制度改革，完善就业服务体系，加大收入分配调节力度，加快城乡社会保障体系改革，深化教育体制改革，健全公共卫生体制。

2004 年 10 月，党的十六届四中全会通过的《中共中央关于加强党的执政能力建设的决定》明确提出了“加强社会建设和管理，推进社会管理体制的创新”的目标，及其四个方面的内容：一是要建立健全党委领导、政府负责、社会协同、公众参与的社会管理格局；二是要充分发挥基层党组织的作用；三是要充分发挥城乡基层自治组织的作用；四是要充分发挥社团、行业组织和社会中介组织提的作用。通过这“一个格局，三个方面作用”来形成社会管理和社会服务的合力，创新社会管理的体制机制。

2005 年 10 月，党的十六届五中全会通过的《中共中央关于制定国民经济和社会发展第十一个五年计划的建议》专门列了一章讲“推进社会主义和谐社会建设”，其中，特别强调“要坚持以人为本，从解决关系人民群众切身利益的现实问题入手”，注重解决社会问题。同时提出要“完善社会利益协调和社会纠纷调处机制”“建立健全社会预警体系和应急救援、社会动员机制”、加强“社会治安防控体系建设”等。

2006 年 10 月，党的十六届六中全会专门研究了社会建设问题。全会审议通过了《中共中央关于构建社会主义和谐社会若干重大问题的决定》（以下简称《决定》），其中指出：“加强社会管理，维护社会稳定，是构建社会主义和谐社会的必然要求。必须创新社会管理体制，整合社会管理资源，提高社会管理水平，健全党委领导、政府负责、社会协同、公众参与的社会管理格局，在服务中实施管理，在管理中体现服务”。《决定》又从“强化社会管理和公共服务职能”“推进社区建设”“健全社会组织”“妥善处理社会矛盾”“完善应急管理体制机制”“加强社会治安综合治理”等方面提出了一系列重要的战略举措。

2010 年 10 月，党的十七届五中全会就“加强和创新社会管理”进行了重点阐述和部署。本次全会通过的决议强调指出：要“按照健全党委领导、政府负责、社会协同、公众参与的社会管理格局的要求，加强社会管理法律、体制、能力建设，完善法律法规和政策，健全基层管理和服务体系，加强和改进基层党组织工作，发挥群众组织和社会组织作用，提高城乡社区自治和服务功能，形成社会管理和服务合力”。

2011 年，中央举办了以“加强社会管理创新”为主题的省部级主要领导干部专题研讨班，稍后中央政治局对加强和改善社会管理创新又进行了专门研究部署，出台了《中共中央国务院关于加强社会创新管理的意见》。该意见指出，要坚持以人为本、服务为先、多方参与、共同治理、关口前移、源头治理，统筹兼顾、协商协调，依法管理、综合施策，科学管理、提高效能的原则，立足基本国情，坚持正确方向，推进改革创新。要加强和完善社会管理格局，加强社会管理制度建设，加强基层社会管理和服务，完善党和政府主导的维护群众权益机制，加强流动人口和特殊人群服务管理，加强非公有制经济组织、社会组织服务管理，加强公共安全体系建设，完善信息网络服务管理，营造良好社会环境。

2012 年 11 月，党的十八大报告强调：社会建设必须以保障和改善民生为重点，并提出要围绕构建中国特色社会主义社会管理体系，推进社会体制改革。报告指出了社会体制改革的“四个加快”：加快形成党委领导、政府负责、社会协同、公众参与、法治保障的社会管理体制；加快形成政府主导、覆盖城乡、可持续的基本公共服务体系；加快形成政社分开、权责明确、依法自治的现代社会组织体制；加快形成源头治理、动态管理、应急处置相结合的社会管理机制。

2013 年 11 月，党的十八届三中全会通过了《中共中央关于全面深化改革若干重大问题的决定》（以下简称《决定》），提出：“全面深化改革的总目标是完善和发展中国特色社会主义制度，推进国家治理体系和治理能力现代化。”《决定》专设了“创新社会治理体制”一章，指出：“创新社会治理，必须着眼于维护最广大人民根本利益，最大限度增加和谐因素，增强社会发展活力，提高社会治理水平”。并从“改进社会治理方式”“激发社会组织活力”“创新有效预防和化解社会矛盾体制”“健全公共安全体系”四个方面提出了原则性的改革要求。

2014 年 10 月，党的十八届四中全会提出要坚持系统治理、依法治理、综合治理、源头治理，提高社会治理法治化水平。2015 年 11 月召开的十八届五中全会提出要加强和创新社会治理。建设平安中国，完善党委领导、政府主导、社会协同、公众参与、法治保障的社会治理体制，推进社会治理精细化，构建全民共建共享的社会治理格局。

从十多年来党中央对社会管理、社会治理问题的相关表述的变化可以看出，社会治理问题越来越受到重视，相关理论研究越来越深入，治理思路越来越清晰，社会治理的内涵、外延、重点越来越明确，为实现社会治理的科学化打下了良好的基础。

四、我国社会治理创新的重要意义

随着我国经济社会的发展，现阶段的新形势使得我国社会治理创新具有非同寻常的意义。现阶段是全球化影响日益明显的时期，是经济体制深刻变革、社会结构深刻变动、利益格局深刻调整、思想观念深刻变化的时期。由于我国目前特殊的发展时期，如果社会治理搞不好，不仅社会与经济发展会受到制约和影响，过去取得的经济社会发展成果也会受到损害。党的十八届三中全会《决定》指出：创新社会治理，必须着眼于维护最广大人民根本利益，最大限度增加和谐因素，增强社会发展活力，提高治理水平，全面推进平安中国建设，维护国家安全，确保人民安居乐业，社会安定有序。这实际上从侧面说明了社会治理创新的重要意义。

（一）体现了构建社会主义和谐社会的要求

创新社会治理不仅是构建和谐社会的一项重要内容，而且也是实现和谐社会的一个重要保障。安定有序的社会环境是构建和谐社会的要求。当前我国正处于经济转轨、社会转型时期，经济体制、社会结构、利益格局、思想观念等都在发生深刻变化，这些变化在给社会发展带来巨大活力的同时，也给社会治理带来新挑战、新问题，使社会建设和社会治理的任务加重、难度增大。因此，构建社会主义和谐社会，必须加强和创新社会治理，提高社会治理科学化水平，使社会处于动态平衡、动态优化的健康运行状态，使全体人民各尽其能、各得其所又和谐相处。

创新社会治理，能够创造良好的发展环境、有序的生活环境、稳定的社会环境，为经济社会持续健康发展创造条件。当前，我国经济社会发展中不平衡、不协调、不可持续问题突出，且随着经济社会的发展，历史遗留问题与改革发展中的问题交织在一起，由此引发的社会矛盾增多。这些问题将长期存在，有些问题还相当突出，甚至可能激化，从而影响社会稳定和发展。只有不断加强和创新社会治理，构建与社会主义市场经济体制相适应的社会治理体系，妥善处理各种社会问题，化解各种社会矛盾，形成有序良好的社会环境，才能更好地抓好、用好我国经济社会发展重要战略机遇期，实现“两个百年”的发展目标。

（二）体现了提高执政能力和巩固执政地位的要求

社会建设水平的高低、社会治理能力的强弱，是衡量和检验执政能力、执政水平的一个重要标志。在改革开放不断深入及经济社会快速发展的过程中，要求党和政府加强和创新社会治理，更好地化解各种社会矛盾和社会冲突，为人民群众创造一个既有秩序又有活力的工作与生活环境。为政者只有加强和创新社会治理，提高执政能力，全面提升社会治理的人性化、科学化、制度化水平，才能提高应对各种社会风险以及化解社会问题和矛盾的能力，维护社会秩序，促进社会和谐，保障人民安居乐业。

（三）体现了维护广大群众根本利益的要求

社会治理包括基层公共服务的提供、社会利益关系的协调、社会秩序的维护、社会公益活动的组织等方面的内容，涉及广大人民群众的切身利益。改革开放以来，人民群众不断分享发展成果，得到的实惠越来越多。但由于社会阶层分化、利益多元、分配制度不完善等原因，人民内部各种具体利益矛盾不可避免地表现出来。只有不断加强和创新社会治理，减少和化解各种因利益冲突而引发的社会矛盾，才能真正增强人民群众的主人翁意识，充分发挥人民群众的积极性和主动性，促进经济社会更好更快地发展，进而真正从根本上维护人民群众的根本利益。

（四）体现了贯彻以人为本执政理念的要求

在过去的一个时期里，受经济增长中心主义的影响以及偏重于经济增长指标的政绩考核指挥棒的导向，很多地方在实际工作中偏重于经济建设，忽视了社会领域的改革和发展，造成了经济发展和社会发展呈现出“一条腿长、一条腿短”的状况。加强和创新社会治理，将更好地推进经济、政治、文化、社会建设以及生态文明建设，促进现代化建设各个环节各个方面相协调，促进生产关系与生产力、上层建筑与经济基础相协调，增强经济发展和社会进步之间的协调性。唯此，才能实现经济社会全面协调可持续发展的目标。

社会治理创新意味着将人的发展放到更为重要的位置上，推动社会治理科学化、规范化和常态化。这包括了进一步健全民主制度、从各个领域、各个层次扩大公民有序政治参与、依法保障人民的知情权、参与权、表达权、监督权等方面的内容。只有创新社会治理，尊重人民主体地位，保障人民各项权益，发挥人民首创精神，走共同富裕道路，促进人的全面发展，才能真正落实以人为本的发展理念。

第二节　我国城市社会治理领域面临的突出问题

一、社会快速转型、传统治理模式不适应

改革开放以来，中国社会发生了巨大的变化，工业化和城市化快速发展，社会结构、经济结构、社会组织形式、社会阶层关系、社会利益格局、社会价值理念等都发生了深刻的变化。例如，在社会组织形式上，越来越多的“单位人”变成了“社会人”。据有关统计，在城市就业总人口中，过去“单位人”占95%以上，现在这个比例已经降到30%左右①。显然，过去那种依托单位进行全方位管理的治理模式已经不再适用。再如，随着信息化的加速发展，“网络社会”快速形成和壮大。截至2015年底，我国网民规模已达6.88亿人，互联网普及率达50.3%；移动电话用户已达13.06亿户。随着人们的交往趋势越来越网络化和电子化，在实体社会之外形成了一个“虚拟社会”。由于虚拟社会有着成员身份隐蔽、参与方式灵活、传播速度迅速、影响范围广泛等诸多新特点，也使得社会治理面临一系列新的课题。

二、社会利益矛盾剧增、现有治理能力不适应

伴随着市场经济的发展和社会的转型，我国进入社会矛盾凸显期，一些领

① 谢志强：创新社会治理：治什么 谁来治 怎么治——我国加强和创新社会治理面临的问题挑战与对策建议，《光明日报》2016年7月13日。

域的社会矛盾日趋严峻。一是不同利益主体之间的矛盾易发多发。一方面，矛盾主要集中在农村土地征收征用、城镇房屋拆迁、国有企业改制、涉法涉诉等领域，因劳资纠纷、医患纠纷、环境污染、非法集资、股市房市投资受损等引发的矛盾也明显增多。另一方面，矛盾涉及各行业各阶层，既有农民、城镇居民、职工、离退休人员、个体工商业者、学生，也有军队退役人员、原民办教师、老村干部、老知青等特定人群。二是公共安全形势严峻。长期存在的粗放型发展方式在安全生产、环境保护、产品质量等方面引发不少社会问题。安全生产事故时有发生，2014 年全国发生安全事故 29 万起，造成 6.6 万人死亡。2015 年，又有天津港爆炸事件、深圳光明新区滑坡事件等特大安全事故发生。在环境保护领域，近年来“邻避”运动多次发生，在辽宁大连、福建厦门、四川什邡、江苏启东、湖北仙桃等地先后发生了基于“邻避”要求的群体性事件。食品药品安全问题时有出现，严重影响人民群众生命健康安全。以报复社会为目的的恶性案件和极端事件有所增多，我国仍处于刑事犯罪高发期。

面对易发、多发的社会矛盾，我国目前的社会治理能力还严重不能适应。一是在政府机构及其职能的设置上，目前各级政府的机构设置大多是经济综合管理部门，专门从事社会治理的部门相比之下十分薄弱。同时，政府社会治理职能定位不清、角色功能冲突等越位、缺位和交叉问题仍比较突出。既存在包揽了本应由社会组织承担的职能与事务的问题，也存在社会治理覆盖不全、出现治理空白的问题。比如对进城务工人员及其家属在居住、就业、入学、就医、社保、劳资纠纷等方面的服务与管理，多数地方尚无专门部门负责。另外也存在社会治理职能交叉的问题，尤其是街道办事处、社区党组织、社区居委会、业主委员会、社区民间组织、物业管理部门等管理主体之间的关系没有理顺。二是社会治理资源整合不够。一些地方的部门分割、多头管理、各自为政的问题仍比较突出。一些部门之间尚未形成分工负责、相互衔接、合力解决社会问题的格局。四是治理手段落后单一。目前的社会治理仍然是行政控制手段运用过多，政府投入维稳的人力、物力和财力也相对较多，而对于引导、疏导、协商、协调、教育、服务等方式进行社会治理的，政府投入则相对薄弱，尤其财力投入严重不足。五是社会治理队伍人员数量不足、专业素质不高，难以胜任。有些地方甚至将学历较低、年龄偏大、素质不高的人员安排从事社会治理工作。

三、公众意识发生变革、既往治理理念不适应

随着经济社会的快速发展，公众的意识和社会诉求也随之发生重大变化，

尤其是对社会治理的要求已不仅仅停留在社会治安、应急处理、协调利益关系、化解矛盾、规范秩序等社会稳定的层面，而是对积极参与、完善服务、改善民生、保障权益、净化环境、食品安全、公平正义、政府勤政、干部廉洁等涉及社会公正、社会平等、社会和谐的要素有了更迫切的要求。与公众意识与诉求的重大变化相比，政府的治理理念在很大程度上仍显滞后。处于全能主义转型过程中的政府往往习惯于凌驾于全社会之上，而不习惯去整合市场和社会的力量共同完成社会的治理；习惯于对各种社会组织和社会成员进行全面而严格的控制和管制，而不愿或不敢去尽量满足公民的自由发展等权利，促进社会向自主、自立和自治的方向发展；习惯于从满足政府自身管理的便利和自上而下的内部控制需求出发，过多地采用行政强制力，造成管制有余而服务不足，很难从社会本位出发来满足社会和公民的多样需求；习惯于包揽一切社会事务的理念和做法，限制了社会的生存和行动空间，造成底层活力不足、封闭性强，同时也使政府负担日益加重。

四、政府以外的治理主体发育严重不足

首先，社会组织发展培育不足。由于长时期以来国家对社会的控制过于严厉，不仅社会组织的规模、种类、能力都比较差，而且也没有形成自治、自主和自律的能力，除了工、青、妇及其他一些人民团体直接依附于党或政府，另一些社会组织甚至都没有获得合法的地位和相应的权利。目前，我国每万人拥有社会组织数量只有3.7个（截至2014年底），仅为美国的1/14，日本的1/27，法国的1/29。尤其是社会急需的行业组织、慈善组织、基金会等发展更为滞后。

其次，社会组织结构和分布不合理。从服务功能上看，学术性社团组织比例较大，而公益服务类社团组织比例过小。从服务对象上看，为优势群体服务的社团组织多，而为弱势群体服务的社团组织少。社会组织在数量、规模、质量、种类、功能以及公众认可度方面的现状，使他们难以在社会治理中充分发挥参与和协同作用。

第三节　我国城市社会治理创新的实践探索及其启示

一、我国城市社会治理创新的总体情况

如前所述，从20世纪90年代末期开始，加强社会管理成为政府的一项重要

方针。特别是自党的十六大报告把“社会更加和谐”列为全面建设小康社会的目标体系中的一个重要指标，进而党的十六届四中全会中央提出了“深入研究社会管理规律”、“加强社会建设和管理，推进社会管理体制创新”的任务以来，许多城市政府都在城市社会治理创新方面有所探索，创造出了丰富的实践案例。从2000年开始，中共中央编译局比较政治与经济研究中心、中共中央党校世界政党比较研究中心和北京大学中国政府创新研究中心共同发起了两年一度的“中国地方政府创新奖”，每次都从数以百计的各级地方政府创新项目中，遴选出10个优胜奖和若干鼓励奖项目。每届评选结束后，主办单位的课题组立即开始对获奖项目的案例研究，撰写案例研究报告，每两年一辑形成系列丛书《中国地方政府创新案例研究报告》。通过对这些案例中涉及城市社会治理者进行梳理，可以将社会治理创新的方向初步分为以下的四种类型：（1）扩大公共服务的覆盖面；（2）实现治理主体的多元化；（3）运用技术手段提高治理效能；（4）通过资源整合提升治理效能。

二、扩大公共服务覆盖面的探索

在扩大公共服务的覆盖面方面，将原来被排除在城市公共服务对象之外的外来人口、农村户籍人口纳入服务范围，是主要的努力方向。如嘉峪关市从2012年1月1日起，彻底取消城乡户籍差别，全市30万人口不再区分“农业户口”与“非农户口”，统一登记为“居民户口”。通过此举，原来的农业户籍人口在医保、子女入学、住房保障等方面与城市户籍人口之间的差别得以消除。再如北京市石景山区苹果园街道设立了新居民互助服务站，通过给外来人口提供“居民式待遇、互助式服务、自治式管理”，寓管理于服务之中，使外来人员感受到新家园的温暖，把“陌生人社会”变成了“熟人社会”，增强了外来人口的归属感和凝聚力，促进了社区的和谐。

三、实现治理主体多元化的探索

在实现治理主体的多元化方面，温州市于2012年10月出台了《关于加快推进社会组织培育发展的意见》等一系列文件，对公益慈善类、社会福利类、社会服务类和基层社区社会组织全面放开登记，资金门槛降为零。短短两个月时间，全市新增登记备案的社会组织达到1500多个。随后，市环保局于2013年春主动向环保社会组织发出邀请，公开向社会招募环保志愿者，共同组建“护水行动团”，负责全市垃圾河、黑臭河专项整治行动的全程监督。从2014年开始，市政府把向社会组织购买服务制度化，出台了购买服务指导目录，把原本由政府向社会公众提供的171项服务事项，按照一定的方式和程序，交由具备条件的社会力量承担，并根据服务数量和质量支付相关费用。截至2014年9月，温州市共有20家政府职能部门，向100多家社会组织购买了20项公共服务，涉及五水共治、教育、社区、培训、司法、养老、医疗卫生等公共领域。再如，上海市南汇区惠南镇从2003年起实行了公共预算制度改革，从2003年底开始，该镇的实事工程项目不再由镇政府拍板决定，改由镇人大代表票决产生。并且，实施过程由代表监督，建设结果由代表评估。这样，镇人大代表在广泛征求居民意见的基础上直接参与镇的重大事项决定，扩大了居民民主参与的层面。

一个新近的例子，是深圳市龙岗区的“社区民生大盆菜”改革项目。该项目从2015年2月开始实施，其核心内涵，是把一部分社区层面的、小规模的公共产品和公共服务项目的选择权交给了居民自身，从过去的“政府配菜”变为“居民点菜”。其主要内容是，由区财政向每个社区提供项目资金（2015年为每个社区200万元），项目内容则由社区居民自主决定。当地干部群众形象地将这种做法称为“居民点菜做菜，政府买单”。之所以取名为“社区民生大盆菜”，则是以当地习俗来体现项目创意：龙岗区是客家人聚居地，逢年过节有集聚相庆、共享“大盆菜”的习俗。一个大盆中各式菜肴叠放在一起炖煨，既有山珍海味，又有家常青菜，食者各取所好，可以最大程度地满足众人的不同需求。借用这种乡土习俗的名称，也使项目内涵更易于被居民所理解，有利于动员居民的广泛参与。龙岗区政府希望通过实施“社区民生大盆菜”项目，对居民迫切需要、普遍关注的社区层面的民生实事，进行系统化、规范化、常态化办理，并以实现社区居民“我的实事我做主”的方式，培育和提升社区自治能力，探索完善社区自治共治机制。

四、运用技术手段提高治理效能的探索

在运用技术手段提高治理效能方面，肇始于北京市东城区的“网格化管理”收到比较明显的成效，在全国许多城市得到推广应用。所谓网格化管理，就是将城市空间划分为若干单元（即网格），依托数字化信息平台，对单元网格内的管理需求作出及时响应的城市信息化管理模式。实践证明，这一模式在提高城市管理效率、降低城市管理成本、再造城市管理流程、提高公众满意度等方面

均有良好表现。自 2004 年在北京市东城区率先试点后，在建设部的主导下逐步向全国推广，截至 2012 年的不完全统计，全国已有 90 多个城市已经采用或正在推行网格化管理。此外，许多城市公安部门实施的"天眼"工程、焦作市等城市的电子政务建设（建立市行政服务中心门户网站，在互联网上实现办事查询、表格下载、文件上传、电子印章、电子签名、文件传阅等功能）、厦门市建设的"市民健康信息系统"（为全体市民建立健康档案，通过中央数据中心实现医疗卫生信息在厦门行政区域内的医疗卫生单位间的互联互通和共享调阅）等都属于这个方向上的努力。

五、通过资源整合提高治理效能的探索

在通过资源整合提升治理效能方面，1995 年，深圳市首次把与外商投资审批有关的 18 个政府有关部门集中起来办公。随后，以行政服务中心、市民服务大厅等形式提供窗口服务的做法逐渐在全国得到推广，目前在地市及县级已经比较普遍，在安徽、江苏、浙江等地有不少乡镇也成立便民服务中心。这种做法对于方便市民办事、提高政府效能都起到了较好的作用。

实行大部门制改革，也是通过资源整合提升治理效能的一个重要途径。广东顺德于 2009 年启动了大力度的大部门制改革，党政部门机构数由 41 个重组为 16 个，对机构、职能、编制、人员和运行机制进行重新整合，按照权责一致的原则优化权责和资源配置，形成新的组织结构和工作格局。其结果，大大提高了行政效率和服务水平①。

上海市闵行区的"大联动"模式，上海市嘉定区的"大联勤"模式等，也都是通过资源整合提升治理效能的实践探索。其实质，是在不改变现有行政管理组织体制的前提下，通过综合采用社会协管力量整合统管、管理信息集中采集共享、行政执法协调联动等方式，优化完善城市综合管理运行机制。其目标是形成上下联动、问题联处、执法联动的社会管理联动局面，形成合力。

六、一个综合性案例：大连市西岗区"365 工作体系"

大连市西岗区从 2012 年 3 月开始，创建了"365 市民大楼"，并以其为核心建立了"365 工作体系"。该体系运行四年多来，在提高公共服务的质量和效

① 中山大学 2010 年 5 月随机发放的 2200 份问卷调查结果显示，有近七成的受访者表示改革后到政府机关办事的次数有所减少或明显减少，有超六成的受访者认为改革后的办事时间有所减少。

率、化解社会矛盾促进社会和谐、组织公益活动激发社会活力、促进居民自治改进基层治理等方面都取得了明显的成效，成为城市社会治理创新的一个具有较好示范意义的模式。

（一）一座全时运行、全方位响应的市民大楼

西岗区的365市民大楼从2012年3月30日开始正式运行。大楼的名称本身就体现了决策者的目标：建立一个全时运行的市民服务中心。其功能设置包括六个服务平台：一是便民服务平台。在自助服务区，市民可通过点击触摸屏查询便民信息和获取服务引导，还有血压自测、应急药箱、便民伞、爱心电话、自助银行等项服务。便民服务平台引入了联合收费处，居民可以在此方便地缴纳水电燃气等费用。公安、民政、税务等部门在这里设立了服务窗口，方便居民办理事务。此外还设有8个专家座席，面向居民解答有关民政、城建、卫生、教育、人社等方面的政策。二是婚姻家庭服务平台，提供婚前教育、优生优育、家庭矛盾调解、婚姻心理调适等方面的服务。市民婚姻殿堂可以提供多种形式、满足不同需求的颁证典礼，市民还可以提前预约包括区委书记在内的区党政干部、社会名人作为颁证嘉宾。三是社会组织管理服务平台，在为辖区内的社会组织提供会议等活动场所的同时，也是采用项目化管理的方式支持和引导社会组织开展公益活动的窗口。四是市民听证议事和维权平台。针对区里将出台和已出台的相关政策，只要有5名以上市民提出申请，在3日内就可在市民听证议事大厅举办听证议事活动，由涉及事务的主管部门提供咨询听证。五楼是热线和网络管理服务平台。365热线电话与区内各党政部门、市职能部门及大连市700多个热线电话有效衔接，只要居民的电话一打进来，365市民大楼的信息化路径立刻启动：类似“办事找不到门”咨询类的问题，接线员给予即时答复；涉及区内民政、教育、卫生、就业、城建等主要民生窗口可实现立即分拨解决；事务协调类的问题，视难易程度确定答复时限，最长不超过3个工作日，而且实行跟踪督办，督办人员推行“首办责任制”，确保事事有着落，件件有回音。六是网格化社会管理信息平台。全区划分为120个一级网格，网格专管员都配备了专用手机，每天主动巡视、主动走访、主动帮教，并形成事件上报和民情日志，与网格化社会管理中心即时互动，及时发现和处理各种问题。

（二）三级管理、四级联动的365工作体系

为了方便服务居民，实现服务与治理的精细化，西岗区在创建并运行365市民大楼的同时，还将服务触角下移，在所辖的7个街道全部建立了365市民中

心，45 个社区全部建立了 365 工作站。同时，将全区划分为 120 个一级网格，每个网格配备一名专职网格员。网格员被赋予事前主动发现、事后督促检查的职能。这样，就形成了一个以 365 市民大楼为区级中枢，区、街道、社区、网格三级管理四级联动的 365 工作体系。

365 工作体系以“做群众需要的事，做事让群众满意”作为核心理念，其人员和功能配置均以居民需求为导向。365 市民大楼服务中心为区财政全额拨款事业单位，但市民大楼服务中心下设的便民服务队成员，以及由该中心派驻在各一级网格的专职网格员均为合同制雇员，并不在编制之列。区财政还为 365 市民大楼服务中心、街道 365 市民中心、社区 365 工作站设立了专项经费，以确保 365 工作体系的顺利运行。

（三）五个方面的特色创新

从社会治理的角度看，“365 工作体系”主要有五个方面的特色创新，包括：在治理理念上，将群众满意作为核心目标；建立联席协调机制，填补管理空白；建立居民听证议事制度，促进居民成为治理主体；以公益项目为载体，激发社会组织活力；主动发现问题，实现城市管理的精细化。

第四节　改进我国城市社会治理的政策建议

一、进一步推进治理理念更新

社会治理所涉及的范围非常广泛，社会治理创新所涵盖的内容自然也就非常丰富。但是，具体内容各异的社会治理创新，其初始动力都来自治理理念的更新。大连市西岗区 365 工作体系所展现出的多方面社会治理创新，最关键的起点就在于提出了“做群众需要的事，做事让群众满意”的核心理念。政府的社会治理理念要从过去那种偏重于政府本位的管制控制思维，转变到民众本位的协同治理思路上来，从被动地响应诉求和维稳，转变到主动改善民生、完善社会服务、疏导诉求渠道、维护公众权益、协调利益关系、化解社会矛盾、解决社会问题的治理理念上来。有了治理理念的更新，才能够相应地在治理架构、治理方式、资源配置、政府职能转变等多个层面进行创新。

二、推进行政管理体制的相应改革

在社会治理理念发生变革之后，原有的政府行政管理体制并不能自动与之适应，而需要相应的改革。过去的各级政府机构设置以经济综合管理部门为主，社会综合管理部门相比之下极为薄弱。同时，各级政府部门的管理对象主要是针对行业和领域，而不是针对公众和群体。大连市西岗区通过从政府相关部门抽调人员组建365市民大楼，并以其为核心构建了涵盖政府各职能部门及市政公用企业的联席协调机制，成功实现了社区事务的“一门式”受理服务和服务的全年无休，大大提高了政府为民众服务的便捷度、透明度和亲和度，是主动通过行政管理体制改革来适应治理理念变革的成功探索。在其他城市，也应当根据改进和完善社会治理的需要进行因地制宜的行政管理体制改革。

三、注重消除现有的服务和管理空白

随着工业化、信息化、城市化、市场化、国际化进程的加快，我国的社会处于快速的转型和变化之中，社会管理的对象大幅度扩大，公众的社会诉求明显增多，过去传统的社会管理模式无论在理念、体系、制度上，还是在机构设置、管理职能、管理方式等方面都与之不相适应，出现了很多管理空白和薄弱环节。大连市西岗区通过构建365工作体系实现了对居民反映问题的无条件受理，然后在政府部门内部进行分拨和协调，避免了居民在政府部门之间被“踢皮球”，既改善了政府部门的形象，也提高了居民的满意度。365工作体系还注重在日常工作中发现社会管理的空白点、存在多头管理但又缺少统一协调的问题，并积极寻求解决办法。以居民需求为出发点、注重消除管理和服务的空白与薄弱环节，应当成为社会治理创新的重要方向。

四、进一步引导和强化居民自治

推进社区自治，是发展基层民主，使人民依法行使民主权利，实行自我管理、自我服务、自我教育、自我监督的有效形式。社区自治的具体事项，主要包括社区的公共秩序、民意表达、诉求反馈、邻里关系、居民服务、矛盾调解，以及社区消防安全监督、卫生维护和治安维护等。有了有效的社区自治，很多事务就不再需要行政手段和司法程序等公权力的干预，而可以通过社区各种利益相关者之间的民主协商和合作处理来解决。推进和实现城市社区自治，是基层民主发展的必然趋势，而且有利于降低行政成本和促进社会的和谐稳定。虽然有一些地方在推进社区和居民自治方面已经做了初步的尝试，但总体上思想还不够解放，进展还比较缓慢。在党中央已经提出了全面推进依法治国的重大任务和依宪治国、依宪行政重要理念的大背景下，推进社区和居民自治的当务之急，应当是以宪法为依据，将宪法赋予公民在社会生活中的各项权利切实落实到位，将那些过去被有意无意剥夺的权利“还给”公民和社会组织。唯此，才能使公民和社会组织参与城市社会治理有空间、有渠道、有保障，能够真正发挥作用而不是仅仅作为点缀。

五、扶持社会组织发展，激发社会组织活力

改革开放以来，社会组织在促进经济发展、繁荣社会事业、创新社会治理、提供公共服务等方面发挥了重要作用。但就现状而言，有很多社会组织难以取得合法身份，也有很多社会组织面临资金短缺的困境，难以适应多元主体治理对社会组织提出的更高要求。多元主体治理要求政府重视社会力量在社会治理中的作用，体现参与、平等、合作和民主的原则。政府应坚持积极扶持原则，降低社会组织登记注册门槛，放宽准入限制。适合社会组织提供的公共服务和解决的事项，交由社会组织承担。政府应制定向社会组织转移职能的指导意见和转移事项目录，建立相应动态调整机制和公示制度。政府还应建立向社会组织购买公共服务制度，制定指导目录和管理办法。

（执笔人：林家彬）

本章参考文献

① 林家彬 . 2016. 城市治理：从政府本位到民众本位 . 中国经济报告，第 2 期 .

② 林家彬 . 2016. 从公共产品供给模式入手的社会治理创新——深圳市龙岗区“社区民生大盆菜”的经验和启示 . 国务院发展研究中心调查研究报告，第 33 号 .

③ 林家彬 . 2014. 以民为本的城市社会治理创新——大连市西岗区“365 工作体系”的经验和启示 . 国务院发展研究中心调查研究报告，第 87 号 .

④ 潘家华，魏后凯主编 . 2014 – 9.《中国城市发展报告 No. 7 聚焦特大城市治理》. 社会科学文献出版社 .

⑤ 深圳创新发展研究院编 . 2015 – 10.《中国改革创新报告 2014——国家治理现代化研究》. 人民出版社 .

⑥ 周红云主编 . 2013 – 8. 社会管理创新 . 中央编译出版社 .

⑦ 周晓虹 . 2015. 全面深化改革的社会路径 . 南京社会科学，第 2 期 .

第十二章　低碳城市化

第一节　低碳城市化模式研究的背景与意义

一、低碳城市化模式研究的背景

（一）新型城市化成为我国未来经济社会发展的重要推动力量

城市化是工业化和现代化发展的必然趋势，同时又对区域经济社会的发展具有重要的推动作用。国内外有关城市化过程的研究历史较早，城市化对经济增长、社会发展的推动作用早已为人类所认知，推动城市化发展的重要意义也得到了政府和学界的广泛重视。

正如习近平主席在中央城市化工作会议上指出的，城市化是现代化的必由之路。推进城市化是解决农业、农村、农民问题的重要途径，是推动区域协调发展的有力支撑，是扩大内需和促进产业升级的重要抓手，对全面建成小康社会、加快推进社会主义现代化具有重大现实意义和深远历史意义。

近年来，我国历届政府始终高度重视推进城市化，以发挥城市化对我国经济、社会发展的巨大推动作用。

“十五”计划纲要提出：“要不失时机地实施城市化战略”，“在着重发展小城镇的同时，积极发展中小城市，完善区域性中心城市功能，发挥大城市的辐射带动作用，提高各类城市的规划、建设和综合管理水平，走出一条符合我国国情，大中小城市和小城镇协调发展的城市化道路。”

中共十七大提出：“走中国特色的城市化道路，按照统筹城乡、布局合理、节约土地、功能完善、以大带小的原则，促进大中小城市和小城镇协调发展。以增强综合承载能力为重点，以特大城市为依托，形成辐射作用大的城市群，培育新的经济增长极。”

“十二五”规划纲要明确提出：“坚持走中国特色城市化道路，科学制定城市化发展规划，促进城市化健康发展。”纲要还对城市化作出了具体安排：“稳步推进农业转移人口转为城镇居民，把符合落户条件的农业转移人口逐步转为城镇居民作为推进城市化的重要任务。”

中共十八大报告中将城市化与新型工业化、信息化、农业现代化相并列。十八大报告强调：“坚持走中国特色新型工业化、信息化、城市化、农业现代化道路，推动信息化和工业化深度融合、工业化和城市化良性互动、城市化和农业现代化相互协调，促进工业化、信息化、城市化、农业现代化同步发展。科学规划城市群规模和布局，增强中小城市和小城镇产业发展、公共服务、吸纳就业、人口集聚功能。加快改革户籍制度，有序推进农业转移人口市民化，努力实现城镇基本公共服务常住人口全覆盖。”

2013 年 12 月召开的中央城市化工作会议初步确立了要以人为本、推进以人为核心的城市化的新时期城市化战略的总体框架，至 2014 年 3 月，国家新型城市化规划（2014～2020 年）公布，正式确定了未来我国新型城市化推进的总体方案。

从中央自“十五”时期至今的关于城市化问题的政策演变过程以及新型城市化概念的创立，都可以看出，新型城市化在我国未来经济社会发展大战略中的重要意义。新型城市化规划的落实和推进，将是推动“十三五”时期我国经济社会发展的重要引擎之一。

（二）城市化的碳排放效应问题成为学界研究的新热点，对我国经济社会发展影响深远

近年来，随着哥本哈根会议的召开，全球对碳排放问题的关注持续上升。我国是全球碳排放量最大的国家，同时也是最大的发展中国家。面临着既要保持经济平稳较快增长，同时又要实现节能减排目标的双重压力。

从国际看，国际社会已就控制全球气温升高不超过 2℃达成政治共识，并将进一步强化全球应对气候变化的行动安排。同时，绿色低碳发展逐渐成为全球经济发展的方向和潮流，成为产业和科技竞争的关键领域。

从国内看，经过多年的快速发展，我国取得了举世瞩目的经济社会发展成就，但经济发展方式粗放、能源消费结构不合理、单位国内生产总值能耗水平偏高、资源环境瓶颈制约不断加剧的问题仍然存在且日益紧迫。当前，我国仍处在工业化、城市化快速推进的进程中，加快推进绿色低碳发展，有效控制温室气体排放，已成为我国转变经济发展方式、大力推进生态文明建设的内在要求。同时，气候变化对城市建设、农业、林业、水资源等影响加剧，气候灾害频发，也迫切需要采取积极的适应行动。

近些年，我国陆续出台了《中国应对气候变化国家方案》《“十二五”控制

温室气体排放工作方案》《国家适应气候变化战略》《国家应对气候变化规划（2014—2020）》等专项规划，力求确保实现2020年碳排放强度比2005年下降40%～45%的CO_2减排目标。可见碳排放和碳减排问题对我国未来经济社会发展和新型城市化建设具有深远影响。

作为“十三五”及未来很长一段时间内我国经济社会发展的重要引擎，新型城市化的推动和发展过程将会对我国区域碳排放量带来怎样的影响，如何通过调控城市化的模式和推进政策，实现低碳、绿色、高效率、可持续的城市化，对我国未来的发展具有重大意义。

因此，深入研究区域碳排放产生的来源、影响因素以及采用何种碳减排措施，对于我国未来的发展具有重要的理论和现实意义。

二、低碳城市化模式研究的意义

城市化过程是人类文明发展的必然结果和必经阶段，对区域经济、社会、生态环境具有重大而深远的影响，碳排放作为全球气候变化的主要影响指标，也越来越受到人们的广泛关注。在城市化的复杂过程中，区域碳排放形势会受到哪些影响，其内在作用机理和动态演进趋势已成为近年来学术界广泛关注的重要理论问题。

深入研究城市化的碳排放效应，对深入揭示人类活动与生态环境相互作用关系、城市化过程对资源、环境、生态系统的综合效应等理论问题，具有重要的理论探索和完善意义。

新型城市化过程是我国“十三五”时期的重要发展动力源泉，对我国未来的发展具有重大的影响。同时我国作为全球最大的碳排放国家和发展中国家，又面临着节能减排的巨大压力。

深入的研究城市化与CO_2排放之间的相互作用关系和机理，提出低碳绿色的城市化模式，对更好地推动我国未来区域经济社会发展、落实新型城市化战略，制定高效的节能减排政策等都具有重要的现实意义和广泛的应用价值。

第二节　城市化的碳排放效应机理和路径研究

一、城市化的碳排放效应研究方案

（一）需要解决的两个关键问题

（1）刻画并量化分析城市化对区域碳排放产生影响的主要途径和机理。采用经济社会指标体系，刻画我国城市化过程中的人口、产业结构、建设用地规模等变化过程及水平，分析城市化过程中这些关键因素变化，对区域碳排放量变化产生影响的方式和过程。

（2）量化分析城市化的碳排放效应。从产业结构、技术水平、人类生活、生产方式、土地类型等视角，建立综合指标体系，分析碳排放量对城市化各因子变化的响应程度。量化分析不同城市化阶段、不同区域城市化特点产生的碳排放量变化规律。

（二）研究方法

一是注重定性分析与定量分析相结合。利用计量模型等对我国和案例省区两个不同空间尺度地区的城市化过程产生的人口、土地、产业结构等变化以及碳排放量变化过程进行定量研究。

推导城市化与碳排放之间的耦合关系式。总结以城市群、大城市、中小城市等为核心的不同城市化模式类型各自的特点和影响。并围绕影响碳排放的人类生活方式，如交通、家庭能源消耗等问题，进行调查问卷分析。

二是重视情景模拟与理论、实证分析相结合，根据城市化碳排放效应的产生途径和数量关系分析结论，构建系统动力学模型，设定不同指标情景，对不同城市化模式未来可能产生的经济社会影响和相应的碳排放量演变趋势进行情景分析。根据分析结果，总结符合我国经济社会发展需求的低碳城市化发展模式。

主要研究方法——系统动力学模型

现有关于城市化对区域碳排放量影响的研究成果，多基于二者间量化关系的回归分析，而非基于因果关系的逻辑推导，所以，难以真实地反映其影响机理，不能准确的界定城市化对碳排放的影响程度和动态演进规律。而且城市化过程和区域 CO_2 排放的产生都是区域发展巨系统中的一个方面，受多种因素影响，且两者均是长期、动态变化的过程。因此，需要通过系统性、动态化，且能够反映因果逻辑关系的数学模型来加以动态量化分析模拟。

系统动力学最早由麻省理工学院的 J. W. Forrester 教授于 20 世纪 50 年代中期开创（Forrester J W，1958）。经过几十年的发展和改进，系统动力学被广泛应用于经济、社会、生态等众多复杂系统研究中（Li et al.，2012）。由于系统动力学模型基于因果逻辑关系而建立，能够揭示系统的动态性、反馈性、延迟性等众多特征，具有量化、可调控等众多优点，对研究较长发展周期、动态变化和存在反馈作用的系统设计、优化、管理问题具有明显的优势（Zai pu Tao，

2010；LIU et al.，2005)，符合本书的实际情况和建模需求。因此，笔者选择系统动力学模型来开展研究。

（三）技术路线

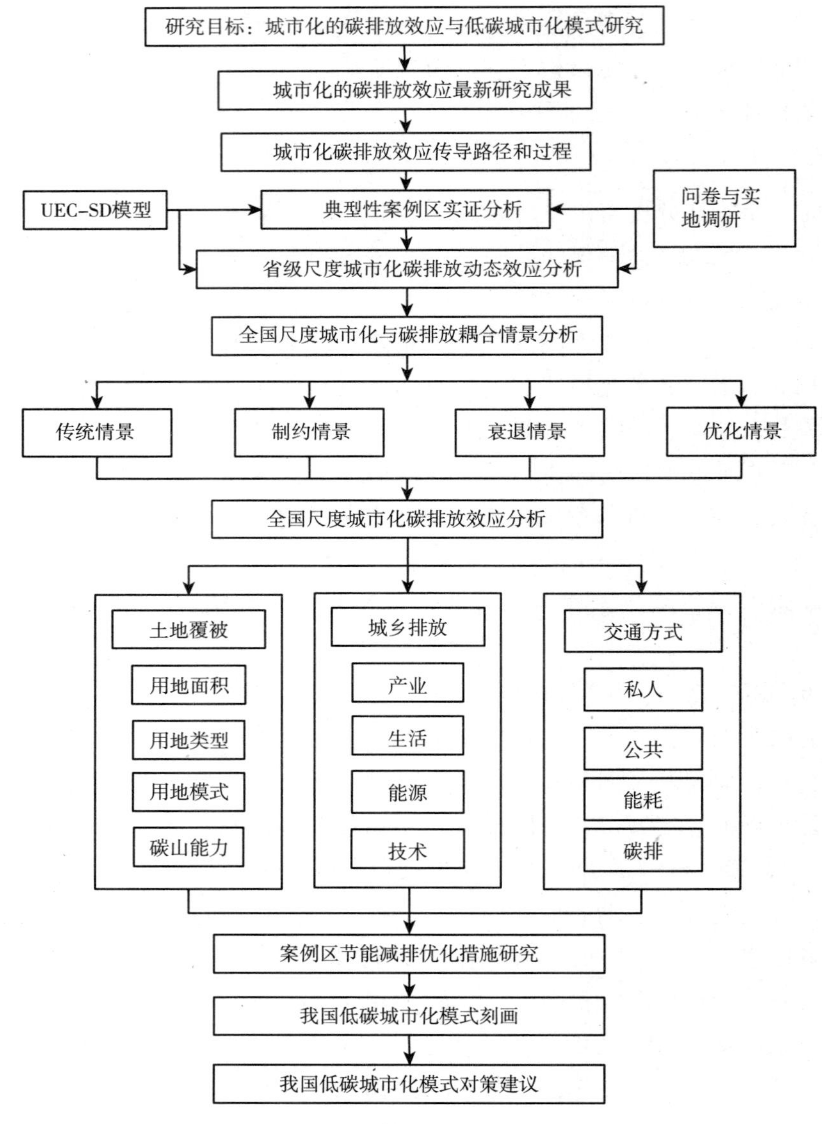

图 12-1　研究技术路线图

二、城市化对能源消耗的综合影响

（一）城乡生产化石能耗结构差异

能源消耗是人类活动释放 CO_2 主体来源，而城市与乡村由于生产、生活方式不同，表现出对煤炭、石油、天然气等一次能源消耗的结构不同。在生产方面，城市区域主要以工业、服务业为主，乡村则以农业为主。不同的产业单位增加值能耗不同，所以，城乡生产领域能源消耗结构和消耗量存在很大差异。这一特征在我国资源型城市密集的地区表现尤为明显。

以我国东北老工业基地典型资源型大省辽宁省为例，辽宁省存在大量资源型城市，城市的兴起和产业的集聚多依托钢铁、煤炭等矿产资源开采和洗选业。因此，城市区域的产业类型以煤炭、钢铁、石油等金属和非金属资源开采及洗选业、装备制造业、化工产业，交通运输业等行业为主。单位增加值能源消耗量较大，2011 年各类能源折算还原为一次能源，消耗比例为石油 45.49%、天然气 4.53%、煤炭 49.98%（辽宁省电力供应以本省火力发电为主，所以电力消耗在除去水电以后，按火电发电效率折合为标准煤）。

乡村主要以农林牧渔产业为主，其能源消耗量低于城市，比重为石油 69.15%、天然气 3.6%、煤炭 27.25%。另外，值得注意的是很多工业、服务业项目如农产品加工业、部分金属和非金属采矿业、交通运输业等也布局在乡村地区，从业人员以农业剩余劳动力为主，在研究城乡能源消耗差异时，此部分非农业项目应归于乡村能耗体系。其能耗结构与城市非农产业基本相同。但单位从业人员的增加值创造能力低于城市，所以产生的实际能耗与城市产业体系也不同。

（二）城乡生活化石能耗结构差异

与生产能耗差异的原理相同，城乡居民生活方式不同，生活能耗量和结构也不同。城市居民生活用能以电能、汽油、液化石油气、煤气、煤炭、天然气等类型为主。同样以辽宁省为例，城市地区折合为一次化石能源比重为石油 54.71%、天然气 2.98%、煤炭 42.31%。而乡村居民生活中天然气比重很低，主要以柴薪、煤炭、电能、汽油、柴油等类型为主，一次化石能源比重为石油 21.66%、天然气 0.63%、煤炭 23.31%、柴薪 54.39%。（城乡生活用电来自辽宁省统一电网，发电所耗燃煤已经在城市生产中计算，因此，家庭能耗中不再重复折算）（见图 12－2）。

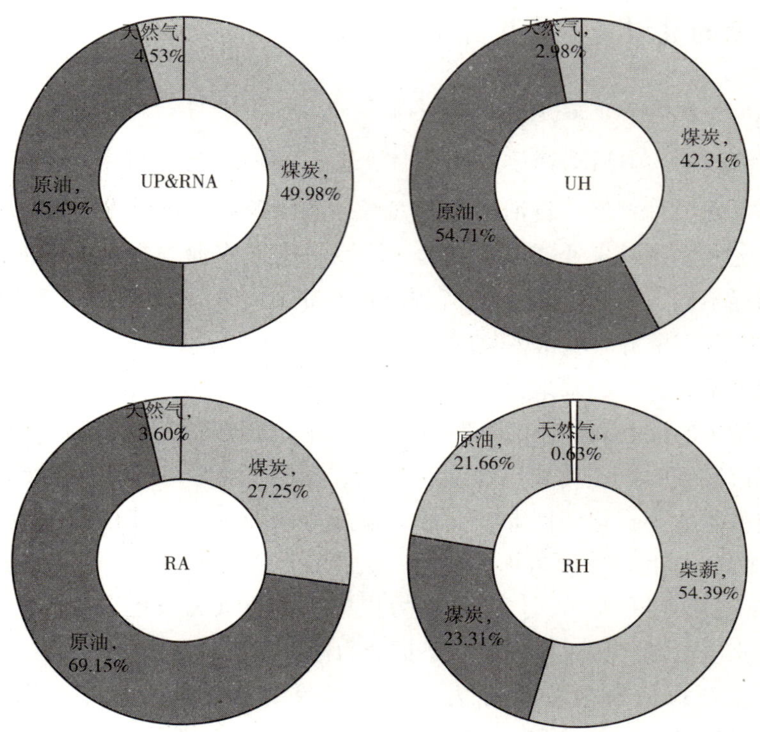

图 12－2　案例区城乡生产、生活能耗结构差异

同样，全国城镇乡村生活能源消耗比重情况，也表现出同样的城乡能源消耗结构的差异。以 2012 年为例全国家庭生活能源消费中，城镇消费结构为石油 31. 58%、天然气 24. 59%、煤炭 43. 83%，乡村消费结构为石油 63. 96%、天然气 0. 34%、煤炭 35. 7%（见图 12－3）。

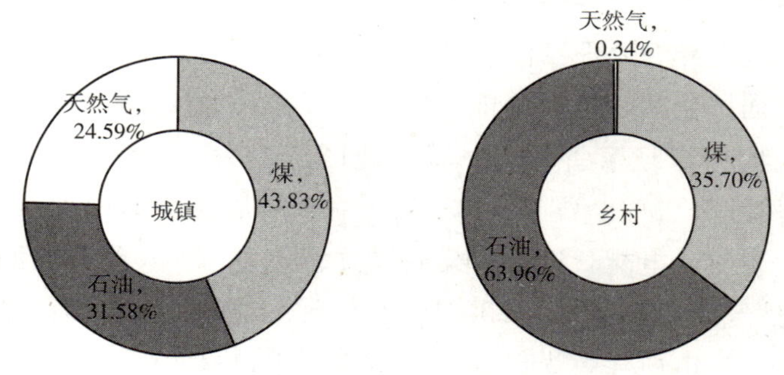

图 12－3　我国城乡生活能耗结构差异

而且，城乡化石能源消耗总量差距也很大，2012 年全国城镇家庭生活能源消耗量为 15197. 28 万吨标准煤，而乡村仅为 2969. 21 万吨标准煤。

三、城市化对区域 CO_2 排放影响机理分析

基于以上分析，由于城乡生产、生活能耗结构不同，在城市化过程中，人口由乡村向城市区域迁移，由乡村生产、生活方式，转变为城市生产、生活方式，迁移人口所产生的能耗机构和总量会发生变化，进而引起整个区域能源消耗结构和数量的变化。以我国人口基数为例，城市化率每增长 1 个百分点，将有近 1354 万人由乡村能源消费结构，转变为城市消费结构，可见城市化对区域能源消耗的影响是非常巨大的。而化石能源消耗是造成区域 CO_2 排放的直接原因，因此，城市化过程会通过改变区域能源消耗结构和总量，引起区域 CO_2 排放形势的变化，这就是城市化过程的碳排放效应。

此外，城市化过程不但能改变城乡能源结构，同时也通过创造集聚效应、加速要素流动等方式，促进区域经济增长。而同时，也受到区域经济发展的反向影响，主要表现在城市产业体系对就业人口的吸纳能力、城市对人口的承载能力、农业发展水平和农村剩余劳动力数量等。这些因素决定了城市化的速度，也间接影响着城市化对区域能源消耗、CO_2 排放结构的改变程度。于是，从系统的角度看，就形成了城市化与经济发展双向负反馈因果系统，以及城市化与碳排放单向影响系统。本书基于以上城市化对区域能源消耗和碳排放的影响机理，运用系统动力学模型，将城市化与经济增长、城市化与能源碳排放两个响应系统融合在一起，动态、量化地模拟城市化过程对我国能源结构和碳排放的影响（见图 12－4）。

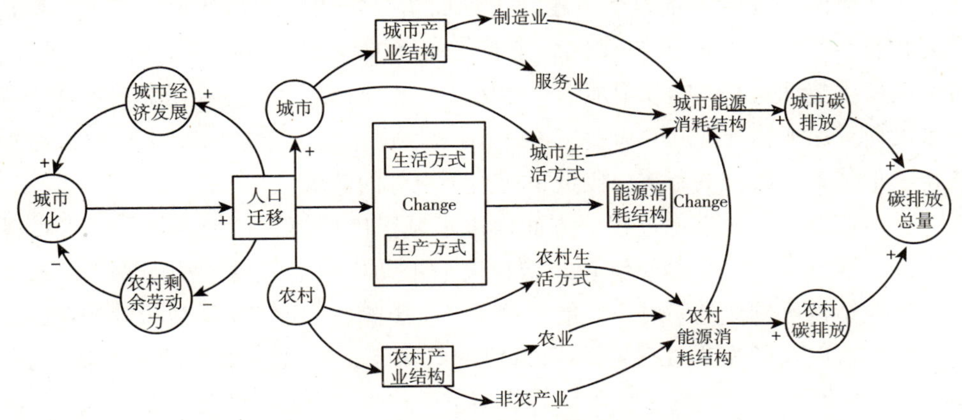

图 12－4　城市化碳排放效应产生过程

四、城市化对区域 CO_2 排放的间接影响分析

城市化过程不单单是农业人口由农村转移到城市的过程，还是城市区域不断发展壮大、城乡关系不断改善、融合的过程。因此，在计算了城市化对区域 CO_2 排放的直接影响机理基础上，还需要考虑城市化过程中的经济、社会、环境变化对区域 CO_2 排放的间接影响。

著名城市规划研究专家 Peter Hall 教授在他的新书《更好的生活》（*Good Cities, Better Lives*）总结了建造美好城市，可持续推进城市化的重要内容，归纳为经济、居住、土地、交通、资源利用等方面。2014 年在里斯本召开的关于城市化未来发展趋势和可持续城市化前景的国际学术研讨会上，李善同教授进一步将中国可持续城市化的前景和推进领域总结为人口、土地、产业、融资、交通、资源环境六大领域。

因此，以李善同教授对推进可持续城市化重点领域的阐述为基础，本书结合城市化的直接碳排放效应传导路径，全面分析城市化对碳排放的直接和间接影响，从城市化带来的人口迁移、城镇建设用地的扩张、区域产业结构变化、交通设施与交通方式等四个方面来分析城市化对我国碳排放的影响。

在人口方面，城市化过程使城镇人口比重不断上升，城镇常住人口数量增加，大量农业转移人口，改变了过去的生活方式和生活习惯，融入城市。城乡生活能源结构的变化将随着城乡人口比重的变化，改变区域化石能源消耗的总量和结构，进而改变生活碳排放量。

在土地方面，城市化过程使城镇建设用地规模不断扩大，土地覆被利用总体格局将会因此逐渐发生改变。建设用地面积扩张的同时是林地、耕地、草地等多种自然类型土地面积的减少，伴随着的是大量地表植被覆盖面积的变化，进而改变下垫面对 CO_2 的吸附能力，即碳汇量的变化。这一点在微观尺度或中观尺度的研究中所占比重可能不大，但从国家尺度来看，土地城市化将对区域的碳排放形势带来较大的影响。因此也应给予充分的考虑。

在产业方面，城市化过程一方面促进了城镇区域第二产业、第三产业的壮大发展，通过供需关系也能够在一定程度上带动农业的发展，从而改变区域原有的产业结构比例，进而对生产能耗总量产生影响，导致 CO_2 排放量的变化；另一方面城市产业的发展在生态环境指标的约束下，在技术水平的不断提高下，也向绿色、环保、低碳的方向不断升级演进。这也将在很大程度上带来区域 CO_2 排放量的变化。

在交通方面，随着城市化进程的不断推进，城市内部交通体系和城际交通体系都将获得不断地完善和优化，公共交通体系将伴随着得到快速的发展。人们选择交通工具或出行的方式都会随着城镇交通体系的不断完善而发生变化。而交通工具所造成的碳排放量在微观或中观尺度的影响虽然不一定最大，但在全国范围来看，采用何种交通模式、选择怎样的交通工具，都将对区域的 CO_2 排放量带来巨大的影响（见图 12－5）。

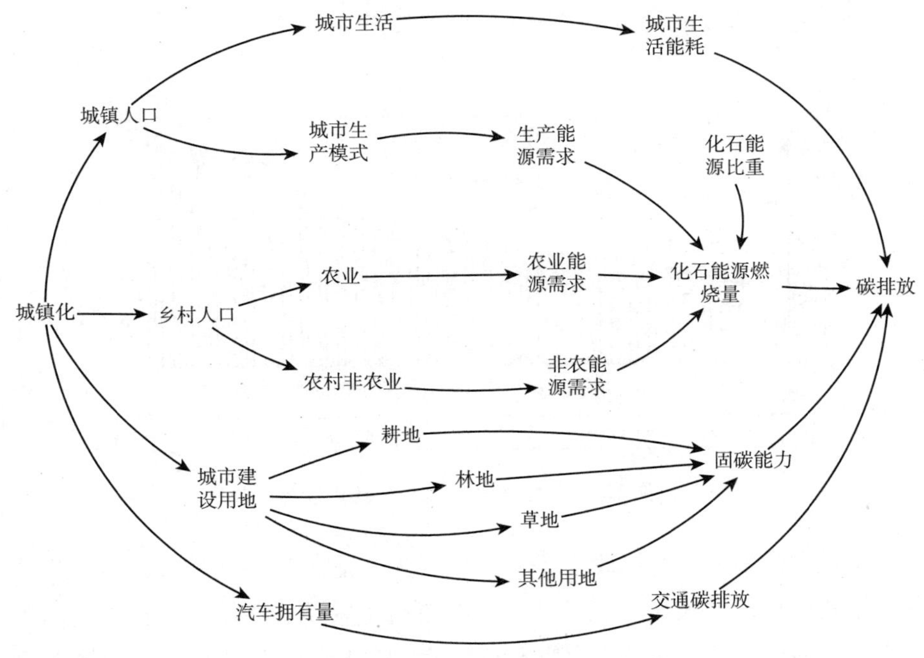

图 12－5 城市化的直接和间接碳排放效应

第三节 我国城市化的碳排放效应及“十三五”情景模拟

基于我国近年来城市化过程及 CO_2 排放量变化规律，结合城市化与 CO_2 排放量的可能耦合情景对未来我国城市化的 CO_2 排放效应做出情景分析和趋势模拟。进而从城市化的直接和间接碳排放效应出发，探索低碳的城市化推进模式。

一、我国城市化过程中的碳排放效应

（一）我国城市化发展态势及其碳排放影响

1. 城市化持续推进，城市化率不断提高，改变城乡生活能源消耗格局。1978～2013年，城镇常住人口从1.7亿人增加到7.3亿人，城市化率从17.9%提升到53.7%，年均提高1.02个百分点（见图12－6）；城市数量从193个增加到658个，建制镇数量从2173个增加到20113个。

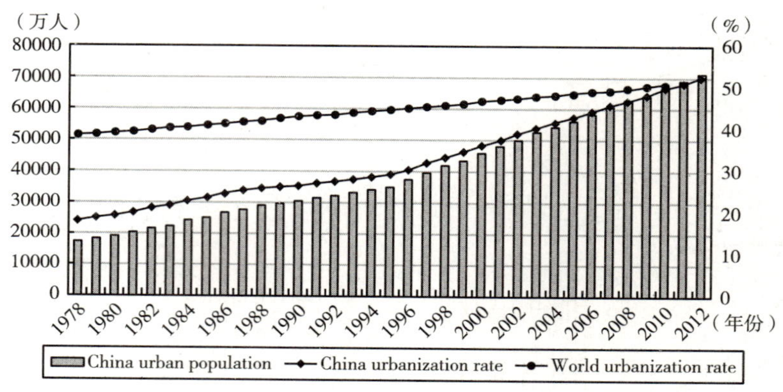

图12－6　中国城市化水平变化情况

城市人口的增加，直接改变了我国城乡生活能源消费结构，以城市生活能源消费模式为代表的天然气、石油、电能消费比重随着城镇人口比重的增加而不断上升，而以乡村生活模式为代表的煤炭、秸秆等消费比重则随之不断降低。

2. 城市数量规模扩大，城市群增加，改变交通碳排放格局和下垫面碳吸附特征。近年来，随着我国城市化进程的不断推进，城市规模逐步扩大，初步形成了以陆桥通道、沿长江通道为两条横轴，以沿海、京哈京广、包昆通道为三条纵轴的"两横三纵"式的城镇空间体系。形成了京津冀、长江三角洲、珠江三角洲3个特大城市群，和长江中游、成渝、关中—天水、北部湾等区域性的城市群。这类城市群的出现，也逐渐改变了中国城市化的空间格局。人口更多的向着城市群及周边地区流入，从而使城市群的规模也不断扩大。

城市群的形成、城市间交通网络的不断复杂化、密集化，交通干线长度不断增加，也使得交通碳排放量比重不断上升，对应的石油能源消耗比重也随之提升。同时，城市空间规模的不断扩展，也直接导致硬化土地面积不断快速扩张，以城市建筑、工业厂房为代表的大量地表覆被特征物，大量替代以耕地、林地、草地为代表的乡村土地覆被类型，导致下垫面的碳吸附格局也随之不断改变。

（二）我国城市化存在的主要问题及其碳排放影响

在我国城市化快速推进，城市区域经济社会不断发展的同时，也存在着一些不利的因素和问题，影响着城市化的进一步推进和可持续发展，会对未来区域碳排放格局造成深远的影响。

1. 人口老龄化和城市生活融入困境，将削弱城市化的碳排放影响。

（1）老龄化问题凸显，影响城市化推进动力，城市化碳排放影响速度和规模将有所缓和。近年来我国人口的年龄结构发生了变化，65 岁以上的老年人比重逐渐增加，从 1982 年的 4.9% 增长到 2012 年的 9.4%，比重增长近一倍。而 15 岁以下的人口比重则有所下降，从 1982 年的 33.6% 下降到 2012 年的 16.9%（见图 12－7）。

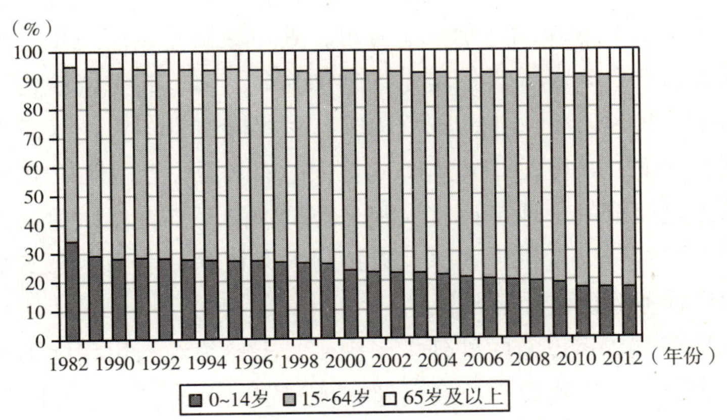

图 12－7 我国人口年龄结构变化

人口的老龄化问题已经逐渐凸显，未来是否有充足的适龄农业剩余劳动力转移到城市，是否有充足的适龄劳动力来扶养日益增多的老年人口等问题，都将直接影响未来我国城市化的动力和前景。未来人口将有可能在某一比重下，趋于城乡平衡，城市化带来的城乡生活能源消耗差异也将随之趋缓。

（2）农业转移人口难以融入城市生活，出现回流趋势和局部乡村生活能耗特征。目前由于相关机制体制等还不够健全，我国城市中存在大量的农业转移人口，这些人口虽然脱离了农村生活，在城市工作和居住，但却无法完全享受与城市市民同等的教育、医疗等公共服务。存在着居住条件差、社会保障参保程度低、农业转移人口随迁子女受教育权利难以保障等问题。农业转移人口城市融合程度目前还较低，城市中市民与农业转移人口两大群体间由于经济水平、社会地位、文化背景等各方面的差异，也容易产生矛盾与冲突，影响社会秩序。

而且，如果农业转移人口长期无法完全融入城市生活，将存在着继续迁移甚至回流等可能，造成城市化的数量和质量大打折扣，增加区域经济、社会的不稳定性。同时，城中村的出现，也在城市生活能源消费结构主体中，增加了斑块状的局部乡村生活能源消耗特征，增加了城乡碳排放格局的复杂性。

2. 土地覆被条件的快速改变，直接影响城乡下垫面的碳吸附能力，侧面增强了城市化的碳排放影响。

（1）土地城市化快于人口城市化。目前我国“土地城市化”速度快于人口城市化，建设用地粗放低效。一些城市“摊大饼”式扩张，过分追求宽马路、大广场，新城新区、开发区和工业园区占地过大，建成区人口密度偏低。1996～2012年，全国建设用地年均增加724万亩，其中城镇建设用地年均增加357万亩；2010～2012年，全国建设用地年均增加953万亩，其中城镇建设用地年均增加515万亩。2000～2011年，城镇建成区面积增长76.4%，远高于城镇人口50.5%的增长速度；农村人口减少1.33亿人，农村居民点用地却增加了3045万亩。一些地方过度依赖土地出让收入和土地抵押融资推进城镇建设，加剧了土地粗放利用，浪费了大量耕地资源，威胁到国家粮食安全和生态安全，也加大了地方政府性债务等财政金融风险。

（2）城市发展仍多以空间外延扩张为主，土地集约利用程度不高。经过多年的增长，中国的城市建设用地已远超其他国家，成为仅次于美国的世界第二大国。2000～2010年，全球城乡建设用地排名前十位国家中，中国的增长率最大，为11.17%，居各国之首，占全球新增建设用地的28.17%（见图12－8）。而中国单位建设用地面积的GDP产出量却在世界主要城市中排名在较低的位置，更是远远落后于主要发达国家的城市建设用地产出率水平，特别与效率最高的日本相比，中国的建设用地产出水平不足日本的1/4（见图12－9）。

很多城市内部建设用地存在批而未建、闲置或预留空地过大、建筑容积率低等现象，造成城市土地不能得到充分利用的浪费问题。

（3）土地利用空间布局不够紧密。中国目前的土地利用空间结构距离“紧凑城市”的标准还有很大差距。布局上往往呈现出较大的地块单元，即超大的

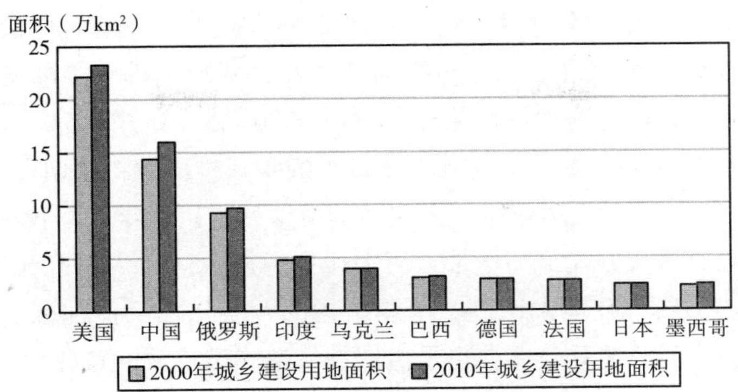

图 12－8 全球主要国家城乡建设用地面积

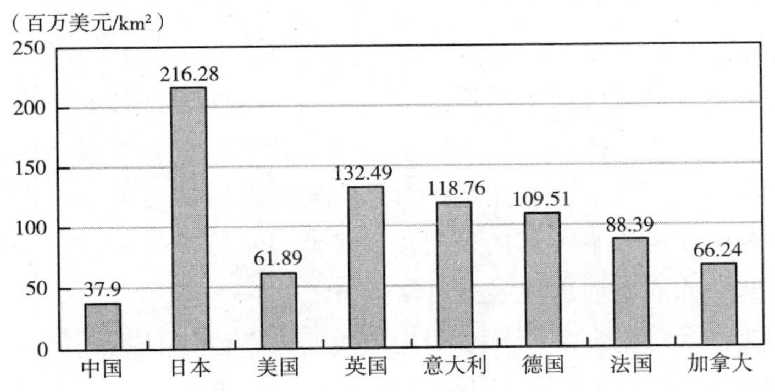

图 12－9 2010 年城乡建设用地地均 GDP

单个街区形式出现。这与紧凑城市理念所要求的以连通性好的小地块混用单元构成的空间体系有很大差距。超大的地块一方面降低了交通的便利性和区域的可达性，不利于城市内部微观交流活力的发展；另一方面也使地块内存在了较大面积的空地，造成了空间的稀疏和土地资源的浪费（见表 12－1）。

表 12－1　　紧凑式空间布局

	都灵	巴塞罗那	巴黎	东京银座	上海浦东	北京城北
每平方公里交叉路口数量（个）	152	103	133	211	17	14
交叉路口之间的距离（米）	80	130	150	43	280	400

资料来源：《中国：推进高效、包容、可持续的城市化》。

城市区域土地的低效利用和硬化土地的快速扩张，快速而直接地改变了我国整体下垫面碳吸附能力空间分布格局。林地、草地、耕地等高植被覆盖度的下垫面逐步减少，也将增加城市化过程所造成的碳排放量规模。

3. 产业结构转型困难，造成城市化过程的碳减排压力将长期存在。

（1）“三高”问题仍然较重，产业结构有待调整。近年来，我国经济快速增长，但粗放型的增长方式给环境带来巨大压力。产业体系中“高排放、高污染、高消耗”产业仍然占有很大比例。产业结构的调整依然亟待加强。化石能源消耗量巨大，清洁能源比重较低，也是生产领域造成碳排放的重要原因。

（2）城市化与工业化的阶段不相适应。我国城市化曾出现严重滞后于工业化问题，也出现过和工业化不相匹配的现象。非农产业就业人口增长却不能让转移出来的农村人口真正实现城市化。城市化与产业化发展尚未实现互相联动、相互促进的协调关系。

（3）服务业发展成就巨大，但仍相对滞后。改革开放以来，我国城市服务业发展取得了巨大的成就。但是与快速的城市化相比，我国城市的服务业发展水平相对滞后。中国服务业增加值占 GDP 的比值比到 2013 年才上升到 46%，远低于世界平均 64% 的水平。其次是现代服务业发展缓慢，餐饮、交通运输等传统服务业占 40% 左右，而现代服务业仅占 30%。

（4）产业技术结构失衡。产品结构取决于产业技术结构，产品结构不合理的深层次原因是产业技术结构不合理和低水平化。我国整个产业发展基本上是在低技术水平基础上扩张的，大都没有达到产业技术升级换代的水平。

综上所述，目前我国产业结构的调整需要很长的阶段，技术、效率、结构等失衡现状的存在，仍将在很长的时间内，持续增加我国城市化的碳排放压力。只有产业结构不断优化，才能从根本上带来能源消费结构的优化，进而降低城市化的碳排放增量。

4. 交通的不断发展，促使城市化碳排放效应持续增加。

（1）机动化和城市化已经同时步入快速发展期。改革开放以来，随着国民经济持续高速增长，大规模城市化和机动化快速发展。如图 12－10 所示，在 2011 年后城市化率超过了 50%，到 2013 年达到 53.73%，标志着城市化进程进入一个新的阶段。全国私人机动车保有量从 1990 年的 81.62 万辆迅速上升到 2013 年的 10501.7 万辆，大城市机动化出行率超过 30%。

（2）特大城市和大城市交通拥堵不断加剧，高污染问题凸显。由于交通供需失衡，近年来我国特大城市和大城市交通拥堵严重并在时间和空间上持续扩

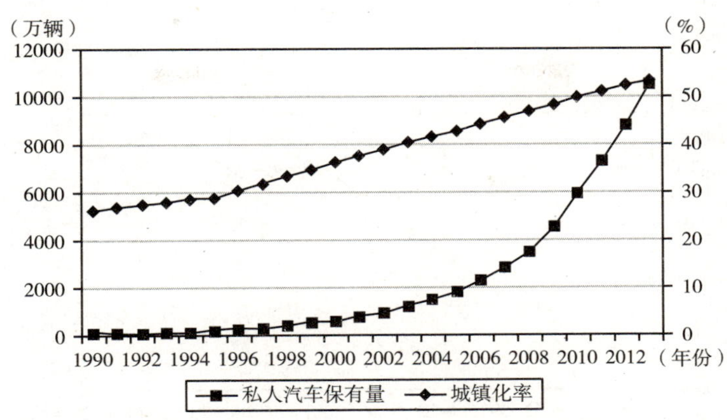

图 12－10 1990～2013 年我国城市化率和私人汽车保有量变化趋势

展蔓延。一线城市向二、三线城市迅速蔓延，交通拥堵已经常态化。

城市交通运输系统已经成为一个主要的空气污染源。2010 年全国机动车排放污染物 5226.8 万吨，包括氮氧化物、碳氢化合物、一氧化碳、颗粒物，其中汽车排放的氮氧化物和颗粒物超过 85%，碳氢化合物和一氧化碳超过 70%。对人体危害甚大的 PM2.5 污染物有 22% 来自汽车尾气。

（3）城市群区域交通发展取得初步成果，但客运结构不合理，缺乏合理分工与协调。大多数城市群内的城市间交通仍然依靠高速公路和国家干线公路。这种基础设施网络状况导致我国城市群区域交通运输结构中公共客运（铁路和营运性公路客运）比例偏低，小汽车承担的客运出行比重过高。

由于缺乏国家层面和区域层面的规划与建设常态化协调机制，目前部分城市群内机场、港口的定位缺乏合理分工，重复投资、功能重叠相互掣肘，基础设施利用率不足。同时，港口集疏运系统缺乏统筹规划，大宗物资（如煤炭）的长途运输过分依赖公路系统，不仅运输效率及通道资源利用率低下，而且耗能高、排放高、成本高。

5. 城市化带来的资源环境系统性问题，增加了碳减排的难度。

（1）资源约束加剧与利用不足。经过多年的发展，随着中国城市发展所消耗的资源量不断增加，城市受到的资源约束越发加剧。其中表现最为明显的就是水资源和土地资源。

按照国际标准，中国 669 座城市中有至少 400 座供水不足，110 座严重缺水。而与此同时，城市水资源的消耗量，特别是工业用水消耗不但没有减少，反而呈现不断上升的趋势，由 2000 年的 1139.1 亿立方米，增加到 2010 年的

1423 亿立方米，年消耗量增长了 24.93%（见图 12－11）。使我国城市水资源约束问题日渐严重。

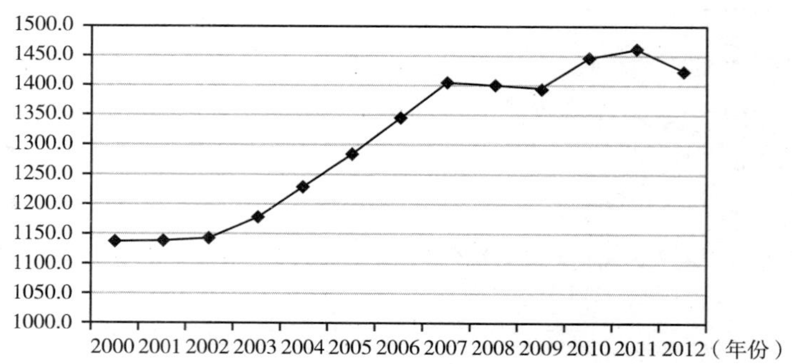

图 12－11　我国工业水资源消耗情况

在土地资源方面，近年来可供城市利用的新增土地越来越少。土地资源的不足直接造成了城市开发土地的成本不断上升。从 2001 到 2011 年我国国有建设用地出让价格由每公顷 143.36 万元上升到每公顷 958.74 万元，增长了 5.69 倍（见图 12－12）。

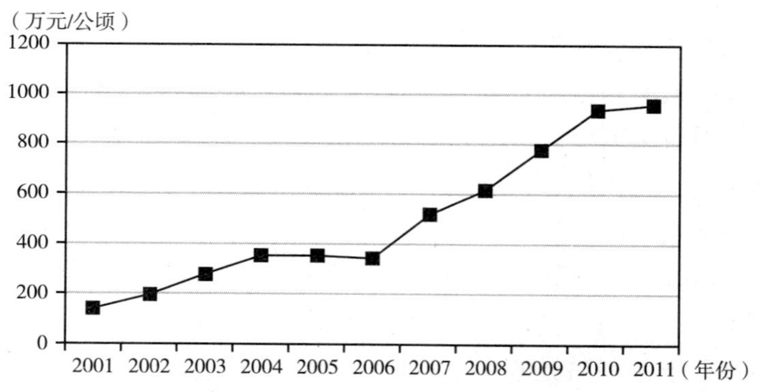

图 12－12　我国国有建设用地出让价格变化情况

（2）生态环境恶化问题加剧。雾霾问题已成为近些年中国社会广泛关注的热点问题。同全球发达国家、发展中国家的一些代表性城市相比，中国城市的总悬浮颗粒物数远高于发达国家和生态环境较好的发展中国家。以北京、上海、天津为例，总悬浮颗粒物数量分别达到 73、60、103，仅仅略低于印度、埃及的部分城市，而欧洲、北美发达国家的城市平均水平均在 25～35。可见，中国城市的空气质量问题确实是应该引起高度重视的（见图 12－13）。

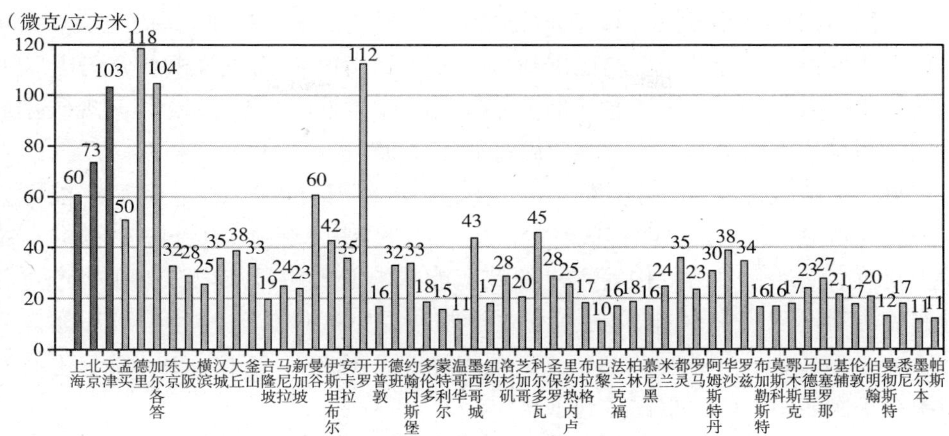

图 12－13 世界主要城市总悬浮颗粒物情况

此外，工业三废的排放问题、生活垃圾、厨余垃圾、生产废弃物等问题均是中国城市未来发展不能回避的重要环境问题。如何实现废弃物的循环利用、减少城市污染物和垃圾的排放，已成为迫切需要解决的重要问题。

碳排放严格意义上讲，虽然不能算是生态环境污染的典型代表，但生态环境的系统性改变，环境保护难度的增加，一方面将直接增加大气系统环境治理的复杂性和难度，另一方面在有限的环境投入条件下，资源环境的系统性变化治理需求也将很大程度上挤压碳减排资金的投入。

二、我国城市化 CO_2 排放量变化总体形势

我国自改革开放以来经济快速发展，化石能源消耗量逐年增加，造成 CO_2 排放量也随之不断增加，从 1980 年的 15.04 亿吨，上升到 2012 年的 84.39 亿吨（根据中国能源统计年鉴能源消费总量计算），增长了约 5.6 倍（见图 12－14）。

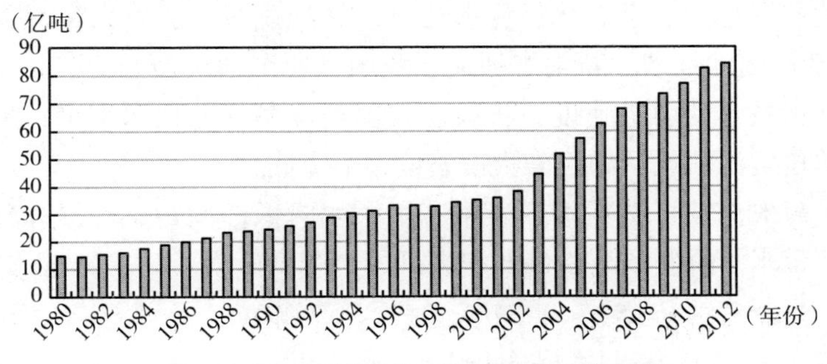

图 12－14 中国历年 CO_2 排放量变化情况

我国根据自身发展需求和CO_2排放情况，制定了节能减排目标。到2020年非化石能源占一次能源消费的比重到15%左右，森林面积和蓄积量分别比2005年增加4000万公顷和13亿立方米。并向国际社会承诺，至2020年实现碳排放强度，即单位国内生产总值二氧化碳排放比2005年下降40%～45%。

自作出碳减排承诺以来，我国通过大力发展清洁能源、淘汰落后产能等方式，极大地减少了区域CO_2排放量的产生。产业结构和能源结构进一步优化，工业、建筑、交通、公共机构等重点领域节能减碳取得明显成效，工业生产过程等非能源活动温室气体排放得到有效控制，温室气体排放增速继续减缓。到2013年，我国单位国内生产总值二氧化碳排放已比2005年下降28.5%，非化石能源在一次能源中的比重提高到了9.8%。

三、新常态下城市化碳排放效应呈现“红利”与“压力”并存的新趋势

近年来，我国经济发展进入新常态，机遇与挑战并存之下，经济增长速度面临较大调整、经济发展方式加速转型升级，为我国的节能降耗和碳减排带来了全新的“增速红利效应”和“增长压力效应”。

（一）新常态下可能存在三大“红利效应”

新常态下，我国多年来以来依靠消耗大量资源和付出高昂环境成本的粗放经济发展方式，出现了产能过剩、增速趋缓的新趋势，投资、出口、消费三驾马车对经济的拉动作用明显下降。新常态下，经济稳增长、调结构承受巨大压力，但同时也为我国保护环境、降低污染排放带来了“增速红利效应”：（1）速度红利：我国经济增长速度趋缓，污染排放总量下降。我国传统高耗能、高排放的产业出现产能过剩，生产总量减少，资源消耗与污染物排放也相应减少。（2）结构红利：在增速趋缓的同时，大量三高产业和落后产能被淘汰，产业结构开始加速向绿色化、生态化、低碳化方向转型升级，从而大量减少了污染物的排放。（3）技术红利：新常态加速了我国产业结构转型升级、技术创新和国外高新、环保技术的引进速度，将促使我国经济体系的技术水平、生产效率不断提升，单位资源消耗量和污染物排放量大幅降低。

三大“红利效应”为我国在新常态下大幅降低环境污染，提高环境保护质量和水平，带来了重要的战略机遇和契机。

（二）新常态下的四大“压力效应”

1. 稳增长压力。多年来，我国传统的粗放发展方式，消耗了大量资源，对

生态环境造成了巨大的负面影响。在新常态下，稳增长压力巨大，为了保障经济平稳增长，传统经济体系中环境污染较重、资源消耗较大但经济贡献较高的产业类型仍将难以短时间内实现转型升级，还将持续造成污染的排放。

2. 环保投入压力。在新常态下，财政压力和金融压力均呈现上升趋势，企业层面的资金压力也随之增大。环保领域将在一定程度上面临投入不足、融资困难的情况。由于缺乏充足的资金投入，污染减排设施的更新、维护和升级，环保工程的实施都将受到影响。

3. 重大环境问题风险加剧压力。新常态下，企业生存压力加大，为了保持经济利润，很多用于减排和环保的技改项目和设施投入将随之缩减。部分企业有可能通过牺牲环境利益来保障经济利益。从而使重大环境问题发生的可能性上升，如近年来出现的腾格里沙漠污水排放等问题的发生就是典型的案例。重大环境问题风险加剧将给污染减排带来更大的治理难度和控制压力。

4. 环境管理压力。在新常态稳增长的压力之下，为了确保经济平稳增长，环保管理、执法等部门可能将对环境利益放松监管。从而使我国的环境保护和污染管控面临新的挑战。

因此，迫切需要加强对新常态下经济增长、发展方式转型升级和环境保护之间的新关系、新特点、新趋势展开深入研究，评估“增速红利效应”和“增长压力效应”，为优化经济—环境系统相互关系，制定科学合理的环境保护和经济发展政策提供科学依据。

（三）新常态下我国碳排放的可能趋势

利用SD模型对我国“十三五”时期经济增长及主要污染物排放量变化趋势进行模拟和情景分析。根据不同经济增速设计为三个增长情景：高速增长情景，中高速增长情景，中速增长情景。

高速增长情景（至2020年GDP增速保持年平均8%，至2025年GDP增速保持年平均7.5%，至2030年GDP增速保持年平均7%），城市化率年均增长1%～1.5%。假设按照传统高速增长速度继续增长的虚拟情景，即假设我国经济未进入新常态，按照原有8%的年增长速度，各类污染物会达到的情景。

中高速增长情景（至2020年GDP增速保持年平均7%，至2025年GDP增速保持年平均6.5%，至2030年GDP增速保持年平均6%），城市化率年均增长0.5%～1%。在进入新常态情景下，未来至2020年，我国经济增长完全适应新常态要求，稳定保持在7%的年平均增长速度。

中速增长情景（至2020年GDP增速保持年平均6%，至2025年GDP增速保持年平均5.5%，至2030年GDP增速保持年平均5%），城市化率年均增长0～0.5%。假设我国经济未能保持年平均7%的增速，出现经济增速继续下滑，至2020年保持平均6%增长的情景。

而从能源消耗量来看，GDP增速越低，能耗增长越慢，在高速增长情景下，我国的能耗总量将保持持续上升状态，虽然增速会逐步趋缓，但至2030年依然会保持上升的状态。而在中高速和中速条件下，能源消耗量会出现拐点，中高速情景下拐点出现在2030年，中速情景下能源消耗量的拐点会更早出现在2029年（见图12－15）。

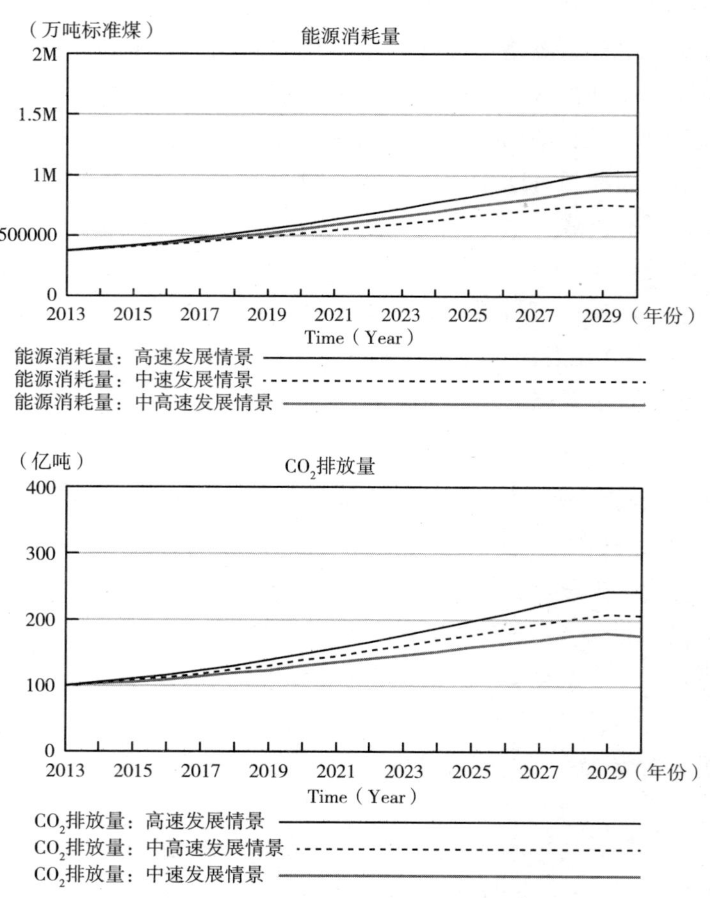

图12－15　不同增速情景下能源消耗量及CO_2排放量变化趋势

同时，在新常态下，我国还存在着一系列必须要完成的环保目标，包括迫在眉睫的大气污染防控治理问题、我国政府承诺的碳减排问题等。如何在融资难度增加、稳增长压力加大的情况下，完成好这些既定的环保目标，是“十三五”时期，我国环保事业面临的重大课题，也是新常态所带来的主要“压力效应”。这种压力会对我国的环保事业形成倒逼作用，促使我国政府、企业必须在保障经济适度稳定增长的同时，确保足够的环保投入。因此，新常态下的环保“压力效应”可以通过我国的环保投资额加以反映。

本书依据以上压力效应来源途径，分别以习近平主席、李克强总理对我国碳减排目标的表述、我国政府发布的各项控制性环保指标作为依据（详见表12－2），借助ECP－SD模型，模拟未来15年内，我国环境保护投资额的最低边界条件，进而反映新常态下碳减排的“压力效应”程度。

表12－2　大气环境控制性目标设定

	年份	目　标
大气	2020	1. 主要污染物排放总量显著减少，空气质量总体改善。 2. PM2.5超标30%以内城市率先实现PM2.5年均浓度达标，PM2.5超标1倍以上的城市力争到“十三五”末将超标程度缩小1/3以上，到“十三五”规划末有所改善，力争全国地级以上城市重污染天气减少60%左右，城市空气质量平均达标天数比例明显提高。 3. 地级以上城市空气质量明显改善，重污染天气减少60%，可吸入颗粒物和细颗粒物浓度下降30%以上，二氧化硫、二氧化氮、一氧化碳和臭氧平均浓度达标。 4. 化学需氧量、氨氮排放都要减少2%左右，二氧化硫、氮氧化物排放要分别减少3%左右和5%左右。
	2030	全国城市环境空气质量基本达标。
碳排放	2030	二氧化碳排放2030年左右达到峰值并争取尽早达峰；单位国内生产总值二氧化碳排放比2005年下降60%～65%。

根据控制性指标要求，我国在中高速增长情景下，至2020年，我国能源消耗量将达到55.02亿吨标准煤，CO_2排放总量将达到137.5亿吨，CO_2排放强度将降低至1.51万吨/亿元，比2005年碳排放强度降低约53%，达到预期目标。至2030年，我国能源消耗量将达到87.72亿吨标准煤，CO_2排放总量将达到206.31亿吨，CO_2排放量峰值和拐点出现在2029年，CO_2排放强度将降低至1.23万吨/亿元，比2005年碳排放强度降低62.05%，达到预期目标。

四、我国城市化与碳排放的可能耦合发展趋势情景模拟

（一）情景假设

根据城市化速率与 CO_2 排放量的可能组合特征，将未来的城市化与 CO_2 排放耦合情景划分为四种：

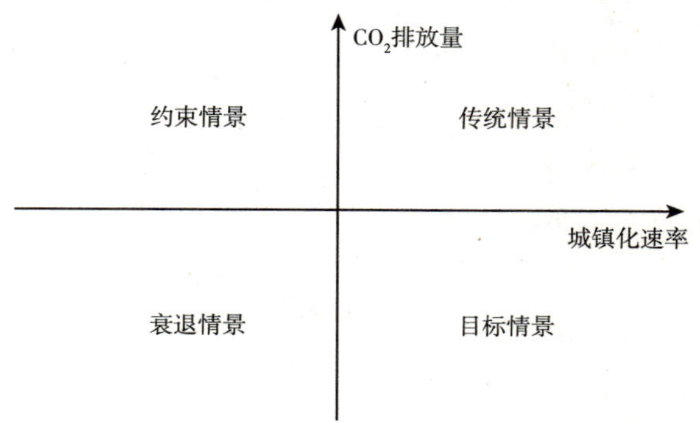

图 12－16　城市化速率与 CO_2 排放量耦合情景

根据四种可能的城市化与 CO_2 排放耦合情景，分别从人口、土地、产业、交通四个方面进行情景刻画：

（1）H－H 传统情景（HIGH－HIGH）：高城市化速率、高 CO_2 排放量。作为初始情景设定，快速而粗放的传统城市化模式下，不考虑碳排放外部性及其危害。经济快速增长，但同时碳排放量也快速增长。发展到今天，碳排放问题已经逐渐出现，当达到某一临界值时，会对城市化的进一步推进产生制约，进入制约情景。

人：人口无序迁移，不断进入就业机会多、经济增长快的大城市、发达城市。

地：城市土地外延式不断扩张，耕地大量减少。

业：三高、资源型产业发展。

交通：城市交通拥堵，小汽车数量不断增加。

碳排放量：随着城市的扩张，CO_2 排放量快速增加。

（2）L－H 约束情景（LOW－HIGH）：低城市化速率、高 CO_2 排放量。环境破坏或资源消耗达到一定程度，碳排放保持在较高的位置，城市化受到环境制约，进入瓶颈期，城市化速度开始趋缓、降低。

人：城市环境恶化，人口逐渐停止迁入，甚至开始迁出。

地：城市土地扩展已达上限或耕地减少至临界，城市无法扩展。

业：三高、资源型产业的多年发展，已造成严重的生态破坏，制约了城市化的进步。

交通：城市交通拥堵严重，亟待疏导。

碳排放：CO_2排放量很高，达到碳排放要求临界点，城市化速率被迫逐渐放缓。

（3）L-L衰退情景（LOW-LOW）：低城市化速率、低CO_2排放量。这是以一种极限假设情景，表示城市化失去动力，经济发展陷入衰退，CO_2排放量随之降低的情况。这种情景在现实中出现的可能性很低，但作为一种极限情景在理论上是可能存在的，故而也作为一种情景参与模拟。

人：人口失去迁移动力，停止向城市区域转移。

地：城市经济衰退，城市更新停滞，规模不再扩大或开始衰退。

业：产业发展缓慢或衰落，能源资源消耗减少。

交通：城市交通落后，交通体系不发达。

碳排放：虽然CO_2排放量保持在较低水平，但却是由失去发展动力的衰退导致。

（4）H-L优化情景（HIGH-LOW）：高城市化速率、低CO_2排放量。城市化以适合的方式和速度科学推进，以最小的环境成本，实现最大的城市化效益。

人：人口稳步而持续地向城市迁移，推动城市化率提升。

地：城市土地外延式扩张转为内涵式挖潜，实现高效利用。

业：循环、低碳、生态化的产业结构逐步确立。

交通：城市交通系统得到优化，以公共交通为主的城市交通体系得以确立，新能源交通占有越来越高的比重。

碳排放：城市化的稳步推进，使生态环境得以改善，CO_2排放量逐渐降低，或保持在一个较低的水平。

（二）参数设置与模型构建

人口：以城市化率指标来反应城乡人口结构变化情况。设定高速、低速两种情景。在高速增长情况下，设定年城市化率提高1%，至2020年之后平均年城市化率设定为0.75%。在低速增长情景下，设定年城市化率提高1%，至2020年之后平均年城市化率设定为0.5%。

土地：以城镇建设用地面积总量指标，来反映“土地城市化”问题。设定高速、低速两种情景。在传统情景下，建设用地规模扩张速度沿用近 5 年土地规模扩张平均速度。在低速情景下，采用 2020 年达到美国单位建设用地 GDP 产生量水平下的建设用地扩展规模。

产业：用单位 GDP 能耗数据，来反应产业的能源消耗水平。在传统情景下，按照近 5 年单位 GDP 能耗数据变化回归趋势线增长。在优化情景下，假定产业能耗指标达到《国家应对气候变化规划（2014—2020 年）》等规划文件所确定的 2020 年能耗、碳排放目标，以此设定单位 GDP 能耗数据。

交通：用汽车拥有量、铁路客运量、公路客运量等指标，来反映交通能源消耗和碳排放水平。这里需要说明的是私人汽车碳排放量不能用于核算全部交通运输领域的 CO_2 排放量，但可以用于估算家庭生活需求下的出行碳排放量。不包括产业领域的货物运输等碳排放。传统情景下，设定以近五年各类交通运输量平均增长速度作为未来交通体系增长趋势。优化情景下，按照《国家应对气候变化规划（2014—2020 年）》要求，按照到 2020 年实现大中城市公交出行分担比率达到 30% 的增长速度计算。

根据以上情景描述和参数设定，构建系统动力学模型 CUCE-SD（CHINA URBANIZATION AND CORBEN EMISSION）模型。

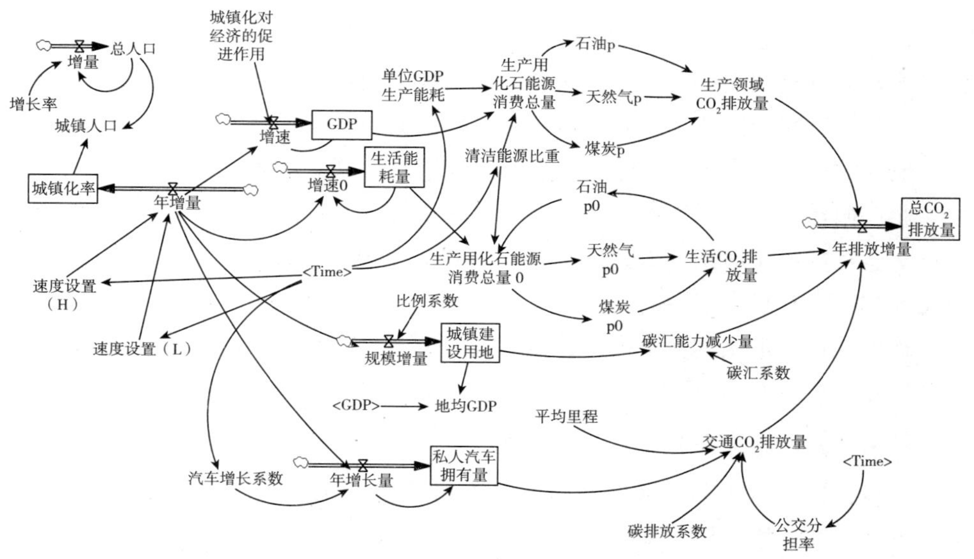

图 12－17　CUCE－SD 模型积量流量

（三）模拟分析

根据四种可能的城市化与碳排放耦合情景可以勾勒出未来可能的两种耦合演进趋势。一种是从传统情景出发，延续传统的城市化发展模式，则会出现随着 CO_2减排需求的目标约束而导致城市化速率降低，进入约束情景。而衰退情景则是约束情景的进一步延伸，虽然实际上出现的可能性不大，但它代表着一种可能的发展趋势，起到警示作用。

另一种发展趋势则是从传统情景出发，做出对城市化模式的调整，从而实现在保持相对较高的可持续的城市化速度的前提下，实现碳减排。达到 H－L 的理想耦合情景（见图 12－18）。

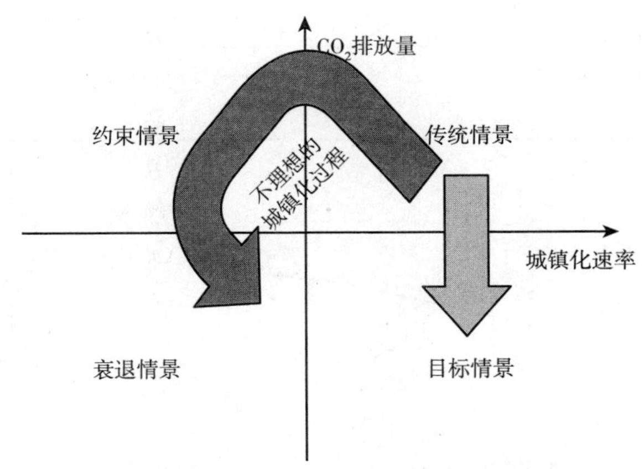

图 12－18 四种耦合情景可能产生的两种不同趋势

（1）H－H 传统情景（HIGH－HIGH）：高城市化速率、高 CO_2排放量。在传统发展模式情景下，未来我国城市化保持年均 1 个百分点的增长趋势，至 2020 年后面平均增长 0.75%。至 2030 年我国城市化率将达到 67.2%。在产业结构依然相对粗放，不发生根本性变化的发展模式下，至 2020 年区域 CO_2排放量将达到 320.54 亿吨，至 2030 年将达到 618.41 亿吨。

城镇建设用地规模将达到 175125km^2，根据方精云（2007）测算的我国陆地植被碳汇平均碳密度 0.096～0.106 Pg C/a 计算，至 2020 年由于城镇建设用地扩展而减少的碳汇能力将达到 0.171 亿吨；交通方面，随着城市化的推进，至 2020 年，全国汽车拥有量将可能达到 21985.7 万辆，年排放 CO_2约 3.81 亿吨（见图 12－19）。

（2）L－H 约束情景（LOW－HIGH）：低城市化速率、高 CO_2排放量。在约

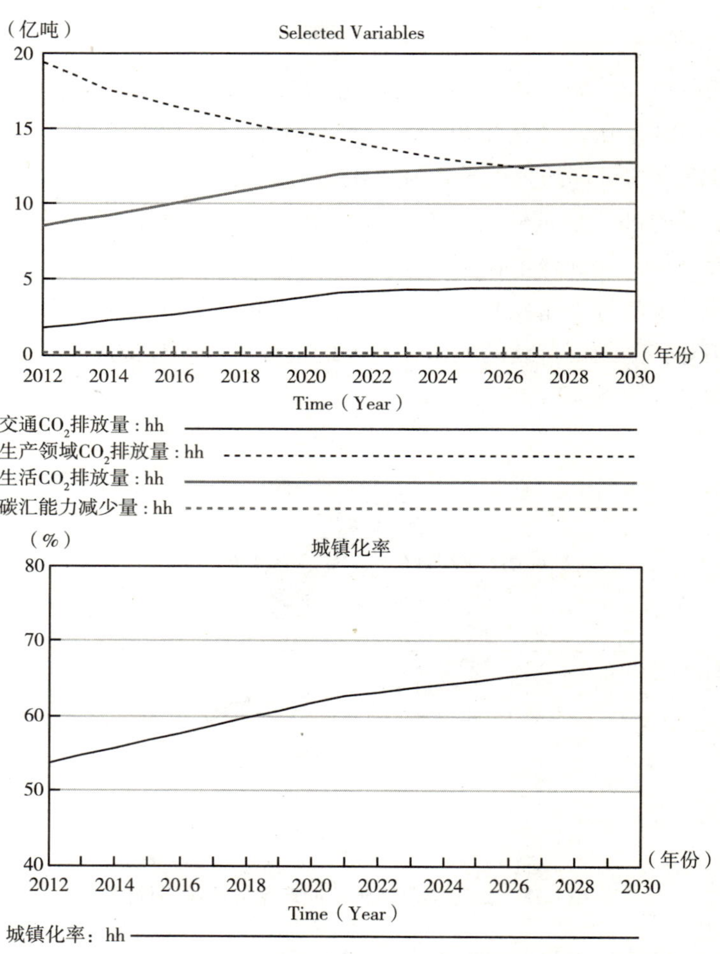

图 12－19　HH 情景下城市化与碳排放量变化情况

束情景下，至 2020 年达到碳减排要求成为硬性约束指标。为了实现这一碳减排目标，在不改变产业结构、不调整用地和交通模式的情况下，只能牺牲城市化的速度来达到目标。在这种情况下，改变城市化率的初始设定，使 2020 年能够完成减排承诺。则年均城市化率将不能达到 1 个百分点，只有保持在年均 0.5 个百分点才有可能实现减排目标。而且按照这种趋势发展下去，2020 年以后城市化的速率依然将处于逐渐降低的趋势，至 2030 年达到 65.85%。从而减少了对 GDP 增长的推动作用。同传统模式比，GDP 也将减少 1.2%。

至 2020 年区域 CO_2 排放量将达到 320.54 亿吨，至 2030 年将达到 618.41 亿吨。

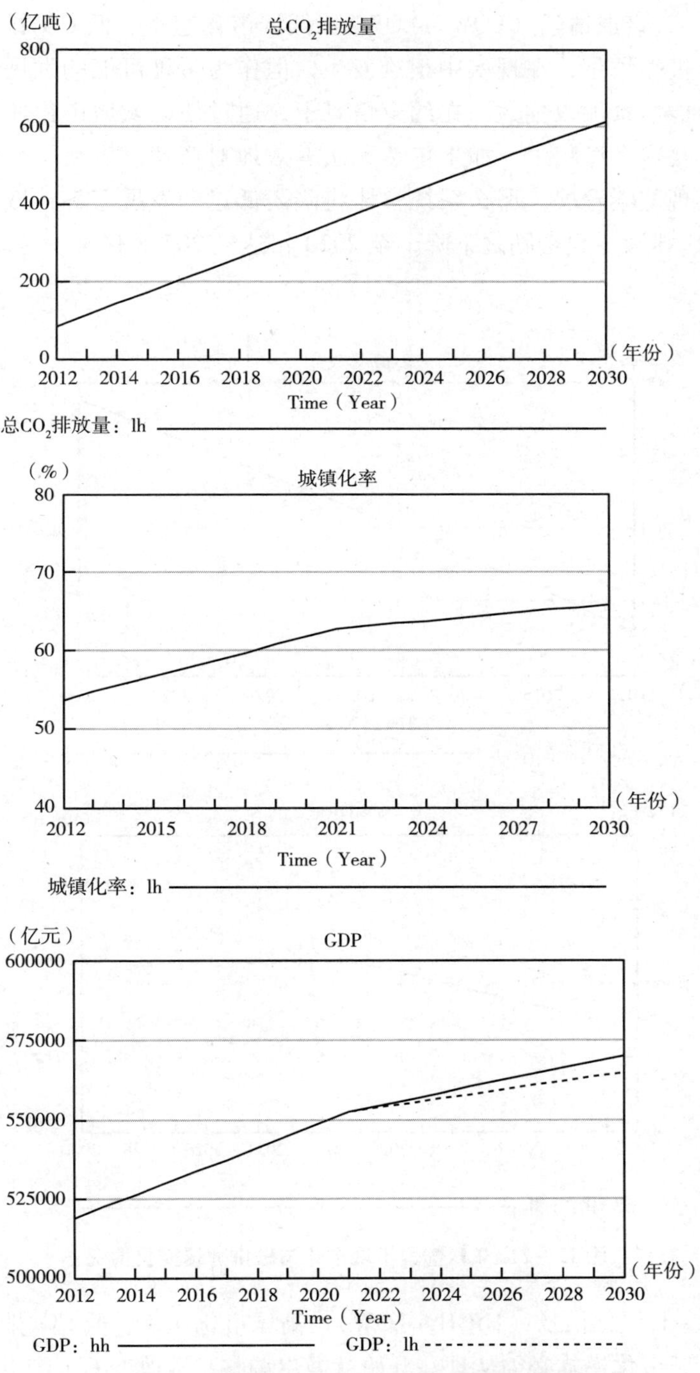

图 12－20　LH 情景下城市化与碳排放量变化情况

（3）L－L 衰退情景（LOW－LOW）：低城市化速率、低 CO_2 排放量。衰退情景是一种极端情景，在现实中很难发生，但作为一种可能的发展情景，需要对其理论可能情景加以描述。在约束情景下，通过使区域城市化速度趋缓来实现碳减排。在这个过程中，如果依然无法有效地对产业、生活、交通等领域进行改革，实现低碳发展，那么系统整体将陷入低迷的发展态势，城市化速度缓慢下来，CO_2 排放量也会随之下降，至 2020 年达到 307.8 亿吨，至 2030 年达到 564 亿吨。

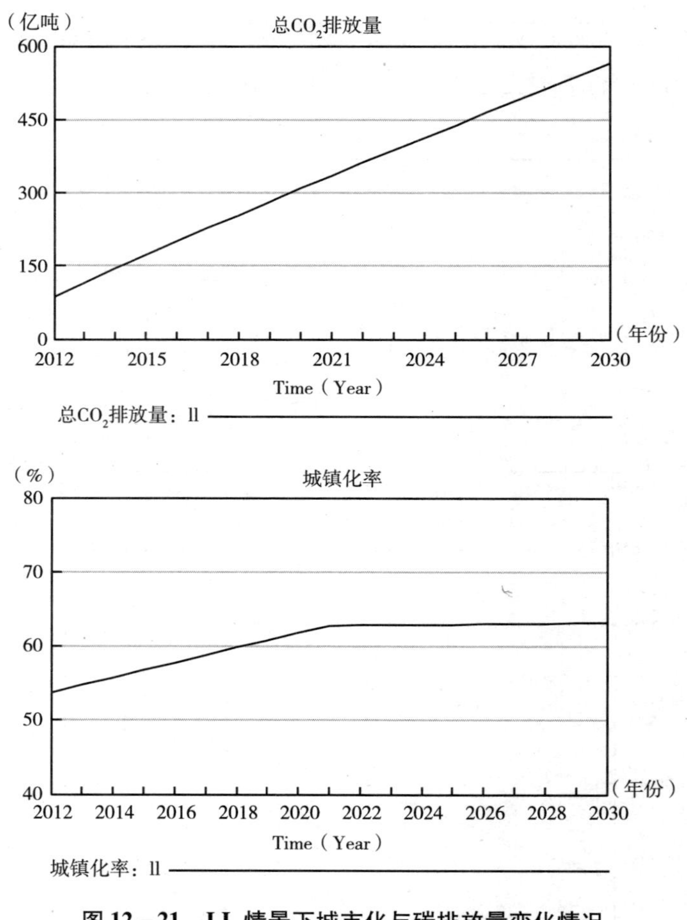

图 12－21　LL 情景下城市化与碳排放量变化情况

（4）H－L 优化情景（HIGH－LOW）：高城市化速率、低 CO_2 排放量。在优化情景下，城市化模式必须从现在开始就做出调整，以改变 CO_2 产生方式等源头式控制措施。主要从人、地、交通、生产、生活模式上全面推进节能减排。优化情景假设至 2020 年城市化在产业、能源、交通等指标都能够达到规划要求，在这种假设条件下，我国 CO_2 排放量将在保持较高的城市化速度的同时实现最大程度的减排。至 2020 年 CO_2 排放量将达到 296.61 亿吨，至 2030 年 CO_2 排放量将达到 492.71 亿吨，同传统模式相比，将减少 20.3%，减排效果明显。而且城市化将能够保持在较高的速度继续推进，至 2030 年城市化率达到 66.75%。

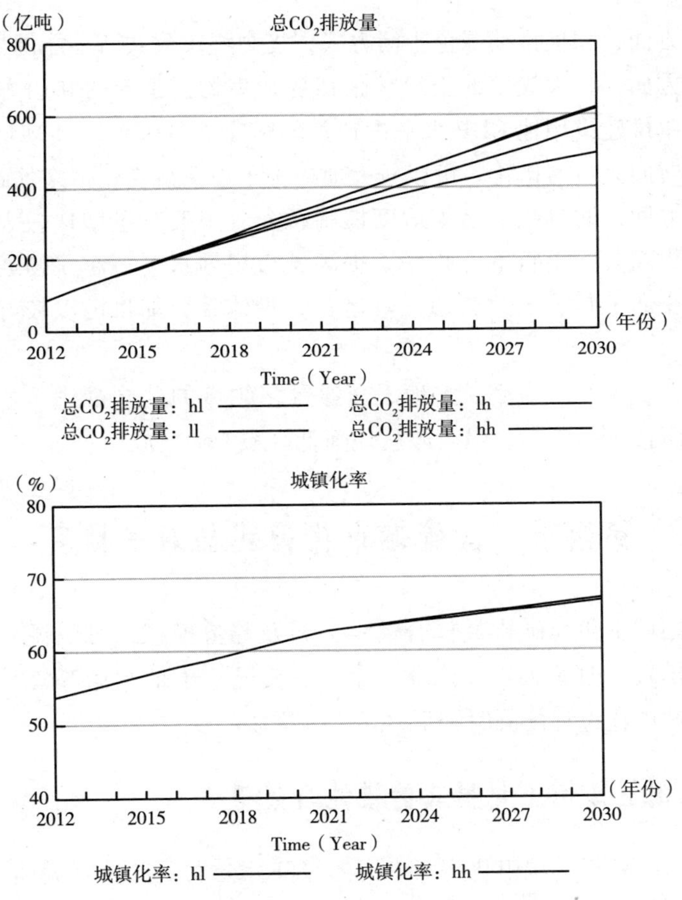

图 12-22　HL 情景下城市化与碳排放量变化情况

（四）研究结论

根据对以上四种情景的模拟，可以发现在 HL 情景下，能够在保持较高的城市化速率的同时，降低区域 CO_2 的排放。而实现这一目标的关键，在于对人口、土地、交通、产业等领域同时进行合理的改革和调整。

在人口方面，注重城市化的质量，在城市化率达到60%以后，适度放缓的城市化速率，相比完全放开的传统模式，更有助于降低区域碳排放，提高城市化的可持续能力。

在产业方面，大力推动清洁能源的使用，在2020年实现清洁能源消费比重达到15%以上目标。同时大力推动产业生态化改造，不断降低单位GDP能耗，实现碳减排。

在生活方面，积极推动绿色生活方式，提高城市公共清洁能源供应量等。

在土地方面，将大规模的土地扩张转变为集约、紧凑的利用方式，至2020年争取达到单位建设用地GDP水平达到美国标准，约62%。实现城市化重心由土地城市化转向人口城市化。可以较大地减少土地覆被变化带来的碳汇减少。

在交通方面，通过政策措施适度控制私人汽车拥有量增速，大力推广城市公交体系，提高公交出行的分担率，提高城市规划水平，建立畅通的交通路网和清洁能源交通工具、公共交通工具运营管理体系，都将可以较好地降低交通碳排放的产生。

通过人口、生产、生活、土地、交通等多领域的共同推进，才能够实现保持城市化健康推进的同时，最大限度地降低区域CO_2排放。

第四节　低碳城市化模式与对策研究

根据我国城市化与碳排放耦合情景分析及趋势模拟，可以说明，通过调控城市化推进模式，改善人口、产业、生活、交通、土地利用等模式，能够实现推进可持续城市化过程的同时降低区域CO_2排放。

一、我国低碳城市化模式的描述与展望

未来20到30年，城市化将对中国的经济社会发展产生巨大而深远的作用。在绿色低碳城市化情景下，城市化的发展将推动未来中国的人口分布、土地利用、城市融资、产业发展、交通方式、资源环境等碳排放主要影响因素向着更加科学、高效、绿色的方向发展。

（一）稳定增长的城镇人口和绿色的城市生活模式

1. 户籍制度改革使人口充分自由流动，缩减城乡碳排放结构差异。未来中

国的城市发展将更注重以人为核心，提高城镇居民生活质量，让农业转移人口进得来、留得住、过得好，真正融入城市。户籍制度改革的深化将全面放开城镇落户限制，实现城乡户口一元化治理，促进人口充分、有序地流动，并实现不同区域人口相对均衡而又有效集聚的合理分布状态。在这种自由流动的情景下，城乡居民的生产生活方式在相互融合中逐渐呈现趋近相似的趋势，从而弱化生产、生活能耗结构的差异，进而缩减城乡碳减排结构差异，使减排措施的实施更加高效和容易。

2. 城市包容发展，降低逆城市化风险，城市碳减排效果更加明显。未来政府将加大公共服务的投资，积极向长期居住在城市的农民工和家属提供平等的公共服务。完善农民工的社会保障制度，农民工子女发展和权益受到保护，农民工住房权益得到保障，城市得以实现包容性发展。市民与农民工之间将实现基本公共服务的均等化，即获得与经济社会发展水平相适应、结果大致均等的基本公共服务，从而进一步降低农民重返乡村的逆城市化风险。而城市由于基础设施更完善、技术水平更高等优势，城市碳减排自身的效果以及对全国碳减排形势的引领作用将更加凸显。

3. 绿色消费和绿色生活模式全面降低城乡生活碳排放。在低碳城市化情景下，绿色消费和绿色生活模式将逐步在全社会确立。绿色消费是以节约资源和保护环境为特征的消费行为，主要表现为崇尚勤俭节约，减少损失浪费，选择高效、环保的产品和服务，降低消费过程中的资源消耗和污染排放。绿色生活方式通过倡导居民使用绿色产品，倡导民众树立绿色发展价值观、共建共享理念，倡导绿色出行、绿色居住、绿色生活，实现人们自然、环保、节俭、健康的生活方式。通过绿色消费和绿色生活方式，城乡之间的生活碳排放量增长都将得到很好的遏制，加之绿色生活能源的推广的普及，城乡生活能源消耗的差距也将趋于减少，整体向着更清洁、更低碳的方向转型。

（二）高效率的土地利用，改善下垫面碳汇能力

1. 紧凑的城市用地空间结构，限制下垫面硬化规模，改善碳汇能力。未来中国的城市用地势必将由传统的外延式扩展，转向内部建设用地的高效和集约利用。以城市综合体作为空间形态，整合土地功能，在一个地块内，集合工业、商业、绿化、住宅、交通等多项功能。地下空间的开发和高层建筑间的走廊，将在立体空间上复合城市的各种功能，不但能够最大限度地充分利用土地，而且能够激活城市的微观空间单元，使之充满活力。由于土地利用效率的提高，城市扩张速度的下降，将限制以水泥为主的硬化下垫面扩张规模和速度。而且

集中的用地结构，使绿化水平、森林湿地保护水平逐步提高，从而整体上起到改善和提升地面碳汇能力的作用。

2. 具有较高的土地产出率，单位用地面积碳排放量显著下降。未来中国的土地交易市场更加健全，二级交易市场更为活跃，工矿土地、商业用地将进入实现最大经济价值的开发团体手中，使单位土地增加值达到最大，从而实现土地的高效利用。

通过土地资源的高效利用和城市绿地系统的不断完善，我国城乡下垫面土地覆被的碳吸附能力将有所恢复，林地、草地、湿地等高吸碳土地覆被类型面积将逐步平衡并有所增长，也将极大地降低城市化带来的碳排放量。

（三）产业结构和布局的优化，将大幅提升产业节能降碳效果

1. 产业聚集效应和规模效应进一步显现，提升能源利用效率。未来中国农业生产率提高，释放剩余劳动力的空间将会减少，农村与城市收入、生活水平、基本公共服务差距会越来越小。城市持续发展的动力将转变为主要依靠产业集聚效应和规模效应的发挥。集聚在城市的企业相互邻近或者同时处于生产链的某一个环节而分工不同，从而降低交易、运输等能源消耗。劳动力与就业岗位的匹配更便捷，产业在城市聚集促进分工与合作，促进规模经济发展和产业结构升级，从而提高资源、能源的利用效率，进一步大幅降低单位 GDP 的能耗，减少碳排放的产生。

2. 产业布局更为合理，区域间碳转移不平衡有所缓解。未来中国城市间的产业分布于分工将更为合理。比较优势和资源环境承载力将成为影响产业布局的主要因素，将引导劳动密集型、资源密集型以及部分技术密集型产业向中西部有序转移，形成合理的区域分工体系。传统资源型地区与非资源型地区间资源供给结构的严重不平衡状态将逐渐打破，国内跨区域贸易隐含的碳排放转移不平衡性将有所缓解。

（四）交通

1. 低排放、环境友好型的交通出行方式。新能源、小排量等环保型汽车将更加普及，充电站、充电桩、加气站等配套设施将更加完善，步行和自行车等慢行交通系统将逐步确立，混合动力、纯电动、天然气等新能源和清洁燃料车辆在公共交通行业的比重将上升。

2. 公共交通、新能源交通的增加，将大幅降低交通碳排放。完善的综合公共交通系统将不同层次的公共汽车线路在空间布局和运营服务上整合为一个高

度融合的网络。城市公共交通体系的不断完善，限行等政策措施的调控，将进一步压缩私家车等高碳排放交通形式的空间，而随着公共交通的发展，新能源车辆将更加易于普及和推广，从而大幅降低城市交通碳排放。

3. 城际交通将使城市群更趋于同城化，跨区域交通碳排放也将随之降低。未来城市群区域城际客货运输量都将有较大幅度的增加，特别是在发展较快的城市群主要城际通道上和中心城市都市圈范围内，城际交通将成为满足大运量、高密度运输需求的重要工具，实现主要城市之间的同城化发展。城际交通通达水平的上升，将降低跨区域运输、交通等带来的能耗，有利于进一步减少跨区域交通碳排放。

(五) 高效的资源环境利用

土地将以更为紧凑、更符合市场价值规律的方式被开发利用；水资源将更加重视循环利用，包括雨水的收集、生活废水的净化、各种节水技术和设施的应用等；各类矿产资源的回收、再利用将成长为具备较大规模的产业；节能技术和新能源将普遍应用于城市生产和生活的各个环节。

二、中国低碳城市化发展的对策建议

(一) 保障人口城市化质量，预防逆城市化，倡导低碳绿色生活方式

1. 改善农业转移人口居住条件，将更多人口纳入城市碳减排体系。用工企业和单位是安置农业转移人口居住的重要主体和责任方，政府要通过各种宏观调控措施和经济优惠政策促使、推动用工单位为招用的农业转移人口提供符合安全、卫生标准的居住场所。从而使大量城市化人口固化下来，进入城市碳减排和碳管理体系，更高效的减少区域碳排放。

2. 扩大农业转移人口社会保障覆盖面，切实保障农业转移人口随迁子女受教育权利。稳步推进城镇基本公共服务常住人口全覆盖，建立健全农民工养老、工伤、失业、生育等保险制度，推动城镇教育、住房、医疗、就业等资源向农民工开放，为农业转移人口融入城镇创造良好条件。进城务工人员随迁子女平等接受义务教育坚持以输入地政府管理为主、以全日制公办中小学为主。

3. 完善农业转移人口就业创业服务体系，增强市民化的服务管理能力。加快健全城乡均等化的人力资源市场，并针对农业转移人口建立就业创业服务体系，实现就业信息网络互联互通。拓宽农业转移人口城镇就业渠道，健全就业援助制度，落实鼓励自主创业的扶持政策，推进创业孵化基地和创业服务专家

队伍建设，促进自主创业。

4. 提高受教育水平，提升人力资本水平，拓宽就业渠道。建立社会职业培训体系，构筑适应各类人群的不同层次职业水平提高和再就业社会渠道。建立并引领正确就业思想和方向的社会职业培训体系，对已经就业的人群，力促用人单位岗位培训制度化，定期进行职业水平提高培训。

5. 实施绿色生活方式塑造战略。绿色居住推广计划。减少无效照明，减少电器设备待机能耗，提倡家庭节约用水用电。

绿色出行推广计划。鼓励步行、自行车和公共交通等低碳出行。

共享经济推进计划。鼓励个人闲置资源有效利用，有序发展网络预约拼车、自有车辆租赁、民宿出租、旧物交换利用等，创新监管方式，完善信用体系。

节俭生活行动计划。鼓励消费者旅行自带洗漱用品，提倡重拎布袋子、重提菜篮子、重复使用环保购物袋，减少使用一次性日用品，完善居民社区再生资源回收体系，有序推进二手服装、生活用品再利用；反对过度包装，反对过度追求时尚，反对食品浪费，推行科学文明的餐饮消费模式，餐饮企业应提示顾客适当点餐，提倡家庭按实际需要采购加工食品，减少粮食损失浪费，加强粮食生产、收购、储存、运输、加工、消费等环节管理。

（二）提高土地城市化效率，优化绿色国土空间

1. 优化城市产业布局，重点发展土地产出率较高、单位面积能耗较低的产业类型。一方面，应通过政策产业引导和管理，对现已落地的产业，积极推进升级换代，淘汰落后产能，逐步将低效益、低土地产出率的产业分离出去。另一方面，严格准入机制，严格对准落地企业的技术水平、发展模式、发展潜力等指标进行严格筛选，优选并集中布局高端装备制造业、物联网、电子信息、生物医药、新材料等高新技术产业。

同时，采用“精耕细作”的开发建设方式，通过不断完善标准化多层厂房和基础、配套设施建设，引导和鼓励企业高效、集约利用土地，对充分利用内部空间增建符合入园要求产业项目和设施的企业，给予财政支持和奖励。最大限度提升园区内土地利用率和单位面积土地产出。特别建立单位土地面积能耗控制体系，鼓励单位面积低能耗产业的落地和发展。

2. 优化城市化空间格局，引导人口向重点开发区城市群集聚，集中布局低碳基础设施。城市化地区主要包括《全国主体功能区规划》划定的东部环渤海、长三角、珠三角三个优化开发区域和海峡西岸经济区、冀中南和北部湾地区、哈长地区、中原经济区、太原城市群、东陇海地区、长江中游地区、皖江城市

带、呼包鄂榆地区、关中—天水地区、成渝地区、黔中地区、滇中地区、宁夏沿黄经济区、兰州—西宁地区、藏中南地区、天山北坡18个重点开发区域，以及各省级主体功能区规划划定的城市化地区。从而集中大规模布局新能源、低能耗、低碳基础设施，降低零散改善基础设施的高额成本，整体降低城市群碳排放水平。

3. 优化内部用地布局，建立紧凑城市格局，加强下垫面绿化。重点应在重视城市内部用地集约利用的基础上，在现有较大地块内进行深化改造，通过规划引领，完善服务功能，分割用地单元，形成更为小型的功能混合空间单元，提升城市用地紧凑度。降低下垫面硬化速度和规模，提升下垫面绿化水平，提高下垫面整体吸碳能力。

4. 积极推动土地制度的改革完善，加速农村建设用地流转，改善农村能耗结构。进一步深化土地制度改革，推动农村土地确权，加速城乡建设用地的流转，宏观调控建设用地指标，平衡城乡用地规模。另外，完善土地二级市场的监管和制度建设，严格按照规划落实用地开发，确保用地属性。增强土地二级交易的公开透明，引入竞争机制，使土地利用向着更有效率的方向发展。从而逐步优化农村产业结构，改善农村生产生活相对落后和粗放的能耗结构，推动农村新能源体系的建立和不断扩展。

5. 构建绿色国土空间格局，加强碳汇库建设，增强国土空间碳汇能力。国土是绿色空间的基本载体，要加强落实国家主体功能区战略，根据不同区域的资源环境承载力、现有开发强度和发展潜力，统筹谋划人口分布、经济布局、国土利用、城市化格局与生态建设，确定其主体功能，明确开发方向，控制开发强度，形成高效、协调、安全、可持续的国土空间开发格局。构建科学合理的城市化格局、生态安全格局、自然岸线格局。加快建设主体功能区，发挥主体功能区作为国土空间开发保护基础制度的作用。

着力打造由绿色屏障、绿色防沙带、河流水系绿色长廊为骨架，由生态危机区、严重退化区、开发区、自然保护区、限制开发区等重点构成的块状、片状和面状绿斑为支撑的生态安全战略格局，构筑绿色安全空间，构筑“绿色长城”。加强重点生态功能区保护和管理，加大林草建设与保护工程，增强涵养水源、保持水土、防风固沙能力，保护生物多样性，扩大绿色空间，筑牢国家生态安全屏障。以国家绿色屏障建设作为国土空间开发的重要战略任务，对关系到国家和地区生态安全的重大生态建设项目进行战略上的集成、综合与布局，加强落实国家天然生态屏障综合试验区建设工程。从而建立越来越多的天然碳汇库，不断增强我国国土空间的碳汇能力。

6. 实施绿色生态特区建设。以重要江河源头、国家级生态安全屏障等地区为重点，设立国家级生态特区，优先在三江源、青藏高原、重点风沙治理区等地区设置一批国家级生态特区试点示范区，给予补偿、补贴、财税支持等特区政策，探索在保护生态安全前提下、促进区域经济社会可持续发展的新型道路。

7. 加快实施跨区域生态补偿战略。按照“保护者受益，享用者尽责”的原则，依据生态系统服务价值，构建自然资源资产产权明晰、国土空间有序开发和保护、资源总量有效管理和全面节约、资源有偿使用和生态补偿、环境治理和生态保护市场化等产权清晰、多元参与、激励约束并重、系统完整的生态补偿与绿色发展体系。完善绿色发展考核评价制度，建立健全生态文明取向的绿色发展考核评价体系，建立推进绿色发展的奖励激励机制，建立绿色发展的公众参与机制。探索建立健全生态保护、民生改善、经济发展、社会进步相协调的规范长效的生态补偿机制，加大生态建设、环境保护的支持力度，建立完善全流域跨区域生态补偿机制，建议设立生态特区补偿专项基金。

8. 城乡国土绿化战略。开展大规模国土绿化行动，完善天然林保护制度，实施好三北防护林、退耕还林等重大国土绿化工程，建设一批城市森林公园、郊野公园，满足人民群众日益增长的绿色生态健康体验需求。开展蓝色海湾整治行动，保护海疆生态环境安全。

（三）推动产业结构优化和低碳绿色发展

1. 制定城市产业发展长远规划，不断升级低碳生产技术。各城市应根据城市发展阶段和特点制定高水平切实可行的产业发展规划，充分发挥产业规划对城市的引领、带动作用。控制高耗能、高排放行业产能扩张，提高新建项目准入门槛，制定重点行业单位产品温室气体排放标准，优化品种结构。优化工业空间布局，在符合国家产业政策的前提下，鼓励高碳行业通过区域有序转移、集群发展、改造升级降低碳排放。

2. 促进城市产业结构转型升级，打造绿色低碳品牌。产业结构转型升级是转变经济发展方式的战略任务，加快发展服务业是城市产业结构优化升级的主攻方向。运用高新技术和先进适用技术改造提升传统制造业，支持企业提升产品节能环保性能，打造绿色低碳品牌。

3. 促进产业合理布局，搭建产业转移和承接的平台，降低跨区域碳排放净转移量。加快综合交通运输体系和物流体系建设，为承接产业提供完善的公共服务。清理各种不合理收费，避免盲目投资和恶性竞争。深化城市互动与合作，支持东部地区企业通过多种方式与西部重点地区企业建立长期的合资和合作关系，探索建立地区间产业转移统筹协调机制，完善重大承接项目的服务和保障机制。通过优化区域间产业结构，降低贸易隐含碳排放转移的区际不平衡、不公平性，减少跨区域碳排放净转移量。

（四）打造低碳绿色交通体系，完善绿色交通出行体系

1. 做好交通运输规划，不断提升公共交通、新能源交通比重。在国家层面出台对城市和城市群交通发展的分类指导意见，制定城市群区域综合交通运输规划，协调城市群内各城市的综合交通规划。做好不同运输方式的衔接以及区域交通与城市交通的连接。合理配置城市交通资源。逐步建立特大城市机动车保有总量调控机制。积极发展城市公共交通，完善城市步行和自行车交通系统，加快建设公交专用道、公交场站等设施和公共自行车服务系统。积极推广天然气动力汽车、纯电动汽车等新能源汽车。

2. 倡导绿色出行，提高公共交通使用率。合理配置城市交通资源。逐步建立特大城市机动车保有总量调控机制。积极发展城市公共交通，提高大中城市公交出行分担比率。完善城市步行和自行车交通系统，加快建设公交专用道、公交场站等设施和公共自行车服务系统。对机动车制定比较严格和细致的排放标准。平均每4年更新汽车的排放标准，对机动车尾气污染物的排放标准要趋于严格。把步行和自行车交通系统作为城市综合交通规划建设的重点，为其提供安全连续的通行空间，解决接驳换乘问题。

3. 构建城市群交通运输网络系统，提升交通设施低碳化水平。进一步完善国家综合交通运输网络，加快建设由国家高速铁路为主骨架的快速铁路网络，在发展相对成熟的长三角、珠三角和京津冀等城市群构建城市群区域铁路网，以满足城市群内大运量、中短程客运需求。

公路方面，推广应用温拌沥青、沥青路面材料再生利用等低碳铺路技术和养护技术，推广隧道通风照明智能控制技术，对高速公路服务区等进行节能低碳改造，推广应用电子不停车收费、检测、信息传输系统。重点推进公路集装箱多式联运等高效运输组织方式。研究建立新车碳排放标准，提高燃油经济性，加快淘汰老旧车辆，鼓励发展低排放车辆。

铁路方面。进一步完善铁路运输网络，加快铁路电气化改造，提高电力机车承担铁路客货运输工作量比重，提升铁路运输能力，推行铁路节能调度。积极发展集装箱海铁联运，加快淘汰老旧机车，发展节能低碳机车、动车组。加强车站等设施低碳化改造和运营管理。

航空方面。完善空中交通网络，优化机队结构。积极推动航空生物燃料使用，加快应用节油技术和措施。加强机场低碳化改造和运营管理。

（五）保护资源环境，大力发展清洁能源

1. 节约集约利用土地，严格控制增量，高效利用存量。实施最严格的耕地保护制度和土地利用制度，严格控制新增建设用地规模。

2. 推进资源综合利用，构建循环利用体系。鼓励和引导绿色消费，严格限制商品过度包装，大力削减一次性用品使用，推广清洁生产和再制造生产模式。积极推广各种循环经济发展模式。构建静脉产业体系，加强废水、固体废弃物资源化利用，支持技术先进、环保达标、资源回收率高的可再生资源利用企业发展。

3. 促进清洁能源发展。积极鼓励有条件的地区发展清洁能源，加速清洁能源并网进程。配套建设清洁能源转化、补充、利用设施，推广新能源产品，对家庭新能源使用和企业清洁能源技术改造给予政策支持和财政补贴。积极构建绿色、节约、清洁的城市能源体系。

调整化石能源结构。合理控制煤炭消费总量，加强煤炭清洁利用，优化煤炭利用方式，制定煤炭消费区域差别化政策，大气污染防治重点地区实现煤炭消费负增长。加快石油、天然气资源勘探开发力度，推进页岩气等非常规油气资源调查评价与勘探开发利用。积极开发利用海外油气资源。继续推进煤层气（煤矿瓦斯）开发利用。

科学规划、发展水电；安全高效发展核电；大力开发风电；推进太阳能多元化利用。开展以分布式太阳能光伏为主的新能源城市和微网系统示范建设，加快实施光伏发电建筑一体化应用项目。扩大太阳能热利用技术的应用领域，支持开展太阳能热发电项目示范。发展生物质能。优先建设生物质多联产项目，加快发展沼气发电，推动城市垃圾焚烧和填埋气发电。实现生物质成型燃料产业化，加快生物质液体燃料产业化进程，积极发展生物质供气。

推动其他可再生能源利用。提高地热、海洋能等开发利用水平。建设地热能发电示范项目。鼓励因地制宜推进浅层地温能冬季供暖、夏季制冷示范。建设一批潮汐能、潮流能示范电站，结合海岛用能需求，建设海洋能与风能、太阳能发电等多能互补独立示范电站。

（执笔人：李富佳）

本章参考文献

① 蔡昉. 2013. 我国“潜在增长率”趋势分析，经济日报.

② 成德宁.2004. 城市化与经济发展——理论、模式与政策，北京：科学出版社：79－130.

③ 成升魁，徐增让，沈镭.2008. 中国省际煤炭资源流动的时空演变及驱动力，地理学报，603－612.

④ 董锁成，李泽红，李宇等. 2008. 中国生态经济区划与区域协调发展战略，中国区域发展报告（2007—2008）. 北京：社会科学出版社.

⑤ 高佩义 1991.《中外城市化比较研究》，南开大学出版社，11－15.

⑥ 何建武，李善同.2013. 城市化与经济增长，中国智库.

⑦ 江小涓，李辉.2004. 服务业与中国经济——相关性和加快增长的潜力，经济研究.

⑧ 李富佳，韩增林，王利.2008. 主体功能区划下过渡期辽宁省限制开发区发展模式，地理科学进展，27（5）：103－111.

⑨ 刘明，李善同.2011. 改革开放以来中国全要素生产率变化和未来增长趋势，经济研究参考.

⑩ 刘艳军，李诚固.2009. 东北地区产业结构演变的城市化相应机理与调控. 地理学报.

⑪ 罗伯特·巴罗，萨拉伊·马丁.2000. 经济增长. 北京：中国社会科学出版社，158.

⑫ 世界银行.2009.2009 年世界发展报告：重塑世界经济地理.

⑬ 孙鸿烈.2000. 中国资源科学百科全书. 北京：中国大百科全书出版社，2000；东营：中国石油大学出版社，：125.

⑭ 孙威，董冠鹏.2010. 基于 DEA 模型的中国资源型城市效率及其变化，地理研究，(12)：20－23.

⑮ 王小鲁，夏小林.1999. 优化城市规模，推动经济增长，经济研究.

⑯ 吴敬琏.2013. 城市化的效率与政策选择. 中国农村金融.

⑰ 许召元，李善同.2008. 区域间劳动力迁移对地区差距的影响，经济学（季刊）.

⑱ 中国经济增长与宏观稳定课题组.2009. 城市化、产业效率与经济增长，经济研究.

⑲ 中国自然资源学会. 2007.2006—2007 资源科学学科发展报告. 北京：中国科学技术出版社.

⑳ 周一星.1995. 城市地理学. 北京：商务印书馆.

㉑ Antonio CicCOne，Robert E. Hall. 1996. Productivity and the Density of Economic Activity，The American Economic Review，86，(1).

㉒ Benjamin K. SovaCOol. 2009. The importance of comprehensiveness in renewable electricity and energy-efficiency policy. Energy Policy，4：1529－1541.

㉓ Bureau of Statistics of Liaoning. 1979－2013. Liaoning Statistical Yearbook (1978－2012).

…ina Statistics Press.

㉔ Eric E. Lampard. The history of Cities in the economically Advanced Areas. Economic Development and Cultural Change, 1970.

㉕ Fang Chuanglin, Wang Jing. 2013. A theoretical analysis of interactive COercing effects between urbanisation and eCO-environment. Chinese Geographical Science, 23 (2): 47 - 62. doi: 10. 1007/s11769 - 013 - 0602 - 2.

㉖ Fujia Li, Suocheng Dong, Fei Li. 2012. A system dynamics model for analyzing the eco-agriculture system with policy recommendations, Ecological modeling, 227: 34 - 45.

㉗ Fujita M, Krugman P, Venables A. The spatial economy. 2003. Cambridge: MIT Press.

㉘ Gallup, J. L.; Sacks, J. D. and Mellinger, A. 1999. Geography and Economic Development., International Regional Science Review, 22: 179 - 232.

㉙ Iimi, A. 2005. Urbanization and development of infrastructure in the east Asian region. JBICI Review, (10): 88 - 109.

㉚ IPCC, 2006. 2006 IPCC Guidelines for National Greenhouse Gas Inventories, Prepared by the National Greenhouse Gas Inventories Programme. Japan: IGES.

㉛ Li Fujia, Dong Suocheng, Li Feiet al. 2012. The improvement of CO_2 emission reduction policies based on system dynamics method in traditional industrial region with large CO_2 emissions. Energy Policy, 51: 683 - 695. doi: 10. 1016/j. enpol.

㉜ Li Fujia, Dong Suocheng, Li Yu et al. 2011. A system dynamics model for analyzing the eCO-agriculture system with policy recommendations. Ecological Modeling, 227: 34 - 45. doi: 10. 1016/j. eCOlmodel.

㉝ National Bureau of Statistics of China, 1979 - 2013. Chinese Energy Statistical Yearbook, (1978 - 2012). Beijing: China Statistics Press.

㉞ Rosenthal, Stuart S., William, Strange C., Evidence on the Nature and Sources of Agglomeration Economies.